序に代えて――日記と古記録について――

倉本一宏

元々、中国では「日記」という語は後漢の王充の『論衡』に見えるが、それは『春秋』や五経などの孔子の編著を指したものである。中国では、「日記」とは日付を伴わない考証・随筆・語録・家集などを指すことが多かった。

中国でも日付のある記録のことを「日記」と称することもあったが、日本では、日付のある日次記《ひなみき》のことを特に「日記」と称することが多かった。日付の有無が日記の要件と考えられたために、六国史など編年体の史書や、『西宮記』『北山抄』など日記（古記録）を基にした儀式書なども、「日記」と呼ばれることがあった。

その他、外記《げき》日記・殿上《てんじょう》日記・近衛府日記など役所の日記、事件の勘問《かんもん》調書としての勘問日記、報告書や注進状としての事発《じはつ》日記、行事記文や旅行記、日記文学なども、「日記」と称することができよう。

これらのうち、日記文学について触れておきたい。平安時代以降、主に女性によって仮名で記されて「日記」と題された文学作品が、数多く現われた。『土左日記』や『十六夜日記』などの紀行文、『かげろふ日記』や『更級日記』などの回想録、『紫式部日記』などの御産記録、さらに『和泉式部日記』などの歌日記などが残されている。

これらは「日記」の名を付して呼ばれてはいるが、はたしてこれらを厳密な意味での「日記」に分類してもよいものか、疑問なしとしない。たとえば、『更級日記』では、一四歳の時以降の仏教への帰依を薦める夢を見た後の対応の変遷を軸として内面史的に「日記」が書き進められ、「頼みに思うことが一つだけあった」として四八歳時の阿弥陀来迎の夢を描く。しかし、作者の見たと称する夢なるものは、物語世界から宗教世界への転換を効果的に印象づけさせるために、執筆時点で創作されたものと考えるべきであろう。この作品は、日記というよりも、自分を主人公に仕立てて、その精神の遍歴（それすら実際に起こったことかどうか疑問であるが）を述べた物語と評するべきである。

日記文学と称されるものの中では、『紫式部日記』の中の寛弘五年（一〇〇八）の中宮彰子の御産記録だけが、厳密な意味での日記と見なされるのである。男の入ることのできない世界の出来事を、道長に命じられて仮名で記録したこの部分は、まさに『御産記』と称すべき日記であったと言えよう。ついでに言えば、『枕草子』の「日記的章段」は、個々に日付は付されてはいないものの、その日に起こった出来事を、それほど創作を交えずに記録したものであり、『和泉式部日記』や『更級日記』などよりは、はるかに日記的であると言える。

その意味では、この共同研究の最後の研究会で今西祐一郎氏（国文学研究資料館）が発表された「仮名日記と日付」の視点は、大変に示唆に富むものである。それは『土左日記』の各日の冒頭の日付は漢字で表記され、本文中の日付は原本では仮名で表記されていたというものである。つまり『土左日記』の体裁は本来の漢文の日次記であり、本文は仮名の文学であるということになる。「男もすなる日記といふもの」という「日記」とは、男性貴族が記録した漢文体の日次記のことなのであった。

日本において日記の主流を占めた日次記の最古のものは、『釈日本紀』所引の「安斗智徳《あとのちとこ》日記」と「調淡海《つきのおうみ》日記」とされる。これらは記主が天武元年（六七二）の壬申の乱に従軍したときのものであるが、乱の最中に書かれたものとは考えられず、おそらくは七世紀の末から八世紀の初期にかけて、『日本書紀』の原史料として執筆が命じられてから記されたものであろう。

次に「正倉院文書」として伝えられた「天平十八年（七四六）具注暦」は、日記原本の最古の遺例である。十条ほどの短い遺文は、暦記の源流であると言えよう。

さて、平安時代に入ると、宮廷や官庁の公日記と諸家の私日記が、ともに残されるようになる。特に私日記は、天皇以下の皇族、公卿以下の官人が日記を記し、後の時代になると、武家、僧侶、神官、学者、文人から庶民に至るまで、各層の人々によって記録されている。これは世界的に見ても日本独特の特異な現象であって、日本文化の本質に触れる問題なのである。特に君主が自ら日記を記すということは、日本王権の特性と言えよう。

その逆に、どれだけ調べてみても、世界的に見て、ヨーロッパはもちろん、中国や朝鮮諸国にも、古い時代の日記は、ほとんど残っていない。中国では紀元前の漢簡などに記された出張記録などは存在するものの、それ以外では、唐代の編年体歴史書『大唐創業起居注』（隋の大業十三年〈六一七〉から唐建国の武徳元年〈六一八〉）が標題通りに唐の起居注、すなわち皇帝や国家の重大事の記録であったとしても、その程度のわずかな起居注や日録を除いては清朝になるまで、朝鮮でも李朝になるまで、まとまった日記は残っていないのである。

中国で日記が書かれなかった最大の理由は、『史記』以下の王朝による正式な歴史書である正史が連綿と作られ続けてきたことである。中国では、昔の先例を調べるには、本紀・列伝・志・表などからなる紀伝体で書かれた膨大な正史を参照すれば、おおよそのことはわかるようになっている。

先ほど述べた起居注も、後世にまで残すような性格のものではなかった。皇帝が崩御すると、起居注をまとめた実録が編纂され、王朝が滅んだ際に、次に正統を継いだ王朝が国家事業として、前王朝の皇帝毎の実録を基に正史を編纂した。起居注も実録の原史料としての役割を終えれば、後は廃棄されることが多かったものと思われる。

これに対し、日本で平安時代以来、宮廷貴族の公家日記が数多く記録されているのは、『日本書紀』から始まる正史としての六国史の編纂が延喜元年（九〇一）に選上された『日本三代実録』で廃絶してしまったことに起因している。正史が絶えてしまったために、貴族たちが当時の政治の根幹である政務や儀式などの公事の式次第の遂行を確かめたくても、正史を調べることができなくなっていた。

また、それに加えて、単行法令集としての格、施行細則としての式、『内裏式』『貞観儀式』など勅撰の儀式書も編纂されなくなっていた。

正史や格式、儀式書を参照することができない以上、それに代わる先例の准拠として、日記の蓄積が求められたのである。六国史や三代格式、三代儀式が作られていた九世紀以前の日記がほとんど残されていないことからも、それが裏付けられよう。

とは言っても、個々の貴族が日記を書く目的や動機、それに日記そのものの有り様もさまざまである。たとえば、『雑筆要集』という文例集には、「日記には必ずしも式法は無い。ただ日の所に要事を注記するものである」とある。日記を書き付けた料紙もさまざまなら、文字や書きぶりや文法も人によって異なる。

さて、道長の祖父にあたる藤原師輔の『九条殿遺誡』には、朝起きてから行なうべき行動が記されているが、それによると、属星の名を称し、鏡に自分の姿を映して形体の変化を窺い、次に暦書（具注暦）を見て日の吉凶を知り、楊枝を取り、手を洗い、仏名を誦し神社を念じ、それから日記を記すようにとある。その詳細は、

年中の行事は、大体はその暦に書き記し、毎日それを見る毎に、まずそのことを知り、かねて用意せよ。また、昨日の公事、もしくは私的な内容でやむを得ざる事などは、忽忘に備えるために、いささかその暦に

書き記せ。ただし、その中の要枢の公事と君父所在の事などは、別に記して後に備えよ。

というものである。この暦の余白（間明《まあ》き）に記したものを暦記、別に記したものを別記という。記事が暦面に書ききれない場合や、特に紙背に記したい事項の場合には、紙背に裏書として記したり、白紙を暦に切り継いで書いたり、関連する文書類を貼り込んだりすることも行なわれた。また、儀式毎に日記を分類した部類記や目録が作られることもあった。

記主本人の記した自筆原本も、道長の『御堂関白記』をはじめ、源俊房の『水左記』（康平五年〈一〇六二〉～天仁元年〈一一〇八〉）、吉田経俊の『経俊卿記』（嘉禎三年〈一二三七〉～建治二年〈一二七六〉）、花園天皇の『花園天皇宸記』（延慶三年〈一三一〇〉～元弘二年〈一三三二〉）などが残されているが、多くはさまざまな人によって書写された写本の形によって、後世に伝えられた。

その際、ただ単に自筆本を転写するのではなく、一定の意図をもって記文を選別して書写することが行なわれた。平信範の『兵範記』（長承元年〈一一三二〉～承安元年〈一一七一〉）や藤原定家の『明月記』（治承四年〈一一八〇〉～嘉禎元年〈一二三五〉）のように、記主が自ら記文を選別して清書した自筆本が残されている例もある。

また、何故に日記を書いたかという問題とは別に、何故に日記が残ったかという問題も存在する。何故日記が残ったのかは、先祖の日記を保存し続けた「家」の存在と、記録＝文化＝権力であるという、日本文化や日本国家の根幹に通じる問題に関わっているのであろう。日本の日記はまさに、個人や家の秘記ではなく、同時代や後世の貴族社会に広く共有された政治・文化現象だったのである。

なお、道長四世の直系の孫にあたる忠実の言談を筆録した『中外抄』には、摂関の心得と、公事を学ぶための日記を記録する練習法が、大江匡房の言葉として、次のように説かれている。

関白・摂政は詩を作っても無益である。朝廷の公事が大切である。公事の学び方は、紙三十枚を貼り継いで（巻子にして）、大江通国のような学者を傍らに据えて、「只今、馳せ参る」などと書きなされよ。また、「今日は天気が晴れた。召しによって参内した」などと書きなされよ。知らない字があったならば、傍らの学者に問われよ。このような文を二巻も書けば、立派な学者である。四、五巻に及んだならば、文句の付けようのないことである。

当時の摂関に対する認識、日記に対する認識がよくわかる話である。別の箇所では、摂関は漢才がなくても「やまとだましひ（大和魂）」（「漢才」に対比される語。現実に即応して人心を掌握し、実務を処理できる能力）さえあれば天下を治められる、こちらでは日記を一〇から二〇巻書けばいい、とも言っている。

また、忠実が、摂関家の日記の書き様を諭した師実の仰せを引いた箇所もある。

日記はあまり詳しく書くのは無益である。故殿（師実）の仰せでは、「日記が多いと、個人的な感情が交じって礼を失する。『西宮記』と『北山抄』ほど作法に優れたものはない。その他には家の先祖の日記を入れるべきである。この三つの日記さえあれば、おおよそ事に欠けることはない。他の家の日記はまったく無益である。そのわけは、『摂政関白が主上の御前で腹鼓を打つ』と書いてあっても、先例として用いるわけにはいかないからである。また、日記は詳しく書くべきではない。他人の失敗もまた、書くべきではない。ただ宮廷行事の次第をきちんと記録すべきである。さて、日記を秘すべきではない。小野宮関白（実頼）は日記を隠したので子孫がいない。九条殿（師輔）は隠さなかったので世に恵まれたのである。……」

この論集では、以上述べてきたようにさまざまな性格を持つ古記録と日記に関して、これまたさまざまな視点から、さまざまな論者が論考を著わしている。これまで日記や古記録を使った論文というと、日記や古記録の中から、自分のテーマに都合のいい記事だけを「検索」して表を作り、それを「解読」して自分の関心のある事柄を論述する論考が多かったが、この論集では、共同研究員に無理をお願いして、でき得る限り日記や古記録そのものの本質に触れる論文を執筆していただいた。

日記とは何か、古記録とは何か、これらを記録することの意味とは何か、その記主をめぐる問題、その伝来に関する問題、その使われ方をめぐる問題などである。これらの問題をすべて個人で考察することはきわめて難しいのであるが、これだけの論考を並べることによって、まさに日記と古記録の総合的研究となっているはずである。こういった論集が完成できたことの意味をしみじみと噛みしめながら、これからページを繰っていくこととしよう。

第Ⅴ部 日記・古記録の使われ方

第Ⅵ部 日記・古記録を素材として

第Ⅰ部

日記・古記録の本質

「日記」および「日記文学」概念史大概

鈴木貞美

一　考察の範囲

日本における「日記」概念の変遷について、考察を試みる。中国では古くから「日記」の語は見られるが、今日、用いられている「日記」の意味は、二十世紀に日本の教科書類からひろがったものとされている。伝統的な「日記」が今日の概念に変化したのは、日本で、ということになる。なお、概念は、知識層一般に通用していることばの意味をいう。特定の集団や個人の定義、および用法は、それとして扱う。

中国で、最も早くに見られる「日記」の語として、玉井幸助『日記文学概論』（一九四四年）第一章「概観」は、東漢の王充（二七～九七）『論衡』巻一三効力篇が「文儒の力」は文章に示されるということを論じるなかに、「上書日記」と見え、「上書」に優れた者として、漢の成帝に仕えた谷子雲をあげ、「日記」に優れた者として孔子をあげているという。『春秋』なども「日記」と称されていたことになる。(1)

古代中国では、文章に携わる官吏が皇帝に差し出す上奏文など公の文に対して、いわば私人が、あるいは官吏でも私人として、日々、記し、また文章を収集編集するなどの作業のすべてが「日記」と呼ばれていたのである。

玉井は、その後も一般に、この意味で流通していたとし、「日録」「日鈔」「日抄」「日疏」なども同義語と見ている。これに従ってよい。

なお、玉井幸助は、同書第一篇第三章で、「日記」を「実記」と「創作」（近代の魯迅『狂人日記』のような日記体小説）とに大別し、「実記」のうちを「日付のあるもの」と、そうでない「随筆、家集類」とに二分し、日付のあるもののうちを、家居、紀行、一事件に関する私記、官記・起居注の四種に分類している。が、官記や皇帝の起居注は、古代中国の「日記」概念から外れるのではないか。日付をもつ記録類という二十世紀の日本でひろがった概念をも含み、かつ「日記体小説」まで見渡したもので、これは玉井氏流の新たな「日記」概念とその下位分類の提案というべきだろう。時代による概念相互の関係、概念構成（編制）の組み替えを考察する本稿では、時代を超えた分類法の提案は行わない。

そして、玉井幸助の同書第二篇「我が国の日記」は、江戸時代前期に、紀貫之『土佐日記』について論じた北村季吟らが「日記」に「日々の事を書き記す」という定義を与えながら、そうではない平安前期の公卿、小野篁《たかむら》の『篁日記』などを同様に扱っていることに疑問を投げている。つまり、日本語で「日記」が、いつ、概念化したのか、見極めにくい。本稿の主題は、この点にかかわる。また、今日、『国史大辞典』（第一一巻、吉川弘文館、一九九〇年）は、「日記文学」という呼称が「大正末から昭和初めに用いられ始め」たと述べている。それゆえ、本稿では前近代から昭和初頭に「日記文学」なる呼称が生じるころまでの「日記」概念の変遷の概略を追うことになる。

二　前近代の「日記」概念

先にあげた玉井幸助「我が国の日記」は、現存する文献中、「日記」の語が初めて見えるのは、『類聚符宣抄』

弘仁十二年（八二一）の宣に「自今以後、令載其外記於日記」（これ以降、その外記《げき》を日記に載せるよう令した）とあるという[2]。「外記」は宮廷儀式を記す少納言の下に置かれた史官、および史官が受け持った記録で、この「日記」は官記とみなさざるをえない。すでに中国流からは逸脱している。

それ以前、史書に登場する「日記」と題する書目のうち、最も早いものは、壬申の乱（六七二年）のとき、大海人皇子のふたりの舎人の記した『安斗智徳《あとのちとこ》日記』『調連淡海《つきのむらじおうみ》日記』のごく一部が、卜部兼方《うらべかねかた》『釈日本紀』（十三世紀後期）に引用されている。だが、これら壬申の乱にかかわった個人の手記の類が七世紀のうちに「日記」と題されていたかどうかはわからない。

『日本書紀』の七世紀の記事のうち、一部が編入されている個人の手記の書目に、『高麗沙門道顕日本世記』（六六〇、六六一、六六九年）、『伊吉連博徳《いきのむらじはかとこ》書』（六五四、六五九、六六一年）、『難波吉士男人《なにわのきしおびと》書』（六五九年）がある。これらは「記」ないしは「書」である。「記」は著述、編述一般に用いるが、意味は記録のうち、それなりに構えたもの、それに対して「書」は、より軽い書きつけ類一般の意味で呼び分けていると推測される。

これらの書が「日記」と題されていたが、何らかの事情で、『日本書紀』ではそれを避けたということは考えにくい。むしろ、卜部兼方が、かつてであれば『安斗智徳書』『調連淡海書』と記されたはずの手記の類を「日記」の名で呼んでいると考えた方が穏当だろう。つまり十三世紀後期には、事件について記した記録類に「日記」という呼称を用いる習慣が一流の知識層にあったことになろう。

ただし、その意味での「日記」の呼称が安定していたわけではない。今日、『紫式部日記』と通称されている書きつけについて見ると、鎌倉中期に『紫式部日記絵巻』がつくられていたが、室町初期の『源氏物語』の注釈書『河海抄』には、「紫記」「紫式部が日記」「紫日記」「紫式部仮名記」といったさまざまな名称が登場しているからである。「書」ではなく、「記」と付されているのは尊重されていたゆえだろうか。

今日、「日記」と呼んでいるものの起源として、しばしばあげられるのが、中国の皇帝の行動記録、「起居注」である。史官が記録し、のちに「実録」として編まれたとされる。漢の武帝の「禁中起居注」があったことは、よく知られる。史官名は、周代から「左史」「右史」があったが、漢代に官職名としての「起居注」は確認されていないという。晋朝から「起居令」「起居郎」「起居舎人」などの専門の官職が設置され、その制度は清朝が滅ぶまで続けられたといわれている。現存する最古の「起居注」とされるのは、中国唐代の編年体の歴史書『大唐創業起居注』だが、以降、残されたものは少ない。次代に前代の「正史」が編まれると捨てたといわれている。なお、清代の「起居注冊」が台湾の国立故宮博物院に保存されている。

日本では、内記が起居注にあたる御所記録を受け持ち、外記が宮廷儀式の記録を残した。その場合、「日記す」「日記せしむ」と動詞が用いられた。そのほかに、貴族や官吏によって私的な手控えの作成が行われている。儀式の私的な手控えは、中国では、のちのちまで見られないという[3]。禁止されていたのではないだろうか。なお、『日本書紀』神功皇后摂政六十六年に『晋起居注』からの引用があることはよく知られる。

天皇の日録としては、現存する最初のものとされる『宇多天皇御記』（寛平御記）、以下、『醍醐天皇御記』『村上天皇御記』の「三代御記」があり、皇族のものに醍醐天皇第四皇子、重明親王の『吏部王記』など、上級貴族のものに醍醐天皇の下で官位をあげた藤原忠平の『貞信公記』以下、藤原実頼の『清慎公記』、藤原師輔の『九暦』（九条殿御記）などが知られる。「暦」とつくのは、具注暦に記したためである。なお、正倉院文書中、天平年間から国司の業務記録とともに、手控えに具注暦の余白や紙背を用いるものが見られる。

具注暦のそもそもは、古代国家の宮廷が地方行政組織に配布し、古代国家の時間を支配統制するためのものだった。しかし、新しく漉いた紙、漉き返した紙の不足なども働き、十世紀には、その制度が崩れていたことが、平安末期に編まれた『本朝世紀』にうかがえる。他方、十世紀には、貴族や寺院は、具注暦の制作や書写を暦博士や暦生に依頼することがすでに慣例となっていたともいわれている。むしろ具注暦の用途の一半が日録のためのものになっていたと考えることもできるだろう。なお、藤原摂関家は、具注暦の献上を受けていたとされている（いつのころからのことかは不詳）。

また、勘解由小路家の初代、藤原頼資《よりすけ》以降、経光・兼仲・光業らが自筆日記を遺しているが、具注暦に記す暦記とそれとは別の日々の記録（日次記《ひなみき》）が並行して作成されており、暦記には公私にわたる仔細な記事が記され、出仕した日は、日次記に行事記録が記される傾向が顕著にみられることが、すでに指摘されている(4)。

なお、玉井幸助『日記文学概論』は、高級貴族の「日記」には、公のことを明確に記すことを旨とし、私見を加えてごたごた書くものではないという通念があったこと、自身の思惑などを記す場合には、「私記也」とことわりを入れる例を藤原忠平の『貞信公記』に指摘している(5)。

「日記」に、宮廷儀式、有職故実のための手控えという性格より、個々人の行動、見聞の記録としての性格を求めるなら、その起源は、遣唐使の随行録に求める方が、妥当性が高いだろう。もちろん、目的は任務の報告のための手控えである。いわば業務日録であることは変わらない。先にふれた『日本書紀』中に引かれた『伊吉連博徳書』が嚆矢とされる。よく知られる九世紀に中国に渡航した円仁『入唐求法巡礼行記』も、その延長にあるものと見てよい。

遣唐使の日録について、「日記」と呼んだ例が、『宇津保物語』にある。作り物語だが、用語や概念の考察の上では、むしろ参照すべきものである。「蔵開《くらびらき》（上）」に、藤原仲忠が朱雀院に「家の古集のやうなもの」を披歴するセリフを引く。「俊蔭《としかげ》の朝臣、もろこしに渡りける日より、父の朝臣の日記せし一つ、詩・和歌しるせし一つ。その亡せ侍りける日まで、日づけしなどしておき侍りけるを、俊蔭帰りまうでける日まで、作れることも、その人の日記などなむ、そのなかに侍りし」云々とある(6)。

仲忠の祖父、清原俊蔭が遣唐使に行っているあいだに、俊蔭の帰国を待って、曾祖父、清原の王がつけていた「日記」がひとつと、日付をつけた詩歌の集がひとつ。また俊蔭が帰国する日までにつくったものも、その人の「日記」ということになるでしょう、というくらいの意味。父の朝臣が「日記」をつけていたのは、俊蔭が帰国したのち、留守中の出来事を報告するための記録であろう。「その人の日記などなむ」は、日録のなかに詩歌やつくった文章を控え、とどめることをふくめているので、純然たる記録ではないが、というニュアンスだろう。

なお、『宇津保物語』のこの用例に「日づけしなどして」とあることについて、玉井幸助『日記文学概論』は、『狭衣物語』にも「月日たしかに記しつつ日記して」とわざわざ記していることを指摘し、「日記」という語に、日次に記す含意はないとしている。(7)

のち、十四～十五世紀のものだが、伏見宮貞成親王の『看聞御記』のようにみずからの和歌・連歌の書付の裏に、あるいは万里小路時房の『建内記』のように手紙や文書の裏に、関連する日録を記すことは和歌の詞書きのための手控え、また手紙の覚え書きとして、ふつうに行われていたと考えてよい。さかのぼれば『万葉集』巻一七など、大伴家持が日付を付し、詞書を記して長歌や短歌を記している記載が見られる。

なお、『宇津保物語』「蔵開（中）」の朱雀院に「家の古集のやうなもの」を見せる条では、俊蔭の遣唐使の日記は、自筆の「真名文に書けり」、清原王のものは「草に書けり」とある。(8)「真名文」と対照させているところから、「草」は草仮名と見てよいのではないか。清原王のものは和歌だけかもしれない。が、和歌だけでなければ仮名日記ということになる。朱雀院は仲忠に訓点をうたせて読ませ、また字音読みにさせて鑑賞している。これは俊蔭の「作れること」を、であろう。

俊蔭が遣唐使に行っているあいだの「日記」が「真名文」であることは当然だが、平安中期には、一般に、いわゆる変体漢文であっても「真名文」と呼んだ可能性はあるだろう。だが、『宇津保物語』「蔵開（上）」で、仲忠は朱雀院に、昨今の学問の廃れぶりを嘆き、高麗からの使いのことなども持ち出している。「家の古集のやうなもの」を披歴したのも、自身の学問の才を、朱雀院にアピールするためで、また、朱雀院が訓点をうたせて読ませているところから見ても、この「真名文」は漢文であったと考えてよい。

父の朝臣が草仮名の日記をつけていたとしても、おかしくはない。すでに紀貫之『土佐日記』（九三五年）があった。よく知られるように、本来、漢文で記される日々の記録（日次記）を、和文で書くために書き手を女に仮託したものである。和歌も五七首、入っている。歌もふくめて、記してある内容は、女であることを想わせるものではない。誰が読んでも設定だけの仮託であることはすぐにわかっただろう。

この種の仮託は、漢詩では早くから行われている。『文華秀麗集』（八一八年）で巨勢識人《こせのしきひと》が嵯峨天皇の「長門怨」にあわせた詩を、一人寝をかこつ女の身になってつくっている。和歌では、のち、慈円『早率露胆百首』（一一八八年）が、その詞書に、倶舎論などをよく読んでいる比叡山の若い稚児が詠んだものとしている。

なお、『土佐日記』冒頭の「男もすなる日記といふものを女もしてみむとて」は、「男が書くという日記を女のわたしもしてみる」くらいにとっておけばよいのではないか。「女では、はじめてわたしが試みる」というような強い含意が読みとれるとは限らない。『河海抄』には、醍醐天皇の后、穏子《やすこ》の日記が引用されている。穏子は関白藤原基経の娘で、入内してのちの記事はひらがな書き、その後、息子の朱雀天皇が即位して皇太后となってからの記事は漢文である。どちらも『土佐日記』が執筆された時期より早い(9)。

穏子の場合、宮廷行事の手控えの必要があって自分でつけたのは、ひらがな書き、皇太后になったのちの日記は、記録係が漢文で記したと推測されよう。穏子が漢文を読めたとしても、書けたとは思えない。

また『土佐日記』の以前、節会や祭礼の日の記録、詩合わせ、歌合わせの記録も日付を付している。たとえば、陽明文庫蔵『類聚歌合』巻一七の料紙に用いられた「和歌合抄目録」中、「延喜十三年（九一三年）三月十三日亭子院歌合」の項の下には、「有伊勢日記」と書き入れがあり、尊経閣文庫蔵『歌合』巻一に見える同日の歌会の記録は、その『伊勢日記』からとられたものと見られている(10)。

これら「歌合日記」は、和歌についてのものだから、ひらがな書きだが、女官が書いたとは限らないだろう。この場合の「日記」は、その日の記録という意味で用いられた可能性もあるだろう。のち、歌人、藤原隆房が後白河法皇五〇歳の祝賀の儀の様子を記した『安元御賀日記《あんげんおんがのにっき》』もある。

『土佐日記』にふれたついでに、のちに「日記文学」と称されるようになる作品について、少しだけ、立ち入っておきたい。『紫式部日記』の呼称がまちまちだったことにはふれた。その『紫式部日記』に、道長と交わした会話がでてくる。「宮の御ててにてまろわろからず、まろがむすめにて宮わろくおはしまさず。母もまた幸ありと思ひて笑ひ給ふめり。よい男は持たりかしと思ひたんめり(11)」（中宮の父親として私は不足ではない。私の娘として中宮もおとっていらっしゃらない。中宮の母も幸せに感じて笑っていなさるようだ。よい夫を持ったものと思っておいでだろう）。

道長が、一条天皇の妃（中宮）になった娘、彰子が道長の屋敷（土御門殿）で皇子・敦成親王を出産した喜びを酔いにまかせて語るところである。敬語の使い方が今日のわれわれにはかなりややこしく感じられるが、宮は中宮、彰子。道長は中宮の父親なので、自分にも「御」がつく。「まろ」は、貴人の一人称。「母」は、中宮の母親で道長の正妻、倫子。自分の妻だが、中宮の母だから、敬語を使っている。これは、ほとんど道長の口から出たことばのままを記したものだろう。道長が、将来、自分が天皇の祖父になることに道がひらけた喜びを、あまりに手放しに語ったので、書きとどめておいたと推測される。紫式部は中宮につかえる女官だが、身分がそれほど高くない家の出だから、距離を置いて身分の高い者たちの挙動を見ている。ことばのまま、とはいっても、すぐあとで、紫式部がかいつまんで書いたものだろう。日常会話を、まして酔いにまかせたことばをそのまま筆記したなら、意味不明なものになりがちなのは、いつの世も、どんな言語でも同じである。『紫式部日記』の地の文には、敬語助動詞「侍り」が出てくる。自分のための覚書だから、かなり話し言葉に近づいていると考えられる。また第三者によくわかるように書く必要はないから、省略が多く、場面に依存した書き方になっている。だから、人間関係など現場の様子を知らない者には、注なしではわからない。書簡の場合は、作法の枠内で、直接、相手に語りかける言葉に近くなり、ふだん用いている敬語を用いることになる。

少しさかのぼるが、道綱の母の『蜻蛉日記』（九七五年ころ）は、つれない夫に対する恨みつらみの数かずを回想したものだが、冒頭で、これを「日記」と呼んでいる。「人にもあらぬ身の上までかき日記して、めづらしきさまにもありなん」[12]。ある期間の出来事を書きとどめたものという意味で、「日記」という語が流用されたのだろう。安和二年（九六九）の条に、西の宮の左大臣のことについて述べたのち、「身の上をのみする日きには入るまじき事なれど」[13]とあるのは、一般の日記に対して、「身の上をのみする日き」は極めて特殊な日記であると玉井幸助はいう[14]。そのとおりであろう。

『和泉式部日記』（一〇〇八年）は、「女」と冷泉帝第四皇子帥宮敦道親王とのあいだの恋愛成就を物語のようにしてつづったもので、かつては『和泉式部物語』の題名でも流通していた。

この種の「日記」は、私的な手控え（備忘録）であり、そこに消息（手紙）の往き来が書きとどめられ、和歌が控えられ、夫に対する恨みの数かずを書きつけられようと、虚構がまじろうと問われない。特定のジャンル意識はない。公権力から遠い位置にあった女の文章であるゆえ、そのようなことがおこったのだろう。

さて、江戸時代、「国学」の系統で本朝古典籍の整理を行ったものに、よく知られる塙保己一（一七四六～一八二一）の『群書類従』がある。神祇部、帝王部、補任部、系譜部、伝部、官職部、律令部、公事部、装束部、文筆部、消息部、和歌部、連歌部、物語部、日記部、紀行部、管弦部、蹴鞠部、鷹部、遊戯部、飲食部、合戦部、武家部、釈字部、雑部に分けている。塙保己一の独断によるものといえばそれまでだが、それなりに構えたものであったはずで、準公式的な分類意識の一応の目安になろう。中国の類書の分類に準拠した分類法だが、中国流に全体を「天・地・人」に大きく分けることがなされず、また「神祇」を最初に立てるのは、鎌倉時代、十三世紀前半、橘成季《なりすえ》がいわゆる説話類を編んだ『古今著聞集』などがとってきた、いわば日本流の分類法である。

漢詩文については、『古今著聞集』では「文学」の部を立てていたが、『群書類従』では「文筆」の部とする。「物語」部と「管弦」部とのあいだに、「日記」および「紀行」部を立て、「日記」の部に『和泉式部日記』『紫式部日記』のほかに、十二世紀前期、藤原長子による『讃岐典侍《さぬきのすけ》日記』、鎌倉時代の公家の女性が一定期間の生活風俗や出来事の丹念な記録で、和歌とその詞書を書くという体裁も残す『弁内侍日記』『中務内侍日記』と女手を並べ、室町期の歌日記である『堯孝法印日記』、安土桃山期の僧侶の『玄与日記』、連歌師の『宗長手記』を加えて八篇を並べる。この「日記」は、上表文など公の文章に対して私記の類を呼ぶ中国古来の用法を一応は踏襲していると見てよいだろう。

「紀行」部は筆頭に『土左日記』をあげ、以下社寺詣での旅の記録や、対句表現の多い漢文読み下し体『海道記』(作者不明)、漢語を減らし和漢混淆文で、和歌を散りばめ、かつ和漢の故事をひきつつ展開し、漢文脈と和文脈の使い分けがある『東関紀行』(作者不明)など一四篇が並ぶ。「日記」とつき、かつ日並み記であっても『土左日記』をとり、また『さらしな日記』(更級日記)や漢字ひらがな書き和文による阿仏尼『いさよひ日記』(十六夜日記、古くは『路次の記』と呼ばれた)も、ここに分類している。私記を意味する「日記」のなかから旅の記録を切り出す意識が強かったといってよい。

そして『群書類従』は「雑」部に、『古語拾遺』『日本国現報善悪霊異記』『十七箇条憲法』などとともに『枕草子』『方丈記』を入れている。『徒然草』の名は見えない。

清少納言『枕草子』（九九六年ころ）は、左中将、源経房が喧伝してひろがり、漢詩文の学を才にまかせて奔放自在、千変万化に繰り広げる文体の妙が珍しがられ、その後も写本が重ねられた。宮廷の女性たちが和文体をさまざまに工夫するさまを珍しがり、面白がる風潮が、十一世紀への転換期には生まれていたのである。長大な『源氏物語』（十一世紀初め）と対比して、和文体の片方の代表のようにいわれるようになったのは、鎌倉時代初期の歌人で、大胆なレトリックを好む藤原定家《さだいえ》の評が決定的な役割をはたした。江戸前期の北村季吟『枕草子春曙《しゅんしょ》抄』が「和語之俊烈也」と誉めるのも、飛び跳ねるようなことばのワザをよろこぶ俳諧師の精神によるものだろう。『枕草子』はその題名から推測して、和歌を読むための手控えや種々の和文の文体の試み、その手控えのようなものと古くから推測されていた。

三　近代における「日記」概念

儒学を中心とした「文章の学」を意味する伝統的な「文学」の概念が、大学の文学部の「文学」と、そのなかを哲・史・文にわけるときの狭義の「文学」とのふたつの意味が並立する新たな概念構成に変じたのは、明治中期とみてよい。だが、それによって、これまでみてきたような平安中期から鎌倉記にかけての女手の「日記」類が、「女流文学」のようにひとくくりにされたか、というとそうではない。

「日本文学史」の嚆矢を名のる三上参次・高津鍬次郎合著『日本文学史』上下二巻（一八九〇年）は、「日本の人文学」にあたる広義の「文学」の歴史を編んだもので、各作品、作家の評価は、ほぼ文化・文政期あたりからの評をまとめながら、最新の見解も導入している。その第三篇「平安朝の文学」第四章では、『枕草子』『紫式部日記』『蜻蛉日記』『和泉式部日記』『更級日記』などを「日記及び紀行の文」とくくり、だが、日記・紀行・随筆の「三者の間に、画然たる区域を設くるに難し」(15)と述べている。ここにいう「随筆」は、江戸時代に清朝考証学の影響下に民間に広く行われていた典籍や事物についての考証ではないし、かといってヨーロッパでいう「エッセイ」（essay）の意味で、自由意思による意見の開陳を指しているわけでもなさそうだ。その総序に用いられている「美文学」「理文学」というドイツ語の二分法によるなら、「美文学」は詩・歌・句と小説を範疇とし――当時、戯曲は叙事詩、叙情詩に対して、それらを総合した劇詩の位置づけだった――、エッセイは「理文学」に属することは明らかであり、ここで何を指して「随筆」という語を用いたのだろうか、判然としない。総序および鎌倉時代以降をあつかう下巻は、三上参次の手になるものと推測され、上巻執筆当時、帝国大学国文科の大学院生だった高津鍬三郎とのあいだに「文学」概念上のズレがうかがわれる。また、「随筆」概念とも関連するが、別稿にゆずる。(16)

広く読まれた簡潔な文学史では、芳賀矢一『国文学史十講』（一八九九年）が、「文学」を「美術品としての制作物」と定義し、また和文作品を中心にしている点で、ヨーロッパの「国民文学」の概念を受け取り、国語に限定し、かつ言語藝術に限る態度を見せているが、第五講「中古文学の二　仮名文字散文」では、『源氏物語』『枕草子』『紫式部日記』『和泉式部日記』『蜻蛉日記』を併記し、ジャンル概念は用いていない。また「歴史物語」というカテゴリーを設定している。(17)

戦後もよく読まれた日本文学史の筆頭にあげられる藤岡作太郎『国文学史講話』（一九〇一、〇四年）は、広く美術の動向をも見渡す態度に立つが、『枕草子』『紫式部日記』『和泉式部日記』をならべ、やはりジャンルの規定を行わずにひとくくりにし、「枕草紙《（ママ）》は清少納言の作にして、紫式部日記、和泉式部日記など、同時代に出でたるこの種の作物数あれど、いづれも一歩を此書に譲れり」(18)と述べ、そののち、『源氏物語』との比較に入っている。つまり、文字による言語芸術の意味の狭義の「文学」が成立した明治末になっても、手控え、物語様式、紀行など多様な内容をふくむ女手の「日記」はひとくくりにされていたことが確認される。

『国史大辞典』が「日記文学」について「大正末から昭和初めに用いられ始め」たと述べていることは先に引いたが、今日、それらについての新たな見方が生じたのは、一九二〇年代後半だったことがあきらかにされている。[19] 噶矢は、池田亀鑑「自照文学の歴史的展開」（『国文教育』一九二六年十一月号）あたりだろう。そこでは、みずから「自照文学の全盛時代」が「新しい眼で、国文学を解釈しようとする機運を導いた」[20]と述べられている。そして、池田亀鑑『宮廷女流日記文学』（一九二八年）は、指標として「作者の心境の漂白」をあげている。こうして、長いあいだいわばノン・ジャンルとされてきた言語作品群が、まったく新しい概念の下にくくられ、批評、研究、鑑賞されることになったのである。

その理由を「日記」概念の変容とともに明らかにしてゆこう。検討すべきことの第一に、十九世紀なかばころ、中国南岸部で英語の翻訳語として成立した熟語の問題がある。すなわち“diary”および“journal”の訳語とその移入が、「日記」の用法を「日並み記」に限定してゆく働きをしたかどうか、という問題である。

“diary”はイギリス起源で、線で区切った欄に職務記録をつけることから転じて、その様式の予定なども書きこむ帳面を意味するようになったと考えてよい。“journal”は、ヨーロッパ大陸で日付を付した公的文書などに用いられていたものが、新聞や雑誌などにも転用されていった。その意味の“diary”は、日本では古くから貴族層が具注暦を用いており、職務上の記録は、江戸時代には各藩の官吏の役職についていた武士層、また商人層や庄屋層にも及んでいたと考えてよい。日付を付した覚書の類は、公家や武家の婦人層のものも残っているが、ひろがりの範囲は定かでない。“journal”の方も幕府のおふれや藩令など頻繁に行われていた。定期刊行物として新聞類が刊行されるのは欧米に遅れて幕末になるが、それらがもたらされることによって、日々の習慣やそれについての観念が変化したとは思えない。変化が起こるとすれば、その類の「日並み記」方式の「日記」の書き方および記述する層のひろがりである。

書き方に関しては、職務日記の類以外に欧米の知識人が“diary”形式で書いた思想や感情の記録類の出版物の影響が日本の知識層に及んだことが考えられよう。たとえば一八九三年二月にはじまり、九七年五月まで記された国木田独歩の『欺かざるの記』は、読書計画などをも含む雑多な感想録で、おそらくアメリカの思想家、ラルフ・ウォルド・エマソンの日記やノートの断片を編集した『日記』に触発されたものではないかと想われる。だが、『欺かざるの記』の刊行開始は、独歩歿後の一九〇八年のことであり、また、そのような様式がすぐにひろがったようには思えない。

次に着目すべきは、二十世紀への転換期に、正岡子規が率いた俳句雑誌『ホトトギス』が読者から募集した「週間日記」「一日記事」である。ここからは、当時の庶民がどんな形式と文体で「日記」を書いていたのかを知ることが出来、また、子規がそこでどんな指導を行ったかもわかる。募集原稿の掲載は、四巻一号（一九〇〇年九月十日〜十六日の記事）から一九〇二年六月まで続いた。採用された書き手の階層、職業は実にさまざまで、この時期の庶民の生活習慣の一端を多方面にわたって知ることができる。

もともと子規が周辺の俳人たちと行っていた和歌や俳句の題詠形式を散文に応用した「山会《やまかい》」に発する散文小品の募集掲載が新聞『日本』に移ったため、俳句雑誌『ホトトギス』が一般の庶民に容易な「週間日記」や「一日記事」を募ったもの。各紙誌の原稿募集は読者の拡大を狙ったものだったが、この場合は、単にそれにとどまるものではない。一九〇〇年、正岡子規「ホトトギス第四巻第一号のはじめに」では、応募者に向けて「其文を読むや否や其有様が直に眼前に現れて、実物を見、実事に接するが如く感じせしむるやうに、しかも、其文が冗長に流れ読者を飽かしめぬやうに書く」、「其事物が読者の眼前に躍如として現れなくては写実の効が無い」と述べている。(21) 視覚的な映像を鮮明に想い浮かばせるような文こそが望まれていたのである。

子規は、フランス帰りの画家、中村不折に学んで、「印象鮮明」をモットーにし、俳句革新に挑んだが、散文にも、それを持ち込もうとした。中村不折はパリで解剖学などによる「写実主義」の油絵を学んで、歴史画と称して神話時代の想像画などを描き、他方、俳画もよくした。子規歿後、夏目漱石とともに東京朝日新聞社に入社し、挿絵画家として活躍、中国・古代の書の研究、石碑の収集でも知られる。

正岡子規歿後、『ホトトギス』を引きついだ高浜虚子が、正岡子規の「写生文」の提唱こそ、言文一致を進めたと述べていたことはよく知られる。正岡子規の「叙事文」（一九〇〇年）の提唱は、しばしば「事物のありのままを記す」というように受け取られてきたが、これはまったくの誤解である。子規は虚構の句も作った、というだけではない。子規が題材を身近なことに求め、趣向の「変化」、多彩さを求めたのは、江戸時代の俳諧と地つづきだが、その上に印象鮮明をモットーにしていたのである。[22]

募集日記の投稿者は、もちろん、『ホトトギス』の読者周辺に限られているが、庶民層の書き言葉の文体とその推移をよく示している。「週間日記」は、全体として業務・商売・作業などの記録で、これが当時の一般的な日記作法だった。「風呂敷日記　浅草書肆　拈華」を、その表記のまま引く。

十日。　記す事もなかつた。

十一日　眼が　覚めたら雨が　降つてゐた。午前　あす大学へ持て行く本を帳面へ附けた。今日も店はひまだ。

午後　栄ちやんが出てきて、インチ（遠寺のこと――引用者）の話をしてくれとねだる。

「…………遠寺の鐘が陰にこもりましてボン……ボンと鳴る…………天王寺の森に風がザワ〲ッザワ〲とわたります、雨がサラ〲ッと雨戸にさわる清水の方からいたしましてカランコロン〱〱と下駄の音がする…………やがて雨戸がスーツト開くと思ふと……バタツと音がしました…………」と机をたゝくと栄ちやんは、キヤツと言つてとびのいた。栄ちやんは、たいくつして、汽笛一声を謳ひだした。

お客は三四人しか来なかつた。

職業的な記録の中に、暮らしの中の細事が交じる。地の文は「する、した」体、話体は「です、ます」体。語りの間を示すのに、リーダーを用いているのは、この店主が中学を卒業しているとすれば、英語の小説などを真似たものだろう。二葉亭四迷『浮雲』で文三の内面の苦悶を示すために用いたのが映っているとは限らない。

もうひとり、第四巻一一号に載っている「縫物日記　はる」の一部を引く。

四日、天気不定晴曇雨かはる〴〵にて暑さ堪へがたきほどくるし。

朝八時三十分にゆきて十一時に人々に先さきだちて帰る。

かたびらの袖そで二つぬひ衿えりつけてかけ衿かける。

午後十二時四十分より三時までに脇筋ぬひて袖付け裾のいしづけくける。

これにてこの仕事は仕立あげとなる。きのふ衽おくみのけんざきに少しこまりたり。かたびらは外ほかのものより縫ひにくきもの。

五日。雨ふり。今日は父上留守なればひる早く帰るに及ばずと母君のたまふ。午前九時より午後三時過に自分の羽織ぬひ上げて綿入れにかへる。

平易な和文体で用言終止形止めが多い。裁縫の練習や仕事の進捗の覚えとして実際につけていたものらしい。日本の一般庶民が各自の日々の暮らしの細部を書くことは、いわば業務日記の延長に、仕事の覚えや稽古事の進捗状況などをつけることによってはじまったのではないだろうか。江戸時代の農村では庄屋、都市では番頭などは、業務記録をつけなければならなかったはずだが、庶民となると、それがいつころからかはわからない。

『ホトトギス』募集日記の文体を、「漢文」崩しの読み下し体、用言終止形で止める「する、した」体、「だ、である」体、その他（和文体、「です、ます」体、混用）の四種に分類する。「だ、である」体、「する、した」体ともに、「漢語」の使用の多寡は個人によってまちまちである。週間日記、全七一篇中、漢文読み下しの「なり、たり」体は二〇篇、「する、した」体は二七篇、「だ、である」体は一九篇、その他五篇、という見当になる。「する、した」体が約四割を占める。

「一日記事」では、「週間日記」に比べて、漢文崩しの読み下し体の占める割合が極めて少なく、しかも、一挙に消滅してしまう。「する、した」体が浮上するが、やがて文末表現の混合（「その他」）も減って「だ、である」体に画一化されてゆき、女性の中に「です、ます」体か、和文体を用いる者がいるという程度になる。

一九〇〇年代、尋常小学校までで勉学を終えたものは、漢文読み下し体に習熟していない。断定の助動詞「なり、たり」や完了や推量などの助動詞「つ、ぬ、たり、り」をほとんど用いることなく、日記をつける際にも、彼らが小学校で習った文体の基本、江戸時代の庶民が体言止め、「こと」止めとともによく用いていた用言終止形や断定の助動詞「た」で止める「する、した」体を用い、そこに次第に文末「だ、である」が交じり込んでゆく様子がうかがえる。知識人が『太陽』などの雑誌に発表する文章よりも、漢文読み下し文体からの離脱が早く進んでいたことが、ここに示されている。これこそが、いわゆる「言文一致」体が増えてゆく基盤だったのではないか。女性が「です、ます」体を用いる傾向も、この募集日記には見えている。

もうひとつ、「募集明治卅三年十月十五日記事」（四巻二号、一九〇〇年）に、掲載されている文章を紹介しよう。署名は「由人」。田舎で『木兎《みみずく》』という雑誌を創刊した人で、『ホトトギス』の俳句欄にも、しばしば応募している。

これでも僕は度々《たびたび》諸種の競争はやつたが自転車のレースは初めてだ。レースをまだやらない中《うち》から心臓が鼓動して居る。砲がなつた無中で駆けだした。第一の曲り角で僕の直ぐ後の某紳士が倒れた。第二の曲り角でつい馬力を張り過ぎたせいでもあらう僕の車は縄張り外の堆上の土に乗り上げた。あわをくつた。／心を静めて車をとり直し又駆け出した。見物人が騒ぐのが聞こえる。追かけた。敵は既に半周計りも先に居る。大急ぎだ。三周目に追ひ付いた。大分落ち付いて来た。夫《それ》は勝利の目算が立つたからである。

なかなか達者だ。この文末の多彩さは文体意識の旺盛さの現れである。現在形を交えながらの「〜た」の連続は、行為の切迫した気配を示す工夫である。この「〜た」を、みな現在形に置き換えてみるとよい。臨場感はいや増すが、切迫感は減るだろう。(23)

このように短い時間におこる光景と内身の変化を再現することは、その少し前から行われていた。徳冨蘆花『自然と人生』(一九〇〇年)の巻頭に「自然に対する五分時」(一八九九年)というスケッチ集がある。五分間の光景の変化を、感想をまじえながら、「なり、たり」体で書く。そして、蘆花に「自然の日記」を書くことを勧めた国木田独歩の「今の武蔵野」(一八九八年、のち「武蔵野」)は、何よりも「自分の見て感じた処《ところ》」、その「詩趣」を書くところに関心を向けている。

秋の中ごろから冬の初、試みに中野あたり、或は渋谷、世田ケ谷、又は小金井の奥の林を訪ふて、暫く座《すわ》つて散歩の疲を休めて見よ。此等の物音、忽ち起こり、忽ち止み、次第に近づき、次第に遠ざかり、頭上の木の葉風なきに落ちて微かな音をし、其も止んだ時、自然の静粛を感じ、永遠《エタルニテー》の呼吸身に迫るを覚ゆるであらう。(24)

こちらは「だ、である」体。これが夏では「林といふ林、梢といふ梢、草葉の末に至るまでが、光と熱とに溶けて、まどろんで、怠《なま》けて、うつら〳〵として酔ふて居る」となる。(25)

『ホトトギス』の「由人」の投稿にあったように、切迫した行為の連続に我を忘れた状態を書くことも、大自然の霊気に身をまかせ、刻々と移り変わる印象を描くことも、眼前に、あるいは身内に、生起することを再現することである。まずは、ただひたすら意識に映る印象をそのままことばで再現することが狙われる。そのあとに感想がつけ加えられる。

そして、やがて、印象や感覚こそが人間の認識のはじまりにあるということが、文章のハウトゥーものにも述べられるときがくる。高村光太郎「緑色の太陽」（一九一〇年）は、いう。もし、太陽が緑色に見えたら、緑色に描いてもよいと。

それにもうひとつの流れが加わる。阿部次郎「内生活直写の文学」（一九一一年）は、詩でも小説でも評論でもない新たな文芸形式を提唱した。あとから回想して書くのではなく、内心の不定形な蠢きを、いわばそのまま外に出すことに苦心するというのが「直写」の意味である。阿部次郎は、普遍性をもつ人格に向かって歩む心の軌跡を言葉に残すことを考えていた。彼の思索の跡を残す随想集『三太郎の日記』（第一、一九一四年、第二、一九一五年、第三までの合本、一九一八年）は、知的青年たちの必読書とされ、長く読み続けられた。「心の彷徨」は文学青年たちの隠れた流行語になり、その記録としての日記を書くことが盛んになる。

合本『三太郎の日記』が刊行された一九一八年には、尋常小学校上級生あたりまでを読者として想定した本間久雄『日記の書き方』が出る。本間は、女性解放論で国際的に活躍していたエレン・ケイの民衆芸術論などの紹介者として人気を集めていた。文章の目的は「真実を表現すること」にあり、日記を書くことは生活の反省と向上、すなわち「人格の修養」に最適であり、また文章の練習にもなるという。そこで、しばしば「修養日記」と呼ばれる。青年の場合、性の煩悶が赤裸々につづられることになる。

本間久雄『日記の書き方』は、趣味や娯楽にもなると付言している。ここに、イギリスの社会運動家で、労働と生活の歓びが一致する理想を職人のギルドに見るイギリスの社会運動家、ウィリアム・モリスが唱えた「芸術の生活化、生活の芸術化」に賛同していた本間の立場もうかがえる。モリスは、建築美は建築労働者の「真の生命」の現れと説くラスキン『建築の七燈』（一八四九年）を信奉していた。

文部省「唱歌」に対抗した北原白秋の「童謡」の理念の核心にあるのは「童心」、純粋無垢な幼児の心、それこそが「未生以前」に、そして大自然の根源につながる通路という考えである（「童謡復興」一九二一年）。それゆえ子供の「遊びの炎」のなかにこそ、生命の本源の姿がある、天真爛漫、原始的素朴や肉体で感じることこそが、「生命」の本来の姿と考えられている。モリスの思想にヒントを得て、一九二〇年代半ばに民芸運動をはじめた柳宗悦も、民衆の生活の道具を、大地の底から吹き上げる生の息吹が郷土色に染められて現れる、ことばなき詩のようなものと考えていた。このようにして、およそ人間の活動の一切が根源的な「生命」の現れと考えられ、知性よりも、深い「生命」を揺り動かし、情操を豊かにするため芸術が尊重され、巧拙を問わないアマチュアの創作が奨励される時代を迎える。児童の作文も情操を豊かにするためのものと位置づけられ、日々の「日記」を書くことが勧められる。第二次大戦後、今日までつづく情操教育の重要性を説くことのはじまりは、この時期に盛んになる生命主義の思潮に支えられていた。

そして、これらの動きが複合した「私小説」「心境小説」と呼ばれる小説群が盛んになり、またそれが東洋的伝統美感に支えられたものと論じられるようになったことを背景に、池田亀鑑が「平安女流日記文学」なる新たなジャンルを創出したのだった。随筆形式の「心境小説」は、西欧のイッヒ・ロマンの系譜を引く「私小説」とはいえない、という宇野浩二の提起にはじまり、二〇世紀の転換期にさかんになった象徴主義を受容した詩人たちが芭蕉俳諧を日本の象徴主義として礼賛する流れが文壇におよび、宇野浩二も俳句の伝統に根ざす「心境小説」は変種の「私小説」と認めるにいたる。

この論議に西洋「本格小説」に対する東洋的美学という対立が絡まり、さらに一九三五年に、横光利一「純粋小説論」に対して、小林秀雄が実証主義の導入を指標にした欧化主義の立場から「私小説論」を展開し、それに対するリアクションのひとつとして、舟橋聖一「私小説とテーマ小説」（『新潮』一九三五年一〇月号）が「今日の私小説」は、平安女流日記文学の「尾をひいている」と述べ、「私小説伝統」ということを言い出したのである。[26]舟橋聖一は、東京帝国大学文学部国文科の出身で、先輩、池田亀鑑の説を念頭においたものだろう。[27]こうして江戸時代の小説類に「私小説」形式のものなどひとつも現れないことなどすっかり無視した「伝統」が新たに編み出されたのである。

遥か昔の中国で、いわば私記のすべてを包含していた「日記」概念が、古代から日本流に官記を含むものとされ、江戸時代には「紀行」や「雑文」と切り分けられ、さらに近代小説の形式論や東洋美学とからんで、一九二〇年代から三〇年代に新たにつくられたのが「日記文学」―「私小説」伝統論だった。この議論の道筋が整理されてこなかったため、第二次世界大戦後の「私小説」論は、さらに「自伝」や「告白」などの要素を絡め、混乱に混乱を重ねることになったのである。それまでの経緯についても、近代における古典再評価に働いた美学や散文描写における「一人称視点」の成立など、より突っ込んだ議論が必要だが、ここでは直接、「日記」という語にかかわる現象に絞って、その概念の変化の概略を述べておいた。[28]

（1）玉井幸助『日記文学概論』（国書刊行会、復刻版、一九八三年）九～一〇頁。
（2）同前、二四〇頁。
（3）以上、清華大学人文科学院教授、王中忱氏の教示による。
（4）『歴博』第一三二号（二〇〇五年）・特集・日記と歴史学「中世の日記」を参照。
（5）前掲註（1）玉井書、二四四頁。
（6）日本古典全書『宇津保物語』三（朝日新聞社、一九五一年）二一六頁。
（7）前掲註（1）玉井書、二四二頁。
（8）日本古典全書『宇津保物語』三、二二二頁。

(9) 築島裕『平安時代語新論』（東京大学出版会、一九六九年）第二編第二章第四節「日記随筆」、二〇六～二〇九頁を参照。

(10) 前掲註(1)玉井書、四二九～三一頁を参照。

(11) 『日本古典文学大系19』（岩波書店、一九五八年）四七二頁。

(12) 『日本古典文学大系20』（岩波書店、一九五七年）一〇九頁。

(13) 同前、一七五頁。

(14) 前掲註(1)玉井書、二四五頁。

(15) 三上参次・高津鍬次郎合著『日本文学史』（金港堂、一八九〇年）上巻、二九八頁。同書は、その総序に見られるように「文学」概念とその範疇にかなり意識的で、西欧各国の一国文学史が自国語で書かれた作品のみを対象にして編まれていることをよく承知しながら、「従来、国学者が和文を誇張せしは唯《ただ》、我古文学を以て、之を支那文学に比較せし上のみの事なれば、其比較の区域甚《はなはだ》狭し」と批判し、「諸般の文学を総括して、これを我国文学の全体とし、之を西洋各国の文学と対照比較する」立場を明記している。また、西欧では言語芸術の観念が主流になっていることを受けとめながらも、「美文学」とともに「歴史、哲学、政治学等の如き、所謂理文学」をあわせて日本の「文学」とする立場を明確にしている（同前三～四頁）。「美文学」は感情の表出を目的とする芸術としての「文学」の意味で、「純文学」の語も用いている。これはドイツ語にいう“schöne Literatur”“wissenschaft Literatur”の区別を参照したものらしい。すなわち、「文学」の範囲をヨーロッパの「人文学」（the humanities）に相当するものとしている。ヨーロッパ人文学は自国語（national language）の作品に限り、またキリスト教神学ではない人間のことばに関するものに限り、かつ、当時は民衆のあいだに行われる文学（popular literature）も範疇にいれないが、この『日本文学史』では漢文の書物も入れ、神・儒・仏の聖典も、江戸時代の町人層に流行した井原西鶴の読み物や近松門左衛門の戯曲、芭蕉俳諧なども重要視している。これが、その後の「日本文学（史）」の範囲の大枠を決定したといってよい。以上については、鈴木貞美『「日本文学」の成立』（作品社、二〇〇九年）第一章、二章を参照されたい。

ただし、総序のうちに「漢文は凡て之を採らず。但し其国文学と関係せるところは固《もと》より之を明らかにせり」

（一一〜一二頁）ともある。実際のところ、上巻では『古事記』『日本書紀』から万葉仮名方式で記された歌謡類を率先して載せ、あたかも言語芸術の立場、「国語」の立場を尊重するかのような姿勢を見せているが、『出雲風土記』から国引き神話の一節（原文は崩れた漢文）を読み下し体で載せている。その態度に混乱があることは否めない。そして下巻（鎌倉以降）では、儒学を重視し、新井白石の漢文を引いている。上巻と下巻では、構えも文体もちがい、当時、帝国大学文科大学史学科教授、三上参次が全体を構想し、下巻の執筆を担当、上巻は大学院生だった高津鍬三郎（一八九〇年、一高教授に就任）が執筆したと推測される。この点にこれまでふれてこなかったので、ここに付記しておく。

（16）鈴木貞美「『随筆』とは何か――概念編制史からのアプローチ――」（荒木浩編『中世の随筆――成立・展開と文体――』竹林舎、二〇一四年予定）。

（17）芳賀矢一『国文学史十講』（冨山房、一八九九年）一二三頁。

（18）藤岡作太郎『国文学史講話』（岩波書店、一九四六年）一〇八頁。

（19）ハルオ・シラネ、鈴木登美編『創造された古典――カノン形成・国民国家・日本文学――』（新曜社、一九九九年）一〇八頁。

（20）池田亀鑑『日記・和歌文学』（至文堂、一九六九年）五六頁。

（21）『子規全集』第五巻（講談社、一九七六年）四三六頁。

（22）鈴木貞美『日本の「文学」概念』（作品社、一九九八年）正岡子規の項を参照されたい。

（23）鈴木貞美「日々の暮らしを庶民が書くこと――『ホト、ギス』募集日記をめぐって――」（佐藤バーバラ編『日常生活の誕生――戦間期日本の文化変容――』柏書房、二〇〇七年）を参照されたい。

（24）国木田独歩『武蔵野』（民友社、一九〇一年、複刻版、近代文学館、一九八二年）一三頁。

（25）同前、二九頁。

（26）『新潮』一九三五年一〇月号、一二頁。国際日本文化研究センター・プロジェクト研究員・石川肇氏より資料の提供を受けた。

（27）鈴木貞美『入門　日本近現代文芸史』（平凡社、二〇一三年）第三章を参照されたい。

(28) 生命主義思潮と象徴主義受容、一人称視点の語りの概要については、さしあたり前掲註(27)鈴木書、第二章を参照されたい。

〔付記〕なお、本稿は「『日記』および『日記文学』概念をめぐる覚え書き」(日文研倉本班報告『日本研究』第四四集、二〇一一年)を補訂し、再編集したものである。

「日記」という文献——その実態の多様性——

近藤好和

はじめに

日本史学の史料で「日記」と言うと、通常は日ごとに記した日次記《ひなみき》を言い、これを日本史学では古記録と総称する。古記録は、天皇・貴族（公家）を中心として僧侶や武家を含む男性の手で和風漢文で記されているのが通常である。日次記である点では、古記録と現在の日記・日誌やブログなどとの間に基本的な相違はない。

もっとも一口に古記録といっても、まずは「外記《げき》日記」「内記《ないき》日記」「殿上《てんじょう》日記」などの朝廷の官職による公日記と、貴族などの個人が私的に記した私日記（私記）に大別できる。

また、私日記は、具注暦《ぐちゅうれき》（具註暦）の余白に書き込まれた「暦記《りゃっき》」を基本とする。具注暦は、中務省《なかつかさしょう》管下の陰陽寮《おんみょうりょう》において暦博士《れきはかせ》が制作し、毎年十一月一日に翌年の暦を奏進して内外諸司に配布した暦。季節や日の吉凶などの注を具備する。さらに私日記には、特定の行事や事柄について「暦記」よりも詳細に記した「別記《べっき》」もあり、「暦記」や「別記」を行事や事柄ごとに分類し直した「部類記《ぶるいき》」なども派生した。さらにこの「部類記」と密接な関係にあるのが私撰の儀式書であり、この儀式書も「日記」とよばれることがあった。(1)

いずれにしろ、こうした古記録の成立は、私日記が六国史が終わる九世紀末頃、つまり摂関時代が始まろうとする頃であり、公日記がこれに先行した(2)。

一方、日本文学で「日記」といえば日記文学がある。これはおもに摂関時代から鎌倉時代におよぶ公家側の女性の手で仮名で記されているために、女流日記ともいう。その内容は多様だが、「日記」といっても完全な日次記ではなく、おもに記主の心理的懐述を中心とした回想録である。つまり後年に過去を思い出しながら記したものである。そのために、記憶違いもあるし、創作的部分もある。しかし、記主本人が自分の過去を記している点から、日次記的要素もあり、かつ『源氏物語』のようなまったくの創作ではないために、「物語」ではなく「日記」の範疇なのである。

こうした古記録や日記文学が、日本史学や日本文学で史料・作品として活用され、かつ研究対象となっている「日記」という文献の基本形態であり、これらが「日記」であることは間違いない。

しかし、「日記」という文献には多様性がある。日本の前近代の文献には、こうした古記録(日次記)や日記文学以外にも、その標題や書名に、さらに本文中に「日記」と明記された文献が多数存在する。その点はすでに多くの先学によって指摘されている。

こうした古記録や日記文学以外の「日記」の研究のうち、もっとも基本となるのは玉井幸助氏の研究であろう(3)。一方、もっとも研究蓄積があるのは、古記録とともに日本史の二大史料である古文書としての「日記」であろう。ところが、現在では「日記」といえば古記録や日記文学に限定して考えられることが多い。そこで本稿では、こうした先学の研究を通じて古記録や日記文学以外の「日記」を紹介し、「日記」という文献の多様性を改めて考えたい。

一　古文書としての「日記」

まず古文書としての「日記」をみたい。これまでの研究によれば、古文書としての「日記」は平安時代に出現し、中世後期の惣村が保有する惣有文書のなかにも数多く残る。このうち平安時代のものについては滝川政次郎氏や米田雄介氏の研究があり(4)、それらを総括したうえで惣有文書中の「日記」について検討した榎原雅治氏の研究がある(5)。

　このうち滝川氏は、「日記」そのものの研究ではなく、平安時代における検非違使庁での証拠法の発達という法制史的関心から、刑事事件の事実（経過や目撃談）を直接記した「日記」、名付けて「事発《じはつ》日記」と、刑事事件の加害者（犯人・容疑者）を検非違使が勘問した（取り調べた）調書である「門注状《もんちゅうじょう》」を紹介・検討した。このうち「事発日記」は、史料名としては「申詞《もうしことば》日記」ともみえるが、冒頭に「事発者」（事の発《おこ》りは）という定型文言があるため、「事発日記」と名付けられた。

　これに対し米田氏は、『平安遺文』にみえる「日記」を分析し、滝川氏が指摘した①事発日記のほかに、②勘《かん》問《もん》日記・③紛失日記・④焼亡日記・⑤下行《げぎょう》日記などの「日記」が存在することを指摘。さらに注進状《ちゅうしんじょう》（上申文書）も「日記」とよばれていたことを指摘した。

　このうち②の勘問日記は、滝川氏がいう「問注状」である。③の紛失日記は、紛失（盗難を含む）の事実を記し、④の焼亡日記は、火災（放火を含む）による焼失の事実を記したものである。これらは形式的には①の事発日記と同様で、冒頭に「事発者」の文言がある。これに対し、⑤の下行日記は、寺社が下行した（下位者に与えた）米などの物品の目録である。

　これらの「日記」は、いずれも各該当項目に関する訴訟を行う際の証拠となるもので、そこで該当事項が発生した日付（年月日と時刻も）や各「日記」を記した日付が必ず明記されている。

一方、榎原氏は、中世後期の惣有文書のなかに、本文中に「日記」（「ニンキ」「ニキ」などの仮名表記も）と明記された文書が多数存在することに注目。それを㋐羅列しただけの日記（羅列型）、㋑計算を加えた日記（算用型）、㋒複数日間にわたる記事のある日記（統合型・書継型）、㋓永続的な効力をもった日記（掟型）の四型に分類し、それらの性格を検討した。

また、検討の前提として、古文書としての「日記」の先行研究を整理し、上記の米田説では③紛失日記と④焼亡日記を事発日記とは別個のものとしたが、形式的には事発日記と同様であることから、事発日記に含め（つまり①③④を事発日記として統合し）、また、⑤下行日記は、寺社に上納した物品の目録も含むことから、両者を合わせて「目録日記」とした。

さらに注進状が「日記」とよばれていたとする米田説を批判し、注進状そのものが「日記」とよばれていたのではなく、事発日記・目録日記ともにその日記をもとに注進状（日記注進状）が作成され、事発日記・目録日記それぞれに対応して注進状が存在するとした。

そして、「日記」（古文書としての「日記」）とは、ある特定の日に発生したり、また調査した客観的な事実や数値を記録した覚書――文字通り「ある日の記録」であり、この「日記」を原材料としてさまざまな加工を施して注進状や売券などの正式文書が作成され、または「日記」が正式文書の付帯文書として機能したことを指摘した。

江戸時代の故実家伊勢貞丈（一七一七～一七八四）は、その著『貞丈雑記』（巻之十六・書籍之部）に、「日々《ひにっ》記《き》」（後述）と対比して「日記と云は表立たる事を記して後証の為に記せるを云」と記したが、榎原氏の指摘はこの貞丈の言説に通じるものである。

こうした古文書としての「日記」は、古記録とは直接的には関係がないように思える。しかし、古文書としての「日記」を後日のための覚書と分析した榎原氏の指摘は重要である。

というのも、古記録は本来的には公事《くじ》（朝廷の儀式や政務）の覚書・記録であり、それを記す目的は後日に公事を施行する際の先例・故実とするためだからである。つまり古記録も古文書としての「日記」もそれを記す目的は、何か「コト」を行うための原史料や根拠とするという意味では、同根のものということができる。

異なるのは、かたや正式文書作成のため、かたや公事施行のためというように、それを記す目的の内容や性格が異なる点と、また古記録は毎日記す日次記、古文書としての「日記」はその日だけのいわば「単日記」が基本であるという点ぐらいであろう。古文書としての「日記」も広く古記録に違いないのであり、逆に日次記だけが「日記」ではないのである。

二　「日記」の多様性

「日記」研究の基礎となる玉井幸助氏の研究によれば、「日記」は事実の記録（実録）である。通常は古記録のような日次記を「日記」と考えるが、日次記だけが「日記」ではなく、逆に日次であることは「日記」の条件ではないという(6)。

「日記」は事実の記録という玉井氏の指摘は、前節で紹介した榎原氏の指摘と共通し、古文書としての「日記」にもそのまま当てはまる。

こうした理解のもとで玉井氏は、奈良時代以前の古代から明治時代におよぶ数多の文献のなかから、「日記」の多様性を示す文献（金石文《きんせきぶん》を含む）を多数選び出している。それをつぎに時代順にみていこう。なお、以下の文献の標題・書名は玉井氏引用のままとする。また、玉井氏指摘のうち、文献のなかに名称だけがみえて現存しない「日記」は割愛する。

（一）　奈良時代以前

当該期で玉井氏が注目する文献はすべて碑文や銘などの金石文である。(7)そのうち特につぎの三点に注目する。

○「伊予湯岡碑碑文」（推古四年〈五九六〉）

飛鳥時代の金石文。碑は早くに失われ、碑文が『伊予国風土記』逸文（『釈日本紀』一四・『万葉集註釈』三所引）にみえる。「法興六年」（推古四年）、現在の道後温泉（愛媛県松山市）に「法王大王」（聖徳太子）が行啓したことを記す碑文。

○「元興寺露盤銘」（同年）

飛鳥時代の金石文。大和国飛鳥（奈良県高市郡明日香村）にあった元興寺（飛鳥寺）の塔の露盤《ろばん》（塔先端の相輪《そうりん》基盤部）に記された銘。元興寺建立の次第を記す。塔は建久七年（一一九六）に焼失。天平十八年（七四六）成立の『元興寺伽藍縁起幷流記資財帳』に銘文が残る。

○法隆寺薬師如来光背銘（推古十五年〈六〇七〉）

飛鳥時代の金石文。法隆寺（奈良県生駒郡斑鳩町）の金堂東間安置の薬師如来像光背に記された銘。法隆寺の創建事情を記す。

玉井氏によれば、これらの金石文はいずれも「記録文」という。それを「広義の日記」と捉え、そのうち「伊予湯岡碑碑文」と「元興寺露盤銘」を原文は伝わらないが年紀が最古のもの、「法隆寺薬師如来光背銘」を原文が伝わる最古のものとする。

さらに玉井氏はこの三点のほかにも、当該期の記録文として「元興寺釈迦造像記」（推古十七年〈六〇九〉）から「小野毛人朝臣墓碑」（天武六年〈六七八〉）におよぶ一三例の奈良時代以前の金石文を列挙する。(8)

玉井・榎原両氏が指摘するように、「日記」が事実の記録・覚書であるならば、以上の金石文にはいずれも日付が明記されている点からも、「日記」の嚆矢と考えてよい。

こうした理解に従えば、玉井氏は取り上げていないが、石上神宮（奈良県天理市）所蔵の七支刀《しちしとう》や稲荷山古墳（埼玉県行田市）出土の鉄剣などの古墳時代の出土刀剣にみられる銘文なども「日記」といえることになろう。

（2）奈良時代

当該期で玉井氏が注目するのはつぎのような文献である。(9)

○『万葉集』

大伴家持（生年未詳〈七一八とも〉～七八五）が編集したと考えられている、いわずと知れた著名な歌集。全二〇巻。玉井氏が注目するのはそのうち巻一七～巻二〇の最終四巻。玉井氏はこの四巻に「大伴家持の歌日記」としての要素をみる。この四巻所収の家持の歌には詞書に日付が記され、それが錯簡を含みながらもほぼ日次順に並べられている。(10) つまり日次記の要素がある。

また、巻一五冒頭にみえる天平八年（七三六）六月の「遣二新羅一使人等悲レ別贈答、及海路慟レ情陳レ思、幷当レ所誦詠之古歌」一四五首を、玉井氏は「使人等の紀行の歌日記」とみる。事実、遣新羅使が日本～新羅～日本の道中に詠んだ歌が時間順に収録され、歌による道中記といえるものである。ただし、玉井氏は「使人」を人名とみているようだが、「使人」は使者の意で、特定の人名ではない。

○正倉院文書中の「日記」

正倉院文書は、奈良時代を中心とする膨大な数の公的文書を主体とする古文書群。正倉院宝庫に保管され、現在は宮内庁正倉院事務所が管理。その内容は多岐にわたるが、奈良時代の政治・経済・文化を考えるための基本史料である。そのうち特に玉井氏が「日記」として取り上げるのは、「出雲国計会帳《けいかいちょう》」「経師等《きょうじとう》調度充帳《ちょうどあてちょう》」「天平十八年具注暦書入日記」の三点である。

・「出雲国計会帳」

出雲国（島根県）が天平五年（七三三）七月から翌年六月までの一年間に授受したすべての公文書の目録。玉井氏は「出雲の国司庁に於ける国務の日記」とし、日次記と誤解している。しかし、実際はその一年間に授受した公文書を日付順に記録したもので、日次記ではない。ただし、事実の記録であるのは間違いなく、榎原氏指摘の目録日記に相当する。

・「経師等調度充帳」

写経所における公務日記。写経所は仏典の書写や経巻製作に携わった奈良時代の役所である。天平十七年（七四五）十二月から翌年正月におよぶ日次記である。

・「天平十八年具注暦書入日記」

既述のように、古記録は具注暦の余白に書き込むのを本来とする。本例はその最古の実例である。奈良時代の具注暦はほかに天平二十一年（七四九）と天平勝宝八歳（七五六）のものがある。いずれも断簡。写経所関係文書（「写経所解」）の紙背文書として残ったものである。

以上三点のうち、日次記である「経師等調度充帳」と「天平十八年具注暦書入日記」は「日記」。また、「出雲国計会帳」は日次記ではないが、事実の記録・覚書であることは間違いないから、これまた「日記」である。

それどころか、「日記」が事実の記録・覚書であるならば、たとえば『国家珍宝帳《こっかちんぽうちょう》』をはじめとする五種類の『東大寺献物帳』（東大寺への宝物献納目録）や天平期を中心に残存する「諸国正税帳《しょこくしょうぜいちょう》」（正税の管理・運用に関する上申文書〈決算報告書〉。毎年、諸国から中央へ提出）など、正倉院文書のなかの公文書は目録や帳簿の類が多く、そのほとんどすべてが古文書としての「日記」と同様の性格を持つといえよう。

なお、玉井氏の研究は戦前のものであり、その点で木簡などは念頭にない。しかし、木簡はまさに覚書的要素が強く、木簡も「日記」という視点から考える必要があろう。[11]

（3）平安時代

当該期は玉井氏も「日記の展開」と位置づけているように[12]、「日記」の種類が増加。そのうち玉井氏が注目するのは、まずは古記録（公日記・私日記）と歌合等の日記（便宜的に「歌合日記」とする）である[13]。このうち本稿では歌合日記のみを取り上げる。なお、日記文学も当該期に成立する。しかし、玉井氏は日記文学は「別著」[14]に譲ってふれていない[15]。

玉井氏は、古記録は長期間にわたる日次記だが、日次であることは「日記」の本質ではなく、日記の本質は日々の事実がありのままに記されている点にあり、長い期間にわたる日次記のなかから特定の一日分だけを取り上げても「日記」であると指摘する。

その実例として、康治元年（一一四二）十一月に行われた近衛天皇の大嘗会《だいじょうえ》の詳細を記録した、藤原頼長（一一二〇～一一五六）の『台記』別記康治元年十一月条が、その執筆経緯を記す同記の暦記同年十一月三十日条に「大嘗会日記」とみえることをあげる。

既述のように、別記は特定の行事や事柄について暦記よりも詳細に記した古記録である。したがって、玉井氏の主張は当然のことである。そして、玉井氏は、そうした別記と同類のものとして歌合日記に注目。「民部卿の家の歌合日記」（仁和元年〈八八五〉）から「暮春白河尚歯会和歌日記」（承安二年〈一一七二〉）までの二三例をあげる。

歌合は左右に分かれた歌人が特定の歌題に基づいて歌を詠み合い、評者が一組ずつ左右の優劣を判定して競う行事（遊興）である。同類のものとして、持ち寄った植物の優劣を競う前栽合《せざいあわせ》や根合《ねあわせ》などもある。玉井氏があげた実例のなかにも歌合以外の例を含む(16)。

歌合日記はこうした行事の記録である。むろん記述の主体は歌である。しかし、その歌を詠んだ時の状況も詳しく記されている。また、日付のない場合もあり、基本は仮名書きである。ただし、回想録を基本とする日記文学とは異なり、まさに歌合という行事当日の記録であり、玉井氏が注目するように、『歌合類聚目録』（陽明文庫蔵）に散見する「仮名日記」はこの歌合日記である(17)。まさに別記そのものといえよう。

（4）鎌倉時代以降

玉井氏は、ここで鎌倉時代から明治時代までの「日記」を一括してあげる。まずは鎌倉・室町・江戸各幕府の公日記・『御湯殿上日記』・私日記といった古記録や古記録相当の日次記をあげる(18)。ついで日次記以外の多様な「日記」について、ⓐ日日記・ⓑ古文書類・ⓒ会計書・ⓓ覚書・ⓔ定書《さだめがき》・ⓕ目録・ⓖ故実書・ⓗ往来物・ⓘ或《ある》一《いち》事件の記録・ⓙ雑史・古事談・ⓚ随筆・家集・ⓛ思ひ出の記・ⓜ創作の一三項目（アルファベットは筆者が便宜的に付す）を各節に分けて網羅する(19)。

このうちⓐ日日記は文献の種類ではない。これは「日々記」とも書き、義堂周信（一三二五～一三八八）の『空華日用工夫略集』応安四年（一三七一）正月二十六日条に「年譜、則人々一生之中、毎日行住坐臥之際所作事也、日本謂二之日々記一」とみえる。これによれば、「年譜」とは日次記のことであり、これを日本では「日々記」という。それは、鎌倉時代の仏教説話集である『撰集抄』（巻六・八話）や『御湯殿上日記』天正三年（一五七五）八月二十八日条などによれば、「ひにっき」と読む。

また、『貞丈雑記』（巻之十六・書籍之部）によれば、既述した「日記」と対比し、「日々記と云は其日々の晴雨を始め雑事を記せるを云」とみえる。つまり記録・覚書としての「日記」に対し、「日々記」はそのうちの日次記をいう。

そこから玉井氏は、「日記」の本質は「毎日の記録」（つまり日次）ではないから、「日記」のうち特に「毎日の記録」である日次記を特別に「日日記」といったと指摘する。この指摘はもっともである。ただし、「日日記」（「日々記」）の用例は少なく、普及した用語とはいえない。

ⓑ古文書類から以降が日次記以外の「日記」の分類である。ここに分類・列挙されている文献はいずれも標題や書名に「日記」と明記されている。（1）〜（3）までの時代には標題や書名に「日記」と明記された文献はあがっておらず、内容のうえから玉井氏が「日記」と判断したものであるのとは対照的である。

逆にいうと、（3）平安時代で増加した「日記」の種類が、（4）鎌倉時代以降つまり中世になるとさらに増加するわけである。これは「日記」概念の拡大といってもよいであろう。なお、玉井氏はⓑ古文書類・ⓒ会計書・ⓓ覚書・ⓔ定書・ⓕ目録と細かく分類しているが、これらはいずれも古文書としての「日記」であり、榎原氏の指摘と共通する部分も多い。

以下、一三項目のうち最後のⓜ創作は割愛し、それ以外の一二項目ごとに玉井氏があげた文献の標題・書名を列挙してみよう（多数の場合は抜粋列挙し、最後に「等々」と付す）。

ⓑ古文書類（一四例）

徳永家日記幷御当家日記写・白川日記・浄修坊雑日記・天文日記・陣営日記・僧賢朝宝蔵渡物日記・金剛寺宝物御封日記・日輪寺重宝渡物日記・御影堂文書選出日記・僧了喜文書請取日記・御舎利交合日記・漆請取日記・仏舎利以下入日記・伊達氏武具買上日記

ⓒ会計書（三八例）

金剛心院修正壇供餅下行日記・南部庄年貢仕銭日記・南部庄年貢銭支配日記・南部庄年貢銭請取日記・引替銭日記・天野社二宮金物朱弁井垣上棟入目日記・近木庄年具下行日記・天野社一切経会段米納日記・天野社一切経会段米諸方下行日記等々

ⓓ覚書（三一例）

安楽河三十人所当納日記・歳末巻数賦日記・安楽河三十人供養料日記・巻数賦日記・中院荷用承仕日記・観心寺坊別布施配分日記・妙性房施入米配分日記・僧行海施入米配分日記・観心寺房別配分日記・棟役日記・朱印状入日記・古文書出日記等々

ⓔ定書（二一例）

金剛心院修正壇供下行日記・金剛心院修正壇供餅下行日記・荒河田片子日記・道智房寄進御影堂陀羅尼田所当日記・金剛寺御影堂御社新供米日記・金剛寺御影堂御社新供加地子米遣方日記・丹波大江荘切田田数幷年貢日記案・毛利氏一家中百貫段銭支配日記等々

ⓕ目録（五例）

御影堂御衣日記・学頭所道具日記・御本日記・金春家之書物之日記・会津国中村名日記

ⓖ故実書（二九例）

成道卿口伝日記・射礼日記・流鏑馬日記・笠懸日記・矢開日記・歩立日記・供立之日記・犬追物付紙日記・八廻日記・随兵日記・犬追物日記・神代日記・増補口伝日記・出陣日記・軍幕日記・射手日記・矢誘日記・小的日記・犬追物手組日記・円物之日記・射御日記・御的日記等々

ⓗ往来物（八例）

名形日記・文字日記・万日記・童戯村日記・うた日記・物理日記・宰府参詣日記・馬日記

ⓘ或一事件の記録（三三例）

さかきばの日記・御産所日記・紀河原勘進猿楽日記・後白河院御灌頂日記・五月雨日記・伊達成宗上洛日記・大会日記・毛利元就群山入城日記・毛利隆元山口滞留日記・毛利元就群山籠城日記・毛利元就父子雄高山行向滞留日記・相良氏将軍家使僧迎接日記等々

ⓙ雑史・古事談（一六例）

室町殿日記・安土日記・山本日記・古戦日記・武徳照代日記・慶長日記・関ヶ原日記・別本関ヶ原日記・伊達日記・元寛日記・御日記抄・永日記・高麗陣日記・徒然日記・松蔭の日記・船長日記

ⓚ随筆・家集（一三例）

思のままの日記・太田道灌日記・誠弌日記・宮川日記・黄昏日記・佐渡島日記・常磐日記・調布日記・金杉日記・後松日記・梅園日記・春日山日記・有所聞書日記・尭孝法印日記・東日記・京日記・笈日記・三日月日記・一本日記・芭蕉袖日記・胖日記・表章伊勢日記附証・うた日記

ⓛ思ひ出の記（二例）

誓文日記・木幡景憲日記

さらに玉井氏は、標題・書名に「日記」と明記された文献としてつぎのような例をあげる。

○縁起・案内記・風土記（八例）

元興寺の本縁を記せしめ給ふ日記・補陀落山建立修行日記・日光山瀧尾建立草創日記・満願寺三月会日記・七大寺日記・高野山巡礼記・讃岐国大日記・鎌倉日記

○筆記・註釈・講義（六例）

修善寺相伝日記・法華論四種声聞日記・談議日記・明本抄日記・唯識訓論日記・悉曇伝承日記

○年代記（四例）

鎌倉大日記・高野山奥院興廃記・長帳続年日記・会津八幡続年日記

じつに多くの文献があげられている。本稿ではこれらの個々の内容の検討は割愛するが、これらは標題・書名に「日記」（ごく一部は「記」）と明記されているわけであり、それらが内容に関わりなく「日記」であることを疑う理由はないと筆者は考える。疑いを持つのは、「日記」に対してある特定の概念を持っているからであり、その概念と合わないからであろう。

むろんその標題や書名がいつ付けられたかにも注意する必要がある。しかし、少なくともその標題や書名が付けられた時点で、「日記」と判断されたからであるのは間違いない。いずれにしろ日次記以外の「日記」の存在は確実であり、「日記」という文献の概念については柔軟に考えるべきだと筆者は考えている。

三　「日記」という随筆

ところで、玉井氏は日本の「日記」を考える前提として、中国における「日記」概念も探っている。[20] それによれば、中国の「日記」は創作と実録に大別できる。そのうち実録には日付のあるものとないものがあり、日付のないものには随筆や家集の類も含まれるという。

中国では随筆も「日記」なのであるが、それは日本でも同様であることは、上記の玉井氏の分類のなかにⓚ随筆・家集があることからも明らかである。その随筆・家集のなかで玉井氏があげた『後松《ごしょう》日記』に、「日記」と随筆との関係を考えるために注目すべき言説がみえる。

『後松日記』は、筑後国久留米藩（福岡県久留米市）の故実家松岡行義（一七九四～一八四八）の著。全二一巻。

有職故実に関する言説を中心として多彩な内容を含む。刊本が『日本随筆大成』に収録されていることからもわかるように、現在の分類でいえば紛れもない随筆である。しかし、書名は『後松日記』である（以下、「本書」とする）。

たしかに本書のなかには、巻八に「在京日記」、巻九に「たびの日なみ」、巻一六に「旅の日記」というように、個別の「日記」がみえ、いずれも日次記である。行義は天保四年（一八三三）四月三日から十一月十四日の間、途中に京都滞在を経て江戸と久留米を往復した。「たびの日なみ」はその往復記録。「在京日記」はそのうち四月十六日から五月八日におよぶ京都滞在記録である。また、「旅の日記」はそれとは別に、年未詳閏九月二十日・二十一日・二十六日の三日分の久留米滞在記録である。

しかし、これらは本書全体のごく一部を占めるにすぎない。行義が本書を『後松日記』と名付けた背景は、巻之五につぎのように記されている。

凡日記といふは、一日二日と日をものして書べきを、こは日並もかゝねば、日記とはいひがたかるべけれど、文机のうへにおきて、日毎にみしこと、きく事、いひやりし事など、忘れては名残なからんを書付るにより
て、かくはいふなり、されば部も分たず、筆のまに〳〵なり、

「日記」は日次で書くべきで、本書は日付も書いていないから「日記」とは言い難い。しかし、文机《ふづくえ》のうえで、日々見聞したことや言ったこと、忘れては勿体ないことを書き付けたから、「かくはいふ」つまり「日記」という。だから部立てもせず、筆の赴くままである。このような意味である。

この言説は、「日記」は事実の覚書・記録とする玉井・榎原両氏の考え方に通じ、また、この考え方によれば、日付のない随筆も「日記」ということになる。前近代の日本の随筆といえば、清少納言の『枕草子』、鴨長明の『方丈記』、吉田兼好の『徒然草』などを誰もが思い出す。しかも『徒然草』冒頭に、

つれづれなるままに、日くらし硯にむかひて、心にうつりゆくよしなし事を、そこはかとなく書きつくれば、あやしうこそものぐるほしけれ、

とあるのはあまりにも有名だが、その内容は上記の行義の言説と共通性を持つ。

玉井氏は鎌倉時代以降の文献については、標題・書名に「日記」と明記されたものだけを取り上げた。しかし、行義の言説に従えば、『枕草子』『方丈記』『徒然草』なども「日記」の範疇に加えられることになる。特に『枕草子』『徒然草』は書名に「日記」や「記」を含まない。それどころか、書名からは内容が判断しづらい。

玉井氏があげた奈良時代までの文献には、標題・書名に「日記」と明記されたものはなかった。しかし、上記によれば、鎌倉時代以降の標題・書名に「日記」と明記されてない文献のなかにも、「日記」が存在することになる。著名な文献では、たとえば松尾芭蕉の『奥の細道』なども「日記」といえる。

このように行義の言説に従えば、「日記」という文献の概念はさらに広がることになる。特に行義の言説から、標題・書名に「日記」と明記されていない文献のなかにも「日記」が存在するという視点が導き出されることは重要であろう。

事実、古記録のうち私日記の書名には「日記」と明記されたものは少ない。概ねは「記」であり、また「暦」もある。特に鎌倉時代までの私日記では書名に「日記」と明記されたものは皆無に近く、増加するのは南北朝時代以降である。(21)

もっとも「記」や「暦」と明記されていれば「日記」と判断できる。しかし、たとえば九条兼実（一一四九〜一二〇七）の『玉葉』や九条道家（一一九三〜一二五二）の『玉蘂《ぎょくずい》』のように、私日記のなかにも書名に「日記」「記」「暦」などが明記されていないものがある。また、日記文学にも後深草院二条（一二五八〜没年不祥）の『とはずがたり』のように書名に「日記」と明記されないものがある。

つまり標題・書名に「日記」と明記されることも「日記」の条件ではないのである。

おわりに

改めていえば、玉井・榎原両氏によれば、「日記」とは事実の記録・覚書である。これはすでに江戸時代の伊勢貞丈や松岡行義の言説からもうかがえることであり、行義の言説に従えば、日付のない随筆も「日記」であり、また、その言説から標題・書名に「日記」と明記されていない文献のなかにも「日記」といえる文献は存在することが導き出された。

以上が本稿の要点となろう。これをつきつめれば、現在の日本史学では「日記」といえば古記録（特に私日記）だけが取り上げられることがふつうである。筆者も古記録が「日記」ではないなどと言うつもりは毛頭ない。筆者が言いたいのは、古記録以外にも「日記」と言える文献が多数存在し、古記録だけが「日記」ではないというしごく当然のことである。

そうしたなかで問題となるのは、古記録と同様に日次記の形体で記され、また事実の記録である六国史や『吾妻鏡』などの編纂物は「日記」なのかどうかである。玉井氏の研究では、こうした編纂物についてはまったく取り上げていない。玉井氏は編纂物を「日記」とはみなしていないと考えられる。ならば、その理由はなんであろうか。

そこで注目されるのが、榎原氏による、「日記」を原材料としてさまざまな加工を施して注進状や売券などの正式文書が作成されるという指摘であり、『貞丈雑記』（巻之十六・書籍之部）にみえる「日記と云は表立たる事を記して後証の為に記せるを云」とする言説である。

つまりこれらの指摘・言説に従えば、六国史や『吾妻鏡』などの編纂物の原史料が「日記」となる。逆に言えば、事実の記録・覚書である「日記」を原史料として編纂されたものが編纂物である。つまり編纂物は「日記」から作り出された二次的な文献である。

このように編纂物は「日記」から作り出された二次的な文献であるから、玉井氏は、日次記の形体で書かれた事実の記録であっても、編纂物を「日記」とは考えなかったのであろう。

以上、「日記」という文献の多様性について改めて考えた。本稿は玉井氏を中心とする「日記」についての先学の研究を紹介しただけで、新たな視点はなにもないかもしれない。

しかし、本書は、共同研究「日記の総合的研究」の成果である。「日記」を古記録だけに限定して考えてしまっては、「日記」の総合的研究にはならないし、「日記」研究の進展にはならない。そうした思いから本稿を執筆した。古記録や日記文学に限定されない「日記」という文献が、多数存在するのは紛れもない事実である。本稿が、古記録や日記文学に限らない、柔軟な視点から「日記」を考えるための捨て石となれば幸いである。

（1）藤原宗忠（一〇六二～一一四一）の私日記『中右記』永久二年（一一一四）三月二十九・三十日条によれば、源高明（九一四～九八二）が著した儀式書『西宮記』と藤原公任（九六六～一〇四一）が著した儀式書『北山抄』（公任のことである「四条大納言」とある）が、藤原師輔（九〇八～九六〇）の私日記『九暦』（「九条殿記」とある）とともに「日記三十五巻」として一括されている。

（2）六国史最後の『日本三代実録』は仁和三年（八八七）八月二十六日条（光孝天皇崩御）で終了する。これに対し、現存最古の私日記は、宇多天皇（八六七～九三一）の『宇多天皇御記』同年十一月十七日条（宇多天皇即位式）である。これに対し、公日記は逸文しか残っていないが、「内記日記」は仁和二年（八八六）十二月「芹河行幸内記日記」（『柱史抄』〈下・野行幸事〉所引）が、「外記日記」は延暦九年（七九〇）閏三月十五日「外記別日記」（『政治要略』〈巻二九・年中行事十二月下・追儺〉所引）が最古である。

（3）玉井幸助『日記文学概説』（国書刊行会、一九八二年復刊、初版一九四五年）。以下、本稿で引用する玉井氏の研究は、すべて本書のことである。本書は、「緒言」「結語」をのぞき、第一篇「支那の日記」・第二篇「我が国の日記」・第三篇「日記年表略」の三篇構成。このうち第一篇は三章、第二篇は六章構成である。以下、必要に応じて章・節の標題を註で提示する。なお、本書は旧漢字・旧仮名遣いで記されている。本稿では当用漢字・新仮名遣いに変換して提示する。

（4）滝川政次郎「事発日記と問注状――庁例における証拠法の発達――」（『法制史論叢四　律令諸制及び令外官の研究』角川書店、一九六七年）。米田雄介「日次記に非ざる「日記」について――『平安遺文』を中心に――」（高橋隆三先生喜寿記念論集刊行会編『高橋隆三先生喜寿記念論集　古記録の研究』続群書類従完成会、一九七〇年）。

（5）榎原雅治「荘園文書と惣村文書の接点――日記と呼ばれた文書――」（『日本中世地域社会の構造』校倉書房、二〇〇〇年）。

（6）玉井第二篇・第一章「日記の本質」・第四節「日記は事実の記録なり」。

（7）玉井第二篇・第二章「日記の発生と展開」・第一節「上代の記録」。

（8）「元興寺釈迦造像記」（推古十七年〈六〇九〉）・「法隆寺釈迦造像記」（推古三十一年〈六二三〉）・「天寿国曼陀羅銘」（同年）・「法隆寺綱法蔵釈迦造像記」（推古三十六年〈六二八〉）・「宇治橋碑」（大化二年〈六四六〉）・「法隆寺二天造像記」（白雉元年〈六五〇〉）・「観音造像記」（白雉二年〈六五一〉）・「釈迦造像記」（白雉五年〈六五四〉）・「観心寺阿弥陀造像記」（斉明四年〈六五八〉）・「弥勒造像記」（天智五年〈六六六〉）・「野中寺弥勒造像記」（同年）・「船首王後墓誌」（天智七年〈六六八〉）・「小野毛人朝臣墓碑」（天武六年〈六七八〉）の一三例である。

（9）玉井第二篇・第二章・第二節「奈良時代の日記」。

（10）日付としては天平二年（七三〇）十一月から天平宝字三年（七五九）正月までのほぼ三〇年間である。

（11）城山遺跡（静岡県浜松市）出土の神亀六年（七二九）具注暦木簡などもある。

（12）玉井第二篇・第二章・第三節「日記の展開」。

（13）玉井第二篇・第三章「平安時代に於ける公の日記」・第四章「平安時代の私日記」・第五章「歌合等の日記」。

なお、「事発日記」「勘問日記」については、第二篇・第一章・第三節「前節に於ける用例の検討」で取り上げている。

(14) 玉井『日記文学の研究』（塙書房、一九六五年）。ただし、その「序」によれば、最初の原稿は昭和二十年（一九四五）四月の空襲で焼失。それを再執筆したものという。つまりここで玉井氏がいう「別著」とはその当初の原稿のことである。

(15) ただし、日記文学についても第二篇・第一章で一部ふれる。

(16) 歌合以外の例として、「寛平御時菊合日記」（年代不明）・「太政大臣殿東院前栽合日記」（同前）・「東三条院瞿麦《なでしこ》合日記」（同前）・「上東門院菊合日記」（長元五年〈一〇三二〉）・「斎宮貝合日記」（長久元年〈一〇四〇〉）・「正子内親王絵合日記」（永承五年〈一〇五〇〉）・「後冷泉院根合日記」（永承六年）・「郁芳門院根合日記」（寛治七年〈一〇九三〉）の八例があがっている。

(17) たとえば、「類聚歌合巻第四、皇后宮歌合（寛和二年七月七日、大入道二女、号東三条院、円融院后、有仮名日記、）題（瞿麦）」、「類聚歌合巻第五、寛子皇后宮歌合、同宮歌合（天喜四年四月三十日、左春、右秋、十番、有日記并仮名日記）」とみえる「仮名日記」である。これに対し、上記の寛子皇后宮歌合に「仮名日記」と並記される「日記」は漢文日記という。

(18) 玉井第二篇・第六章「鎌倉時代以降の日記」・第一節「公私の日記」。

(19) ⓐ日日記からⓜ創作までを、玉井氏はそれぞれ第二節から第十四節に分けて記述。

(20) 玉井第一篇。

(21) 古記録のうち公日記は当所から書名に「日記」と明記される（前掲註2参照）。これに対し、私日記は、ひとつの私日記に後世に命名された通称や別称を含むさまざまな名称があって一概にいえないが、皆川完一「記録年表 記録目録」（『国史大辞典』4、吉川弘文館、一九八三年）によれば、書名に「日記」と明記される古記録（私日記）は、親玄僧正（生没年不詳）の『親玄僧正日記』（正応五年〈一二九二〉二月記から永仁二年〈一二九四〉十二月記までが現存）が最古。ただし、それより以前に、守覚法親王（一一五〇～一二〇二）の『北院御室日次記』（治承四年〈一一八〇〉十月・十一月記と寿永元年〈一一八二〉十一月・十二月記が現存）や、記主未詳『仁和寺日次記』（承元四年〈一二一〇〉四月記から承久二年〈一二二〇〉十二月記が現存）がある。また、鶴岡八幡宮（神奈川県鎌倉市）歴代別当による『鶴岡社務記録』（建久二年〈一一九一〉記から文和四年〈一三五五〉記まで現存）もある。さらに興福寺大乗院（奈良市）歴代院主による『大乗院具注暦日記』（承元四年〈一二一〇〉記から文保元年〈一三一七〉記が現存）もみえるが、これは後世の命名の可能性が高い。

〔付記〕　本稿初校後、荒木浩編『中世文学と隣接諸学10中世の随筆』（竹林舎、二〇一四年）が刊行された。そのうち松薗斉「漢文日記と随筆」は本稿の内容とも関わる。併せて御覧いただければ幸いである。

茶会記の成立——日記・古記録学の視点から——

松薗　斉

はじめに

ここで扱う茶会記とは、いうまでもなく茶道での行われる茶会を記録したものであり、茶道史研究ではごく親しいものであるが、ここでは特にその記録としての側面に焦点を当て、平安中期以来の長い日本の日記・古記録の流れのなかに位置づけてみたいと考えている。

この茶会記については、近年、茶会記が姿を現す十六世紀から江戸末期に至るまでの数多くの茶会記を収集・分析した谷晃氏によって、(1)その歴史的変遷やそこに記される道具・掛物・料理などが総体的に検討され、茶道史以外の研究者もそれらを俯瞰することが可能となり、またここで扱う公家の茶の問題については谷端昭夫氏によって、(2)織豊期以降を対象とした詳細な研究が公刊されている。また、金子拓氏は茶道史とは異なる、〃宴の記録〃としての側面からこの茶会記の分析を試みている。(3)本稿もそれらの成果に頼りながら検討を進めるものである。

谷氏の定義によれば、茶会記とは「茶の湯の会について、日付・場所・席主（亭主）名・客名、使用した道具、その際出された料理の内容などを、一定の順序にしたがって書き留めた記録」であり、特に日時・場所・席主名・客名が不可欠のものとされる。内容的には、「ある人間が自分の茶会記録を綴った」自会記と他人の茶会記に参加して記録した他会記に分類できるという。自会記の目的としては、次に茶会を催す際の参考のために記しておき、同じ人物を招く際、別な道具や料理で歓待できるように心がけたためとされ、他会記は、他者（特に優れた茶人）の茶会を記録して、自分の茶会に役立てるとともに、特に重要な道具に対する目（目利き）を養うために、使われた道具の詳細な記録を目的としたとされている。

お茶を飲むこと自体は、南北朝期以降、人びとの生活にかなり溶け込んでいたことが確認できるが、茶会記は、ずっとのち、中世末十六世紀にいたって、お茶を飲むこと、客をお茶でもてなすことが、一定の作法に基づき、道具の鑑賞や振る舞いと呼ばれる酒食の提供などと組み合わさって茶会という催しが成立した後、その記録として登場するのである。

これが一種の記録であることは確かなのであるが、公家や僧侶の日記などと異なり、その記事がほとんど茶事に関することばかりであるので、茶道史に関心がある者しか目に触れることが少なかったためであろう、これまで茶会記を他の日記・記録と同じ視点で考えることはなかなか難しかったようである。

そのようななかで、この茶会記を古代・中世の日記・古記録研究のなかに位置づけようとしたのは、斎木一馬氏が最初なのではないだろうか。一九七九年に書かれた「日記とその遺品」[4]の「室町時代の日記」の章に短いながらも茶会記を一つの項目としてあげている。また同氏が一九八三年に編んだ「歴代主要日記一覧」[5]にも『松屋会記』と『天王寺屋会記』があげられている。ただし、氏の一連の古記録学に関する論考において茶会記自体に具体的に言及したものはないようである。その後、一九八九年に刊行された『日本歴史「古記録」総覧』上巻（新人物往来社）には『天王寺屋会記』（市野千鶴子氏執筆）だけが立項されているが、飯倉晴武氏による『日本史小百科　古記録』（東京堂出版、一九九八年）では項目にあげられていない。一方、馬場萬夫氏の編による『日記解題辞典――古代・中世・近世』（東京堂出版、二〇〇五年）では、『宗湛日記』『天王寺屋会記』『松屋会記』が立項されているという風に評価が定まっていないというのが現状であろう。やはり、茶道史に限定された特殊な記録という認識のもとに、平安時代以来の日記・古記録の流れのなかで位置づける試みが遅れているのではないかと思われる。本稿がその点について些かでも資することができれば幸いである。

一　記録としての茶会記

(一)　編年化された茶会記

現存する茶会記のなかでもっとも古い記事を残すのは、奈良転害郷の漆屋、松屋源三郎（姓土門）三代の茶会記（『松屋会記』）であり、天文二年（一五三三）三月二十日の久政（一五二一～九八）の他会記とされるものを初めとして、以後慶安三年（一六五〇）まで、久好・久重と継続して約一二〇年間作成されてきたものである。[6][7]

続いて和泉堺の豪商天王寺屋津田宗達（一五〇四～六六）の茶会記が現われ、やはり宗及・宗凡と三代にわたって書き継がれ、天文十七年（一五四八）から永禄九年（一五六六）に至る茶会記『天王寺屋会記』が残されている。天王寺屋と同じ堺の商人では、今井宗久の茶会記も不完全な形ではあるが残されており、天文二十三年（一五五四）から天正十七年（一五八九）までの自他会記よりなっており、『今井宗久茶湯日記書抜』として刊行されている。

また堺と並ぶ中世商業都市として栄えた北九州の博多には、室町中期頃から代々豪商として名を成した神屋家の宗湛（一五五一～一六三五）によって天正十四年（一五八六）から慶長十八年（一六一三）にわたる茶会記『宗湛日記』が残されている。

これらは、奈良・堺・博多とばらばらに自然発生したものではないであろう。京都も含め、彼らは相互に交流していることが、これらの茶会記の客などから判明するし(8)、さらに豊後などの地方から上京してきた武士や商人らが客として招かれ(9)、京・堺などの茶湯者も連歌師や琵琶法師たちと同様に地方を旅して(10)日本国内に広範囲なネットワークが形成されていた。

ここで対象とした茶会記以外にも、当時数多くの茶会記が作成されていたと推測されるが、原本にしろ写本にしろ、これらの茶会記が残されたのは、記録者自身および子孫が茶湯者（茶人）として名をなしたばかりでなく、そのなかに武野紹鷗をはじめとし千利休などの著名人の参じた茶会の記録が残され、茶道の発展とともにそれらが尊ばれるようになったことが背景にあると考えられている。

これらは、自他による茶会の記録であるので、当然毎日記されるわけではない。また他人の茶会記では、ある茶会に参加していることが確認されながら、その人物の茶会記にはその茶会が記されていない場合や出席した茶会の日付が異なっている場合などがあり(11)、日時を追って一つの帳面に記していったものではなく、ばらばらに集積されていたメモ類が、のちにある段階で本人もしくは他人によって一つの記録にまとめられたと考えるべきもののようである。

たとえば、『松屋会記』は三代目の久重によって編纂されたものであり(12)、冒頭の久政の茶会記が、最初の記事が天文二年三月二十日の記事のみであり、次は天文五年正月六日のみであるのが、同六年になると、二月十日、九月十二日・十三日・十四日と記事数が増し、次は天文八年（四か日分）、次は天文十一年（七か日分）と次第に記事が増加し年も連続するようになるのは、久重当時に残されていた久政のものと考えられる記録がすでに散逸してしまっていたことを示すのであろう。しかし、時代が下るほど記録に対する意識が成熟し、より詳しく記録するばかりでなく、保存にも意を払うようになっていたものと考えられる。次の久好の代には、慶長十一年十二月十三日条に「一、十三日晩 古織部殿へ久好御茶進上申、御相伴、寂福院・才次・ハリ（春）田四人、カサリ萬會帳客方ニ書之」とあるように、編年の茶会記以外に別記のようなものが並行して作成されていたようである。

茶会の性質上、茶の接待をうけながらメモを取るわけにはいかず、彼らはその場で目に焼き付け、茶席を離れた後、文字や図・絵にしたものと考えられる。たとえば、久政は天文十三年四月七日堺に赴き、薩摩屋宗忻の茶会に出席して、その際に掛けられた「七種ノ菓子ノ画」を茶会記に図し注記を付けているが、同じ絵をこの薩摩屋宗斤《ママ》のもとで天王寺屋宗及が見て、[13]同じように自身の他会記に図しているものと比較すると、絵の構図もいささか異なり、描かれた菓子に付けられた注記も若干異なっている。両者の絵の上手さや転写された際にどの程度忠実に模写されたかという問題もあるが、やはり根本的には両者ともに記憶してきたものを茶会記に再現する際に違いを生じたとみるべきであろう。

すでに触れたように、この時期の茶会記は写本、それもかなり転写された本でしか残っていないものがほとんどであり、原本とされる『天王寺屋会記』も清書本（本人もしくは他人による）と考えられており、[14]なかなか記録が作成された当初の形態を復元することは難しいようである。形態的な面からいえば、公家や僧侶によって書かれていた日次記の類とは同次元に考えられないのはいうまでもない。しかし、もともと一つの帳面に記録していったもの、一回の茶会ごとに作成したメモをのちに集めて編纂したもの、またはその両方が混在するものなどいろいろであろうが、一回の茶会の記録に日時を付し、それらを編年順に並べて、現存するような共通した形態の茶会記に作成しており、その点をもっと評価すべきではないかと思う。

茶会記を編年記にまとめることにいかなる意味があったのか。個々の茶会記を記録することには、前述したような次の茶会へ備えや工夫、また道具などへのみずからの目を養ったりという目的があった訳であるが、長期間にわたって編年に並べられたものには、そこにその茶道の家に関わった名士たちが列挙され、信長や秀吉、松永久秀や明智光秀らが登場し、まさにその家の歴史として、その伝統や権威を示す材料と化すのであろう。名のある道具を所持すること以外に、有効な自家の宣伝の道具となり得るものである。ばらばらで茶会記を所持するのではなく、このように編年に並べて一種の歴史書的な機能を持たせることが当時要求されたのであり、この点は公家たちの「家」の日記（家記）と共通の性格を見ることが可能なのである。

（2） 茶会記に見える「茶会記」以外の記事

はじめにで触れたように、斎木一馬氏によって茶会記はいわゆる日記・古記録のなかに位置づけられるようになるが、その理由として、これら十六世紀の茶会記の記事のなかに、茶湯関係以外の記事、特に当時の政治的な事件に関わる記事が時折見えることがあげられる。

古いところでは、『松屋会記』「久政茶会記」永禄十年十二月二十六日条に記される堺における千宗易の茶会記の末に「去ル十月十日、大佛炎上ノ一乱ニ付、堺ニ逗留候也」と、松永久秀と三好三人衆との合戦による東大寺大仏炎上の事件が書き留められている。『松屋会記』の久政の茶会記は、前述のように茶会記のみを集めて編纂したためか、その手の記事は少ないようであるが、『天王寺屋会記』の特に宗及の他会記には、結構そのような記事が多く見えている。表1・表2はそれらの中で織田信長関係の記事を整理したものであるが、これらの記事は他の「茶会記」の部分と異質な記録内容になっており、宗及が茶会記以外に何らかの日記的なものを記していたことを推測させる。

たとえば、表1-5、天正八年十月二日の記事では、宗及は法隆寺において聖徳太子ゆかりの宝物を見物したが、別当が「太子香一包」を信長に献上した際、一部を「惟任日向殿」明智光秀と宗及にも分け与えたことが記され、その記事の後、突然「従法隆寺」の語で終わって、そのまま行が替わり、三日後の十月五日の九鬼嘉隆の茶会記が載せられている。恐らく日記の一部を切り継いで茶会記とつなげた際、日記にあった「法隆寺より」ど

表１　『天王寺屋会記』（宗及他会記）に見える茶湯以外の記事

＼	年月日	茶湯関係以外の記事
1	永禄12．1．11	去六日ニ、於山城桂河、公方様衆与三好方一戦アリ、三好方打マケ候、阿州従堺出申、依其故、堺中従十二日サワキ出候也、去年十月比ヨリ堀ヲホリ、矢倉ヲアレ《(ケ)》、事外用意共イタシ候事無専、摂津中之道具女子共迄、大坂・平野へ落シ申候也、
2	天正２．１．24	正月廿四日ニ従堺立候而、濃州へ下向候、同廿八日ニ濃州岐阜へ着候、即廿九日、上様へ参上之通申上候、同二月一日ニ以塙九郎左衛門尉殿被　仰出候、宗及拝見不仕御道具書立ヲ上申セヨトノ　御意也、前ニ拝見申候御道具ヲ書立候て上申候処、不被拝見御物共、二日之朝、従　上様被書下候、御茶湯三日之朝ニ可被成御沙汰之由、被　仰出候、　＊上様＝織田信長。
3	天正２．３．27	南都へ被　成御成、於多門山蘭奢侍《(待)》御きりなされ候、堺衆モ御供也、即御帰洛也、南都へ御動座之時、於宇治御茶被成　御覧候、森所ニテ御膳ヲ上申候、
4	天正６．１．12	巳刻ニ／安土江御礼ニ参、御殿不残見申候／御家門様、直ニ御諚被成、てんしゆをはしめ方々拝見申候、其後、黄金見せさせられ候ハん由被成　上意候て、たつ〳〵さんの絵之御座敷ニ相待申候而、かうさくの絵之御座敷にて見申候、黄金一万枚ほと見申候、
5	天正８．10．２	帰津之路次、於法隆寺／太子御宝物拝見候、太子香一包給候／上様へ従法隆寺上り申候其次手ニ、別当取テヲカレ候ヲ、惟任日向殿へ被進之候、其時宗及ニ給候、従法隆寺（行が替わり、10月５日の九鬼嘉隆の茶会記に続く）
6	天正９．７．27	七月廿七日ニ上洛いたし候／八朔日ニ安土御馬揃見物ニ参上候／一、八朔ニ御馬揃見物申候、然而二日之午之下刻ニ、長谷川御竹殿為御使被　仰出候、去年上申候文琳、返シ可被下之由　御諚ニ候、即、御竹殿被成御持、宮内法印宿へ御出候／上様之御諚ハ去年上申候已後、驪而返シ可被下之処、已後之コラシメト思召、被成御延引候、唯今迄御遠慮之段、世間之外聞如何候と思召なと丶一段被入御念御諚共也、即、二日之未下刻ニ安土ヲ出申候、四日辰刻ニ堺へ着津候／一、御礼ニ十一日ニ罷越候、進物なと用意仕候へ共、不被召置返シ被下候、猶以忝次第共ニ候也、八月二日ニ大通平年忌也、仕合キトク也／同八月十四日ニ丹波国周山へ越候、惟任日向守殿被成御出候、十五夜之月見、彼山ニ而終夜遊覧／月は稚秋ハ見山の今宵哉　{光秀之}御発句／名ハ世にもたかミ山路秋の月　同／誹諧アリテ／宮古人月と酒とのこよひかな　宗及、

註：{　}は傍注、／は行替え（以下の表も同じ）

表2　『天王寺屋会記』（宗及他会記）に見える本能寺の変前後の記事

天正10年		天王寺屋茶会記（宗及他会記）	今井宗久茶湯日記抜書
1	5.19	於安土惣見寺、参州之家康ニ　御舞・御能見物させられ候、上様被成　御成、本堂ニ而御見物、城介様各御壹門ノ御衆、何モ被成　御出、舞能御見物、堺衆十人計参候、始ニ而幸若八郎九郎両三人、長龍露払、本舞たいしよくわん《（大織冠）》、こいま《（小舞）》ひふしミ・ときわ、其已後、即、丹波梅若太夫御能仕候、脇ノ能見もすそ《（見裳濯）》、次ニめくらさたというふ能いたし候、其時上様／御気色あしく候、直ニしからしられ候、太夫罷帰候へ之由被　仰出候、又、幸若太夫和田酒盛まい申せとの　御諚にて、被召出候、舞過テ黄金十枚・御盃ノ土器ニ御すへなされ候て、幸若ニ被下候、其後、色々梅若御詫言申上候て、又能一番仕候、是ニモ黄金十枚被下候	（信長、徳川家康を安土惣見寺に招き、能を見せて接待。堺衆10人も相伴）
2	5.29	徳川殿堺へ被成御下津候、庄中ニ振舞之儀、従宮法被仰付候、請取／＼いたし候而仕事ニ候 ＊宮法＝宮内卿法印（松井友閑）	徳川殿堺へ御下向ニ付、為御見廻参上、御服等玉ハリ候、来月三日、於私宅御茶差上ベクノ由申置候也
3	6.2	上様御しやうかひ也／惟任日向守於本能寺御腹ヲキラせ申候、家康モ二日ニ従堺被帰候、我等も可令出京と存、路地迄上り申候、天王寺辺ニ而承候、宮法モ従途中被帰候	今朝於京都　上様惟日カ為ニ御生害ノ由、友閑老ヨリ申来候（本能寺の変）
4	6.5	於大坂城中七兵衛殿御しやうかひ、三七殿・五郎左衛門両人為御覚悟之儀也、即、首ヲ堺之北之ハシニカケラレ候、七兵衛殿首・堀田弥次左衛門首・渡辺与右衛門首、以上三ツかけられ候 ＊三七殿＝神戸三七郎信孝	
5	6.12	羽柴筑前守殿従西国出張也、山崎迄十二日ニ着陣、即我等モ為見廻参、堀久大郎殿路次ヲ令同道候、即十二日ニ筑州ハ富田ニ御在陣也	（羽柴秀吉、山崎に着陣）
6	6.13・ 6.14	於山崎表かつせんあり、惟日まけられ、勝龍寺へ被取入候、従城中夜中ニ被出候、於路次被相果候、首十四日ニ到来、本能寺　上様御座所ニ惣之首共都合三千計かけられ候	（山崎合戦、光秀敗北、路次にて討たれる）
7	6.16	我等も上洛いたし候、首共見候也／斎藤内蔵介十七日ニ車さた也、即首ヲ被切候也	

こそこに行ったというような記事を途中で切ってしまったために起きたもので、編集の際のミスであろう。

このように日記を切り継いで茶会記を編纂した形跡が、彼の自会記の方にはほとんど見えないのは、そちらの方が日記と組み合わされずに編集されたためであろう。なぜ他会記の方が日記と組み合わされたかというと、宗及が出かけて行った茶会を編年順に並べようとすれば、時に堺を離れ、京都や奈良、そして岐阜や安土など遠方に出かけて行った茶会の経歴を知るのに、茶会の記録だけ並べたのでは、その移動などが十分伝わらないと考えたのではないだろうか。さらに本能寺の変のような、彼らにとっても衝撃的な事件は、日記の記事に興味を魅かれ、それを生かそうとして叙述が「歴史」に傾いたものとなったのではないだろうか。

表1-2・5などは、宗及の日記の中でも旅の日記に基づいているようであるが、このような旅の日記風のものは、神屋宗湛の茶会記『宗湛日記』にもしばしば見られる。そして彼の場合、表3-1に掲げた唐津から京都への旅が、彼の茶会記の始まりとなっている点が重要なのであった。博多の豪商（当時は肥前国唐津に疎開していた）である宗湛は、これ以前にも畿内と九州の間を往復したことはあったし、茶会記も存在していた思われるが、この旅は、単なる上京ではなく、天王寺屋宗及を介し大徳寺の古渓和尚について得度することが目的だったのであり、それによって彼は宗湛を名乗り、本格的な茶湯者としてのスタートを切ったと認識していたからこそ、今日残されている茶会記『宗湛日記』は、この旅からスタートするのである。だからこそそこに旅の記事は必要だったのであり、恐らく別に記していた旅の日記を覚書風に書き改めて載せたのであろう。[15]

さらに想像であるが、宗湛も宗及同様、日常的に何らかの日記を記していたのではないだろうか。現存する『宗湛日記』も、残された茶会記に、ある段階でそれらと関係する彼の日記の記事を抄出して、今日残されているような形態に編纂した可能性がある。すでに同書の解題に、天正十五年（一五八七）十月十日朝に行われた聚楽第における山崎志摩守の茶会記に見える「コノ数寄ノ飾、付落也」という注記を早い例として、メモの記入漏

表3 『宗湛日記』に見える宗湛の旅の記録

	年月日	『宗湛日記』の記事
1	天正14.10.28～11.24 (肥前国唐津→京都)	天正十四年丙戌小春廿八日ニ、上松浦唐津村ヲ出行シテ、同ミ《(満)》ツ嶋ヨリ舟ニ乗リ、筑前国カブリ《(加布里)》ノ村ニ着、ソレヨリ陸地ヲ上リ、下関ヨリ舟ニ乗リ、兵庫ニツク也、其ヨリ陸地ヲ上リ、同霜月十八日ニ下京四条ノ森田浄因所ニツキ宿仕ナリ、廿日ニ愛宕山ニ参詣仕、ソノ日、山雪ニテ寒事、殊外也、廿一日ニ下向仕、同宿ニ休也、廿三日、上京宗及老御宿ニ始テ参ル、宗湛及宗傳両人、其時ニ不時ノ御振舞アリ、又廿四日卯刻、両人見舞申候得ハ、大文字屋ニ御會ニ御出候折ニテ、門ニテ御目ニカヽリ候得ハ、アトニ留被置テ御振舞アリ、同日申ノ刻ニ、大文字屋榮清ヨリ我々被召寄、不時ノ御数寄有也、
2	天正15.3.28～4.28 (京都→唐津→肥後国八代→薩摩国出水)	同廿八日、アタゴヲ罷下、丁亥四月十五日上松浦郡唐津村ニ下着候、同四月十八日唐津村ヲ出、関白様御見舞トシテ薩摩ヲ指テ罷下也、同廿四日肥後国ヤツシロノ熊川ノハタニテ、石田治少ニアイソロテ、アトヲ尋、廿六日ミナマタニテ御陣ニ参候、石治少ヨリ馬ノハミマテ被仰付候也、廿七日卯刻ヨリ御供仕、薩州イツミニ着也、同廿八日、イツミノ御城ニテ御目見仕、石治少御取合也、御進物之事、白鳥{大}壹・高麗胡桃十袋也、御前ニ被召出テ、金ノ天目ニテ御茶被下也、臺子御茶湯ニテ、小性《(姓)》ハノキテ、トウ《(同朋)》坊衆手前也、則治少御取合テ御暇給テ、其日ヨリ唐津ノ如ク罷帰也、其節上下大雨ニテ苦労不及是日也
3	天正15.6.3～6.8 (唐津→箱崎→博多)	丁亥六月三日、薩摩ヨリ被成　還御筑前国箱崎ニ社内ニ　関白様御陣ナサレ候ニ依テ、同七日ノ昼、松浦カラ津ヨリ参上仕テ、箱崎ニ著テ、八日ニ　関白様ニ御目ミヱ仕候也、宗及老御取合／一、同十日ニ　関白様博多ノアト可有御覧トテ、社頭ノ前ヨリ、フスタト申候南蛮船ニメサレ、博多ニ御著候、御船ニ乗候物ハ、ハテル両人・宗湛、其外小性《(姓)》衆也、博多ノ浜ニテ御進物ヲア《(上)》ケ申候ヘハ、其内銀子一枚ハカリ被召上候、其外ノ物ハ博多ニ被下候也／一、同十一日ヨリ、博多町ノサシ図ヲ書付ラレテ、十二日ヨリノ町ワリ也、博多町ワリ奉行事／瀧川三郎兵衛トノ・長東大蔵トノ・山崎志摩トノ・小西摂州、此五人ナリ、下奉行三十人有、(この後、6.13箱崎における宗及の茶会記が続く)
	6.?	同六月／一、大谷刑部少輔トノハ、ソノ前　上様御機嫌悪キニ依テ、香椎ノ村ニ御カクレ候ヲ、石治少我ラ御頼候ニヨリ、舟ニテ香椎ヨリメイノハマニ送申テ、御宿ヲハ興徳寺ニ置申也、サソラヘハ、依御大望ニ、道具ヲメイノ濱ニ持参仕テ、刑少輔ニ懸御目候也、
4	天正15.9.17～9.22～10.4～10.8 (博多→大坂→京都)	天正十五年丁亥十月一日、於北野被成大茶湯候之間、宗湛可罷上ノ由、被成　御朱印候、宗及老御取次ニテ飛脚到来候事、九月十七日、然者九州ヨリハ只宗湛一人マテニ候ホトニ、急度可参上之通御状参候ニ付、罷登ナリ、其節、博多屋敷草ヲケツリ、漸カリ屋ヲカケ候比ニテ、難罷上候得共、任貴命、則廿二日天赦ナリ、博多ヲ立、十月四日ニ大坂マテ着、ヒヨリ無之儘ニ、船中ニ逗留、不及是非、同八日ニ上京、聚

		楽ニツク、其日ニ従大津　還御ニテ、午刻ニシユラク宗及ノ表ニテ、関白様対面仕也、宗及御取合也、則　御読ニハ、カワイヤ、ヲソク上リタルヨナ、ヤカテ茶ヲノマセウツヨト被成　御意候、忝ト申上也、
5	天正15.11.22・10.24・10.25・12.1（立花山→南関→博多）	一、霜廿二日、立花ノフモトマテ下向ソロヘハ、博多ヨリ飛脚参候テ、是ヨリスクニ肥後ニ罷下／一、廿四日、南関ニテ小早川殿ニミマイ申候／廿四日晩／一、鵜飼新右　{南関ニテ}不時御振舞／廿五日朝／一、小早川殿　{南セキニテ}御振舞、過テワニニ通也／廿五日晩／一、安国寺　{南セキニテ}御振舞、不時ニ　御陣屋／廿六日朝／一、安国寺{南関ニテ}御振舞　大名衆二人・宗湛／同御陣屋ニテ、過テ罷帰也／一、十二月朔日ニ博多ニ罷帰候也、其後十二月中、大名衆ニ　御茶申ハ別付置也、

れと思われる記載がいくつか見えることが指摘されているが[16]、このような注記の存在も原日記の存在を示唆させるものである。なぜなら『宗湛日記』のこの日の記事には、山崎志摩守の主催する茶会が催され、それに招かれた宗及・休夢・宗湛・春世の名前が記されているだけであり、それだけでは単独の茶会記としては存在しにくい。これらの記事は恐らく当初日記のようなものに、その日付にかけて記されていた記事なのであろう。そして茶会記として編纂した際、それらの会が行われたことは載せられても、具体的な内容が補えなかったためにこのような注記を記さなければならなかったと考えられる。

中世後期に、宗祇や宗長ら連歌師たちによって紀行（旅を日記風に文学化した作品）が多く作成されたが、織豊期に入っても、秀吉の九州や関東などへの遠征、その結果、支配下に入った地方の諸大名や家臣たちが領国と京・大坂を往来することが増え、また特に文禄の役の際、多くの大名が軍勢を率いて肥前名護屋に集められ、そこに滞在する秀吉や彼らを慰撫するため、和歌・連歌や能・狂言の会、そして茶会などが城内外に築かれた彼らの陣所や邸宅でしばしば催された。そのため、そこに向かう人びとの中には多くの文化人が含まれ、多くの旅の日記や紀行が作成されることになった。たとえば、歌人として有名な細川幽斎は、九州平定のために下向した秀吉や子息忠興を見舞うために博多に下っているが、彼がその時作成した『九州道の記』とよばれる紀行文には、史料①のように、表3-3に見える天正十五年六月八日、そして表には載せなかったが、宗湛が秀吉を正客として催した茶会の日付（六月二十五日）と重なる箇所がある。

①同八日、利休居士所へ関白殿下渡御ありて、しばし御物語ありて後、一折と相催されて、発句つかうまつるべきよしあれば、筥崎八幡の心を、

神代にも越えつつ涼し松の風　　松

雲間に遠き夏の夜の月

ほのかにも明け行く空の雨晴れて　　日野新中納言

箱崎の八幡の内、関白殿おまし所になりて、各参上せしに、しるしの松に寄せて祝言の心をよませられけるに、

剣をばここに納めよ箱崎の松の千とせも君が代の友

関白殿、箱崎の松原にて涼まるべきよしありて、各召し具せられ、しばし御遊興の事あり、大御酒まゐり謡どもありて、御当座ありしに、

立ち出づる袖の湊の夕涼み片敷くほどの浦風ぞ吹く

暮れ果てて帰らせたまふ折に、松原に名残思ふ歌、人々つかうまつるべきよしあれば、

松原にとまり烏の声をさへうらやまれぬる帰るさの道

（中略）

六月廿五日、一折張行すべしとて、溝江大炊允所望に、

浪の音も秋風近し西の海

あまざかる鄙の住まひと思ふなどつこもおなじ浮き世ならずやと宗易より言ひ遣せられける返事に、

あまざかる鄙にはなほぞゐたむなきどつこもおなじ浮き世なれども

（『日本古典文学全集48　中世日記紀行集』小学館、一九九四年）

茶の湯にも精通していたことが知られる幽斎であるが、歌枕や名所旧跡を訪ね、和歌・連歌をふんだんに散りばめる伝統的なスタイルで仕上げたこの紀行文では、ここに引用した二か所の利休（宗易）の名前以外は、一切茶の湯のことには触れていない。

『宗湛日記』によれば、六月二十五日朝[17]、幽斎（長岡玄旨）は、箱崎の陣屋で秀吉を正客として催された宗湛の茶会に相伴しているのだが、『九州道の記』には、宗易から送られた歌は記しても茶会のことにはまったく触れない。一方、表3-3に見えるように、この時期、天王寺屋宗及も博多に滞在しており、六月十三日には秀吉を招いて茶会を催した（『宗湛日記』）。

さらに日付は不明であるが六月中に「宗及所」で行われた秀吉の茶会にも参加しており、この会では連歌が行われ、秀吉の発句と宗及の脇句などが『宗湛日記』に書き留められている。秀吉の「しほかまのはま辺涼しきとのまへ」という発句は、「此御発句ヲ博多ノモノニキカセ申サイデト、各御ホウビ候ヘハ、上様御機嫌能也」とあるように、幽斎のような文学的な趣向の中で書き留めたものではなく、博多の商人たちを代表して秀吉に接する宗湛らにとっては政治的な意味合いをもつ大事なデモンストレーションとしてであった。

このような記事も茶会記に記されており、彼らが茶会記に託した歴史的な意義を感じとるべきであろう。ただしその記事は本来は狭義の茶会記ではなく、別に存在していた宗湛の日記から採用されたものであろう。

ちなみに宗及は、六月二十六日に催された秀吉が島津義久を招いて催した茶会にも見えており（『薩藩旧記後集』）、『天王寺屋会記』における宗及の茶会記は天正十三年までで終わっているが、晩年、九州博多まで下向し、活発に活動していた宗及のことであるから、この時期にも茶会記を作成していたと見るべきであろう。ただなぜこの晩年の部分が現存の『天王寺屋会記』に所載されていないのかという点は一つの問題であろう。

二　同時代の日記に見える茶湯の記録

ここでは視点を変えて、伝統的な公家の日記のなかで、新たに芸能として流行してきた茶の湯をどのように記録していくかを考えることで、茶会記の同時代の記録としての側面を検討してみよう。

(一)　公家日記の場合

元来、公家の日記は、平安時代の王朝貴族が年中・臨時の行事や政務などを具注暦に記すことから始まり(王朝日記)、十二世紀以降、中世社会に貴族の「家」が形成されいくなかで、「家」の日記(家記)として変化していった[18]。中世後期に入ってもこの特性は維持されていくが、その基幹部分をなす儀式や政務の記事が、朝廷の衰微による公事の退転によって日記の紙面から失われていく。公家たちにおいて「家」の日記として日記は記され続けるが、その紙面の内容は大きくさま変わりしていくことになる。すでに林屋辰三郎氏に指摘されているように[19]、公家の日記は南北朝時代を過ぎると生活記録的な記事が中心になっていくが、その一つの要素がこの時期新たに流行し始めた連歌や猿楽(能・狂言)などの芸能の記事で、『看聞日記』などを開くとよくわかるように、和歌や漢詩文、そして雅楽や蹴鞠などの伝統的な宮廷芸能とともに、朝廷・幕府、そして京都の内外で行われるそれらをしばしば書きとめるようになる。

その理由はいろいろ考えられるが、京都という同じ場所で、武家政権である幕府と共存するようになり、公武の社会的融合が進み、将軍以下の武家の趣向に敏感にならざるを得なかったこと(逆に武家も公家文化にどっぷりつかることになる)、公家は、朝廷の廷臣としての地位は変わらないが、朝廷そのものが幕府に都の内外のさまざまな権限を奪われ、政治的な力が急速に低下するとともに、地方の荘園所領からの収入も低下し、経済的にも困窮するものが増加し、生活レベルが下がってその目線も低下していったことがあげられる。そして政治権力を掌握する武家や経済的に勃興してきた有力商人たちとともに、中世京都の上層都市民としての性格を強めつつあったことによるものであろう、京都の町の内外で起きることすべてが彼らの興味の対象となっていたのである。

一方、もともとは主に寺院で始まった喫茶の習慣は、すでに十五世紀に入るとかなり京都の町でも日常化していることが関係記事から知られる。特に闘茶という、連歌などと同様懸物を出し酒宴をともなう一種のゲームとして流行し、相当な量のお茶が消費されたことが知られ、折々の贈答品の品目にもしばしば登場し、生活への浸透をうかがわせている。

公家の日記においても、十五世紀段階では、お茶に関する記事は闘茶と贈答に関する記事が中心で、いまだのちの茶道につながるレベルの文化的な営為が始っていたことを示す記事は管見に入らない。公家たちがそれを意識して記録し始めるのは、やはり十六世紀に入ってしばらく経った大永年間（一五二一～二八）あたり、前述のように『松屋会記』などの茶会記が残り始める天文年間（一五三二～五五）をやや遡る頃からである。

公家の日記で、この茶道に発展するお茶の営為を記したと考えられる表現に「茶湯」という言葉がある。この「茶湯」という言葉は、三条西実隆の日記『実隆公記』などにおいてすでに文明十六年（一四八四）あたりから見えているが、それらは寺院を訪れた際に供されたり、仏事に関するものが中心で、奈良興福寺の大乗院門跡の日記に見える「茶湯」の記載と共通した仏事的な性格のものであろう。[20] しかし、大永年間に入って、実隆は自邸の改築を行った際、「茶湯所」を作らせており、[21] 翌年には、大工に「茶湯之腋立明障子室礼事」を命じている。[22]

実隆と親しい連歌師宗長の日記（『宗長日記』）の大永六年（一五二六）八月十五日条には、「下京茶湯とて、此比数寄などいひて、四畳半敷・六条敷をの〱興行、宗珠さし入、門に大なる松有、杉あり、垣のうち清く、蔦落葉五葉六葉いろこきを見て……」とあり、茶湯の創始者と見なされている珠光の養嗣子宗珠の活動に触れられているが、そこに見える「茶湯」そして「数寄」という表現がこの時期流行しつつあった茶湯を示すものである以上、『実隆公記』に見えるそれも、宗珠らが進めている茶湯を意識したものと考えてよいであろう。実隆は、大永三年に、清原宣賢に「茶杓数寄物」(23)を贈っており、芳賀幸四郎氏が推測したように(24)この頃から実隆は侘び茶に心惹かれ、自身でも嗜みはじめていたと考えられる。やはり実隆と親交のあった公家の鷲尾隆康も、青蓮院の入道尊鎮親王によって催された「御茶」に「下京地下人入道」で「数寄之上手」と評価された宗珠が参仕していることをその日記に書きとめている。(25)そのように見てくると、実隆が自邸に設けた「茶湯所」はこの時代以降、「茶屋」とよばれるものと同じものではないかと推測される。

茶屋という言葉は、これより早く、たとえば『言国卿記』文亀二年（一五〇二）二月二四日条に「イチハラ野ニテ昼ヤスミ在之、茶ヤヨリフルマウ」などと見えているが、これは鞍馬や清水寺などへの参詣者のために酒食を提供する店のようで、確かにお茶も提供するようであるが、ここでいう茶屋とは別種のものとみるべきであろう。(26)

茶湯における茶室的なものとしての「茶屋」の使用は、前述の鷲尾隆康が、やはり青蓮院の入道尊鎮親王らのお供をして因幡堂に参詣した帰りに立ち寄った際、「山居之躰尤有レ感、誠可レ謂二市中隠一」と感想を記した「宗珠茶屋」をあげるべきであろう。(27)彼はここでも宗珠を当時の「数寄之張本也」と繰り返し評価している。

現存の『実隆公記』を見る限り、実隆の「茶湯所」＝茶屋における茶湯の活動はほとんど確認できない。同時期、公家の万里小路秀房邸にも「黒木造」の茶屋が設けられており、(28)青蓮院入道尊鎮親王や(29)鷲尾隆康、そして「近辺衆」が集まって和漢の会や酒宴を行っているが、茶湯らしきものが催されたという記事は見当たらない。(30)これは実際に行われていないというより、彼らの間では、酒席や和歌・連歌の会などが主体であり、茶湯がいまだ記録される対象ではなかったのではないかと考えられる。

山科言継（一五〇七～七九）は、戦国時代を生きた中級クラスの公家であるが、楽の家、また衣紋の家として公家や女房たちに顔が広く、一方で内職として町医者的なことも営んでおり、頼まれると商家の妻子などにも薬を処方するなど、庶民的な人物として知られている。[31] 彼の日記『言継卿記』は、今日大永七年（一五二七）から天正四年（一五七六）まで残されており、その中には、天文六年（一五三七）に中御門宣忠の邸に赴き、坊城俊名らとともに「茶会」に参じたという記事[32]以降、茶湯の記事が散見する。それを整理したものが表4である。

日記を見る限り、言継が茶湯に招かれたのは、極臈《きょくろう》の藤原氏直や久我家の家司クラスの家から昇殿を許された竹内長治[33]、陰陽道の家の勘解由小路在富や土御門有脩、それに医道の家である半井明英（三位入道、閑嘯軒）やその一族澄玄（明親）・驢庵（光成）父子などで、彼らはこの時代には朝廷への貢献によって三位に叙され公卿の末席に列しているが、もともとは地下の官人層の出自である。豪華な「数寄之座敷」を設けることができたのは、恐らく当時、相伝した家学（陰陽道や医道）を生かして収入があり、公家の中では裕福な者たちだったからであろう。特に半井澄玄の邸宅の「座敷」は当時新造されたばかりでかなり有名であったらしく、勧修寺門跡聖信の所望により言継が案内して見物し「言語道断見事也」という感想を記しており[34]、表4-4に見えるように澄玄の茶湯に招かれた際にもその「数寄之座敷」は「種々驚耳目事共」であった。

このように驚いてはいても、言継はその後もあまり茶湯に傾倒することはなかったようである。日記を見る限り、お茶自体は自邸でも訪問先でもよく飲んでいたが、どちらかというと酒の方が好きだったようであり[35]、芳賀氏も指摘しているように[36]貧乏公家には、豪華な「数寄之座敷」の設営は無理であったのであろう。言継も天文十七年に家領の山科七郷を失って以来、経済的にかなり困窮していた。

表4に示されるように、茶湯のことを日記に記していても、それ程詳しい記事を載せることはないようであるが、表4-9にあげた永禄十年（一五六七）の祥寿院瑞昌法印の坊で行われた茶湯は、摂関家の当主一条内基を

表4　『言継卿記』に見える茶湯

	年月日	場　所	メンバー	備　考
1	天文6．2．15	中御門宣忠邸	山科言継・坊城俊名・猪熊某・治部又四郎	「茶会」
2	天文13．3．23	藤原氏直(極臈)邸	広橋兼秀・藤原公敍・烏丸光康・山科言継・東坊城長淳・薄(橘)以緒・高倉永相(右衛門佐)・亭主・白光院等	「茶興行、午時に可来之(由)申間罷向、……湯積、種々重宝共也、中酒事外及大飲、其後又盃出」
3	天文14．2．22	勘解由小路在冨邸	柳原資定・広橋兼秀・言継・東坊城長淳・中御門宣治・亭主・大宮(小槻)伊治・治部又四郎等	「朝飡に罷向、種々重宝有之」その後連歌
4	天文14．6．20	半井澄玄(明親、春蘭軒)邸	甘露寺伊長・勧修寺尹豊・広橋兼秀・高倉永家・烏丸光康・言継・東坊城長淳・四辻季遠・日野晴光・高倉範久・上冷泉為益・薄以緒・広橋国光・庭田重保・高倉永相・亭主等	「朝飯、……後数寄之座敷にて茶有之、種々驚耳目事共也、次冷麵・吸物等にて数盃及大飲了、音曲巡舞等有之」
5	天文23．2．16	半井明英(三位入道、閑嘯軒)邸	正親町実胤・広橋兼秀・言継・冷泉為益・広橋国光・庭田重保・速水越中守・同安芸守・芝原豊後守等(途中で烏丸光康が加わる)	「飯有之、中酒之後山里にて茶有之、次烏丸精進之間飯以後被来、次吸物臺物等にて及大飲、音曲有之」
6	天文23．9．28	梶井殿庁務安芸所(南都)	四辻季遠・言継・四辻公遠・高倉永相・五辻為仲等	「茶湯見物」
7	弘治3．1．14	一宮出羽守(今川家中)邸	三条西実澄・言継・一宮出羽守・木村左衛門大夫・澤路隼人佑・粟屋左衛門尉(武田家中)・孝甫等	晩飡、「数寄之仕立済々儀也」、連歌、「餅善哉吸物にて一盞有之」
8	永禄10．4．22	半井驢庵(光成)邸	四辻季遠・言継	「於山里晩飡有之、済々儀也、次二階之亭茶湯座敷等見之、驚目了」
9	永禄10．11．22	祥寿院(瑞昌法印)邸	一条内基・言継・満千世(坊城弟)・亭主・三井寺三光院・堀川近江守・難波右馬権助等	史料②参照
10	元亀2．12．29	織田信長邸	村井民部少輔・細川藤孝・明智光秀等	茶湯
※	天正4．3．13	飛鳥井雅敦邸	言経・梅翁院	「スキ座敷ニテ茶・御酒有之」
11	天正4．3．20	竹内長治(左	中山孝親・勧修寺晴右・言継・	茶湯、「ウトン、次酒有之」

		兵衛督）邸	庭田重保・持明院基孝・甘露寺経元・山科言経・亭主・土御門有脩・冷泉為満・半井驢庵等	
12	天正4．10．10	土御門有脩（安三位）邸	言継・言経・白川雅朝・薄（橘）以継・後藤入道自入（奉公衆）	晩飡（10．10「明日午時茶可立」）
13	天正4．12．8	竹内長治（左兵衛督）邸	言継・下冷泉為純・中院通勝・亭主・中御門資胤（カ）・上冷泉為満・大和宗怒等	晩飡「飯以後数寄之座敷にて茶有之、次盃出、音曲及大飲」

註：※は『言経卿記』

主客として招くものであったからであろう、史料②に示したように、言継も印象的に思ったらしく、日時やメンバーのみならず、掛物や道具、料理の献立などをかなり詳しく記録している。同時期の茶会記に記されるべき要素が含まれており、形式を整えれば茶会記になる可能性があるものといえよう。

②自二祥壽院一瑞昌法印使有レ之、午時一条殿渡御之間、可レ来之由候了、同心了、……未刻祥寿院へ罷向、一条殿・予・坊城弟満千世・亭主・三井寺之三光院・堀川近江守・難波右馬権助等御相伴、晩飡有レ之、狸・鮭・雉以下種々儀也、御中酒以後、数寄之座敷御茶申レ之、床之小絵竹墨絵、与可筆・花立柑子口・臺盃すいしやう等也、御茶以後又前之座敷にて御盃参、吸物餅入豆腐・食籠・臺物等也、御盃三め五度入也、及二大飲一音曲有レ之、押板之絵維摩、集、丹玄筆 戌刻御帰、各帰宅了

（『言継卿記』永禄十・十一・二十二）

ただし、やはりその日に行われたことをそのまま思い出して記録した、彼らの日記の記録方法の範疇を出ていないし、言継自身が茶湯の数寄者でなかったことに起因するものであろう、茶会記のようにその作法や個々の絵や道具について細かな描写はなされていない。

（2）武家日記の場合

戦国期から織豊期にかけて、地方の、特に戦国大名の吏僚クラスの武士たちが日記を残し始める。ちょうど茶会記が現われるころであるが、同じころにそれら武家

の日記にも茶湯のことが記録されている。たとえば、南九州の戦国大名島津氏の老中という家老的な地位にあった上井覚兼は、本人が数寄者だったこともあり、その日記にはかなり豊富な茶湯に関する記事が見えており、そのなかにはかなり直接的に茶会の様子を伝える記録が残されている。

③……忠棟・伊野州へ茶湯会尺可レ申之由約束申候間、入御也、……先めし也、御酒なと過候て、宇治之別儀をたて候、拙者手前也、座者、忠棟・野州・拙者也、うす茶ハ忠棟御手前也、其後種〻肴にて御酒也、各被レ立候、……

(『上井覚兼日記』天正十一・九・二十八)

④……此日申刻計、忠棟より御茶一服被レ下候する由候伬参候、御茶湯座へ堀池宗叱案内者被レ申候間、打烈候てはいり候、其衆、上拙者、次宗叱、次東雪・堀池弥次郎也、先〻各風呂釜之為レ躰一覧申候、其後亭主指出被レ成、食参候而御酒三返也、配膳者、忠棟御子息増喜殿只一人にてめされ候、御湯参候て、菓子参候也、其後各罷立、暫遠見共申候て、手洗水仕候也、其後又座ニ各参候、宗叱御茶立候也、天目臺なと秘蔵とて被レ出候間、各別而見申候、褒美共也、其後種〻閑談共過候て、うす茶にて候、又宗叱被レ立候、炭なとも宗叱被レ置候、其後御汁参候て御酒也、一二三返御肴共参候て、御酒過参候ハ各罷帰候也、……

(『上井覚兼日記』天正十一・三・五)

⑤……此日堀池宗叱宿へ礼申候、吉田作州同心申候也、父子共ニ門まて出合候也、作州にて、先刻於ニ忠棟御座一楚忽ニ参会候、其上手まへなと存分見申候事、狼藉之由申述候、段子一端持せ候也、宗叱者出合、軈而茶湯座へ行、わかり候処まて案内者候て、それより吉田殿御案内者候へと云候て、内へ入候也、作州案内者にて、くゝり戸をそとならされ候へハ、弥次郎内より明候、其時拙者さきにくゝり戸を入候、そこに足もなき木履三足候つる間、一足はき候て、やかて四帖半之座へはいいり候、作州も其分に候、宗叱さし出、礼儀申候て炭置候て、又内へ引こミ候、其時、風呂釜なと之躰見申候、それより宗叱盃を持て出候て、座ニ置候、

やかて肴出し候、盃一二返廻候へハ、又宗叱炭を置候、其時我〻立候て、手洗候て、静ニ遠見共申候、炭置終候と見え候時、又座ニはいり候、其時如レ常道具等取出し、宗叱茶立候、時宜仕候て、拙者たへ候、其次作州のミ被成候、それより宗叱たへ納候て、とり納め候、其後かへり候也、……

（『上井覚兼日記』天正十一・三・九）

史料③は、上井覚兼が、肥後国八代の陣中において同じく老中職の伊集院忠棟らを茶湯に招いた時の日記の記事である。「会尺」はもてなす意味で、上井覚兼より少し時期をさかのぼる時期に記された肥後国の武家の日記である『八代日記』(37)においても「茶湯御会尺」(38)という表現が散見している。

覚兼は食事や酒を供した後、宇治茶の別儀(39)を覚兼が立て、「うす茶」は忠棟が立てたというのである。この時は遠征先でのことなので自慢の道具を持ってきていなかったためか、道具のことには触れられていないが、本拠地の宮崎城では、覚兼は、「茶湯者」である「馬嶋宗壽軒と申候目医者」に自分の道具を見せており(40)、領内の寺社に茶湯に招かれ、「天目壺なと見せられ」たり(41)、同僚の吉田清存から島津氏の茶頭的地位にあった堀池宗叱に褒められたという「水こほし・花いけなと」を茶湯の際に見せられたり(42)と、道具への強い関心も日記の中から読み取ることができる。ただし、茶会記のようにその道具を詳細に（時に絵を交えながら）描写するような記事はない。その辺りに日記と茶会記の記録としての質の違いを見てよいように思える。

史料④は、鹿児島で伊集院忠棟に茶湯に招かれた時の日記であり、堀池宗叱を案内者として「御茶湯座」に入っていくところから、食事と酒を忠棟の子息増喜の配膳で取った後、天目臺などの名物を拝見し、宗叱が茶を立てその炭をみずから置く様子などを注視しながら、やがて汁・酒などで会を終えるその一部始終が記録されている。

史料⑤は、後日、吉田清存とともに堀池宗叱の邸を訪れ、先の忠棟の茶会に列し、その際に宗叱の「手まへ（前）なと存分見申候事」の「狼藉」を詫びに出かけた際の記事であるが、覚兼の茶湯への強い「数寄」を感じたのか、宗叱は自家の茶室に案内し、「く、り戸」から中に通して、炭を置き道具を用意してみずから覚兼に茶を立てた。日頃は仲間内で勝手に茶湯を楽しんでいる覚兼が、プロの茶湯者に茶室に通され、特別に茶湯を振るまわれたその感激が感じられる記録となっている。

前述した『松屋会記』以下の茶会記は、使われた道具や掛物などについての詳細な情報が記されるが、あくまでプロの茶湯者が茶会に臨んだ際、必要な情報をメモしておくだけのもので、茶会の流れがどのように進行していったかなどは、わかりきった次第であるのか記されることは少ない。ただし、たとえば『宗湛日記』の天正十五年正月三日、大坂城で行われた秀吉主催の「大茶湯」の記録などは、この覚兼の日記に近い表現となっている。前半の日記的な部分に対し、後半は定型化された茶会記となっており、前半部分はやはり日記として別に存在していたものを補った可能性をうかがわせるものである。

おわりに

以上のように、茶会記を同時代の公家や武家の日記の茶事に関する部分と比較してみると次のようなことに気づく。

現存する茶会記は、本来の茶会の記録とそれを補う形で、日記的なものが継ぎ合わされており、本来は別々の存在であった可能性がある。本来の茶会記の記事の中には、茶会が行われた日付や場所、メンバーなど日記的な記事も含まれているが、道具や掛物などに対する極めて詳細な描写は独特なものであり、それまでの公家や武家の日記には見られないものである。

その感覚は彼らが茶湯に関わって磨かれていったものではなく、もともと商人であった彼らの商品に対する感覚が発達したものではないだろうか。松屋は奈良の漆屋であったが、堺の津田（天王寺屋）宗達・宗及や今井（納屋）宗及、そして博多の神屋宗湛は、ただの商人ではなく豪商とよばれる程に手広く商売に成功した者たちであり、特に堺や博多といった自治都市の運営に参加する上層町民たちであった。堺や博多は、いわずもがな、日明貿易の窓口であり、多くの唐物がそこで商われたはずで、それらに対する鑑識眼も当然豊かなものになったはずである。また彼らは、京都の公家や門跡、幕府の奉行人や同朋衆、守護大名やその吏僚たちなどとも幅広く交流しており、和歌や連歌などを通じて王朝古典文化にも親しみ、その方面にも相当な教養を蓄えていた。その辺りにも彼らが日記をつけ始める歴史的背景の一つがあったように思われる。

また、商人たちは必ず帳簿を付けていたはずであり、遠隔地との交易ではさまざまに手紙をやり取りし、商いや通行の許可などにも種々の文書の発給を受け、文章や算術の手ほどきは幼い時からなされていたはずである。そこでの一字の間違いが大きな損失をもたらすこともあろうから、公家や武家以上に厳しく叩き込まれていたであろう。しかし、なぜか日本の商人たちの帳簿や記録類は中世に見る限りほとんど残されていない。

イタリアの中世では、貿易商人たちが作成した帳簿への書き込みから、その家族や資産についての覚書や由来が作成され、さらにそれらは、彼らが活動するフィレンツェやヴェネチアなどの都市の年代記に発展し、自身と彼が属する家族や町（都市国家）に起こった出来事を記す日記も記されるようになったという[(43)]。その背景としては、地中海沿岸のみならず遠く北ヨーロッパや黒海周辺などの遠隔地との貿易が活発化するとともにさまざまな情報が彼らに集まったこと、さらに商売に成功して社会的に上昇し、自治都市の役職などを兼任してその運営や政治に関わるようになると、自分や家族の過去のみならず生きている今を記録することに対する意識が高まったことが考えられている。

日本の中世商人も同じような歩みをたどっても決しておかしくはないと思うが、十五世紀あたりまではほどんど痕跡を見ない。そしてやっと十六世紀になって、茶会記という形ではあるが、商人の日記・記録のスタートを読み取ることができるのである。恐らく茶会記と一緒になっていたから、その名残を残すことができたのであろう。

中世の商人たちは、もう少し以前から何らかの日記・記録を記し始めていたのであろうが、それらを後代に残すシステムが未熟であったのであろう。イタリアの商人たちの場合、その家系が絶えると所蔵の文書や覚書、帳簿の類は教会や都市国家の公文書館に納められて残されたようである。[44]また、彼らの社会が何事にも契約が重視され、公証人による登記が早くから発達していたことも、商人たちの作製した帳簿や覚書を保存しようという社会的な力を強めていたようである。

イタリア商人たちは、彼らの覚書の中に、子弟たちに対してのさまざまな教訓を残しているが、同様のものを、日本の場合、江戸初期に入ると見出すことができる。[45]それらをイタリア商人たちのそれと比較してみることに興味を引かれるがまたの機会にしたい。ただ、日本の場合、早熟といってよいほど早い段階（十世紀）から日記・記録を記し始め、それらを一つの文化として維持していた天皇・公家や寺社の人びとが君臨する京都や奈良よりも、それらの重しのない堺や博多の商人たちは、イタリアの商人たちのように、自分たちの日記や年代記・覚書の文化を生み出す可能性が大きかったように思われる。しかし、イタリア商人たちが自治都市から都市国家まで発展させた道程を、日本の商人たちもたどり始めたのであるが、ついに未完のまま豊臣政権や徳川幕府に呑みこまれてしまったようである。そう考えてみると、彼らの日記が茶会記の中でしか残されなかったというのは、彼らの一つの挫折がそこに反映しているとも考えられよう。この点については結論を急がず、もう少し考えていきたいと思う。

（1）谷晃『茶会記の研究』（淡交社、二〇〇一年）。以下氏の引用は同書による。
（2）谷端昭夫『公家茶道の研究』（同朋舎、二〇〇五年）。
（3）金子拓「宴の記録としての「御成記」と「茶会記」」（小野正敏・五味文彦・荻原三雄編『宴の中世――場・かわらけ・権力――』高志書院、二〇〇八年）。
（4）『斎木一馬著作集　1　古記録の研究(上)』（吉川弘文館、一九八九年）所収。これ以前、たとえば、戦前に刊行された高橋隆三『史籍解題』（雄山閣、一九三八年、『大日本史講座』所収）にはとりあげられていない。
（5）『日本史総覧』第一巻（新人物往来社、一九八三年）所収。
（6）以下の茶会記について、テキスト・解題はすべて淡交社刊の『茶道古典全集』に所収されたものによっている。刊行順に示すと以下のとおりである。
『松屋会記』（『茶道古典全集』第九巻、一九五七年、校訂・解題永島福太郎）
『宗湛日記』（『茶道古典全集』第六巻、一九五八年、校訂・解題芳賀幸四郎）
『天王寺屋会記〈他会記〉』（『茶道古典全集』第七巻、一九五九年、校訂・解題永島福太郎）
『天王寺屋会記〈自会記〉』（『茶道古典全集』第八巻、一九五九年、校訂・解題永島福太郎）
『今井宗久茶湯日記抜書』（『茶道古典全集』第一〇巻、一九六一年、校訂・解題永島福太郎）
（7）天文二年は、久政一三歳の時であり、さすがに茶会に一人招かれ茶会記を残すというのは早すぎるようで、この点、久政の兄で若くして何らかの事情で松屋から去った久行の記録ではないかと推測されている（筒井紘一編『茶道大辞典』淡交社、二〇一〇年、松屋久行の項）。
（8）『松屋会記』を見ると、久政はしばしば堺を訪れ、そこで天王寺屋宗達や納屋宗久の茶会に招かれており（天文十一・四・四、永禄二・四・十九など）、神屋宗湛も奈良で松屋久政の茶会に（『宗湛』天正十五・三・二十七）、堺や大坂では宗及・宗久の茶会に出席している（同天正十五・一・二、天正十五・三・二十など）。
（9）たとえば『天王寺屋会記』「宗達自会記」永禄四・八・二十八など。
（10）たとえば、『家忠日記』天正七・八・十七に「京の茶湯者宗音越候」と見え、後述する『上井覚兼日記』天正十一・閏一・二十八、閏一・二十九に見える「茶湯者」で「馬嶋宗寿軒と申候目医者」も、「上国之企」（同五・

十八）、つまり中央に帰ろうとしているところから、京・堺あたりの茶湯者であろう。

(11)『今井宗久茶湯日記抜書』解題。

(12)『松屋会記』解題。

(13)『天王寺屋会記』「宗及他会記」（道具拝見記）永禄十年十二月十八日条「菓子之絵拝見、始而、七種有」。

(14)『天王寺屋会記〈他会記〉』解題。

(15)桑田忠親『宗湛日記』（『桑田忠親著作集9　茶道と茶人（二）』秋田書店、一九八〇年、初出一九四七年）。

(16)この天正十五年十月十日の昼に開かれた長束新三郎の会、夜の池田伊予の会も「御振舞《聚楽ニテ》」とあるのみで、続く十一日朝、聚楽第であった小寺休夢の会も「此数寄、付落也」と記すばかりである。他に天正十八年の「九月八日昼／一、宗及老　御會《聚楽ニテ》　立石紹隣・宗湛両人／此数寄ノ飾、付落也、但手水ノ間、鏞無ウス板ニスワル、小車生テ」、文禄二年の「正月廿二日昼／一、休夢　御會《ナコヤニテ》／此数寄ノカサリ、付落也／廿五日昼／一、池田伊予殿　御會《ナコヤニテ》　宗凡・宗湛／此数寄、付落也」（／は行替え）など。

(17)『薩藩旧記後集』によれば、この日早朝、幽斎は、息子の忠興とともに博多に到着していた島津義久を出迎えており、その後、宗湛の茶会に出かけたのであろう。

(18)松薗斉『王朝日記論』（法政大学出版局、二〇〇六年）。

(19)林屋辰三郎『内乱のなかの貴族』（角川書店、一九七五年）。

(20)『実隆公記』文明十六・十・八、文亀三・七・六、永正二・七・八など、および『大乗院寺社雑事記』文明十七・二・十一、同十七・七・二十三、『経尋記』大永二・一・二十八など。

(21)『実隆公記』大永四・十一・十二。

(22)同大永五・九・十四。

(23)同大永三・九・九。

(24)芳賀幸四郎『三条西実隆』（吉川弘文館、一九六〇年）。

(25)『二水記』大永六・八・二十三。

(26)他に『言国卿記』文亀二・十・十五、『言継卿記』大永七・三・二十七、同天文十三・十・二十八、『二水記』

天文一・八・十五など。
(27)『二水』天文一・九・六。
(28)『二水記』享禄三・四・十四。
(29)青蓮院にも茶屋が設けられていたらしい（『二水』享禄四・閏五・三）。
(30)『二水記』享禄三・五・二十八、十一・二十二、十一・二十八、同四・閏五・二十三など。
(31)清水克行「『言継卿記』——庶民派貴族の視線——」（元木泰雄・松薗斉編『日記で読む日本中世史』ミネルヴァ書房、二〇一一年）。
(32)『言継卿記』天文六・二・十五。
(33)言継の子言経も、竹内長治の「茶湯座敷」でもてなされている記事が見えている（『言経卿記』天正四・四・十六）。
(34)『言継卿記』天文十四・六・三。
(35)言継は「下戸之故」、餅にて茶を勧めたという記事を載せており（永禄十一・三・二十四、同三・二十六など）、酒を飲まない人物にはわざわざ茶を勧めると書くのは、彼にとって振る舞う場合も振る舞われる場合も酒が基本であったのであろう。
(36)前掲註(24)に同じ。
(37)『八代日記』肥後南部の戦国大名相良氏関係の丸島和洋「慶應義塾大学所蔵相良家本『八代日記』の基礎的考察」（『古文書学研究』六五、二〇〇八年）によれば、肥後南部を支配する戦国大名相良氏の八代奉行人である的場氏の日記が基になっているという。
(38)『八代日記』天文二十三・五・二十八。『上井覚兼日記』とほぼ同時期の『家忠日記』（徳川家康の武将で三河国深溝の領主松平家忠の日記）では、「茶之湯」（『家忠日記』天正十六・十一・十七など）と表現されるが、ただ「数寄」という語で表現される場合も茶湯を意味しているようである。
(39)碾茶の等級を示し、無上（『上井覚兼日記』天正十一・六・二十六に見える）・極上の次のランクのものをいう（前掲註7『茶道大辞典』）。

(40)『上井覚兼日記』天正十一・閏一・二十九。

(41)『上井覚兼日記』天正十一・閏一・九。

(42)『上井覚兼日記』天正十一・三・十五。

(43)徳橋曜「中世イタリア商人の覚書」(『地中海学研究』一五、一九九二年)。

(44)清水廣一郎「中世イタリアにおける公証人」(『イタリア中世の都市社会』岩波書店、一九九〇年、初出一九八五年)。

(45)『島井文書』所収「生中心得身持可致分別事」など。また『本阿弥光悦行状記』なども含めてよいであろう。

日記と日記文学

カレル・フィアラ

一　日記と日記文学の特性

日本の日記は中国の「世家」、「列伝」、「戴記」などに属する紀伝の伝統を受け継いでいるが、日記文学は日本独特のジャンルである。(1) 長期の連続性があり、平安時代の『土佐日記』から二十世紀の石川啄木、高見順などの傑作を経て、今も展開し続けている。

日記文学には次のような特徴がある。

（a）　歴史的証言（直接情報）としての性格、記録性

日記の一つの基本的な特徴は、個人的な体験、あるいは著者が接した情報を伝えることによって、時代の証言としての役割が生じる。正史や紀伝は時の政権の立場や考え方に応えなければならなかったが、個人の日記はこれをある程度無視することが可能であった。

（b）　著者の姿勢の真正性・信憑性

日記文学ジャンルの要点は、「真正性・信憑性」を帯びることである。これはもちろん、建前であってもよい。紀貫之は女性を装い、「女文字」と見なされた仮名で日記を書いた。しかし、内容は彼の体験であるかどうかは分からない。娘に先立たれたという設定も、今は現存していない、大伴旅人の漢文日記によったという説がある。

（c）　構想の魅力、物語性・随想性など

散文の内容が魅力的な文学作品として認められるために、内容・文体の面白さが期待される。文章の魅力を高めるとき、一つの可能性は複数のジャンルの融合である。

たとえば歌物語は和歌の背景をかなり自由に構築しているが、「歌物語」の面白さはまず歌の面白さに支えられている。一方、散文は歌の面白さを引き立てることもある。また清少納言は物語性を追求するよりも、日記の潜在的可能性をみきわめ、随筆という新しいジャンルを作った。

中国・唐代の考え方によると、まず経典、儒教の漢籍や歴史書が評価され、その次は漢詩であった。しかし、古代日本の散文史は、口頭伝承で伝わった神話、伝説や民話から始まり、他の作品と競うものではない。『古事記』で描写された縄文風の儀式、占い方や出土した銅鐸の彫り絵、あるいは宗像神社沖津宮で行われた儀式の考古学的な調査から、記紀でみられる神話が、何百年の期間にわたってさまざまな形で語られたことが明らかである。[2]

アマテラスとスサノヲのウケヒ（誓約）を語る神話では、一二〇〇年の長きにわたって口頭伝承でしか伝わらなかったヴェーダ経典で見られるような、複雑な記憶法に支えられていたことの痕跡が含まれると考えられる。奈良時代以前の「和散文」は恐らく言霊信仰によってタブー化し、ヴェーダ経典のように、可視化してはいけない時代があった。

神野志隆光氏[3]は、太安万侶が口頭伝承をある意味で「偽造した」と推定する。そのようにみられる箇所は確かに少なくないが、上賀茂神社の記録を見ると、「アレ」（『古事記』では「阿礼」）とは通常、神託伝授者の名乗り方であり、これは固有名詞化したようである。勅令を賜ったことをきっかけに、安万侶あるいは、『日本書紀』で引用される「書」の数と、言及される編纂期間などから判断すれば、彼の先行者たちが「音声作品」であった神話を文字化する制約に挑戦していたのではないか。

当然、その後の漢文化の進展にともない、女性の、「語り部」としての役割は低下し、また語りのテーマにも大きな変化があった。

（d） 主観性、情緒性

漢文学では、心を自由に表すためには、作詞以外の選択肢はなかった。韻文は韻響の規則によって束縛された。人麿、赤人、旅人や家持なども心情を歌に託した。

紀貫之も、『新撰万葉集』と『古今集』を編纂した頃には、心の表現が和歌でなければならない（「大和歌は人の心を種として……」）と信じた。

『土佐日記』は真に画期的な試みであった。ただ、この日記にはその内容と無関係の船歌（ふなうた）が挿入されていることをみると、貫之はそのころ「大和の歌」を熱心に収集し続けたと見られる。

二　漢文化・和文化の相関と「国風化」の前提

桓武天皇は平安遷都の時点から着々と漢文化政策を進めた。

しかし、八四七年、円仁（慈覚大師）は九年間の困難極まる留学の末、日本の大使とともに唐から追放された。円仁の日記『入唐求法巡礼行記』(4)を読むと、唐との交流がそのころ完全に行き詰まったことを実感する。

日本文化の発展の道は、やむをえず、唐から離れ始めた。

三　歴史把握の重層性

漢風の正史・紀伝とは異なって、国風の散文作品には歴史書でも、歴史書を潤色する「小説」でもないものがある。これは、もう一つの、いわば「第三種の歴史性」を扱う作品である。個人の目で見た、個人の世界の語りによる作品である。『蜻蛉日記』あるいは『枕草紙』はこの類の傑作である。

これに対し『源氏物語』は、漢籍の故事をあまりにも色濃く承継している。「桐壺」や「幻」の帖が白居易の『長恨歌』、「夕顔」が『任氏伝』[5]を、「若紫」の冒頭部分が陶淵明の『桃花源詩並序』や『遊仙窟』[6]を参照している。さらに、「若紫」の冒頭部分では「移し詞」が使われ、光源氏の発言の中にこの風景描写が埋め込まれる。

ヨーロッパでは通常、写実主義（realism）や客観性（objectivity）などは事件、現象や登場人物の典型・原型の形成（archetypization, prototypization）を意味する。[7]西洋の私小説はまず、自己（エゴ、「一人称」）のアイデンティティの探求である。

一方、日本の主観的文学では、待遇表現とともに対称（「二人称」）が省略される。このような主観的作品では、「私」という単語自体の出現ももはや意味をなさない。二人称を取り払うことによって、発話現場から浮き上がった、独自の「第三主体」の世界が構成される。

日本の日記文学の言葉は、対象者を設定しない点では、成熟していないというイメージを残している。しかし実際、この文学ジャンルは常に不特定の読者たちを想定しながら、この想定をたくみに隠している。この意味では、『枕草子』は日記文学の傑作であろう。

四　漢文日記と和文日記における描写の違い

最後に、漢文日記、和文日記と物語における行事と事件の様式化・具現化の手法の一例をあげ、日記と日記文学における『青海波』の場面を取り上げる。

『御堂関白記』寛弘元年（一〇〇四）五月二十一日条では、法華の八講の際に舞われた『青海波』を次のように紹介する。

……この時、楽の舟が来た。松は、二舟の間に在った。舞台のある舟が来て、中に入った。この時、舞童八人が供華を取って階下に到った。僧八人が、これを受けて、仏に供した。この童たちは、退いて鳥の舞を舞った。青海波を舞い、廻り終わった後、舟は東西に分かれて行ったが、まだ音楽を演奏し続けた。舞童の入綾の舞いも終わらず、なかなか退場しなかった。……

（倉本一宏訳『藤原道長「御堂関白記」全現代語訳』上、講談社学術文庫、二〇〇九年五月、九七頁、ふりがなを外した）

一方、『源氏物語』では、この舞を具体的な登場人物にさせ、『紅葉賀』の帖で次のように描写する。

朱雀院の御幸は神無月の十日あまりなり。……上も、藤壺の見たまはざらむをあかず思さるれば、試楽を御前にてせさせたまふ。

源氏中将は、青海波をぞ舞ひたまひける。片手には大殿と頭中将、容貌、用意人にはことなるを、立ち並びては、なを花のかたはらの深山木なり。入り方の日影さやかにさしたるに、楽の声まさり、もののおもしろきほどに、同じ舞の足踏面持、世に見えぬさまなり。詠などしたまへるは、これや仏の御迦陵頻伽の声ならむと聞こゆ。おもしろくあはれなるに、帝涙をのごひたまひ、上達部親王たちもみな泣きたまひぬ。……（帝、その夜、藤壺に対し）片手もけしうはあらずこそ見えつれ。舞のさま手づかひなむ家（＝良家）の子はことなる。……紅葉の院やさうさうじくと思へど、見せ奉らんの心にて、用意せさせつる。

（紫式部『源氏物語』「紅葉賀」、新編日本古典文学全集20、小学館、一九九四年、三一一〜三一三頁、ふりがなを外した）

道長は女性作家紫式部の物語の普及を支援したと思われるが、彼の日記は『源氏物語』の存在には一切言及していない。

和文日記の作家たちには漢文日記の作家たちが見えるが、和文日記の女性作家は漢文日記の著者の視野には入らない。あくまで、偏った視点の設定である。しかし、これは錯覚である。公家の漢文日記と女性文学の技法やテーマの間には密接な交渉がある。

法華八講の儀式に音楽を初めて取り入れた道長は、『青海波』の巧みな舞に関して並々ならぬ感動を覚えた。寛仁五年（一〇二一）には、白馬節会で道長の政敵であった藤原資房が道長の前で『青海波』を舞い、貴重な烏犀帯の飾りを賜った。

また、安元二年（一一七六）、後白河法皇の五十賀の祝辞会で平維盛が「垣代」の舞者とともに『青海波』を舞い、桜梅少将と名付けられた。数多くの日記を参照した『平家物語』は道長の日記には触れないが、『源氏物語』に言及する。

公家の漢文日記は内裏中の情報を記録するが、その著者たちには、紫式部が試みたように、外の世界を作品に持ち込む大胆さはない。

『玉葉』では、嘉応二年（一一七〇）に起こった摂政藤原基房の平資盛との衝突については、「巷説」や「風文」に言及し、最後に史実と思われることを語っている。一方、『平家物語』巻一は、この「殿下乗合」の事件の始末を歪曲したが、のちの展開から考えれば、清盛の性格を正しく把握している。

同様に『平家物語』の終盤に近い巻九は、壇ノ浦合戦以前の平家の動きと、彼らが「引島」（「彦島」か）から合戦場に接近したという伝説の背景については、『吾妻鏡』の方が詳しい。しかし、物語が選択した技法による語りがなかったら、後世も平家没落の運命的な意義を十分理解できなかったと思われる。

日記・日記文学と物語の相関を究明することは極めて重要である。これを続けないかぎり、日本の歴史と文学史を総合的に把握することはできない。

（1）ドナルド・キーン『続百代の過客　日記にみる日本人　近代篇』上（金関寿夫訳、朝日選書、一九八八年）。
（2）三浦佑之『古事記講義』（文芸春秋、二〇〇三年）。
（3）神野志隆光『古事記と日本書紀――「天皇神話」の歴史――』（講談社現代新書、一九九九年）。
（4）円仁『入唐求法巡礼行記』（足立喜六訳注、塩入良道補注・解説、平凡社東洋文庫、一九七〇～一九八五年）。
（5）新間一美「もう一人の夕顔――帚三帖と任氏の物語――」（『論集中古文学五　源氏物語の人物と構造』笠間書院、一九八二年）。
（6）田中隆昭「北山と南岳――源氏物語若紫巻の仙境的世界――」（『国語と国文学』一九九六―一〇）一～一七頁。
（7）詳しくは野村剛史『日本語スタンダードの歴史』（岩波書店、二〇一三年）一八五～二六八頁参照。

日記と僧伝の間――『空華日用工夫略集』の周辺――

榎本　渉

一　日文研本『空華日用工夫略集』

二〇一一年、国際日本文化研究センター（日文研）では四巻四冊本の『空華《くうげ》日用《にちよう》工夫《くふう》略集《りやくしゆう》』（以下『略集』と略称）の写本を購入した。臨済宗夢窓派の義堂周信（一三二五～八八）の日記としてよく知られるものである。中世以前の日記は公家のものが多くを占めるが、時代を下るごとに武家や僧侶の日記も多く伝わるようになる。その中で最古の禅僧の日記が『略集』である。

日文研本は奥書などがなく書写年代は不明だが、近世の写本と見られる。各冊は袋綴装、五つ目綴、二六・四～五センチ×一八・四～五センチ、字数は半丁ごとに二二字×一二行。返り点・振り仮名あり、朱引きはない。第一冊のみ表紙に題簽があり、「書第二百七十四号／空華日工集四冊」と記す。各冊の内題は「空華老師日用工夫畧集一」「空華日用工夫畧集二」「空華日用工夫畧集三」「空華日用工夫畧集四」、小口書は「日工集一」「日工集二」「日工集三」「日工集四終」。各冊前遊紙二枚の後、第一丁の右上に「信醇私印」、右下に「神田家蔵」「龍山／帰雲院」の朱陽方印が捺される（図1）。「神田家蔵」「信醇私印」は京都の文人神田信醇（号香巌、一八五四～一九一八）の、「龍山／帰雲院」は京都瑞龍山南禅寺帰雲院の蔵書印であり、帰雲院蔵本がのちに神田信醇蔵書になったものと考えられる。第一冊裏見返しの左上には朱陽方印「明治廿三年／八三一号」（「八三一」は墨書）

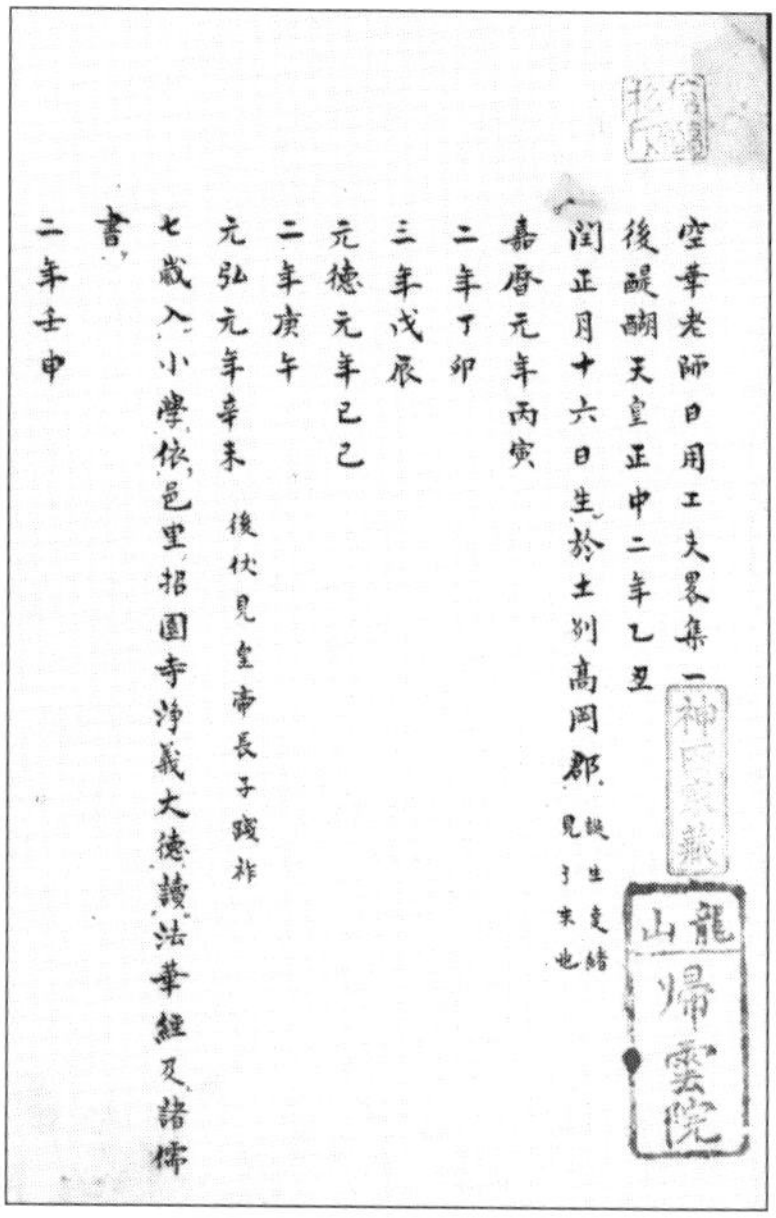

図１　日文研本『空華日用工夫略集』第一冊（１丁表）

があり、神田家で捺されたものか。ならばこの本は、一八九〇年以前に神田家蔵本となっていたことになる。ともかく南禅寺伝本という由緒を考えれば、この本の価値は決して低くはないだろう。

内容は、他の流布本と大きく異なるところはない。太洋社刊本（一九三九年）の凡例では、六種の近世写本と明治刊『続史籍集覧』の計七本について特徴的な箇所を七点指摘し、これに基づいて諸本の系統を整理しているが、この基準に従えば日文研本は南禅寺慈氏院本系諸本に近く、中でも鎌倉瑞泉寺本に近い。慈氏院本系の本が末尾に『夢窓国師碑銘』を含むのに対し、日文研本がこれを含まない点は異なるが、書写に当たり節略されたものとも考えられる。原蔵者帰雲院が慈氏院と同じく南禅寺塔頭であることを考えれば、慈氏院本そのものを参照した可能性も考えて良いかもしれない。江戸時代の南禅寺塔頭は天授派・帰雲派・金地派の三派に分かれ、帰雲院と慈氏院はともに帰雲派に属したから〔櫻井景雄 一九七七：六一〇〕、両院の書籍の交流を考えることは不自然ではない。

日文研本の特徴として、他本にない割注（主に人名比定の注記）が随所に見られる点が挙げられるが、後世の書写の過程で加えられたものと見られ、さほど重要な情報も含まない。ただし永徳元年五月三日条に、「拉」の注として「字典、諺言邀入同行日拉」とあるのは他本に見えないものだが、これは康熙五五年（一七一六）撰『康熙字典』の引用であり、ここから本写本の書写年代が一八世紀以後（一八～一九世紀）であることが確かめられる。

より特徴的なのは第三冊が永徳二年（一三八二）で終わる点である。流布本巻三は至徳元年（一三八四）までを収めるので、日文研本第三冊はこれよりも二年分少ない（第四冊が二年分多い）ことになる。流布本の巻三に相当するのは日文研本で八三丁、巻四に相当するのは三一丁で、バランスが悪いため二年分（二三丁）を第四冊に移したものだろう。

なおこれと同様の構成をとる本に京都府立図書館旧蔵、京都府立総合資料館現蔵本（以下京本と略称）がある。(1) 冒頭に「日工集略書例」として妙心寺僧無著道忠（一六五三～一七四四）の識語があるが、(2) これによれば、諸本が「至徳改元」（至徳二年記事冒頭にこの四字あり）以下を巻四とするのは紙数が整わないので、永徳三年以下を巻四としたとある［玉村 一九七九：九六～九七］。末尾に『夢窓国師碑銘』を含まない点も日文研本・京本は共通する。だが『略集』には日次記の部分の他、各巻巻末や年末に雑抄記事があり、そこには日付をともなうものもあるが、京本ではこれらを日次記の部分に移すなどの操作が行なわれている。「日工集略書例」では、これが無著によるものであることが明記される。一方日文研本ではこうした操作がなく、雑抄もおおむね流布本と同じである。日次記の部分も京本と日文研本は異なるところが多く、(3) 無著系写本（京本含む）を参照しているとは考えられない。このように見ると、両本の巻の切れ目の一致は偶然の所産と考えるべきだろう。つまり日文研本は一般的な『略集』流布本の一つといって良い。

現行の太洋社刊本は戦前の刊行で、南禅寺慈氏院本や国立公文書館内閣文庫本を組み合わせて作成されたテクストである点で、必ずしも十全とはいえないが、その校訂は優れている上、索引も付すなど、使い勝手は良い本である。だが単行本ということもあり、大日本古記録や大正新修大蔵経・五山文学全集と異なり、今後電子データ化される見込みは薄い。そこで国際日本文化研究センターでは、日文研本のテクスト化を行ない、二〇一四年にデータベースとしてウェブ上で公開した（http://db.nichibun.ac.jp/ja/category/zenseki.html）。

二　義堂周信の〝日記〟

本節では玉村竹二氏の研究［玉村 一九七九］を参照しつつ、『略集』の内容を確認しよう（なお以下で挙げる玉村説は、玉村 一九七九を指す）。表題から分かる通り、『略集』は日記原本の忠実な写しではない。原本は『日用工夫集』と言い、義堂自ら『日工集』とも略称した（永和四年十月七日条）。『略集』はこれの略抄であることが、『略集』末尾の付記から知られる。(4) また康永元年（一三四二）条の「日記は凡そ四十八冊なるも、今現存する者は四十冊にして、其の餘は遺失して見えず」（原漢文。以下同様）なる記事は後人の書入れと見られるが、これによれば『日工集』は本来四八冊あり、『略集』に書入れが行なわれた頃にも四〇冊残っていた。これを節略して四巻にしたのが現行の流布本である。『季瓊日録』（『蔭涼軒日録』の中の季瓊真蘂筆録分）・『臥雲日件録抜尤』・『策彦入唐記』（策彦周良『初渡集』『再渡集』の抜粋）など、室町期五山僧の日記で今日伝わるものには節略本が目立ち、五山僧の日記の一つの特徴といえるかもしれない。

『略集』の場合、節略は必ずしも原文の一部を忠実に抜粋したものではないらしい。参考になるのは玉村氏が紹介した建仁寺両足院所蔵『刻楮』で、その中には瑞渓周鳳（一三九一～一四七三）が文安四年（一四四七）頃に『日工集』から一〇三条の記事を抄出したものが含まれる（以下『別抄』と略称）。その一部は『略集』と対照することができるが、両者の間には文言の多寡だけでなく異同も散見する。片方が『日工集』原本の文言を変えて引用したのか、どちらも変えているのかは分からないが、禅僧日記の抜粋は必ずしも原文に忠実に行なわれるとは限らず、取意文の場合もあることは注意すべきである。

一例を挙げると、『略集』応安七年（一三七四）十一月二十九日条には「円覚大法（円覚寺住持大法大闡）・管領兵部（関東管領・兵部少輔上杉能憲）同来、任余以都幹縁之事、余堅拒之、尚欲余必領、余以病固辞」という記事があり、『別抄』にはこれに対応する記事として「管領使紀吾来、問大勧進事、余以病固辞」というものがある。両記事は文の長短にとどまらず、「余を任ずるに都幹縁の事を以ってす」とあるところを「大勧進の事を問う」とするなど、職名や文章表現も異なっている。さらに重要なのは義堂を訪問した人物で、『略集』では大法大闡・上杉能憲になっているところが、『別抄』では能憲の使者「紀吾」とされている。「紀吾」は『略集』の他の記事にも「管領家臣」「寺奉行」などとして現れ（応安五年六月七日条・同年十月十六日条・永和元年九月二十四日条）、上杉氏被官の紀五氏と考えられる。佐藤博信氏は、貞治四年～永和四年（一三六五～七八）の鎌倉円覚寺版大般若経刊記に、助縁者として紀五沙弥妙道が見えることを指摘するが［佐藤 一九九六］、同一人物だろうか。本記事の解釈としては、紀五某が能憲の意を受けて大法とともに来たと考えるのが落としどころだろうが、[5]『略集』には他にも不適切な節略による混乱があると思われる。

　また『略集』を日記として見る場合、奇異な点がある。それは記主の誕生から死亡まで、その全生涯を記していることである。このおかしさは少し考えれば分かるだろう。もしも『略集』が真の意味での日記（の略抄）ならば、義堂は生まれたその日から筆を執って日記をつけ始め、死んだ後も日記を書いていたことになってしまう。玉村氏もいう通り、『略集』に義堂の日記に非ざる部分、のちに書かれたものが混入していることは確実である。日記に非ざる記事の一例として、貞治五年（一三六六）六月一日条がある。同条では義堂が要関（絶海）中津の入元に当たり、師の夢窓疎石の行状を渡して「碑文幷銘詞」を求めてくるように言いつけたが、そこには「蓋し聞く、大明の朝、文人宋景濂なる者有りと」とある。この記事は元明交替（一三六八年）の二年前であり、明の国号はまだないから、明らかに日記に基づくものではない。同記事には「余、先国師（夢窓疎石）の行状を草して之を付して曰く……」ともあり、主語が「余」とあるので、自伝と考えられる。

この記事に現れる宋景濂は宋濂と言い（景濂は字）、朱元璋（明洪武帝）のブレーンである。実際に流布本の『略集』巻四巻末付録には、洪武九年（一三七六）に絶海や権中中巽（夢窓法孫）の求めで宋濂が撰述した『日本国天龍禅寺開山夢窓正覚心宗普済国師碑銘』が収められている。[6] 碑銘には「濂、其《夢窓》の弟子住持善福寺周信の牒を按ずるに云く」として義堂が送った夢窓の行状が引用されるが、義堂の「住持善福寺」の肩書から、行状撰述の時期は貞治五～六年に限定できる。義堂が貞治五年、絶海に夢窓の行状を託したとする点については、『略集』の記事は事実と考えて良い。だが当時入元僧の活動した両浙沿岸部は朱元璋のライバル張士誠・方国珍の勢力圏であり、この頃の義堂が宋濂を碑銘撰者としてあえて指名したとは思われない。義堂が永和三年（一三七七）末、明から帰国した久庵僧可に碑銘の顚末を尋ねたところ、宋濂が銘を作ったもののたまたま「事変」があって下賜されなかったと、久庵が答えており（永和三年十二月二十五日条）、宋濂が碑銘を撰述したことを義堂が知ったのはこの時だろう。[7] ならば貞治五年六月一日条は永和三年以後に書かれた自伝ということになる。これ以前の部分も、おおむねは自伝と見て良かろう。

義堂示寂記事も、当然義堂の日記のはずがない。寂年の嘉慶二年（一三八八）の記事を見ると、三月九日条までは主語が「余」だが、十一日条から四月四日の示寂までは「師」になっており、義堂に近侍した門人が書き記したものと見られる。『略集』冒頭近くの元弘二年（一三三二）条でも義堂が「師」と表記され、康永二年（一三四三）二月条では義堂が「余」「師」両様の呼称で表現されている。貞治五年以前も自伝以外に門人の追記記事が含まれていると見られる。

日記『日工集』の範囲に関しては、玉村氏が検討している。『別抄』の記事には『日工集』原本の巻数が記されるものもあり、『日工集』巻一～三・五・六・八～一〇・一二～一七・一九・二一・二三・二七～三二・三六・三七の利用が確認できる。そこに含まれる記事を『略集』と対照するに、巻一には貞治六年（一三六七）十月三日条、巻三七には永徳三年（一三八三）三月七日条が含まれる。また巻数は不明だが、『別抄』には至徳二年（一三八五）三月八日条もある。『別抄』所収記事の日付の分布を見る限り、『日工集』は数か月で一巻を構成していたようなので、至徳二年三月八日条は巻三八以後の某巻の記事と考えられる（最終巻が巻四八であることは前節で既述）。ただ至徳二年四月から嘉慶二年三月の三年分の記事は『別抄』で確認されず、この部分は『別抄』が作成された文安四年頃にはすでに失われていた可能性が高い。ここを含む『略集』の作成は『別抄』より早いと見られ、その時期は義堂示寂（一三八八年）以後『別抄』作成の文安四年（一四四七）以前の半世紀餘に限定される。

ここで義堂が日記を書き始めた時期を改めて考えれば、『略集』で自伝を用いた貞治五年六月一日以後、『日工集』巻一に含まれていた貞治六年十月三日以前の一年餘となる。貞治年間の『略集』の記事数を見るに、貞治三年は三条、四年は一条、五年は六条なのが、貞治六年には一挙に四一条に増える。貞治五年七月七日条の次は翌年三月五日条まで八ケ月間記事を欠くが、その後は三月十日・十一日・十三日・十四日・十六日・二十四日と、記事の密度も濃くなる。『日工集』に基づく部分はこの辺りからだろう。ここで『略集』応安四年（一三七一）正月二十六日条に相当する『別抄』所収巻一三の記事を見るに、

余、因みて話す、「年譜は則ち人々一生の中、毎日の行往坐臥の際の所作の事なり。日本は之を日々記と謂う」と。余曰く、「日用の工夫、毎日自ら記すこと、已に六七年なり。毎日自ら好悪二事の何れか多く何れか少なきかを検じ、此を以って自ら警策す」と云々。

とあり、義堂はこの時点で日記をつけ始めて六・七年目だったという。足掛けで数えれば貞治四〜五年頃から始まったことになるが、実際には貞治六年頃から書き始めたのを勘違いしたものと思われる。

貞治五・六年頃の義堂は鎌倉円覚寺前堂首座から相模善福寺に出世（初めて住持になること）を果たし（貞治

五年五月二十二日条）、翌年には鎌倉万寿寺住持就任を要請されるなど（貞治六年三月五日条）、周囲の期待を集める存在となっていた。特に貞治六年四月二十六日、鎌倉公方足利基氏が卒し鎌倉瑞泉寺に葬られると、瑞泉寺開山夢窓疎石の法嗣だった義堂は翌日喪事を主宰し、さらに京都で夢窓派の中心的立場にあった春屋妙葩の手配で瑞泉寺住持に就任する（六月十一日・十七日条）。基氏菩提寺の住持となった義堂が以後鎌倉府中枢と密接に関わり、幼少の新公方足利氏満の補佐役としてさまざまな提言を行なったことは、『略集』に多く見えるところである。義堂はこの頃より鎌倉禅林を率いる立場を自認し、日記をつけ始めたのだろう。応安元年（一三六八）、みずからの詩文をまとめて『空華集』とし、跋を中巌円月（一三〇〇〜七五）に求めたのも、この頃を画期と自覚したことが一因と思われる。

三　生前に編まれる僧伝

前節で明らかにしたところを改めてまとめると、①義堂は貞治六年頃から示寂間際まで日記をつけ、②貞治五年以前については自伝も作成した。さらに③門人によって若い頃の逸話や示寂直前の記事が追加された。この中で①は略抄され、②③と併せて『略集』となった。『略集』の中で日記に当たるのは①のみで、これに②③も加えられて義堂の生涯を記した本とされたのである。こうして見ると『略集』は、その大部分が日記で占められるものの、全体としては僧伝の形式を採っているということができる。

僧伝作成において『略集』ほど未整理な形で原資料が用いられることは類例がないが、高僧が生前に記した記録を資料として、その入滅後に僧伝が作成されるのは、一つのパターンである。たとえば玉村氏も挙げる中巌円月自撰『中岩月和尚自暦譜』を見ると［玉村　一九七九：一〇〇］、自撰箇所は生誕から京都時代の貞治六年（一三六七）二月二十四日条までで、鎌倉建長寺住持に招請された同年秋以後の記事は中巌法嗣の南宗建幢が応永三十年（一四二三）に加えたものである。中巌は鎌倉招聘を契機に、それ以前の経歴をみずから整理したのだろう。

また律僧の例だが、奈良西大寺の叡尊（一二〇一～九〇）にも『感身学正記』という自伝があり、生誕より弘安八年（一二八五）十一月十七日までの記事を収める。奥書によれば、叡尊は弘安八年十一月十四日の違例（病気）を契機に本伝を書き始め、翌年二月二十八日に書き終え、三月十五日に再治《さいじ》を終えた。みずからの死期を悟った叡尊が、それまでの事跡を誤りなく後人に伝えようとしたものだろう。ただ義堂・中巌と異なり、本伝では門人の補遺がなく、その遷化の様子は記されていない。

自伝の意義は高僧本人の手によって確かな事跡（または伝えたい事跡）が伝えられる点にあるが、その点では生前に門人に命じて作成させた伝記（当然校閲も入る）も、自伝に準じる意義を持つ。たとえば紀伊興国寺開山無本覚心（一二〇七～九八）の門人覚勇は、覚心生前の弘安三年（一二八〇）に「国師縁起」を撰述している（『法灯円明国師之縁起』跋）。覚勇はさらに後素（絵）も描こうとしたが、覚心が一切これを願わなかった（ので描かなかった）というから、縁起本文は覚心了解の下で、おそらくその指示を受けて作成されたのだろう。十四世紀末に興国寺住持自南聖薫が編んだ『法灯円明国師行実年譜』は弘安四年以後の記事も収録し、覚心伝記の完成版というべきものだが、その嘉禎元年（一二三五）条には覚勇所撰の縁起に当たると思しき「慈願上人の草録する所の師の縁起」が引用されており、年譜は覚勇の縁起を資料の一つとして作成されたらしい。聖薫は覚心生前に作成された伝記に手を加え、完成版の伝記を作成したことになる。[8]

武蔵広園寺開山峻翁令山（一三四四～一四〇八）の伝『広園開山行録』は、応永六年（一三九九）六月一日の記事をもって終え、その後は記さない。明応六年（一四九七）の跋に「此の末は未だ記録せず。開山之を休《や》む故なり」とあり、これを信じれば、峻翁が門人に命じて記録させていたものを、応永六年頃にやめさせたことになる。ただ覚勇の縁起の例を参照すれば、応永六年頃に作成された伝記が更新されず放置されたものかもしれない。

時代を下って戦国期の例を挙げれば、永正元年(一五〇四)八月、建長寺住持玉隠英璵が上野双林寺衣鉢侍者の方朔の求めに応じて、双林寺三世曇英慧応(一四二四~一五〇四)の伝『曇英和尚行状』を編んでいる。玉隠は「予只だ歳月を記すのみ」と述べており、実質的には方朔が提供した資料を整理し、年代などを書き込んだものらしい。方朔らが求めたのは伝記の中身ではなく玉隠の名だったと考えられるが、興味深いのは撰述日の永正元年八月で、曇英はこの時にまだ生きている。(9) 死期を悟った曇英は門人らに伝記をまとめさせ、内容を確認した上で方朔を建長寺に派遣したのだろう。『曇英和尚行状』には曇英の示寂記事がないが、玉隠の名前を重視して手を加えることはしなかったと考えられる。

このように中世禅宗の高僧たちは、みずからの伝記を作り伝えることを重視し、生前からその材料を残そうとした。貞治年間以前の義堂の自伝も、『日工集』が伝記の素材として使われることを前提に、その穴を埋めるべく書かれたものだったのかもしれない。もちろん『日工集』は前掲の応安四年の記事にあるように、本来は義堂が自身の行動を振り返り修業の励みとするために書かれたものであり、さらに備忘の意味もあっただろうが、いずれにしろ伝記の素材とすることが第一義とされていたわけではない。また抜粋とはいえ日記が元の形を残したまま伝記に利用され、一見して伝記とは呼び難い代物になってしまったのは、かなり特殊な事態である。日記の内容を伝えている点では極めて貴重な歴史資料だが、文学的見地から見れば非常に拙劣な〝作品〟だともいえよう。しかし義堂門人たちが師僧生前の記録を伝記の素材としたこと、すなわち『日工集』を素材に『略集』を作成したことは、必ずしも特殊な営為ではなかったのである。

なお本節では、生前から伝記を残すことを意識した禅僧の例を挙げてきたが、こうした発想が中世禅林の全体を覆っていたわけではないことも、最後に確認しておきたい。たとえば京都東福寺住持の直翁智侃(一二四五~一三二二)は、門人の不肯正受がみずからの説く法要を記録しようとすると、「我が宗に語句無く、又た一法の人に与うる無し」といって許さなかった。直翁寂後、門人たちは「五家の宗師、皆な語録有り。何を以ってか吾が宗のみ独り之無き。宜しく之を結集すべし」と考え、門人らが密かに記し持っていた草本を出して不肯法嗣の東震正誉に編纂させようとした。だが東震は不肯の命に従ってこれに応じず、その法嗣の正紋もこれを守った。だが正紋法嗣の竺芳正旆はこのことを嘆き、諸方の者《きしゃ》からの聞き取りや断簡・残編を基に直翁行状の草稿を作り、応永七年（一四〇〇）に南禅寺前住椿庭海寿に塔銘撰述を求めた（異本『直翁和尚塔銘』〔榎本 二〇一三：四三四〕）。また、龍湫周沢（一三〇八～八八）も門人が年譜や語録を編むのを知ると怒って燃やしたという（『龍湫和尚行状』）。

同様の逸話は他にもあり、不立文字《ふりゅうもんじ》の理念を重んじて語録や伝記を編むことを忌避した僧がいたことが分かる。ただしこれらの門流の中でも、語録・伝記編纂の欲求は潜在した。竺芳は直翁の塔銘撰述の手配だけでなく、みずから『直翁和尚語録』も編んでいるし、『龍湫和尚語録』もやはり龍湫寂後に門人の中璵首座によって編纂され、永享六年度遣明使を介して正統元年（一四三六）に明僧の序跋を得るにいたっている。語録・伝記の編纂が門流の維持・発展のために必要という発想は広く存在し、いかに師がこれに否定的な立場を取ろうとも、門弟たちは機会をとらえてこれを実現しようとしたのである。

おわりに

本稿では、義堂周信の〝日記〟『略集』の日文研所蔵写本を紹介した上で、本書が厳密には日記とは言い難く、日記を素材とした僧伝の形式を採っていることを確認した。さらに中世禅宗寺院において、高僧が作成した自伝や門人に作成させた伝記を基にして、その入滅後に門人たちが伝記を完成させる事例が見出され、『略集』もその系譜上にあると考えられることを明らかにした。

参考として挙げておきたいものに、宝徳度遣明使笑雲瑞訢の旅行記『笑雲入明記』（一四五一〜五四）がある。現存する本日記は簡略で、『略集』同様に節略本と思われるが、瑞渓周鳳の序によれば、この本は瑞渓が応仁元年（一四六七）に外交史書『善隣国宝記』の付録とするために書写したものの系統を引いている。これも五山僧の著作の素材として日記が用いられた例といえる。このような利用方法は、五山における日記の位置づけとも関わるだろう。公家日記が説話文学や史書（『吾妻鏡』など）の素材として利用されたことは周知の事実だが、こうした事例との比較も含めて、後考を期したい。

〔引用文献〕

榎本渉　二〇一三『南宋・元代日中渡航僧伝記集成　附江戸時代における僧伝集積過程の研究』勉誠出版
櫻井景雄　一九七七『南禅寺史』下、法蔵館
佐藤博信　一九九六「上杉氏家臣紀五氏について」『続中世東国の支配構造』思文閣出版
玉村竹二　一九七九「空華日工集考——別抄本及び略集異本に就て——」『日本禅宗史論集』下之一、思文閣出版
原田正俊　一九九八「禅宗の地域展開と神祇」『日本中世の禅宗と社会』吉川弘文館

（1）架蔵番号キ／　／127／。各冊に「京都府立図書館印」を捺す。玉村竹二氏は太洋社刊本出版の直前（一九三九年頃）に京都府立図書館蔵本の存在を知ったと言い［玉村　一九七九：一〇八］、同じ本だろう。各冊見返しには蔵書整理用の「購入／42.7／15」の朱印が捺されており、昭和四二年（一九六七）七月に府立図書館から総合資料館に引き継がれたようである。一九七一年刊行の『京都府立総合資料館貴重書目録』にも本書が収録されている。

（2）なお玉村氏はこの本を無著の自筆とする。だがこの本は第一・二冊と第三・四冊で筆が異なり、しかも各冊にある無著の頭注（一部に「忠（無著道忠）按」とあり）は各冊の本文と同筆である（つまり頭注の筆も第一・二冊と第三・四冊で異なる）。これらの筆を無著自筆と見ることはできず、無著本系の本を二人で分担して写した

ものだろう。

（3）たとえば至徳二年正月一日条で、日文研本が「一日、……入小僧堂、少頃例合院衆、陪衆坐禅」とするところは、京本では日付の「一日」がなく、「入小僧堂、陪衆坐禅、少頃例合院衆」としている。

（4）「撰集者、有古今雑集若干巻・東山空和尚外集抄十巻・禅儀外文抄十二巻・枯崖漫録抄二巻・重編貞和類聚祖苑聯芳集十巻・日用工夫集四十八巻、今是集、畧而書焉」。

（5）なお当時の義堂は、能憲創建の鎌倉報恩寺住持を務めており（応安四年十月十五日創建、応安五年六月十五日義堂遷居）、上杉氏とは親密だった。

（6）宋濂『翰苑別集』巻三も、同じものを『日本夢窓正宗普済国師碑銘』と題して収める。

（7）『略集』巻四巻末付録によれば、碑銘実物が日本にもたらされたのは義堂死後の応永十二年（一四〇五）、遣明使明室梵亮の帰国時である。

（8）ただし年譜の作成後には、覚勇の縁起自体にも手が加えられた。現存の『法灯円明国師之縁起』は覚勇の縁起を改訂して記事を追加したもので、弘安四年以後の記事も含まれる［原田正俊 一九九八］。

（9）曇英の示寂は永正元年十月十四日とされ（『日本洞上聯灯録』巻七）、少なくとも九月には双林寺で壁書を書いている（『双林寺聯灯録』中陰中之壁書）。

第II部

日記・古記録を記すということ

具注暦と日記

山下克明

はじめに

暦は天の運行に従い時間を画し、農耕や祭祀などの時期を明らかにして社会生活を秩序立てる主要な機能から支配統治の要具となったが、それだけでなく中国では儒教的理念により、皇帝は天子として至上神である天の命を受けその正朔を奉ずるという観念を有したため、政治権力の象徴として暦は支配地域に頒布され、また漢の太初暦以降、四九回の改暦が行われたように絶えることなく暦法の改良が志向された。

しかし、中国起源の暦法の大きな特色は干支紀年・紀日法を用いるため干支五行説、陰陽五行説と不可分の関係にあることである。六十干支の連続は陰陽五行説による吉凶の消長・循環と関わり、それにより時間と空間に多様な性質・吉凶があるとする占いの世界と連動していた。そのため暦の形式も干支と関わるさまざまな吉凶事項を書き連ねる具注暦として作成され、漢代には原初的な具注暦が形成され、隋・唐初以前にその形式は整えられたようである。

多様な中国文化を受け入れた日本でも、六・七世紀頃からこのような暦意識と具注暦という形式を受け継ぎ、その後日本的な展開をみせることになるが、興味深いことの一つに両国における古暦の残存状況の違いがある。実際の古暦の遺品が宋代以前では墳墓からの出土物や敦煌など辺境より発見されたものばかりで、中原で使用された暦がほとんど残らない中国に対して、日本では平安時代以降貴族たちが日記の料紙に暦を使用したこともあり、かなりの数の具注暦が残されている。(1)多数の日記が書かれ残されていることは日本文化の特質の一つといってよいが、それは暦の存在とも不可分な問題であったのである。

本稿では日記の研究に資するため、中国と日本の暦の展開とその相違の検討を前段として、ついでなぜ日本でそれが日記の料紙として使用されたのか、またその利用状況は実際にいかなるものであったかなど、具注暦と日記に関わる基礎的な問題を考えたいと思う。

一　具注暦の形成とその受容

(一)　中国古代の暦

中国では近年、陵墓の発掘にともなって竹簡・木牘《もくとく》に記された秦漢代の暦（暦譜・質日《しちじつ》）や日の吉凶などを記した日書の出土が相次いでいる。暦では、墓主は秦南郡の少吏と推測される湖北省荊州市・周家台三〇号秦墓から出土した秦始皇帝三十四年（前二一三）・三十六年・三十七年暦、二世皇帝元年（前二〇九）暦譜が古い例である。漢代では湖北省江陵県・張家山二四七号漢墓から前漢高祖五年（前二〇二）より十二年暦、同一三六号漢墓から文帝前元七年（前一七三）の「七年質日」、湖北省随州市・孔家坡八号漢墓から景帝の後元二年（前一四二）暦、山東省臨沂県・銀雀山二号墓から武帝の漢元光元年（前一三四）暦譜、江蘇省連雲港市・尹湾六号漢墓から成帝の元延元年（前一二）、元延二年、元延三年暦などが出土している。(2)

なかでも注目されるのは、暦所有者である地方少吏の公務出張などに関する簡単な記録があるもので、周家台

「秦始皇帝三十四年暦譜」には閏月を含む三八三日中に、「(十二月）丙辰（二十日）守丞登　史竪除到」、「(正月）甲午（二十八日）宿㆓竟陵㆒」[3]のような官吏の動向や自身の出張などに関する五三件の記録がみられる。また、尹湾の元延二年暦にも三五四日中に「(正月）六日戊辰　宿家」「二十三日乙酉　宿㆓彭城伝舎㆒」「三十日壬辰　莫(暮)至㆑府輒謁宿㆑舎」[4]など、一八一件の墓主師饒の行動を示す記録があり「元延二年日記」と称されている。

そのほか伝世品で嶽麓書院蔵秦簡の始皇帝二十七年（前二二〇）「□(廿)七年質日」などにもメモがあり、高村武幸氏は一日単位でその日の身辺の出来事・関心事を書き留めたものであり、公務関連の内容が多いとはいえ個人的なもので、非常に簡潔で原始的ではあるがいわゆる「日記」の範疇に入れて考えることができるとする。さらにそのような資料は辺境からも見いだされ、居延漢簡の暦譜断片のなかも書き込みがあり、その他暦譜でないもののロプノール漢簡に駅伝・宿泊施設に勤務する官吏の記録がある。これらをもって高村氏は、辺郡・内郡を問わず、日々の公私の出来事を個人的に記録しておく習慣は珍しくなかったこと、日記の記者は地方官衙の少吏層で、記載内容は公務関連が中心であり、普通の簡牘に記す場合と暦譜の余白に記す場合があったことを指摘している。[5]

また出土資料で暦とともに注目されるものに、日の吉凶選日に関する文献である「日書」がある。湖北省江陵県・東周五六号墓は戦国晩期の上層庶民クラスの墓とみられるが、出土した九店楚簡「日書」は現存最古のものとされる。戦国末秦本土の地である陝西省天水市の放馬灘一号秦墓からは二種の日書が出土し、秦代では湖北省雲夢県・睡虎地秦簡の二種の日書、さらに湖北省江陵県・王家台一五号秦墓、湖北省荊州市・周家台三〇号秦墓、湖北省江陵県・江陵岳山秦墓などからも出土している。随州孔家坡漢簡の「日書」は前漢の日書を代表するものとされ、「建除、叢辰、星、盗日、禹須臾所以見人日、生子、艮山、徙時、刑徳、反支、置室門、視羅、時、入官、筑室、五勝、行日、土功、歳」などの篇名がある。これらから工藤元男氏は、戦国時代に五行説が普及するとともに五行説により行為に関わるの凶日と方位・色との関係を説く者＝日者が登場するが、日書はそのような日者の占いの内容を編んだ書で、暦譜や種々の占卜書とともに出土することが多いこと、これらは官吏の公務出張と関連する可能性があること、等を指摘している(6)。

日書に説く吉凶項目や神名（のちの神煞《しんさつ》・暦注）に関わる択日の多くは干支で表現されるが、この占日機能を暦上に示したのが具注暦であった。工藤氏や大野裕司氏が述べるように(7)、建除家十二直、その他の神煞はしばしば元光元年暦譜や居延漢簡・敦煌漢簡などにみえ、敦煌漢簡の後漢和帝永元六年（九四）暦譜には、建除（十二直）・反支・血忌・天李・八魁などの暦注が記載されている。

その後の暦注の展開を見ると、敦煌出土暦書の北魏太平真君十一年（四五〇）・十二年暦日（敦煌研究院368）に太歳・太陰・大将軍の所在方位、月朔干支・十二直に二十四節気干支・社、臘・月食などの注記があるが、さらに吐魯番出土の唐顕慶三年（六五八）具注暦日（TAM210：137/1-3）の記載は次のように整えられている。

〔正〕月大
〔一日〕甲申水破　歳位陽破陰衝
〔二〕日乙酉水危　歳位小歳後、往亡、葬吉
〔三〕日(景)丙戌土成　歳対小歳後
四日丁亥土収　歳対小歳後、嫁娶・母倉、移徙・修宅吉
五日戊子火開　歳対、母倉、加冠・入学・起土・移徙・修井竈・種蒔・療病□
六日己丑火閉　歳対、帰忌、血忌
□□□□□□　三陰狐辰

この具注暦の形式は宋代にも継承されており、これによって漢代までに建除などをともなう具注暦が形成され、

隋・唐初頃には一応の成立をみたことが知られるのである。

（2）　唐代の頒暦

中国における暦はこのように諸種の暦注を備える具注暦として行われたが、それはどのように頒布されたのであろうか。隋唐では天文観測や編暦は太史の任務であり、『唐六典』巻一〇、太史令には「掌下観二察天文一、稽二定暦数一、（中略）毎年預造二来歳暦一、頒中于天下上」とあり、その下に司暦二人、保章正（暦博士）一人、暦生三六人、装書暦生五人がおり、「司暦掌二国之暦法一、造レ暦以頒二于四方一」とある。その頒布に関する規定は明らかではないが、唐令に準拠した日本の養老令の諸条文から推定して、太史令から皇帝への暦奏を経て中央・地方官衙（また朝貢国）へ頒賜されたとみられる。また官衙以外に官人・庶民にもさまざまな書写ルートを経て暦は行きわたったと考えられるが、安史の乱を経て、中央権力が弱体化する八世紀末から暦の統制や頒布、その破綻に関連する史料がみられるようになる。

『新五代史』司天考には、建中年間（七八〇～八三）に術者曹士蔿が古法を変じて顕慶五年をもって上元とし、立春に替えて雨水を歳首とする新法をはじめ「符天暦」と号したが、世にこれを小暦と言い、ただ民間で行われたという。また『冊府元亀』巻一六〇には、文宗の大和九年（八三五）に「十二月丁丑、東川節度使馮宿、奏三准レ勅禁二断印暦日版一。剣南・両川及淮南道、皆以二版印暦日一鬻《うる》二於市一、毎歳司天台未レ奏レ頒二下新暦一、其印暦已満二天下一、有レ乖二敬授之道一、故命禁レ之」とあり、東川節度使馮宿が奏して、剣南・両川および淮南道で版印の暦日が市場で売られ、朝廷の司天台が新暦を頒布しないうちに暦が天下に満ちたので、これを禁ずる勅が出されたと言い、私的な版印暦が出回っていたことが知られる。唐末になるとさらに唐朝は混乱するが、『唐語林』巻七には、「僖宗入レ蜀。太史歴本不レ及二江東一、而市有二印貨者一、毎差二互朔晦一、貨者各征二節候一、因争執」とあり、黄巣の乱により僖宗は中和元年（八八一）に蜀に逃れるが、そのころ太史の暦本が江東に行きわたらず、偽暦の発売者のあいだで訴訟が起こったことを伝えている。

そのようなかで市井での暦の受持を伝えるのは遣唐請益僧《しょうやくそう》円仁であり、『入唐求法巡礼行記』開成三年（承和五・八三八）十二月二十日条に「買㆓新暦㆒」とあり、揚州開元寺に滞在中であった円仁は年末に一般に売られていた新暦を購入している。また求法遂行のため、帰国する遣唐使から離れて唐に残り、赤山法華院に留住していた同五年正月十五日条には、「得㆓当年暦日抄本㆒、写著如㆑左」とあり、当地では暦の購入はできなかったらしく、具注暦の抄本を得て「開成五年暦日」の暦序および十二箇月毎の月朔干支・納音・十二直、二十四節気などを書き写している。

以上のように唐代末期の九世紀では木版暦が出され、また偽暦も横行していたが、敦煌でみいだされた「大和八年（八三四）木刻具注暦」（ロシア科学アカデミー東洋学研究所蔵敦煌遺書）、「乾符四年（八七七）印本具注暦」（S・P. 6）、「中和二年（八八二）剣南西川成都府樊賞家印本暦日」（S・P. 10）など多様な木版具注暦はそのような実態の一端を示しいている。また十一世紀の新羅でも宋の版暦が用いられていたことは、『春記』長暦三年（一〇三九）閏十二月二十八日条に、「関白命云、唐暦一日持来、新羅国以㆓唐暦㆒用㆑之云々、仍去夏密々遣㆓示帥許㆒、今日所㆓持来㆒也。摺本也」とあり、同地から大宰府を介して取り寄せた「唐暦」が摺本であったことからも知られる。なお、『元史』食貨志によると天暦元年（一三二八）の例で官暦の発行部数は、大暦は二二〇万二二〇三本、小暦は九一万五七二五本、回回暦（イスラム暦）は五二五七本で計三一二万三一八五本にも及んでおり、その市場規模の大きさが知られる。

（3） 日本における本格的な暦の受容と展開

古代日本における本格的な暦の受容は六・七世紀にあり、『日本書紀』欽明天皇十五年（五五四）に要請に応えて百済から暦博士が来朝し、推古天皇十年（六〇二）に百済僧観勒が暦本・天文地理書等をもたらし書生に教授したとある。百済は南宋の元嘉暦を用いたので、日本でもそれに倣ったとみられる。その後、持統六年（六九二）から唐の儀鳳（麟徳）暦、天平宝字七年（七六三）から大衍暦、天安二年（八五八）から五紀暦併用を経て貞観四年（八六二）から宣明暦が採用され、これが貞享改暦まで八〇〇年余り行われ続けたことはよく知られている。

律令制では、「職員令」九・陰陽寮条に暦博士は造暦を掌るとし、「雑令」六・造暦条に「凡陰陽寮、毎年預造二来年暦一。十一月一日、申三送中務一、中務奏聞、内外諸司、各給二一本一。並令二年前至一レ所レ在」とあり、翌年の暦を陰陽寮が造り毎年十一月一日に中務省に送り、天皇への奏上を経て内外の諸司に支給された。なお『弘仁式』逸文および『延喜式』巻一六陰陽寮進暦条に「具注御暦二巻、六月以前為二上巻一、七月以後為二下巻一」「頒暦一百六十六巻」とあり、天皇用の御暦《ごりゃく》は一年分上下二巻、諸司に分かつ頒暦は計一六六巻であるが、これは一年分一巻であった。[8]

近年各地の官衙関係遺跡から木簡や漆紙文書として暦の断簡が二〇点余り出土しており、現在最古のものは元嘉暦施行期の奈良県明日香村石神遺跡出土木簡の持統三年（六八九）暦であり、儀鳳暦行用期では静岡県浜名郡城山遺跡出土木簡の神亀六年（天平元、七二九）暦、大衍暦行用期では宮城県多賀城市多賀城跡出土漆紙文書の宝亀十一年（七八〇）暦が古いところである。[9] しかしこれらはわずか数日分の、それも行の前後を欠くものが多く全体をうかがうことはできない。

正倉院文書の天平十八年（七四六）、天平二十一年（七四九）、天平勝宝八歳（七五六）具注暦は儀鳳暦行用期のものでそれぞれ二、三か月分を残しており、当時の具注暦の姿を伝える遺品として貴重であり、諸司に分かたれた頒暦の写しと考えられる。なお「天平十八年暦」には一〇件の日記書き込みがある。内容は叙位、写経関係のほか私的記事もあり、林陸朗氏はその記主を写疏所案主の志斐麻呂と推定している(10)。前述のように秦漢の質日・暦譜でも暦を所有した官人たちが公務を中心とする記録を書き付けていたが、これらの例は暦を手元に置いた官人層が「日記」を書き残す割合が決して低いものではなかったことを示唆している(11)。

ところで具注暦に付される毎日の暦注は、十二節月ごとに日付の干支によって配当が決まるものが多く、年が異なっても同じ節月の干支ならば比較が可能である。そこで現存する唐暦と正倉院暦（ともに四月節）を比較すると表1のようになる。

表1　八世紀前後の唐と日本の具注暦

唐元和四年（八〇九）具注暦日（P.3900）	正倉院・天平勝宝八歳（七五六）具注暦
	（三月大）
閏四月小	
七日癸未木満　歳後、天恩、拝官・九坎、治竈吉	卅日癸未木満立夏四月節　歳後、天恩、九坎、厭
	四月大○注略
八日甲申水平小暑至上弦、歳後、血忌、作竈・解除吉、八魁	一日甲申水平　歳後、血忌、治竈・解除吉
九日乙酉水定　歳前小歳対、嫁娶吉、天火日、天獄日	二日乙酉水定　歳前小歳対、嫁娶・治竈□殯□
[十]日丙戌土執　歳前小歳対、嫁娶・治病吉	三日丙戌土執　歳前小歳□
十一日丁亥土破　歳前小歳対、嫁娶・治病吉	四日丁亥土破　々々々々、療病・拝官・祭祀・解除服吉
十二日戊子火危　歳前、祭祀・拝官・嫁娶吉、地倉日	五日戊子火危　歳前、祭祀・嫁娶吉
十三日己丑火成　歳前、帰忌	六日己丑火成　歳前、帰忌、厭対

傍線を施した暦日下段の吉凶注は異なるものがあるが、干支のほか五行（納音）・十二直・歳前歳後・天恩・九坎《きゅうかん》などの暦注の基幹部分は同様であることが知られる。また先に引用した唐顕慶三年（六五八）具注暦日の正月六日条と、正倉院文書天平十八年具注暦の正月七日条も同じ節月で、前者は「六日己丑火閉　歳対、帰忌、血

忌」、後者は「七日己丑火閇　歳対、帰忌、血忌」と同じ記載であり、これらにより七・八世紀から九世紀初頭にかけて、唐・日本ともにほとんど同形式の具注暦を使用していたことがわかる。

ところが、平安中期から「寛和三年（九八七）具注暦」[12]（九条本『延喜式』二八紙背）、『御堂関白記』自筆本の長徳四年（九九八）具注暦下巻をはじめとして宣明暦行用期の具注暦は多数残るが、その暦注の形式はそれ以前と大きく異なっている。まず木星を意味する下段の「歳前」「歳後」が「大歳前」「大歳後」となるのは太衍暦からであるが、宣明暦時代の最も甚だしい相違は、寛和三年暦では暦の上段に天間・忌遠行・忌夜行・三宝吉日・不問疾や、大将軍・天一・土公の遊行方位など、長徳四年暦以降では上段欄外に七曜・二十七宿などの夥しい数の朱書暦注が付加されていることである。つぎに表1の唐暦や正倉院暦と同じ四月節で同干支の、『御堂関白記』原本寛弘二年（一〇〇五）具注暦を掲げる。

『御堂関白記』寛弘二年具注暦（『』は朱書。間明き二行。日記記事、年中行事、七十二候、日出入時刻等は略した）

四月大○中略

『柳』『水』六日癸未木満　『甘露』『伐』　孤辰、九坎、厭

『星』『木』七日甲申水平　小満四月中　沐浴　『土公入』『伐』　大歳後、無翹、血忌　結婚・納徴・移徙・解除・謝土・除服吉

『張』『金』八日乙酉水定沐浴　『金剛峯』『三宝吉』『忌遠行』『伐』　大歳前小歳対、歳徳合、月徳合　嫁娶・納婦・移徙・出行・剃頭・解除・修井竈碓・除服・安床帳吉

『翼』『土』九日丙戌土執〔上〕下弦　『五墓』　大歳前小歳対、復　結婚・納徴・納婦吉

『軫』『日』十日丁亥土破沐浴　大歳前小歳対、重療病・裁衣・市買・納財・壊垣・破屋吉
『蜜』『甘露』『三宝吉』『七鳥』『伐』

『角』『月』十一日戊子火危沐浴　大歳前結婚・納徴・嫁娶・納婦・壊垣吉　日遊在内
『大将軍遊内』『天一子』『不視病』

『亢』『火』十二日己丑火成靡草死除手甲　大歳前、帰忌、厭対入学吉　日遊在内
『不問疾』

これらの新しい朱書の暦注は『宿曜経』や『群忌隆集』などを典拠とするものであり、その初見史料は『貞信公記抄』延喜九年（九〇九）二月二十一日条に「丁巳、東宮始入ニ内裏一、暦日注十死一生、私所レ記」、延喜十九年（九一九）十月十日条に、「甲辰、羅刹、於極楽寺、政所有ニ諷誦一」、延長元年（九二三）七月十四日条に「丙寅、井宿、日曜、天恩、帰忌、辰剋有ニ御産事一」などとあるものである。これらは具注暦に書かれていた藤原忠平の日記『貞信公記』を子息実頼が抄出するさい、参考に暦注記事まで小字で書き写したものであり、それによって七曜・二十七宿・甘露・羅刹・十死一生（忌遠行《えんぎようをいむ》）などの朱書暦注が延喜年間の具注暦に記載されていたことが知られる(13)。

では、それらはいつから暦面に追加されるようになったのであろうか。密日《みつにち》（日曜）などの七曜は、大同元年（八〇六）に空海が『宿曜経』とともに伝えたものであり、その後密教の展開とともに修法、造仏等を行うさい『宿曜経』を典拠に吉日良辰を択ぶことが必要とされ、『慈覚大師伝』によると嘉祥二年（八四九）円仁は、仁明天皇のため甘露日を択び灌頂法を修している。その吉日観念は陰陽家にも影響した。陰陽頭滋岳川人《しげおかのかわひと》（?～八七四）の著作には『指掌宿曜経』(14)と「川人三宝暦序」(15)があり、また『三代実録』貞観十三年（八七一）二月八日甲申条に「自ニ去正月一、公卿未レ聴ニ太政官尋常政一。是日、始聴レ之。時改巳ニ一刻一、用ニ辰四刻一。避ニ河魁暦滅門一也」とあって、「河魁暦」でいう滅門を避けるため時刻を移して太政官尋常の政を行ったという。滅門は太禍・

狼藉日とともに朱書の暦注であり、これも陰陽寮の奏上に基づくものであろう。これらのことから九世紀末から十世紀にかけて、年中行事・神仏事の定着や陰陽道の形成と関わり、従来の暦注と源流を異にする新しい暦注が朱書で記載されたものと考えられる。

この時代唐では、多くの木版刷りの具注暦が出回っていた。それは紙面に暦日暦注情報が隙間なく記されたものであったが、日本では具注暦の暦日上部、行間に多くの朱書暦注が増補記載され、中国とは異なる形態を示すことになるのである。

二　王朝貴族社会と具注暦

(一)　貴族の具注暦利用

藤原摂関家の基盤を築くとともに年中行事にも見識を有した貞信公藤原忠平は、しばしば子息の実頼・師輔らに教命を与え、彼らはそれぞれ小野宮・九条流の年中行事を形成する。その右大臣師輔の子弟への遺訓書である『九条右丞相遺誡』遺誡幷日中行事には、暦の利用について次の一節がある。

> 夙興照レ鏡、先窺二形躰変一。次見二暦書一、可レ知二日之吉凶一。年中行事、略注二付件暦一、毎日視レ之次先知二其事一、兼以用意。又昨日公事、若私不レ得レ止事等、為レ備二忽忘一、又聊可レ注二付件暦一。但其中枢要公事、及君父所在事等、別以記レ之可レ備二後鑑一。

一日のはじめに当たりなすべきこととして暦をみて、第一に暦注から当日の日時方位の吉凶を知り、第二に年中行事を略記しておいて事前に用意しておくこと、第三に前日の公事で必要なことは暦に書きつける、すなわち日記を書くこと、そのうち特に重要なことや君父の動向などは別に記すこと、などをあげている。

貴族社会における暦利用のあり方はこの三点に尽きるといってよいであろう。暦注は前述のように受容当初から存在していた。『日本後紀』弘仁元年（八一〇）九月乙丑条によると、平城天皇は儒教的合理主義の立場から暦注を除くことを命じたものの、この年嵯峨天皇は公卿らの要請を受けて旧に復しており、その存在は日本でも社会的にすでに不可欠であったことがわかる。さらに九世紀末から十世紀初めの朱書暦注の付加により禁忌の事項・日時は増加し、宮廷貴族社会の公私の行為にわたり暦は不可欠な存在となる。

二、三の例をあげれば、『小右記』寛弘八年（一〇一一）八月十八日条では、大嘗会検校を勤める藤原実資は行事所始めについて「見レ暦忽無下可レ始二行事所一之日上、廿三日吉日也」とし、長和二年（一〇一三）二月二十六日条には右大将として右近衛府の真手結《まてつがい》の日取りについて「引二見暦一、四日宜、而六日行二真手結一、当二衰日一」と、それぞれ具注暦を引見して吉日を得ようとしている。また藤原道長の『御堂関白記』寛弘四年（一〇〇七）三月十六日条にも、道長は自第の南大門の扉を修理したが、暦をみると「伏龍在門」とあるので陰陽師県奉平に解除を行わせており、暦を引見する記録は枚挙にいとまがない。貴族たちは、ことあるごとに暦注をみて日時・方角の吉凶を知ろうとしたが、それは彼らの行動を制約することのみならず政治・行事の日程にも影響し、その禁忌意識のもと故実先例は定着していった。

つぎに日記との関わりであるが、貴族たちは日記のことを「暦記」と称し、具注暦の日付の間に数行の空白（間明き）を設けそこに日記を書きつけた例は多い。自筆原本を残すものでは師輔の孫道長の『御堂関白記』をはじめ、源俊房の『水左記』、藤原為房の『大御記』、藤原家実の『猪隈関白記』、天皇・上皇では『花園院宸記』『後宇多院宸記』『光明天皇宸記』などが著名である。しかし、古代中世の日記は原本を失い写本で伝わるものの方が多い。そこで写本を詳細にみていくと、原本が具注暦に書かれていたことをうかがわせる例をいくつも拾うことができる。次にそれをあげてみよう。

まず藤原忠平の『貞信公記』は、先述のようにこれを長子実頼が抄出した『貞信公記抄』に「丁巳、東宮始入二内裏一、暦日注十死一生、私所レ記、」（延喜九年二月二十一日条）、「戊午、有下祈二止雨一奉幣使事上、此日滅日、又九坎、私記也、」（同年八月二十五日条）などとあるように、抄出に当たり実頼は原本から暦注も引用しており、『貞信公記』が具注暦に書かれていたことを証している。

その藤原実頼の『清慎公記』は佚文を残すのみであるが、嗣子実資の『小右記』万寿四年（一〇二七）九月八日条に「按察行成卿送二故殿（藤原実頼）天暦八年御暦上巻一、二月七日以前無、出所太不審、太奇々々」とみえ、『清慎公記』が故殿の「御暦」と記され、かつ天暦八年御暦の「上巻」とあることから一年分上下二巻で、それにより間明《まあ》き暦であったと推定される。

忠平の次子師輔の『九暦』は、『左経記』長元元年（一〇二八）二月二日条に、「入夜在二故大納言（藤原行成）御許一九条殿御暦日記廿八巻従二承平元年一至二于天徳四年一云々、奉二関白殿一、是大納言自筆也、誠秘蔵者也」、また、『後二条師通記』寛治六年（一〇九二）九月二日条にも「九条殿御暦記辛櫃一合、本書、新書、所二下給一也、新書大納言手跡也、」とあり「御暦日記」「御暦記」と称されている。[16]

藤原行成の『権記』については、『小右記』万寿二年二月九日条に、「行成卿云、為レ記レ暦先注レ扇、為レ不レ忘二彼日事一、而行経取レ之参内、後聞二此由一、極不便事云々」とある。藤原斉信が豊明節会において失誤あり、行成はこれを暦に記そうとしてまず扇に注しておいたが、子息の行経がこれを内裏に持ち出し、源隆国に読まれて披露されてしまったという。このことから貴族たちは、儀式の場の出来事などを備忘のため扇などに記しておき、のちに具注暦に日記を書いていたことが知られる。よって行成の記録も暦記であった。

平安中期の最も浩瀚な記録である藤原実資の『小右記』には、多数「注暦記」「注暦裏」などの表記があり暦記であることがうかがえるが、次の例はそのことを直接示すものである。寛弘八年（一〇一一）大嘗会検校の実資は九月二十二日条に、「触二此会一之事数千万、不レ可レ記二書暦上一、只是大略之大略也」と記し、大嘗会に関わる儀は膨大で暦の上には書ききれないとし、翌長和元年九月一日条には大嘗会の年の九月三日に北辰に御灯を奉らないことの根拠について「件記注二寛弘八年暦一」と記し、実際に寛弘八年九月一日条にこの件に関する『清慎公記』の佚文が引用されている。娘千古の婚儀吉日を択ぶ長元二年九月十日条は興味深い。

呼二守道（賀茂）朝臣一、覆三問十一月一日乙卯・廿六日庚辰嫁娶勝劣一。云、庚辰為レ勝、彼日月殺、可レ忌乎。云、上吉弁用レ之無レ妨、已有二大歳前天恩一、尤可レ為レ優、又義日、亦陰陽不将日、以此日為二嫁娶吉日一。後日尋三見月殺例一、永延元年十二月十六日金（火）平甲辰、大歳対月殺云々納財吉、左京大夫道長通二左府女一。件嫁娶日已月殺、不レ可二忌避一歟。大幸開レ従二彼家一。今年、十一月廿六日庚辰、大歳前天恩月殺嫁娶、納嫁（婦）吉、勝レ自二彼日一歟。

実資が十一月一日乙卯と二十六日庚辰のどちらが良いかと問うと、陰陽師の賀茂守道は後者を吉とした。実資は庚辰の日は月殺でありこれを忌む必要はないかと再度問うと、守道は妨げはなく他の暦注なども勝り嫁娶吉日であるとした。そこで実資は後日、月殺の婚儀例を探して傍線部を引用している。それはとくに出典を記していないことからも、道長と源倫子の婚儀に関する『小右記』永延元年十二月十六日甲辰の記事を暦注ともども引用したものとみてよいであろう。現在この年の七月から十二月の記は伝わらないが、『小右記』の中に引用された暦部分も含む稀有な佚文といえよう。また点線部分は、彼が日記を書いている長元二年具注暦の来る十一月二十六日庚辰の暦注を確認のため引用したものである。

実資の孫にあたる藤原資房の『春記』は、九条家本古写本および「史料大成」がよる旧鷹司本の長久元年十二月記の末に、「長暦三年十一月一日従五位下行暦博士賀茂朝臣道平」とみえる。これは具注暦巻末の御暦奏の日付と造暦者を記した暦跋を写したものであり、本記が具注暦に書かれていたことを証している。

関白藤原師通の『後二条師通記』は年により本記と別記の二種の古写本があるが、本記永保三年（一〇八三）

正月の前に、同年の日数、八将神の所在方位、月の大小などの暦序が記載されていること、また別記の本文の多くに日付干支のあと「凶会」「九坎」「厭対」などの暦注記事や、年中行事を小書していること、裏書書写に際して「嘉保元年御暦裏」と記すことなどから、日記原本が具注暦に書かれていたことは明らかである。なお子息忠実の『殿暦』康和三年八月十一日条にも、「裏書、今日初故二条殿の見二御暦日記一」とみえる。

院政期で最も大部な日記である藤原宗忠の『中右記』については、その寛治五年十二月二十九日条の末に、「此巻年少之間依注付、旧暦中甚以狼藉也。仍令二少将（藤原宗能）清書一、但寛治三年自清書也。本暦記破却了。皆見合也」とあり、寛治五年以前の暦記は狼藉であるとして嫡子宗能および自身が清書し直した上で本暦記を破却している。保安元年六月十七日条には、「今日私暦記部類了。従二寛治元年一至二此五月一、卅日（衍カ）四年間暦記也。合十五帙百六十巻也。従二去々年一至二今日一、分二侍男共一、且令二書写一、且令二切続一、終二其功一也。是只四位少将宗、若遂二奉公之志一者、為レ令レ勤二公事一所二抄出一也。為二他人一定表二鳴呼一歟。為二我家一何不レ備二忽忘一哉。仍強盡二老骨一所二部類一也。全不レ可二披露一。凡不レ可二外見一、努力々々。若諸子之中居二朝官一時可レ借二見少将一也」とあり、寛治元年からこの年にいたる三四年間の暦記を宗能の奉公のために部類している。また、陽明文庫本古写本の日付干支の下に「伐日」「欠日」「甘露日」「凶会日」「太禍日」の注記が記載されており、このことからも原本が具注暦に書かれていたことが知られる。

なお祖父俊家の日記について、『中右記』天永二年二月六日条に「晩頭大宮右大臣殿暦記書写了。合卅巻、従二去年十月五日一書始。以二本書一為レ用二経紙一也。是依レ有二故大納言（藤原宗俊）殿御遺言一也」とあり、二月二十六日条にも「今日故大宮右大臣殿御暦皆悉破却了。是為レ成二経料紙一也。已清書了破也」とあり、父大納言宗俊の遺言により祖父大宮右大臣俊家の暦記＝御暦三十巻を破却して経紙《きょうし》の料に漉き直しており、俊家の日記も具注暦に書かれていたことが知られる。

藤原忠実の『殿暦』はその名称や古写本の形態から暦記とされるが、[17]その次子頼長の『台記』についても、「史料大成」が底本とする紅葉山文庫本の巻六冒頭に「久安二年〔具注暦日〕丙寅歳」、巻七冒頭に「久安三年暦、丁卯歳、凡三百五十五日」、巻九冒頭に「久安六年暦、庚午歳、凡三百五十四日」、巻末に「久安五年十一月一日正五位下行暦博士賀茂朝臣宣憲／正五位下行陰陽助兼陰陽博士賀茂朝臣在憲／正四位下行陰陽頭兼権暦博士備前権守賀茂朝臣憲栄」など具注暦の暦序と暦跋が記されており、『台記』が具注暦に書かれていたことを明示している。

藤原定家の『明月記』は自筆本と自筆清書本があり、「史料纂集」第一所収呉文炳氏所蔵「治承四五年」巻はその後者であるが、治承五年（養和元・一一八一）記の冒頭に「治承五年具注暦日　辛丑歳／正月大／一日、戊申、土危、天晴、風寒」と、暦序と正月一日条に納音・十二直の記載があり同年の日記原本が具注暦に書かれていたことをうかがわせている。

鎌倉前期の陰陽頭安倍泰忠の日記には、養和二年春記の写本である『養和二年記』があるが、[18]鎌倉末頃に陰陽家安倍氏の反閇に関する記録を集めた若杉家文書『反閇作法幷作法』[19]に、「□□二戊子、二、八壬子、忌夜行、四不出日、滅門、／□四条殿御本所、予（泰忠）依軽服不勤御反閇」、さらに「嘉禄二丙戌、二、廿己巳、忌遠行、重復、今夜北白河院（国母（藤原陳子））御入内、（長官泰忠）予参勤御反閇、参御所、」とあり、暦注情報とともに泰忠を一人称とする記録が、他にそれと推定されるものも含めて数条引用されており、『安倍泰忠記』も具注暦に書かれていたことが知られる。

また葉室定嗣の『葉黄記』は、南北朝期書写の伏見宮本の所々に暦注がみえ原本が具注暦に書かれていたことがわかるが、さらに宝治元年（一二四七）四月一日条の肩に「今月記経二数月一記レ之、且此暦在盛朝臣遅送故也」と記しており、[20]当時陰陽博士で造暦宣旨を蒙る暦家でもあった賀茂在盛から暦の供給を受けていたこと、その遅延のため四月記は数か月後に記したものという。なお、四月をもって画されていたことから彼の暦は一年分四巻であったことが推測できる。

以上は管見に触れたものであるが、このようにみると、原本は残らずとも平安時代以降の貴族たちが残した日記の大部分は具注暦に書かれたものであると認めてよいと思われる。ではそのような具注暦は、いかなる経路で貴族たちのもとへ供給されたのであろうか。

（2）具注暦の供給経路

前述のように具注暦には天皇用の御暦と諸司に配る頒暦があり、暦博士が造り陰陽寮が書写を行って中務省へ送り、毎年十一月一日に御暦奏が行われた。『延喜式』巻一六陰陽寮の造暦用途条の規定によると、閏月のない平年の御暦は四七張、頒暦は一六帳の紙を用いるとし、頒暦の比率は御暦の約三分の一となる。このことから藤本孝一氏は、行幅を同じとした場合に御暦を『御堂関白記』のごとく一日三行取り（間明き二行）とすると、諸司用の頒暦は間明きを持たない暦となると推測した。(21) ただし、十世紀後半に律令支配体制の崩壊を反映して頒暦作成に用いる大量の料紙は陰陽寮へ送られなくなり、頒暦制度は廃絶する。その一方で、暦は暦博士（十一世紀に賀茂氏による世襲が始まる）やそれを書写した陰陽寮関係者から貴族層へ私的に供給されるようになる。(22) その後、間明きのない暦も多くみられるが、それは公的な頒暦の私的後継ともいうべきものであろう。

貴族が個人的に暦を供給される初見史料は、『小右記』長和三年（一〇一四）十月二日条に「陰陽師笠善任持二来新暦一、（先日給二料紙一、）賜二疋絹一、（裹帋、）」とみえるものであり、当時大納言であった実資は御暦奏の式日より早く陰陽寮の陰陽師笠善任に料紙を渡して暦を書写させ、持参後に禄を与えている。その後実資は右大臣となり、治安三年（一〇二三）十一月十九日条には「暦博士守道進レ暦、（上・下、）」とあり、直接暦博士の賀茂守道から上下二巻の暦が進上されている。

摂関家の例では、『後二条師通記』寛治六年（一〇九二）三月十六日条に「陰陽師道時（言）朝臣奉二暦下巻一了」とあり、師通は暦家賀茂道言から遅れて三月に暦の下巻を進められている。忠実の場合は『殿暦』康和五年（一一〇三）十二月二十九日条に、「巳時許陰陽師光平来、新暦持来也。開了、但新暦持来、於くまてみはつる也、是故殿仰也。新暦持来時、抽（軸）本まて見了事、今年了見はつる儀歟。宿耀又同了」とあり、年末に暦家賀茂光平が新暦を持参している。なお長治元年（一一〇四）十二月二十五日条には、光平の父の道言が暦二巻を持ち来るとあり、師通と同様に上下二巻であったことも知られる。また『玉葉』文治元年（一一八五）十二月十七日条に賀茂在宣が九条兼実のもとに新暦を持参し、関白九条忠基の『後己心院殿御記』[23]永徳三年（一三八三）十二月二十七日条にも、定春朝臣（賀茂氏か）が新暦を進上している。

摂関家等の家政機関でも暦の書写が行われたようで、九条家本『九条殿記』紙背「主計頭賀茂道言書状」[24]には、賀茂道言から「所レ召暦本召二籠殿文殿一、雖及□于今不二返給一、可尋御□□」と、文殿にとどめ置かれていた暦本の返却を求められている。十一世紀中葉の藤原明衡の『雲州消息』下末、「可レ被レ行二太山府君御祭一事」で、式部丞橘が暦博士に宛てて「新暦早々可レ被二進上一也」と書状に認めいているのも、家司等が主家で用いる暦の進上を促している例であろう。

鎌倉時代以降の例では、先述のように葉室定嗣は宝治元年（一二四七）に暦家賀茂在盛から暦を送られていた。またこれより先、『民経記』貞永元年（一二三二）三月記の次の紙背文書も注目される。

行闕御暦令レ進レ之候、殊加レ点候也。自今以後者可レ為二年貢一候也。恐惶謹言。

十二月廿二日　権漏刻博士泰俊

勘解由小路殿

これは記主の藤原経光に毎年「行闕御暦」、すなわち間明き暦に加点したものを進上することを約した、前年寛喜三年十二月二十二日の権漏刻博士安倍泰俊の書状とみられている。(25) ここでは、十一世紀以降暦家賀茂氏と対抗して陰陽道の二大勢力となった天文家安倍氏からも貴族に暦が献じられていることに注目したい。ただし、この時代安倍氏は独自に暦計算を行っておらず、賀茂氏の暦を書写して献じているにすぎない。

局務家中原師守の『師守記』暦応二年（一三三九）十一月十一日条には「今日陰陽大允進二上新暦一、幸甚々々」、貞治五年（一三六六）十一月七日条に「今日陰陽大属久盛(惟宗)進二新暦一」とあり、陰陽寮官人から新暦が進められたが、貞治元年（一三六二）十一月三十日条に「今日陰陽師久盛進二新暦一、可レ被レ付二年中行(脱アルカ)一本也」とみえるように、新暦進上分には中原氏が職務とした年中行事の書写を陰陽寮官人が師守らに依頼するものも含まれていたようである。(26)

三宝院満済の『満済准后日記』永享六年（一四三四）十二月二十三日条には賀茂在方が新暦を持参した記事があり、万里小路時房の『建内記』嘉吉元年（一四四一）十二月十七日、文安四年（一四四七）十二月十三日条によると、時房は勘解由小路（賀茂）在貞から和漢、すなわち仮名暦と具注暦、および八卦を送られている。伏見宮貞成親王の『看聞日記』では応永二十五年（一四一八）十二月二十日条に「在弘(賀茂)卿新暦・八卦等献レ之」、同月二十八日条に「泰継(安倍)朝臣新暦・八卦等献レ之」、同月晦日条に「陰陽師有清(安倍)泰家子息。新暦・八卦等初而献レ之」とあるように、暦家賀茂氏だけでなくたびたび安倍泰継・有清の二人から新暦と八卦を献じられている。そのほか吉田兼見の『兼見卿記』元亀三年（一五七二）正月三日条には「書二新暦一、於二万里少(小)路一借レ之、今夜及二深更一了」、同六日条には「新暦出来、返遣了」とあり、万里小路惟房から新暦を借用し書写している。

このように貴族社会への暦の供給経路としては、暦家賀茂氏から直接供給されるもの、他の陰陽寮官人、中世にはことに安倍氏から暦の進献を受けるもの、暦家から暦本の貸与を受け書写する場合、人から借りて転写する場合など、さまざまなルートがあったことが知られる。暦家賀茂氏は陰陽師でもあり、安倍氏とともに陰陽道の祭祀や祓を通して貴族の家と特定の関係を築くことが多かったから、そのような関係で暦を進めることもあったと推測されるが、賀茂氏から供給されるものは、御暦奏の対象である天皇を除いても摂関家や精華家などの政治的地位の高いものを中心としていたと考えられる。

三　具注暦と日記

(一)　具注暦に日記をつける要因

前節では平安時代以降貴族たちがつけた日記は多く暦記であることを確認したが、『宇多天皇御記』あたりを嚆矢として九世紀末、十世紀初頭から天皇や貴族たちは日記を書き始め、それは貴族の習慣として継承され多くの日記が残されることになった。暦に記録を残すことは秦漢の地方少吏でも、奈良時代の写疏所の官吏でも行っており、程度の差はあっても暦を所有すればみずからに関わる公私の行為をその隅に書き留める者は決して少なくなく、それは現代のわれわれが日付手帳に行動や出来事等を書込む行為と近いものがあろう。しかし、平安時代の貴族たちが世代を継いで習慣や半ば義務として具注暦に日記を書き留めるようになる要因は何であろうか。

そこには日記を書く主体的な動機と、それが暦記であるという具注暦の素材としての問題が考えられる。

夙に玉井幸助氏は日記の展開について、「日記は事実の記録に発生し、事実を具注暦に書き込むことから日並の私日記が発生した」とし、その理由は「平安時代に入ると、朝廷の儀式典礼がますます複雑になり、何事も旧例に準拠する風習が重んぜられたので、日記は重要な位置を占める事になった」、「宇多天皇の御代頃から延臣の私日記が隆盛を極め、毎日、日記を書くという事が殆ど習慣のごとく[27]」なったとしている。

村井康彦氏は九世紀末から出現する私日記について、「その特徴は官より支給された具注暦に書き込まれた、いわゆる暦日記・暦記であったところにある。初期の日記が天皇（宇多・醍醐・村上）・親王（本康・重明親王）

および公卿などに限られているのは」頒暦の対象であったからに他ならないとし、また「暦日記が登場する背景には、九世紀末に至り顕著となった宮廷行事の整備と関心があり、行事があるごとに具注暦に当日の行事日記を書き留める習慣が生まれたものであろう」[28]とする。両氏とも日記を書く風習は宇多天皇の頃から整備、重視された朝廷の儀式典礼、宮廷行事を暦に書き留めることに始まったものとしている。

また松薗斉氏は先行の諸説を整理した上で、九世紀末から十世紀に入って出現する日記の問題は、公事（政務・儀式）の道具として必要な種々の機能をあわせもった日記＝「王朝日記」として検討すべきこと、日記は、天皇・貴族たちが政務・儀式に参加するために必須な先例も含めた公事情報を蓄える一つの情報装置として捉える視点が必要であるとし、その上で宇多朝では王権の回復・確立の意図のもとに儀式の復興と整備がなされ、儀式を主導し公事を運営する天皇・貴族が公事情報を蓄積するための装置として採用したものとしている[29]。

公家日記の成立要因はそのように考えられるが、ではなぜこの時期に暦に記されるようになったのであろうか。そのさい参考になるのが桃裕行氏の指摘である。『御堂関白記』原本など平安中期以後の具注暦の多くは行間に二行以上の間明きを持ち、そこに日記が書かれている。桃氏は間明きの発生と日記の関係について、つぎのように述べている。

宣明暦行用期の最古の暦である寛和三年（九八七）具注暦（九条本『延喜式』二十八紙背）は間明き一行をもつが、これは日記を書き込むためというよりは、源流を異にする朱書の暦注を記すのに、行間がこみあってきたためではなかろうか。いったん行を明けると、予定でも日記でも書きこむのに便利と気がついて、さらに間明きの行数をふやし、それにつれて、日記を間明き暦に書く風習が定着していったのであろう。その例が藤原道長の『御堂関白記』で、一四巻すべて間明き二行であり、そこに日記が書きこまれているのであるが、いちばん古い長徳四年（九九八）の暦では、間明き第一行には朱書の暦注が書かれ、第二行にはその日の年中行事が書かれ、自筆日記はきわめて簡単な記事が七月に数日分書かれただけだが、年が進むと第二行の年中行事がなくなり、ついで頭部に書かれ、それにつれて日記も詳しくなり、はじめは朱書の暦注の場所を避けて日記を書いていたのを、あとではその上にかまわず書くようになる。これからも、日記を書き載せる風習は、暦注などのために間明き作ったことがさらに因をなしたものとしよう。[30]

すなわち、桃氏は、暦の間明きは従来の暦注と源流を異にする朱書の暦注などを記すために設けられたと考えられ、その間明きができたことによって日記を書く習慣が始まったとする。先に指摘したように朱書暦注は九世紀末から十世紀初めころ暦面に記されるようになった。すなわちこの時期に具注暦の日本的な増補があったと推測されるが、それは日記が書き始められた時期と重なっているのである。

また年中行事も、仁和元年（八八五）に藤原基経が『年中行事御障子』を献上したとされるが、その成立を画期にして年中行事＝公事を共通規範とする天皇を中心とした宮廷社会が成立したとされ、[31]『九条右丞相遺誡』に年中行事を暦に記して毎朝これをみて兼ねて用意せよとあるのもこの意識に基づき、ともに日記の始まりと重なっている。『土佐日記』冒頭に、「男もすなる日記といふものを、女もしてみむとてするなり」とあるように、十世紀前半に「日記」を書くことはかなり浸透していたようである。

これらのことからこの時期に朱書暦注が増加したことが具注暦に間明きを設けることの必要性を呼び、天皇や貴族の朝廷儀式・年中行事への関心と主体的な関与を要因として、間明きに日記を書く行為が定着したものと考えられるのである。[32]

（2） 具注暦の間明きと記主

発生期である十世紀の暦記は公事を主宰する天皇・摂関など貴族社会の上層部が記したものだが、次第に弁官・外記《げき》などの中下級貴族、神祇官人・陰陽師なども日記を記すようになる。松薗氏によれば、十一世紀後半から官司請負制の展開や貴族社会の再編の中で形成されつつあった「家」と結びつき、父祖代々の日記を中心に一門・他家の主要な日記・儀式書類を「家記」として所有するいくつもの「日記の家」が形成され、儀式や職務運営の保持と関わり社会的機能の一部を担うようになり、世代を越えて日記が書き継がれていった(33)。

現存する暦記には暦日間に間明きを持つものとないものがあるが、では、日記を目的とする具注暦の間明きの有無・行数と記主との間に関係性は認められるのであろうか。遠藤珠紀氏は中世における暦の普及と役割を検討した中で、暦跋や間明き、暦注記載の精粗などに注目して所有層の分類を試みている。暦跋は暦の末尾に書せられる前年十一月一日の御暦奏の日付、造暦者（暦博士や造暦宣旨を蒙る者）の連署を構成要素とするが、遠藤氏は、①暦奏の日付・造暦者の連署があるもの＝頒暦や陰陽師からの献上品をはじめとする比較的一次的な入手経路のもの。②暦奏の日付のみあるもの＝私的な書写暦。③暦奏以外の日付、またそれもないもの＝いく度も転写されたもの、の三つに分類した。その上で、中世前期の鎌倉・南北朝以前では、①日付・連署型でかつ間明きのある暦を使用できたのは摂関家・天皇などの上級貴族層に限られること、①で間明きのない暦は中下級貴族・寺社の広範囲で流通し、かつ中世のはじめから紙背の利用が多くみられるとする。さらに藤原経俊・経光・兼仲、中原師守等、代々日記を記した実務官僚系の家では間明き暦、間明きなし暦の両暦を用い、また藤原経俊・兼仲らは②日付のみ型の間明き暦を使用し、上級貴族の間明き暦とは入手経路が異なること、③型は、地方寺社に見られるものであること、中世後期では日付のみの②型が増加し、貴族官人の多くが私的ルートで暦を入手していた等のことを指摘している(34)。

ここで中世前期までの暦記で間明きあり・なしの例をあげると、まず間明き暦では、藤原道長『御堂関白記』（二行）、源俊房『水左記』（三行）、藤原為房『大御記』（二行）、守覚法親王『北院御室日次記』（五行）、近衛家実『猪隈関白記』（五行、三行）、近衛基平『深心院関白記』（五行）、西園寺公衡『公衡公記』（五行）、近衛道嗣『後深心院関白記』（二行）、洞院公定『洞院公定日記』（三行、二行）などがあり、摂関家を中心に上位の貴族が間明き暦を用いていたことが確認できる。

鎌倉時代の高野山の僧である頼瑜の『真俗雑記問答鈔』[35]第一五には、「公家之御暦、中二行置、此被レ書、日記之料云々、二巻被レ調レ之、親王・関白家準レ之」とあり、天皇や親王、摂関家では上下二巻、間明き二行の暦を用い日記を書く料としていたとするが、鎌倉時代には二行から五行とさまざまであり、また天皇・上皇の御暦も、『花園院宸記』『後宇多院宸記』『光明天皇宸記』はいずれも間明き三行である。後光厳天皇の御暦について、『師守記』貞治七年（一三六八）正月五日条に「禁裏御補任歴名幷御暦一巻上、三行置、」とあり、鎌倉時代後期以降天皇の御暦は間明き三行であったようである。[36]

また間明きのない具注暦の行間に日記が書かれているものでは、神祇伯の『顕広王記』『仲資王記』『業資王記』や、陰陽師某の『承久三年具注暦』などがあり、狭い行間に頭部より書き込み、前者では記事の多い日は紙背に及んでいる。僧では「大乗院具注暦日記」の『信円記』『尋性記』があり、『慈信記』の永仁六年（一二九八）記は間明きはないが永仁七年記は間明き一行になり、『尋覚記』も同様である。『賢俊僧正日記』、三条公忠の『後愚昧記』延文六年（一三六一）記も間明きはない。

間明きのない暦の紙背を翌年または数年後に日記の料紙とするものもあり、これらは暦を反故紙として利用したもので本来の暦記とは区別すべきであるが、『兵範記』の仁平四年（一一五四）夏記は保延五年（一一三九）・七年暦の紙背を一〇数年後に使用したもので、その他三条実房の『愚昧記』、三条実躬の『実躬卿記』およびその子公秀の『公秀公記』なども後年利用の例である。間明き一行暦であるが九条教実の『洞院教実公記』寛喜四年（一二三二）夏記も翌年利用の例である。

さらに遠藤氏も指摘するように、鎌倉時代には藤原（日野・勘解由小路）経光・兼仲父子のように一人で間明あり・なしの両暦を用いる例がある。経光の『民経記』は、安貞元年（一二二七）四月記は間明きのない暦の暦面を用い、書ききれない記事は暦を切り前年の間明のない具注暦や反故紙の紙背を継いで日記を書いたが、途中からその切り継ぎ作業を省略するため、暦記と別に反故紙などを用いた日次記との併用が行われるようになった。寛喜三年（一二三一）以降は間明き暦を使用しかつ日次記との併用も続き、尾上陽介氏は暦記に私的記事やみずから出仕しなかった日の公事、日次記には公的記事を記すなどの書き分けがあること、また暦記と日次記の併用は『後二条師通記』や『深心院関白記』などにもみられ中世公家日記の一様式であると指摘している[37]。経光の暦記は、間明きなしの具注暦から間明き二行・三行・一行と変化している。

その子息兼仲の『勘仲記』は、文永十一年（一二七四）の日記は間明き一行暦を用いているが、弘安四（一二八一）・五・六年記はそれぞれ前年の間明きのない暦の紙背を利用した。弘安七年（一二八四）記はまた間明き一行暦に記すが、別に日次記との併用が確認されている。兼仲は間明き一行具注暦に暦記、前年の間明きのない暦の裏に日次記を書しており、遠藤珠紀氏は、暦記は本人の心覚えであるのに対して日次記はのちの参勘に必要な情報を記す意識があること、また正応元年（一二八八）の暦は間明き一行の暦（暦記）と、紙背に翌年の日次記を記した間明きなし暦の二暦を所有しており、間明き暦は粗雑な体裁で暦注の記載は簡略であり、また年中行事の記載がないことから、間明き暦が日記帳の要素を持ち、間明きなし暦はカレンダーとして使用したものとしている[38]。

同様な問題は勧修寺流の藤原（吉田）経俊『経俊卿記』（『吉黄記』）でもみられる。表2に記したように『経俊卿記』の自筆原本は嘉禎三年（一二三七）から弘長二年（一二六二）までの間、一〇年分が断続的に残されている。最初の嘉禎三年十二月記は間明き二行暦を使用し、切り継ぎ紙に同年の間明きのない暦の紙背を利用している。この年経俊は暦記用とカレンダー用の二種の暦を持っていたようであるが、間明き暦の巻末には三行の余白を残しながら暦跋はなく、暦家から供給されたものではないようである。翌嘉禎四年（暦仁元年）四月記は、嘉禎三年の間明きなし暦の紙背と四年前の天福二年（一二三四）の間明き三行暦の紙背、反故消息類の紙背を用いており、その年は間明き暦を使用できなかったようである。

その後一五年を経て、建長五年（一二五三）正月記は当年の間明きなし暦の紙背を利用し、十二月記は間明き三行暦の暦面に日記を記している。翌年彼は左中弁から左大弁に転じ、その年からはほぼ安定的に間明き暦を利用しているが、建長六年秋の暦は、総じて書写は雑で暦注（とくに吉神の母倉・天恩・月徳など）の省略も多く、巻末の九月三十日晦日条末尾には罫線のみ一五行が余分に付されるなど、暦家から供給されたものでなく書写した暦と推測される。さらに建長八年からは摂関家なみの間明き五行暦を使用し、一年分春夏秋冬の四巻に分けられたようであるが、文応元年（一二六〇）暦を除き暦注の省略があり、また康元二年（一二五七）暦春巻は用いた朱墨の質が劣り、現状では朱書暦注がほとんど消えているなど問題のある暦が多い。

このようにみると、経俊が日記の料紙に用いた間明き二行・三行、ついで五行の具注暦は暦家以外で私的に書写されたものと推測される。

経俊の年齢・官職
24・右衛門権佐
25・左衛門権佐
40・左中弁
41・左大弁
42・蔵人頭・左大弁
43
44
45・参議・左大弁従三位
46
48・権中納言正三位

表２　『経俊卿記』自筆本と具注暦

日記原本の記載期間		暦面・紙背の別	間明き	備考
①嘉禎３年(1237)12/24-30	(伏)	暦面	2行	末尾3行空行、暦跋なし 継ぎ紙に当年0行暦紙背使用
②嘉禎４年(1238)４/７-24	(伏)	紙背(嘉禎３年暦) 紙背(天福２年暦)	0行 3行	
暦仁元年(1238)11/１-24	(伏)	―	―	反故消息類の裏使用
③建長５年(1253)正/１-４	(伏)	紙背(当年暦)	0行	
12/１-25＊1	(歴)	暦面	3行	
④建長６年(1254)７/１-９/30	(伏)	暦面	3行	末尾15行空行、暦注省略あり
⑤建長８年(1256)４/５-29	(伏)	暦面	5行	
５/１-６/29	(伏)	暦面	5行	末尾15行空行、暦注省略あり
８/１-９/24	(伏)	暦面	5行	
⑥康元２年(1257)３/１-４＊2	(陽)	暦面	5行	朱書暦注退色、暦注省略あり
３/７-閏３/30	(陽)	暦面	5行	同上　、　同上
正嘉元年(1257)４/１-６/22	(伏)	―	―	反故消息類の裏使用
７/12-９/30	(伏)	暦面	5行	暦注省略あり
⑦正嘉２年(1258)３/24-29	(伏)	暦面	5行	末尾16行空行、暦注省略あり
⑧正元元年(1259)４/17-６/14	(伏)	暦面	5行	暦注省略あり
⑨文応元年(1260)７/20-９/27	(伏)	暦面	5行	
⑩弘長２年(1262)２/１-４＊3	(陽)	暦面	5行	朱書暦注退色＊4

註：本記は図書寮叢刊本で暦注を含めて翻刻されているが、＊１・２・３は同書では未収。のちに＊２は、飯倉晴武「経俊卿記補遺」(『書陵部紀要』27、1976年)で翻刻されている。＊４の知見は東京大学史料編纂所蔵の写真による。(伏)は書陵部蔵伏見宮本、(陽)は陽明文庫本(吉黄記)、(歴)は国立歴史民俗博物館所蔵本を示す。０行は間明きなしの暦を示す。

また外記局務家の中原師守の『師守記』では、建武五年（暦応元・一三三八）から暦応四年記は前年の間明きのない暦の紙背を用いたが、その後貞和二年（一三四六）から貞和五年まで間明き三行暦を得て日記を記している。

以上、現存する暦記から間明きの有無と記主との関係をみてきたが、遠藤説を参酌しながらその傾向をまとめると次のように分けられる。（a）安定的に二行もしくは三行・五行の間明き暦を使用できたのは、毎年暦家から間明きを調整して献上される天皇・院、摂関家など上級貴族たちであった。（b）間明きなし暦の暦面使用者としては神祇伯家・僧・陰陽師らの専業職所有者が多くみられる。（c）暦の利用後に後年紙背を日次記として使用したものに、三条実房や三条実躬・公秀父子（ともに清華家）などがみられる。（d）当初は主に間明きなし暦の紙背を利用し、その後間明き暦に日記を残すなど結果的に両暦を用いたものに、藤原氏勧修寺・日野流（ともに名家）、局務家の中原氏などの実務官僚層がある。およそこの四つの傾向が看取できるように思われる。

そこには、書き残す日記の内容や分量にも関係する家柄・職能に応じた具注暦使用の傾向がうかがえるのではなかろうか。当然記主の個性もあり必ずしも一様ではないが、（b）の専業職所有者でいえば、僧侶や神祇伯家・陰陽師の日記では職務に関することや記主の周辺の出来事などが短めに記されていることが多い。それは僧侶であれば経典や修法に関する先例・行法・師説口伝などを記した聖教が、陰陽師であれば反閇や祭祀の次第書、祭文集、日時禁忌の先例勘文集などの抄物がほぼ定式化された職務の基盤にあり、子弟に伝える必須の知的資産であって、日記に多くの情報を書き留める必要性は薄かったことが考えられる。

また（d）の実務官僚層は弁官・蔵人や外記として宮廷・太政官の儀式や政務の枢要を勤め、さらに摂関家の家司、院司などを兼務しその諮問に応える職掌上、諸行事の先例、関係文書の引勘、その場の参会者や次第等、日記に残し伝えるべき情報は多かった。しかしその一方で、貴族上層のように暦家に間明き暦を毎年献上させるほどの地位ではなく、若年の間は間明きなし暦や過年度の暦の紙背を用い、官職の上昇とともに暦家以外の陰陽師、とくに天文家の安倍氏、または自家で間明き暦を書写させて利用する場合が多かったのではなかろうか。彼らの所持した具注暦が間明き行数から暦跋の有無、暦注の精粗にいたるまで多様であること、そこに勧修寺・日野流藤原氏や中原氏等、世代を越えて日記を書き継いだ典型的な「日記の家」の一側面をうかがうことができると思われる。

おわりに

これまで本稿で述べたことをまとめて結びとしたい。

一、中国の暦は干支紀年・紀日法をを用いたため、漢代に干支五行説により日時方位の吉凶を解く日書の説と結びついて原初的な具注暦が形成され、唐代初期までにはその形式は整い、唐代末期には木版暦が普及していた。日本では七世紀頃に暦法とともに具注暦の形式も伝えられ、しばらく唐とほぼ同様な具注暦を用いていたが、九世紀末頃から『宿曜経』などを典拠とする新たな〈朱書の暦注〉が多数追加されて中国の暦と異なる様相を呈し、また暦注の増加により暦日の行間に数行の〈間明き〉が設けられることになった。

二、暦の利用法として、漢代の地方少吏が竹簡暦に簡単に公私の行動を書きとめ、奈良時代の写疏所の官人がその使用した正倉院文書の天平十八年具注暦に公私にわたる記事を書き込んだように、日々参照する暦の機能を考慮すれば、古代の中国・日本とも暦を所有した官人たちが多く備忘のため暦に日記を書きつけていた可能性が考えられる。

しかし九世紀末、十世紀初頭から天皇や貴族の多くが継続的につけはじめる日記はそれらと異なり、政務・儀式の復興整備期であったこの時代の要請に応じた、松薗氏のいう諸種の公事情報を蓄積する装置としての「王朝日記」であった。暦のもつ本来的な機能の上に、ちょうどその時期に設けられた〈間明き〉を得て日記を書くための利点がさらに加わり、これらを契機として暦に日記を書き込むことが天皇・上級貴族の間で慣習化したと考えられる。

三、平安中期以降多くの貴族が日記を残しており、原本を存す『御堂関白記』などばかりでなく、写本で伝わる日記にもその原本が具注暦に書かれていた暦記であることを示す徴証が多くあり、実際に古代中世の大多数の日記は具注暦に記されたことが知られる。ただしこれを用いる記主たちの貴族社会おける階層・職務の相違により、暦が供給される経路、間明きの有無と行数、さらには記入情報の内容や分量なども異なることが多かった。なお、そのような具注暦と日記に関わる多彩なあり方は貴族社会の重層性を反映するものでもあり、今後その面から王朝貴族の日記の性格も検討されるべき課題であろう。

(1) 現存する具注暦・仮名暦の諸情報は、厚谷和雄編「暦史料編年目録稿」(『具注暦を中心とする暦史料の集成とその史料学的研究』二〇〇六~二〇〇七年度科学研究費補助金・基盤研究(c)研究成果報告書、研究代表者厚谷和雄、二〇〇八年三月)に整理されており、本稿でもこれによるところが多い。
(2) 工藤元男『占いと中国古代の社会』(東方書店、二〇一一年)参照。
(3) 湖北省荊州市周梁玉橋遺址博物館『関沮秦漢墓簡牘』(中華書局、二〇〇一年)。
(4) 江蘇省連雲港市博物館・東海県博物館・中国社会科学院簡帛研究中心・中国文物研究所編『尹湾漢墓簡牘』(中華書局、一九九七年)。
(5) 高村武幸「秦漢地方官吏の「日記」について」(『漢代の地方官吏と地域社会』汲古書院、二〇〇八年、初出は二〇〇二年)。
(6) 前掲註(2)工藤書、第二・三章。近年出土の日書については、大野裕司『戦国秦漢出土術数文献の基礎的研

究』第一部解題編、出土術数文献解題（北海道大学出版会、二〇一四年）を参照。

（7）大野裕司『中国古代の神煞』（前掲註6書、初出は二〇一三年）。居延・敦煌漢簡中の暦注を付す暦資料は、高村武幸「中国西北部烽燧遺址出土漢簡に見える占術・暦注関係簡牘の集成と注釈」（明治大学大学院『文学研究論集』八、一九九八年）に整理されている。また以下の中国の暦資料に関しては、『中国科学技術典籍通彙』天文巻一（河南教育出版社、一九九三年序）、敦煌暦については西澤宥綜『敦煌暦学綜論――敦煌具注暦日集成――』上中下巻（私家版、二〇〇五～六年）を参照。

（8）山下克明「頒暦制度の崩壊と暦家賀茂氏」（『平安時代の宗教文化と陰陽道』岩田書院、一九九六年、初出は一九八六年）。

（9）佐藤信「遺跡から出土した古代の暦」（『東京大学公開講座　こよみ』東京大学出版会、一九九九年）。

（10）林陸朗「正倉院文書中の具注暦」（山中裕編『古記録と日記』上、思文閣出版、一九九三年）。

（11）近世朝鮮の例であるが、ソウル大学奎章閣蔵『甲寅暦書』（一六七四年）、『嘉慶九年時憲書』（一八〇四年）、『乙巳日月』（『道光二十五年時憲書』、一八四五年）などの版暦にも日記の書き込みがある。これらの暦については大谷光男氏のご教示を得た。

（12）『大日本史料』第二編之一、永延元年雑載所収。

（13）山下克明「陰陽道の典拠」「『貞信公記』と暦について」（前掲註8書所収、初出はそれぞれ一九八二年、一九八四年）。

（14）『類聚国史』巻一四七、文部下、撰書、および『本朝書籍目録』陰陽の部。

（15）『陰陽略書』（中村璋八『日本陰陽道書の研究』汲古書院、一九八五年、所収）。

（16）平安中期書写の「九暦断簡」（天慶四年七月・八月条）の形状について「大日本古記録」解題では、「大体の体裁は本文はすべて天界より書き、記事のない日も必ず日付干支を記し」「上欄には物忌其他の注記があり」と記しているが、その書写形態からも、具注暦上欄に道長の物忌を注記する『御堂関白記』原本と同様に具注暦に書かれていた『九暦』原本の姿を想像することができる。

（17）「大日本古記録」解説に、自筆原本は「具注暦（半年分一巻）に書込んだものと思われる。そのことは、此記が「殿暦」と称せられたこと、及び古写本に「裏書云」とあることによっても立証せられる」とし、また陽明文庫蔵の古写本二二冊本について、「一冊の中、前・後半で筆跡を異にしていることは、もと半年分一巻を写したもので「此古写本が底本としたのは、半年分一巻の具注暦、即ち自筆本ではなかったか」としている。

(18) 山下克明「『養和二年記』について」（前掲註8書、初出は一九八七年）。

(19) 山下克明「若杉家文書『反閇作法幷作法』『反閇部類記』」（『東洋研究』一六五、二〇〇七年）で翻刻を行っている。

(20) すでに『図書寮典籍解題』歴史篇（養徳社、一九五〇年）一〇二頁に指摘がある。

(21) 藤本孝一「頒暦と日記」（『中世史料学叢論』思文閣出版、二〇〇九年、初出は一九八五年）。

(22) 前掲註(8)山下論文。

(23) 図書寮叢刊『九条家歴世記録』一、所収。

(24) 『平安遺文』第一〇巻、補一九三。

(25) 尾上陽介『中世の日記の世界』（山川出版社、二〇〇三年）、遠藤珠紀「中世における具注暦の性格と変遷」（『中世朝廷の官司制度』吉川弘文館、二〇一一年、初出は二〇〇三年）。

(26) 遠藤珠紀「局務公事情報と中原氏」（前掲註25書、初出は二〇〇四年）。

(27) 玉井幸助『日記文学概説』第二篇第二章第三節（目黒書店、一九四五年）。

(28) 村井康彦「私日記の成立」（前掲註10書）。

(29) 松薗斉「王朝日記の発生」（『王朝日記論』法政大学出版局、二〇〇六年、初出は二〇〇一年）。

(30) 桃裕行「暦」（『暦法の研究』上、桃裕行著作集七、思文閣出版、一九九〇年、初出は一九七九年）。

(31) 古瀬奈津子「平安時代の「儀式」と天皇」（『日本古代王権と儀式』吉川弘文館、一九九八年、初出は一九八六年）。

(32) 間明き一行目の朱書暦注の位置を通時的にみていくと、桃氏が指摘するように『御堂関白記』原本最古の長徳四年具注暦では行の中央に書かれているが、終わりの寛仁二年（一〇一八）から四年具注暦では右隅に書かれ、『水左記』の康平七年（一〇六四）具注暦以下ではさらに右に移動して暦日と間明き一行目の界線をまたぐようになり、ついに『大御記』の永保元年（一〇八一）具注暦では暦日の行内に書かれて間明きはまったくの空白となり、それはのちの具注暦でも同様である。この位置の変化は、間明きを設ける目的が十世紀段階の朱書暦注を記載することから、十一世紀には次第に日記の書き込みを意識したものへと推移していったことを反映する現象といえるのではなかろうか。

（33）松薗斉『日記の家』第一章（吉川弘文館、一九九七年）。

（34）前掲註(25)遠藤論文。なお、遠藤氏が指摘するように、中世の暦には暦跋に暦家の連署のないものがみられ流通経路の多様性をうかがわせる。前掲註(1)厚谷編「暦史料編年目録稿」をもとに、十世紀から十五世紀までの年末部分を残す具注暦二六三巻のうち、暦博士らの連署のある暦の割合をみると、十・十一世紀では一〇〇％、十二世紀は八四％、十三世紀は七六％、十四世紀は六二％（前半は七六％、後半は四八％）、十五世紀は一九％となり、中世後期から半数以下に減少している傾向がわかる。

その中には、二次的転写のさいに日付のみを残したものもあると考えられるが、署名を省くことの積極的意味を考えるさい想起されるのは、陰陽道で暦家賀茂氏と対抗関係にあった天文家安倍氏からも鎌倉時代以降盛んに暦が供給されていることである。暦に署名を残すことは公的役割を担う暦道賀茂氏の存在を顕示する行為であるが、一方で安倍氏は造暦に関わらない以上暦跋の署名することはできず、また彼らが書写した暦に暦家の名を残すことは陰陽道で対抗関係にある賀茂氏を顕彰することになり憚られたことであろう。よって中世で暦跋に署名のない暦は、安倍氏などの手を経て供給された可能性が強いと考えられるのである。

そのことは、安倍氏関係の史料で二次利用されている具注暦の存在からもうかがうことができる。一つは『反閇部類記』（京都府立総合資料館蔵、若杉家文書七五号）紙背の天福三年（一二三五）具注暦（十一月七日から十一日まで存、間明きなし）、二つめは『反閇作法并作法』（若杉家文書七四号）付属文書「大刀契事」を記す正和五年（一三一六）具注暦（七月十日から十四日まで存、間明き三行、暦日を墨引きして余白に書す）である。前者は暦注下段の小字雑注について「加冠吉」を「加」、「裁縫吉」を「裁」と略記し、後者は間明き三行ながら朱書暦注を欠くなど草案の類であり、これらの草案は安倍氏内で暦の書写が行われていたことを示唆する例として考えることができる。

（35）『真言宗全書』第三六巻所収。
（36）室町時代の天皇の御暦については、木村真美子「中世天皇の暦」（『室町時代研究』二、二〇〇八年）がある。
（37）尾上陽一「『民経記』と暦記・日次記」（五味文彦編著『日記に中世を読む』吉川弘文館、一九九八年）。
（38）遠藤珠紀「『勘仲記』にみる暦記の特質」（前掲註25書、初出は二〇〇八年）。

〔付記〕陽明文庫本『経俊卿記』康元二年暦記の調査について、陽明文庫長名和修氏のご高配をいただいた。記して謝意を表します。

古記録の裏書について——特に『御堂関白記』自筆本について——

倉本一宏

はじめに

古記録の裏書に対するイメージは、一般的には、たとえば古く玉井幸助氏が、

書く事の多い日は裏に書き又は別紙に記した事も前章の用例中に窺はれる。

と述べたように[1]、表面に書ききれない部分を紙背に記したと考えられているのではないだろうか。本稿で扱う『御堂関白記』でも、大日本古記録の解題に、

書ききれない時は次日条の下部に及び、更に裏書に続くこともある。

とある[2]。要するに、表（具注暦）に書ききれなかったから、仕方なく続きを紙背（裏）に書いたものと考えられているようである。

本稿では、『小右記』『権記』といった『御堂関白記』と同時期の古記録の裏書について考えたうえで、主に『御堂関白記』の裏書の内容と記載状況を論じる。藤原道長が『御堂関白記』の記事を記録した際の心性を考察し、ひいては古記録の機能について推測する。

なお、以下の記述、『御堂関白記』に関しては、大日本古記録の活字版ではなく、陽明叢書の写真版(3)を参照しながらお読みいただければ幸いである。

一　古記録の裏書(1)『小右記』の裏書

まずはじめに、『小右記』の裏書に関して見てみよう。もちろん、『小右記』は自筆本が存在しないが、写本に裏書が存在する記事、また写本には裏書は存在しないものの、元は裏書が存在したことをうかがわせる記述がある記事がある。

古写本で実際に紙背に記されている裏書は、その前の段階から裏書であったものと思われるし、また、現段階の写本には裏書が存在しなくても、その存在をうかがわせる記述のある記事は、もともとは裏書が存在したはずである。なお、冊子本の新写本には、「ウラ書」とか「裏書」と記したうえで裏書の記述を書写することも多い。

以下にそれらを並べてみる。

①長保元年（九九九）十月十八日条　前田本甲（広本）（その日の記事全体を裏に記す）
②長保三年十月十一日条　野府記（叙位の結果を裏に記す。「在裏」［実際には紙背になし］）
③長和元年（一〇一二）五月四日条　前田本甲（広本）（占注を裏に記す。「占注裏」）
④長和元年七月廿五日条　秘閣本（略本）（唐暦を裏に記す。「其文注裏」）
⑤長和二年八月十一日条　前田本甲（広本）（定文案を裏に記す。「定文案注裏」）
⑥長和二年八月廿六日条　前田本甲（広本）（前駆の差文を裏に記す。「注暦裏」［実際には紙背になし。本文に続く］）
⑦長和四年五月廿七日条　秘閣本（広本）（詔書を裏に記す。「詔在暦裏」）

⑧長和四年九月廿日条　前田本甲（広本）（叙位の結果を裏に記す）
⑨長和四年十二月廿八日条　前田本甲（広本）（造宮杣入の日を裏に記す。「在裏」［実際には紙背になし］）
⑩長和五年二月十四日条　九条本（広本）（詔書を裏に記す。「詔書注暦裏」）
⑪長和五年五月廿八日条　前田本甲（広本）（牒状を裏に記す。「牒状注暦裏」）
⑫寛仁元年（一〇一七）八月九日条　前田本甲（広本）（宣命を裏に記す。「宣命注裏」［実際には紙背になし］）
⑬寛仁元年八月九日条　前田本甲（広本）（除目を裏に記す。「除目在裏」［実際には紙背になし］）
⑭寛仁元年九月十一日条　前田本甲（広本）（故殿御記を裏に記す。「故殿御記在暦裏」［実際には紙背になし］）
⑮寛仁元年十月九日条　前田本甲（広本）（定文を裏に記す。「定文在裏」）
⑯寛仁元年十月十三日条　前田本甲（広本）（勘文を裏に記す。「在暦裏」）
⑰寛仁元年十一月廿三日条　前田本甲（広本）（宣命を裏に記す。「宣命注暦裏」）
⑱寛仁元年十二月廿二日条　前田本甲（広本）（詔書を裏に記す。「詔書在裏」）
⑲寛仁二年十月廿二日条　前田本甲（広本）（室礼を裏に記す）
⑳寛仁三年五月十五日条　前田本甲（広本）（仰書を裏に記す。「仰書在裏」）
㉑寛仁三年七月九日条　前田本甲（広本）（太政官符を裏に記す）
㉒寛仁三年八月三日条　前田本甲（広本）（大宰府解を裏に記す。「注裏」）
㉓寛仁三年十二月五日条　前田本甲（広本）（定文を裏に記す。「定文注裏」）
㉔寛仁四年九月十六日条　東山御文庫本（略本）（勘文を裏に記す。「勘申注暦裏」［実際には紙背になし。本文に続く］）
㉕寛仁四年十一月八日条　前田本甲（広本）（仰書を裏に記す。「仰書注裏」）

㉖治安元年（一〇二一）八月一日条　東山御文庫本（略本）（勘文を裏に記す。「其勘文等注裏」［実際には紙背にな
し。本文に続く］）

㉗治安元年八月廿二日条　東山御文庫本（略本）（見参簿を裏に記す。「見参二枚注暦裏」［実際には紙背になし。
本文に続く］）

㉘治安元年十月廿二日条　九条本（広本）（上表文を裏に記す）

㉙治安元年十月廿六日条　九条本（広本）（上表文を裏に記す）

㉚万寿二年（一〇二五）八月七日条　伏見宮本（広本）（追記を裏に記す。「追記付暦裏」［実際には紙背になし］）

㉛万寿四年十一月十日条　伏見宮本（略本）（例文と勘文を裏に記す。「例文并勘文在裏」［実際には紙背になし］）

㉜万寿四年十二月廿四日条　東山御文庫本（広本）（勘文を裏に記す。「注裏」［実際には紙背になし］）

㉝長元二年（一〇二九）八月二日条　九条本（広本）（出雲解文を裏に記す。「出雲解文注暦裏」［実際には紙背にな
し。本文に続く］）

㉞長元二年八月四日条　九条本（広本）（勘文を裏に記す。「注暦裏」［実際には紙背になし。本文に続く］）

㉟長元五年十二月十四日条　九条本（広本）（村上御記を裏に記す。「邑上御記注付暦裏」［実際には紙背になし］）

これら三五例を見てみると、裏書とそれをうかがわせる記述は長和・寛仁年間に多いことに気付く。写本の残り方の問題もあろうが、やはり『小右記』の記述量が格段に多くなった長和年間というのが、一つの画期をなしていたようである。

また、写本ごとの数を並べてみると、野府記・一、前田本甲（広本）・二〇、九条本（広本）・六、伏見宮本（広本）・一、伏見宮本（略本）・一、東山御文庫本（広本）・一、東山御文庫本（略本）・三、秘閣本・二といったところである。これも単純に比較できないものの、前田本甲（広本）の多さが特徴的である。その書写の方針に

よるものであろう。

さらに、裏書として記録された内容（「在暦裏」とか記しておきながら、現在残されている写本には裏書が存在しない場合もあるが）は、宣命・詔書・太政官符・牒状・大宰府解・出雲解文・定文・除目の結果・叙位の結果・前駆の差文・村上御記・故殿御記・占注・勘文・例文・上表文・仰書・見参簿・唐暦・追記・その日の記事全体、というものである。いずれも表の記載に関わりながら、独立した文書であったものである。

もともとは独立した文書であった占文や詔書などの写しを裏返しにして貼り継ぎ、その紙背（つまり具注暦でいう表側）に日次記を記したのではないかとの推測も成り立つ（大津透氏のご教示による）。

それに関連して、「暦裏」という語が頻出することにも注目したい。これは『小右記』の記事をどのようにして記していたかの問題に関わるのであるが、あれだけの長さの記事を毎日記していた『小右記』としては、現状では裏書の数はきわめて少ない。しかも、特定の部分の独立した文書を紙背に記した（あるいは貼り継いだ）かの観もある。

「暦裏」という語があるので、『小右記』ももともとは具注暦に記していたことは確実である。しかも道長のように頻繁に具注暦を裏返して紙背に記録することが少なかったということは、考えられる可能性としては、毎日、具注暦を切っては、間に紙を貼り継ぎ、その紙に記事を記していたのではなかろうか。

そして、特に独立した文書が手許にあり、それを日記の一部として残したい場合のみ、それを裏返しにして貼り継ぎ、その紙背に、その文書に関わる普通の記事を記録したのであろう。

二　古記録の裏書(2)『権記』の裏書

次に『権記』の裏書を見てみよう。裏書の存在をうかがわせる部分、および実際に紙背に記されている部分を並べてみる。こうした記述があるのは、⑲を除きいずれも伏見宮本『行成卿記』である。
①長保五年（一〇〇三）四月十四日条（賀茂祭使を裏に記す。実際には紙背になし。「裏書云」として本文に続く）
②長保五年四月廿一日条（競馬の結果を裏に記す。実際には紙背になし。「裏書云」として本文に続く）
③長保五年六月十三日条（法会に招請した僧の料物を裏に記す。実際には紙背になし。「裏書云」として本文に続く）
④長保五年十月廿三日条（鬢色の衰えを裏に記す。実際には紙背になし。「裏書云」として本文に続く）
⑤寛弘二年（一〇〇五）七月十日条（施米文奏上の記事、学生試御前評定の記事を裏に記す）
⑥寛弘二年九月廿九日条（雲上に連行される夢想を裏に記す）
⑦寛弘二年十一月廿七日条（太政官朝所触穢を裏に記す）
⑧寛弘三年二月三日条（地震奏を裏に記す。実際には紙背になし。「裏書云」として本文に続く）
⑨寛弘四年二月廿八日条（道長春日詣の供奉の公卿以下を裏に記す。実際には紙背になし。「裏書」として本文に続く）
⑩寛弘四年二月廿九日条（春日社頭の儀を裏に記す。実際には紙背になし。「裏書也」として本文に記す）
⑪寛弘六年三月四日条（除目の結果以下を裏に記す。実際には紙背になし。「裏書云」として本文に続く）
⑫寛弘七年三月廿一日条（最勝講始の講師以下を裏に記す。実際には紙背になし。「裏書云」として本文に続く）
⑬寛弘八年七月八日条㋑（故一条院葬送の引導僧を裏に記す）
⑭寛弘八年七月八日条㋺（故一条院葬送の迎火を奉仕した者を裏に記す）
⑮寛弘八年七月八日条㋩（故一条院葬送の行障を奉仕した者を裏に記す）
⑯寛弘八年八月廿七日条（「建礼門院行幸記」に対して、「七字裏書也」と注記す）

⑰寛弘八年十月十六日条（三条天皇即位式に際して、「後聞」以下を裏に記す）
⑱寛弘八年十一月十四日条（故一条院近臣争論の夢想を裏に記す。表の記事なし）
⑲治安三年（一〇二三）十月十三日条（『治安御賀部類記』）（源倫子六十歳算賀に際して、「参御賀所」以下を裏に記す。実際には紙背になし。「裏」として本文に続く）

以上の一九例のうち、実際に写本の紙背に記されていたものが八例、もともとは裏書であったものを、書写の段階で「裏書云」として本文に続けて記したものが一一例である。これも元は紙背に記されていたものであろう。内容は、除目の結果・葬送の奉仕者・地震奏・供奉の公卿・祭使・競馬の結果・僧の料物・招僧・長い記事・夢想・鬢色の衰え・のちに聞いた記事、といったところである。

夢想や鬢色の衰えなど、個人的な出来事や感慨を記している点が、『小右記』と異なるところであろう。また、『小右記』と比較すると、独立した文書は、除目の結果と地震奏（の案文か）くらいと少なく、儀式に際しての細かい内容（参列者や招僧）、長い記事やのちに聞いた記事などが目立つ。次に述べる『御堂関白記』とよく似た傾向が読み取れる。

三　『御堂関白記』自筆本の裏書

それでは、『御堂関白記』自筆本における裏書とは、どのような性格をもつものなのであろうか。まずは以下に並べてみる。本文の引用の「／」の前に表の末尾の記事、後に裏書の最初の記事を示した。

①寛弘元年（一〇〇四）二月五日条（春日祭使頼通出立）　表一三六字・裏三九三字

　左近尉兼時笏受、／次従簾中列上卿、有肴物、……

②寛弘元年二月六日条（藤原公任・花山院と和歌の贈答）　表三六字・裏一五二字（裏に日付あり）

昨日事恐由示送、／六日、雪深、朝早左衛門督許かくいひやる、……

③寛弘元年二月廿二日条（仁王会定・祈年穀奉幣使発遣日時・焼尾荒鎮）　表一二八字・裏七三字
令奏、至罪名主各共／可有罪、先新任者、……

④寛弘元年二月廿六日条（住吉社神人愁訴・直物）　表一一四字・裏七字
直物了下名受右衛門督、子刻許了、／大蔵卿志車借帯、

⑤寛弘元年三月七日条（諸国申請雑事定・内裏季御読経定・受領功過定・諸寺別当定）　表九五字・裏四五字
此次以林懐法華寺別当蓮聖替任、／参候上達部右大臣・内大臣……

⑥寛弘元年三月九日条（上巳祓・官奏・敦康親王御祓・東宮昇殿・阿闍梨）　表一〇六字・裏七七字
経頼・伊与守明順・伊賀守為義等也、／候御前、被仰雑事次、……

⑦寛弘元年三月十三日条（法興院万燈会）　表一〇七字・裏一二七字
依無便無諷誦、／請僧十三人、僧綱臨時送消息也、……

⑧寛弘元年三月十六日条（臨時仁王会・盗人追捕）　表九五字・裏二〇字
可遣官人云、以／以陳政朝臣令啓事由、……

⑨寛弘元年三月廿五日条（源倫子大般若経供養）　表一二〇字・裏一四七字
事了還来、／講師前大僧正観、咒願僧正雅慶、……

⑩寛弘元年三月廿七日条（内裏季御読経始・陣定）　表一〇一字・裏三九字
定了退出、／参入上達部右府・内府・右大将……

⑪寛弘元年三月廿八日条（馬を内裏に献上・花山院花見）　表一〇九字・裏六六字
余所儲御前物并破子／於彼房供、……

⑫寛弘元年四月廿日条（賀茂祭）　表六七字・裏二七字
同門下立御車、／申馬人々左近中将頼定・春宮大進頼光各一疋、……
⑬寛弘元年五月十九日条（東三条院の為の法華八講始）　表九八字・裏一四九字
故院女方・太内女方等多来、／請僧、証議者座主覚慶・前大僧正観、……
⑭寛弘元年五月廿一日条（東三条院の為の法華八講五巻日）　表一一九字・裏一八八字
……三位中将・大蔵卿等来、／即打鐘入堂、……
⑮寛弘元年五月廿七日条（花山院土御門第御幸）　表一〇七字・裏二三九字
一番左保信、右武文、左勝、／十番了、算持、勝負楽各奏、……
⑯寛弘二年正月十一日条（女御に加階）　表三九字・裏一四〇字
解由長官又来云資業慶、／戌時許左頭中将経房来云、……
⑰寛弘二年三月八日条（中宮大原野社行啓）　表一〇四字・裏九八字
頭中将経房仰神人可有賞、／依行幸例可行者、……
⑱寛弘二年五月廿四日条（土御門第法華三十講番立義）　表九一字・裏一〇一字
義式各相分、／右府・内府・春宮大夫……等来、……
⑲寛弘二年六月十九日条（小除目）　表九八字・裏一六字
奏請書、民部卿褰退出、／宰相中将車・牛・御前等送、……
⑳寛弘四年八月十一日条（金峯山詣・経供養・埋経・帰途に就く）　表一四〇字・裏二六六字（裏に日付あり）
講師・呪願綾褂一重、五僧白褂一重、／十一日、百僧絹一疋・袈裟一条、……
㉑寛弘四年十月一日条（土御門第仏経供養）　表九六字・裏一二九字（裏に日付あり）

呪願前大僧正観修、読師明肇僧都、／一日、三礼覚運大僧都、唄観助律師、……

㉒寛弘四年十一月八日条（春日祭使出立）表七八字・裏一一〇字（裏に日付あり）

後以宰相中将、仰給府生奏由、／八日、是国再拝立舞、……

㉓寛弘四年十二月二日条（浄妙寺多宝塔供養）表七二字・裏二三三字（裏に日付あり）

南北立長座、讃以下為座、／二日、依雨、三昧堂南西廂遷僧座、……

㉔寛弘四年十二月十日条（藤原定頼童殿上・藤原公季法性寺三昧堂供養）表六九字・裏一〇二字（裏に日付あり）

内大臣彼寺／十日、立堂供養、為入礼向、……

㉕寛弘五年十月十六日条（土御門第行幸・皇子敦成に親王宣下）表一一三字・裏四三一字（裏に日付あり）

陪膳三位徳子、／十六日、候宿上女方等供御膳、……

㉖寛弘五年十月十七日条（敦成親王家別当定）表六三字・裏二七〇字（裏に日付あり）

任人等申慶由、／十七日、左近衛中将源朝臣頼定……

㉗寛弘五年十二月廿日条（敦成親王百日儀）表一〇九字・裏一四六字（裏に日付あり）

奉抱宮候、上含之給、／廿日、御陪膳橘三位徳子、……

㉘寛弘六年七月七日条（御庚申待・賀茂斎院、中宮に琵琶・琴を献上）表五九字・裏一九字（裏に日付あり）

従斎院中宮琵琶・琴等被奉、是其／七日、形也、入腹中扇等、……

㉙寛弘六年七月廿五日条（相撲内取・土師朝兼除名）表六九字・裏一六字（裏に日付あり）

右相撲十五人候、／廿五日、忠道返給過状、朝兼除名、給身假、

㉚寛弘六年八月十七日条（敦成親王内裏参入・信濃駒牽御馬分取）表九二字・裏一八四字（裏に日付あり）

道方朝臣奏御馬引由、御昼御座、／十七日、召御馬、……

㉛寛弘六年九月二日条（東遊奉納・敦成親王御読経結願・進内侍罷申）　表五四字・裏五二字（裏に日付あり）
東対唐廂有饌、／二日、入夜進内侍参中宮、……
㉜寛弘六年九月八日条（陣定・大宰府・筑後国申請雑事・宋人来着）　表九四字・裏九四字（裏に日付あり）
又筑後国／八日、守文信愁申廿箇条、所行府非例事、……
㉝寛弘六年十一月十五日条（中宮御在所淵酔）　表〇字・裏四五字（裏に日付あり）
十五日、丙寅、／十五日、従内殿上人参中宮御方、来会上達部五六人、……
㉞寛弘六年十一月十七日条（豊明節会）　表九四字・裏五二字（裏に日付あり）
五節後、内弁付右府退出、／十七日、不事了間、還御云々、……
㉟寛弘六年十一月廿五日条（皇子敦良誕生）　表一二二字・裏一四〇字（裏に日付あり）
此間御使数度往還、／廿五日、巳時従内給御釼、……
㊱寛弘六年十二月二日条（皇子敦良七夜産養）　表九八字・裏一四三字（裏に日付あり）
渡殿座賜禄、／二日、於本就殿上人上別座忠経、……
㊲寛弘六年十二月十四日条（中宮造仏始・中宮修善・朝拝侍従・荷前使・内裏季御読経定・御仏名会・藤原実経元服・頼通橘氏是定）　表八一字・裏四九字（裏に日付あり）
御仏名亥時初、／十四日、侍従中納言子元服所送馬一疋、……
㊳寛弘六年十二月廿三日条（中宮読経結願・東宮仏名会・枇杷殿造営・藤原実資に牛を贈る・内裏季御読経定・駿河国減省宣旨）　表一〇四字・裏一〇七字（裏に日付あり）
行事為時、於家、／廿三日、先日候奏駿河国惟治任減省主税勘文云、……
㊴寛弘六年十二月廿六日条（中宮・敦成親王内裏参入・内裏季御読経始）　表七〇字・裏五八字

季御読経初、申故障不参、／候上達部東宮傅・右大将・大夫……

㊵寛弘七年正月七日条（白馬節会）　表八一字・裏七七字（裏に日付あり）

此間時刻遷儹、左右大将／七日、不参、我奏之、……

㊶寛弘七年正月十五日条（皇子敦良五十日儀）　表一〇六字・裏四一四字（裏に日付あり）

上達部居衝重、／十五日、其後供御膳、傅膳陪、……

㊷寛弘七年正月十六日条（皇子敦良に親王宣下・敦良親王家別当定・踏歌節会・東宮婚儀日時勘申）　表一二六字・裏三五字（裏に日付あり）

雑事等相定、給女方絹、／十六日、昨日中宮御前橘三位給会司云々、……

㊸寛弘七年二月廿六日条（東宮尚侍御在所に渡御・藤原斉信・藤原頼通着座）　表一一二字・裏九二字（裏に日付あり）

雨下通夜、／廿六日、東宮殿上・女方・蔵人所・刀帯陣・庁等送屯物、……

㊹寛弘七年閏二月六日条（敦良親王百日儀）　表一一〇字・裏一〇〇字（裏に日付あり）

殿上人如常、事了御入、／六日、殿上・女方等送垸飯、……

㊺寛弘七年三月十八日条（内裏仏経供養法会）　表九四字・裏四七七字（裏に日付あり）

自余装束如仁王会、／十八日、巳剋御南殿、……

㊻寛弘七年三月廿五日条（最勝講結願・仁和寺観音院灌頂堂再建）　表八六字・裏一三九字（裏に日付あり）

各着座、事初、／廿五日、有諷誦、中宮・家北政所・一条政所・尚侍家……

㊼寛弘七年三月卅日条（除目・交替政）　表五四字・裏一六七字（裏に日付あり）

依召参上御前、依仰任之、／卅日、丹波守業遠依病辞退、……

㊽寛弘七年四月廿四日条（賀茂祭）　表八三字・裏一三六字（裏に日付あり）
　覧童是希有事也、／廿四日、物具頗宜調、……
㊾寛弘七年四月廿五日条（賀茂祭使還立・敦成親王小南第渡御）　表七〇字・裏五四字
　御前人々露身、／還日童装束済政調奉、……
㊿寛弘八年正月三日条（冷泉院拝礼・中宮和歌会）　表六〇字・裏二一字
　給御衣、皆取乍重／持出、給傅・大夫・侍従中納言・藤中納言・左兵衛督……
51寛弘八年正月五日条（叙位・大臣北面の座）　表六五字・裏二〇字（裏に日付あり）
　召装束問処、申云、／五日、装束記無北面者、……
52寛弘八年正月廿一日条（亡母忌日斎食・弓場始・藤原公成元服）　表四七字・裏九字
　夜部内府孫元服、加冠率出物／也、可立厩云々、留一疋、
53寛弘八年三月廿七日条（最勝講・仏経供養・極楽を思う）　表六二字・裏一四八字
　而所修多是為現世也、此度／只思生後、……
54寛弘八年四月十日条（斎院長官代官・闘乱）　表五七字・裏一五三字（裏に日付あり）
　依物忌重、申明日定、／十日、入夜為義朝臣来申云、……
55寛弘八年四月十五日条（賀茂斎院御禊）　表三一字・裏二九字（裏に日付あり）
　此間雨降、甚雨也、／十五日、申馬人々中尹朝臣・実経々……
56寛弘八年四月十八日条（賀茂祭・敦成親王・敦良親王見物）　表一五五字・裏七六字（裏に日付あり）
　即与母々退出、／十八日、申馬人々、公信朝臣餝馬・引馬、……
57寛弘八年四月廿一日条（吉田祭奉幣使）　表三一字・裏四四字（裏に日付あり）

女方参内、／廿一日、清通朝臣巡方馬瑙帯・唐鞍具・引馬具等持来、……

㊿8寛弘八年五月廿一日条（内裏一切経供養）　表八五字・裏六〇字（裏に日付あり）

僧座御帳東西、南上重行、御出、／廿一日、未一点打鐘、……

㊾寛弘八年六月二日条（一条天皇、東宮と対面、譲位を告ぐ）　表六〇字・裏一五五字（裏に日付あり）

令参上給有御消息、／二日、東対与同二対経渡殿参上、……

⑥⓪寛弘八年六月十三日条（一条天皇譲位・三条天皇受禅・敦成親王立太子）　表八八字・裏一三三字（裏に日付あり）

戊時許頗宜御座、／十三日、此間出申行雑事、……

⑥①寛弘八年六月廿五日条（故一条院入棺・葬送・法事定）　表九六字・裏一六七字

御入棺、人々伝昇、／入夜於殿奉可然人々留少々退出、……

⑥②長和元年（一〇一二）正月三日条（藤原妍子立后宣旨）　表九一字・裏一一二字（裏に日付あり）

亥時尚侍出東三条前給、／三日、上達部・殿上人着座、……

⑥③長和元年正月廿七日条（除目・右大臣遅参）　表九二字・裏一五五字（裏に日付あり）

渡公卿上入殿、依無便宜、／廿七日、問其案内、命云、……

⑥④長和元年二月十四日条（藤原妍子立后・宮司除目）　表一〇四字・裏三四四字（裏に日付あり）

於陣清書奏之、賜式部、仰啓陣、／十四日、参諸本宮、……

⑥⑤長和元年三月廿三日条（一条院御法事定・内裏季御読経始・延暦寺賀表）　表六七字・裏四八字（裏に日付あり）

定皇太后宮御八講事、／廿三日、入夜延暦寺奉中宮・東宮賀表、……

⑥⑥長和元年四月廿七日条（由祓・吉田祭・中宮内裏参入・藤原娍子立后・藤原教通、藤原公任女と婚礼）　表八九

字・裏三六〇字（裏に日付あり）

仍臨時賜之、／廿七日、供奉上達部、春宮大夫・皇太后宮大夫・侍従中納言……

67長和元年五月一日条（斎院の夢想）表五字・裏六八字

参太内、候宿、／右大将相語云、賀茂祭雖有触穢事、……

68長和元年五月廿三日条（内裏臨時御読経・藤原顕信の受戒に列す）表八〇字・裏二〇三字（裏に日付あり）

次新発来礼座主、是例事、／廿三日、其後新発還本房、……

69寛仁二年（一〇一八）正月三日条（後一条天皇元服の儀・楽遊・輦車宣旨）表八〇字・裏九三四字（裏に日付あり）

即経陣前皆西砌、干廊二間出庭／三日、中再拝、……

70寛仁二年正月五日条（元服後宴・叙位）表八七字・裏八二字（裏に日付あり）

倍膳采女進御盞、采女受之、置／五日、御台盤候、……

71寛仁二年正月七日条（元服を賀す上表・皇太后宮を太皇太后宮とする）表一〇六字・裏一〇八字（裏に日付あり）

次給下名、自如常、／七日、撰案者、奥人従机西退、……

72寛仁二年二月九日条（太政大臣上表）表八七字・裏一二一字（裏に日付あり）

若返給可似例、／九日、必可被留者也、……

73寛仁二年三月一日条（後一条天皇、藤原威子に御書を賜う・由祓）表五六字・裏八三字（裏に日付あり）

上達在辺座、／一日、他上達部東南渡殿敷座、……

74寛仁二年三月七日条（藤原威子入内・輦車宣旨）表七八字・裏一五一字

乗車、従東院大路上北、／従陽明行西、従小代小路行北、……

⑮寛仁二年三月廿四日条（土御門第造営・摂政春日詣の際、闘乱あり）　表八四字・裏四〇四字（裏に日付あり）

依家司申、／廿四日、賜禄各有差、……

⑯寛仁二年三月廿五日条（後一条天皇、藤原威子御在所に渡御）　表一二二字・裏一四五字（裏に日付あり）

乳母三人、三位一人、／廿五日、典侍二人女装束、加綾褂、……

⑰寛仁二年四月廿一日条（賀茂詣）　表七一字・裏二六字（裏に日付あり）

次又東遊、是摂政也、／廿一日、例年奉東遊、相借所奉也、……

⑱寛仁二年四月廿二日条（賀茂祭使出立を見物）　表七九字・裏三四字（裏に日付あり）

摂政又同、右大臣被来、／廿二日、為見長家、近衛門御作狭食渡、……

⑲寛仁二年四月廿八日条（新造内裏遷御・藤原威子に女御宣旨）　表八九字・裏二六三字（裏に日付あり）

以少将為代官、少将等又不参、／廿八日、申四点左大弁随身子参、……

⑳寛仁二年閏四月十日条（藤原保昌の下人と平維衡の草刈男、闘乱）　表八九字・裏一〇二字（裏に日付あり）

以寮允行方、維衡許遣牛飼童、／十日、維衡示有義由、童帰送、……

㉑寛仁二年五月廿二日条（二条第法華三十講・平維時、馬を献上）　表〇字・裏四七字

廿二日、癸未、／三十講間、済政・泰通・広業……、件等人非時奉仕、……

これらの例を見てみると、これまで漠然と考えられてきたような、「表に書ききれない→次日条の下部に及ぶ→仕方なく紙背に裏書として記す」といった事情で記されたものは、実は案外に少ないことが容易に読み取れる。それればかりか、逆に表の記述を表で終えたうえで、改めて特定の内容を紙背に記録したものが多いことが推測できる。

以下に、さまざまな視点によって、これらを検証してみよう。

（一）　表の記事と裏書との文脈の切れ

表の記事がいったん完結しており、裏書には別の文脈の記事を記した例が、五七例ある。先に並べた記事の番号でいうと、①・②・④・⑤・⑥・⑦・⑨・⑩・⑫・⑬・⑭・⑮・⑯・⑱・⑲・㉓・㉕・㉖・㉙・㉚・㉛・㉝・㉞・㉟・㊱・㊲・㊳・㊴・㊶・㊷・㊸・㊹・㊺・㊻・㊼・㊽・㊾・54・55・56・57・58・59・60・61・62・64・65・66・67・71・73・77・78・79・80・81といったところである。

これらの裏書の内容を見ていると、特定の記事をわざわざ紙背に記していることが特徴的である。たとえば、儀式への出席・欠席、儀式における賜禄・引出物、饗宴、法会の開始、表とは別の場面といったものである。

道長は、これらの事項は表にではなく、裏書として記録するに相応しいと考えたのであろう。ただし、これらの事項を常に紙背に記していたかというと、そうとばかりは限らない。これらを表に書いた例を数えてみると、たとえば儀式への出席者の歴名では、裏に記したのが二一例であるのに対し、表に記したのも一九例ある。政務の出欠はその日の記事の冒頭に記載することが多いからであろう。賜禄の明細の方は、裏に記したのが二三例、表に記したのが九例と、こちらはほとんどが紙背に記されている。

一方、逆に表の記事と裏書で文脈が続いているものは、二四例を数えるが、特に表の記事と裏書で文章が続いている二〇例（③・⑧・⑪・⑰・⑳・㉑・㉔・㉘・㉜・㊵・㊿・51・52・53・63・69・70・74・75・76）は、まさに「表に書き切れなかったために裏に記した」ものである。八一例のうちの二〇例というのが、多いか少ないかは意見の分かれるところであろうが、これはその時々の道長の記載の感覚であろう。七割くらいの割合で、道長が表の記事と裏書とを別個に認識していたという事実を重視すべきであろう。

図1―1　自筆本・寛弘元年二月六日条（表）（陽明文庫所蔵、以下同）

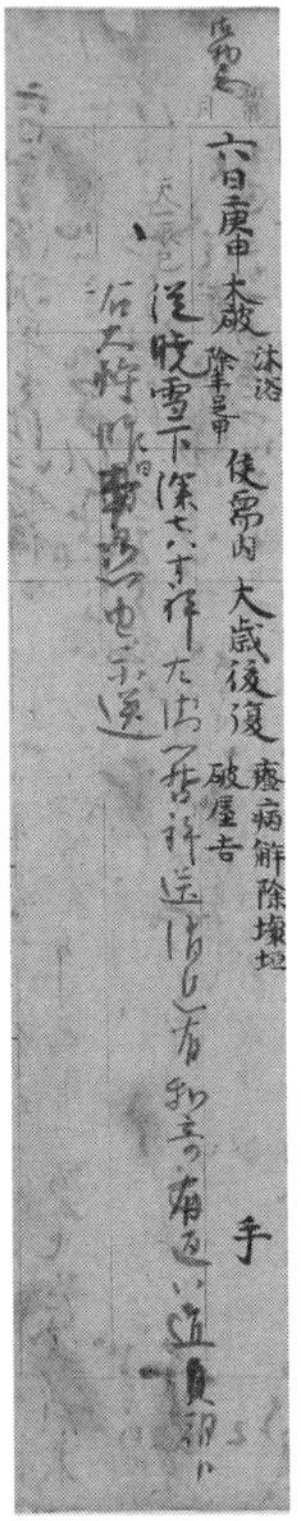

図1―2　自筆本・寛弘元年二月六日条（裏）

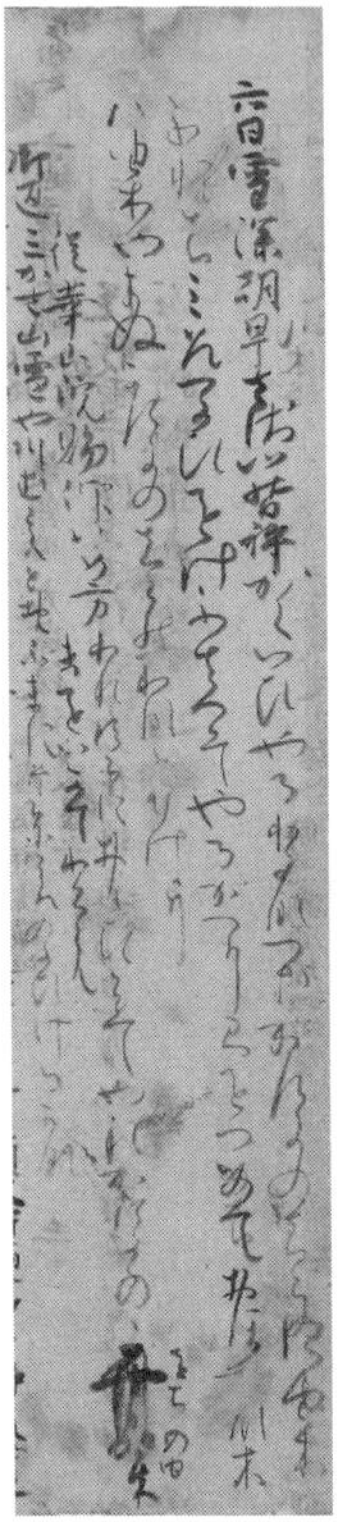

（2）表で切りをよくしたうえで、
裏書を記したもの

表の記事を切りをよくしたうえで、裏書を記したものが四三例を数える。これらは、紙背に書きたい部分のみを、裏書として紙背に書いたものである。

寛弘元年二月六日条では、表には、雪が深かったこと、藤原公任と和歌の贈答があったこと、藤原実資に昨日の祭使出立の儀への参会の御礼を述べたことを記し、裏書には、花山院との贈答も含めて、和歌をまとめて仮名で記している（②／図1）。長和元年四月廿七日条は、表には由祓・吉田祭・中宮妍子内裏参入の記事を記し、裏書には、中宮妍子内裏参入の供奉者と出欠・藤原娍子立后と参列者・藤原教通と藤原公任女との婚礼を記している（66／図2）。

極端な例では、寛仁二年五月廿二日条は、表の具注暦には何も書かず、紙背に裏書として五月一日から行なっていた法華三十講の期間（全期間ではない）の饗饌を奉仕した人と、招請した僧への布施を列挙している（81／図3）。

（3）まだ表にスペースがあるのに、裏書を記したもの

それに関連するが、表の日記を記す二行の空白部分（「間明き」）にまだスペースがあるのに、その部分には記

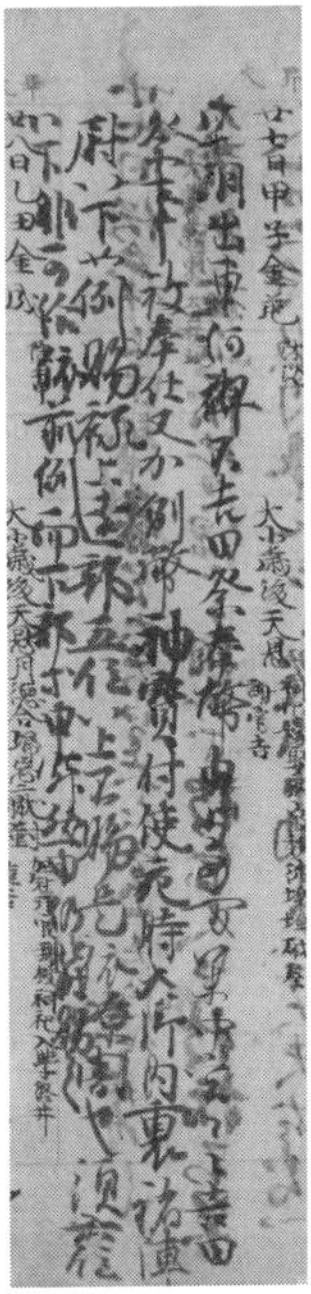

図2－1　自筆本・長和元年四月二十七日条（表）

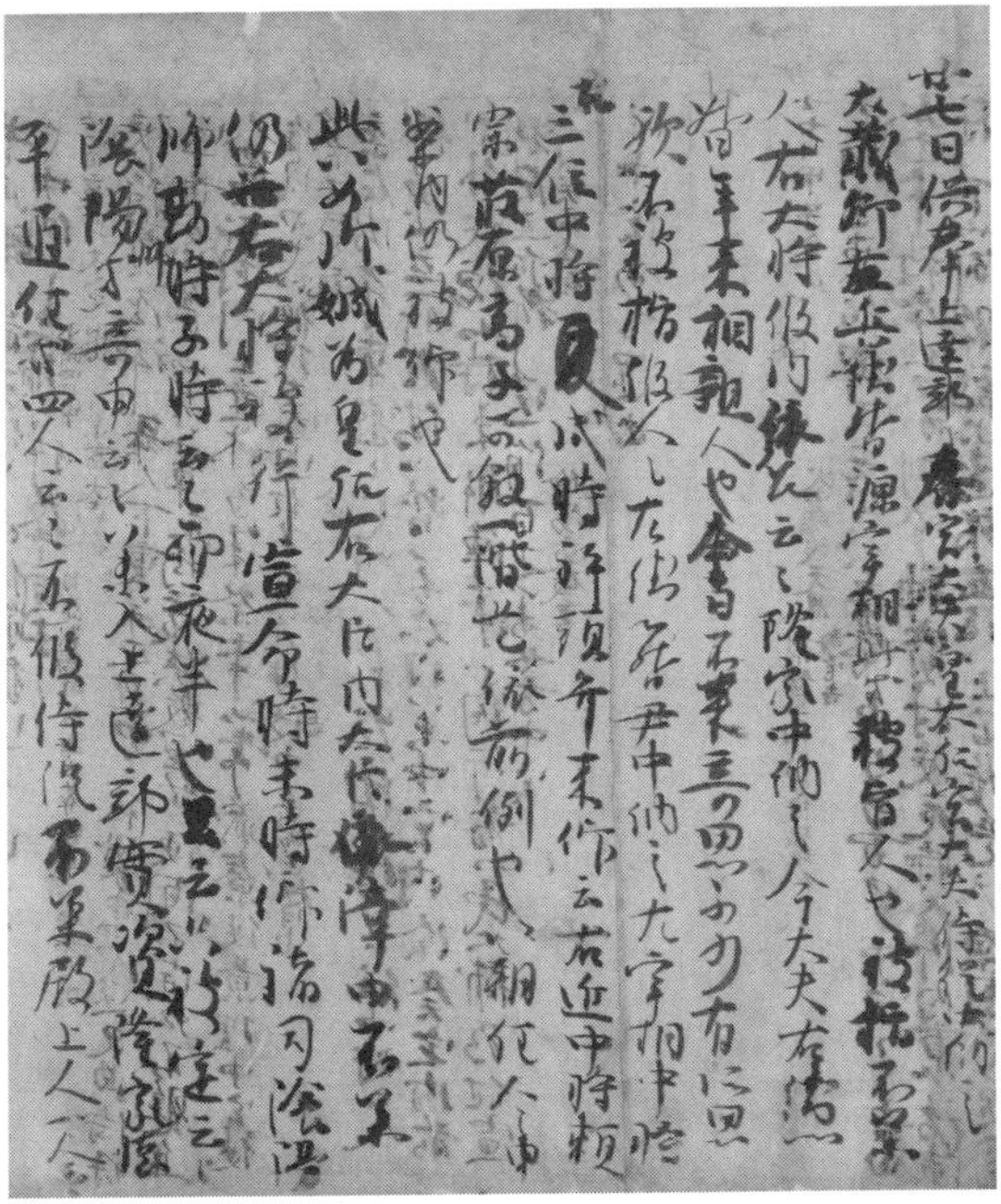

図2－2　自筆本・長和元年四月二十七日条（裏、部分）

さずに裏書を記した例が一七例（②・⑤・⑩・⑫・⑬・㉖・㉝・㊲・㊴・54⃝・55⃝・57⃝・58⃝・65⃝・67⃝・78⃝・81⃝）ある。

道長は具注暦の間明き二行に二行ずつ、合計四行記す場合が多い。一行には二〇～二五字くらいを書くのが普通であるから、表には一〇〇字近くの記事を記すことが可能である（他の日付の箇所になだれ込まなかった場合である）。

ところが、裏書を記した八一例の表の記事の字数は、平均すると八四・七字である。表にまったく記事の記されていないものが二例（㉝・81⃝／図3）、表に五字だけしか記載のないものが一例（67⃝）、存在する。行でいうと、表が一行のみのものが一例（67⃝）、二行のみのものが四例（②・㉝・55⃝・57⃝）、三行のみのものが一二例（⑯・㉒・㉔・㉖・㉘・㉛・㊼・㊿・51⃝・53⃝・54⃝・59⃝）である。

これらの例は、まだ表にスペースがあるのに、裏書を記したものであり、裏書の部分は紙背に

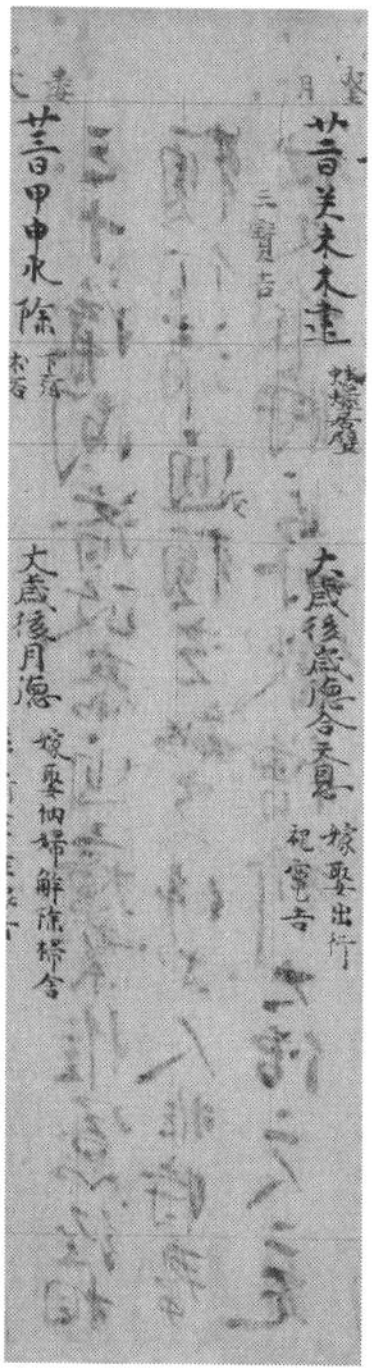

図3-1　自筆本・寛仁二年五月二十二日条（表）

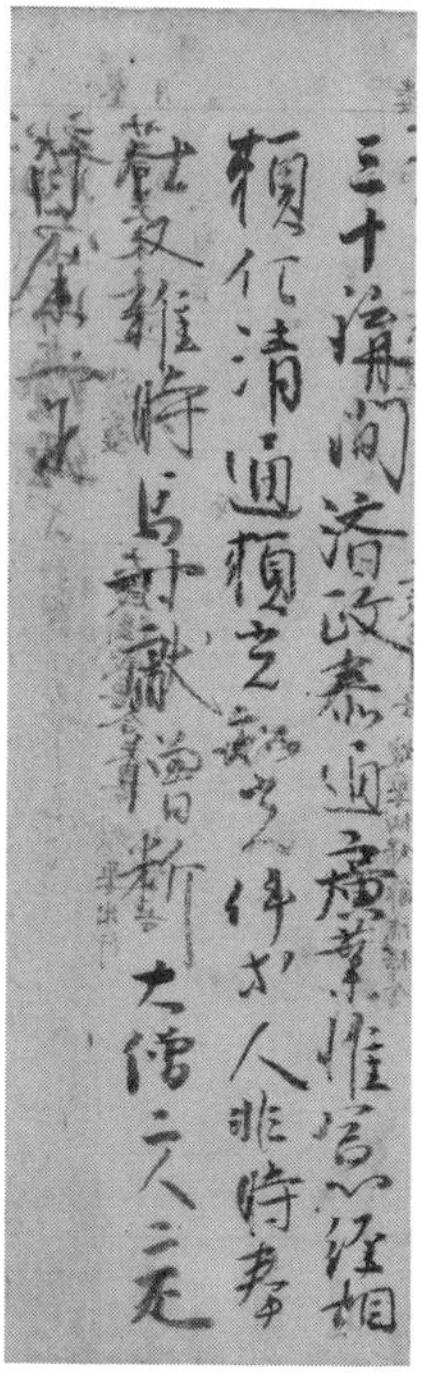

図3-2　自筆本・寛仁二年五月二十二日条（裏）

書きたかったからこそ、表をスペースいっぱい使わなかったものである。

（4）裏書を回避したもの（「なだれ込み」）

その逆に、表の間明きをいっぱいに使って記録しただけでは足りず、それでも紙背に裏書として記録することはせずに、表の他の日の部分に記録し続けたもの（「なだれ込み」という）が、四九例存在する。

これらは、紙背に書きたくなかったからこそ、無理にでも表に書いたものと考えるべきであろう（単に裏返すのが面倒だった場合もあるであろうが）。

たとえば長保二年正月一日の記事を、一日条の間明きには書ききれずに、二日条と三日条の下部にまでなだれ込んで記しているのは、いまだこの時期の道長には紙背に記事を記すという発想がなかったためであろう（図4）。二日条と三日条は記述が少なかったから、これで助かったと考えるべきか、スペースが少ないので二日条と三日条は少ししか書かなかったと考えるべきか、はたまた、一日条、二日条、三日条は同じ日に続けて記したと考えるべきか、さまざま考えさせられる例である。

なお、道長がはじめて裏書を記したのは寛弘元年二月五日条であるが、それで味をしめたのか、寛弘元年の二

図4　自筆本・長保二年正月一日～三日条（表）

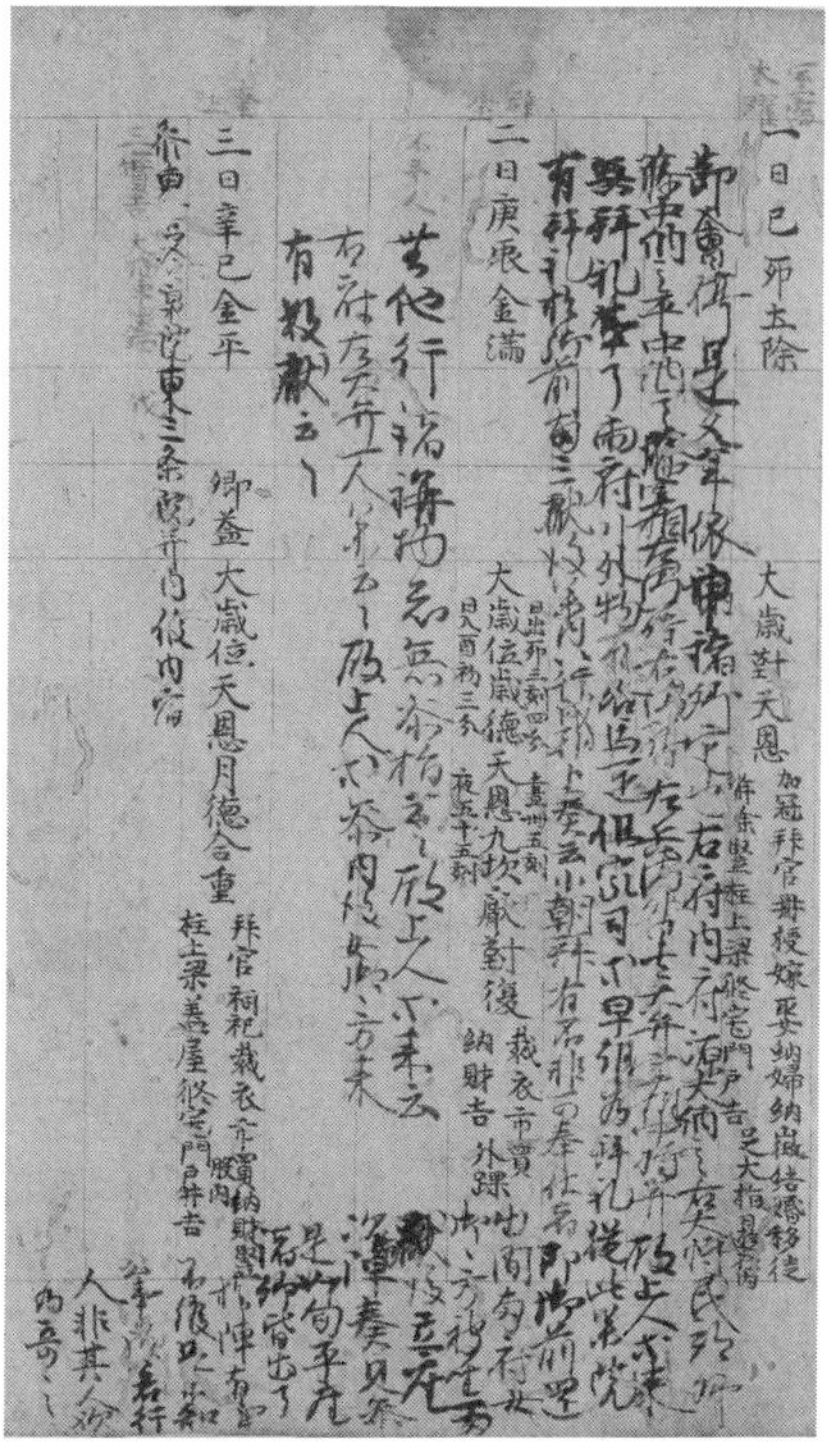

図5　自筆本・寛弘五年九月十一日条（表）

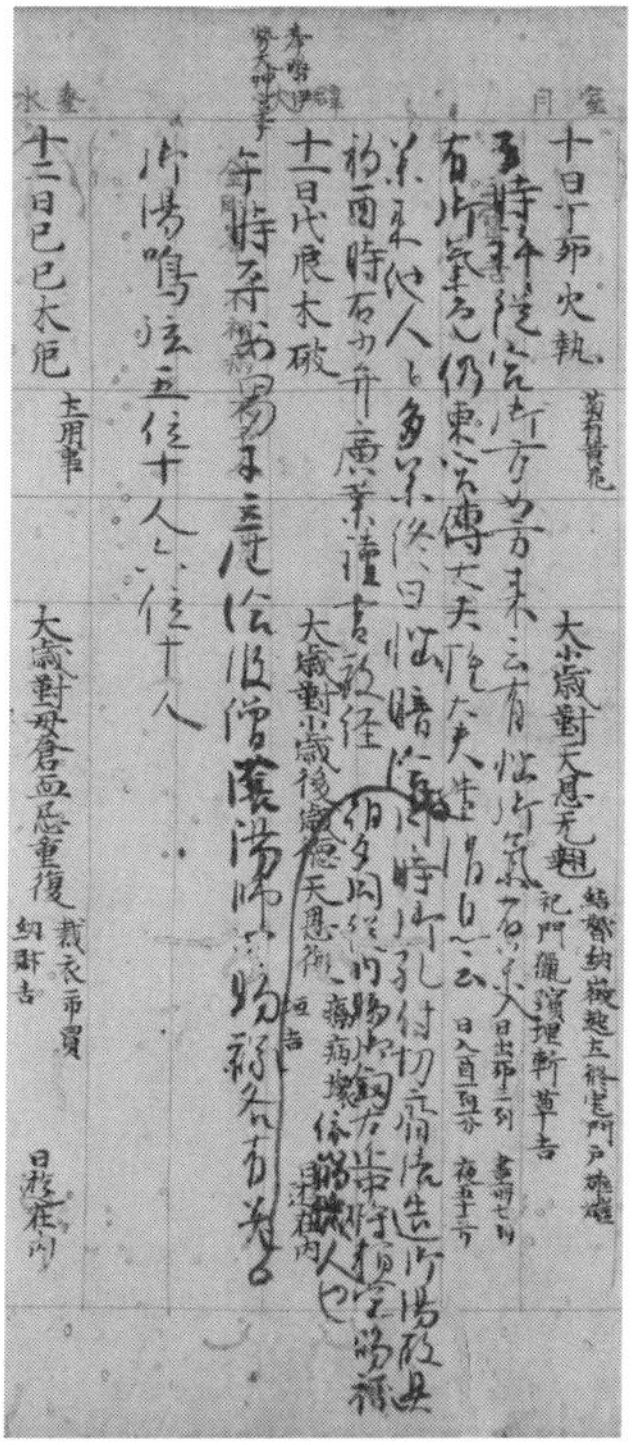

月と三月は、多くの裏書を記している。

ただし寛弘五年九月十一日条は、皇子敦成誕生の記事であるが、十一日条を「各有差」まで記して「○」を付し、前日の十日の部分にもなだれ込んで、ここにも「○」を付したうえで「同時御乳付」以下を記し、圏線を引いて十一日条であることを示している（図5）。この慶事を、道長はどうしても紙背に裏書として記したくなかったのであろう。

（5）　裏書を回避しようとしたものの、表に書ききれなくて裏書を記したもの

最後に、こういう例を探してみた。裏書を回避しようとして表に精一杯記したものの、表に書ききれなくて裏書を記したものである。従来考えられていたように、「表に書ききれずに紙背に書いたものが裏書」というのであれば、このよう

な例は多く見出せるはずなのであるが、こういった例は、以下にあげたわずか四例であった。
⑧寛弘元年三月十六日条（臨時仁王会／盗人追捕）
㉕寛弘五年十月十六日条（土御門第行幸／皇子敦成に親王宣下／行幸叙位）
㊿長和元年二月十四日条（藤原妍子立后／宮司除目）
㊶寛仁二年三月廿五日条（後一条天皇、藤原威子御在所に渡御）
これだけの例しかないということは、裏書というものは、表に書ききれなかったから仕方なく紙背に書いたのではなく、紙背に書きたい部分だけを、紙背に書いたものであることがわかる。
以上の結果、『御堂関白記』自筆本に八一例見られる裏書は、表に書ききれないから仕方なく紙背に裏書として記した、といったものは少なく、逆に表の記述を表で区切りを付けたうえで、改めて特定の内容を紙背に記録したものが基本であったことを推定するにいたった。

四　『御堂関白記』平松本（長和二年）の裏書

以上の考察の結果を敷衍すると、自筆本が残っていない年の『御堂関白記』においても、ある程度、裏書の存在を推測することが可能であろう。

まずは長和二年春夏の平松本である。平松本のうちでもこの一冊だけは、自筆本を書写したものとされている。実際、頭注が書写され、日付と干支で一行取っているなど、自筆本の形態を残している。大日本古記録は本文を続けて翻刻しているが、どこからが裏書であったかは、ある程度、推定できるのではないだろうか。

自筆本を手元に置いて書写した者は、裏書を見付けたら、どのように写すであろうか。普通ならば、行替えを行なうのではないだろうか。長和二年の平松本で改行のあるものは、以下の八か所である。

・正月六日条（五行で行替）　還後以随身府生為国令召、／外記参入、……
・正月十三日条（一行で行替）　就中風甚例、／学生大中奉親省試所献詩韻星字、……
・正月廿六日条（廿二日の三行で行替。廿六日が七行ある後の裏書か）
　女方共罷出、／従内出後、従右衛門督以重義朝臣示云、……
・二月九日条（五行で行替）　神馬等乗／籠宿、奉幣如常、……
・三月廿三日条（三一行で行替。裏書の中の行替か）　しぐれ様也、／御装束、従南四間立大床二脚、……
・三月廿七日条（四行で行替）　舞人七人参会、／右大将来云、……
・四月十四日条（四行で行替）　皆御書あり、／天陰時々雨下、
・六月廿三日条（一一行で行替。裏書の中の行替か）　所申有道理、可同任者、／未時着陣、……

これらのうち、正月廿六日条は説明が必要であろうか。自筆本では廿六日条の紙背に書き始めたものが廿二日条の紙背にまで及び、平松本書写者は廿二日条の裏書だと思って、廿二日条の表の記事に続けて、行替えして記したものである。したがってこれは、廿六日条の裏書ということになる。古写本では廿六日の記事としている。

これらは、ほぼ確実に自筆本では裏書であったと思われるものであるが、この他にも長和二年の平松本で長い記事は、もともとはどこかからは裏書だったはずである。表の具注暦の間明きには、おおむね四行を記すことが多く、一行が二〇～二五字前後であったことを勘案すると、おおよそ一一〇字を越えるものは、紙背に記した可能性が高い。

もちろん、他の日の箇所の下部になだれ込むことも多かったのではあるが、一方では間明きの四行に満たずに紙背に記すことも多い。おおよその目安として、一一〇字を越える記事を数えてみるのも、あながち無意味なことではあるまい。それは、以下の二三例である。

正月二日条　正月六日条　正月十日条　正月十四日条　正月十六日条　正月廿六日条　二月九日条
二月廿三日条　三月四日条　三月九日条　三月十六日条　三月廿三日条　三月廿七日条　三月廿九日条
四月十三日条　四月廿三日条　四月廿七日条　五月十四日条　六月十九日条　六月廿二日条
六月廿三日条　六月廿七日条

先ほどの行替えのあったものと合わせ、重複を除いた二四例が、長和二年前半において裏書が存在したと推定できるものである。

五　『御堂関白記』古写本の裏書

次に古写本について考えてみよう。古写本で裏書を推定することは可能なのであろうか。

『小右記』や『権記』、その他の一般的な古記録とは異なり、『御堂関白記』の古写本には、「裏書云」などの文言はない。古写本は、表の記事につなげて、そのまま裏書を追い込みで書写している。当然、大日本古記録は表の記事と裏書を続けて翻刻しているが、どこからが裏書であったかは、推定できるものもあるのではなかろうか。

まずは、古写本で記事の中に改行のあるものをあげてみる。

・寛弘元年八月廿八日条（四行で行替）　儀已前被罷出、／一宮出土御門給、……
・寛弘六年五月十七日条（一一行で行替。裏書の中の行替か）　法橋慶算、／登上達部、……
・寛弘七年十一月廿八日条（一七行、一八行、二五行で行替。裏書の中の行替か）
　権中将各二疋、／叙位／従三位教通元従四位下、……従五位下女四人、／御前禄了間、……
・寛弘八年八月十一日条（五行、一四行で行替。裏書の中にも行替か）
　依行幸事退出、／此日新帝入内、……如蜜瓜籠作籠入之、／未召上御前召、……

・寛弘八年八月廿三日条（一二行で行替。裏書の中の行替か）
可進刀帯所々定了、／関白事御対面之後度々有仰、……
・寛弘八年十月十六日条（五行、一四行で行替。裏書の中にも行替か）
拝後問之、／未位記筥前、……加織物無文細長、／中宮従別納帰、御寅時、
・長和二年八月十日条（四行、一三行で行替。裏書の中にも行替か）
巳時地震、／定様、……年号、／賀茂書一紙、……
・長和四年七月十五日条（五行、二四行で行替。裏書の中にも行替か）
久依奉見東宮、相扶参入、／付念救書様、……知家事、／家司署名皆書、……
・長和四年十月廿五日条（二九行、三四行で行替。裏書の中の行替か）
侍従中納言取筆、／あひおひの……としをつま丶し、／人々此哥有褒誉気、……
・寛仁元年九月九日条（四行、一三行で行替。裏書の中にも行替か）
五人不参、／春宮坊、……勅使、／歩射夾名又如此、……
・寛仁元年九月廿二日条（四行で行替。裏書を後に貼り加えたものか）
戌時許着宿院、／余車前神宝・競馬……
・寛仁元年十月一日条（五行で行替。「遠所」以降を卅日条裏書と誤認し、本条に改める）
不奉石清水事、無便事也、／遠所社奉神宝後、……
・寛仁二年十月十六日条（一八行で行替。裏書の中の行替か）
於此余読和哥、人々詠之、事了分散、／御倚子掃部寮供之、……
・寛仁二年十月廿二日条（六行、六五行で行替。裏書の中にも行替か）

入御後退出、／次東宮御、西門参、……庶政朝臣奉抱、／御装束、……

以上の一四例の中で、四行とか五行、六行くらいで改行している九例は、そこから裏書であった可能性が高いものと思われる。いずれも内容や時間軸が変わっているものであり、自筆本の裏書と軌を一にするものである。

寛仁元年九月廿二日条については、少し説明しておこう。これは石清水詣の記事であるが、四行目の「戌時許着宿院」まで記して一段落し、その後は車や前駆の様子、それに扈従した公卿の名が列記してあり、「余車前神宝」から裏書だなと感じる部分である。ところが古写本をよく見ると、「余車前神宝」以下の六行は縦の罫線がなく、横の界線の高さが異なる紙に記されている。六行書いた後、廿三日条が始まるが、ここには縦の罫線がある。つまり、古写本の書写者は、廿二日条に裏書があったのを見落とし、廿三日条を書写してしまった。後で裏書を発見したものの、廿三日条の前の行間に書くには長過ぎたので、古写本の料紙を切り、そこに紙を貼り継いで廿二日条の裏書を書写したのである（図6）。

一方、古写本で一字分が空いていて、そこから内容が別になる記事も、以下のように二か所、存在する。これらもそこから裏書であったことを示しているのかもしれない。

・長和二年八月十九日条（四行目）　退出、即入寺、御前堂童子今一人遅参、……

・長和二年八月廿一日条（八行目）　承仕法師手作五端、今日初斉宮入宮内省、……

また、古写本には行間補書がいくつか存在する。それらの中で、数行の記事の後、文の途中であったり、内容の切りがよかったりするものは、古写本の書写者が自筆本の裏書を見落とし、後で気付いて次の日の記事との間に書写した可能性が高い。それらを次に掲げるが、ただしここでは、一日分、全部を写し忘れたもの、あるいは自筆本の表の一行のみを写し忘れたものは除く。

・寛弘元年九月廿五日条（六行目の後）

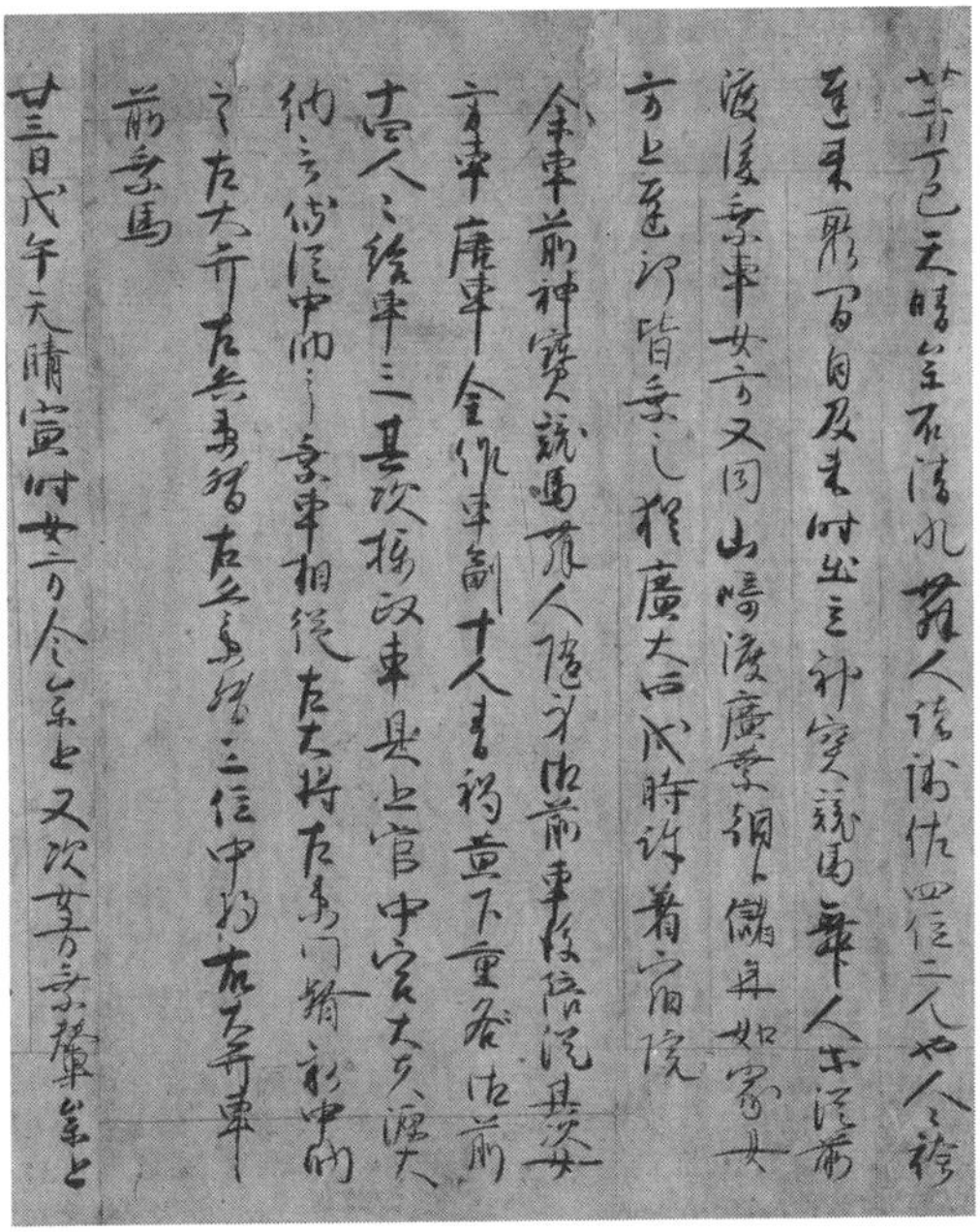

図6　古写本・寛仁元年九月二十二日条

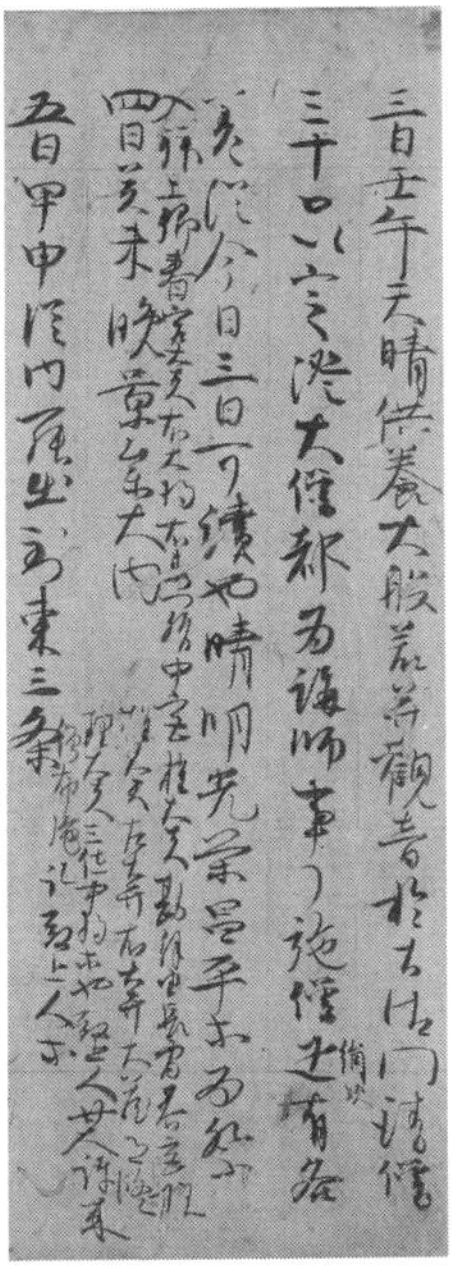

図7　古写本・寛弘元年十二月三日条

来廿八日／修理大夫供養仏経云々、……

・寛弘元年十一月廿三日条（七行目の後）

御楽近衛者五六人／許令召候、……

・寛弘元年十二月三日条（三行目の後／図7）

昌平等為祭、／入拝上卿春宮大夫……

・長和元年九月九日条（四行目の後）

宜陽殿有平座云々、／不奏見参、……

・長和四年八月廿七日条（二行目の後。廿八日条に続けて記す）

事了退出、／此次諸国申請定雑事、……

・長和五年正月十三日条（七行目の後）

又御即位／日依近、予定職掌人男女戒仰、

・寛仁二年十月十一日条（五行目の後）

皆赤毛中、栗毛一／両加、

これら七例は、行間補書の部分は裏書であったであろう。例として、寛弘元年十二月三日条について説明しておこう。三日条は、「入拝上卿」以降が、自筆本では裏書だったのであろう。古写本の書写者は、それに気付かずに、三日条の「昌平等為祭」まで写したところで、三日条はこれで終わりと勘違いしてしまい、四日条以降を写してしまった（図7）。

道長が裏書を記す際には、表で内容が完結している場合が多い。つまり、表だけでも意味が通ってしまう場合が多い。これは自筆本を書写する者には迷惑な話で、このように後で気付く場合も多いのである。この場合、三日条と四日条の間の一行の行間補書で裏書を記すことができず、四日条と五日条の下部になだれ込んでしまった。四日条と五日条の記事が短く、下部に空白があったからこそ可能であった。

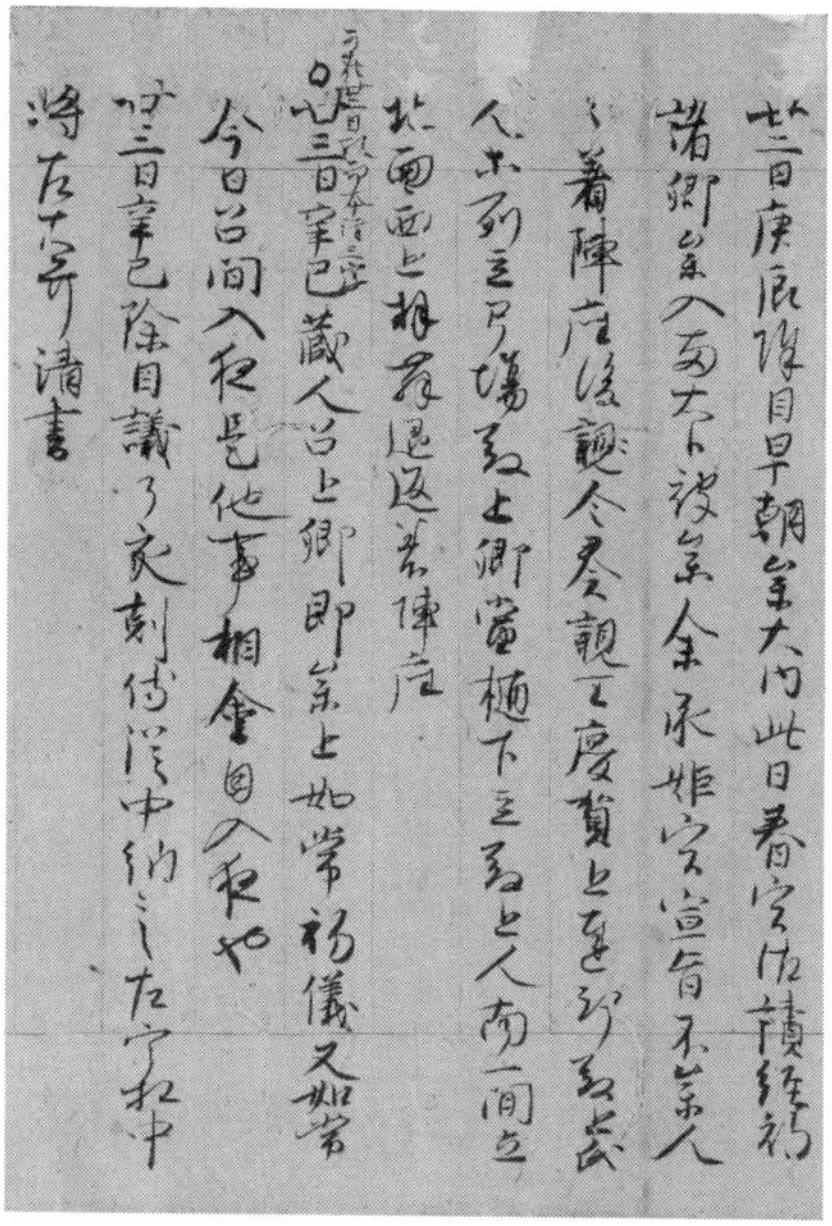
図8　古写本・長和二年十月二十二日条

もちろん、書写の途中で自筆本の裏書に気付き、古写本に続けて書写したものも、多数存在したはずである。

もう一つ、行間補書に准じる例として、長和二年十月廿二日条をあげておこう。古写本では、「廿三日、辛巳」という日付と干支を持つ記事が二つ存在し、「可在廿二日歟、而本注三字」という傍書が存在する（図8）。これは次のような事情によるものであろう。自筆本の段階で、廿二日条の「退返着陣座」まで書き終えた道長は、次いで「蔵人召上卿」から「是他事相会自入夜也」までを紙背に裏書として記した。その際、道長は、「廿三日」という誤った日付を紙背に記してしまったのであろう（したがって、この裏書、ひいては廿二日条が何日に記されたのかは、定かではないことになる）。

一方、自筆本を見てそれを書写した古写本の書写者は、当然のこと、裏書も表と同一の面に写していったが、裏書に「廿三日、蔵人召上卿、……」とある記事を見て、それに二十三日の干支である「辛巳」を付け加えた。「廿三日、辛巳、蔵人召上卿、……」と記していった古写本の筆者は、これらの記事が除目の始まりであって、内容的に廿二日のものであり、別に廿三日条（「除目議了」以下）が存在することに気付いた。

そこで、自筆本に誤って他の日付の下に書いた文を正しい日付の下に移す際に用いる「○」印を行頭に冠し、それだけでは物足りずに、右傍に傍書を記したのであろう。その傍書の意味は、「以下の記事は本来、廿二日の箇所にあるべきであろうか。ところが手本とした自筆本には「（廿）三」と記してあった」というものである。

その他、長和四年八月廿七日条では、廿七日条の裏書（諸国申請雑事定に関するもの）を古写本は廿八日の末尾に記してしまっている。

また、寛仁元年二月十四日では、十四日という日付が二回記されている。二回目は自筆本裏書の冒頭の日付で、古写本書写者は誤ってこれも写してしまったものであろう。

最後に、これも分量の多い記事で、数行ののちに内容が切れる箇所は、そこから以降は本来は裏書であったと推定できる。もちろん、もっと前から裏書であった可能性もあるし、表の次の日の記事になだれ込んで、裏書のない場合もあるが、表の具注暦の間明き四行分、おおよそ一一〇字を越えるものは、紙背に記した可能性が高い。

それは以下の一六九例である。

長保元年…三月十六日条

寛弘元年…七月廿日条　八月十一日条　八月十七日条　八月廿三日条　九月九日条　九月廿五日条
　閏九月十四日条　十月十日条　十月十四日条　十月廿一日条　十一月三日条　十一月十五日条
　十一月廿三日条　十二月三日条　十二月十五日条　十二月廿一日条　十二月廿七日条

寛弘六年…五月十七日条

寛弘七年…七月十七日条　七月廿七日条　八月廿一日条　九月十五日条　十月廿二日条　十一月廿八日条
　十二月二日条
寛弘八年…八月十一日条　八月十五日条　八月廿三日条　九月五日条　十月五日条　十月十六日条
　十一月十六日条　十一月廿九日条　十二月廿八日条
長和元年…八月十一日条　九月廿日条　九月廿一日条　九月廿二日条　十月六日条　十月廿日条
　十月廿八日条　閏十月十四日条　閏十月廿七日条　十一月一日条　十一月十七日条　十一月廿二日条
　十一月廿三日条　十一月廿五日条　十二月四日条　十二月九日条　十二月十六日条　十二月十九日条
　十二月廿五日条
長和二年…七月二日条　七月廿二日条　八月一日条　八月十日条　八月十九日条　八月廿一日条
　八月廿七日条　九月十六日条　十月六日条　十月廿日条　十一月十六日条　十一月廿日条
　十一月廿八日条　十一月廿九日条　十二月十日条　十二月十五日条　十二月廿六日条
長和四年…四月四日条　四月七日条　四月廿一日条　六月十四日条　閏六月五日条　閏六月廿三日条
　閏六月廿六日条　七月十五日条　八月二日条　九月五日条　九月十四日条　九月廿日条
　十月廿一日条　十月廿五日条　十月廿七日条　十月廿八日条　十一月十七日条　十一月廿七日条
　十二月四日条　十二月廿七日条
長和五年…正月廿三日条　正月廿九日条　二月七日条　二月十三日条　二月十九日条　二月廿五日条
　二月廿六日条　二月廿七日条　三月二日条　三月三日条　三月七日条　三月八日条　三月十二日条
　三月十四日条　三月廿日条　三月廿一日条　四月七日条　四月十一日条　四月十五日条　四月廿一日条
　四月廿四日条　五月十六日条　五月廿五日条　五月廿六日条　五月廿八日条　六月二日条　六月十日条

七月十日条　七月十六日条　七月十八日条　十月二日条　十月三日条　十月十一日条　十一月一日条
十二月十四日条
寛仁元年…正月十一日条　正月廿二日条　正月廿七日条　二月十一日条　三月二日条　三月四日条
三月八日条　三月十一日条　三月十六日条　四月三日条　四月廿六日条　五月十二日条　六月廿三日条
七月二日条　七月十一日条　七月十三日条　八月六日条　八月九日条　八月廿一日条　八月廿三日条
九月九日条　九月十四日条　九月廿二日条　九月廿三日条　十月一日条　十一月廿七日条
十二月四日条　十二月五日条
寛仁二年…七月廿七日条　七月廿八日条　八月十九日条　八月廿九日条　九月八日条　九月十六日条
十月五日条　十月十六日条　十月廿二日条　十月廿八日条　十月廿九日条　十一月九日条
寛仁三年…正月五日条　二月六日条　二月廿八日条

一々をあげることはできないが、それぞれ数行目に、内容が切れている箇所が存在する。おそらくはその箇所からが自筆本では裏書だったのであろう。たとえその箇所でなくても、これらの長い記事のいずれかからが紙背に記されたであろうことは確実である。

以上、重複を除いた一七七例が、古写本において裏書が存在したと推定できるものである。

六　『御堂関白記』平松本（寛弘年間）の裏書

そうすると、古写本を書写した寛弘年間の平松本についても、裏書と推定できるものが存在するはずである。古写本を考察した際に重視した改行、一字空け、行間補書については、古写本を書写した年の平松本においては、有効な方法ではないようである。たとえば寛弘二年の前半は自筆本と平松本が残っているが、五月廿四日条では、自筆本で表と裏書の分かれ目となっている「義式各相分、／右府・内府・春宮大夫」という箇所は、平松本では続けて記されており、逆に表の記載の途中である「覚運僧都作　五枚」「澄心律師作　五枚」に一字の空白がある（自筆本にも空白があったからであろう）。

行間補書についても、寛弘二年七月十日条などに存在するのであるが、これは古写本を書写した際に写し忘れたものかもしれず、古写本が自筆本を書写した際に裏書を写し忘れたものの痕跡かどうかは、判断しかねる。

そうすると、残る作業は、長い記事において、少なくともどこかからかは、平松本の基となった古写本のそのまた基となった自筆本においては、裏書が存在したであろうことを確認することである。以下、やはりおおむね一一〇字を越える記事の日付を、以下に示す。

寛弘二年…七月十日条　七月十七日条　十月十九日条　十一月十五日条　十二月九日条　十二月廿一日条

寛弘三年…正月一日条　正月廿八日条　三月三日条　三月四日条　六月十六日条　七月三日条　七月十二日条

七月十三日条　七月十四日条　七月十五日条　七月卅日条　八月十六日条　八月十七日条

九月廿二日条　十月二日条　十月廿五日条　十一月廿七日条　十二月五日条　十二月廿六日条

十二月廿九日条

寛弘四年…正月三日条　正月九日条　正月十一日条　正月十二日条　正月十三日条　正月廿日条
正月廿六日条　二月九日条　二月廿八日条　二月廿九日条　二月卅日条　三月三日条　三月十七日条
三月十九日条　四月廿五日条　四月廿六日条　五月卅日条　閏五月十七日条

寛弘五年…正月七日条　正月十六日条　正月廿五日条　四月十三日条　四月十八日条　四月十九日条

以上の五〇例は、どこかからは裏書が存在したことは、ほぼ確実であろう。これもそれぞれについて、数行目に内容が切れる箇所がある。おそらくはその箇所からが裏書だったのであろう。

七　『御堂関白記』の裏書

以上、『御堂関白記』の自筆本・古写本・平松本について、裏書の内容と存在形態を考えてみた。ここで『御堂関白記』現存状況と裏書の数をまとめて表示してみよう。古写本と平松本の裏書推定の欄で、（　）に入っているのは、自筆本に存在する裏書の数である。

巻	自筆本	裏書	古写本	裏書推定	平松本	裏書推定	裏書合計（推定含む）
長徳元年（九九五）上	現存せず		現存せず		なし		―
長徳元年（九九五）下	現存せず		現存せず		なし		―
長徳二年（九九六）上	なし		なし		なし		―
長徳二年（九九六）下	なし		なし		なし		―
長徳三年（九九七）上	なし		なし		なし		―
長徳三年（九九七）下	なし		なし		なし		―
長徳四年（九九八）上	なし		なし	（○）	なし		―
長徳四年（九九八）下	1あり（四条）	○	1あり（四条）		なし		○
長保元年（九九九）上	現存せず		1あり（四六条）	―	なし		―
長保元年（九九九）下	2あり（五一条）	○	1あり（四九条）	（○）	なし		○
長保二年（一〇〇〇）上	3あり（八三条）	○	1あり（八三条）	（○）	なし		○
長保二年（一〇〇〇）下	なし		なし		なし		―
長保三年（一〇〇一）上	なし		なし		なし		―
長保三年（一〇〇一）下	なし		なし		なし		―
長保四年（一〇〇二）上	なし		なし		なし		―
長保四年（一〇〇二）下	なし		なし		なし		―

長保五年（一〇〇三）	上	なし		なし		なし		｜
	下	なし		なし		なし		｜
寛弘元年（一〇〇四）	上	4あり（一四七条）	一五	2あり（一四六条）	（一五）	なし		一五
	下	現存せず		2あり（一八八条）	一八	なし		一八
寛弘二年（一〇〇五）	上	5あり（一三〇条）	四	現存せず		あり（一二八条）	（四）	四
	下	現存せず		現存せず		あり（一三四条）	六	六
寛弘三年（一〇〇六）	上	現存せず		現存せず		あり（九二条）	五	五
	下	現存せず		現存せず		あり（一二一条）	一五	一五
寛弘四年（一〇〇七）	上	現存せず		現存せず		あり（一二八条）	一八	一八
	下	6あり（六九条）	五	現存せず		あり（六九条）	（五）	五
寛弘五年（一〇〇八）	上	現存せず		現存せず		あり（一一七条）	六	六
	下	7あり（三八条）	三	現存せず		あり（三八条）	（三）	三
寛弘六年（一〇〇九）	上	現存せず		3あり（三八条）	一	なし		一
	下	8あり（一二六条）	一二	3あり（一二五条）	（一二）	なし		一二
寛弘七年（一〇一〇）	上	9あり（一〇二条）	一〇	4あり（一〇一条）	（一〇）	なし		一〇
	下	現存せず		4あり（一四二条）	七	なし		七
寛弘八年（一〇一一）	上	10あり（一二三条）	一二	5あり（一二三条）	（一二）	なし		一二
	下	現存せず		5あり（一一五条）	九	なし		九
長和元年（一〇一二）	上	11あり（一二〇条）	七	6あり（一一九条）	（七）	なし		七
	下	現存せず		6あり（一七五条）	二〇	なし		二〇
長和二年（一〇一三）	上	現存せず		7あり（一七四条）		あり（一七五条）	二四	二四
	下	現存せず		7あり（一五八条）	一八	なし		一八
長和三年（一〇一四）	上	現存せず		なし		なし		｜
	下	現存せず		なし		なし		｜

年	巻	（1）	裏書	（2）	裏書	（3）	裏書
長和四年（一〇一五）	上	現存せず		8あり（一三〇条）	七	なし	七
	下	現存せず		8あり（一三四条）	一五	なし	一五
長和五年（一〇一六）	上	現存せず		9あり（一五一条）	二八	なし	二八
	下	現存せず		9あり（一三九条）	八	なし	八
寛仁元年（一〇一七）	上	現存せず		10あり（一五九条）	一四	なし	一四
	下	現存せず		10あり（一四〇条）	一五	なし	一五
寛仁二年（一〇一八）	上	12あり（一四四条）	一三	11あり（一四三条）	（一三）	なし	一三
	下	現存せず		11あり（一一七条）	一三	なし	一三
寛仁三年（一〇一九）	上	現存せず		12あり（六四条）	三	なし	三
	下	13あり（一〇条）	○	12あり（一〇条）	（○）	なし	○
寛仁四年（一〇二〇）	上	14あり（三条）	○	12あり（三条）	（○）	なし	○
	下	なし		なし		なし	―
治安元年（一〇二一）	上	なし		なし		なし	―
	下	現存せず		12あり（五条）	○	なし	○
裏書合計		一一五〇条	八一	一九〇一条（二九八五条）	一七七（二四六）	七六七条（一〇〇二条） 七四（八六）	三三二一（三八一八条）

『小右記』や『権記』など、他の一般的な古記録とは異なり、道長は自分の日記を他人や後世の人々に見せることを想定していなかった。寛弘七年暦巻上の標紙見返に、

　件記等非披露、早可破却者也、

という道長自身による書き付けがあるのが、道長の認識をよく示している。道長はこの日記を、後世に伝えるべき先例としてではなく、自分自身、せいぜい直系の摂関のための備忘録として認識していたのであろう。文字の

乱雑さや文体の破格さ、抹消のいい加減さは、すべてこの点から説明できる。

そしてわざわざ、紙背に裏書として特別に記録した儀式や法会への出欠、賜禄や引出物の明細、表の記載とは別の場面こそが、道長が意識的に、あるいは無意識に記録して後年（後世ではない）に参考にしようとした事柄なのではあるまいか。

自分の主宰した儀式に誰それが出席し（逆に誰それが欠席し）、どの身分の者に何をどれだけ下賜したか。これこそが、道長が後年にまで記録しておくべき出来事と認識していたのであろう。

それは儀式の式次第を精確に記録し、それを集積することによって自己の家の存立基盤としようとした実資の『小右記』や、政務や儀式の詳細な記録とともに「王権の秘事」を記録しておくことによって子孫に有利な政治条件を作り出そうとした行成の『権記』とは、決定的に異なる、まさに王者の日記なのである。

しかし考えてみれば、儀式にどれだけの人を集められるか、その人たちに何を与えるかは、政治の根本でもある。天才的な政治家である道長は、それを鋭敏に察知していたのであろう。

最後に、道長が例外的にきわめて長く記した記事（おおむね四〇〇字以上とする）を数えてみると、三五例存在する。道長にとって、これらこそが、自己と自己の家にとって、必ず残しておくべき先例としての「盛儀」だったのである（やる気と記憶と手許の資料と健康状態にもよったのであろうが）。

それらのうち、自筆本の存する箇所が九例、古写本が二一例、平松本が五例なのであるが、いったい道長は、これらの長い記事を、どこに記したのであろうか。二番目に長い寛仁二年正月三日条（後一条天皇元服、一一三四字）などは、三日の紙背から書き始めて、寛仁二年暦巻上の暦注から褾紙の裏にまで及んでいる。

紙背に裏書として記したというのが、当然の答えなのであるが、これだけの長い記事だと、何日分ものスペースが必要となる。紙背だと、裏返しになるので、日付を遡ることになるが、すでにそこにも裏書が存在した場合、どうしたのであろうか。もっとも長い寛仁二年十月廿二日条（後一条天皇土御門第行幸・三后対面、一八六九字）は古写本しか残っていないが、十月十六日条（威子立后、六三三字）も裏書があったであろうから、紙背のスペースは十七日条から廿二日条の一八行分しか残されていない。

現存する自筆本の長い記事九例では、寛弘元年二月五日条と六日条には続けて裏書があるが、幸い、四日条には裏書がないので、五日条（頼通春日祭勅使出立の儀）は長い裏書を三日の紙背までのスペースを使って記すことができている。ただし、六日条（和歌の贈答）には一日分のスペースしか残されていないため、随分と窮屈な書き方をしている。六日の表の記事の上に「、」が記されているが、これははじめて続けた日付で裏書を記すに際して、六日の箇所はこの辺であるとの「あたり」だったのであろうか（三橋順子氏のご教示による）。

寛弘五年十月十六日条と十七日条にも続けて裏書があるが、十五日条には裏書がないので、十六日条（土御門第行幸）は長い裏書を十日の紙背までのスペースを使って記している。ただ、これも十七日条は一日分のスペースしかないため、窮屈な書き方をしている。

寛弘七年正月十五日条（皇子敦良五十日の儀）と十六日条も同様である。

一方、寛弘四年八月十一日条（金峯山詣）、寛弘七年三月十八日条（内裏仏経供養）、長和元年二月十四日条（妍子立后）、寛仁二年正月三日条（後一条天皇元服）は、前後の記事が短く、それぞれ自由に裏書を記している。

長和元年四月廿七日条（妍子内裏参入・娍子立后・教通婚儀）は、廿六日条が短いので、廿七日条は随分と長く裏書を記している。しかし、翌廿八日条も、妍子御在所饗宴の記事で、出席者も含め、道長は長い記事を書きたかった。しかし、裏書のスペースは一日分しかない。そこで裏書を記さずに、頭書として記事を続けている。

寛仁二年三月廿四日条（摂政頼通春日詣の際の闘乱）と廿五日条（後一条天皇、威子の直廬に渡御）には、二日続けて長い裏書がある。道長は、廿四日条の裏書（二三行）は表の三月十五日から八日の紙背に書き、廿五日条の裏書（九行）は表の三月廿五日から廿二日の紙背に書いている。道長は、廿四日条の裏書を書く段階では、廿五日条にも長い裏書を書くことを予想していて、廿四日条の裏書をかなり離れた箇所に書いたのである。あるいは二日分の記事を、続けて同じ日に記したのかもしれない。

以上、自筆本を見た限りでは、道長は何とか工面して、長い記事も表と紙背に記している。現存する自筆本では、他の古記録のように具注暦を切ってその間に紙を挿んで貼り継いだものは見られない。これが古写本や平松本の長い記事にも当てはまるのかはわからないが、裏書の有無や、その長さは、どうも記事の長さにも関係するようである。

そういえば、長い記事を書いた翌日の記事は短いことが多い。我々は単純に、長い記事を書いた翌日は疲れて、あまり長く書く気がしなかったのだろうと考えがちであるが、これも裏書を書くスペースと関係しそうである。

しかしそれにしても、道長は普段は儀式の次第を記したメモ類は持っておらず、記憶を基にして日記を記したと思われるのだが、あれほどの長い記事を、どうやって記録したのであろうか。ほとんどの儀式をみずから主宰していたのであるから、その最中にメモを取るわけにもいかず、何か式次第を記した書き付けでも基にして記したのであろうか。

まだまだ『御堂関白記』には、わからないことがたくさんありそうである。

おわりに

以上、『御堂関白記』における裏書を手がかりとして、『御堂関白記』そのもの、また古記録自体の性格の一端を語ってきた。

今後は、裏書として記録することの多い特定の記事を表に書いた例を勘案したり、裏書を記すことが続く期間、裏書の少ない期間の解明、また古写本や平松本における裏書の内容を含め、さらに総合的に考察を続ける所存である。さらには、『小右記』や『権記』をはじめとする当該期の古記録全般に関する考究に踏み込んでいかなければならない。

（1）玉井幸助「我が国の日記」（『日記文学概説』所収、目黒書店、一九四五年）。
（2）東京大学史料編纂所・陽明文庫編纂『大日本古記録　御堂関白記』解題（岩波書店、一九五四年）。田山信郎『記録――特に平安期の日記について――』（岩波書店、一九三五年）でも、
しかし時によつて記事が澤山有る場合にはその暦日の紙背に書くのが通例である、普通の時は何とかして表の方だけでまとめて書くのであつて紙背に及ぶのはよく〳〵の時である。
と、立命館出版部編『近衛公爵家世寶　御堂關白記　具注暦・自筆本』（立命館出版部、一九三六年）解説（黒板勝美氏による）でも、
毎日の書き具合から見ると、一行以上数行に及ぶが、書くべき所は割合に狭いものであるから、数行で書き終らない時は次の暦日の下部にまで及び、尚書き足りない時には紙背を反して書き継いでゐる。
と、阿部秋生「藤原道長の日記の諸本について」（『日本学士院紀要』第八巻第二・三号掲載、一九五〇年）でも、
表だけでは書ききれぬ時は裏書にすることは、当時の巻子本の常識通りである。
と説明されている。
（3）陽明文庫編『陽明叢書　御堂関白記』（思文閣出版、一九八三～一九八四年）。

日記から歴史物語へ――政変をめぐって――

中村康夫

はじめに

本稿は平安時代の当時の人が、事実としての情報をどれほど確実な史実情報として入手し、日常の記録を維持していたのかということに思いを致して、歴史物語の記述をどう正しく理解するべきかについて論じてみたいと思う。

一　日記と事実

『土佐日記』は旅立ちから日並《ひな》み記録の体裁を取っているので、毎日が事実としての鮮明さの度合いを失わない時間に書き留めることを基本としている。そういう意味では男性の古記録と同じレベルで事実性を保持した形になっているといって良いと思う。

それに比べて『蜻蛉日記』は、事実あったことを記憶の中で確認しながら、日時もある程度思い出しながら記録として書き綴っている感じがする。まず、冒頭から見ておきたい。なお、引用本文は新日本古典文学大系『土

佐日記　蜻蛉日記　紫式部日記　更級日記』による。

かくありし時すぎて、世中にいとものはかなく、とにもかくにもつかで、世にふる人ありけり。かたちとても人にもにず、こゝろだましひもあるにもあらで、かうもののえうにもあらであるもことはりと思ひつゝ、たゞふしをきあかしくらすまゝに世中におほかるふる物語のはしなどを見れば、世におほかるそらごとだにあり、人にもあらぬ身のうへまで書き日記して、めづらしきさまにもありなん、天下の人の品たかきやと問はんためしにもせよかし、とおぼゆるも、すぎにし年月ごろのこともおぼつかなかりければ、さてもありぬべきことなん、おほかりける。

作者はここで物語に書かれている絵空事としての虚構に対して、みずからを事実世界において捉え直し、みずからの所に通ってきた兼家の実像を示すことによって、自分に対する世の中の理解が生まれることを期待しているかの感がある。しかし、その思いと同時に、どこまで正確に事実を書き綴れるか不安とし、文章からは表現しきれずにそぎ落ちてしまっている事実もあると、記憶の頼りなさを悲しんでいる。

この作者の思いが本音であれポーズであれ、厳然たる事実というものに対する距離感というのは、回想という行為についていえば、現代に生きる我々も同様ではないだろうか。

二　『栄花物語』と事実

『栄花物語』というと歴史物語の嚆矢とされ、厳密な事実を書いているのでなければならないと決めつけている研究者が意外に多いのには驚かされる。ひどい場合には記録書と一日ずれているだけでも『栄花物語』は誤っていると説明することがある。

史実として何があったのかということは至極大事なことではあるけれども、いつどこで誰がといった項目については、必ずしも十分に確認される必要はなかったのではないかと思われてならない。そもそも情報が氾濫している今日とは違って、一つの事象を捉えるのに十分な情報がなかったというようなことも大いにあり得たと思われる。日時は比較的把握しやすい情報のように思われるけれども、それも絶対に正しいことは当時の歴史感覚からして求められていなかったのではないだろうか。一つの事件があり、その事件をどう捉えるか。多分最も重要なのはその事件に関わった人物だろう。関連して場所なども場合によっては高い関心を持たれる可能性はあるが、日時は厳密に正確であることを意識はしても、その正確さが求められない場合には大体の理解でよかった可能性もあるように思われてならない。

三　『栄花物語』における安和の変

日記や歴史物語が誕生した時代にあって、両方が素材として書いている政変といえば、まずは安和の変ではないかと思われる。菅原道真の左遷事件も歴史物語としては『大鏡』にかなりのスペースを割いて書いていたりするが、道真の話は伝承などさまざまな展開があるため、日記と歴史物語という問題設定からすれば話が非常にまとまりにくいので、まずは、安和の変について考察を開始しようと思う。

さて、安和の変であるが、事件の結末の部分、つまり、為平親王を天皇の位に擁立しようとしたとして源高明が大宰府に左遷されたという部分は周知のこととしてよく知られている。しかし、その前の部分、つまり、なぜそういう事変が起きたのかというところは、『栄花物語』がある程度曖昧に書いていることもあって、歴史研究のほうでも確定した論というものはまだないと言って良いのではないだろうか。

『栄花物語』における源高明と為平親王に関する記事は、安和の変発生までは次のように並んでいる。なお、本文の引用は新日本古典文学全集『栄花物語①』による。

（1）安子は憲平親王に続いて為平親王、守平親王を出生。女宮も三人出生して、女御・更衣たちの中で格段に優れた存在であった。

（2）安子立后。源高明が中宮大夫になる。

（3）村上天皇と安子は為平親王を最高に寵愛。為平親王元服の年、源高明は一人娘を親王妃にと推奨。天皇と安子は歓迎。女御・更衣と同じように入内する形を取った。

（4）「世の中何ごとにつけても変りゆくを、あはれなることに帝も思しめして、なほいかで疾うおりて心やすきふるまひにてもありにしがなとのみ思しめしながら、さきざきも位ながらうせたまふ帝は、後々の御有様いとところせきものにこそあれと、同じくはいとめでたうことよなきことぞかしとまで思しめしつつぞ、過ごさせたまひける。式部卿の宮《為平》も、今はいとようおとなびさせたまひぬれば、里におはしまさまほしう思しめせど、帝も后もふりがたきものに思しきこえさせたまふものから、あやしきことは、帝などにはいかがと見たてまつらせたまふことぞ出で来にたる。されば五の宮《守平》をぞ、さやうにおはしますべきにやとぞ。まだそれはいと幼うおはします。それにつけても、大臣のおはせましかばと思しめすこと多かるべし」

（5）安子懐妊、宮中退出、重態。為平親王、母の元へ退出。村上天皇は物寂しく不安。

（6）応和四年（九六四）四月二十九日安子崩御。為平親王大悲泣。選子内親王誕生は二十四日。安子崩御まで五日ある。『栄花物語』が選子誕生後すぐに息を引き取ったかのように書いているのは少し問題。

（7）安子の葬儀。為平親王は車の後を歩む。守平親王は五、六歳なので服喪はない。

（8）「御遊びありて、上達部多く参りたまひて、御禄さまざまなり。これにつけても、宮《安子》のおはしまししをりに、いみじく、事の栄えありてをかしかりしはやと、上よりはじめたてまつりて、上達部たち恋ひきこえ、目拭ひたまふ。花蝶につけても、今はただ、おりゐなばやとのみぞ思されける。時々につけて変りゆくほどに、月日も過ぎて康保四年になりぬ。月ごろ内に例ならず悩ましげに思しめして、御物忌などしげし。いかにとのみ恐ろしう思しめす。御読経、御修法など、あまた壇おこなはせたまふ。かかれどさらに験もなし。例の元方の霊なども参りて、いみじくののしるに、なほ世の尽きぬればこそ、かやうのこともあらめと、心細く思しめさる。かねてはおりさせたまはまほしく思されしかど、今になりては、さばれ、同じくは位ながらこそと、思さるべし。御心地いと重ければ、小野宮の大臣《実頼》忍びて奏したまふ。「もし非常の事もおはしまさば、東宮には誰をか」と御気色たまはりたまへば「式部卿宮とこそは思ひしかど、今におきてはえゐたまはじ。五の宮《守平、円融院》をなんしか思ふ」と仰せらるれば、うけたまはりたまひぬ。御悩みまことにいみじければ、宮たち、御方々みな涙を流したまふもおろかなり。そのなかにも尚侍、あはれに、人笑はれにやと思し嘆くさま、ことわりにいとほしげなり。されど終に五月二十五日にうせたまひぬ。東宮、位につかせたまふ。あはれに悲しきこと譬へん方なし」

（9）「東宮の御事まだともかくもなきに、世の人みな心々に思ひ定めたるもをかし。「大臣はみな知りておはすめるものを」と」

（10）「事どももみなはてて、すこし心のどかになりてぞ、東宮の御事あるべかめる。式部卿宮《為平》わたりには、人知れず大臣の御気色を待ちおぼせど、あへて音なければ、いかなればにかと御胸つぶるべし。源氏の大臣《高明》、もしさもあらずは、あさましうも口惜しうもあべきかなと、物思ひに思されけり。かかるほどに、九月一日東《守》宮《平》立ちたまふ。五の宮ぞ立たせたまふ。御年九にぞおはしける。帝の御年十八にぞおはしましける。この帝《冷泉》立たせたまふ同じ日、女御も后に立たせたまひて中宮と申す。昌子内親王とぞ申しつるかし。朱雀院の御心掟を、本意かなはせたまへるもいとめでたし。中宮大夫には、宰相朝成なりたまひぬ。春宮大夫には、中納言師氏、傅には小一条の大臣なりたまひぬ。みな九条殿の御はらからの殿ばらにおはすかし。ただし九条殿の君達は、まだ御位ども浅ければ、えなりたまはぬなるべし」

(11)「かかるほどに同じ年の十二月十三日、小野宮《実頼》の大臣、太政大臣になりたまひぬ。源氏《高明》の右大臣、左になりたまひぬ。右大臣には小一条《師尹》のおとゞなりたまひぬ。源氏の大臣、位は勝りたまへれど、あさましく思ひのほかなる世の中をぞ、心憂きものに思しめさるる」

(12)「源氏《高明》の大臣は、式部卿宮の御事を、いとどへだて多かる心地せさせたまふべし。宮の御おぼえの世になうめでたくめづらかにおはしまししも、世の中の物語に申し思ひたるに、さしもおはしまさざりしかば、みなかくおはしますめり。帝と申すものは、やすげにて、またかたきことに見ゆるわざになんありける」

(13)「式部卿宮《為平親王》の童におはしましをりの御子の日の日、帝、后もろともにゐたたせたまひて、出し立てたてまつらせたまひしほど、御馬をさへ召し出でて、御前にて御装ひ置かせなどして、鷹犬飼までの有様を御覧じいれて、弘徽殿のはざまより出でさせたまひし。御供に左近中将重光朝臣・蔵人頭右近中将延光朝臣・式部大輔保光朝臣・中宮権大夫兼通朝臣・兵部大輔兼家朝臣など、いと多くおはしきや。その君達、あるは后の御兄たち、同じき君達と聞ゆれど、延喜の御子中務宮《代明》の御子ぞかし。今はみな大人になりておはする殿ばらぞかし。をかしき御狩装束どもにて、さもをかしかりしかな。船岡にて乱れたはぶれたまひしこそ、いみじき見物なりしか。后宮《安子》の女房、車三つ四つに乗りこぼれて、大海の摺裳うち出したるに、「船岡の松の緑も色濃く、行く末はるかにめでたかりしことぞや」と語りつづくるを聞くも、今はをかしうぞ。「四《為平》の宮帝がねと申し思ひしかど、いづらは。源氏《高明》の大臣の御壻になりたまひしに、事違ふと見えしものをや」など、世にある人、あいなきことをぞ、苦しげにいひ思ふものなめる」

(14)「かかるほどに、世の中にいとけしからぬことをぞ言ひ出でたるや。それは、源氏の左大臣の、式部卿宮の御事を思して、朝廷を傾けたてまつらんと思しかまふといふこと出で来て、世にいときにくくののしる。

「いでや、よにさるけしからぬことあらじ」など、世人申し思ふほどに、仏神の御ゆるしにや、げに御心の中にもあるまじき御心やありけん、三月二十六日にこの左大臣殿に検非違使うち囲みて、宣命読みののしりて、「朝廷を傾けたてまつらんとかまふる罪によりて、大宰権帥になして流し遣す」といふことを読みののしる。今は御位もなき定なればとて、網代車に乗せたてまつりて、ただ行きに率てたてまつれば、式部卿宮の御心地、おほかたならんにてだにいみじと思さるべきに、まいてわが御事によりて出で来たることと思すに、詮方なく思されて、われもわれもと出で立ち騒がせたまふ。北の方、御女、男君達、いへばおろかなる殿の内の有様なり。思ひやるべし。昔菅原の大臣の流されたまへるをこそ、世の物語に聞しめししか、これはあさましういみじき目を見て、あきれまどひて、みな泣き騒ぎたまふも悲し。男君達の冠などしたまへるも、後れじ後れじと惑ひたまへるも、あへて寄せつけたてまつらず。ただあるがなかの弟にて、童《俊賢十一》なる君の殿の御懐はなれたまはぬぞ、泣きののしりて惑ひたまへば、事のよしを奏して、「さばれ、それは」と許させたまふを、同じ御車にてだにあらず、馬にてぞおはする。十一二ばかりにぞおはしける。ただ今、世の中に悲しくいみじき例なり。人のなくなりたまふ、例のことなり、これはいとゆゆしう心憂し。醍醐の帝、いみじうさかしうかしこくおはしまして、聖の帝とさへ申しし帝の御一の御子、源氏になりたまへるぞかし。かかる御有様は、よにあさましく悲しう心憂きことに、世に申しののしる。式部卿宮《為平》、「法師にやなりなまし」と思せど、幼き宮たちのうつくしうておはします、大北の方の世をいみじきものに思いたるも、ただ今は宮一所の御蔭にかくれたまへれば、えふり捨てさせたまはず。いみじうあはれに悲しとも世の常なり。住ませたまふ宮《西宮》のうちも、よろづにおぼし埋れたれば、御前の池、遣水も、水草居咽びて、心もゆかぬさまなり。さまざまにさばかり植ゑ集め、つくろはせたまひし前栽、植木どもも、心にまかせて生ひあがり、庭も淺茅が原になりて、あはれに心細し。宮はあはれにいみじとおぼしめしながら、くれやみにて過ぐさせたまふにも、昔の御有様恋しう、悲しうて、御直衣の袖もしぼりあへさせたまはず、生きながら身をかへさせたまへるぞ、あはれにかたじけなき。源氏の大臣のあるがなかのおとどの女君《高松殿上》の、五つ六つばかりにおはするは、大臣の御はらからの十五の宮《盛明親王》の、御女もおはせざりければ、迎へとりたてまつりたまひて、姫宮とてかしづきたてまつりたまひて、養ひたてまつりたまふ。それにつけても、いとあはれなるものは世なり。帥殿は法師になりたまへるとぞ聞ゆめる」

以上の一四か所になるが、注目すべき事の一つは、(4)と(8)に埋め込まれた村上天皇の退位への思いである。つまり、安和の変と村上天皇の退位できない事情とは密接に絡むものとして書かれているということなのである。そして(4)の末尾にも書かれているように、そのことは師輔が存命であれば問題の解決に大きく寄与できたということも押さえておかなければならないと思う。

つまり、安和の変の核心は源高明の野心ではない。いや、正確には、源高明の野心だけではないというべきだろうか。

事件には常に悪人がおり、その悪人を捕らえて処置すれば事は終わるという論理は実にくだらない。なぜならそれは事の本質のいかほども見据えていないからである。安和の変もそういう単純なものではなく、事は世の中に醸成された客観的な状況から発生した。

右大臣師輔の娘安子は村上天皇との間に三人の皇子を儲けた。憲平親王・為平親王・守平親王である。このうち憲平親王は生まれて間なく東宮になった。待ちに待たれた皇子だったのである。しかしそれも、村上天皇に他に皇子がいなかったわけではない。藤原元方大納言の娘が生んだ広平親王という一の皇子がいたのである。そういう意味では、広平親王は憲平親王に取って代わられたわけで、この交代劇は、より正当なものへの交代として世の中から歓迎され、いわば、社会的状況としては、事件性がない方向へと進んだのである。

そして、今、村上天皇崩御（康保四年〈九六七〉）により、天暦四年（九五〇）生まれの憲平親王が皇太子から天皇となり、天暦六年（九五二）生まれの為平親王と天徳三年（九五九）生まれの守平親王が親王として生存している状況となった。年齢的には申し分なく為平親王が次の東宮であり、まだ八歳にしかならない守平親王は為平親王と比較すべくもなかったが、為平親王は康保三年（九六六）に源高明女との婚姻があったばかりであり、その婚姻から実質半年しか経たない頃に村上天皇の崩御があったことになる。

為平親王と源高明女との婚姻は康保三年十一月二十五日のことであり、康保三年八月十五日の月の宴の時にはまだ婚姻は整っていなかったのであるが、栄花物語の作者は為平元服の夜に婚姻のことがあったと考えているから、婚姻の日月を康保二年（九六五）八月二十七日のこととして書いている。

藤原師輔の薨去は天徳四年（九六〇）五月であり、為平親王の元服よりも五年近く前であるにもかかわらず、為平親王と高明女との婚姻を師輔薨去の直前に書いており、順番を逆にしている。そういうふうに書いているということは、為平親王と高明女との婚姻が師輔生存中ということにもなり、この婚姻を誰も疑わない慶事と位置づけることになっている。

そういう認識があったことは、源高明・為平親王の運命のどんでん返しの物語性を高めているが、人の定めとしての宿命の中にあるとんでもない大きな落差こそ、『栄花物語』作者が感じたこの事件にある本質そのものであり、そこに人為の匂い、作為性、策略性などを認知しようとしたのではないだろうかと思われる。単に時間的なことだけでいえば、為平親王の婚姻が藤原師輔の薨去よりも前といったふうに五年も六年も逆転することは通常のこととしては考えにくい。それが歴史的発想の中で実現してしまうのは、事件の本質に対する作者の解釈が歴史記述ということに関して大きな役割を果たすからというしかないと思われるのである。実際に(3)の為平親王と高明女との婚姻の記事には師輔の喜ぶ姿はない。記事の勢いからしてそれは不自然なことであることは誰にも分かることであり、『栄花物語』作者はこの婚姻の時にはすでに師輔は在世していないということを知っていたことを証明するものとして〝師輔の喜ぶ姿がない〟記事を読むべきなのであろうと思われる。つまり、〝師輔の喜ぶ姿がない〟というように、事実を作為によって文章表現を変えることなく、ただ記事の並びが変わることによって、時代の持つ状況が師輔も喜んだはずだという作者の歴史理解に近づく形になっているように思われてならない。

また、作者が歴史的事件の中に感じているその人為の匂いというものは、人の悪意によるものというよりは、歴史的状況というものが自然な時間の流れの中に織りなした綾であり、特定の人物の意図によって織りなされたものではない。だからそこに何ともいえぬ抵抗しがたい苦渋が生まれるのである。村上天皇が退位したくても出来なかったのは、誰が責任者というわけではないところで起こる事件というものの、平安時代的特徴の中に身を置いたからに他ならないのではないだろうか。

康保三年（九六六）八月十五夜の月の宴は(8)の直前であり、月の宴の直後に村上天皇の退位への思いは書かれている。(4)の退位への思いは選子内親王誕生（康保元年〈九六四〉）より前のことである。村上天皇の退位への思いは月の宴の直前にも書かれ、そこでは上達部達が退位を許さなかったと書いている。退位を実現できないその最も大きい理由は皇位継承に絡んで落ち着いた見通しがつかないことだと思われる。そしてその流れの終わり近いところで為平親王と源高明女との婚姻がある。この(3)の婚姻の話が(4)の退位への思いよりも前に書かれていることは、村上天皇の苦悩を理解する上で重要である。ただ、為平親王は元服を迎える。兄の憲平親王は一四歳で皇太子の時に元服し、昌子内親王が妃となった。応和三年（九六三）のことである。為平親王は憲平親王と二歳違いであるから、兄の憲平親王が元服・婚姻から二年後の康保二年（九六五）には婚姻の話があって良い頃になる。実際には康保三年に婚姻が整っており、そのあたりの年齢的なバランスは崩れていないことがわかる。つまり、事の運びとしては極めて自然なのであって、特に不安要因を感じる人はなかったと思える進み方なのである。

為平親王には天皇となる光があった。康保元年の子の日の話も、その可能性をいうために書かれている。その為平親王の元服が近くなった。しかし、元服の夜には婚姻の話は記録にない。高明女との婚姻は安子崩御後の事であるのが史実だが、栄花物語作者は元服の夜に二人が結ばれたと信じているために、安子生存中のこととして書いている。そしてその信念は当時としては事実以上にそうなるのが普通だったのである。

為平親王に「みかどなどにはいかが」という評判が立ったのは、『栄花物語』では二人の婚姻の後であり、源高明の影がそこに認められることは読み取りやすい。しかし、事実は、康保三年十一月に婚姻は成立しており、安子は康保元年（九六四）に崩じているから、藤原師輔も安子も亡き後の婚姻だということになる。そうすると、為平親王の婚姻は祝賀一色に彩られて進められた話ではなくて、全体として藤原氏の大きい歴史的後退があって、その陰りの中で源氏である高明が一歩前に出たという感じだったと思われる。

為平親王元服の夜（康保二年八月）という時点でも、師輔（天徳四年〈九六〇〉五月没）、安子（康保元年四月没）ともに亡き後であり、安子亡き後一年以上経過している。高明は娘の為平親王との婚姻を考えるにあたってせめてもう少し間を空けようとしたのだろう。そうして整えられたのが翌年の十一月ということであり、このことは、そこまで慎重に高明が考えたことで、村上天皇も大いに良しとしたのではないかと思われる。

では、事実として、為平親王に「みかどなどにはいかが」という評判が立ったのはいつだろうか。為平親王と源高明女との婚姻から村上天皇の崩御までは半年しかない。『栄花物語』の為平親王の描き方からすれば、「みかどなどにはいかが」という評判が立つのはその短い間としか考えられない。そうでなければ、「みかどなどにはいかが」という評判があるにもかかわらず高明は婚姻を強行したということになり、世の中が一気に安和の変に向かうことは誰の目にも明らかな状態に突き進んだことになる。そんな愚かな話があるはずがないだろう。

ただ、実際のこととして為平親王と源高明女との婚姻がはっきりと原因となって安和の変は起こった。これは誰しもが予想できなかったことが起きてしまったからであり、それは村上天皇の崩御である。村上天皇がもう少し長生きしていれば、皇位継承の問題が発生することもなく、為平親王と源高明女との婚姻がこれほどはっきりと政変を生むことは当然なくなるわけである。為平親王と源高明女との婚姻は村上天皇存命中のことであり、この幸いを多くの人が寿いだことはいうまでもないのではないだろうか。

四　『蜻蛉日記』における安和の変

さて、この安和の変について『蜻蛉日記』はこう記している。

廿五六日のほどに、西の宮の左大臣、ながされたまふ。見たてまつらんとて、天の下ゆすりて、西の宮へ人はしりまどふ。いといみじきことかなと聞くほどに、人にも見え給はで、逃げ出でたまひにけり。「愛宕になん」「清水に」などゆすりて、つゐに尋ね出でて、ながしたてまつると聞くに、あいなしと思ふまでいみじうかなしく、心もとなき身だに、かく思ひ知りたる人は、袖をぬらさぬといふたぐひなし。あまたの御子どもも、あやしき国ぐにの空になりつゝ、行くゑも知らず、散りぢり別れたまふ。あるは御髪おろしなど、すべて、いゑばおろかにいみじ。大臣も法師になりたまひにけれど、しゐて帥になしたてまつりて追い下したてまつる。そのころをゐ、たゞこの事にてすぎぬ。身の上をのみする日記には入るまじきことなれども、かなしとおもひいりしも誰ならねば、しるしをくなり。

この『蜻蛉日記』の記事のうち、「人にも見え給はで、逃げ出でたまひにけり。「愛宕になん」「清水に」などゆすりて、つゐに尋ね出でて、ながしたてまつると聞く」のあたりは事実としては確認できない。少なくとも、

『日本紀略』安和二年（九六九）三月廿五日条には次のように書いてある。

三月廿五日、壬寅、以左大臣兼左近衛大将源高明為大宰員外帥、以右大臣藤原師尹為左大臣、以大納言同在衡為右大臣、左馬助源満仲・前武蔵介藤原善時等、密告中務少輔源連・橘繁延等謀反由、仍右大臣以下諸卿、忽以参入、被行諸陣三寮警固・固関等事、（中略）禁中騒動、殆如天慶之大乱、

つまり、密告があってからの藤原氏側の動きは早く、逃避行を可能にする余裕はまったくなかったと思われるのである。そして、『扶桑略記』安和二年三月廿六日条にも次のようにある。

三月廿六日、左大臣源朝臣高明坐事遷太宰権帥、年五十六、是依左馬助源満仲・前武蔵介藤原善時等之密告也云々、左降之除目以前、午時、左府先以出家、（以下略）

これも、事件の推移に逃避行などの波乱はなく、極めて形通りに進んだことを伝えている。

では、なぜ『蜻蛉日記』の作者は高明の逃避行があり、捕獲されたと書いているのだろうか。

考えられるのは、『蜻蛉日記』が書いたのはあくまで風評であって、作者が確認した事実というものではないということである。できれば逃げていいてほしいという人々の願望が風評を作り、伝えられていく。事実というものを徹底的に検証しようとするだけの社会的な機能も装置もない時代なのだから、事実を知りたいという願望はあっても知り得たのは風評までということでよいのではないだろうか。

むしろ、ここで考えておかなければならないのは、風評というものが事実とは異なっているとして、風評がなぜ事実と異なっていて平気なのかということである。そこには、当時の人々の事実把握の方法とかパターンとかいったものが関わっているように思われてならない。つまり、そういう事件の時には昔はこんな事があったという過去に対する知識などが根拠のように関わっていて、それが、内容を構築するときに一役買うのである。

もっと具体的に空想をたくましくするならば、つまり、皇位継承に絡む事件では、悲しみを穴埋めする意味合

いも込めて、配流されていく本人の希望する行動を認めるというような大らかさがあったかもしれないということである。少なくとも、このとき、配流されていく当人は事件の加害者ではなくて、被害者として位置づけられている。もしそうならば、実際、逃亡と言いうる行為があったとしても、あるいは実際には逃亡はなかったにしても、その行動類型を事件記述のベースに敷いて書くということはありうることだと思われる。『蜻蛉日記』の場合には、人から聞いた話として書いているので、歴史記述者とは異なるが、事実を書き留めようとする意識において、その風評をそのまま事実と信じて書いていると感じられること自体、人々の事実認識の形に差異はないと思われるのである。

菅原道真の話になってくると、風評レベルだけでなく、もっと多様な要素が入ってくるように思われるが、『大鏡』時平伝にある子供たちの姿、「おさなくおはしける男君・女君達したひなきておはしければ、「ちひさきはあえなん」と、おほやけもゆるさせ給ひしぞかし」と書かれている光景は、『栄花物語』のこの安和の変の記事と重なって読まれてしまう。すなわち、「男君達の冠などしたまへるも、後れじ後れじと惑ひたまへるも、あへて寄せつけたてまつらず。ただあるがなかの弟にて、童なる君の殿の御懐はなれたまはぬぞ、泣きののりして惑ひたまへば、事のよしを奏して、「さばれ、それは」と許させたまふ」とあるところである。やはり、行動類型とでもいうべき事象が、大いに関わっているといわざるをえない。

さて、以上のように書いてきて、人々の事実認識の問題として、当時の人々の事実把握の方法とかパターンとかいったものはいったいどういうものなのかという問題が出てくるように思われる。

五　政変を含む皇位継承問題

本論では政変というものを追っているので、皇位継承問題について、もう少し詳しく当時の歴史的状況を見ていきたいと思う。

では、安和の変から少し時代を遡ってみることにする。

為平親王の前は、当然、広平親王の問題がある。

村上天皇第一子広平親王は藤原元方女祐姫が母である。元方は大納言にまで登った人物であり、藤原氏であるから、藤原氏の他氏排斥という観点からは特に目の敵にされるとは思われない。しかし、時の右大臣師輔女安子に皇子憲平親王が生まれ、簡単に時期東宮の座を奪われてしまった。これは、いわば、より正当な者への交代ということであることは誰の目にも明らかなのであるが、憲平親王誕生までの期間は皇位継承問題が人々の間には意識されていたといって良いだろう。それは広平親王誕生（天暦四年〈九五〇〉）から憲平親王誕生（同年五月二十四日）までのことで、『日本紀略』の広平親王の年齢記載に間違いがなければ、ほんの数か月という事になる。

しかし、『栄花物語』では、この皇位継承に絡む問題は相当にしっかり意識しており、少なくとも広平親王誕生の後に安子懐妊の事実が判明したというふうにその間に時間をおいて書いており、元方の広平親王に対する期待なども、かなり露骨に書いている。そういうこともあって、『栄花物語』作者は広平親王の誕生を事実よりもう少し早いものと考えているらしく、天暦三年八月十四日の忠平の薨去よりも前に書いている。これも、作者の皇位継承問題という事性を中心にした歴史的理解の一つの表れと捉えてよいのではないだろうか。

村上天皇よりも先々代の醍醐天皇の時代には、第二皇子保明親王（母基経女穏子）が立坊（延喜四年〈九〇四〉）ののち二一歳で薨去（延長元年〈九二三〉）してしまった。次に慶頼王が立坊するも早世（延長三年〈九二五〉）してしまった。次に皇太子となった寛明親王は朱雀天皇となったものの、この醍醐天皇の時代にも、定まらぬ皇位継承の苦悩は存在した。

この、慶頼王の早世はいずれも菅原道真の怨念と噂されたが、保明親王誕生より前のこの道真の左遷事件（延喜元年〈九〇一〉も皇位継承に絡むものであることはいうまでもない。その皇位継承に絡んで道真が関わってくる可能性があるとすれば、斉世親王元服の夜（昌泰元年〈八九八〉）に道真女が妃に上がったとしてその昌泰元年から道真左遷の延喜元年までの間に皇位継承に道真が絡んでくる可能性があり、問題が意識される時間的ルーツがあったことになる。

このあたりを縦覧してみる。

・道真が絡んで昌泰元年（八九八）から延喜元年（九〇一）まで。

・保明親王薨去の延長元年（九二三）慶頼王早世の延長三年（九二五）からのち朱雀天皇こと寛明親王立太子（同年）まで。

・村上朝における広平親王誕生（天暦四年〈九五〇〉）から憲平親王誕生（同年）まで。

・源高明が絡んで為平親王元服（康保二年〈九六五〉）高明女との婚姻（康保三年）から安和の変（安和二年〈九六九〉）まで。

以上のように、天皇を最高権力者として立てる政治構造にあって、その皇位継承に関わって皇位の継承性や藤原氏以外の氏が絡んでくる危機感など、問題が認識されていたのは、十数年から二十余年程度の間を置きつつも、間断なく皇位継承の問題は人々に意識されている。こうなってくると、情報の少ない当時にあっては、ほとんどそれぞれが一過性の問題に過ぎないのではなく、人々にとってはほとんど日常的な問題として捉えられていた可能性が強いと言わなければならないのである。

それにしても気がかりなことがある。それは『蜻蛉日記』の安和の変に関わる記事中の「人にも見え給はで、逃げ出でたまひにけり。「愛宕になん」「清水に」などゆすりて、つゐに尋ね出でて、ながしたてまつると聞く」

ということである。

安和の変に関する諸史料を見ても、高明が逃避したことは書かれておらず、むしろ、二十五日に密告があり、二十六日には有無をいわせず捕らえられて流されたように読める。つまり、逃避の事実はなかったのではないかと思われてならない。

愛宕への逃避行は歴史事実としては藤原伊周の例が指摘できる。

『小右記』長徳二年（九九六）五月二日条によれば、伊周は高階道順とともに愛宕に行ったといわれていて、そのことをいったのは伊周近習の藤原頼行という人物であることが書かれている。事実かどうかの信憑性はさておき、情報としては流罪に処せられて流される前に逃避し愛宕に行く話としてはこの伊周の話が思い出される。『蜻蛉日記』の執筆はいつ頃行われたか。『蜻蛉日記』は藤原兼家と結婚した天暦八年（九五四）から天延二年（九七四）に至る二一年間の記事を持つことから、最終的なものは天延二年以降の成立と考えられている。伊周の逃避行は長徳二年（九九六）であり、そこまで下って『蜻蛉日記』の成立時期を考えることはなさそうなので、伊周の事実を知っていた蜻蛉日記の作者がそれを念頭に置いて高明左遷事件の全体像を描いたのではないかとは考えにくくなる。

そうすると、どういう想定がもっとも合理的かというと、歴史的に前例として罪に処せられる前に逃避した事実があり、その行き先が愛宕だったということを想定するのがもっとも考えやすいと思われる。つまり、『蜻蛉日記』の作者もそういう歴史的事実を知っていて、そこに風評を踏まえて高明左遷事件全体を納得したのであり、『小右記』に記載された藤原頼行の説明も、そういう前例から説明させせられる際に作り事で説明し、実際のところは事実としての逃避行の行き先を隠すことが狙いだったというふうに考える事もできるのである。

ここで大事なことは、『蜻蛉日記』も事実を事実として回想するときには多分前例などの最もありそうなことを踏まえており、人の不幸に関わる問題である場合などそこに歴史事実というものに対する解釈が入って、事柄全体を組み立てるということがされているのである。そして、それが平安時代人の事実のとらえ方の基本形に近いものだと考えて良いのではないかということなのである。

それにしても、事実としての年月日なり、実際の動きがわかっていて、それとは異なることが優先して取り入れられて事実が組み立てられるなどということはあり得ない。つまり、事実を書こうとしている人間が事実を曲げて虚構に走るなどということはあり得ないのである。少なくとも近現代の歴史小説などとはまったく異なるといわなければならない。

が事実と大きく違っていると指弾されるのは伊周の召還の時期と敦康親王の誕生の年月日である。これも皇位継承に絡む問題なので、本論ではそこまで筆を伸ばしてみたいと思う。

この『栄花物語』巻五浦々の別れについては山中裕氏の高い評価を受けている論文があり、今日もそれは大きくは乗り越えられていないので、まずは、少し紹介しておきたい。

それは、ご著書『歴史物語成立序説』（東京大学出版会、一九六二年）の第二章「源氏物語の歴史的意義」の第五節「栄花物語における源氏物語の影響」に述べられている。

山中氏はここの箇所の『栄花物語』の記事に至るまでの記事についても別に考察をしており、続いてこの箇所についても考察しているので、再度この所について論を試みようとする方は、必ず、『歴史物語成立序説』をもう一度読み直していただきたい。

ここでは、少し論を急ぐのでこの箇所について進めることにするが、山中氏は『栄花物語』と『源氏物語』に共通する御子誕生の記事と、『源氏物語』では朱雀院の眼病をいっているのに対して『栄花物語』ではもがさの流行をいっているなど、類似の点が著しいとして、『栄花物語』が皇子誕生を伊周召還の原因としたのは『源氏物語』を模倣したためだとした。

もっとも、山中氏は考察に利用している『小右記』が略本によるしかなく、詳本によっていないので、根拠としては弱い面があると慎重ではあるが、論点としては、動かないものと思われる。

問題は伊周が召還されるときの記事である。

まず、伊周が召還されることが審議されたのは長徳三年（九九七）四月五日のことであり、これは『小右記』に書かれており、時代的には少し下るが『百練抄』にも書かれている。これを『栄花物語』は長徳四年のこととして書いている。その『栄花物語』の記事はこうである。

四月にぞ、今は召し返すよしの宣旨下りける。それに今年、例の裳瘡にはあらず、いと赤き瘡のこまかなる出で来て、老いたる若き、上下分かずこれを病みののしりて、やがていたづらになるたぐひもあるべし。これを公、私今のもの嘆きにして、静心なし。されど、この召返しの宣旨下りぬれば、宮の御前世にうれしきことに思さるべし。夜を昼になして、公の御使をも知らず、まづ宮の御使ども参る。これにつけても若宮の御徳と、世の人めでののしる。

この赤裳瘡のことは『日本紀略』長徳四年七月二日条に「今月天下ノ衆庶疱瘡ヲ煩フ。世ニ之ヲ稲目瘡ト号ス。又赤疱瘡ト号ス。天下此ノ病ヲ免ルル者無シ」と書かれており、それによって、『栄花物語』はこの伊周召還のことを長徳四年のこととして書いていると判断することが出来るのである。

これが「若宮の御徳」というのであるから、敦康親王の生誕は長徳四年の夏前でなければならないことになる。ところが、事実は敦康親王の生誕は長徳五年の十一月七日のことであり、この敦康親王の誕生の年月日も史実と違っているのである。

敦康親王の誕生については『小右記』『権記』に書かれていることはよく知られている。これほど著名な日記に書かれているのであるから『栄花物語』作者も調べればわかったはずだと考える人は多い。ところが、『栄花物語』作者は調べなかった。調べなくともこれで間違いないと判断するだけの事実再現の組み立てが出来てしまったとしか言いようがない。さらにいえば、『小右記』『権記』のような私的日記は当然のように誰でもが見られたようなものではない。そしてさらにいえば、同じ日、道長の方では長女彰子が女御の宣旨を蒙るという大慶賀の行事で大わらわであり、その準備も含めて、他の報せを受け入れる余裕などなかった可能性が大いに考えられるのである。誰も道長に敦康親王の誕生を報せなかった可能性も考えられるであろうし、『御堂関白記』には何の記載もない。

慶事の最中、喜びに沸く道長の心中を思えば、敦康親王の誕生を知っていたにも関わらず、無視して書かなかったなどとは到底考えがたい。

『栄花物語』作者は間違いなく道長側に身を置いている人物であり、そういう意味では情報を十分に捉えきれなかった嫌いは残念ながらあるとしなければならない。

ただ一つ、やはり考えておかなければならないことは、敦康親王誕生のことは『日本紀略』に書かれているということである。先に掲げた赤疱瘡のことといい、『栄花物語』は『日本紀略』が持つ情報のレベルはかなり押さえている。だから、この敦康親王誕生のことだけ見落としたなどと考えることは基本的に難しい。さらに、事実としての年月日を知っていて事実を書き換えたとなれば、『栄花物語』の歴史性は根本的に疑われなければならない。しかし、一方で『日本紀略』の記事をよく見てみると、後の補入の可能性があり、『栄花物語』作者が認知した可能性は低いということも考えなければならない。

敦康親王の誕生は、長徳五年十一月で『日本紀略』によれば六日の寅の刻、『小右記』によれば七日の卯の刻である。一日ずれているように見えるが、六日の深夜から七日の未明にかけての時間帯に生まれたということでよいのであろう。

この年月日が一年と少し早まって書かれるにはそれなりに理由が考えられなければならない。それは、伊周の召還が一年遅れて長徳四年でなければならないと考えられるのと同じ強い理由がなければならないことになると思われる。そこで、唯一考えられるのは、歴史的事件の前例に基づいて事実を回想して組み立てるという極めて日常的な平安時代人の人間性であり、思考性である。

では、どういう前例なのかというと、それはその当時の人に最も身近な高明の左遷事件である。

高明は安和二年（九六九）三月二十六日に流され、天禄二年（九七一）十月二十九日に召還されたという事実である。『蜻蛉日記』の作者も正確な記憶の彼方に捕らえていたものはある程度パターン化した左遷事件の姿と生々しくも悲しい一家離散の思い出であり、『栄花物語』の作者が事実の根底に捉えていたものは、二年半で召還され、その後も決して優雅ではない生活を強いられる流罪者高明の悲哀ではないか。

長徳二年（九九六）四月二十五日に左遷された伊周が二年後の長徳四年の四月に官符を受けて召還に与るという日程は高明の受けた召還の待遇に近く、事実としてはそれより一年も前の同じ四月五日に帰京を許されていたのであるが、そういう、配流され、一年もたたずに召還されるという歴史上の事実よりも、高明とほぼ同等の待遇において理解した方がいかにも歴史的事件としては相応しいのである。そういう思いが、伊周召還のことを歴史的に書くときに何らかの形で重なって、左遷された人物に対して歴史的により相応しい想像力を駆使して、二年後と理解したのではないだろうか。

伊周召還の事実は意外に早かったのだが、それは歴史を、人がそこに存在し、生活する場であると捉える感覚からは不自然なものであり、伊周召還のことを記す『日本紀略』を一年後の誤りと捉えて、そこに敦康親王誕生の事実を重ねて、描くべき歴史事実を構築したのだと思われてならない。

『公卿補任』等の公的記録を見ても、伊周召還については、その理由が一切書かれていない。だから、『栄花物語』作者としては、何らかのストーリーを歴史的に構築しなければならないのであり、そこに最適な理由を見つけて書いたと思われるのである。

ここに『源氏物語』の影響を見ることはある意味自然な感覚の中に入るが、それは意味を補強する意味ではあっても、歴史を構築する根拠とまではいかないのではないかと思われる。むしろ、『源氏物語』が歴史を非常によく勉強していて、伊周事件なども下敷きにして虚構の世界を組み立てていると考えた方が、真実に近いものがあるように思われてならない。だから、『源氏物語』と『栄花物語』が似てくるのだと考えるのである。

伊周の左遷事件は皇位継承の事件とは異なるといわなければならないが、そこに敦康親王の生誕が関わってくる限り、伊周の事件も立派に皇位継承関連の事件であり、そこに高明左遷の事実が根底に敷かれて、歴史が内実を持ったのだというしかないと思われる。

結論として

本稿では『栄花物語』に近い少し前の時代から皇位継承の問題を考えたが、いうまでもなく平安時代の少し前から断続的に皇位継承に絡む諸問題は続いており、そこには多様な問題の層があったのである。

藤原氏の他氏排斥の動きは政変というレベルの事件を生んだが、その根底は常に皇位継承という具体的な問題であり、皇位継承に絡む人々の問題意識は日常的なものとしてあり続けたのである。

物語のはじめ近くに書かれる広平親王が憲平親王に取って代わられる歴史事実を書くところから、作者は広平親王誕生の時期をずらすことによって歴史的な問題性を明確にしており、ほぼ一貫して『栄花物語』はその問題性に焦点を当てた記述をしようとしているといえるのである。

それは、事実を曲げて虚構を作るというものではなく、あくまで作者の歴史理解に基づくものであり、時代性を明確に伝えるべく執筆された結果なのである。

こういう執筆の基本姿勢というべきものは平安時代当時の日記を書く姿勢と共通していて、『蜻蛉日記』については見てきたとおりである。

本稿では安和の変と伊周召還の事件を並べてみることによって、そのような『栄花物語』および日記執筆の本質について論じたのである。

記す祭と記さない祭

——貴族の邸内祭祀に見る古記録の記載基準——

上野勝之

貴族たちの日記（古記録）には、彼らの主たる関心事である公事や政治的な出来事以外にも、日常生活や社会風俗などのさまざまな事柄が折に触れて書き留められている。研究者にとっては、それらの記事は当時の世相を物語る貴重な史料となる。とはいえ、そうした記載は往々にして簡略かつ断片的であり、年中恒例の行事などでは「某遠忌」などわずか一言で済まされる場合も少なくない。また恒例行事のなかでも、父母の忌日のように記される割合が多い行事もあれば、定期的に行っているにもかかわらず、ごく稀にしか記されない行事もある。個々の日記の記述精度自体には個人差も大きく、一概に論じることは難しい。

しかし、日記における物事を記す／記さない基準について考察を進めることは古記録全般の性質を理解する上でも重要であろう。ここでは、こうした古記録の記載基準について考えるための事例の一つとして、貴族たちの行っていた二つの邸内祭祀、宅神《やかつかみ》祭と宮咩《みやのめ》祭に関する古記録の記事を検討してみたい。

宅神祭とは四月、十一月に行う、恐らくは邸内の諸神を祀ると思われる祭祀である(1)。平城京二条大路から藤原麻呂の別宅「岡本宅神祭料」と記す木簡が出土するなど奈良時代にはすでに行われており、摂関期の古記録では四例の記事がある。①『権記』寛弘元年（一〇〇四）四月二十九日条に「宅神祭也、忌二女房食一」、②『左経記』万寿二年（一〇二五）四月二十六日条「宅神祭、仍不二念誦一」、③『小右記』万寿二年十一月二十一日条の頭書に「宅神祭」、④『同』長元元年（一〇二八）十一月二十五日条では他の話題に挟まれて「宅神祭」とのみ記載がある。これらから月の下旬に行うことのほか、①から女性が精進し、②から男性も仏事を避けていることが分かる。和歌では、『貫之集』承平六年（九三六）の月次屏風歌題に「四月に神祭る所」、『能宣集』「十一月神祭る家のまえに」「四月家の神祭る所」など、十世紀前半から季題とされている。また『経信母集』には「霜月神祭るところに榊さす」とある。すでに指摘されるように和歌からは恐らくは女性が榊を用いて祀ること[2]、屋外・庭中で神を祀ったと推測されることなどが知られ、古記録を補うものとなる。

ここで摂関期の宅神祭記事を見直すならば、祭祀は毎年行われていたはずであるにも関わらず極めて事例が少ないことに気づく。そこで①に着目すると、記主行成は長保四年（一〇〇二）十月に妻を失い、その後間もなく再婚したと推定されており、この時点の祭は先妻の一周忌後まもなくであることが分かる。つまり、祭祀者である「女房」（＝新しい妻）にとっては初度であった可能性が高く、通常と異なる特別な宅神祭であったために日記に記されたとの解釈が成り立つ。他の三例についても同じく特殊性のある事例であったと推測されよう。

次に院政期以後の古記録では、①『顕広王記』仁安二年（一一六七）四月三十日条などに「家神祭」[3]、次いで②『明月記』正治元年（一一九九）四月三十日条「今夜家神祭云々、件竈神日来坐二坊門一、去二七日渡二此宿所坤方一了」、元久元年（一二〇四）十二月二日条「家神祭……主人雖レ有レ憚、其所無レ穢行レ之」などとある。③『民経記』では四月と十一月の晦日条に「神祭如レ例」と散見するほか、行事暦注にも「神祭」の注記が見られる。このように宅神祭には名称が「家神祭」になり、対象は竈神に限定され、祭日が月の晦日になるという三つの変化が認められる。また、男性が祭祀主体となっているようにも読める。

和歌関係では、保延元年（一一三五）頃の『為忠家後度百首』に藤原親隆「ならがしはそのやひらでをそなえつつ　やどのへついにたむけつるかな」、順徳天皇『八雲抄』に「うけもちの神、家神也、やかつ」などとある。へつい＝竈に供え物をし、家神は「やかつ（宅）」神であり食物神の「うけもちの神」とされ、男性が供え物をすることを歌うなど先の古記録記事と対応する。

院政期では貴族の夫婦それぞれに付属する竈神が祀られ、死去に際して廃棄されたとの史料が見られる（『兵範記』久寿二年〈一一五五〉九月二十一日条）。また竈神祭祀を晦日に行うことは中国以来の伝統がある。[4] 宅神祭が、家主である貴族の個人的身体に密接に関わる竈神に対する祭祀に限定されていくにともない、祭日が月の晦日になったのであろう。当時の古記録の宅神（家神）記事については②のような異例記載以外に、①③恒例記載的な態度も見られるようになっており、摂関期に比して貴族たちにとっての日記記載の優先度が上がったと考えられる。これは女性が主催する祭祀から男性貴族自身の関与がより大きい祭祀となったために記載対象としての関心が高まったと解釈することが出来る。『御堂関白記』自筆本などにはない「神祭」の行事暦注が見られることも、宅神祭の年中行事としての存在感の高まりを示すものであろう。このように祭祀の変化は祭祀に対する意識の変化をともない、同時に日記記載対象としての価値の上昇をも生んでいたのである。

宅神祭と類似した邸内祭祀としては正月、十二月の上午日に「院宮諸家祭レ之」（『伊呂波字類抄』）という宮咩祭もあげられる。院政期の古記録類では、まず藤原忠実家の年中行事を記した『執政所抄』正月上午日条、また同書末尾に当抄著者と推定される源雅亮の父の『清実朝臣記』寛治七年（一〇九三）正月四日条および永久四年（一一一六）十二月十一日条の忠実の宮咩祭記事と天治二年度（一一二五）の祭文が引用される。[5] これらによれば忠実および妻師子各々が主催者として家内繁栄を祈り笠間大刀自を始めとした神々を祀ったことが分かる。

忠実以後、嫡子忠通（『殿暦』永久四年正月五日条）、頼長（『知信記』長承元年〈一一三二〉正月二日条）、忠通の子基実（『兵範記』保元三年〈一一五八〉正月九日条裏書）、兼実（『玉葉』治承二年〈一一七八〉正月十一日条）、基実孫の家実（『猪熊関白記』正治元年〈一一九九〉正月二日条）、兼実息の良通（『玉葉』治承四年正月五日条）と連綿と記事が残され、また鳥羽中宮璋子（『祭資記』元永二年〈一一一九〉正月十一日条）、崇徳中宮聖子（『知信記』

長承元年十二月八日条）などの史料も見られる。

また摂関家では宮咩祭は中納言昇任後に行う（『猪熊関白記』）など一定の官位に達したのちに行うものとされているが、上記の古記録記事の大部分、すなわち『殿暦』、『玉葉』治承四年条、『清実朝臣記』寛治七年条、『知信記』長承元年（一一三二）正月二日条、『兵範記』は摂関家構成員の初度宮咩祭にまつわる当主または家司の記録なのである。家司の日記では恒例的記載もあったと思われるが、忠実以後の摂関家の人間にとっての宮咩祭はおおよそ初度祭祀のみが特別に記載対象になるに過ぎなかったといえる。

忠実以前の古記録では、忠実の父師通の『後二条師通記』寛治六年十二月十日条に宮咩祭に家礼が不参のため代官が奉仕したとあり、源俊房の『水左記』承暦元年（一〇七七）十二月六日条には忌服中に宮咩祭を行った記事がある。いずれも異例記載である。(6)

次に摂関期については、当時の古記録には宮咩祭の記事は見られないが、『拾芥抄』に永承某年（一〇四六〜五三）付けの祭文が記載され、長保四年成立の惟宗允亮『政事要略』年中行事部には「十二月午日、事は正月に見ゆ」とある。ほかに『枕草子』「こと葉なめげなる物」に「宮のへの祭文読む人」とあり、「ちかうてとをき物」に「宮のへの祭」をあげている。和歌では『実方集』に宮咩祭をモチーフにした「あめに坐す笠間の神のなかりせば」と詠い、『仲文集』にも下野守菅原輔昭と藤原仲文が宮咩祭に材を取った歌を詠み交わしている。また『宇津保物語』国譲にも宮咩祭の供物をかたどった模造品を贈る挿話がある。

これらの史資料からは、十世紀後半には笠間大刀自を祀る宮咩祭が中級官人、受領層で広く行われていたことが確認できる。また、『枕草子』に祭文を周知のものとすること、藤原実資が成立に関与したと想定される『政事要略』に立項されることを重視すれば、上級貴族層にもかなり浸透していたとも推測し得る。それにもかかわらず現存する当時の古記録記事に見られない点の解釈としては、道長以下の記主たちが宮咩祭を行っていなかった可能性もあるものの、彼らが行っていたとしても記載対象としての価値が低かったために記載されなかった、またはわずかな記事が現代まで残らなかった可能性が高いものと考える。(7)

以上、平安貴族たちにとっては恒例行事でありながら、春日祭や賀茂祭のような神社の行事ではなく、また天皇の年中行事（公事）でもなかった二つの祭祀に関する古記録記事の検討を行ってきた。いずれも私的な性格が強いこともあり記載が略されやすいものの、時期や個人により記載傾向に変化や相違が見られる点が指摘できた。両祭祀の詳細や鎌倉時代以後の問題については別稿を期することとしておきたい。

（1） 宅神祭の性格については、古来の豪族の農耕経営拠点（ヤケ）の祭祀に由来する祭、井や竈など住宅内の諸神を祀る祭、祖霊の祭などの諸説が提示されている。主な先行研究に近藤喜博『家の神』（塙書房、一九八一年）、吉田孝「イヘとヤケ」（『律令国家と古代の社会』岩波書店、一九八三年）、戸田芳実「十―十三世紀の農業労働と村落」（『初期中世社会史の研究』東京大学出版会、一九九一年）、古川淳一「祈年祭・月次祭の本質」（『ヒストリア』一三四、一九九二年）、坂田聡「中世村落の構造と家」（『日本中世の氏・家・村』校倉書房、一九九七年）、西洋子「岡本宅小考」（『国史談話会雑誌』三八、一九九七年）、保立道久「巨柱神話と天道花」（『物語の中世』東京大学出版会、一九九八年）、河音能平「王土思想と神仏習合」（『天神信仰の成立』塙書房、二〇〇三年）、勝俣鎮雄「中世の家と住宅検断」（『中世社会の基層をさぐる』山川出版社、二〇一一年）、大山喬平「村の神さま」（『日本中世のムラと神々』岩波書店、二〇一二年）など。

（2） 前掲註(1)古川論文。

（3） 高橋昌明・樋口健太郎「国立歴史民俗博物館所蔵『顕広王記』応保三年・長寛三年・仁安二年巻」（『国立歴史民俗博物館研究報告』一三九、二〇〇八年）。

（4） 中村喬「竈神と竈の祭について」（『中国歳時史の研究』朋友書店、一九九三年）。

（5） 渡辺滋「『執政所抄』の成立と伝来について」（田島公編『禁裏・公家文庫研究　第三輯』思文閣出版、二〇〇九年)。

(6) なお、寛治七年の忠実の初度祭祀については家司の『清実朝臣記』はあるものの父の『後二条師通記』同年正月四日条に記載がない。師通にとっては記載するに足らなかったのであろう。

(7) 宮咩祭の成立に関しては憶測の域を出ないが、人形を神体とするなど民間信仰的要素が強く、また受領層との関わりが見られることから、地方的な祭祀が中央に取り込まれた可能性も想定される。それゆえに特に摂関期頃には記載対象としての価値が低かったとも想像される。

藤原行成が『権記』に記した秘事
——なぜ日記を書き残すのか——

板倉則衣

はじめに

人はなぜ日記を書くのだろうか。これは日記を研究する上で重要なテーマの一つである。日本は、世界でも珍しく日記が多く残っている。人は多かれ少なかれ、何らかの目的を持って日記を記すのであり、記主によってその理由はさまざまであろう。

古代において日記を書く行為は、現代とは異なり、私的というよりも公的な意味合いが強かった。平安時代以降になると、天皇をはじめ多くの貴族が日記を記している。

次の史料は、平安時代後期（摂関期）に活躍した貴族藤原行成が書いた日記、『権記』の長保元年（九九九）十二月七日条の記事である。

丞（藤原道長）相命云、此事雖レ不レ承二指期日一、承二一定之由一、汝（行成）恩至也、大都候二顧問一之後、触レ事雖レ見二芳意之深一、不レ能レ示二其悦一、今在二斯時一、弥知二厚恩一、於二汝一身事一無レ所レ思、我有二数子之幼稚一、汝亦有二数子一、若有二天命一、有レ如二此事一之時、必可レ報二此恩一、亦如二兄弟一可二相思一之由、可二仰含一者、

行成は、時の権力者・藤原道長の側近である。[1] この時、行成は、道長の女《むすめ》藤原彰子の立后に尽力していた。先に入内していた中宮藤原定子への想いにより、彰子の立后を渋る一条天皇を、行成は説得していたのである。

そして、ようやく一条に彰子の立后を受諾させた。その功績に感謝した道長は行成に、道長の子供たちの面倒を見させると約束した。それを喜んだ行成は、このように日記に記したのである。

一般的に、平安時代の貴族が日記を記した理由は、儀式や政務の次第を詳細に記録し、それを子孫に残すためと考えられている。貴族同士が自分自身の日記や先祖の日記を貸し借りしていたり、書写している例も多く見られ（『小右記』正暦元年〈九九〇〉九月三十日条・『小右記』長和四年〈一〇五〇〉十月十六日条）、このことから貴族たちは、日記を公共的な記録と捉えていた。日記は見られる対象として認識されていたのである。

日記は備忘録（メモ）の役割も果たし、儀式書の形成にもつながった。摂関期には儀式の流派がある程度、確立していたと考えられているが、『権記』からは貴族同士で儀式をつくりあげていた過程がうかがえる。たとえば、行成宅の新年賀において新たな儀式を作りあげている（『権記』長保二年〈一〇〇〇〉正月元日条）。また、賭《のり》弓《ゆみ》の際の天皇の装束について、行成は『吏部王記』（醍醐皇子重明親王の日記）を参考にして藤原実資・源俊賢と議論したり（『権記』長保五年〈一〇〇三〉正月十五日条）、三条天皇の即位式における宣命使の揖《ゆう》礼《れい》や二位中納言の位置について、藤原斉信・藤原公任とともに討論している（『権記』寛弘八年〈一〇一一〉十月十八日条）。特に公任とは書状などでよく意見をかわしている。このように見ると、摂関期において儀式の流派が確立していたという見方には疑問を抱かざるをえない。むしろ、当時の儀式が流動的なものであったと感じる。(2)

しかし、冒頭であげた記事は、儀式の世界とは相隔たる記事である。なぜ行成はこんなことを記したのか。単に感激しただけで記すものなのであろうか。

本稿の目的として、行成が記した日記『権記』を通し、日記を記す心理や理由を考えてみたい。

一　行成が記した秘事

まず、行成について簡単に説明したい。行成は道長時代の四納言の一人で（残りの三人は俊賢・斉信・公任で、儀式に明るく、行成とよく議論している）、優秀な宮廷貴族官僚であり、一条や道長だけでなく道長の同母姉藤原詮子（一条の生母）からも信頼を寄せられていた。

天禄三年（九七二）に義孝の子として生を受け、祖父は九条流師輔の長子伊尹であり、血筋は良かった（系図参照）。しかし、幼いうちに祖父・父を失い、不遇の幼少時代を送った。行成は母方の祖父源保光に養育された

【系図】

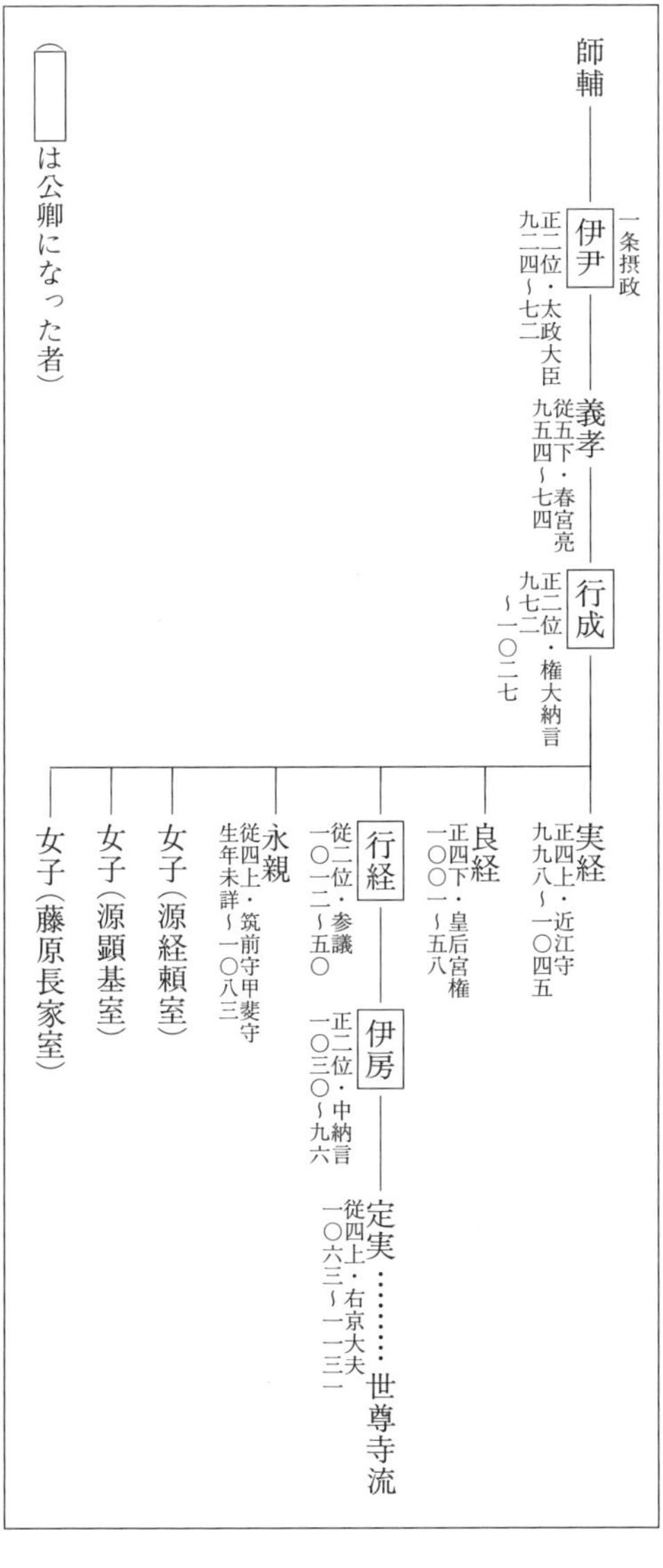

が、保光は儀式に明るく、この頃の知識がのちのちに活かされていく。

『権記』において、まとめて残っているものは正暦二年（九九一）から寛弘八年までである。長和元年（一〇一二）から万寿三年（一〇二六）までは逸文のみ現存している。おそらく現存していないだけで薨去する万寿四年（一〇二七）までは書き続けていたのではないだろうか。

また、能書として才能を発揮し、三蹟の一人と称された。道長に和歌の色紙（『権記』長保元年十月三十日条）や御記の写し（『権記』寛弘三年〈一〇〇六〉閏二月八日条）を献上している。後世でも行成の手蹟は愛好され、子孫の一門は、世尊寺流として確立していく。

話を戻すと、『権記』には、儀式や政務以外に興味深い記事が多く見られる。顕著なのが、一条や道長との秘密裡の交渉の記事である。長徳四年（九九八）八月十四日条には、

此次被レ仰ニ雑事一巨多、能直言輔導不レ逮、是所レ羨也、此外所レ被レ仰秘事不レ書、為ニ庶幾温樹不レ語也、

と、長保元年八月二十三日には、

此次被レ仰ニ雑事一、昔孔光不レ語ニ温室・殿前樹一、況以ニ　叡旨一不レ可レ記耳、

とあり、いずれも行成が宮中に出仕した時に一条が仰せられたことを「温樹＝秘事」として表現している。なお温樹は、唐代の李瀚が編纂した故事集『蒙求』の「孔光温樹」を典拠としている。漢の孔光は宮中の些細なことも家人に語らなかった故事による。

この二つは、ともに定子についての記事である。長徳四年に彰子の入内が進められる(3)一方、翌長保元年には定子が懐妊しており、もし皇子を産んだならば皇位継承者となりうるという状況であった(4)（実際には敦康を産んでいる）。恐らく一条は行成に対して、定子の処遇について仰せられたと考えられる。

しかし、行成はなぜ日記が貴族社会における公的な記録であると理解していながら、「秘事」と表現して書き

残したのか。この「秘事」が暗示することは何なのであろうか。

二　彰子の立后

この頃、行成は、蔵人頭として天皇と道長の間を取り持っており、（5）むしろ権力を握っていた一条の生母詮子からの信任を得ていたようだ。彰子の立后を道長だけでなく、道長を後援していた詮子も望んでいたことであろう。前年の長保元年十二月から行成は、数度、一条に彰子の立后を進言している。前述したように、一条は定子への想いによって彰子の立后を決めかねており、承諾してはのちにくつがえすこともあった。その説得の内容が『権記』長保二年正月二十八日、立后宣命のくだりに記されている。

当時所レ坐藤氏皇后東三条院（詮子）・皇后宮（藤原頼忠の女遵子）・中宮（定子）、皆依二出家一、無レ勤二氏祀一、職納之物、可レ充二神事一、已有二其数一、然而入道之後、不レ勤二其事一、雖レ帯二后位一、雖レ有二納物一、如二尸禄素飡之臣一、徒資二私用一、空費二公物一、……況当時所レ在二后也、今加二其一一令レ勤二神事一有二何事一哉、我朝神国也、以二神事一可レ為レ先、中宮雖レ為二正妃一、已被二出家入道一、随不レ勤二神事一、依レ有二殊私之恩一、無レ止二職号一、全納二封戸一也、重妃立為レ后、令レ掌二氏祭一可レ宜歟、

要約すると、行成は一条に、「定子が藤原氏の后であるならば、氏の神事（大原野）を奉仕するべきなのに、出家しているためにまっとうできず、しかも一条の私的な恩情で后の位にとどまっているだけだ」と一条に痛烈な批判をし、「我が国は神国だ」と強調して、「彰子を立后させて神事を勤めるべきだ」と進言した。

先の二例では「温樹」と表現して内容を伏せておきながら、ここでは宮廷に関する彰子の立后について、詳しく記しているのである。

三　敦成の立太子

詳しく記されているのは、后のことだけでなく、皇位継承にも及ぶ。

寛弘八年、この年、一条は病に倒れ、譲位を余儀なくされたが、最後まで定子所生の第一皇子の敦康か、彰子所生の第二皇子の敦成（のちの後一条天皇）のどちらを立太子するか、決めかねていた。行成は、道長の意を承けて、一条に敦成を立太子させるべきだと進言した。その内容が、『権記』寛弘八年五月二十七日条の記事に記されている。

此皇子（敦康）事所二思食歎一、尤可レ然、抑忠仁公（藤原良房）寛大長者也、昔水尾天皇（清和天皇）者文徳天皇第四子也、天皇愛姫紀氏所レ産第一皇子（惟喬親王）、依二其母愛一亦被二優寵一、帝有下以二正嫡一令レ嗣二皇統一之志上、然而第四皇子以二外祖父忠仁公朝家重臣之故一、遂得レ為二儲弐一、今左大臣（道長）者亦当今重臣外戚其人也、以二外孫第二皇子（敦成）一定応レ欲レ為二儲宮一、尤可レ然也、……仁和先帝（光孝天皇）、依レ有二皇運一雖レ及二老年一遂登二帝位一、恒貞親王始備二儲弐一、終被二棄置一、前代得失略以如レ此、如レ此大事只任二宗廟社稷之神一、非二敢人力之所一レ及者也、……猶有二愛憐之御意一、給二年官年爵幷年給受領之吏等一、令三一両宮臣得二恪勤之便一、是上計也者、

行成は、清和天皇の例を引き合いに出し、文徳天皇が母后とその第一皇子を寵愛し立太子させたがったが、当時の重臣を外戚としている第四皇子が立太子し皇位に即いた点、さらには光孝天皇が老年で即位した例や、恒貞親王（淳和皇子）が皇太子を廃された例を挙げ、皇位に即くは時の運であり、「神の力であり、人力の及ぶところではない」という点を強調し、敦成を立太子させ、敦康にそれ相応の処遇を与えればよいと説得している。

なぜ行成は皇統について意見するだけでなく、内容を事細かくわざわざ書き残したのか。天皇以外の者が皇統について進言するのはまずいことであり、明らかに宮廷の秘事であろう。

先に「温樹不語」と書いたように、宮廷（天皇の后や皇位継承）について表に出すことをタブー視していたにもかかわらず、あえて書き残したのは、彰子の立后、敦成の立太子が道長家の隆盛につながり、行成自身がそれに関与したという主張であるからだろう。つまり、道長に恩を売ったのであり、その証拠を『権記』に書き残したのである。

日記が公的な記録であることは当時の貴族社会では常識であったし、行成自身も自分の日記が後世の人々の目にも触れることを想定していたはずである。行成は、道長への功績を残すことによって、子孫たちの出世を、道長やその子孫に保証してもらおうと考えていた可能性がある。

冒頭であげた『権記』長保元年十二月七日条の記事はそれを暗示したものであり、蔵人頭であった行成が、天皇と道長との間の取り持ちから、次第に道長へと傾倒していく契機になった点も指摘しておきたい。

四　敦康の許に参入

道長に接近する一方で、行成は敦康にも密着している。敦康親王家別当を勤めたり（『権記』長保三年二月二十八日条）、彰子が敦康を養育するように一条に進言している（『権記』長保三年八月三日条）。これらは行成の義理堅い性格によると指摘されるが、本当にそれだけであろうか。

寛仁元年（一〇一七）八月五日に、先帝三条院の皇子敦明が東宮を遜位した。翌日の六日の記事には行成の奇妙な行動が書き残されている（『立坊部類記』所引『権記』寛仁元年八月六日条）。

> 即先参二式部卿宮（敦康）一、次参レ殿、二位中将（藤原能信）云、依二皇太后宮（彰子）御消息一、殿下被レ参云々、参二御前一、命云、明日可レ来、即被レ参二皇太后宮一、帰京便参二李部宮（敦康）一、

道長が次の東宮に彰子所生の第三皇子敦良親王（のちの後朱雀天皇）を立太子させようと、何らかの行動を起

こしたと思われる。行成はすぐに道長の許に参入してもよさそうなのに、なぜか先に敦康の許に向かっている。彰子の許に参入した帰りには、再度、敦康の許に訪れている。これは何を意味するのか。

行成は敦康を立太子しようと画策したのではないか。そこには彰子の意向と、頼通との関係に不安があったのではないだろうか。

彰子は敦康を養育していたこともあり、敦康に対して非常に気を遣っていた。三条の東宮を決める際も敦康を推しており、道長が彰子に相談もなく敦成を東宮に立てた時には、彰子は怒りをあらわにしている。(6)彰子自身も、行成には立后の件があって信頼を寄せていたと思われ、敦康の立場を考慮して、行成に立太子について相談した可能性がある。(7)

この年、道長は頼通に摂政を譲っている。行成は頼通と親密な関係にあったが、(8)道長や彰子のように、頼通と行成の間につながりはない。頼通に政権が移ったとしても、背後にはいまだに道長がいたことは確かであるが、行成は次世代の頼通との関係のなさに不安を感じたのではないか。そうした心理が働き、彰子の進言を承けて、敦康の立太子へと行動を移したのではなかろうか。結局、敦康立太子という事柄は表面には出なかったが、政権担当者とのつながりを求めた行成は、翌年に道長男の長家を婿にしている。次世代への可能性を見い出しているのである。

以上のように、行成は、『権記』に秘事の内容を伏せるところもあるが、彰子の立后や敦成の立太子のように、内容を詳しく記している場合もある。一臣下であるにもかかわらず、天皇の后や皇統について、あえて書き残したことの意味は、自分は道長の隆盛につながる彰子の立后や敦成の立太子といった重要な局面に関与したという主張である。

なぜならば、行成が『権記』を記した理由の一つに、子孫の生き残りの手段とすることがあったと考えられるからである。日記の家とのちに称された実資の子孫（小野宮流）資信は、先祖の日記『小右記』や『春記』（資房の日記）を藤原頼長に献上することにより、公卿となっている(9)。道長が権力者として地位を築き、不動のものとなると、道長の子孫が公卿層（特に大臣クラス）を占めることは目に見えていた。行成の子孫は公卿層に定着するどころか、あぶれる可能性の方が高い。むしろ、生き残りを賭けて、行成は『権記』にこれらの詳細をわざわざ記し、公的な記録として同世代・後世の貴族たち、特に道長の子孫に見せたかったのであろう。道長家の隆盛に関与していたことを道長の子孫に見せることにより、行成は、自己の子孫の存続をはかろうとしていたのではあるまいか。

一方で「温樹＝秘事」として、伏せたり、内容を詳しく書かない箇所は、道長の意向に相反する場面である。本当にまずいなら書かなければよいのである。それをあえて「秘事」と書くことは、ある可能性を含ませたものであろう。道長が一条と三条にそれぞれ女を配したように、行成もまた、道長以外の政権者、敦成以外の皇位継承者の可能性を想定したのであろう。「秘事」が暗示したことは、政治的な駆け引きだったのである。

おわりに

行成は『権記』において「秘事」を書き分けていた。詳しく書く場合は、道長に関することであり、道長家の隆盛に関与したという主張と、それによる子孫たちの存続保証の手札の可能性がある。つまり、冒頭にあげた道長が行成の子孫の面倒を見ると約束する記事は、単に感激したから記したわけではなく、道長やその子孫へのメッセージでもあったのである。

また、「秘事」としてあえて伏せる場合は、定子や敦康に関することについてであり、もしもの可能性を想定し記していたのであろう。歴史には「もし」という概念はないのだが、もし道長と違う者が政権を執っていたら、敦康が即位していたら、『権記』の記述も異なっていたかもしれない（もっと定子や敦康のことを詳しく書き残したかもしれない）。

ところで、行成の子孫たちはどうなったのであろうか。行成は四男三女を儲けている。実際に史料に見える男子は、実経・良経・行経の三人である。実経・良経の母（姉）と、行経の母（妹）は同母姉妹であり、姉が亡くなった後に、行成はその妹と結婚したようだ。

長男実経はめざましく昇進していたが、道長が政権を退く寛仁二年頃になると昇進は滞り、受領階級にとどまった。(10) さらに、治安二年（一〇二二）の但馬国への赴任の際に、郡司が小一条院（敦明）の荘園の荘司と揉め事を起こし、解任されている。(11) その際には、道長は介入していない。敦明の手前もあったのかもしれない（道長女で明子腹の寛子が敦明と婚姻関係にある）。

次男の良経は、冷泉系の為尊親王の養子となり、記事も乏しく、結局は実経と同様に受領階級にとどまった。(12)

最も昇進したのは三男の行経であった。同母姉妹が藤原長家（道長男。明子腹だが倫子の猶子となる）の室であったこともあり、彰子や頼通の後援を受けて昇進した。(13) この昇進は、道長の意向というよりも、彰子と頼通の個人的な信任を得たことによるようだ。行経の子伊房は、行成の孫の中で唯一、中納言に昇進するも、大宰権帥の際に私的貿易により罷免された。以降、行成の子孫は能書としての家の確立までは長く憂き目をみた。

結局のところ、『権記』は子孫の存続保証の手段として、何ら役には立たなかった。

道長の子孫、特に頼通の子孫が公卿層を独占していき、それ以外の者は公卿層から閉め出された。儀式を取り扱う公卿社会を前提として利用されるべき日記は、公卿層から離脱した子孫にとっては実用性のないものになる。

むしろ、行成の子孫たちは、公卿層以外の新しい立場を求められた。能書としての側面である。後世になっても、行成の手跡が珍重されることもあり、行成の子孫は能書の家として存続をはかった。行成八世の行能が、鎌倉中期に「世尊寺流」を確立し、室町時代に断絶するまで一六代も続いた。

『権記』の秘事を通して、日記が記された事情について触れてみた。儀式の記録を子孫に残すためといった理由だけでなく、彼らは自己の子孫の存続を賭けたり、さまざまな可能性を秘めて記していたことが理解できよう。しかし、それが、実際に機能したかどうかは、また別の問題である。

結局、『権記』がどのように残り、子孫にとってどのような意味合いを有していたかという点にまでは言及しえなかった。今後の課題としたい。

（1）正しくいえば行成が側近になるのはのちのことである。黒板伸夫氏は長保三年（一〇〇一）、参議になってから道長に傾倒したと指摘する（黒板伸夫『藤原行成』吉川弘文館、一九九四年）。

（2）従来、師輔の九条流、実頼・実資の小野宮流に次いで、道長が御堂流を確立したと考えられていた。近年、末松剛氏（「摂関家の先例観――御堂流故実の再検討――」『平安宮廷の儀礼文化』吉川弘文館、二〇一〇年、初出は一九九九年）、告井幸男氏（「摂関期の有職故実――御堂流の検討から――」『摂関期貴族社会の研究』塙書房、二〇〇五年、初出は二〇〇一年）は、後世になってから道長の子孫が御堂流を確立したと指摘する。

（3）倉本一宏『一条天皇』（吉川弘文館、二〇〇三年）。

（4）前掲註(3)倉本書。

（5）前掲註(1)黒板書。

（6）前掲註(3)倉本書、倉本一宏『藤原道長の権力と欲望　「御堂関白記」を読む』（文藝春秋、二〇一三年）。

（7）倉本一宏『三条天皇』（ミネルヴァ書房、二〇一〇年）。

（8）『御堂関白記』寛仁元年三月二十六日条と『御堂関白記』同年四月十八日条に、頼通と行成の同車の記事が見られる。

（9）渡辺滋「冷泉朝における藤原実頼の立場――『清慎公記』逸文を中心に――」（『日本歴史』七八七、二〇一三年）。

（10） 黒板伸夫「藤原行成の子息たち――後期摂関時代の政治と人脈を背景に――」（古代学協会編『後期摂関時代史の研究』吉川弘文館、一九九〇年）。

（11） 黒板伸夫「治安二年における一事件の背景」（『史聚』二七、一九九三年）。

（12） 前掲註（11）黒板論文。

（13） 前掲註（11）黒板論文。

近世琉球における日記の作法——那覇役人福地家の日記をとおして——

下郡　剛

小学生の頃、夏休みの宿題の一つに日記があった。休みが終わる頃になって慌てて、まとめて書くのだが、その際困る点の一つに天気がある。過去を振り返った時、その日何をして遊んだかは比較的振り返り易いものの、遊びの内容と天気とが連動していない場合には、天気を思い返すことが難しかった。日記の本文冒頭に天気を記すことは、前近代日本の日記においても普通に見られることであり、その伝統が今に伝わっているのであろう。

琉球でも王府評定所の日記や、那覇を管轄する親見世《おやみせ》の日記には、基本的に本文冒頭の天気が記されている。琉球の場合、日本と若干異なるのは「晴天東風」（『親見世日記』乾隆三十三年七月一日条）[1]や、「晴天。風卯辰之間。夜同断」（『年中各月日記』道光二十七年二月二日条）[2]等のように、天気と併せて風向きが記される点であり、この点は海洋立国に起因するもの、すなわち季節ごとの風向きのデータ採取のためと考えられよう。

さて、那覇市歴史博物館管理の福地家日記資料群中、『福地家日記』は、那覇役人高里親雲上《ぺーちん》唯紀・福地親雲上唯延父子によって書き継がれた日記であり、父子ともに親見世の統括役人、御物城《おものぐすく》を歴任している。同記は『那覇市史』[3]にて全文が翻刻されており、『那覇市史』解説を執筆した豊見山和行氏の表現を借りれば、「『三司官伊江親方日日記』に匹敵する私日記」とされる。ただし、『三司官伊江親方朝睦日記』の場合、朝睦曾孫朝彬による咸豊十一年（一八六二）写本のみ現存し、書写の際に種々の改編が加えられているのに対し[4]、『福地家日記』では自筆本が現存する。さらには『福地家日記』の場合、序文が記され、起筆時期が明確にわかる点においても、琉球での日記研究上、特別に貴重な日記といってよい。

その『福地家日記』では、基本的に天気が記されないものの、中年（一八四八）五月十二日から十月五日までの半年のみ、例外的にほぼ連続して本文冒頭に天気が記される。期間中の記主は初代唯紀である。それでは、なぜ唯紀は右期間のみ天気を記したのであろうか。本稿では、同記の天気の記述をとおして、日記に天気を記すことの意味の一端を考えてみたい。

まず『福地家日記』中の異例と指摘した、連続する天気記事を見てみよう。行論の関係上、改行位置も含め、本文とともに全体を提示したいが、紙数の制約により天気のみ提示する。

「雨天」（五月十二日）　「右同」（五月十三日）　「右同」（五月十四日、以下月を省略）
「右同」（十五日）　「雨天」（十六日）　「雨天」（十七日）
「右同」（十八日）　「右同」（十九日）　「右同」（二十日）
「朝雨天。四ツ時より晴天南風」（二十一日）　「雨天南風八ツ後より大雨」（二十二日）
「雨天」（二十三日）　「右同」（二十四日）　「雨天」（二十五日）
「大雨天」（二十六日）　「曇天」（二十七日）　天気記載なし（六月一日）
「晴天。風辰巳之間。無風」（二日）　「晴天。風辰巳之間」（三日）
「晴天。風巳午之間。入相時分より荒風」（四日）　「晴天。風未之方」（五日）
「晴天。風午之方」（六日）　天気記載なし（七日）　天気記載なし（十日）
天気記載なし（十七日）　「北風。晩方より小嵐ニ成ル」（十八日）　「南風。小嵐ニ而時々中雨」（十九日）
「曇天。風辰巳之間」（二十六日）　「右同」（二十七日）　「晴天。風辰巳之間」（七月五日）
「右同」（六日より八日迄）
「晴天。風午未之間」（九日より十三日迄）

「晴天。風辰之方」（十四日）　「曇天。風寅之方。小嵐」（十五日）「右同」（十六日）
「右同」（十七日）　「曇天。風巳之方ニ而力ハ少相弱候」（十八日）
「晴天。風辰之方」（十九日）　天気記載なし（二十八日）　天気記載なし（二十九日）
「晴天。風午未之間」（八月八日）　「大風」（九日）　「雨天。風子丑之間」（十月五日）

六月一日、七日条など一部天気未記載条文はあるが、基本的に天気が記録されている様子を看取できる。当該期間中の最初の記事、五月十二日条以前に天気の記録は一切なく、期間中の最後の記事、十月五日条以後は、翌年酉年（一八四九）九月九日条「曇天風丑寅之間」まで天気の記載はない。その次に登場するのは卯年（一八五五）正月十一日条「雨降ル」であるため、右期間中のみが異例となっている。

次に当該期間中の五月十三日・十四日・十五日条について、本文も含め、記事全体を次に掲げたい。

同十三日右同　同十四日右同　同十五日右同
一、右之為御礼、御在番所江者
上使伊江王子御下被成候。尤御先例者
上様御直御下被遊由候処、此節ハ御幼年之御事ニ而、右通御名代被御遣候由承知仕候事。（以下、附文は省略）

十三日・十四日・十五日の各条は、縦一列に日付が立項されており、その後に続く本文が何日条であるのかわからなくなっている。同様の事例は、この他、五月十七日・十八日・十九日・二十日条、および五月二十二日・二十三日・二十四日条でも見られ、このような縦一列の日付の立項もまた、本期間中のみ見られる異例である。すなわち、期間中には、天気が連続して記載されている点と、日付の立項が縦一列になされている条文が存在する点の二つの異例が同時に発生している。これら二点には何か関連性があるのであろうか。

そこでまず当該期間中の記事を二つに分類してみたい。一方は五月十二日条から二十七日条まで、他方はそれ以後の記事である。五月十二日条から二十七日条までの特徴は、日付が連続している点である。『福地家日記』全体を見ると、日記は断続的に記されており、日付の立項が連続することの方が珍しい。そして、この連続する日付の天気を見ると、すべて雨となっており、それが止んだのが二十七日となっている。そこで転機となる五月二十七日条を次に見てみたい。

同廿七日曇天

一、当作之稲・太豆、無類之出来与相見得喜悦此事ニ候処、去ル十二・三日頃より昨日迄之霖雨ニ稲穂の中ニ打入翠を生し、大豆も同断翠差出し、両種共不出来相成、苦々敷次第ニ候。作物之儀取入不申内者右通段々変化有之。誠ニ不等閑可恐可慎儀ニ候。以後心得之端ニも可相成儀与書流候事。

今年は米・大豆が豊作であり喜んでいたところ、去る十二日・十三日の頃から雨が降り続いたため、ともに不出来となり、苦々しく思ったこと、作物は刈り取ってしまう以前は何が起きるかわからないとの感慨が記されている。すなわち、記主が当該期間中に天気を気にした理由は、作物の生育状況が気がかりであったためとわかる。この二十七日に漸く雨が止んだため、記主は十二日から二十六日まで降り続いた雨天の総まとめを二十七日の日記に綴ったわけである。

ところで、右記述中には「去ル十二・三日頃より昨日迄之霖雨」の表記があり、雨は十二・三日の頃より降り続いたとされている。しかし、前掲したように、五月十二日条には「雨天」と明記されているため、右の表記は適切とはいえまい。正しくは「去ル十二日より」でなくてはならないであろう。しかも、記主は五月十二日より前には一切天気を記していないわけであるから、この五月十二日条「雨天」を同日に書き留めたとしたなら、記主は長雨が降り始めた初日から偶然に、あるいは長雨を予測して意図的に、天気情報を書き始めたことになり、その蓋然性は著しく低いといってよい。よって、少なくとも五月十二日条の「雨天」の二文字は後日補書されたと見て誤りなかろう。それでは五月十二日条以外はどうであろうか。

前掲したように、天気の記述は、たとえば「雨天」（五月十二日）に見られる天気のみの場合と、「晴天。風辰巳之間」（七月五日）に見られるように、天気に風向きを加えた二種類の記載方式がある。琉球の場合、先で評定所や親見世の日記に見たように、天気とともに風向きも書かれるのが一般的である。それでは『福地家日記』の記主は、なぜに、一方では天気のみの表記を取りつつも、他方では風向きも加えた表記を取るという二つの手法を併用したのであろうか。

五月十二日に天気が記録され始めた後、風向きが初登場するのは、五月二十一日条「朝雨天。四ツ時より晴天南風」である。二十一日以降は先に転機とした五月二十七日までは天気のみの表記と、天気に風向きを加えた表記が併用されている。そしてそれ以後は、天気が記載された場合には必ず風向きも加えられている。本稿冒頭で、天気の記憶を喚起するのは難しいことを述べたが、それでも目に見える天気は記憶を遡らせて記すことが可能であろう。しかしながら、目に見えない風向きは当日でなければ記載はほぼ不可能といってよい。よって、五月二十一日条の「朝雨天。四ツ時より晴天南風」は、同日中に日記に記載されたものと考えて誤りなかろう。

ところが、縦一列に日付の立項がなされた五月十三日・十四日・十五日条、同月十七日・十八日・十九日・二十日条、および同月二十二日・二十三日・二十四日条中の二十三日・二十四日条には、すべて風向きの記載がない。記載された天気はすべてが「雨天」か、あるいは雨天を意味する「右同」である。それらが、なぜ、縦一列に立項されたか。たとえば五月十三日〜十五日条の場合、考えられる可能性は次のとおりである。[5]

本来は十三日条のみが立項され、改行後に続く本文は十三日条であった。ところが、後日になって雨が連続している様子を記録したいと記主は考えたものと思われる。しかしながら、その段階で、本文をともなって立項された五月十六日条は、五月十三日条の直後にすでに記述済みであり、スペースを確保できなかった。そのため、本来は「同十三日」としか記されていなかったその直下の余白に「右同　同十四日右同　同十五日右同」を書き加えたのではなかろうか。後日に補書された故に、風向きまでは記述できなかったものと思われる。同様の経過をたどって五月十七日～二十日条も記録された。よって、その後に続く本文は縦一列での日付の先頭にあたる十七日条と考えられよう。

それでは、縦一列での日付と天気の補書はいつなされたのであろうか。考えられる可能性の一つは、初めて天気を同日中に記したことが確実な五月二十一日である。長雨が続いていることを意識した記主は、五月二十一日に初めて天気を風向きとともにリアルタイムで記述した。その時、同時に、それ以前にも雨が連続していたことを日記中で示すため、すでに日付を立項している場合は天気のみを、日付が立項されていない場合は日付と天気を補書したことが考えられる。しかしながら、前述したように、縦一列での日付の立項は、五月十三日・十四日・十五日条と五月十七日・十八日・十九日・二十日条の他にも、五月二十二日・二十三日・二十四日条がある。仮に五月二十一日段階で、それ以前の分が補書されていたとしたなら、五月二十二日・二十三日・二十四日条は縦一列での立項にはならず、二十三日・二十四日条は、正しく二十二日条の本文の後、翌二十五日条の日付前に位置しているはずと考えられる。したがって三か所の縦一列での日付の立項は、三か所目の直後に記された五月二十五日よりも後に、一斉になされたものと考えるのが妥当であろう。

そこで注目されるのが、先に見た、雨が降り止んだ五月二十七日となる。前述したように、「去ル十二・三日頃より昨日迄之霖雨」が二十七日に漸く止んだため、記主は降り続いた雨天の総まとめを二十七日の日記に綴った。その際に、併せて「十二・三日頃より」雨天が続いていることを時系列でも日記中に表記したいと考え、十二日以降、日付が立項され天気が記載されていない条文には天気を、日付の立項自体がなされていない日には、余白を利用して日付と天気を補書したものと考えられる。(6)

以上、見てきたように、『福地家日記』には申年（一八四八）五月十二日条から十月五日条までの期間連続して天気が記されるが、天気の記載は五月十二日当日から始まったものではなかった。長雨が続いていることに気づいた記主は、五月二十一日条で初めてリアルタイムで日記に天気を風向きとともに記した。親見世での職務を通して日記に触れる機会を得ていた記主唯紀には、基本的に天気は風向きとともに記述するものとの認識があったのであろう。その長雨が止んだ二十七日に、記主は長雨の総まとめをしようとする。その際、雨が何日に降り始めたのかが明確にはわからなかった記主は、「去ル十二・三日頃より」と記した上で、十二日条以後の天気未記載条文には「雨天」または「右同」を、条文立項されていない日には、余白に日付を立項した上で「右同」を記した。この結果、日付の立項が縦一列になされるという異例が発生したのである。

またこの時、長雨が何日から降り始めたのか明確にはわからなかったという反省を踏まえて、記主はそれ以後、日記の本文冒頭に天気を風向きとともに記すようになったと考えられる。すなわち、『福地家日記』において、基本的に天気を記すようになったのは長雨が止んだ五月二十七日の後のことであった。そのため、それ以後の天気には例外なく風向きが加えられているものと考えられる。しかしながら、目に見えない風向きを日記に記すことは、目に見える天気を記す以上の労力をともなう。しかもそれ以降、同年五月のような天候不順は発生しなかった。そのため、ついに十月五日条を最後に、記主はもとどおり、天気の記載を止めてしまったものと考えられよう。

本稿冒頭で記したように、天気に連動して人の行動は変化する場合がある。前近代において、最も重要となるのは儀式当日の天気であろう。しかしながら、儀式の先例を残すために天気を記すのであれば、儀式当日の天気のみを記せばよかろう。なぜ、日記には日常的に天気が記されるのであろうか。『福地家日記』の場合、一時的にせよ、日常的な天気の記載は、長雨による農作物への影響を心配して、長雨が止んだ段階から始まっている。

日記と天気の関係は、植え付けから刈り入れまでを含めた農作物生育のためのデータ採取にあるのではないだろうか。

（1）『那覇市史』資料編一―一〇。

（2）『琉球王国評定所文書』二。本記が評定所日記の抜書である点については、高良倉吉「解題」（評定所文書一三二五号「年中各月日記」。『琉球王国評定所文書』一）参照。

（3）『那覇市史』資料編一―九。目次第二章1の『日記』に該当する。他の『日記』と峻別するため、以下『福地家日記』とする。

（4）たとえば嘉慶八年より拾弐年迄記では「本書虫入切廃ハ除」、嘉慶拾三年より拾四年迄記では「本書落冊虫入切廃等ハ除」などの情報が各冊に記される他、嘉慶二十年（一八一五）の朝睦自身の病中日記と、乾隆六十年（一七九五）の朝睦息子の先室の病中看病日記が合冊されるなどの改編が加えられている。

（5）縦一列で日付が立項された例に含めた五月二十二日条については註（6）参照。

（6）五月二十二日・二十三日・二十四日条の天気は正確には次のように記されている。

同廿二日雨天南風八ツ後より大雨同廿三日雨天 同廿四日右同

すなわち、風向きをともなった二十二日条の天気は同日中に記され、改行後記された本文はすべて二十二日条であった。さらに直後の二十五日条を日記に記した段階では、二十三日・二十四日条は立項すらなされていなかった。雨が止んだ二十七日になって、記主は二十三日・二十四日を立項した上で雨天の状況を記したいと考えたが、二十五日条はすでに二十二日条直後に記載済みで余白を確保できない。そのため他の類例同様、「同廿二日雨天南風八ツ後より大雨」の直下に二十三日・二十四日条を記そうとした。しかし二十二日の天気は風向きまで詳述していたため、ここも十分な余白を確保できず、やむなく、文字を小さくした上で、二十三日と二十四日を二行に分けたと考えられる。余白があれば縦一列で記されるべき箇所であるため、本文では縦一列での日付の立項と表現した。当該箇所の刊本では、二十二日条の天気の後で改行し、二十三日条と二十四日条のみを縦一列で翻刻しているが、ここで改行してしまうと、その後に続く本文が、先頭の二十三日条となってしまう。

第III部

日記・古記録の記主をめぐって

宇多天皇の文体

佐藤全敏

はじめに

古記録で用いられる文章様式は、一般に「記録体」と呼ばれる。中国文明の周辺に位置する日本で書かれた漢文は、多くの場合、正格漢文とされる中国古典の文章と種々異なっており、こうしたことから、従来「変体漢文」と呼ばれてきた。(1)「変体漢文」は戦記や縁起など、そのジャンルごとに文章の特徴を異にする場合も多く、「記録体」はそうした「変体漢文」のなかの、特に古記録で用いられる文章様式である。

これまでの研究から、「変体漢文」は訓読されることを予想して書かれたと考えられている。(2)ただし、いったん書き起こされた「変体漢文」は、たとえ同時代人であっても、書き手が意識した訓読どおりに「訓む」ことは原理的にできなかったことも指摘されている。(3)それでも、こと古記録の場合は、語彙も書かれる内容も定型的であることが多いから、予期される訓読のバリエーションは限られる。そのおかげで現在の私たちも、幾年かの訓練を受ければ、ある程度ならこれを「訓む」ことができるようになる。

ところが、そうしたなかにあって、本稿でとりあげようとする『宇多天皇日記』はいささかよみにくい。『小右記』や『御堂関白記』をよむようには『宇多天皇日記』をよめないのである。このことは、おそらくこれまでも多くの方々に気づかれてきたし、またそのよみにくさの理由も、同記が私日記として最古の時期に属していることに関係するのではないかと、漠然と考えられてきたように思う。

それでは、実際のところ、私たちが『宇多天皇日記』に感じるよみにくさとは、いったい何に由来するのであろうか。また、それは何を意味するのであろうか。本稿は、こうした『宇多天皇日記』のよみにくさを正面に据え、その理由を考えてみたい。こうした検討を行うため、本稿では国語学の蓄積に学び、その方法論を借用する。

宇多天皇は、貞観九年（八六七）、時康親王の第七男として生誕した。皇位からはずれる流れにあり、若い日は定省王の名で陽成天皇の侍従・殿上人をつとめ、「王侍従」と呼ばれた。『大鏡』には、その頃、在原業平と殿上間で相撲をし、陽成天皇の御椅子の高欄を折ったという話や、陽成の神社行幸の折に舞人をつとめたことなどが記されている。そうしたなか、元慶八年（八八四）、関白藤原基経の推挙で、父時康が突然即位する（光孝天皇）。光孝は子に皇位を継承する意思のないことを示すため、みずからの皇子女すべてを臣籍に降下し、これによって定省王も源姓となる（源定省）。ところが仁和三年（八八七）、臨終にあたっての光孝の強い願いにより、二一歳の定省に親王宣下が行われ（定省親王）、翌日に立太子、即日践祚する（宇多天皇）。一度、天皇の臣下になった者が、のちにみずから天皇となった稀有な例である。天皇となった定省は、社会と国家体制の変動期のなか、律令体制の修正維持をめざした政治改革を試みる。後世にいう「寛平の治」である。

宇多の書き記した『宇多天皇日記』は、文章が伝えられる最古の私日記として、古記録の概説でもしばしばとりあげられる。ただし原本・写本のいずれも伝来せず、仁和三年（八八七）から寛平九年（八九七）にいたる逸文が知られるのみである。逸文は現在知られる限り、重複分をのぞくと全七一条[4]。

同記はかねがね、一般の古記録に比べて、「率直でのびやかな記述に満ちている」ことが特色とされ、「心事の率直な告白」が「異色」ともされている。[5] たしかにそこには国政をめぐる懊悩もしばし吐露されている。

以下、まずは第一節において、国語学における「記録体」の研究成果を必要な限りで整理し、本稿が用いる分析指標を提示することからはじめる。これをふまえて、第二節、第三節で具体的な検討を行うことにしよう。

一　分析の方法

(一)「記録体」の成立と個々の文体

そもそも「記録体」とは、どのようにして成立したのだろうか。かつては、いわゆる王朝漢文学が、その特徴である四六騈儷体を脱ぎ落とした結果、記録体が成立したとの見解が示されたこともあった。[6] だが、現在ではこうした見解は退けられている。

峰岸明氏によれば、「記録体」に特徴的な表記・語彙・文法は、すでに八世紀末から九世紀の実務的な古文書のなかに見いだすことができ、それらは当時の日常実用文と判断される。語彙だけであれば、六国史のなかにも共通するものが見いだせるという。そこから氏は、「古記録の文章は、古文書の表記・語彙・文法の如きものを文体基調とし、史書の用語などもそこに関わって形成された」と見通される。そしてその具体的な成立の契機として、日常実用文が採用されたとみられる「公日記」（外記《げき》日記・殿上日記等）の執筆をあげられる。たしかに氏が指摘されるごとく、「外記日記」などを原史料とする『本朝世紀』の文章は、「記録体」ときわめて近似している。こうして氏は、「公日記の文体を一般の廷臣達が自身の私日記の文章作成に踏襲利用したものが現存古記録の文章であろう」と結論づけられる。[7]

近年、三保忠夫氏も近い見解を示されている。氏は、七〜八世紀の日本語表記の基層にあったのは和風漢文であったとする東野治之氏の指摘を参考にして、奈良時代の諸官司内で日常的に用いられていたのは、程度の差こそあれ「変体漢文」であったとされる（「日本常用漢文（体）」）。そして記録語は、こうした七世紀来の行政文書語を源流・基盤にして派生し、以後、文書語・記録語としてそれぞれ独自色を強めていったと見通されている。[8]

両氏そろって指摘されるところに学ぶならば、「記録体」とは、奈良時代以来、諸官司内で用いられていた日常実用文を源流・基盤として成立したものであり、官司内で書かれる「公日記」の文章様式が、（多少の変容を含みつつも）「私日記」の執筆に持ち込まれてさらにひろがったもの、と理解してよいであろう。[9]

ところで、平安時代の日記をよんでいると、日記ごとに、「文体」に個性があることに気づく。[10] この点について、現在までもっとも包括的な議論を展開されているのは、やはり峰岸氏である。[11] 氏は、用字・用語の分析を通じ、同じ古記録でも、『小右記』や『春記』のように「漢文調の著しい文体」がある一方、『御堂関白記』のように「日常実用文の色調の著しい文体」の存在することを明らかにされた。文体上、ほかの様々な日記はこの両者の間に配置され得る。こうした理解は研究者の間で広く受けとめられ、近年では、一人の記主の文体の変遷まで検討されるようになっている。[12]

もっともこうした研究は、おおむね十世紀から十二世紀にかけての古記録を対象としており、九世紀末に属する『宇多天皇日記』に言及されたものはほとんど存在しない。その大きな理由として、あるいは『宇多天皇日記』が逸文しか残されていないこと、また良質な刊本に恵まれていないこと、などがあるかに思われる。『宇多天皇日記』の文体を扱うには、たしかにこの二点が大きな問題となってくるのである。

（2）「記録体」分析の指標

ところで「記録体」は中国古典の文章に比して、具体的にどのように異なっているのであろうか。『宇多天皇日記』の文体を分析するに先だち、何をもって「記録体」の文章とみなすかという指標を明確にしておく必要がある。

峰岸氏の研究を参考にすれば、一般に「変体漢文」の作成態度には、二つの志向性が認められる。ひとつは、中国古典文を規範として、正格の漢文を作成しようとする志向性であり、いまひとつは、正格の漢文体から離れ、「(当時の)日本語に傾いた漢文」を作成しようとする志向性である。[13] そして、一つの「変体漢文」のなかにある二つの志向性は、Ⅰ表記、Ⅱ語彙、Ⅲ文法、という三つの相から検討できる。以下、氏の諸著作を参考にして、三つの相それぞれにおける「記録体」の指標を整理しておくことにしよう。[14] その際、近年明らかにされている知見も随時参照していく。

Ⅰ　表記における指標

一　用字法──複雑多彩か単調か──

一般に、中国古典文を模範とする漢文では、用いられる字句が複雑多彩であり、日本語に傾く漢文ではそれが単調となる。具体的には次の通り。

(ⅰ)「常用漢字」と「非・常用漢字」　古記録をみていくと、基本的な語を表記するにあたり、特定の漢字が頻度高く選択されている場合が多いことに気づく。峰岸氏は、こうした日常実用的に広く用いられている基本的な漢字群を「常用漢字」と認定された。日本語に傾く漢文では、多く「常用漢字」で記されたが、中国古典文へ傾斜する漢文では「非・常用漢字」も多く用いられた。

(ⅱ)「非日常の漢語」　「常用の漢語」という範疇も設定できる。中国古典文に傾く漢文では「非日常の漢語」が多くなる。

(ⅲ)語義・用法による漢字の使い分け　「非・常用漢字」が用いられており、とりわけそれが語義や用法上の差異にもとづいて使い分けられていれば、より中国古典文への傾斜度は高いと判断される。

(iv)仮名交用　仮名表記が交用された漢文は、より日本語に傾いた文章と判断できる。

2　中国古典文を範とした修辞的技法の使用状況

(i)対句、字句数の整序　中国古典文は華麗な対句が駆使された。したがって対句表現の多寡は、その「変体漢文」がどれだけ中国古典文を志向しているかを表す指標となる。また厳密な対句を構成していない場合でも、対となる字句の間で字数を揃えているか否かもこれに准じて考えることができる。

(ii)出典　文飾に際し、中国文献に典拠をもつ語句を用いているか否かも指標となる。

(iii)中国古典文の慣用表現　中国古典文の慣用表現（「雖然」「然而」「似不」ほか多数）が、どのように、かつどの程度踏襲されているのかも指標となる。

3　語順の「破格」

日本で書かれた漢文には、中国古典文からみて、しばしば語順の「破格」が認められる。その程度もまたひとつの指標となる。(15)

4　補読語の表記

日本では、中国古典文を訓読する際、敬語や丁寧語、存在の意味をもつ動詞など、意味に応じて語を補って読んでいた。そのため古記録をはじめとする「変体漢文」では、しばしばあらかじめそれらを漢字表記した。文末に置かれる補助動詞の「給」「御」「御坐」（尊敬表現）、「候」「侍」（丁寧表現）、「奉」（謙譲表現）、また助動詞としての「被」（尊敬表現）、存在を示す動詞としての「候」「侍」「御」「御坐」などである。このほか「然者」の「者」なども補読語表記であり、いずれも中国古典文にはない「破格」といえる。これらの表記がどの程度行われているかも、文章の志向性をはかる指標となる。

Ⅱ　語彙における指標　232

1　語彙の四つの位相

「変体漢文」の語彙には次の四つの位相があり、特に「記録体」ではこれらが混在して用いられた。

(a)漢語　　中国に出典があり、字音で読むもの

(b)漢文訓読語　　漢語を字訓で読むもの。語義はほぼそのまま「和語」に漢字をふったもの[16]

(c)仮名文学語

(d)記録語　　古記録のなかにみえるが、漢文訓読文・仮名文学のなかには通常見いだせない語、あるいは見いだせる語であっても語義・用法が古記録内で独特なもの

これらの位相の語彙がどのように選択され用いられているかも、文章の志向性をはかる重要な指標となる。いま、(d)「記録語」について少し説明を補足しておこう。「記録語」の大部分は名詞である。たとえば、忌日・大間・結政・駒牽・定文・続紙・所充・直物・膝突・負態・召仰・柳筥など、朝廷の政務・儀式に関わる単語を中心に、数多く指摘されている。[17] また名詞以外では、次のような連体詞・接続詞・動詞等が指摘されている。

件（くだんの）、指（させる）、去（さんぬる）、而間（しかるあひだに）、触（ふる、広く告げ知らせるの意）、及（およぶ、時刻の推移の意）、罷―（まかり―）など[18]

2　助字の使用状況ほか

次のような語の使用状況も文章の志向性を示す。(i)文末の助字の「矣」「焉」「之」「夫」「耶」など、(ii)指示代名詞の「厥」など、(iii)接続の語の「於是」など。これらの語は、中国古典文ではしばしば用いられるが、古記録のなかに見ることはまれである。

Ⅲ　文法における指標

「記録体」の文法には、(a)漢文訓読語の文法の位相、(b)仮名文学語の文法の位相、(c)「記録体」固有の文法の位相、という三つの位相があった。すなわち「記録体」の文法は、(a)の漢文訓読語の文法を基幹とし、そこに(b)仮名文学語の文法と(c)「記録体」固有の文法が混在してなりたっている。これらの位相がどのように混在しているかもまた、文章の志向を示すものとなる。(a)は比較的よく知られているので、(b)と(c)についてのみここでは確認しておこう。

(b)仮名文学語の文法　次の形式名詞などがこれにあたる。

～次(～のついで)、～程(～のほど)、～様(～のよう)、～由(～のよし〔原因・理由の意を離れた用法〕)

いずれも仮名文学でもみられる表現であり、平安時代における貴族社会での男女共用日常口語をもとにした文章表現と理解されている。

(c)「記録体」固有の文法　「記録体」には、漢文訓読語・仮名文学語とも異なる固有の文法があった。

(i)形式名詞　～上(～うえ)、～事(～こと)、～条(～でう)、～処(～ところ)　など

(ii)助動詞　令……給(……しめたまふ、尊敬表現)

(iii)助詞・助詞的表現　歟(地の文における使用)、者(てへり)、云々(とうんうん)

(iv)記録語特有の文型　若……歟(もし……か)、縦雖……(たとひ……といへども)、以……令～(……をもて～しむ)　など

(v)評言の畳語評言　為恐為恐、感悦感悦　など

以上をもって、「記録体」の指標についての整理をおえる。これによって『宇多天皇日記』の文章を分析したらどうなるであろうか。ただ、分析に先だって、なお解決しておかなければならない問題がいくつか残っている。次にこれを述べよう。

（3）　資料としての宇多天皇日記

『宇多天皇日記』は、文体分析の対象としてみた場合、いくつか問題をかかえている。

第一に、同記は、原本はもとより写本すら伝存しておらず、そのためまずは逸文の収集・確定が必要となることである。逸文の収集は、近世以来、先人たちが努力を重ねられており、近代に入ってからも和田英松氏が増補を加えられて「御記纂」を編まれ、その後『大日本史料』第一編において補充、さらに所功氏が拡充を図られている。[19]

ただし実際のところ、「寛平御記」等という明記がなくとも、その内容・文章形式などから逸文として推定認定されている条文も少なくない。研究の現段階にあっては、あらためて一条一条を再検討する必要がある。また「寛平御記」との明記がある逸文であっても、たとえば『扶桑略記』に引載された文のように、他書の文章や地の文が混入している場合も存する。こうした点は、従来特段配慮されることなく、すべて逸文として一括認定されていたが、やはり慎重な吟味が必要であろう。

第二の問題は、『宇多天皇日記』の逸文を引く文献が現在わかっているだけで二四種類に及び、しかもそのほとんどが良質な刊本に恵まれていないことである。それらひとつひとつについて善本にあたる必要がある。[20]

第三の問題は、どんな逸文（写本）を扱う際にも問題となることだが、現存する逸文（写本）の文章ははたして自筆本のままであるか、という難問があることである。書写の過程で字句が改変される場合のあることは、これまでも報告されている。[21]本稿のように文体を扱う場合、特にこの問題は深刻なものとなる。本稿ではこの点につき、以下のような認識・姿勢で臨みたいと思う。

第一に、大局的な観点からみれば、仮に多少の改変があったとしても、諸文献に別々に引載されている逸文が、全体として他日記とは明白に異なる文体上の特徴を有しているならば、これは原文に由来する特徴と認めてよいと考える。

第二に、改変が行われる際の一般的な傾向に留意する。すなわち『御堂関白記』や『後二条師通記』の改変事例に関する研究によれば、それらの改変は、自筆本のもつ文体上の個性・不備・未熟を改め、標準ないし規範的な「記録体」の文章に近づけるように行われているという。(22) したがって、書写されてもなお標準的な「記録体」から大きくはずれている特徴のある場合には、自筆本にそうした特徴があった可能性が高いと判断されることになる。

第三に、逸文を引載する文献ごとに、その引用態度が異なることにも配慮する。注意してみると、『西宮記』のように、『宇多天皇日記』の逸文をあくまで勘物として付加的に引抄する場合と、『扶桑略記』のように、編纂の根本素材として利用する場合とでは、その抄出・引載のあり方に相違が認められる。前者であれば、逸文にみえる「云々」という字句は引用母体が付したものである場合が多く、また後者であれば、さきに述べたように、他書の文章や地の文が混入している場合がある。(23)

以下、『宇多天皇日記』の逸文として検討対象にするのは、すべて右にみてきたような調査・検討を経て、ほぼ間違いなくその逸文と判断されたもののみとする。(24) 本来、すべての検討過程、また検討結果であるところの認定逸文全体を公表すべきであるが、紙幅の都合上、別の機会に委ねたい。

ここにいたって、ようやく具体的な分析に移る。『宇多天皇日記』に限らず、比較対象となる同時代の資料を含めて、順を追って検討していくことにしよう。

二　『宇多天皇日記』の文体の特徴

（一）「公日記」の文体――「外記日記」を例に――

まずは『宇多天皇日記』をみる前に、その比較対象となる同時代の一般的な「記録体」のあり方から検討していこう。『宇多天皇日記』と同じ九世紀末にかかる古記録の現存例は、きわめて少ない。とりわけ「私日記」は、「故八条式部卿私記」（本康親王日記）の存在が知られるだけであり、しかも現在はその逸文すら残されていないようである。(25)

これに対し、「公日記」であれば、代表的な「公日記」ともいえる「外記日記」の逸文が数ヵ条残されている。(26)そこでこの「外記日記」からみていこう。

検討にさきだち、以下で用いる記号を掲げる。これは第一節で整理した「記録体」の指標と、それに対応する各要素とを視覚的にとらえられるようにするものである。

（記号凡例）

〈中国古典文的要素〉

- ▭（太枠）……非日常の漢語
- ▭（細枠）……非・常用の漢字
- □□□（傍線）……中国古典文の措辞にして、「記録体」では比較的一般的でないもの
  矣・焉・之・夫・耶（文末）、於是、ほか
- □□□（◎）……語義の差異による用字の使い分け
- □□□（○）……対句（あるいは対句を意識した表現）

〈日本語的要素〉

- □□□（波線）……語順・構文の破格
- **ゴチック**……記録語の語彙・文法
- ***ゴチック斜体***……仮名文学語の語彙・文法

以下、これらの記号を付しながら、九世紀末の「外記日記」を掲出する。現在残されている「外記日記」の文章は、引用や書写の過程で改変（とりわけ抄略）が加え

られている可能性もある。そこで、ここではあえて引用母体を異にする三つの条を掲出する。

【資料1】「外記日記」寛平二年（八九〇）五月二十三日条

外記日記云、寛平二年五月廿三日、戊申。大納言藤良世卿聴政。遠江国検損使治部少輔藤原梶長等、為申**返事**祇候。而判官依不具不申。上卿於右近陣召右少弁希、**宣**云「遠江使依不具不申**返事**。宜使所進於弁官之勘定公文、早下所司」**者**。

（壬生本『西宮記』第十二軸、裏書[27]）

【資料2】「外記日記」寛平三年（八九一）十一月二十四日条

外記日記云、寛平三年十一月廿四日、庚午。休也。此日、於**鴨明神**、有奉　幣帛幷走馬**之事**。勅使右兵衛督藤原朝臣高経、率**遊男**廿人、参上下社。皆著**青摺**。歌舞如例。其**遊男**、左右近少将・侍従・殿上・蔵人・衛府判官等奉仕。見之者車馬甚衆多也。

（『政事要略』巻二十八、年中行事、十一月四、賀茂臨時祭[28]）

【資料3】「外記日記」寛平九年（八九七）七月三日条

寛平九年、外記日記云、七月三日、丙子。卯二点、皇太子乗輦車、出自東宮、参入内裏。午二刻、於清涼殿加元服。大夫時平卿加御冠、権大夫菅原――加手、左中将定国理御鬢。次天皇御南殿。諸衛服中儀。時平為**内弁**。菅原卿受宣命、就位宣制加元服幷譲位**之由**。親王以下再拝。

（『扶桑略記』第二十三、裏書[29]）

日本古代史を専攻する人間には見慣れた文体であろう。三ヵ条のみの挙例であり、しかも抄略の可能性などにも配慮しなければならないが、それでもこれらの文体の特徴は、おおむね次のように整理することが許されよう。

① 非日常の漢語がほとんどない
② 「記録体」では一般的でない、中国古典文の措辞が（ほとんど）[30]ない
③ 用字の使い分けが（ほとんど）ない
④ 場合により語順の破格が認められる

⑤ 記録語・仮名文学語の語彙・文法が少なくない

関連して、『本朝世紀』の文体にも触れておこう。同書の平安中期の部分は、その大半が「外記日記」を素材としており、しかもその表記が多く改められないままに編纂されていることが指摘されている。(31) そこでいま『本朝世紀』をひもといてみると、掲出した「外記日記」にみられた①〜⑤の特徴が確かに見いだせる。このことは、やはり「外記日記」の文体が右にまとめたような特徴をもつものであったことを示していよう。

（2） 私日記の文体——藤原忠平・師輔の日記を例に——

私日記については、十世紀初頭・前半の古記録をみてみよう。

最初に掲げるのは九三〇年代の『九条殿記』である。同記は、藤原師輔が日次記とは別に作成していた別記であり、十一世紀末書写のものが伝存している。(32) 書写の過程で細部に改変が加えられている可能性も存するが、文体の大勢を知る目的には十分利用できるだろう。

【資料4】『九条殿記』承平五年（九三五）十一月一日条

承平五年十一月一日、壬辰。天晴。午後参殿。仰云「依**御暦奏**、欲御南殿**云々**。而我依心神不例、不堪参入。但**闈司奏**・諸衛**番奏**之後、有勅答。又承和例、天皇、御酒三巡之後、還御本殿、親王・公卿、於左近陣数盃至酔。以此例被行如何。又勅答、**闈司奏**後、仰云『令申**番奏**』。勅答『置』**者**。若有次、此由語申右大臣」**者**。即参内。御消息趣、欲申大臣、予未参之前、大臣差権左中弁公忠朝臣、**被**奉大殿御消息趣云「今日、若必可御出**歟**。可然者、可**被**行雑事如何。為蒙処分**奉入**」**云々**。御報云「須早参入。而依心神悩、不能参入。但今日**事**、依旧例可被行」**者**。而御使往還之間、**及**未四刻。已為黄昏。仍不 御出。申時、右大臣**罷出**。同時予参殿。但**上達陪**、於左近陣、至于人去（ママ）食。定有御酒**事云々**。

つづけて同じ記主の『貞信公教命』の一節を掲げる。『貞信公教命』は、日次記や別記とは別に、藤原師輔が父忠平の「教命」を聞き書きしたものである。平安末期のものと目される古写本によってテキストを掲げる。やはり書写の過程で細部に改変が加えられている可能性はあるものの、その文体の大勢を知ることができるだろう。

【資料5】『貞信公教命』承平六年（九三六）十月二十四日条

同年十月廿四日、仰云「中宮御消息云『故右大将保忠卿後家等、令申云「依前例、欲給度者十人。其例、則先帝御時、定国大納言十人給、道明大納言六人給。然則、依多例欲十人給」』**云々**。仍引勘先帝御日記云、皆此存生臥病之間、為救彼命所給也。年来無没後給例。以此趣申送畢。先帝御時、諸卿等、准親王例、可給没後度者**之由**奏聞。而無裁許」**者**。

通覧して知られるように、九三〇年代の師輔の文体は、八九〇年代の「外記日記」とほとんど違わない。その特徴を念のため書き出せば、

① 非日常の漢語がほとんどない
② 「記録体」では一般的でない、中国古典文の措辞が（ほとんど）ない
③ 用字の使い分けが（ほとんど）ない
④ 場合により語順の破格が認められる
⑤ 記録語・仮名文学語の語彙・文法が少なくない

となる。ここでは二条しか示せなかったが、『九条殿記』『貞信公教命』をひらけば、語彙・文法といった点で多く「外記日記」と重なっており、十世紀前半段階における公日記と私日記には大きな相違がなかったことを知ることができる。(33)

では、さらにさかのぼって、その父忠平の、十世紀初頭段階の文章表現はどうであったか。忠平の日記『貞信

公記』は、現在抄本か逸文しか残されておらず、その逸文もほとんどが抄本の逸文である。だがそうしたなかにあって、『洞院家記』に引かれる次の文章は、広本の逸文と推定されている。(34)

【資料6】『貞信公記』延喜八年（九〇八）四月二日条

二日。**外記以**（政）後、着**侍従所**。**侍従厨**進酒菜。是□□物也。修理進統茂・継（縫）殿□（允）忠茂等、**垣下**。少納言玄上朝臣、進盃。巡下最後□□授盃忠茂。々々、受勧弁座。左大弁語曰「**垣下**中、若無諸司判官以上、招弁・少納言中**在**（尤）上者、流巡。若有王大夫、以之。是故実也」**者**。

一見して明らかなごとく、十世紀初頭の『貞信公記』の文章も、『九条殿記』等と大きく違わない。もちろん、「外記日記」を含め、いずれも原本ではないから、これらが書写・引抄の段階で標準的ないし規範的な「記録体」へと部分的に改変された可能性は十分に存する。しかしそれでも、内容・性格・書写系統が異なる各種引用母体に引かれた右の文章群が、いずれも互いに近似する文体となっていることは注目に値する。このことは、九世紀末から十世紀初頭における「記録体」の実態が、およそこのあたりにあったことを示していると考えてよいであろう。

（3）『宇多天皇日記』の文体

ようやく『宇多天皇日記』の検討に入る。まずは同記に典型的な文章をいくつか掲げよう。

【資料7】『宇多天皇日記』仁和四年（八八八）九月十日条

御日記云、仁和四年（中略）。九月十日云々。朕之博士、是鴻儒也。**当以太政大臣令**摂政之詔書、令此人作之。其詔文華雖遺麗而徒有阿衡之句。是則群耶所託意。於是公卿以下、枉称有罪之人。于時在六月晦日、有大祓**之事**。其日无公卿一人。外記等至太政大臣官（家）、請処分。即仰云「当告広相朝臣」。外記告広相朝臣。答云「聞奏龍顔」。仰云「莫罷行」云了〔々〕。天下嗷々、自此始也。但其実否、所不知矣。
（『政事要略』巻三十、阿衡事）

非日常の漢語がいくつも用いられている。また「記録体」では一般的ではない、中国古典文の措辞も複数見いだせる。たとえば「群耶所託意」という部分は、膠着語である日本語で訓読しようとすれば、「群耶の意を託するところなり」と助詞「なり」を補ってよみ、ひるがえってこの訓読文を漢文で書こうとすれば、はじめから助辞「也」を付して記すのが一般的である。ところがここでは「也」を付していない。これは孤立語である中国語の文のあり方といってよい。これが脱字によるものでないことは、文章末尾の「所不知矣」から確かめられる（ここでは文末を示す助辞「矣」が添えられている）。「於是」も古記録には少ない表現といえる。さらに「在六月晦日」では、古記録ではほぼみることのできない助辞「在」（「於」に通じる）が用いられている。(35)

ただし一方で、記録語の語彙・文法が散見することも確かである。また「是」と「此」、「則」と「即」が語義によって使い分けられているが、これらは他の古記録でもみられるものである。(36)

【資料8】『宇多天皇日記』寛平二年（八九〇）四月二十四日条

寛平二年四月廿四日。去月下旬、遣蔵人橘公緒労問大学博士善淵愛成。所以有此労問者、今年不参入也。向山寺不居家。其後重問。曰「自向来問〔間〕、累病痾、旦夕沈吟、于今未止」。朕親行、至門前可訊問之。然而躬不能軽行。是以只遣使者。甚思悼耳。給以内蔵寮調布卌段。昨日差蔵人所雑色、至門存慰。還奏曰「雖病平損、而不能行歩。蟄滞之由、尤縁斯也」。愛成授周易於朕。故有此意也。寛平御記。
（『明文抄』一、帝道部、上）(37)

やはり非日常の漢語が多い。「累」（わづらふ）、「躬」（み）といった非・常用の漢字も用いられている。そしてここでも「記録体」では一般的でない措辞がみられる。すなわち「所以有此労問者」の「所以」の用法（「この労問あるゆゑんは」)、「給以内蔵寮調布卌段」の「給以」(「給ふに……をもてす」)である。語義による「斯」「此」の使い分けも古記録ではややめずらしい。ただし、記録語とみられる「平損」も一方で用いられている。

【資料9】『宇多天皇日記』寛平元年（八八九）正月某日条

御記云、朕自為児童、不食生鮮、以帰依三宝。八九歳之間、登天台山、修行為事。自後、毎年往詣寺々修行。至十七歳、言中宮可為沙門状。答曰「此極善也。大屋《ママ》寺有練行法師応俊者。為彼法師、裁縫細紵装束並袈裟、先可以与《ママ》耳之《ママ》」。後日又答云「善哉、々々、好三宝事。雖然、暫見尽世間、須修此事」。経三四月、復如是事。「未有妻子、可也。若住于世間、断煩悩、是難耳」。答曰「諾」。然敢不肯許後、四个月、大臣持鳳輦、奉迎先帝。愚心偸以悚戦。未及復奏、歴四箇年、伝此宝位。而代人心有両端。可治難。周文賢哲主也。

（『扶桑略記』寛平元年正月条）

これまでの文と同様、非日常の漢語が多く、やはり中国古典文への傾斜度が大きい。会話文のなかでの「可也」「諾」などは、古記録ではめずらしいであろう。「善哉、々々、好三宝事」も同様。助辞「又」「複」も意味により使い分けられていることに注意されたい。

【資料10】『宇多天皇日記』寛平元年（八八九）十二月二十四日条

廿四日、辛巳。左大臣源朝臣融奏曰「臣之別業、在宇治郷。陽成帝幸其処、悉破柴垣。朝出渉猟山野、夕還掠凌郷閭」。

（『扶桑略記』同日条）

【資料11】『宇多天皇日記』寛平二年（八九〇）正月二十日条

廿日、丁未。大臣奏云「華山僧正、昨夜入滅。此僧正殊事先帝、又殊仕当代云々。有賜勅使之例。遣少納言若殿上侍臣等、弔弟子、或有賜物等之迹。円仁座主時、以良峯継世為勅使状、具承矣」。

（『扶桑略記』同日条）

同記には、対句や、字句を揃えて対句を意識した表現がままみられる。たとえば右の資料11の「殊事先帝、又殊仕当代」などは、「ことに先帝につかへ、またことに当代につかふ」と訓読されることを期待したものであろう。一般に漢文調著しいとされる『小右記』や『春記』などの他記録にあっても、強い感動を抱いた情景や感情が動かされる事柄の描写などには、時にそうした表現法のとられることがある。[38] ただ、『宇多天皇日記』の場合、特段強い思いが寄せられているとはみえない内容の記述においても用いられており、中国古典文に一般的であった対句表現が、宇多天皇にとってはさほど特殊なものとして意識されていなかったことをうかがわせている。

【資料12】『宇多天皇日記』寛平九年（八九七）六月十九日条

十九日。尚侍藤原朝臣、於朕為養母之勤。仍毎年別給椽一人。以為永例。

（前田家巻子本『西宮記』年中行事、正月下、除目[39]）

短文ではあるが、「於朕為」（「朕に養母の勤めをなす」）という、古記録ではめずらしい措辞が含まれている。

以上、『宇多天皇日記』の文章をいくつかあげてきた。同時代の「外記日記」や、ほとんど同時代といってよい『貞信公記』の文章などと比べ、大きく異なっていることが示せたかと思う。

もちろん、これらもまた逸文であり、書写・抄出の過程で改変が加えられている可能性に配慮しなければならない。だが、そうであっても、相異なる複数の引用母体に引かれた各文章が、いずれもそろって共通する特徴を示しているのであり、ここに指摘してきた文体の特徴は、『宇多天皇日記』の原文そのものにあったものとみてよいであろう。すなわち、これこそが『宇多天皇日記』の文体であった。

では、『宇多天皇日記』がこうした特徴をもっているのは、それが一般貴族とは異なる「天皇の日記」だったからであろうか。否、そうとはいえないようである。宇多の直後の天皇の日記である『醍醐天皇日記』をみてみよう。

【資料13】『醍醐天皇日記』延喜七年（九〇七）正月三日条

延喜五年正月三日、御記云、（中略）同七年正月三日。参御寺。著靴把笏。拝了退。使律師観賢召之。参入御語良久。更召左大臣、仰令給朕茶。律師如无。供法皇御茶。有仰召式部親王・右大臣、令**侍**。法皇、仰親王・大臣令囲碁。懸物、有好馬。御厩別当春野、牽鹿毛御馬、立庭中。左大臣勝。又初局間、日暮。則退。有召又参。律師如無。中納言・源朝臣、各承一俸物。法皇自称**和琴**。仰曰「此円城寺所生木也。此寺、自幼少時御之、見来。此物、雖不好、以為猶勝他所物也」**云々**。則召左大臣、令持。□受、弾両三声。左大臣曰「此御馬、宜給左馬寮」。則定方朝臣、代春野引御馬、給寮。又給左大臣等酒。一巡後、起座拝舞、退出**云々**。還宮。（下略）

（前田家大永本『西宮記』年中行事、正月上、童親王拝観事）

右の文章は、資料12の一〇年後にあたるものである。ここには『宇多天皇日記』にみられたような特徴がまったく見いだせない。もちろん『醍醐天皇日記』のなかには、次のような文章も存する。

【資料14】『醍醐天皇日記』延喜八年（九〇八）五月十四日条

十四日。…以先召参議長谷雄朝臣、問**事**。因雷雨不遂事意、下殿。道明朝臣申「朝集院内、雨水甚深」。左大臣令奏曰「如聞、行礼儀、甚无便。況装束・食物、難急調。若待整備、恐及晩日。請今日**事**、明日将行儀」**者**。依請矣。（中略）已上、御記。

（『扶桑略記』同日条）[40]

ここでは「因」と「依」を語義によって使い分け、また比較的古記録では少ない助辞「矣」を用いている。だが『宇多天皇日記』とはおよそ使用の頻度が異なっており、またここには、非日常の漢語や非・常用漢字が見いだせない。

ことは『村上天皇日記』にあっても同様である。たとえば『村上天皇日記』の逸文中、もっとも端正な文章の一つといってよい内裏炎上時の記事（『扶桑略記』天徳四年九月二十三日条所引）においても、意外なことに、中国古典文的な要素を見いだすことが難しい。『宇多天皇日記』の特異な文体は、天皇という立場とは一応無関係であったと判断してよいであろう。

それでは宇多天皇は、そもそも標準的な「記録体」を書けなかったのであろうか。否、そうとは考えられない。『宇多天皇日記』には次のような文章も含まれているからである。

【資料15】『宇多天皇日記』寛平四年（八九二）八月十四日条

十四日。巳四刻、奉幣諸社。（中略）午刻、進発太神宮。行方王。仍諸司廃務。先例、奉幣太神宮之時、大臣行事。而今日称障不参。仍召大納言。而遅参之間、召右大弁藤有穂朝臣令行事。

（壬生本『西宮記』第十二軸、臨時一、臨時奉幣、裏書）

右の文章は、ほとんど「外記日記」や『醍醐天皇日記』と見わけがつかない。宇多は確かに標準的な「記録体」の文章も書くことができたのである。ただ興味深いのは、そうした文章であっても、『宇多天皇日記』の場合、ややもすればすぐさま非日常の漢語や非・常用の漢語が入り交じることである。たとえば次の文章などは、前半部こそ標準的な「記録体」の様相をみせているが、過去を回顧する後半部になると、途端に非日常的な漢語が入り交じる。

【資料16】『宇多天皇日記』寛平二年（八九〇）四月八日条

八日、癸亥。親王公卿等、参上灌仏。以勝延為導師。先日仰梵釈寺僧神恵、彫造白檀四天王像。今日参入奏之。即令侍灌仏之座。朕童稚之時、令《ママ》参件寺、已及十余度。爰神恵弁備食膳、労息旅飢。為賽其功、任大威儀師。以勝延為律師。

（『扶桑略記』同日条）

そうしたなか、『宇多天皇日記』には次のような文章がみられる。

【資料17】『宇多天皇日記』寛平二年（八九〇）月日未詳条

寛平御記、寛平二年。平利世者、皇王二世之孫、皇后之弟也。而声長蟬歌、初誤秋虫之嘯葉間、親聴曲調、宛如松風之動暁後。爰乗閑暇所々令歌、乞得青鳥（鳧）数千行幷綾羅衣裳。（『花鳥余情』第十五、篝火）(41)

試みに訓読すれば、「平利世は、皇王二世の孫にして皇后の弟なり。しかるに声、蟬歌に長《すぐ》れ、はじめは秋の虫の葉間に嘯《な》くかと誤ち、親しく曲調を聴くに、あたかも松の風の暁後に動《さわ》ぐがごとし。ここに閑暇に乗じ所々に歌はしめ、乞ひて青鳧数千行ならびに綾羅の衣裳を得」とでもなろうか。ここでは厳密に字句数が整えられており、「青鳧」（「銭」の意）という中国の故事を踏まえた語も用いられている。中国古典文への傾斜がきわめて著しい文章といえよう。そしてその最たるものが、愛猫について記した次の著名な文章であろう。

【資料18】『宇多天皇日記』寛平元年（八八九）十二月六日条

寛平御記云、寛平元年十二月六日。朕閑時述猫消息曰「驪猫一隻、大宰少弐源精秩満来朝、所献於先帝。愛其毛色之不類。余猫々皆浅黒色也。此独深黒如黒烏。其形容、悪似韓盧。長尺有五寸、高六七許寸。其屈也、小如秬粒、其伸也、長如彎弓。眼精晶熒、如針芒之乱眩、耳鋒直竪、如匙上之不揺。其伏臥時、団円不見足尾、宛如堀中之玄璧、其行歩時、寂寞不聞音声、恰如雲上（之脱カ）黒龍。性好道引、暗合五禽。常低頭尾着地、而曲聳背脊高二尺許。毛色悦沢蓋由是乎。亦能捕夜鼠、捷於他猫。先帝愛翫数日之後、賜之于朕。々撫養五年、于今毎旦給之以乳粥。豈啻取材能之翹捷、誠因先帝所賜。雖微物殊有情於懐育耳。仍而曰『汝猫、食陰陽之気、備支竅之形。必有心、寧知我乎』。猫乃歓（ママ）息挙首睨吾顔。似咽心盈臆、口不能言」。（『河海抄』巻十三、若菜下）(42)

ここには、非日常の漢語、非・常用の漢字、中国古典文の措辞が横溢し、対句やそれを意識した表現がふんだんに用いられている。いま措辞について述べれば、「所献於先帝」「高二尺許」の部分は、それぞれ変体漢文であれば、助動詞の「たり」「なり」に相当する助辞が付されてよいところである。また「其屈也～其伸也～」という部分には、「記録体」ではほとんどみることのない助辞「也」(や)が使用されている。「有情於～」(「～に情あり」)という表現も古記録では稀有であろう。さらに末尾近くの助辞「寧」は、文脈からみて反語ではなく推量の用法(「べし」、『文語解』を参看)と解され、こうした用法も古記録ではまずみられないものである。その一方で、記録語・仮名文学語の語彙・文法は皆無である。(43)

現存する平安時代の他の古記録のなかに、こうした文章の類例を見つけ出すことは難しい。この文章は『宇多天皇日記』のなかでも比較的よく知られているものであるが、こうしてみると、同記のなかでもかなり特異な文体で書かれていたことがわかる。

以上、『宇多天皇日記』の文章をいくつかみてきた。右に明らかなごとく、その文体には幅があり、標準的な「記録体」のようにみえる部分から、極度に中国古典文に傾いた文章まで見いだせる。一般的な古記録では、ひとつの文献中にここまでの文体の幅は認められない。このことは、宇多天皇が臨機意識して文体を変えていた可能性を示唆している。少なくとも自身の文体というものに意識的であったことは確かであろう。

とはいえ、最初に述べたように、その文章の大部分はおおむね最初に掲げた資料7～12のようなものである。まずはそこに『宇多天皇日記』の標準的な文体を認めてよいであろう。その特徴を整理すれば次のようになる。

① 非日常の漢語が多い
② 「記録体」では一般的ではない、中国古典文の措辞が多い
③ 用字の使い分けが多くなされている
④ 語順の破格は(ほとんど)ない

⑤　記録語・仮名文学語の語彙・文法は用いられるが、多くはない

一言でいえば、同時代に書かれていた「記録体」とはまったく異なった文体である。従来、『小右記』や『春記』などが「漢文調の著しい」古記録と評価されてきたが、『宇多天皇日記』の中国古典文への傾斜度は、その比ではない。(44)「記録体」に慣れた人間が、同記を前にしてよみにくいと感じてしまう理由は、まさにこの点にあった。

確認しておきたいのは、宇多天皇のこうした文体は、「記録体」が成立する過程で生まれ出るようなものではない、ということである。すでに述べたように、「記録体」は、奈良時代以来、日常実用文として諸官司内で用いられていた「変体漢文」を源流とし、これを基盤として成立したものと理解されている。現存文書からも明らかなように、当然、こうした行政文書語では、当初より非日常の漢語や厳密な用字の使い分けが避けられており、中国古典文の措辞も多く排除されている。すなわち『宇多天皇日記』は、そうした「記録体」が成立してくる過程の途中に位置づけることができないのである。

付言すれば、「記録体」のなかに非日常的な漢語や対句をちりばめても『宇多天皇日記』の文体にはならない。『宇多天皇日記』には、「記録体」では用いられることのない中国古典文の措辞が多用されているのであり、中国古典文への接近が語彙の位相にとどまらないからである。

要するに、宇多天皇には、当時ひろく用いられていた「記録体」を使う意思が希薄であったということになる。宇多天皇が日々、日記を記すとき、彼が志向していたのは当時一般的であった日常実用文ではなく、そこから離れた中国古典文だったのである。

もっとも、その文章は、中国古典文や平安朝漢文学にひろく一般的であった、いわゆる「四六駢儷文」になっていないことにも留意すべきであろう。四六駢儷文は、四字・六字等からなる対句を中心にして構成される華麗

な文章であり、日本でのその精粋は『本朝文粋』にみることができる。『宇多天皇日記』の文章は、中国古典文に強く傾斜するといっても、四六駢儷文のようには全体にわたって字句が整えられていないのであり、またそれらのようには古典に典拠が求められてもいない。いったい宇多天皇は、どのような意図のもとにあのような文章を書いていたのであろうか。

実は当時、『宇多天皇日記』と類似した文章群が存在していた。そしてそれは、宇多天皇も知るところのものであった。漢文学の散文様式の一つ、「記」である。

三 「記」と『宇多天皇日記』

ここで「記」について簡単に整理しておこう。以下、大曽根章介氏らの研究にもとづいて、「記」の概略を紹介する。(45)

中国古典文の文章は、用途によって体裁・形式が異なっており、多くの種類に分類されていた。賦・詩・賛や論・銘・序・伝などである（本稿ではこれを「部門」と呼ぶことにする(46)）。「記」はそうした部門のなかのひとつであり、散文様式のひとつに位置づけられる。明代の『文体明弁』（十六世紀中葉成立）によれば、「記」は「紀事之文」であり、事柄の客観的な記録に特化した文章形式とされる。唐代になって盛んになり、はじめて部門のひとつとして独立、徐々に事柄の記述だけでなく、作者の思念・感懐・理念などをも叙述するようになった。

こうした「記」は、遅くとも奈良時代には日本にも将来され、多くの作品を生み出した。ただ、日本の漢詩文集において「記」が独立した一部門として立てられるようになるのは、現存作品のなかでは、都良香（八三四～八七九）の『都氏文集』が最初とみられる。その後、十世紀初頭の『菅家文草』や『紀家集』、十一世紀の『本朝文粋』などにおいて部門として定着する。

ところで中国と日本を問わず、「記」には多くの場合、年月日が記された。これは「記」が事実の記録であり、史書に属する部門と捉えられていたためであって、実際、中国では「記」の作品の大部分が「史部」に収められている。

日本では、都良香の時代、「記」は学者の本務を逸脱した雑文と捉えられており、彼のつくった「記」は、学者文人の間ではほとんど無視されていたとみられている。良香は六朝時代の「記」を受容したらしい。これに対し、菅原道真や紀長谷雄より後になると、白居易の「記」の影響が明瞭なものが現れる。これ以降、「記」は、それぞれの家集でも一部門として立てられるようになり、九世紀末頃には、日本でも「記」が正式な部門として認められるようになっていたことがうかがわれる。

いま試みに、『宇多天皇日記』と同じ九世紀末期に書かれた「記」を三つ、これまでと同じように記号を付して掲出してみよう。

【資料19】菅原道真「書斎記」寛平五年（八九三）七月

東京宣風坊、有一家。家之坤維、有一廊。廊之南極、有一局。局之開方、纔一丈余。投歩者進退傍行、容身者起居側席。先是、秀才進士、出自此局者、首尾略計近百人。故学者目此局為龍門。又号山陰亭。以在小山之西也。（中略）又刀筆者、写書刊謬之具也。至于烏合之衆、不知其物之用。操刀則削損几案、弄筆亦汚穢書籍。又学問之道、抄出為宗。抄出之用、稾草為本。余非正平之才、未免停滞之筆。故此間在々短札者、惣是抄出之稾草也。（中略）余今作斯文、豈絶交之論哉、唯発悶之文也。殊慙閫外不設集賢之堂、簾中徒設闢入之制。為不知我者也。唯知我者、有其人三許人。恐避燕雀之小羅、而有鳳凰之増逝矣。悚息々々。癸丑歳七月日、記之。

（『菅家文草』巻七、記、『本朝文粋』巻十二、記）[47]

寛平五年（八九三）七月、菅原道真がみずからの書斎の様子と、それにまつわる思念・感懐を記した文章である。一見して明らかなように、記録語・仮名文学語の文法はもちろんのこと、それらの語彙もまったく用いられていない。対照的に、非日常の漢語と非・常用の漢字がきわめて多い。対句が全体に及んでおらず四六駢儷文ではないが、それでも対句表現が横溢する。いわば書き記される内容のみならず、表現そのものにも重きがおかれた文章といえよう。ただしその一方で、「記録体」では一般的ではないような中国古典文の措辞がみられないことにも留意されたい。なお、末尾には「癸丑歳七月日、記之」とあって、書かれた年・月が記されている。いずれにせよ、特定の客観的な事柄とそれについての思念・感懐・理念を述懐する、典型的な「記」のかたちのひとつといえよう。

これに対し、同時期の「記」には次のようなものもあった。

【資料20】菅原道真「左相撲司標所記」元慶六年（八八二）八月一日

左司定之後、八日卯剋、木工少允笠忠行、率長上・番上飛驒直丁等卅余人、就庁東方、造**標屋**。須臾構成、始作**標**状。其屋、自地至棟二丈五尺。近引之由、抛陰陽寮**勘文**也。内裏作物所預播磨少目佐伯宮興、勒細工等交名進庁。庁即下所。検旧例、凡作**標**之起、専依画様。而画師備前少目百済常良、堕馬折肱、不便用筆。仍仰左史生村国正歳・左馬史生神門宗雄等、令進画様。（中略）
先節一日、早旦粧餝已畢。諸大夫以下、微飲閑談、徒然送日。**標領**四人、便差細工等。其粧束如常。特請旧**舞**粧二具。差**標師**幷木工長上槽取綿継等、率**標領**等、随**標**進退。威儀儼然、宜為永例。当日晩景、引**標**出立**中重**幄下。即請兵衛看督長・史長等、与**標領**等相守。後日出立如儀。其夜頭有勅使、召**標**中雑物。慎護之功、不失一物。々雖微細、遂供聖玩。（中略）
東垣下、設小溷軒、以備急要。行所記**事**内竪官人代賀茂善行、取便来入。因庁上忩々奔還、所着冠、触籬落糞中。細工等相聚、洗濯調熨、理鬢飛纓。風骨倍前、無敢咲者。勤公之費、有此小過也。元慶六年八月一日　式部少輔菅原朝臣道｜記。　（『菅家文草』巻七、記）

朝廷で行われる七月の相撲節に際し、当時、「標《しめ》」を制作する「標所《しめどころ》」が、左右の相撲司のもとに開設された。「標」とは節会会場に設けられる、山形の構築物のことである。菅原道真による右の「記」は、元慶六年（八八二）の「標所」の様子と、そこで起こった出来事について、「うすにがいユーモア(48)」を交えつつ描写したものである。

一見して明らかなように、同じ道真の作でありながら、さきの「書斎記」とは様相を大きく異にしている。まず、対句がほぼまったく用いられていない。また非日常の漢語や非・常用の漢字の数が前の作に比べて明らかに少ない。さらにここでは、記録語・仮名文学語が必要に応じて用いられている。また、「記録体」において一般的ではない、中国古典文の措辞とみられる表現がほとんど用いられておらず、相当するのは「慎護之功、不失一物」の部分くらいである。もっとも、漢文学の作品にふさわしく、語順・構文に破格は認められない。いわば、当時の日常漢語・常用漢字を中心に据え、「記録体」では使用しない措辞をなるべく使わず、そのうえで破格なく書いた漢文、と理解することができる。

いってみれば、「記」を「記録体」と共通する漢語・漢字・措辞で書いているのであり、川口久雄氏が指摘されるように、当時受容されるようになっていた白居易らの「散文精神」の影響と、その影響を受けつつ当時進行していた漢文学作品の「和習」化というべき現象が、ここには見いだされる(49)。

留意したいのは、この「記」の文章は、あくまで中国古典文で書かれるべき「記」が、日本の日常実用文の影響のもと、この時期になって「和習」化した結果として生まれたものである、という点である。すなわち、同じように中国古典文と異なっているといっても、日常実用文として古くより成立してきていた「変体漢文」と、九

世紀後半になって急速に「和習」化しはじめるようになった「記」の文体とは、その生まれる過程も背景も異なっている。(50)

さて、この「記」がさきの「書斎記」と異なるのは、文章表現だけではない。末尾をみると「元慶六年八月一日　式部少輔菅原朝臣道―記」とあって、この作品が制作されたのは八月一日であった。しかしその内容は、「標所」の活動が開始される「(七月)八日」にはじまっており、「先節一日」(節の前日)の夜中の出来事までおよんでいる。必ずしも日次の形式とはなっていないが、おおむね時間の流れにそって書かれており、こうした記述態度は「書斎記」になかったものである。

もっとも日付は連続せず、記載される事柄は作者によって選択されていて、その結果として一定の主題が浮かび上がるように構成されている。この点が古記録とは異なっている。

これに対し、最後に掲げる「記」は、ほぼ古記録といってよい形式のものである。

【資料21】紀長谷雄「競狩記」　昌泰元年(八九八)十月二十日、二十一日

凡遊猟之事、多致騒擾。皆是不知誡不張制之使然也。故人犯細過、箠楚立加。僕従不謹、其主相坐。行路粛然、邑落安静、都［　　］苦。今実録其事、以貽後鑑。(中略)

当日、丙辰。天気微陰。及巳一刻、雲収日晴。従行之輩、皆悉会参。巳二刻、次第使等行事。主上駕御馬、従臣皆乗馬。(中略)

廿一日、丁巳。少有陰気。早朝、当国守兼覧王、［　　］捧秣稲百束。不候気色、置列庭中。天気不［　　］嫌色。侍臣相視、不敢一言。其第一執捧物者忠相、不得進不得退、左右廻顧、顔色無生。移刻之後、黙以退帰。々入之間、数人相乱、奪取其秣。不知誰従。即勅検非違使如道、尋捕其身、垣外決笞。(中略)于辰四刻許、供進朝膳。侍臣等皆賜食。巳四□□〔刻許〕、行幸於片野之原。其陪従者、貞数親王・菅原朝

臣・□朝臣・清経朝臣・友于朝臣、善朝臣、春仁・恒佐・如道・敏相・季縄・善行・忠房・公頼・朝見・浣・凝等、及鷹飼四人而已。其余皆悉帰遣、令勤本職之事。左近衛□将監後蔭、同在帰中。別賜御衣。再拝舞□。内裏近臣之故也。其扈従者、帰去者、各改□衣、着用他服。争極美色、迭以誇張。其中滋□□□〔実朝臣〕、独着唐綾、表裏甚麗。清経朝臣戯曰「天下本好質朴。未曽見服色之美。今已如此。恐変本心」。滋実答曰「如臣者、衣色雖変、心情如旧。至如諸人者□□之心、随時無定。何必論衣服之変易乎」。帰□□輩、目送大駕。犬馬之情、非無恋懐。去留非□不言。史臣長谷雄、右脚為馬所踏。損不堪従行、□□故帰洛。雖悔無及。掻首而已。自後之事、非敢□。

（伏見宮家本『紀家集』[51]）

昌泰元年（八九八）十月、前年に譲位していた宇多上皇は、道真をはじめとする近臣を率いて鷹狩りに出かけ、そのまま一〇日以上にわたって各地の名所に足をのばし遊覧を楽しんだ。右掲の「記」は、これに従行した紀長谷雄がその様子を日次記形式で記録したものである。[52]不幸にも、長谷雄は二日目に馬に足を踏まれ、帰洛を余儀なくされる。代わりに翌日から記録を担当したのが道真であった。しかし、このときの道真の「記」は、現在抄文しか残されていない。[53]右に掲げたのは、原文が残される長谷雄の「記」である。

この「記」で第一に注目されるのは、これが日次記の形式をとっており、しかも各日の条が、〈日・干支・天候〉の記載から始まっていることである。すなわち「当日、丙辰。天気微陰」「廿一日、丁巳。少有陰気」という記載形式は、古記録と同一である。体裁上、古記録と異なるのは、「記」を記す理由を説明した冒頭だけである。

第二に注目されるのは、各日条の具体的な書き進め方である。すなわち「及巳一刻……、巳二刻……」（二十一日条）、「早朝……、于辰四刻許……、巳四□□〔刻許〕……」（二十二日条）というように、時刻の推移にそって出来事を書き進めている。特定の主題にそって記述すべき事柄を選んでいる様子はみあたらず、こうした点も古記録と共通している。

九世紀末には、こうした体裁をとる文章も「記」の範疇に含まれていたのである。このような「記」は、その体裁だけをとれば、もはや公日記・私日記との境界はあいまいである。

もっともその文章に目を移せば、古記録にとっては非日常といえる漢語や非・常用の漢字がなお散見し、中国古典文特有の措辞もわずかながら認められる。文体という点では、やはり古記録そのものとは異なっているといえそうである。だが、その点もさらに注意深くみてみると、古記録に一般的ではない表現の多くは、冒頭部分と、この「記」の結びとなる末尾部分に集中していることに気づく。本文というべき日次形式の部分だけをみれば、その文体は、さきに掲げた「左相撲司標所記」と実は大きく違わない。繰り返せば、当時の貴族社会の日常漢語・常用漢字を中心に据え、普段「記録体」では使用しない措辞をなるべく使わず、そのうえで破格なく書いた文章、である。

この「競狩記」の文体については、「当時の人々が日常的に使用していた字句をそのまま生かし……いかにも日本人好みと察せられる表現法」がとられる一方で、「漢文の常識は節々で守られて」いて、「和漢混淆を最初から狙った」ものであるとの評言が早くに示されていたが、(54) それは第一には、こうした箇所の文体を指してのことであろう。

以上、雑駁ながら、九世紀末に日本で書かれた三つの「記」を概観してきた。文章の形式・内容という点で、「記」には幅広いかたちがあったことが明瞭になったと思う。「書斎記」のように、作者の選びとった特定の事柄と、それについての思念・感懐を述懐するものもあれば、「競狩記」のように、ほとんど日次の古記録とみまがうようなものもあった。「標所記」は、形式・内容ともに、その中間形態といえよう。

文体という面からみても「記」には広い幅が認められる。非日常の漢語や非・常用の漢字が多用され、さらに対句表現があふれんばかりに用いられている作品もあれば、それらが比較的少ないものもあった。また「競狩記」のように、ひとつの作品のなかでも、書き記される内容に即して部分ごとに非日常の漢語・漢字等の多寡に違いがある作品もあった。(55) なお各作品に共通して、用字の使い分けは行われているものの、意外なことにその数は少ない。また記録語・仮名文学語の語彙は、(作品によって) 必要に応じて用いられている。ただし文法という点では、記録語・仮名文学語のものは利用されることが少ないようである。これらを整理すれば、次のようになる。

① 非日常の漢語が用いられる。ただし作品ごとに、きわめて数多く用いられるものから、さほど多くないものまで、その多寡には幅がある。また同じ作品のなかでも、書き記される内容に応じて、部分ごとに使用の量に多寡がみられる場合がある
② 「記録体」では一般的でない、中国古典文の措辞は若干交じる程度
③ 用字の使い分けは行われるが、多くない
④ 語順の破格は(ほとんど)ない
⑤ 記録語・仮名文学語の語彙は(作品によって)用いられるが、それらの文法を用いることは少ない

こうして整理してみると、「記」の文体は、『宇多天皇日記』の文体と近似していることに気づく。すなわち『宇多天皇日記』を「記録体」から分かつ様々な特徴――非日常の漢語を多用すること、中国古典文特有の措辞を用いること、記録語・仮名文学語の語彙・文法を多くは用いないことなど――は、いずれも「記」と通じているのである。

また『宇多天皇日記』の文章は、標準的な「記録体」のようにみえる部分から、極度に中国古典文に近い部分まで文体に幅があり、その文体の幅の広さも特徴のひとつであった。様々な文体が見いだせるという点でも、

『宇多天皇日記』と「記」には共通性が認められるのである。

宇多天皇は、「記」のことをたしかに知っていた。「記」を書いていた菅原道真や紀長谷雄は、ほかならぬ宇多天皇の近臣だったからである。漢詩文を好み、彼らをとりたてた宇多天皇は、当然、彼らの「記」も読んでいたであろう（たとえば長谷雄の「競狩記」は、ほかならぬ宇多上皇の御幸記であった）。また譲位後のこととなるが、宇多は、延喜十一年（九一一）六月、亭子院で行われた酒の飲みくらべの様子について、長谷雄に「記」の作成を命じている(56)。

そしてたしかに『宇多天皇日記』のなかには、「記」を意識して書いたことを示唆する条がある。あの愛猫を記した文章である（資料18）。あらためてその冒頭をみてみると、「朕閑時述猫消息曰」と記されていて、この文章が、愛猫の様子を記録しようと、わざわざ「閑時」を利用して執筆されたものであることが述べられている。宇多天皇は、この文章を単なるその日の日記としてではなく、一個の文章作品として書いていたことが知られよう。そのとき彼の念頭にあったのは、まさしく「記」であったと考えられる。この条の文体と内容のあり方は、道真の「書斎記」に大変近い。現存する『宇多天皇日記』の逸文中、特にこの条が異彩を放つのは、これが「記」を志向して書かれた文章だったからと理解されるのである。

これに対し、『宇多天皇日記』のほかの部分は、この条ほどには極端に四六駢儷体を意識した文章とはなっていない。しかしその文体が「記録体」とは相容れぬものであったことはすでに指摘したとおりである。他方、同時代の「記」には、「標所記」や「競狩記」のように、対句表現を離れ、非日常の漢語や非・常用の漢字を多用しないものが存在していた。なかには古記録とみまがうような日次記の体裁をとる「競狩記」のような作品も存在していた。

こうしてみてくると、宇多天皇が日記に向かうとき、普段から「記」を意識して書いていた可能性が出てくる。

すなわち愛猫の条に限らず、『宇多天皇日記』全体が、「記」を意識して書かれていた可能性があるのである。

このように解してよければ、『宇多天皇日記』がもつ諸特徴も理解しやすくなる。『宇多天皇日記』では、しばしば特定の事柄が主題としてとりあげられ、それに関する宇多の思念・感懐・理念が述懐される。当日の事柄ではないことも題材にとりあげられ、感懐・理念が述べられる（たとえば資料9をかえりみられたい）。この点で、基本的にその日その日の政務内容を記すだけの『醍醐天皇日記』『村上天皇日記』と、『宇多天皇日記』とは異なっている。従来、『宇多天皇日記』のもつこうした特徴については、「率直でのびやか」、「心事の率直な告白」が「異色」であるとの指摘が行われてきたが、同記が「記」を念頭において書かれたものであったとすれば、そうした内容上の特徴も理解しやすいものとなろう(57)。

だが、以上を踏まえてなお指摘しなければならないのは、『宇多天皇日記』の文章は、同時代の「記」以上に、中国の古典文そのものに近いという事実である。

少なくとも本稿でとりあげた三つの「記」においては、用字の使い分けが少なく、中国古典文特有の措辞の利用も少なかった(58)。これに対し、『宇多天皇日記』では、語義に応じた用字の使い分けが比較的頻繁に行われ、なにより古記録ではほとんどみることのできない、あるいはまったくみることのできない助辞が数多く用いられている。また訓読を前提とした漢文ならば、「也」を付して文末とするような文章であっても、『宇多天皇日記』では、あえて中国語の文章にならって助辞を付さないで文を閉じる例も散見する。その意味で、『宇多天皇日記』の文体は、同時代の漢文作品である「記」以上に中国古典文を志向していたと判断されるのである。

もっとも『宇多天皇日記』の文章が、完全に中国古典文になり得ているわけではないことも確かである。その文中には、中国古典文に見いだせないだけでなく、同時代の日本の「記」にも見いだせないような「侍」「奉」といった補読語や、「以……令～」（……をもて～しむ）という構文、また「者」（てへり）、「云々」（とうんうん）

という記録語特有の文型が含まれている。ただし「閑時」を利用して綴ったという愛猫についての文章には、「記録体」の要素は認められない。時間の限られたなかで記す日々の日記においては、日常的な「記録体」の要素を排除しないままに書いていたのであろう。

総合的にみて、『宇多天皇日記』の文体は〝ちぐはぐ〟である。だが、そうしたちぐはぐさを抱えてでも、『宇多天皇日記』では強く中国古典文が志向されている。いわばそれは、中国古典文に「傾倒」した文体であった。我々はそこに、宇多天皇の意志をみることができるであろう。

おわりに

以上、三節にわたって、『宇多天皇日記』の文体について検討してきた。検討結果はおおむね第三節で示したから、ここであらためて整理することは避けようと思う[59]。

本稿では、国語学の方法を借用し、さらには国文学の内容にも若干触れることとなった。数多くの誤りを犯しているのではないかと深くおそれている。とりわけ中国古典文的要素や日本語的要素をどう認定するかは、議論の余地が多く残されていよう。諸賢の厳しいご批判ご叱正を衷心より請う次第である。

最後に一言述べることを許されたい。宇多天皇が倭歌（和歌）に深い理解を示したことは、古くから指摘されている。倭歌とは、自国の音声言語（「倭」の言葉）を基盤にして詠まれる歌にほかならない。彼は、ながく社会的位置づけの低かったこの倭歌を、ほかならぬ「宮廷の文事」にまで引き上げ、その復興を推進して『古今和歌集』勅撰への道を開いたのだった[60]。だが一方で、宇多が文学・政治思想といった面で、中国文化に強く傾倒していたこともよく知られている[61]。

宇多のなかで、「倭」と「漢」はどのように位置づけられていたのか――。これは大変興味深い問題である。

それは、彼が天皇として再編を推し進め、十世紀に入って定着した新しい国制の性格や意味を考える上でも、あるいは貴重な手がかりを与えるものになるかもしれない。実を言えば、本稿は元はといえば、彼の文体を分析することを通じて、こうした問題をいくぶんなりとも考えてみようとするものであった。だが存外にも、日記からは彼の「漢」への傾倒ぶりだけが際立つ結果が導かれることとなった。これをどう捉え、どう位置づけたらよいのか。引き続き考えていきたい。

（1）「変体漢文」の概念を最初に提出されたのは橋本進吉氏である（『国語学概論』下、岩波書店、一九三三年）。戦後、築島裕氏によって本格的な研究が開始され、峰岸明氏が全面的に研究を推し進められたことはよく知られていよう。研究の進んだ現段階にあっても、体系性・総合性といった点においては、なお築島・峰岸両氏の業績がその代表といってよいようである。築島「変体漢文研究の構想」（『平安時代の漢文訓読語につきての研究』東京大学出版会、一九六三年、原形初出は一九五七年）、峰岸ⓐ『平安時代古記録の国語学的研究』（東京大学出版会、一九八六年）、同氏ⓑ『変体漢文』（東京堂出版、一九八六年）、同氏ⓒ「古記録と文体」（財団法人古代學協會編『後期摂関時代史の研究』吉川弘文館、一九九〇年）、同氏ⓓ「古代日本語文章表記における倒置記法の諸相」（佐藤喜代治編『国語論究』二、明治書院、一九九〇年）など。さらに今日まで、諸氏によって「記録体」の研究は着実に進められている。以下、行論に必要な限りで触れるが、近年までのその研究史は、三保忠夫「研究史と研究課題」（『古文書の国語学的研究』吉川弘文館、二〇〇四年）、堀畑正臣「古記録資料の国語学的研究の構想」（『古記録資料の国語学的研究』清文堂出版、二〇〇七年）を参照。

（2）前掲註（1）築島論文。

（3）舩城俊太郎「変体漢文はよめるか」（小松英雄博士退官記念『日本語学論集』三省堂、一九九三年）。

（4）逸文のみならず、取意文を含めた数。『宇多天皇日記』逸文はしばしば九〇条と紹介されるが、これは複数の出典に引かれた同文の逸文・趣意文を重複して数えた数である。なお『宇多天皇日記』の伝来と受容については、

和田英松『皇室御撰之研究』（明治書院、一九三三年）、所功「三代御記の伝来過程」（同氏編『三代御記逸文集成』国書刊行会、一九八二年、初出は一九八〇、一九八一年）、米田雄介「歴代天皇の本記と逸文」（山中裕編『古記録と日記』上、思文閣出版、一九九三年）を参照。

（5）目崎徳衛「宇多天皇とみやび」（『鄙とみやび』小沢書店、一九九二年、初出は一九八七年）、同氏「宇多天皇御記」（『平安時代史事典』角川書店、一九九四年）。

（6）川口久雄『三訂　平安朝日本漢文学史の研究』中（明治書院、一九八二年、初版は一九五九年）第十二章第五節。

（7）前掲註（1）峰岸ⓑ書、三一四～三一九頁。

（8）前掲註（1）三保書、序論。

（9）なお、小山登久「記録体の推移（概略）」（『平安時代公家日記の国語学的研究』おうふう、一九九六年、初出は一九八二年）においても、表記・文法・修辞などの面において、「記録体」はすでに奈良時代に成立していたとの理解が示されている。

（10）日記個々の文体に触れた論考のうち代表的なもののみ掲げる。高松政雄「御堂関白記の実態――主に表記の面から見た――」（『国語国文』三一―九、一九六二年）、小山登久「「告論」をめぐって――権記の文体――」（『語文』二七、一九六七年）、峰岸明ⓔ「平安時代記録文献文体試論――用字研究からの試み――」（前掲註1ⓐ書、初出は一九七四年）、前掲註（1）同氏ⓒ論文、堀畑正臣「『小右記』の文飾――用語・用字・語法からみた個性的文体について――」（同氏註1書、初出は一九九一年）、川﨑恵津子「『後二条師通記』に見られる文体の形成過程」（『国語と国文学』七九―九、二〇〇二年）、藤原克己「公卿日記と漢文学――『権記』を中心に――」（『菅原道真と平安朝漢文学』東京大学出版会、二〇〇一年、初出は一九九三年）など。

（11）前掲註（1）峰岸ⓒ論文、前掲註（10）同氏ⓔ論文。

（12）前掲註（10）川﨑論文、柳原恵津子「『後二条師通記』冒頭部の使用語彙――本記と別記の比較という観点から――」（『日本語学論集』三、二〇〇七年）。

（13）峰岸氏自身は、二点目について、「漢文様式」を用いて「国語文の作成」を志向したものとされる。しかしいかに当時の日本語に傾いた「変体漢文」であっても、それが「国語文の作成」そのものを志向した文章と捉えるのは、研究史の流れからみてもやや誤解をまねきかねない。ここでは「（当時の）日本語に傾いた漢文」を作成する志向との表現に改め、峰岸氏の議論の枠組みを継承する。なお「変体漢文」の定義については近年も議論があるが、本稿は、西宮一民「古事記の文章」（『日本上代の文章と表記』風間書房、一九七〇年、初出は一九六七年）の理解に従う。

(14) 以下、主に前掲註(1)峰岸ⓐ書の序章、第二部第二章第一節、およびⓑ書全体によるが、必要に応じてⓐ書全体を参照した。

(15) 「破格」の類型は、前掲註(1)峰岸ⓑ書、一三六〜一三八頁、前掲註(1)同氏ⓓ論文を参照。なお、これらの論考では、述語の前に客語や補語が置かれる文章（客語・補語＋述語）はすべて「破格」とみなされている。だが実際は、中国古典文においても、状況に応じて客語や補語が述語の前に置かれることは普通であったから、現在ではこうした理解は退けられよう。さしあたり小川環樹・西田太一郎『漢文入門』（岩波書店、一九五七年）、峰岸明ⓖ「『本朝文粋』の文章について」（『国語と国文学』六九―一一、一九九二年）を参照。ただし日本語の語順は客語や補語が述語の前に置かれるものであるから、あるいは〈客語・補語＋述語〉という文型は、とりわけ日本漢文（特に「記録体」）に多い可能性も残る。後考を期したい。

(16) 前掲註(1)峰岸ⓑ書、一八〇〜一八三頁に例が多数あげられている。

(17) 前掲註(1)峰岸ⓐ書、五三〇〜五三二頁、前掲註(1)同氏ⓑ書、一八四〜一八五頁に例が多数あげられている。

(18) 漢字の訓みは、ひとまず峰岸氏の表記に従った（以下同じ）。なお、近年、記録語とされてきたもののなかに、中国古代の俗語文（唐代口語文）の語彙・文法がいくつも含まれていることが指摘されている。本稿にあげる事例のなかにも、今後、中国口語文の語彙・文法であることが明らかになるものが含まれている可能性がある。ここでは研究の現段階の知見を示すよう努めた。記録体と中国口語文との関係については、堀畑正臣「古記録と唐代口語」（前掲註1書、初出は一九九四、二〇〇四年）、舩城俊太郎「「間」の遡源」（『国語国文』六四―八、一九九五年）、同氏「「了（ヲハンヌ）考」（『新潟大学人文学部）人文科学研究』一〇〇、一九九九年）が先駆的研究となる。唐代口語文の受容一般については、日本語学・中国語学・日本文学・日本史学全般の先行研究を簡便に整理した渡辺滋「『令集解』の語彙・語法に関する一考察」(『古代学研究所紀要』三、二〇〇七年)、同氏「日本古代における中国口語の受容と展開」(『訓点語と訓点資料』一二〇、二〇〇八年)が有用。

(19) 以上、前掲註(4)所編書の「あとがき」参照。近年、鹿内浩胤氏によってさらに逸文一条が付け加えられた。同氏「田中教忠旧蔵『寛平二年三月記』について」(『日本古代典籍史料の研究』思文閣出版、二〇一一年、初出は二〇〇三年)参照。

(20) 現在ひろく用いられている『三代御記逸文集成』は集成に主眼があり、残念ながら校訂という面では多大な問題を残している。

(21) 国語学の分野からは、小山登久「『御堂関白記』自筆本の用字について」(前掲註9書、初出は一九七二年)、堀畑正臣「『御堂関白記』(古写本)に於ける文章改変態度について——「大殿」と「某」の改変態度の差異について——」(『尚絅大学研究紀要』一一、一九八八年)、同氏「御堂関白記(古写本)に於ける文章改変の実態」上(同紀要、一二、一九八九年)、柳原恵津子「自筆本『御堂関白記』における「之」字の用法について」(『日本語学論集』創刊号、二〇〇五年)、前掲註(12)同氏論文など、また歴史学の分野から、倉本一宏『藤原行成「権記」』下、「おわりに」(講談社文庫、二〇一二年)、小倉慈司「日記における記主の官職名表記についての検討」(本書所収)など。

(22) 前掲註(21)堀畑両論文、前掲註(12)柳原論文。

(23) こうした事実は、たとえば『西宮記』『扶桑略記』双方に共通して引載される宇多・醍醐・村上天皇日記逸文の比較検討によって明らかになる。

(24) なお写本調査にあたっては、石田実洋・田島公両氏より種々ご教示・ご助言を賜った。

(25) 「故八条式部卿私記」の名は『貞信公教命』にみえる。記主藤原師輔は、「故八条式部卿私記」という日記名をあげたあと、「彼記云」「同記文云」として、その逸文ともみられる文章を記している(天慶七年十月九日条。承平六年九月二十一日条でも言及される)。その文章をみると、本康親王にあたる人物の一人称が「予」となっており、一見すると親王本人の文と読める。しかし次の諸点から、師輔の取意文である可能性がきわめて高い。第一に、一回分の記述が複数日にわたっており、特定の案件ごとにまとめて記したかのような記述になっていること。第二に、師輔の文章に特徴的な語彙で記されていること。その一つは、日常的な尊敬語としての「宣」である（「語宣」「談説次宣」）。「宣」のこうした用法は、『九条殿記』五月節、天慶七年五月五日条、『貞信公教命』承平六年九月二十一日条、『九暦』逸文天慶五年正月十六日条など、師輔の日記では時々用いられているが、平安時代の他の古記録ではほとんどみることができないようである。いま一つは、「むかし」を表す「在昔」という語である。これも他記にはほとんどみられない語彙であるが、師輔の日記にはほかにも三例見いだせる（『九暦抄』天慶三年三月二十二日条、『貞信公教命』天慶七年十二月十一日条、『九暦』逸文天暦四年六月二十六日条）。これらより、該当文は師輔の取意文である可能性がきわめて高い。なお「故八条式部卿私記」の扱いについては、歴史学研究会日本古代史部会の諸賢より貴重なご意見を頂戴した。

(26) 「外記日記」に関しては、その逸文の所在を含め、橋本義彦「外記日記と殿上日記」（『平安貴族社会の研究』吉川弘文館、一九七六年、初出は一九六五年）、木本好信「『外記日記』について」（『平安朝日記と逸文の研究』桜楓社、一九八七年、初出は一九八六年）、小口雅史「内記日記と外記日記」（前掲註4山中編書）を参照。

(27) 対応する前田家大永本『西宮記』第四、臨時、申交替使返事の勘物により一部補った。以下、壬生本『西宮記』は『宮内庁書陵部本影印集成　西宮記』（八木書店、二〇〇六～二〇〇七年）、前田家本『西宮記』は『尊経閣善本影印集成　西宮記』（八木書店、一九九三～一九九五年）による。なお、原文では末尾に「云々」が付くが、『西宮記』の文言である可能性があるため採らなかった。新訂増補故実叢書本、第二、四二頁。

(28) 以下、『政事要略』はより善本と判断された蓬左文庫本（五―四三）を底本とし、新訂増補国史大系本の底本である大阪市立大学福田文庫本（三二二・一//KOR//FUKUDA）、および京極御所本の古い写しと目される東京大学総合図書館本（貴重書、A〇〇／六〇七二）により校合したテキストを用いる。調査に際し、押部佳周「政事要略の写本に関する基礎的考察」（『広島大学学校教育学部紀要』第二部―五、一九八二年）を参照した。新訂増補国史大系本、一六四頁。

(29) 以下、『扶桑略記』は尊経閣文庫本（四―三―五三―書）を底本とし、新訂増補国史大系本を参照して適宜字を改めた。

(30) 「外記日記」をひろく見まわした場合、必ずしも「ない」とは言いきれないため「（ほとんど）ない」と表記した。以下同じ。

(31) 土田直鎮「平安中期に於ける記録の人名表記法」(『奈良平安時代史研究』吉川弘文館、一九九二年、初出は一九五四年)。

(32) 大日本古記録『九暦』解題参照。テキストは同書による(次に掲げる『貞信公教命』も同様)。師輔の日次記は抄略本・逸文しか現存しないため利用しない。『九条殿記』については、栗木睦「『九暦抄』『九条殿記部類』成立考」(『古文書学研究』五四、二〇〇一年)も参照。

(33) 人名表記のあり方も、「大体に於て、九暦など、時代のやゝ古いものは外記日記の表記法により近く、……御堂関白記以下の、やゝ後代のものでは、一段と形が崩れて気紛れな記し方が増加」するという(前掲註31土田論文、四八七~四八八頁)。

(34) 大日本古記録『貞信公記』解題参照。テキストも同書による。

(35) 『文語解』を参看。以下『文語解』は、吉川幸次郎・小島憲之・戸川芳郎編『漢語文典叢書』一(汲古書院、一九七九年)による。

(36) 前掲註(1)峰岸ⓐ書、六八、四一七~四一八頁参照。なお、『宇多天皇日記』等の検討にあたっては、和漢比較文学専攻の渡辺秀夫氏より多くのご教示を得た。また日本語史専攻の山田健三氏からも併せて貴重なご示教を得た。

(37) 以下、『明文抄』は、山内洋一郎編著『本邦類書 玉函秘抄・明文抄・管蠡抄の研究』(汲古書院、二〇一二年)による。

(38) さしあたり前掲註(10)小山論文参照。

(39) 原文では、末尾に「云々」が付くが、『西宮記』の文言である可能性が高いため採らなかった。

(40) 原文では、冒頭に「於朝集堂可饗蕃客。午一刻、雷電風雨、々脚如射」の字句があるが、『扶桑略記』の地の文、または他記録からの文章である可能性もあるため、ここではあえて採らなかった。

(41) 『花鳥余情』は、中野幸一編『花鳥余情 源氏和秘抄 源氏物語之内不審条々 源語秘訣 口伝抄』(源氏物語古註釈叢刊、二、武蔵野書院、一九七八年)による。

（42）『河海抄』は、玉井琢彌編『紫明抄 河海抄』（角川書店、一九六八年）による。
（43）非力により今回出典調査はかなわなかった。後日を期したい。
（44）なお、宇多が講読をうけたことが明らかな漢籍として、『周易』『漢書』『文選』がある（小林芳規「寛平法皇の訓点と角筆使用」『角筆文献の国語学的研究』汲古書院、一九八七年、初出は一九八二年）。ほかにも『寛平御遺誡』逸文（『明文抄』一、帝道部、上所引）の記述から、『群書治要』を読んでいたことが確実である（岩波日本思想大系『古代政治社会思想』一一一頁）。
（45）大曽根章介ⓐ「「書斎記」雑考」（『王朝漢文学論攷』岩波書店、一九九四年、初出は一九六二年）、同氏ⓑ「『本朝文粋』の分類と排列」（同上書、初出は一九六八年）、同氏ⓒ「学者と伝承巷説」（『大曽根章介 日本漢文学論集』二、汲古書院、一九九八年、初出は一九六九年）、同氏ⓓ「「記」の文学の系譜」（『大曽根章介 日本漢文学論集』一、汲古書院、一九九八年、初出は一九九〇年）。ほかに後藤昭雄「文体解説」（新日本古典文学大系『本朝文粋』岩波書店、一九九二年）、同氏「『菅家文草』散文篇の基礎考察」（『本朝漢詩文資料論』勉誠出版、二〇一二年、初出は二〇〇二年）も参照した。
なお「記」に着目するにあたっては、日本文学専攻の荒木浩氏より多大なご示唆を賜った。また歴史学においても、近年、川尻秋生氏が「記」を取り上げておられる。ついて参照されたい（同氏「『紀家集』と国史編纂」『史観』一五〇、二〇〇四年、同氏「文体としての「記」」『日本の歴史』四、小学館、二〇〇八年）。
（46）本来、中国や漢文学の分野では、通常これを「文体」と呼んでいる。ここでは混乱を避け、大曽根氏の言葉を借用して「部門」と呼称する。
（47）以下、『菅家文草』は日本古典文学大系本、『本朝文粋』は新日本古典文学大系本による（私に句読点を改めた）。
（48）前掲註（6）川口書、第十二章第四節。
（49）前掲註（6）川口書、第十二章第三、四節。
（50）もっとも、結果的に両者の文体は接近した。たとえば本文に掲げた部分の「標所記」の文章から非日常の漢語を取り除くと、ほとんど「外記日記」の文体となる。なお註（55）を参照。
（51）以下、『紀家集』は、図書寮叢刊『平安鎌倉未刊詩集』（宮内庁書陵部、一九七二年）、『紀家集』（宮内庁書陵

部、吉川弘文館、一九七八年)を併せ用いる。

(52)「競狩記」の概略は、さしあたり蔵中スミ「紀長谷雄『競狩記』について」(和漢比較文学会編『中古文学と漢文学』Ⅰ、汲古書院、一九八六年)を参照。

(53)いわゆる「宮滝御幸記」。全一一日分が残されている。『扶桑略記』昌泰元年十月二十一日～閏十一月一日条に収載。

(54)宮内庁書陵部『紀家集』(註51)の解題。

(55)本稿では紙幅の都合から掲出できなかったが、非日常の漢語や非・常用の漢字等が少ない「標所記」においても、「標」の様子を詳細に描写する場面では、非日常的な漢語・漢字・対句が数多く用いられている。

(56)『日本紀略』同年六月十五日条。このときの「記」が「亭子院賜飲記」(『紀家集』所収)である。

(57)本稿の準備中、早く川尻秋生氏も『宇多天皇日記』と「記」との関係について考察されている由を仄聞した。活字化を熱望して待ちたい。

(58)現存する同時代の「記」全体を見渡しても、おおむね同様の傾向が認められるようである。

(59)本稿の検討結果を歴史のなかにどう位置づけるかは、関心の所在によって様々にありうることと思う。たとえば国文学的な関心からすれば、古記録と漢文学と日記文学の相互関係を考える際のひとつの素材となしうるかもしれない(こうした問題設定は、早く渡辺秀夫「漢文日記から日記文学へ」〔『平安朝文学と漢文世界』勉誠社、一九九一年、初出は一九七二、一九八三年〕で示されている)。また、国語学的な観点からすれば、漢文訓読語と「記録体」とを随時使い分け、また両者を混用することもありうる当時の言語生活のあり方を考える素材ともなしえよう。ただ、これらはいずれも筆者の能力をはるかに超えた課題であり、専家のご示教を請うばかりである。

(60)奥村恒哉「古今集の成立」(『古今集・後撰集の諸問題』風間書房、一九七一年、初出は一九五四年)、小沢正夫『古今集の世界』増補版(塙書房、一九八五年、初版は一九六一年)第二章、目崎徳衛『紀貫之』(吉川弘文館、一九六一年)、村瀬敏夫「宇多朝和歌の性格」(『古今集の基盤と周辺』桜楓社、一九七一年)、山口博『王朝歌壇の研究』宇多醍醐朱雀朝篇(桜楓社、一九七三年)第一篇ほか参照。

（61）前掲註（60）山口書、第一篇第一章、藤原克己「詩人鴻儒菅原道真」、同氏「道真・長谷雄・清行」（ともに『菅原道真と平安朝漢文学』東京大学出版会、二〇〇一年、初出はそれぞれ一九八二、一九九六年）、川尻秋生「日本古代における「議」」（『史学雑誌』一一〇―三、二〇〇一年）、滝川幸司「宇多・醍醐朝の文壇」（『天皇と文壇』和泉書院、二〇〇七年、原形初出は二〇〇二年）、李宇玲「平安朝における唐代省試詩の受容」（『古代宮廷文学論』勉誠出版、二〇一一年、初出は二〇〇四年）ほか参照。

なお宇多天皇自身、漢詩をよくした。実作も残されている。この点については機会をあらためて論じたい。

日記における記主の官職名表記についての検討

小倉慈司

はしがき

日記の記主がみずからの行為を記すときには主語を明示しないことも少なくないが、主語を記す場合には「予」「余」「下官」などと記すことが多く、場合によっては実名を記すこともあるであろう。しかしそれ以外に、第三者を記す場合と同様に官職名で記されている場合があることもしばしば確認される。これは自称としては不自然な感があるが、このようなことがなぜ生じるのか、そしてそこから何が読み取れるのかを検討するのが本稿の目的である。平安時代の日記を対象として筆者の気のついた事例について検討を加えたい。

一　『西宮記』七月相撲事勘物　寛弘七年七月十三日・十四日記の場合

まずは勘物《かんもつ》として引かれた日記の一例として『西宮記』をとりあげることとする。同書恒例第二、七月相撲事の勘物に、「寛弘七年（一〇一〇）七月十三日」で始まる同日と翌十四日の記事がある。この記事の冒頭部分を示すと、尊経閣文庫所蔵前田家巻子本では、前の記事に続いて、

寛弘七年七月十三日、権中納言行成、承レ仰欲レ行二相撲召仰事一、次将等不レ具、仍奏二明日可レ行之由一退出、先申二左相府左右将共召否事一、命云、去年自二奉行一共召二仰之一云々、又語次、左京大夫長経、云、小一条大将済時、召仰之時、不レ召二加勝著一、毎レ府召仰云々、又同（問カ）二右将軍一実資、報云、先召二左将一仰之、次右、（〇後略）

とあり、同文庫所蔵前田家大永本では、

七月十六日相撲式従二天長三ー一改二七日一定二此日一、以二七月廿五日一定為二節日一、

寛弘七ー七月十三日、権中納言行成承レ仰欲レ行二相撲召仰事一、次将等不レ具、仍奏二明日可レ行之由一退出、先申二左相府左右将共召否事一、命云、去年自二春イ無奉行一共召二仰之一云々、又語次、左京大夫長経、云、小一条大将済時、召仰之時、不召二加勝着一、毎レ府召仰云々、又問同イ二右将軍一実資、報云、先召二左将一仰之、次右、（〇後略）

と記されている。

この記事の記主について、所功氏は「文体と内容から」あるいは「文中の対人関係などから」源経頼が記主であると推測した［所 一九八五：一七七・二〇五頁］が、この当時は経頼は従五位上少納言であり、十四日に記主が仗座《じょうのざ》に参着して相撲の召仰を行なっていることなどから考えれば[1]、堀井佳代子氏が指摘されたように権中納言の藤原行成と考えるのが妥当であろう［堀井 二〇一二］[2]。

記主が行成であるとした場合、この記事が「権中納言行成、承レ仰欲レ行二相撲召仰事一」（前田家巻子本）あるいは「権中納言行成承レ仰欲レ行二相撲召仰事一」（前田家大永本）といった書出しで始まることが問題となるであろう。『西宮記』の信頼すべき古写本としては前田家巻子本と壬生本がまずあげられるが、壬生本はこの部分は現存しておらず、壬生本の転写本と考えられる前田家大永本が次善の古写本ということになる[3]。前田家巻子本と前田家大永本とでは若干の文字の異同の他に、冒頭部分の「行成」を割注とするか本文とするかの違いがあるが、どち

らの可能性も考えられる一方で、転写の過程での改変も充分に考えられることから、両様の可能性を考慮しつつ検討を加えていくことにしたい。

まず考察の前提として、本記事が日記として記された当初からこのままの本文であったという可能性は排除しておきたい。それは現在知られる『権記』から考える限り、あまりにも異例であるからである。であるならば、どのような可能性が考えられるであろうか。次の〈a〉~〈d〉の可能性を想定してみた。

〈a〉『西宮記』の勘物として記された当初の段階では「予」などの一人称であったが、写本転写の段階で書き直した。

わざわざ行成のその当時の官職を調べて書き直すのは不自然であり、仮に調べたとしても傍注の形にするであろうから、この可能性を想定する必要はないであろう。

〈b〉『西宮記』にこの勘物が追加された段階で、勘物追加者が書き直した。

この可能性は皆無ではない。ただし行成はその後、寛仁四年（一〇二〇）に権大納言に昇進しているので、それ以前、すなわち寛弘七年ののち、まもなく勘物追加者に記事が提供されたと考えるべきであろう。通説では『西宮記』の勘物主要加筆者は源経頼と考えられており［竹内 一九九九、清水 一九八二、所 一九八五等］、その加筆時期が長元元年（一〇二八）から九年（一〇三六）までと推測されること［所 一九八五：一七五頁］からすれば、あまり可能性が高いとは思われない。また行成の『権記』については一般に「故按察使私記」「或人私記」として引用されており［竹内 一九九九：一三七~一三八頁］、なぜそのような形で引用しなかったのかという疑問も生じるであろう。ただし経頼が直接引用したのではなく、別書に引かれたものから転載して勘物とした〈b'〉ということであれば、あり得ないことではない。けれどもその場合は最初の改変者が、「権中納言行成」もしくは「権中納言行成、」と改変したことになり、記事としてやや不自然さが残る。

〈c〉行成本人がそのように記して第三者に記事を提供した。

これはあり得べき想定であろう。上位の人間への提供もしくは勘物とされることを前提として提供した可能性が考えられる。当該記事は全体的に記事が簡潔であって最低限必要な部分のみを書き抜いたような印象を受けるが、その点もこの想定にはふさわしい。

〈d〉行成本人は「権中納言」と記して記事を提供し、その後に勘物追加者が「行成」の注記を加えた。

この可能性も考えられないことはない。ただこの時期には権中納言は行成も含めて四人存在しており、行成が最上﨟であるにしても単に「権中納言」とのみ記すことはなかったのではないかと思われる。

以上によれば、あくまでも可能性が高いということでしかないが、日記の記主がその記事を第三者に提供する際に、主語を書き換えて提供することがあったのではないかという推測が成り立つことになる。

二　『東宮御元服部類記』巻四所収永承元年資房卿記の場合

宮内庁書陵部所蔵伏見宮本『東宮御元服部類記』一六巻本〈函架番号　伏六三〇〉は六巻本〈伏六三一〉とともに皇太子元服部類記の現存写本の祖本として知られている〈ただしうち三巻は現在、国立歴史民俗博物館に蔵される広橋家旧蔵本を戦後に補写したもので、広橋家旧蔵本が祖本ということになる〉。これら伏見宮本『東宮御元服部類記』についての史料学的研究は鹿内浩胤氏が行なっている［鹿内 二〇一一］。そこでまずは鹿内氏の研究を参考にしつつ、本稿でとりあげる巻四の構成を紹介したい。

巻四は天元五年〈九八二〉師貞親王〈花山天皇〉元服と永承元年〈一〇四六〉尊仁親王〈後三条天皇〉元服からなるが、前者は冒頭の目録部分のみで本文はない。目録によれば「外記々」と「小野宮右大臣記」が収録されていたらしい。一方、後者は本文の断簡一〇通からなっているが、こちらには目録はなく、前に貼り継がれている旧包紙に「二条内府記」と記されているほかは日記名は記されていない。ただし一般の研究によく使用されている続群書類従巻二九三『東宮冠礼部類記』では日記名の注記がなされている。『東宮冠礼部類記』は伏見宮本末流の流布本によって翻刻されたものであり、転写の過程で検討考証が加えられ、日記名が注記されたものと考えられるであろう。

鹿内氏によれば、巻四はｄｅｆの三種の筆跡からなり、熙仁親王（伏見）の元服（建治三年〈一二七七〉）に備えて作成されたものと推測されるという。すなわち部類記原本ということになる[4]。今、この本文部分を列記し、日記名の確認を行なうこととする。断簡には大文字のアルファベットを振り、続いて鹿内氏による筆跡種別と続群書類従で推定されている日記名を記し、考察を付す。

（前欠）

Ａ（ｄ）二条内府記　内容より「予」が加冠を勤めていることが判明するので、藤原教通が記主であり、『二条内府記』とすることに問題はない[5]。

（白紙）

Ｂ（ｅ）土右記歟　十二月十九日元服当日条に「傅、大夫、民部卿、余」と記されている箇所があり、また十二月十三日条に習礼のことが記されているが、Ｃ断簡により源師房が習礼に参加していることが判明するので、師房の日記である『土右記』と考えて問題ない[6]。

（白紙）

Ｃ（ｅ）注記なし　十二月十九日元服当日条に「先参㆓大将殿㆒」「為㆓大将殿御共㆒」と見え、記主は藤原頼宗の男ないし親しい関係にある人物であることが推測される。十一月二十二日の東宮入内には不参したと記される。そこでＧ断簡に見える元服儀参列者のうちＢＥＦＪ断簡によって東宮入内参列者を除くと、権中納言藤原信家・藤原兼頼・藤原経輔、参議藤原俊家・源経長・藤原行経といった人物があげられる。この中で兼頼と俊家が頼宗の男であり、この二人のどちらかが記主である可能性が高い。なかでも俊家は『大右記』の記主として知られている。(7)

D（e）（記事なし）　Cとほぼ同文。そのため流布本では転写の過程で省かれたのであろう。

E（e）大外記中原師任記歟イ　記主は十二月十八日に内大臣に召され所司を催している。I断簡によれば師任がそれを行なっているので、『師任記』と考えられる。

（白紙）

F（f）資房卿記　十一月二十二日条。記事に記された行動より、記主は春宮権大夫である藤原資房と考えられる。

（白紙）

G（e）資房記歟イ　十二月十九日条。記事に記された行動より、記主は春宮権大夫である藤原資房と考えるのが妥当であるが、「予」と記される箇所もある一方で、「権大夫」「権大夫資房、」と記されている箇所も少なくない（後述）。

（白紙　H冒頭に年月記載なし）

H（d）注記なし(8)　（十二月）二十日条。記事に記された行動より、記主は春宮権大夫である藤原資房と考えて問題ない。

（白紙）

I（e）注記なし　十二月十九日・二十一日条。二十一日条に「権大進基通於二殿上口一付レ予被レ奏下東宮御乳母等於二北陣一令上申二慶賀由一、即付二内侍一奏之」と見え、また給禄に関わっていることからすると、G断簡等も参照して、春宮権亮源資綱が記主の候補者としてあげられる。

（白紙）

J（e）注記なし

十二月十八日に「内大臣召二大外記中原師任一仰云、明日皇太弟御元服也、所司可レ催二具一也、令レ申云、（後略）」と見え、中原師任の日記と考えられる。E断簡との関係は、本断簡十二月十九日条に「子細在二別記一」とあるところから見ると、本記と別記の関係にあるとも考えられるが、十九日条はE断簡にはなく、あるいは草稿と清書の関係と見なすべきかも知れない。

これらの日記のうち、本稿で問題としたいのは、「資房卿記」部分、なかでもG断簡である。FGHとも史料大成の『春記』にも収録されているように、内容を全体的に見れば藤原資房を記主と考えることに問題はないのであるが、このうちG断簡の十二月十九日東宮元服当日条には、記主がみずからを「予」と記す他に「権大夫」と記す箇所が頻出している。

①已上坊司所レ置、大夫・**権大夫**相共行事、件御調度等大夫所レ被二調献一也、（南殿装束儀を記した箇所）
②大夫能信、・**権大夫**資房、相共帰二参宮御方一、（装束儀終了後の行動）
③**権大夫**被レ申云、御反閇尤可レ候也、（御反閇《ごへんばい》の有無についての議論）
④大夫・**権大夫**祇候、自余公卿候二陣御輿宿一、（皇太子参内の場面）
⑤傅内大臣・大夫前行、今度**権大夫**・学士等不二前行一、是例也、（元服儀開始、皇太子参入）
⑥⑦爰大夫閑院加候、**権大夫**候二御○衣尻一、他上達部候二御共一、即帰御休廬一、大夫・**権大夫**祇候、蜜々供二掖御膳一、（南殿より皇太子退出の場面）
⑧大夫前行、傅大臣猶被レ候レ座也、依レ為二内弁一歟、**権大夫**候二御衣後一、（宴座より皇太子退下）

⑨了大夫・予権大夫又参上、復二本座一、二献云々、（皇太子退下後の行動）

このように九か所に「権大夫」という記載が見える。このうち①は春宮大夫と春宮権大夫があいともに行事するという一般論を述べたものと解せないこともなく、⑤もあるいは今回は春宮権大夫は前行しなかったという事例として言及したのかも知れないが、それ以外は権大夫である資房個人を指すと考えられる。⑨は何らかの誤りがあるはずであり、続群書類従や史料大成所収本で「権大夫」の右脇に「三字注歟、」とあるように、本来「予権大夫、」という形であったと見るのが穏当であろう。(9) その場合は、G断簡は『春記』そのものからの抜書ではなく、伏見宮本『東宮御元服部類記』の元になった原部類記からの転載という可能性が考えられる。しかしだからといって、G断簡には「予」と記す箇所も多く存在する（七か所）ので、「権大夫」すべてを後世の改変と見なすことには無理がある。参考までにその七か所を掲出しておく。

❶大夫以二此由一欲レ令レ申二執柄一、予以二資綱朝臣一令レ申レ之、（御反閇の有無についての議論　③の少し後）

❷予以二主税権助道平朝臣一令レ奉二仕反閇一、（御反閇奉仕の場面）

❸行烈帯刀六人、左右先例四人云々、次左方大夫、右方予、（皇太子参内時の行列）

❹主上出二御南殿一、宮参上給、大夫被レ申云、可レ敷二莚道一歟、予云、先例不レ敷之、寛仁如レ此云々、以二資綱朝臣一被レ申二関白一、御報云、不レ敷二莚道一事也云々、不レ敷之、（元服儀開始、皇太子参入　⑤の直前）

❺大夫起座退下、予同退下、令レ催二候脂燭一、宮依レ可二還御一也、（宴座の場面　⑧の少し前）

❻　⑨に同じ

❼于時丑二点許也、予等退蓬、（儀終了し帰宅）

「権大夫」と記された箇所と「予」と記された箇所を比較すると、「権大夫」と記された箇所は①②④⑥⑦⑧などあらかじめ予定された儀式次第の一場面が目立つのに対し、「予」と記された箇所ではそうした箇所は❸のみ(10)

であることがわかる。一方、❶や❹など資房がみずからの意見や考えを述べた箇所は「予」と記されており、③のみが例外として「権大夫」と記されている。

このような点を考慮するならば、「予」と記されている箇所は資房がみずから記した記事であるのに対し、「権大夫」と記されている箇所の大部分は式次第等、事前に作成された資料を下敷きにして記した可能性が考えられるのではなかろうか。日記中に儀式次第が引用されている事例は『台記』『兵範記』など少なくないが、それだけでなく、そもそも日記本文の記事自体も式次第をもとに作成され、それが日記の地の文となっている場合があるということになる。日記の史料性を考える上ではそのような可能性も考慮していくことが必要となろう(11)。

ところで「権大夫」と記された九か所のうち、③についてはそのような考え方では説明できない。そもそも③は「権大夫被〻申云、」とあって、記主本人に対して尊敬表現が使用されているという点でも異例である。そこから何らかの誤写の可能性も選択肢の一つとして想定しなければならないかも知れないが、文脈からは資房の発言と考えるのが自然であり、また「被」を衍字と見なすだけの理由も見当たらない。とすれば、写本の文字を活かし、第三者が記録を取り、それが『春記』の記事本文に取り込まれたという可能性も考えられるのではないか。G断簡の中でその可能性が指摘できるのはこの一か所のみであるが、いうまでもなく、儀式を執り行なう人間が儀式の様子すべてを観察し記録することは難しい。儀式の記録を担当した人物がいて、その記録をもとに別の人間が日記を記すということも当然あり得たであろう(12)。G断簡の「権大夫」記載の背景には、このような二種類の可能性が想定される。

三　『後二条師通記』初年の「別記」記事の場合

関白藤原師通の日記である『後二条師通記』は、陽明文庫に自筆本一巻と十二世紀の古写本二九巻が伝わり、それに新写本のみが伝存する箇所も加え、翻刻が大日本古記録に収められているが、[13] そのうち冒頭三か年分の永保三年（一〇八三）・応徳元年（一〇八四）～二年（師通二二～二四歳）について二種類の異なる本文があること[14] が知られている。

これにつき、大日本古記録は上下二段に翻刻し、上段を「別記」、[15] 下段を「本記」と名づけ、解題にて「一本を本記とすれば、他を別記となし得るが、しかしその両者の関係には、普通他の記録に見られるものと甚だその趣を異にするものがある。例へば小右記・中右記等の別記とは、或る特殊の事柄（主として年中行事）に関して、その記事だけ取り出して別に詳記したものである。（〇括弧内略）ところが、此記の場合、本記と別記との性格が夫々余り明確でない。」と記しており［東京大学史料編纂所 一九五八：二九五頁］、[16] 尾上陽介氏は「二種類の記事を子細に検討すると、言葉遣や体裁、表記法などに双方固有の特徴点が検出でき、これらの特徴点が途中で混在してしまうようなことはない。ただ、このような書き分けが原本からあった、すなわち二種類の原本がもとから存在したのか、それとも書写の過程で生まれたものなのか、今のところ判断が難しい」と述べた［尾上 一九九八：八三頁］が、その後、柳原恵津子氏や中丸貴史氏によって研究が深められた。

柳原氏は二〇〇二年論文において「別記」がもとは具注暦に記されていたと考えられること、文体の上で応徳三年以降と連続性が見られるのは「別記」であって、「本記」の文体は連続性が見られないことを指摘し、二〇〇七年論文では「本記」が漢文由来の語彙や記録体特有語彙を幅広く使いこなしているのに対して、「別記」は和語に即した語を用いていることを述べ、一方が草稿でありもう一方が浄書である可能性、また「別記」に記されていない情報が「本記」のみ記載されている場合があることからすれば、一見、短いスパンで添削指導がなされたようにも見られるが、それにしては「別記」の文体の変化速度が遅すぎるという問題点をあげた。さらに二〇一〇年論文において次に述べる中丸氏の説を踏まえつつ、「別記」は日記を執筆し始めたばかりの頃の師通の

若々しい文体の表われと捉えるのが自然であるのに対し、「本記」は、

（1）師通自身が寛治五～七年頃みずからの日記の浄書を目的として作成した。

（2）師通の初期の日記を子孫あるいは近臣が浄書した。「本記」の語句・語法が偶然師通の寛治五～七年頃のそれに近いものとなった。

という二つの仮説を提示し、「本記」に見られる表現は必ず寛治年間後半に見られることなどから（1）の蓋然性が高いこと、ただし「別記」に見られない情報が「本記」に加わっている部分があるという点が問題として残るとした。

中丸二〇〇七年論文は柳原二〇〇七年論文と同年に発表されたもので、「別記」[17]が具注暦に書かれた当初の本文であるのに対し、「本記」は後になってから内容や文体を整えまとめたものであり、「その文体、語彙などから寛治五年から七年ころに作成されたと考えられる」ことを推測した〔中丸 二〇〇七：三八頁〕。

「別記」が具注暦に書かれた当初の日記であること、「本記」がその後に書き直されたものであることは間違いないであろう。「別記」に見られない情報が「本記」に加わっている部分があることについては、中丸氏が指摘したように「本記」で追加された記事の中に「子細在二西宮記一」（永保三年正月六日条）、「次第見二四条記一」（永保三年十一月十日条）、「見二蔵人式一」（永保三年十二月十五日条）、「次第見二西宮記一」（応徳元年二月七日条）といった箇所が見えることに注目すべきであろう。中丸氏は「その日の儀式の詳細を他の儀式書にゆだねたことのあらわれ」と評価した〔中丸 二〇〇七：三六頁〕が、それはともかくとしても、これらの記述により、「本記」を作成するにあたって儀式書や法制書を参照していることが明らかとなる。「本記」で付け加えられた記述には「行幸次第不二書記一也、」（応徳元年二月十一日条）「有二送物事一、不二記置一云々、」（応徳二年四月十二日条）といったものもあり、記録が残っていないことを明記していることからすれば、それらだけでなく第三者の記録[18]も参照

して増補した可能性が考えられる。

以上、「別記」が最初に書かれ、のちに他の書や記録も参照して「本記」が作成されたと考えられることを述べたが[19]、「別記」は、記主の自称に「予」「余」を用いず、「左大将」「内大臣」[20]などと官職名で記すという特徴を持っている。この点について、柳原氏は、「応徳三年以降の用例と照らし合わせると「予」「余」の用例は寛治四年以降まとまった数量をもって見られるようになる。一方で「左大将」「内大臣」という呼称も用いられ続けるが、寛治四年以前までがもっとも使用された時期で、それ以降は「予」「余」と入れ替わるような形で用例数は減少していく。」〔柳原 二〇一〇：六四七頁〕と述べているが、その理由については検討されていない。そこで記主の自称に関わる記載を『後二条師通記』からいくつか書き抜き、検討を加えてみることとしたい。

ⓐ永保三年正月一日条

「別記」頭令レ奏後、如二常節会一、了間大将称二警蹕一、宣命参議、座復称唯、右大臣、右大将、左大将、民部卿、左衛門督、侍従中納言、家忠、公房、実政、公実、基丨（忠歟）、

「本記」御出之後令レ奏二拝礼之由、先レ是付二職司一奏之、奏畢殿下・右大臣俊〔房〕、・右大将顕房、・民部卿経信、・左衛門督師忠、・太（大）皇后権大夫伊房、・右衛門督俊明、・侍従中納言雅実、・左京大夫□〔公〕房、・左大弁実政・左近中将基忠列二立庭中一、拝舞訖上達部着二仗下座一、天皇御レ南、節会如レ恒、事了還御、右大将雖レ為二位階上﨟一、猶左大将称二警蹕一、

ⓑ永保三年正月三日条

「別記」内候、春宮参、延（ママ）其後退出了、

「本記」参内、次参二東宮一、予帰宅、

ⓒ永保三年二月九日条

「別記」饗了御遊事侍、公卿左大臣・右大臣・○内大臣・民部卿・左衛門督・治部卿・右衛門督・新中納言・大蔵卿・
左兵衛督・右兵衛督、
「本記」有御遊事、左大臣、右大臣、予、民部卿、左衛門督、治部卿、右衛門督、新中納言、大蔵卿、
ⓓ永保三年三月十九日条
「別記」雨降、雨儀座中門内侍也、使師信朝臣、左大臣・内大臣、追後々右大臣参二御前座一仰者也、退出了、
「本記」石清水臨時祭、雨微々降、設二雨儀座一、使師信朝臣、左大臣・内大臣、予、右大臣所二遅参一也、
ⓔ永保三年十二月一日条
「別記」六条院行幸召仰、上内大臣、以二頭弁一行幸召仰、退出了、
「本記」行二幸六条院一、為レ違レ方也、有二召仰事一、日上予、仰二弁・外記等一如レ常、
ⓕ永保三年十二月二日条
「別記」殿下、師―朝臣、民部卿源朝臣、大蔵卿長房、宰相中将基忠、事畢行幸還御、
「本記」法勝寺〔成カ〕、事了、有二行幸還御事一、殿下・予・民部卿・大蔵卿・宰相中将等候、
ⓖ永保三年十二月五日条
「別記」神〔試〕楽如レ常、天晴、内大臣、民部卿、別事不レ侍、退出、
「本記」試楽レ如常、余、民部卿、事畢各以分散、
ⓗ永保三年十二月十九日条
「別記」行香殿起座、鬼間辺御坐所也、行香第一人内大臣也、民部卿丑時御座参入侍者也、
「本記」殿下令レ坐二鬼間一給、香行畢、次第如レ恒、余、民部卿、自余不レ記、事畢分散、
ⓘ応徳元年二月二十六日条

「別記」草宣命奏、大臣着陣、召二内記一宣命内覧、敷（ママ）内記可二内覧侍一持帰奏清書持参、□〔未〕、内記立、了官人召、
蔵人弁奏宣命持帰、召二内記一清書、退了、

「本記」予参内着二仗下一、喚二大内記一仰下可レ献二宣命草一之由上、持参、披見了令三内記内二覧之一、就二弓場一付二蔵
人一令レ奏、返給、被レ仰下可レ令二清書一之由上、仰二内記一了、

ⓙ応徳元年三月四日条

「別記」推手初可レ行也、三条殿、家司有綱朝臣、台南階簡（ママ）主人居箱前置、有綱文挿持、主人取下給、有綱吉書
持、主人見披了、有綱下二家司一給、推手挿也、退出了、

「本記」家中吉書初被レ行之、家司有綱朝臣也、

ⓚ応徳元年三月二十八日条

「別記」内大臣着二陣座一、民部卿経信、治部卿伊〔房〕、右衛門督俊明、中宮権大夫家忠、宰相基忠、座定内大臣
於大弁実政奏、大弁起座、内大臣起座外座レ着、

「本記」予参内着二右仗下一、民部卿経〔信〕、・治部卿伊房、・右衛門督俊明、・宰相中将（ママ）家忠、宰相中将基忠等被レ候、
予問二左大弁実政一文書、承二此旨一起座、予着二外座一、令三官人置二膝突一如レ常、

ⓛ応徳元年七月二十八日条

「別記」相撲、三条院例也、初参陣、率二上左大臣俊房一南殿昇、着二侍従後一、左大将坤角壇上立、左脇挿レ笏奏
取見、文挿縦挿、大将挿レ笏階昇、

「本記」相撲於二三条殿一行之、参内昇殿、上達部着座、着二侍従次一、予降レ自二西階一、坤角壇上立之、夾二笏於左
脇一、取レ奏披見、了挿二鳥口一、搢レ笏取二文杖一、登レ自二同階一、

このように、「別記」では記主は「左大将」「内大臣」「内大臣師—」「主人」などと記され、「予」「余」と記さ

れることはないのに対し、「本記」では大部分が「予」「余」と記され、官職名で表記されることはほとんどない。これは「別記」を修正して「本記」を作成する際に、体裁を整え書き換えたものと考えて良いであろう（なお「本記」作成に際してⓑのように自称が補われた場合もあれば、ⓙのように省かれた場合もある）。念のため述べておくが、「別記」にはたとえば永保三年三月条末尾に「自二廿六日一至二于卅日一無二御日記一」という記述が見えたり、原具注暦にあった暦注や「天晴、」だけの記事も書写するなど、原文通りに書写する態度をとったと見られるので、原文に「予」等とあったものを写本筆者が官職名に書き換えた可能性は考慮しなくても良いと考える。(21)

「本記」において例外的に官職名で表記されるのはⓐとⓑの事例である。ⓐは「本記」で補われた文の部分に「左大将」の語が見える。これは「別記」では、「大将称二警蹕一」とのみあったのに対し、位階で上﨟にあたる右大将ではなく、左大将であった自分が称えたということを説明するために、わざわざ「左大将」と表記したと考えられる。ⓓは石清水臨時祭の儀で「左大臣・内大臣、予、」と見えるものである。これは「別記」では「左大臣・内大臣、」と記されていたが、やはり「内大臣」と記した方がわかりやすいと考えたため、そのまま残し、説明として「予、」という注を加えたものと見られる。要するに、「本記」を作成するにあたっては、今後、先例として日記を参照する際に内容が理解しやすくなるような記述を心がけたということであろう。

次に「別記」においてなぜ主として記主が官職名で記されたかという問題の検討に移りたい。まず思いつくのは、これまで検討した事例のように、式次第等を参考にして記したり、第三者の記録を参考にして記した可能性である。ⓐⓒⓘⓙⓚⓛはそのような可能性が充分に考えられるのではないかと思われる。しかしその一方で、たとえばⓕのように「師ー朝臣」と記されているものは、当時の一般的な人名表記法（土田 一九九二年論文参照）から考えて、原史料に「師通朝臣」とあったとは考えにくく、師通本人が自覚的に記したとしか考えられないであろう。また原史料があったにしては、「若々しい文体のあらわれ」［柳原 二〇一〇：六四九頁］と指摘されるように、文体がこなれておらず、漢文に習熟していない感がする箇所も少なくない。

こうしたところから考えると、現存する『後二条師通記』の中で最古の記事となる永保三年正月一日条の中に記主を官職名で記す事例が見えること(ⓐ)が注目されよう。この部分は節会参加者の交名《きょうみょう》部分であり、式次第もしくは参加者の交名に基づいて記したのではないかと推測される。そのような原史料をもとに日記を付け始めた結果、師通はみずからを官職名で記すことを自然なものと考え、地の文においてもそれを踏襲したのではないか。師通が「予」を用いるようになるのは寛治四年十一月四日条からであるが、それ以前、同年十月二十七日条には『権記』と見られる長和二年十二月十五日の記録が抄出されている。そのように他の日記に触れることで、師通は一般的な日記の文体・スタイルを学んでいったのであろう。

むすび

以上、『西宮記』勘物・『東宮御元服部類記』所引資房卿記・『後二条師通記』をとりあげて、記主みずからを官職名で記す事例について検討を加えてきた。そこからは、

(1)日記の記主がその記事を第三者に提供する際に、主語を書き換えて提供した可能性、

(2)次第書など事前に作成された資料を下敷きにして日記が記された場合に、一人称に書き換えることなくそのまま地の文として記された可能性、

(3)第三者が提供した記録を取り込む際に、引きずられてそのまま一人称に変えることなく記された可能性、

(4)官職名で記すことが自然であると記主が考えて記したと見られる場合、

という四つのパターンを想定することができた。このことは日記の執筆や活用のあり方を考える上でも参考になるのではないだろうか。もとより記主が官職名で自分を記す事例は註(11)でも触れたように他にも見出すこと

ができ、なかには『本朝世紀』久安四年（一一四八）三月二十九日条所引伊通卿記などうまく解決できない事例もある。それらも含めてさらに検討を加えていかなければならないが、今後の課題としたい。

（1）この他、十四日の記事からは中宮大夫斉信（権大納言）より下﨟であることも判明する。
（2）堀井氏の報告を承けて、倉本一宏氏も行成の日記の現代語訳に逸文として収録した［倉本 二〇一二：二二七〜二三〇頁］。
（3）壬生本と大永本については、早川一九九七年論文、北一九九二・二〇〇七年論文、橋本一九九二年論文等参照。
（4）ただしこれ以前にも守仁親王（二条）までの元服を対象とした東宮御元服記六巻も存在していたので、それを利用した可能性も考えられる。
（5）大島・木本一九七九年論文にも『二条内府記』逸文として収録されている。
（6）宮内庁書陵部「土右記解題」および続史料大成『土右記』にも伏見宮本が底本とされて収録されている。
（7）『大右記』については、大島論文参照。
（8）空白行を設けずG断簡の記事に続けて記す。
（9）ただし「予」と記す箇所が多々ある中に、なぜここだけ注記を施したのかという疑問は残る。ちなみに大夫に関しても名を注記しない箇所が多いが、時たま「能信、」と注記を施している箇所がある。
（10）❷は当初の式次第にあったものではなく、資房の意見が取り入れられて実施されることになったものなので、除外する。また❺も、式次第にあったとすれば、「大夫・権大夫共起座退下、」あるいは「大夫起座退下、次権大夫退下、」といったような形になると考えられるので除外したい。
（11）石田二〇〇三年論文に、『坊槐記』嘉応三年（一一七一）正月三日条の高倉天皇元服儀鋪設に関する記載が藤原頼長の『天子冠礼儀注』と一致しているとの指摘がなされている。この他、『左経記』類聚雑例長元九年（一〇三六）四月十七日条以降にも、記主源経頼を「右大弁」と記している例があることを三橋正氏よりご教示いただいた。また尾上陽介氏からは、前もって儀式の下書きを用意しておき、儀式終了後にそれを修正して日記の記事とした例として『民経記』嘉禄三年（一二二七）十一月二十三日条があることをご教示いただいた。

（12）日記の中に第三者の日記を貼り継いだりすることはよく見られる。

（13）その後、栗木睦氏が逸文の可能性のある一条を紹介している［栗木 一九九七］。

（14）なお、寛治五年（一〇九一）・七年二月二十二日記も二種類存するが、前者は暦記と日次記の関係と考えられ［尾上 一九九八：七八〜七九頁］、後者は現在一般に使用される意味での本記と別記の関係に相当する［東京大学史料編纂所 一九五八：二九五頁］ので、本稿ではとりあげない。

（15）永保三年春夏・応徳元年春夏別記古写本の標紙外題に「別記」と記されていることによるのであろう。

（16）これ以前、「なかには清書にさいして文章の整理をおこなっているものがある。『後二条師通記』に同年月のものが二通りあるのは、そのためと思われる。」という桃裕行氏の推測がある［桃 一九八八：二一頁］。

（17）なお、中丸氏は「本記」「別記」の別が現在通常いわれる本記と別記の関係とは異なるため、先に書かれた「別記」を本文A、後に書かれた「本記」を本文Bと呼称している。

（18）中丸氏は松薗斉氏の研究［松薗 一九九七］を参考にしつつ、『後二条師通記』応徳三年から寛治二年にかけての記事について検討を加えている［中丸 二〇〇八］、なお、応徳元年三月二八日条には「中《事》次第別紙書、」とあり、師通が「別記」の他に記事を記していた可能性もある。

（19）なお、応徳元年春夏の「別記」と同年四季の「本記」を収録している古写本第四巻、また応徳二年春夏の「別記」と同年春夏秋の「本記」を収録している古写本第六巻には、それぞれ「別記」の末尾に朱筆で「従レ此上不レ可レ用也、」と記されており、その注記が書かれた時点で、「本記」の方がよるべき記文と考えられていたことが知られる（田山信郎氏は首書を記した人物と同筆と判断する［田山 一九三五：三二頁］）。

（20）師通は承暦元年（一〇七七）四月九日に左大将を兼任し、永保三年正月二六日に権大納言より内大臣に昇任している。

（21）中野栄夫氏は「これら（〇筆者注、「別記」で記主が官職名で記されていること）は伝写の過程で直されたとしか考えられない。」と述べている［中野 二〇〇六：一二頁］が、記主のみを書き改めたと考えるのはあまりにも不自然であり、ⓕのような事例も説明できないであろう。なお、中野氏は『猪隈関白記』についての桃裕行氏の推測［桃 一九八九：一七三～一七四頁］にならい、『後二条師通記』においても天候の記事は師通ではなく家人もしくは家司が書き込んだ可能性を指摘している［中野 二〇〇七：九頁］。

〔参考文献〕

石田実洋 二〇〇三「『天子冠礼儀注』と藤原頼長」『古文書研究』五七
大島幸雄 一九八二「大右記〈補遺・覚書〉」『国書逸文研究』八
大島幸雄・木本好信 一九七九「『二条内府記』逸文」『史聚』一〇
尾上陽介 一九九八「『民経記』と暦記・日次記」五味文彦編『日記に中世を読む』吉川弘文館
川﨑恵津子 二〇〇二「『後二条師通記』に見られる文体の形成過程」『国語と国文学』七九―九
北 啓太 一九九二「壬生本『西宮記』旧内容の検討」『史学雑誌』一〇一―一一
二〇〇七「解説」『宮内庁書陵部本影印集成』七西宮記三 八木書店
宮内庁書陵部 一九五七「土右記解題」『土右記 延久元年自四月至六月』宮内庁書陵部
倉本一宏 二〇一二『藤原行成「権記」 全現代語訳』下 講談社学術文庫
栗木 睦 一九九七「『参議要抄』所引『唐昌抄』について」『皇學館史学』一二
鹿内浩胤 二〇一一「伏見宮家本『東宮御元服部類記』について」『日本古代典籍史料の研究』思文閣出版 初出二〇〇八年
清水 潔 一九八二「編者源経頼の研究」『類聚符宣抄の研究』国書刊行会 初出一九八一～一九八二年
竹内理三 一九九九「口伝と教命」『竹内理三著作集』五 角川書店 初出一九四〇年
田山信郎 一九三五「記録」国史研究会編『岩波講座 日本歴史』第一七回配本一〇 岩波書店
土田直鎮 一九九二「平安中期に於ける記録の人名表記法」『奈良平安時代史研究』吉川弘文館 初出一九五四年
東京大学史料編纂所編 一九五八「解題」『大日本古記録』後二条師通記下 岩波書店
所 功 一九八五「『西宮記』の成立」『平安朝儀式書成立史の研究』国書刊行会 一部に初出一九七二・一九七三・一九七八・一九八三年を含む

中野栄夫　二〇〇六「『後二条師通記』を読む―その三―」『日本社会史研究』六九
　二〇〇七「『後二条師通記』を読む―その五―」『日本社会史研究』七二
中丸貴史　二〇〇七「漢文日記の生成」『日本文学』五六―九
　二〇〇八「開かれたテクストとしての漢文日記」『学習院大学大学院日本語日本文学』四
橋本義彦　一九九九「西宮記」『日本古代の儀礼と典籍』青史出版　初出一九九五年
早川庄八　一九九七「壬生本『西宮記』について」『日本古代の文書と典籍』吉川弘文館　初出一九七〇年
堀井佳代子　二〇一一「儀式書における日記の使用方法」国際日本文化研究センター共同研究「日記の総合的研究」
　研究会二〇一一年一二月一七日報告
松薗　斉　一九九七「家記の構造」『日記の家』吉川弘文館
桃　裕行　一九八八「記録」『桃裕行著作集』四　古記録の研究(上)　思文閣出版　初出一九五一年
　一九八九「古記録零拾」『桃裕行著作集』五　古記録の研究（下）　思文閣出版　初出一九七〇年
柳原恵津子　二〇〇二→川﨑恵津子　二〇〇二
　二〇〇七「(調査報告)『後二条師通記』冒頭部の使用語彙」『日本語学論集』(東京大学大学院人文社会系
　研究科国語研究室）三
　二〇一〇「『後二条師通記』冒頭三ヵ年分の「本記」と「別記」について」月本雅幸ほか編『古典語研究
　の焦点』武蔵野書院

日記の亡佚に関する一考察——記主と権力の緊張関係について——

今谷　明

はじめに

日記全般を、あたかも古文書学に倣って〝古記録学〟として体系づける必要があることは、いわれてすでに久しいものがあり[(1)]、斎木一馬氏「古文書と古記録」[(2)]以来、いくつかの貴重な試みもあるが、古記録学の成立とまではいたっていないようである。本稿はそのような壮大な試行をしようとの意では決してなく、斎木氏が提唱された「遺存状態の調査研究」[(3)]という項目に触発されて、平素考えていることの一端を俎上に載せて、ささやかな試論を行いたい。斎木氏は過去に蓄積された尨大な古記録群のうち、今日現存するものは「何十分の一にも充たない」と記し、

亡佚・湮滅したものについても、出来る限りこれを究明する必要がある[(4)]（下略）

と指摘している。筆者はこの指摘に導かれて、「亡佚・湮滅」の事情・背景を考察するとともに、日記の中には、政治的な事情により亡佚・湮滅したものがありはしないかと推測し、ひいてはそのような政治的緊張関係の下における日記のあり方を愚考してみたいと思うのである。

一　承久の乱に係る日記の湮滅

筆者のごとき、中世後期の日記群を見慣れている者が、中世前期の日記に遇目するごとに奇異の観に打たれるのは、承久の乱勃発当時に関して、公卿の日記がほとんど見当たらないという点である。試みに『史料綜覧』承久三年五月十四日条によると、綱文の次に典拠の史料として掲示されているのは、次の通りである。

公卿補任　百練抄　皇帝紀抄　吾妻鏡　武家年代記　鎌倉年代記　承久討賊詔（下略）(5)

ちなみに、九条道家の『玉蘂』は同年二月までの分は『大日本史料』により確かめられるが三月以降は現存していない。他に公卿日記で『実基公記』は同年四月廿日条のみ『行幸部類記』の一部として残り、『家光卿記』は同年十月の分から残存している。(6) 明らかに、承久の乱勃発から収束時にかけて、公卿日記の痕跡が消えている状況である。

反面、戦乱を五月十五日の京都守護伊賀光季邸襲撃から六月十四日の北条泰時の京都進駐までの約一か月に限るとして、その後半期間に当たる六月に入ると、寺社の日記である『承久三年四年日次記』(7)が現れる。それにしても、戦乱から三上皇二親王配流までを通じて、公卿日記が見当たらないという状況は変わらない。ところで筆者も研究員に加わっていた倉本班共同研究会において、筆者が右の旨を述べたところ、班員の藤本孝一氏、山下克明氏により、藤原定家と七条院に奉仕する陰陽師某が日記を書いており、しかも後者の日記が現存している事実の教示を受けた。そこで、右の示教に導かれ、承久の乱下における定家と陰陽師某について、以下に若干関説を試みたい。

（一）定家『明月記』の削除について

定家は、よく知られていることではあるが、承久二年（一二二〇）二月、内裏和歌御会に召されたものの、生母の遠忌に当たる由を申して辞退した。然るに「忌日を憚らず参るべき由」[8]を勅使家光（先の家光卿と同人）を通じて催促され、止むなく二首を詠進したが、そのうちの一首「野外柳」、

みちのへの野原の柳したもえぬ
　あはれ歎《なげき》の煙くらへに

が後鳥羽上皇の逆鱗に触れ、閉門の処分を蒙った。[9]承久三年二月の和歌御会にも定家は召されてはいないから、[10]定家の逼塞は続き、承久の乱にいたったのである。ところでこれも辻彦三郎氏の研究[11]により有名になったことであるが、定家は承久の乱の最中の五月二十一日、『後撰和歌集』[12]を写していた。[13]定家はその奥書に、

于時天下大徴之、天子三上皇皆御同所、白旄翻風、霜刄耀日、如微臣者、紅旗征戎非吾事、独臥私廬、暫抄病身、悲矣、火災峴岡、玉石倶焚、倩思残涯、只拭老涙、

とみずからの感懐を記した。「紅旗征戎非吾事」の句は『白氏文集』の「劉十九同宿」によっているが、定家は承久乱下に同句を漏らすとともに、みずからの『明月記』の治承四年九月条にもその句を追記したのであろうというのが辻氏の推測である。

さて定家は、勅勘のまま承久の乱を迎え、京方が勝てば勅勘は続き、関東が勝てば勅勘は自然消滅という状況だったが、幸か不幸か京方は大敗北を喫し、西園寺家の縁者でもあった定家は傍《かたが》た[14]安堵したわけである。そのような定家の『明月記』すら承久三年分はまったく現存していない事実について、藤本孝一氏は、『明月記』の嘉禎元年五月廿八日条に、

菅相公（為長）枉駕、驚扶相謁、直廬初除目、承久勤仕事被問之、（中略）彼日愚記書出即送之、

とあるのを根拠に、定家は除目の資料として『明月記』の「承久勤仕事」を抄出し関白に送っており、定家は実は承久三年分の日記も書いていたとする[15]。貴重な指摘であり従うべきであろう。ただ、定家が抄出したのが「承久勤仕事」なる除目の参考資料であってみれば、それは勅勘以前の、すなわち承久二年二月以前の記事[16]であったとも推測され、承久戦乱下の『明月記』が果たして嘉禎段階で定家の手裡にあったか否かは俄かに決し難い。

ともあれ藤本氏は『明月記』承久二・三年分が失われた事情を、『拾遺愚草』下帖の数丁（承久二、三年分）が剝離されている事実から推測され、

承久年間の記録を残してそれが、子孫に災いを招くようなことがおきないように、『拾遺愚草』とともに承久年間の大部分を抹殺した[17]。

と結論している。

（2）『承久三年具注暦』について

一九九八年一月、山下克明氏は、天理大学附属天理図書館に現蔵される陰陽師某を記主とする『承久三年具注暦』を翻刻紹介した。以下全面的に同氏の翻刻と解説によって、承久乱下に記され奇蹟的に現存したといえるこの日記について略述したい。

山下氏によれば、承久三年の具注暦は、ⓐ天理図書館本、ⓑ金比羅宮本、ⓒ成簣堂文庫本、ⓓ神田喜一郎氏所蔵本（『明恵上人夢記』紙背暦）の四本が知られているが、右のうちⓑⓒは山下氏によってⓐの模写本と考証され、ⓓは日記としての書き入れがなく、ⓐのみが陰陽師某の日記原本と考定された。記主はこれも山下氏の考証では、「七条院や摂関家等の権門、そして右大弁資頼、参議左中将国通等の中級貴族に奉仕する陰陽師」であるとされる[18]。日次記としては正月八日から十日廿六日に及び、承久の乱に関する記事も多い。したがって仁和寺僧によ

る『承久三年四年日次記』とともに承久の乱を記録する稀有の日記ということになるが、より注目される事実は、承久役に関する記事のみが塗墨によって抹消されている点である。山下氏の史料紹介（翻刻）から、承久戦乱関係記事を抜き出してみよう（塗末部分は傍点）。

5・15　子丑□可被出宿所高辻京極也家人今日未時□来、
（下段）今日巳時驚出来、武士等禦集、
5・18　今日□関東下向、
5・21　今日依院宣□
6・3　今日卯時御方関東武士等令下向云々、□向、
6・6　今日兵乱始、今日□兵乱、巳時関東武士□武士合□
6・8　□中院□、今日前内蔵頭殿御所帰参、今日巳時御所□
6・10　今日辰時□
6・13　今日兵乱、
6・14　今日兵乱御方□落給火事出来、
（下段）今日御方被打落了、武士等申酉時ニ京入、
6・15　今日武士等打取、
（下段）今日京乱入[19]、

以上のように、承久戦関係では、塗墨にもかかわらず「判読可能な部分もあり、また幸いに墨消から免れた記事もあり[20]」、貴重な情報を提供している。

さて、塗沫の理由について山下氏は、記主が陰陽師による祈禱・呪咀合戦に捲き込まれた事情を述べ、

乱に関わる記事の墨消が何時なされたかは不明だが、自身に危害が及ぶことを避けるために記主自らが乱後に行ったのではなかろうか。[21]

と指摘している。その点では、勅勘によって「後鳥羽上皇の行動に対し傍観的になり得」ていた定家[22]よりも、具注暦記主ははるかに大きな危機感を抱いていただろう。

（3）法印尊長の日記の没収

鎌倉幕府による承久京方の残党狩りは峻酷をきわめた。その残党の代表格というべき人物が、後鳥羽上皇の院近臣であり、京方軍事行動の中心にあった法印尊長[23]である。尊長は一条能保の息[24]で、本来関東方に就くべき出自であったが、兄信能ほか多くの一族と京方に参し、乱勃発に当たっては上皇の命で西園寺公経父子を弓場殿に拘禁し[25]、六月六日美濃墨俣の敗報が京都に達するや、上皇は押小路河原の尊長邸において軍議を行った[26]。しかし六月十四日の宇治・瀬田の京方敗戦によって、尊長は藤原秀康・大内惟信らとともに逃亡、逐電した[27]。

同年十二月、尊長が洛中に隠遁しているとの噂が流れ、緊張が走った。『承久三年四年日次記』の同月九日条は、

今晩武士等打入大宰帥定輔卿家、尊長法印隠籠之由、依有其聞、雖加捜索、不見其実云々、

と伝えている。探題の武士が承久残党狩を名目に公卿の邸宅に「打入」「捜索」等の行為に出ていたことが知られ、多少とも京方逃亡者と縁故ある公卿は恐慌を来たしたことが推測される。日記を「抹消」あるいは「塗抹」する公卿が続出するのも当然の推移であろう。

さて尊長は、大和十津川奥など数年にわたって逃亡の上、京都に舞い戻って安貞元年（一二二七）六月に探題に踏込まれ自殺した[28]。その二か月後、尊長の日記が没収されてすでに鎌倉にあることを定家が報じている。『明

月記』は、

法眼過談之次伝々説、尊長法印暦書日記存外事歟件暦已在関東、有好人々如明鏡云々、大炊助入道武士預了、[29]

と伝えている。大炊助入道とは、尊長が「隠籠」っていた京中の住人である。[30] くだんの日記は大炊助入道から探題に提出されたとあるから尊長は逃亡中も日記を携帯していたらしい。いずれにせよ、「有好《よしみ》人々」の狼狽が想像される。

(4) 小 括

承久の乱では、上皇から卿相にいたる多くの廷臣が京方与党となり、幕府による追及の対象となったことから、その証拠物件というべき日記類はきわめて危険なものとなり、累を本人のみでなく他人にも及ぼす爆弾と化した。そのため各記主は日記の排棄・塗抹を余儀なくされたものと見られる。乱直後、仙洞高陽院が幕府に接収、捜索されたとき、院近臣葉室光親の諫状数十通にいたるまでが押収された[31]のであるから、『順徳院御記』の関係部分等も没収を免れなかったとみられる。押収を恐れての自主規制の状況は定家と陰陽師某の場合を見てきたが、摂政九条道家の『玉蘂』が、承久三年の分から消えているのも、恐らく探題による没収か、または記主の排棄による可能性が高いのではあるまいか。

二 正応の大逆事件に係る日記の亡佚

(一)『伏見院御記』『中務内侍日記』について

正応三年（一二九〇）三月、甲斐の武士浅原為頼が父子三人で禁中に乱入し、伏見天皇を弑害しようとして果たさず、御座に切腹するという事件が起こった。浅原は関東の〝霜月騒動〟に座して追及され、自棄を起こしてこの挙に及んだともいうが、世に正応の大逆とか、単に浅原為頼事件とか称している。しかしことはそれだけにとどまらず、背後に大懸りな陰謀があるとの噂が拡がった。それは、浅原が自害に用いた刀が、大覚寺統の廷臣参議中将三条実盛の家に伝来する銘刀〝鯰尾《なまづを》〟であったことが判明し、実盛が探題に拘引される事態に発展したからである。

まず、為頼父子の禁中乱入（三月十日）についての『史料綜覧』の典拠史料を掲げてみる。

伏見院御記　増鏡　中務内侍日記　参考太平記　一代要記　皇代暦　歴代編年集成　保暦間記　皇代略記
皇年代略記　東寺王代記　北条九代記　武家年代記　仮名年代記（下略）

さて冒頭に掲げる『伏見院御記』は、現在『史料大成三』に『伏見天皇宸記』として収載されているもの[32]であるが、同宸記の正応三年条は伝わらず、『史料綜覧』が掲げる該当個所というのは、同宸記正応五年正月十九日条の次の部分である。

今暁夢想、自禅林寺殿（亀山上皇）有被謝申仙洞（後深草上皇）之旨、其趣、日来之凶害、御後悔之由也、尤可謂吉夢歟、

これは、事件の二年後における伏見天皇の回想にかかるもので、事件を報ずる日記とは趣を異にするといえる。次の『増鏡』は後述するとして、三番目の『中務内侍日記』は、一見日次記風に書かれてはいるが、玉井幸助氏の考証[33]にもあるように、後年の回想録である[34]。したがって、正応大逆事件を報ずる公卿日記は、一点もないということになる。かの筆まめな『実躬卿記』が前年から消え、この年五月から残存しているのも、まことに不自然といえばいえる。

ところで、この事件は、柳原紀光が江戸中期に編した『続史愚抄[35]』にもとりあげられている。そこで同抄が掲げる三月十日条の史料は、次のとおりである。

増鏡　中務内侍日記　歴代最要抄　歴代編年集成　一代要記　皇年代私記　東寺王代記（下略）

これをさきの『史料綜覧』と対比してみると、『伏見院御記』の採否以外はほとんど同断である。したがって、江戸中期の段階で浅原事件に関する公卿日記は湮滅していたと推して大過なかろう。

（2）『増鏡』と公卿日記の関連

公卿日記を欠くとすれば、比較的信憑性の高い編纂史書である『増鏡』による以外、事件の復元は困難なのであるが、この事件を、為頼の禁中乱入と、三条実盛の追捕等に前後を分かって考えると、特に事件後半に関して、『増鏡』の筆致は精彩をきわめ、当事者でないと知り得ないリアルな叙述となっている。まず事件前半について、『中務内侍日記』と『増鏡』を比較対照すると、前者は為頼が天皇の所在を問うたのが「蔵人やすよ」であるのに対し、後者は女嬬某に問い、しかも女嬬の機転であらぬ方角を教えたことになっている。この事実から、『増鏡』は『中務内侍日記』ではなく別の女官か蔵人の記録を典拠にしたと思われる。

次に事件後半の展開については、三条家伝来の銘刀鯰尾の件もさることながら、『増鏡』は関東申次西園寺公衡と後深草上皇の問答をその科白《せりふ》にいたるまで詳細に叙している。いまその部分を引用すると、

> 中宮の御兄《せうと》権大納言公衡（西園寺）、一ノ院（後深草）の御前にて、公衡「この事は、猶禅林寺殿亀山院の御心あはせたるなるべし。後嵯峨院の御処分《そうぶん》を引きたがへ、あづまより、かく当代（伏見天皇）をもすゑ奉り、世をしろしめさする事を、心よからず思すによりて、世を傾け給はむの御本意なり。さてなだらかにもおはしまさば、まさる事や出でまうでこむ。院（亀山）をまづ六波羅に遷し奉らるべきにこそ」など、かの承久の例も引きいでつべく申し給へば、いといとほしうあさましと思して、後深草「いかでさまではあらむ。実ならぬ事をも人はよくいひなすものなり。故院（後嵯峨）のなき御影《みかげ》にも思さむ事こそいみじけれ」と、涙ぐみてのたまふを、心よはくおはしますかな、と見奉り給ひて[36]（下略）

となる。著者は後深草上皇の日記か『公衡公記』のいずれかによってこの段を叙述したのではあるまいかと推測せざるを得ない迫真の記事であろう。もちろん、両日記とも正応三年のこの部分は残っていない。銘刀鯰尾と実盛の捕縛はこの『増鏡』のほか確実な史料がなく事実の復原は『増鏡』を信じるか否かにかかってくる。そこで以下、少々迂遠ながら、『増鏡』の著者と成立の問題について主に国文学者の説によりながら考えてみたい。

古来、『増鏡』の著者については作風の類似から二条良基説が広く行なわれたが、「西園寺の家門史ともみえるほどに徹底した同家偏重の記述の仕方」に注目した宮内三二郎氏の洞院公賢・占部兼好共著説が出されて以来[37]、良基説の立場はやや苦しくなっている。就中、諸大臣の薨去記事や後醍醐朝の御会記事、同帝隠岐遷幸にかかる阿野廉子と洞院公賢との養父子関係等を詳細に検討した田中隆裕氏の説は、『増鏡』研究史の水準を画する注目すべき見解であった[38]。田中氏が作者に擬する洞院公賢は、名記『園太暦』の記主であるばかりか[39]、『皇代暦』『歴代至要抄』なる二種の漢文史書の著者でもあり、両統に中立的立場を保っていたというその官歴からも、『増鏡』の作者としてふさわしい人物である。

以上によって筆者は、田中隆裕氏の考証に全面的に賛意を表する者であり、『増鏡』作者を洞院公賢に比定するが、さきの正応大逆事件に戻って考えると、鯰尾に関する疑惑から三条実盛の捕縛、後深草上皇と公衡の問答はすべて史実を反映するものとみられる。さらに『伏見院御記』にみられる「日来之凶害」という亀山上皇に対する激しい語は、浅原事件をめぐる両統の激烈な対立を反映するものであり、公卿日記が一つとして残存していないこともうなづける。すなわち六波羅探題の追及を恐れ、諸公卿は日記・書状その他を排棄するか塗抹するかの処置を取るの止むなきにいたったと思われる。ただし、中次の西園寺氏や持明院皇統の後深草院、伏見天皇の日記はその限りでなかった[40]ことも推測される。江戸初期まで残存していたはずの『伏見天皇宸記』には恐らく正応事件の詳細な記事が残っていたのではあるまいか。

さて筆者は、さらに筆を進めて、正中の変、元弘の乱と検討を行なうべきなのであるが、この頃になると、『花園院宸記』以外に平穏な時期においても公卿日記自体が現存しておらずいささか亡羊の歎にとらわれる。後醍醐天皇の討幕運動が半ば公然の秘密化し、公卿たちは日記を残すこと自体を危険と考えるにいたったものか、あるいは探題に没収されて真に湮滅したのか、そこの所は判断が難しい。諸事件を伝える『史料綜覧』においても、綱文の次に筆頭史料として『増鏡』が連続するというありさまである。

むすびにかえて

平清盛が後白河上皇を鳥羽殿に押込めたのは治承三年（一一七九）十一月廿日のことであるが、それより先、松殿基房は関白を更迭され、はじめ大宰府、のち備前に配流の身となり、上皇幽閉の翌月には離京していた[41]。十一月廿八日、基房の文書・家記は内裏に没収されることになり、基房の縁辺に当たる前太政大臣花山院忠雅が内裏に目録を納めたが[42]、この日、中納言中山忠親は、基房を憚って閉門している忠雅邸を秘かに訪れ、裏門から参入奉謁した。そして忠雅が忠親に語った所を、

被仰云、為頭弁経房（吉田）朝臣奉行被召前関白（基房）文書、而自筆記紛失、推之被焼了歟、被停関白之後十六七八日之間、於出居《でい》風爐被焼雑々反古等、人不見之、彼中被焼了歟、定及□（其カ）責歟、愁歎尤深、為之如何[43]、

と伝えている。基房は関白罷免後、後難を恐れ家記を三日間焼き続けたという。日記の大がかりな処分を伝える記録としては最も早い時期のものだろう。基房には鹿ヶ谷以来の、後白河上皇との謀議の嫌疑がかかっていたから、日記を焼いたのも当然であろう。ここで想起されるのは、昭和二十年（一九四五）八月十六日から数日の間、憲兵の指示で日本各地で文書雑書の類が焼却され続けたことである[44]。よって松殿前関白に始まる日記の自主排棄なる現象も、決して古い時代の古い話ではないということになる。

さてそれでは、記主による排棄はいつ頃まで続いたのであろうか。筆者が見慣れている室町期においては、その種の事象がほとんど見られない。嘉吉の乱や応仁の乱はもとより、明徳・応永の乱や禅秀・永享の乱など諸反乱において公卿日記の執筆に圧力があった形跡はない。これに対し、南北朝動乱のある時期（京都奪回戦がくり返された頃）まで、諸公卿は両朝による帰参の具合によって、家門と「家記文書」一切を召し上げられたり、同族の別人に奪われたりを繰り返した。たとえば西園寺家は、建武二年（一三三五）六月の公宗謀反ののち、家門は遺子実俊に伝領されたが、正平一統によって公宗の弟、竹林院公重に与奪された。その際、北山第とともに家記文書も移されたことは、洞院公賢と公重使者の問答によってうかがえる。(45)

また文和二年（一三五三）七月、再び京都を奪回した南朝は、その前年、関白二条良基が後光厳天皇の践祚を強行したことを怒り、(46)洞院公賢をして後光厳践祚に関与した公卿の交名を提出させるとともに、良基の「関白家記文書」を没収して前関白二条師基に与え、官務小槻匡遠も同罪としてこれを更迭した。(47)恐慌を来たした良基は、急遽美濃小嶋の北朝行宮に馳せ参じた。(48)このように、観応擾乱後しばらくは、南朝は〝懲罰的手段〟として「家記文書」の没収をもって諸公卿の上に臨んだが、幕府の基盤が強化されるにともなって、その効果も自然消滅した。以上により、公卿が自身執筆の日記を自主排棄するような事態も、自然に少なくなっていったとみられる。

それでは、室町期にいたって右のような記主と権力との緊張関係が稀薄化していった背景は何であろうか。それはまず第一に、天皇家による討幕運動（鹿ヶ谷の変もこれに含める）が南北朝期のある段階からその跡を絶ったことが考えられよう。第二に、前者から必然的に導き出されることだが、室町期の武家の権威が、寺社・公家など他権門に超絶し、室町殿を頂点とする公武統一政権が形成され、(49)主要廷臣が伝奏や室町殿家司という形で武家に従属していったことが考えられる。同時に、依然として跡を絶たない叛逆事件も、もっぱら武家内部の抗争となり、特定の公卿や皇族をバックとするものではなくなる。(50)かくして幕府はもはや廷臣の日記にどのような批評や情報が記されようとも、それを追及する必要がなくなったといえよう。

（1）かねて古文書学の体系化に勤めてこられた佐藤進一先生は、この考え方を持論とし、折に触れて筆者等にも語られていた。

（2）斎木一馬『古記録の研究上』斎木一馬著作集1（吉川弘文館、一九八九年三月）。

（3）前掲註（2）斎木書所収「古文書と古記録」の「四　日記研究の課題（一）日記の総体的研究」の冒頭にこの項目が掲げられている。

（4）斎木同右論文。

（5）以下『承久記』等の軍記や『増鏡』等の後世編纂にかかる史書が掲げられるが省略する。『史料綜覧』の編者も、史料の信憑性について『承久記』以降は差があると認めてのことであろう。

（6）左中将徳大寺実基の『実基公記』と右少弁日野家光の『家光卿記』はともに『歴代残闕日記』に収む。

（7）仁和寺僧による同二年間の日記。重要文化財。ただし『仁和寺日次記』（承元四～承久二年、貞応元年）とは別。田中稔「仁和寺日次記」（『国史大辞典』）。

（8）『拾遺愚草』下雑。

（9）『玉蘂』同年三月五日条に「民部（定家）卿来、此間依和歌禁忌事閉門、仍密々夜陰来」とあり、『順徳院御記』（京都御所東山御文庫記録）同年八月十五日条に「定家卿煙くらへの後、暫不可召歌之由、自院被仰」また同三年二月廿一日条に「今夜会定家卿不召之、去年所詠歌有禁、仍暫閉門、殊上皇（後鳥羽）有逆鱗、于今於歌不可召之由有仰、仍不召、是あはれなけきの煙くらへにとよみたりし事也、被超越数輩如此歟、於歌道不召被卿尤勝事也」とある。定家の官位が「被超越数輩」の結果、恨みがましい詠草となり、かつ道真の「なげきよりこそ」を踏まえた歌となって上皇の逆鱗を招いた。目崎徳衛『史伝　後鳥羽院』（吉川弘文館、二〇〇一年）参照。

（10）『順徳院御記』同年二月廿一日条に「入夜有和歌会、（中略）今夜会定家卿不召之」とある。

（11）辻彦三郎『藤原定家明月記の研究』（吉川弘文館、一九七七年五月）。

(12) この集は、辻氏によって『承久三年五月廿一日本後撰和歌集』と命名されている。
(13) 定家は「除目の前になると写経する」習慣であったと辻氏は指摘しており、さらに承久戦下にあっての後撰集の書写は「当時の不安定な心情を整理するため」であろうと推測している。
(14) 西園寺公経の妹を室としていた。
(15) 藤本孝一『明月記――巻子本の姿――』(至文堂『日本の美術』四五四号、二〇〇四年三月)。また倉本班研究会での御教示による。
(16) 承久元年閏二月二日・廿三日各条と表紙「承久元年夏建保七年改元」一枚が現存することは前掲註(15)藤本書、七〇頁に写真と文とで示されている。
(17) 前掲註(15)藤本書、七一頁。
(18) 山下克明「『承久三年具注暦』の考察」(『東洋研究』一二七号、一九九八年一月)。
(19) 山下氏によると、ⓐⓒ本は明治末年に史料編纂掛による影写が行なわれていたが、『大日本史料第四編之十四~十六、第五編之一』(一九一五~一九二一年刊)には反映されていない。これは「両本に異同があるため、史料としての確定が留保されたことによる」と山下氏は推定している。
(20) 山下前掲論文。
(21) 同右。
(22) 前掲註(11)辻前掲書、九八頁。
(23) 法印尊長については、拙稿「中世を人はどのように生きたか①法印尊長(上)」、「同②法印尊長(下)」(月刊『草思』二〇〇〇年五月・六月号)参照。
(24) 『尊卑文脈』一条家条。
(25) 『吾妻鏡』五月十九日条。
(26) 同右六月八日条。
(27) 同右六月廿五日条、『明月記』寛喜二年十二月廿六日条。
(28) 『吾妻鏡』同年六月十四日条、『百練抄』六月七日条、『明月記』六月十一日条。

（29）同記八月十二日条、なお上横手雅敬「承久の乱」（旧版『岩波講座日本歴史』中世1、岩波書店、一九六三年）にもこの事実が指摘されている。
（30）『吾妻鏡』六月十四日条に、「去七日辰刻於鷹司油小路大炊助入道肥後房宅、菅十郎左衛門尉周則欲虜二位法印尊長之処、忽企自殺」とある。
（31）『吾妻鏡』七月十二日条に「按察卿光親（中略）其諷諫申状数十通残留仙洞、後日披露」とある。
（32）『伏見天皇宸記』は元来七〇巻の大部な日記であり、江戸初期、後水尾上皇の治世頃まで伝存したが、寛文元年（一六六一）の内裏炎上で焼失し、五冊を残すだけとなったという（武部敏夫「伏見天皇宸記」『国史大辞典』）。現『史料大成三』に収められるのは、この残存五冊分である。
（33）玉井幸助校訂解説『中務内侍日記新注増訂版』（大修館書店、一九五八年）。
（34）玉井氏が同日記を後年の回想とする根拠は「冒頭に全篇の序と見るべき一段があり、そして次々に過去の思い出が書き記してある」（前掲註33玉井書）と自身書いている通りである。玉井氏の推定では、この回想記の成立は正応五年三月以後程ない頃であるという。なお筆者の中務内侍は玉井氏によれば、三位宮内卿藤原永経の女経子である。
（35）この史書は紀光が安永六年に着手、寛政十年（一七九八）に完成したものという。武部敏夫「続史愚抄」（『国史大辞典』）。
（36）『増鏡』「今日の日影」条。
（37）宮内三二郎『とはずがたり・徒然草・増鏡新見』（明治書院、一九七七年）。
（38）田中隆裕「『増鏡』と洞院公賢——作者問題の再検討（前・後）——」（『二松学舎大学人文論叢』二九輯、一九八四年三・十月）。
（39）林屋辰三郎『内乱のなかの貴族——南北朝期「園太暦」の世界』（季刊論叢日本文化①、角川書店、一九七五年）。
（40）正中の変や元弘の乱に際して、『花園天皇宸記』が湮滅を免れているということは、持明院統の天皇の日記が幕府の追及から逃れている点を裏書きするといえよう。

(41) 以上『玉葉』『百練抄』ほか。
(42) 『百練抄』同日条。
(43) 『山槐記』十一月廿八日条。この項、倉本班研究会での松薗斉氏の御教示による。
(44) この事実は多くの人が記しているが、筆者自身も一九七一年の夏、近江兵主神社で古文書を拝見した折、社の老婦人からうかがったことである。また帝室図書館（現国会図書館）でもこの事は免れず、皇道地政学関係の小牧実繁氏の著書が排棄処分となり、のち小牧氏の追放解除後、小牧氏自身が自著を改めて献本されたという。
(45) 『園太暦』正平七年二月十五日条に「就其家記文書不錯乱之様可有御下知者」云々とある。また同じ頃、近衛家門も基嗣から経忠に差し替えられ、「文書以下」も移し替えられたらしい（『園太暦』同年正月十五日、二月八日各条）。
(46) 拙稿「観応三年広義門院の『政務』について」（大山喬平教授退官記念会編『日本国家の史的特質　古代・中世』思文閣出版、一九九七年）。
(47) 『園太暦』文和二年七月十一日条。
(48) 前掲註(38)田中隆裕前掲論文。
(49) 富田正弘「室町殿と天皇」（『日本史研究』三一九号、一九八九年）。
(50) もっとも、六代将軍義教の治世に、「万人恐怖」と恐れられた廷臣の大量処分が行なわれた（斎木一馬「恐怖の世」日本歴史学会編『戦乱と人物』吉川弘文館、一九六八年）が、これらは叛逆事件ではなく、義教の偏執狂的性格が生み出した極めて恣意性の高い群臣処罰である。

記事の筆録態度にみる記主の意識——記事を書くこと、書かないこと——

尾上陽介

はじめに

古代・中世の貴族たちは数多くの日記を書き残してきた。それはみずからが体験・見聞した政務などの故実を子孫に伝えることを目的としたものであり、院政期以降には個々の日記が蓄積されて家記として活用・伝領されていく。[1] そのため彼らが書き残した日記には、現代人の目からみると、前例にこだわって行われる政務儀礼などについての退屈な、型どおりの記述が多いと感じてしまう。ところが、そういった公的な記事のなかに個人的な内容が含まれている点が日記を読む醍醐味の一つであろう。記主（日記の筆者）は何のためにそのような記事を書いたのであろうか。また、そもそも記事がほとんど記入されていない日記帳もみられるが、そのようなものが存在することにどのような意味があるのであろうか。このような記事のあり方をめぐる問題点、具体的には私的な記事を書くことや日記帳に記事を書かないことについて考えてみたい。

日記の記事が書かれた状況を考えるには、二つの方法が有効である。まず第一には記事の内容そのものから考えることで、さまざまな視角からの分析があり得る。[2] 第二には記事の形状による分析である。具体的には、日記帳の体裁、(3)記事の書き様、(4)推敲の痕跡(5)などが手掛かりとなる。たとえば藤原定家の『明月記』の場合、料紙に白紙を用いて清書している部分、反故《ほご》を翻して清書しないままの部分、同じく反故を利用するが清書している部分など、その体裁が時期によって変化する。また、記事の見出しである首書《くびがき》や毎日の干支記入の有無など記事の書き様も時期によって変化しており、これらの分析から定家の日記筆録意識について先に論じたところである。(6)

本稿では、まず、平安中期の右大臣藤原実資（九五七～一〇四六）の『小右記』にみえる私的な記事の一つをとりあげ、それが書かれた背景について一連の記事のつながりのなかで解釈することを試みたい。次に、鎌倉前期の関白近衛家実（一一七九～一二四二）の『猪隈関白記』原本のなかに記事がほとんど書かれていない部分が存在する意味について、日記帳原本の体裁や当時の近衛家における家記の構造に着目して考察したい。

一　記事を書くこと――藤原実資は何に興奮したのか――

（一）『小右記』にみえる特異な夢

日記に記事を書くという営みは、当然、記主にとって何かを記録しておく意図があってなされる行為であるが、個別の記事を取り出してその文字列だけを解釈するのではなく、一連の記事のつながりのなかでそれが書かれた状況を考察することで、より記主の意図を汲むことができるのではないだろうか。ここでは考察の材料として『小右記』のなかから次の長元二年（一〇二九）九月二十四日条をとりあげる。

今暁夢想、清涼殿東廂に関白下官と共不㆓烏帽㆒して懐抱臥間、余玉茎如㆑木、所㆑着之白綿衣太凡也、恥かしと思程夢覚了、若可㆑有㆓大慶㆒歟、

これは記主の実資が関白藤原頼通と清涼殿東廂で抱き合い、実資の「玉茎」すなわち性器が「木のごとし」という状態になった夢を記したもので、その生々しい書きぶりから『小右記』のなかでも有名な記事である。

この記事の解釈については、まず端的に二人は親しい関係にあった（性的な憧れがあった）ことを示す夢[7]というものがある。これは史料本文そのものの素直な解釈ではあるが、実資はいったいどのような意図をもって日記にわざわざ夢想のことを記録したのであろうか。やはり、夢想の内容には何らかの寓意が込められていると考えることが必要であろう。

これに対し倉本一宏氏は、京官除目（この年は十二月十六日から行われた）を控えて、除目が行われる清涼殿の東廂で人事権を握る関白と抱き合っていることや、当時右大臣であった実資より上位の太政大臣藤原公季が病気中であった（公季は十月十七日に亡くなる）ことから、みずからの昇進を予想した人事に関する夢と解釈した[8]。実際、実資には以前から自分の昇進や公季に対する意識があった。『小右記』長徳二年（九九六）六月二十九日条では、大納言に任ずべき人を世間では実資としているという一条天皇の言葉を伝え聞き、「余奏無二超越之心一歟、此度事所レ不二思懸一也、只任二天道一了」と微妙な感想を記している。同年九月九日条には前日に公季が左大将に任じられたことを書きとめているが、すぐ後の十七日条では左大将になったばかりの公季が十二月に必ず死ぬという予言を笠置《かさぎ》の僧から聞き、「太奇恠事也、仍聊記」と書いている。翌長徳三年六月二十三日条では、公季が任内大臣の兼宣旨を受けたことについて「太無レ故事也」と批評している。自分の昇進について関心を抱くことは一般的なことであり、特に不思議ではない。問題の夢の背景に人事についての事情があることは蓋然性が高いが、果たしてそれだけであろうか。

（2） 実資の日記筆録態度

考察を進めるにあたり、はじめに実資の日記の書き方をみておきたい。

実資も多くの人々と同じく、その時々で関心のある内容を日記に記入していた。たとえば、長徳三年七月五日に中納言の藤原道綱が大納言に昇進した際、同じく中納言であった実資は先任で上臈の自分が超越されたとして、この年の『小右記』のなかで極めて強い調子で批判している。この人事の噂を聞いた六月二十五日条と、大臣召《だいじんめし》が行なわれたついでに道綱が大納言となった七月五日条では、実資みずから大納言昇進の先例を調べあげ、ライバルの道綱が当時右大将で、かつ一条天皇の「外舅」(ここでは天皇の母の兄弟の意)であることを踏まえて、「延喜聖代」や「天暦御時」には大将や「外舅」であっても大納言昇進の際に超越は基本的になかった旨を天皇に奏上したことを詳記し、それにもかかわらず道綱に超越されたのは、権力者の藤原道長や天皇生母藤原詮子の謀略・専制によるためであるとしている。激怒のさまは道綱のことを「僅書二名字一、不レ知二一二一者也」と罵倒[12]していることからも知られよう。[9][10][11]

この一件の記事をみていると、実資は昇進のライバルである道綱のことを大変気にしていたように思えるが、実はそうではなかった。この頃の実資・道綱二人の官位は次の通りである。

長徳元年　正三位参議道綱
　　　　　従三位参議実資　　　　↓八月二十八日、権中納言へ(道綱を超越)
長徳二年　従三位権中納言実資　↓七月二十日、中納言へ
　　　　　正三位参議道綱　　　↓四月二十四日、中納言へ(実資を超越)
長徳三年　正三位中納言道綱　　↓七月五日、大納言へ
　　　　　従三位中納言実資

このように、実資はすでに前年の長徳二年四月二十四日から道綱に超越されていたのである[13]。ところがこの日の『小右記』には、この人事についてまったく記載されていない。先に示した道綱が大納言に昇進した時の激怒ぶりと比べて大変奇異に思えるが、ここに実資の日記を書く感覚がみて取れるのである。

長徳二年四月二十四日、この日は道長の政敵である内大臣藤原伊周を大宰権帥に左遷し配流する宣命が下された日であった。実資はこの日に行われた除目のうち、伊周らの降格人事については細かく列挙している。同じ日に道綱は中納言に任じられて権中納言実資を超越しているのであるが、それよりも伊周の件に関心があったため、このような記述になっているのである。つまり、実資は自分の関知したことについて全貌を一通り記録することに努める[14]のではなく、折々に関心ある点に絞って日記に書く態度がうかがわれる。この時も四月二十四日条から後には、行方をくらました伊周捜索のため妹の中宮定子の御所に検非違使が立ち入り、定子の出家、さらには伊周の出家と配流へといたる記事が続いている。注目されるのは、この一連の記事の中の五月二日条に、

新中納言道綱亡母周忌諸《(法)》事、送二七僧粥時一、又依レ候二大内一不二訪向一之由、自レ内差二致信《(源)》一示送了、

という記事がみえることである。ここで実資は「新中納言」道綱の亡母（『蜻蛉日記』作者として著名）の法事に七僧の斎を送り、自分は内裏に祇候するために参入できないことをわざわざ示し送っている。つまり、実資は道綱が中納言に昇進したことを把握しているが、この段階ではそれについて特に不快感を抱いていないのである。この翌年には激烈な言葉で非難していることを考えると、その時々の感情によって日記の内容が大きく揺れていることがわかる。

（3）記事の書かれ方に探る夢の背景

それでは、問題の長元二年九月二十四日条にみえる夢は、どのような状況で書かれた記事であろうか。長元二年九月前後の記事を通覧すると、実資の関心の所在、つまり日記に書き連ねられている主題には、公季の病状のほか、娘の千古と藤原兼頼（関白藤原頼通の弟頼宗の息男）との結婚[15]、そして関白頼通の病状があり、特に千古の結婚についての記事が多い。千古と兼頼の結婚の話は閏二月二十五日条に「但馬守能通《(藤原)》談話云、春宮大夫頼宗《(藤原)》

有二便宜一者可レ漏二息中将（藤原兼頼）事一者、報云、只今左右難レ報、取二諸身一大事也」とあるのが始まりのようで、五月・六月記を欠くが、八月から再び関連する記事がみえるようになる。以下、『小右記』の長元二年記から、問題の夢と、兼頼との結婚（傍線部）・公季の病状（二重傍線部）・頼通の病状（波線部）に関係する記事を時系列に沿って列挙してみよう（……は中略、〈 〉内は割書、以下同じ）。

①八月四日条

今日関白（藤原頼通）三十講始、……中納言実成（藤原）依二太相府（藤原公季、実成父）悩告一起座、

②二十三日条

則理（源）伝二春宮大夫事消息一、是例事也、大略示二気色一了、

③二十四日条

左兵衛督（藤原経通）・中納言（藤原資平）来、武衛伝二言春宮大夫陳旨一、又云、事有二一定一者、可レ然事等可レ被レ仰二人々一、九月始レ事如何、今月中可レ被レ定者也、余答云、明後日宜日也、随レ状可レ定歟、

④二十六日条

両納言（経通・資平）相二議小女（藤原千古）事一、可レ調二女装束等一人々書出、大略十一月中択二吉日一可レ遂、問二陰陽師一可二一定一、召二木道工・車造・錦織手等一令レ仰之、

⑤九月十二日条

早朝中納言来云、関白被レ悩由云々、敦頼（菅野）朝臣来云、参二関白第一、依レ承二被レ悩之告一、暁更馳参、今夕参、気色不レ静、仍問二惟任（藤原）朝臣一、答云、高吟給者、……中納言来云、関白被レ悩之体太苦気也、被二叫吟一之声甚高、

⑥十三日条

去夜々半関白被レ渡二前因幡守道成（源）宅一、依二住所（南院）鬼霊幷風気一被レ悩由、陰陽家占、仍夜中被レ渡云々、……中

納言来、即参二彼殿一、……来伝二御消息一云、昨日心神辛苦、今日頗宜、被レ訪之事為レ悦者、

⑦十四日条

頭弁(源経頼)来、伝二関白消息一云、……又云、昨日所レ悩頗宜、今日有二吟給之音一、悩給歟、更不二食給一云々、晩景中納言来、……中納言云、一昨夜関白俄不覚被レ悩、已万死一生、時刻相変之後漸以蘇生、昨日頗宜、今日被二発煩一、春宮大夫(藤原)密談、……太政大臣(公季)辞三退其職一、以二息実成一欲レ申二大納言一云々、下官有下望二太政大臣一之気上云々、能信卿密語二中納言一、答云、所レ不レ聞也、

⑧十五日条

中納言早朝参二関白第一、……彼是云、去夜二時許、五体已冷気絶、其後漸蘇生、……明尊僧都云、今日頗宜坐、然而如二重病一者、可レ被二上表一者、

⑨十八日条

両(経通・資平)納言云、関白今日頗有二悩気一、然無二殊事一、昨日無二気分一、今暁大僧正(深覚)被レ詣二関白御許一、致二祈念一、早朝被レ帰レ寺、春宮大夫云、隔日被レ悩歟、

⑩二十日条

呼二守道(賀茂)朝臣一、覆三問十一月一日乙卯・廿六日庚辰嫁娶勝劣一、云、庚辰為レ勝、彼日月殺、可レ忌乎、云、上吉并用之無レ妨、已有二大歳前天恩一、尤可レ為レ優、又義日、亦陰陽不将日、以二此日一為二嫁娶吉日一、後日尋二見月殺例一、永延元年十二月十六日火平甲辰大歳対月殺、〈云々納財吉、〉左京大夫道長(藤原)通二左府女(源倫子)一、件嫁娶日已月殺、不レ可二忌避一歟、大幸開レ従二彼家一、今年十一月廿六日庚辰大歳前天恩月殺、〈嫁娶・納婦吉、〉勝レ自二彼日一歟、

⑪二十一日条

早朝呼二守道一猶問二両日事一、所レ陳如レ昨、……霜月朔日・廿六日優劣問二大外記頼隆（清原）真人一、申云、朔日々月相合、月已減刻猶可二忌避一、廿六日勝、大略如二守道申一、守道申二日月相合由一、中納言従二関白第一帰来云、依二禅林寺僧正之催一被二沐浴一、御心地宜歟、

⑫二十二日条

敦頼朝臣云、関白御心地殊事不レ坐、禅林寺僧正今朝可レ被レ帰レ寺云々、……前大僧都扶公云、……又云、昨面二謁太相府一、有レ次、問下被レ辞二太政大臣一以二中納言実成一可レ被レ任二大納言一之由、奏二請公家一実不事上、被レ答云、大無実也、辞二大将一以二実成一申二任中納言一、重辞二太政大臣一奏二請大納言一事、々已重畳、可レ無レ便、又実成所レ不二庶幾一者、

⑬二十三日条

入レ夜中納言来云、関白御心地去夜被二発悩一、今日宜云々、

⑭二十四日条（夢の記事）

今暁夢想、清涼殿東廂に関白下官と共不二烏帽一して懐抱臥間、余玉茎如レ木、所レ着之白綿衣太凡也、恥かしと思程夢覚了、若可レ有二大慶一歟、

⑮二十五日条

問二遣関白御心地於頭弁一、報云、昨日已如二尋常一、……両中納言〈左兵衛督・侍従中納言（資平）等也、〉来云、関白如二尋常一云々者、

⑯二十八日条

中納言云、関白被レ復二尋常一、

以上、この時期の記事の流れをみると明らかであるが、実資は問題の夢（⑭）をみる九月二十四日の前後には、

千古と兼頼との結婚について準備を進めつつ（②③④、⑩⑪）、その一方、九月十二日以降には頼通の病状を常に気にかけている（⑤～⑨、⑪⑫⑬、⑮⑯）ことが判明する。公季については、この頃病気であり（①）、そのため太政大臣を辞すという風聞を聞いているが（⑦）、問題の夢を見る二日前にはそれを否定する情報を得ている（⑫）。

千古の結婚話は以前にもあり、治安三年（一〇二三）六月から十二月にかけては源師房との結婚話が『小右記』に散見するが、この話は進展しなかったようである。その後、万寿二年（一〇二五）十月から同四年正月にかけて、今度は道長の息男長家との婚姻の約束が道長・実資で取り交わされた。この件については、『大日本史料』第二編之二十二・万寿二年八月二十九日条「権中納言藤原長家ノ室没ス」という綱文の箇所に『小右記』をはじめ関連史料がまとめられており、次のような経過が容易に把握できる。

この年八月二十九日に長家の妻（藤原斉信女）が亡くなった後、十月十日に道長から実資への申し入れがあり、十一月二十日には実資が道長と対面のうえ「契約」した。道長は長家にこの話を強く勧め、実資も乗り気であった。『小右記』十一月二十三日条には「去夜両度有二吉夢一、小女事也」とあるが、その前日には道長が長家に懇切にこの結婚話を勧めたことを聞いている。このように障碍はなさそうであったが、問題は長家の態度であった。亡妻の一周忌までは延引したいなどと言い、実資は亡妻縁者の妨害があるのかという感想を記している（十二月六日・十六日条）。このような煮え切らない状況が続き、万寿四年にいたり結局は破談となった。この間、実資は千古のために祈禱を重ねつつ、時には吉夢を見て、道長の体調を気にしながら[16]準備を進めている。

長元二年秋の兼頼との縁談が進行している最中にも、実資は病に伏せる頼通の状況を毎日のように記録しながら準備を整え、問題の夢を見ている。実資は道長について「大幸開レ従二彼家一」と憧憬の念を抱いており[17]、娘千古と兼頼との縁談が成就することを望んでいる。この時期の実資にとって、御堂流の権力の中心である頼通の病状は特に重要な事柄であり、強い関心を抱いていた。実資は、問題の夢の数日前から頼通の病状が快方に向かっていると聞いており、実際、夢の直後に頼通は本復する。これに対して公季が太政大臣を辞することについては夢の二日前に否定する情報を聞いているのである。

これらの状況を考えると、実資は娘千古の長家や兼頼との姻戚関係の成立を望んでおり、いずれの折にも、相手側の中心人物である道長・頼通の体調を気に留めながら準備を整えていることが指摘できる。長家との縁談の際、実資は「吉夢」を見ているが、問題の夢もまさにこれと同じく千古の縁談、すなわち小野宮流と御堂流との姻戚関係が成就しそうなことに由来するものではなかろうか。双方の代表である実資と頼通が「抱き合う」ことはその象徴であり、心配していた頼通の病状が回復しつつあることを聞くなかで、このような夢想をしたと考えられよう。

問題の夢で語られる「大慶」についても検討しておきたい。東京大学史料編纂所の古記録フルテキストデータベースによれば『小右記』には三例がみえ、問題の記事以外の二例は次の通りである。

○長和二年三月九日条

五更夢想太吉、可レ有二大慶一之想歟、招二叡義師一語三付小善事一、

○寛仁二年六月六日条

左兵衛督（源頼定）来談、〈去四月比見二吉想一者、下官大慶之想也、〉

これら「夢想」「吉想」の具体的内容は不明であり、実資の語感として「大慶」が必ず昇進に関わるとは断定できない(18)。なお、類似の言葉に「大幸」があり(19)、実資は前掲⑩のように道長の栄耀をこれで表現している。

また、問題の夢で頼通と抱き合った場所とされる清涼殿東廂は除目儀を行う空間であるが、厳密にいえば右大臣実資が太政大臣に昇進する儀は除目ではなく大臣召であり、こちらは南殿（紫宸殿）で天皇が出御して行わ

れる。[20]

以上、『小右記』長元二年九月二十四日条にみえる夢の記事について、日記の筆録態度に注目しつつ読解を試みた。実資が見た頼通と抱き合う夢は、娘千古と兼頼の婚姻により小野宮流と御堂流の姻戚関係が今度こそうまく成立しそうな状況下で、相手方の頼通の病状も危機を脱したことが契機となってみたものであり、その背景には今後の小野宮家の栄耀を予祝する実資の意識[21]が読み取れるのではなかろうか。

二　記事を書かないこと――近衛家家記における暦記の存在意味――

（一）記事のない日記原本の存在

前節では記事の書かれ方から記主の意識を考え、読み取ることを試みた。このような視角は個人の記録である日記を分析する際について一般的に有効であるが、数多く残る日記のなかには、そもそも記事がほとんど記入されていない原本も存在する。記事が書かれていないということは、その日記帳には記録としての価値が少ないということであり、このようなものが存在すること自体、興味深い現象といえよう。その意味するところは何か、次に考えてみたい。

五摂家筆頭近衛家の歴代当主は、その多くが日記を書き残しており、[22]家記を形成してきた。[23]現在、近衛家伝来史料を収蔵する公益財団法人陽明文庫には、世界記憶遺産として著名な藤原道長の『御堂関白記』原本をはじめ、摂関家の祖藤原師輔（道長祖父）の日記『九暦』以下、近衛家の祖先と歴代当主の日記、さらには藤原宗忠の『中右記』や平信範の『兵範記』など、摂関家に家礼として仕えた貴族たちの日記の原本や古写本が所蔵されている。特に、一七世紀半ばまでの家記については「近衛家十五函文書」として整理され、最も貴重なものとして守り伝えられてきた。

このうち、鎌倉前期の近衛家当主、近衛家実の日記『猪隈関白記』には、記事がほとんど記入されないままの具注暦原本が含まれており、その多くは子孫が翻して再利用してしまっている。[24] 具体的な記事の書きぶりは、『大日本古記録　猪隈関白記』五・六所収の建保五年・承久元年・貞応元年・嘉禄元年・同二年・安貞二年・貞永元年具注暦を参照していただきたいが、ごくまれに世間の動静について短い記事があるほか、[25] 大部分は「天晴」「雨」など天候のみである。一例として、『大日本古記録　猪隈関白記』未収[26]承久元年七月十五日〜二十八日具注暦原本の記事を示しておこう。この部分は後人により翻して再利用され、現状では『自高麗書札並自本朝返翰案』という史料[27]の紙背となっている。

（十五日）天晴、

（十六日）晴、

（十七日）天陰、小雨、不レ及レ湿レ地、

（十八日）雨降、

（十九日）天晴、

（二十日）終日天陰、朝間甚雨、

（二十一日）大風、降雨、未時許天晴、風止、

（二十二日）天晴、

（二十三日）天晴、未時許降雨小雷、参二院・内・入道殿（後鳥羽上皇・順徳天皇・藤原基通）等一、

（二十四日）天晴、

（二十五日）天晴、夕小雨、

（二十六日）晴陰不同、時々小雨、

（二十七日）雨降、
（二十八日）晴、
はじめに、現在陽明文庫に所蔵される『猪隈関白記』原本・古写本の構成をみておきたい（本稿末付表参照）。記事は建久八年（一一九七）四季記から残されている。この年、記主の家実は一九歳で、正月三十日に非参議右中将から権中納言に任じられる。これ以前から日記を書いていた可能性もあるが、初めて議政官になることと日記執筆開始が関わっていると考えるのが自然であろう。

『猪隈関白記』原本の構成をみると、最初の建久八年から二年後の正治元年（一一九九）春記までの部分は、白紙を貼り継いだ巻物を用意して日記帳としている。記事は整然と記入されているが、一部に文字の塗抹や補入などがある。

ところが、正治元年夏記以降になると状況が一変し、白紙ではなく間空き五行（または三行）[28]の具注暦が利用されるようになる。それまでの白紙とは違ってスペースに限りがあるため、長い記事を書く場合には別紙を切り継ぎ挿入したり、暦の裏面を活用して裏書を残すなどしている。この間空き五行の具注暦は以後も長く利用されており、基本的に『猪隈関白記』の具注暦は変わらなかったようである。[29]このように、原本の様態からは正治元年夏が画期となっている。家実はこの年六月二十二日に右大臣に昇進しており、このことが日記帳に間空きのある具注暦を利用し始めたことと関連していると考えられる。

一方、古写本の構成では、最初の建久八年四季記から建仁元年秋記まですべて白紙に書写しており、紙背文書はない。記事の内容は基本的に原本と同じであり、まれに原本で文字が塗抹・補入されている箇所は修正後の本文に改められている。現存する古写本から判断すると、このような書写態度は原本の料紙が白紙から具注暦に変化しても建仁元年秋記までは同じであった。

その後、建永元年夏記以降になると古写本は反故を翻した料紙に書写されるようになる。建永元年夏記から建暦元年春記まではすべて詩懐紙を料紙としており、これらは建久七年（一一九六）頃から元久元年（一二〇四）頃に家実周辺の人々（兄弟や家司など）によって書かれ、家実主催の私的な作文会で披講されたものと考えられている。[30] この後、残りの建保五年十二月記（松尾行幸記）・安貞二年四季記・嘉禎元年九月・十月記では、文書などの反故を料紙として利用している。このように、古写本の様態からは建永元年夏が画期となっている。

この建永元年夏という画期は、具注暦原本と古写本の関係においても重要である。残存状況をみると、以前は原本の方が圧倒的に良好であるが、建永元年夏以降になると具注暦原本で残るものはすべて断簡となる。[31] わずかに残る具注暦断簡と古写本の本文を比較すると、具注暦の記事は先述のように大部分が天気のみで、ごく簡単になってしまう。しかし、家実が日記を書かなくなったわけではなく、一方で古写本には大変長く詳細な記事が見られるのである。家実は建永元年三月十日に摂政となっており、以上のような古写本をめぐる変化と関連していることも想定される。

『猪隈関白記』における具注暦原本と古写本の関係をみていると、当初の古写本は原本から具注暦の暦注を除いて記事部分のみを抜粋したものであった。しかし、建永元年夏記以降になると、具注暦の記事は基本的に天候だけとなり、家記としての機能は失われた。その一方で、古写本にのみ詳細な記事が記入されているのである。本稿で問題とする記事のない日記は、このような状況で存在する具注暦原本である。

（2）　日記目録にみる家記の構造

前項でみた記事のない具注暦原本は、いったいどのような意味をもって存在したのであろうか。この問題を考える材料として、近衛家の日記目録[32]をとりあげたい。

現在、陽明文庫には中世以前の日記目録が十数点伝来している。最も古く著名なものでは永久五年二月十日付の『摂関家旧記目録』[33]があり、湯山賢一氏によれば、この目録は道長時代の重書日記を収納した箱の目録という性格を有するものである。[34]同じような日記の目録は鎌倉時代にも作成されており、そこからは当時の近衛家家記の構造を知ることができる。[35]ここでは中世の日記目録のうち『猪隈関白記』に関係するものを選び、以下に掲げておこう。

①『日記目録』承久元年[36]（下図版）

承久元年
一巻　春
一巻　夏
一巻　秋
二巻　冬〈一巻十・十一月、一巻十二月、〉
此外一結四通
暦四巻

②『日記目録』貞応元年[37]

貞応元年
一巻　春夏〈自二正月一至二五月一、〉
一巻　夏秋〈自二六月一至二九月一、〉
一巻　冬
此外一結十三通

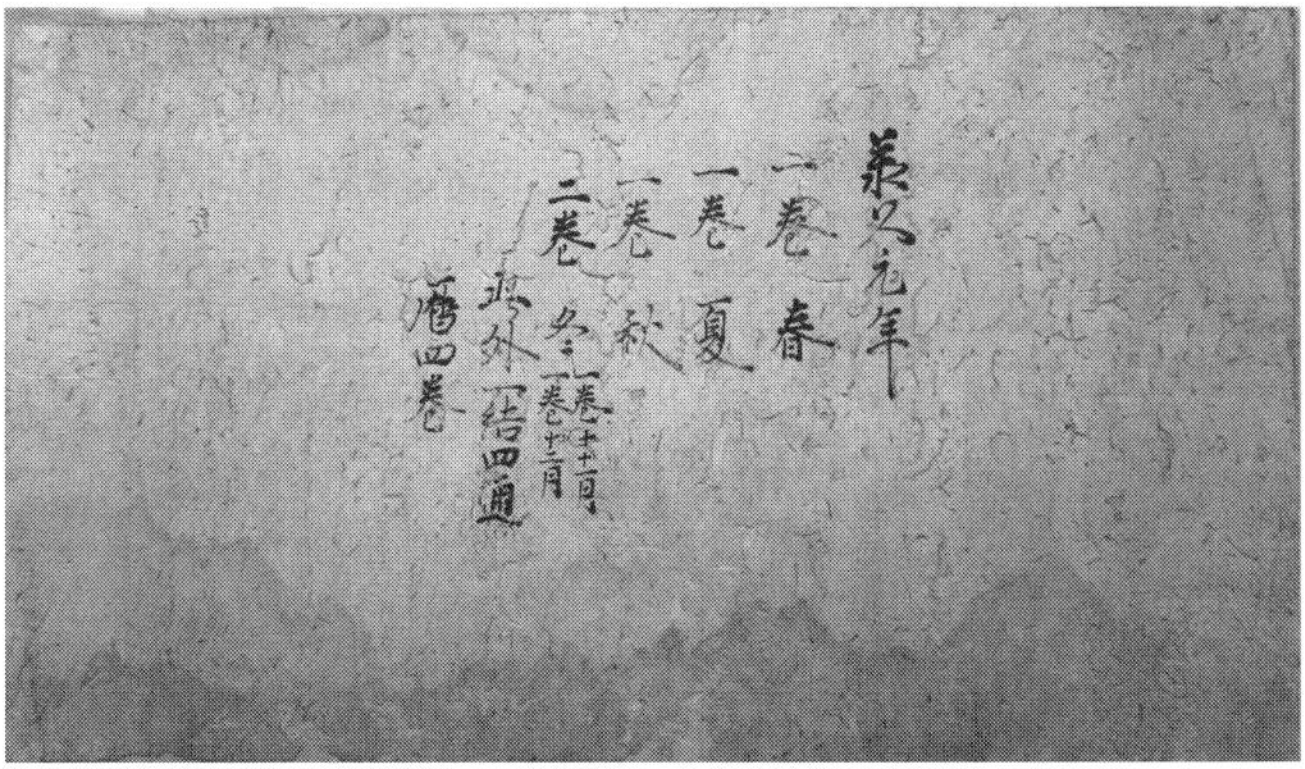

陽明文庫所蔵『日記目録』承久元年（原寸縦31.2cm 横55.5cm）

暦三巻〈冬欠、〉

③『日記目録』貞応二年[38]

貞応二年

一巻　春

一巻　夏

一巻　秋

一巻　冬

此外一結七通

暦四巻

※奥上に「暦一巻更不レ被二記置一之間、従二重櫃一取分入二別櫃一了」という注記がある。

④『日記目録』安貞二年[39]

安貞二年

一巻　春〈自二正月一日一至二三月二日一、〉

一巻　夏〈四月・五月、〉

一巻　夏〈六月、〉

一巻　秋〈自二七月一日一至二八月十日一、〉

一巻　秋〈自二八月十一日一至二九月十五日一、〉

一巻　秋〈九月十六日以後、〉

一巻　冬〈十月・十一月、〉

一巻　冬〈十二月、〉

此外一結四巻〈二通、〉

暦四巻

陽明文庫に所蔵される中世以前の日記目録の記載内容は多様であるが、右の四点はすべて特定の年次の家記について列挙したものと考えられ、それぞれ承久元年（一二一九）、貞応元年（一二二二）・同二年、安貞二年（一二二八）の家記、すなわち当時の当主である家実の『猪隈関白記』の構成を示している。これらに共通するのは、四季の記録（承久元年は五巻、貞応元年は三巻、貞応二年は四巻、安貞二年は八巻）[40]と、別記や附帯文書と考えられるもの（「此外一結……通（巻）」とあるもの）、それに「暦」という記載であり、当時の家記はこれら三つの要素から構成されていることがうかがえる。

残念ながら、これらの年次の『猪隈関白記』は多くが失われてしまっており、①承久元年と②貞応元年の具注暦、それに④安貞二年の具注暦・古写本が断片的に諸書の紙背文書などに残るだけである。目録を手がかりに往時の様子を考えると、四季の記録は年次によって巻数がばらばらであることから、具注暦とは別に記された日次記であったことは確実である。これが現在に残る古写本そのものであった可能性も考え得るが、安貞二年古写本断簡と比べると巻の切れ目が合致せず[41]、白紙に清書された記録であったと思われる。「暦」はどの年も四巻で一年分であり、正治二年記具注暦原本などと同じく間空き五行の具注暦で間違いない。

このほか、『猪御記目録』という目録二点[42]が存在する。内容は『猪隈関白記』ほかの家記について順不同に書き上げたままの粗目録というべきものであるが、内容を整理すると鎌倉中後期の近衛家家記についての記述があり、さらなる知見を与えてくれる[43]。これには建保四年（一二一六）までの家記について「四巻」とのみあるが、建保五年以降は左に掲げるようになり、前掲の日記目録と同様の構造、すなわち四季の記録、別記や附帯文書、具注暦の三種からなっている。

建保五年（一二一七）春一巻・夏秋一巻〈至二七月一〉・秋冬一巻〈自二八月一至二十一月一〉・冬十二月二巻、
此外一結三通・暦四巻、
承久三年（一二二一）四季三巻、此外一結八通・暦四巻、
嘉禄元年（一二二五）四季四巻、此外一結五通・暦四巻、
安貞元年（一二二七）春一巻〈自二正月一日一至二三月九日一〉・春夏一巻〈自二三月十日一至二五月廿九日一〉・
夏秋一巻〈自二六月一日一至二九月卅日一〉・冬一巻、此外一結五巻二通・暦四巻、
寛喜三年（一二三一）春一巻・夏秋一巻〈自二四月一至二八月一〉・秋冬一巻、〈自二九月一至二十二月一〉此外暦
四巻、
貞永元年（一二三二）四季四巻、此外一結一巻一通・暦四巻、
文暦元年（一二三四）春・夏・冬二巻、此外一結五通・暦四巻、
嘉禎二年（一二三六）春一巻・夏秋一巻・冬一巻、此外一結二巻・暦四巻、
嘉禎三年（一二三七）四季四巻、此外一結二巻、
暦仁元年（一二三八）四季四巻・暦四巻、
延応元年（一二三九）一巻上・一巻下、此外一結二巻、
仁治元年（一二四〇）一巻上・一巻下、此外一結二巻、
仁治二年（一二四一）一巻上・一巻下、此外一結二巻、

右のうち、嘉禎三年以降の時期は暦記や別記・附帯文書が揃っていなかった可能性があり、最も三点セットの形式が整っていたのは建保五年から嘉禎二年までというのが確実なところであろう。

近衛家においては鎌倉後期にいたってもこの形式で家記が蓄積されていたようで、同じく日記目録や『猪御記目録』にその頃の状況を探すと、次のようなものがある。

⑤『日記目録』正応五年(44)

正応五年

略記一巻〈自二十月一至二十二月一〉

錫紵事一巻〈頭春宮亮兼仲（勘解由小路）朝臣□（別カ）記召之、令二書写一被二入加一之、〉

暦二巻〈但不レ記、〉

愚略二巻〈一巻自二四月一至二九月一、一巻自二正月一至二三月一〉

これは正応五年（一二九二）の家記目録であるが、当時の当主は前関白近衛家基（一二六一～九六）である。家基の日記は原本・写本とも伝わっていないが、日記を書いていたことはこの史料から明らかである(45)。ここにみえる「略記」「愚略」が四季の記録であり、それに「錫紵事」別記一巻を勘解由小路兼仲の日記(46)から書写させて家記に加えている。そして、やはり「暦」二巻がある。家実の頃の四巻ではなく二巻になっており、南北朝時代の当主近衛道嗣の『後深心院関白記』のように、家基の時代には間空き二行で春夏・秋冬二巻からなる具注暦であったことを示している。

さらに、『猪御記目録』には左の記述がみられる。

正元二年（一二六〇）　春夏一巻・秋冬一巻、此外春夏別記一巻、已上三巻、

文永元年（一二六四）　四季暦四巻、

文永二年（一二六五）　四季暦四巻、此外別記一巻、

永仁元年（一二九三）　暦記二巻〈但無二御記一〉・別記三巻、此内一巻不レ見、

永仁三年（一二九五）暦記二巻〈無レ記、〉・別記三巻、〈自二正月一至二三月一一巻・四月一巻・自二七月一十二
月一巻、〉

この時期には四季の記録から「別記」に変わっているが、これは一年間の記録が作成されなくなり、個別の事柄についての別記がそれに代わったことの表れであろう。前後の時代と比較すると鎌倉後期は日記の残存状況が一般的に悪いが、近衛家に限って言えば、家記の構造そのものがこのように変化し、作成される毎年の記録の総量が減少したことが影響しているように思われる。

（3）鎌倉時代における暦記の存在意義

以上、『猪隈関白記』の記主家実の時期から、およそ十三世紀末までの近衛家家記の構造を日記目録から探ってきた。具注暦に記事を書き込んだ暦記は日次記とともに家記として認識され、目録に記載されているのである。『猪隈関白記』の時期には日次記と暦記（と別記・附帯文書）が並行して存在しており、その後、十三世紀後半になると個別の事柄に関する詳細な別記と暦記という組み合わせになるが、いずれにせよ暦記は家記の一部として存在する。そして、実際には暦記には天候などのごく簡単な記事があるだけで、詳細な政務作法などについての記録は日次記や別記に記入されたのである。

前掲の貞応二年日記目録（③）に「暦一巻更不レ被二記置一之間、従二重櫃一取分入二別櫃一了」という注記があるように、具注暦原本では天候すら記入されなかった部分もあった。実際に残る断簡をみても、たとえば承久元年冬具注暦(47)の十一月十日以前の部分には毎日の天候と若干の記事が記入されているが、翌十一日以降になるとまったく書き込みがない。また、文暦元年二月十五日～三月三日具注暦断簡(48)にもまったく記入がない。

このように暦記に天候すら記入がない傾向は、後にはより強くなったようであり、前掲正応五年日記目録

⑤では、この年の暦二巻に「但不レ記」という注記があり、『猪御記目録』においても永仁元年・三年の暦記それぞれ二巻に「但無二御記一」「無レ記」とある。また、やはり陽明文庫所蔵の『弘安三年具注暦断片』[49]は弘安三年（一二八〇）具注暦の暦序冒頭四行分のみの断簡であるが、端裏上部に「一向不レ被レ記」という注記がある。これらは家基が当主の時期であり、この断簡は、記事を何も書き込まないまま残っていた具注暦が後世に細かく切断されたものであろう。

日次記と暦記を並行して記すことは、近衛家の家礼であった勘解由小路経光の日記『民経記』や経光の息男兼仲の日記『勘仲記』でも見られ、近衛家の家記に限ることではない。『民経記』では、日次記に朝廷政務など公的な事柄について詳しい記事を書き、暦記の方には日次記の見出しや私的な内容を記すように書き分けている[50]。この書き方では、日次記と比べて分量が相対的に少ない暦記を閲覧するだけで、浩瀚な日次記の中から求める記事の所在を簡便に知ることができる。

一方、建永元年夏以降の『猪隈関白記』では、暦記の内容はほとんど天候だけで日次記の見出しなどは見られず、まったく書き込みがない部分も存在するなど、勘解由小路家の家記のようにわざわざ暦記を残す意義を見出すことが難しい。この時期の近衛家における暦記の存在には、いったいどのような意味があったのであろうか。

以前にも指摘した[51]ことであるが、間空きのある具注暦は一般的に当主たるものが利用するものであり、歴代当主の日記が残る近衛家においても父子が同時期に別々に記した例はない。たとえば、南北朝期の当主である近衛道嗣の『後深心院関白記』では、道嗣が従一位になった翌年から息男兼嗣が従一位になる年の年末まで間空き二行の具注暦を利用しており、若年時と老年時には白紙や仮名暦紙背などを利用して日記を書いている。『猪隈関白記』の記主である家実と、『岡屋関白記』の記主である息男兼経も並行して日記を記録している時期があるが、先述の『猪御記目録』を分析すると、兼経の方には暦記がなかったことが判明する[52]。家実の場合も、若年時には白紙に日記を書いており、右大臣になる頃から間空きのある具注暦を使用し始めている。

鎌倉時代の近衛家において、家記には暦記が必ず含まれるものであった。そのため、たとえ記事がほとんど書かれていなくても、間空きのある具注暦を利用した暦記は、代々当主が書き継ぐ家記の象徴的な存在であったのであろう。[53] 家実が当主として間空き五行の立派な具注暦に「天晴」「雨」などと書き付けたのは、家記に欠かせない象徴としての暦記を残す行為であったといえよう。

おわりに

本稿では個人の記録である日記について、記事の筆録態度、つまりどのように記事が書かれているかということから、記主の意識を考察することを試みた。

前半では『小右記』の記事を題材に、記主実資の日記の書き方を確認した上で、頼通と抱き合うという特異な夢を日記に書き付けた当時の彼の関心が何に向いていたのかを分析し、娘千古と御堂流の兼頼との婚姻の成立や、御堂流の中心人物である頼通の病状回復などがその背景に考えられることを指摘した。

後半では『猪隈関白記』具注暦原本にみられる記事のない日記に注目し、記事をほとんど書かない日記がなぜ存在したのか、という問題点について鎌倉時代の近衛家家記の構造を探ることから分析し、暦記は家記に欠かせない象徴的な存在として認識されており、たとえ記事がなくても当主が残していくものであったことを指摘した。

最後に、『猪隈関白記』の古写本について触れておきたい。通常、写本はオリジナルのテキストがまずあり、その後に転写（あるいは抄写など）されて成立するものである。ところが、『猪隈関白記』古写本断簡のなかには、本文推敲の痕跡があるものや筆跡が家実と非常に近似しているものが存在しており、[54] 古写本とされているもののうち建永元年夏記以降については、先の日記目録にみえる四季の記録（日次記）や別記の下書きと考えられるも

のが含まれている可能性も十分考えられる。(55)

共同研究会に参加を許され、多様な専門の方々からいろいろな日記についての研究報告をうかがう機会を得た。そこで最も強く感じたのは、個人の記録である日記には実に多くの様式がみられるということである。『猪隈関白記』も一般的な公家日記と比べると特異な点が多々あるように感じるが、当時の近衛家においてはこれがあるべき家記の姿であったのであろう。

（1）松薗斉『日記の家』（吉川弘文館、一九九七年）、尾上陽介『中世の日記の世界』（山川出版社日本史リブレット、二〇〇三年）。

（2）記主が何を書き、何を書かなかったのか、という視角からの考察では、加藤友康「平安時代の古記録と日記文学——記主の筆録意識と筆録された情報——」（石川日出志他編『交響する古代』東京堂出版、二〇一一年）などがある。

（3）具注暦かどうか、別紙が挿入されているか、どのような紙背文書があるか、裁断されているか、など。

（4）裏書や傍書など後から追補された部分かどうか、改行位置はどうか、異筆かどうか、など。

（5）文字の抹消や補書、重ね書き、など。

（6）尾上陽介「『明月記』原本の構成と藤原定家の日記筆録意識」（『明月記研究』五、二〇〇〇年）。

（7）朧谷寿『藤原氏千年』（講談社現代新書、一九九六年）など。

（8）倉本一宏『平安貴族の夢分析』（吉川弘文館、二〇〇八年）。なお、『大日本史料』第二編之二十八（二〇〇四年）においても、長元二年九月十四日条の「太政大臣藤原公季、太政大臣ヲ辞セントストノ風聞アリ」という綱文にこの記事を収載している。

（9）七月五日に大納言藤原公季が内大臣となり、空席となった大納言に道綱が昇進した。

（10）藤原道綱は一条天皇生母詮子や道長の異母兄。

(11) 延喜・天暦年間が公平な人事の行われた聖代であると認識されたことについては、田島公「延喜・天暦の「聖代」観」(朝尾直弘他編『岩波講座日本通史』五・古代四、岩波書店、一九九五年)参照。

(12) 六月二十五日条では、道綱が「通縄」と表記されている。これは誤写などではなく、もともと実資に道綱を貶める意図があったのであろう。

(13) この時期、中納言と権中納言の優劣はあまり意識されなくなっていた面もあるが、権中納言から中納言に転正する際に奏慶を行うなど、正任中納言が権任より上位であることは明らかである。黒板伸夫「摂関時代における「権官」の性格――納言と弁官の正・権を中心として――」(『摂関時代史論集』吉川弘文館、一九八〇年)参照。

(14) 日記によっては叙位や除目など人事の結果をすべて書き留めようとしており、たとえば摂関家の家礼であった平信範の『兵範記』や勘解由小路経光の『民経記』などにはその傾向がみられる。

(15) 服藤早苗「平安貴族の婚姻と家・生活――右大臣実資娘千古と婿兼頼の場合」(『埼玉学園大学紀要 人間学部篇』五、二〇〇五年)参照。

(16) 道長は万寿四年十二月四日に没する。

(17) 道長と源倫子との婚儀の日柄を肯定的に捉える理由として記されている。

(18) 「大慶」は広く古記録・古文書に見える語彙であり、たとえば『愚昧記』仁安二年二月十一日条「舎兄実綱朝臣任二右大弁一、太以大慶也」や『兵範記』仁安三年七月十八日条「急補二院司一之、過分之大慶也」など人事に関する表現としてもみられるが、用例は多くない。一般的には『中右記』天永三年正月三日条「西風忽吹、已免二余炎一了、年首大慶也」や『長秋記』元永二年六月六日条「皇子誕生天下大慶也」、『玉葉』元暦元年七月二十日条「官軍得レ理賊徒退散、為レ宗者伐取了云々、天下大慶何事如之哉」などのように、さまざまな場面で用いられている。

(19) 『観智院本類聚名義抄』では、「慶」には「ヨシ」「ニキハヒ」「ヨロコフ」、「幸」には「サイハヒ」「タカシ」「ノソム」等の訓がみえる。築島裕編『訓点語彙集成』別巻漢字索引(汲古書院、二〇〇九年)によれば、「慶」には「サイハヒ」「ヨシ」「ヨロコビ」、「幸」には「サイハヒ」「サチ」「ヨシ」などの古訓が掲示されている。なお、『中右記』保延二年十二月九日条「已昇二右大臣一、与二堀川入道右大臣殿・大宮右大臣殿一昇二同官一、不レ図大幸也」では、「大幸」で人事の喜びを表現している。

(20)『江家次第』二〇・任大臣装束など。

(21) みずからが太政大臣に昇進する可能性についての期待も含まれよう。

(22) 中世の近衛家歴代当主では、三代家実・四代兼経・五代基平、九代道嗣、一二代房嗣・一三代政家・一四代尚通の日記原本がそれぞれ陽明文庫に伝来しているほか、二代基通も日記を書いていたことが確実である。近世になると、一七代信尹以降、信尋・尚嗣・基熙・家熙・家久・内前・経熙・基前・忠熙・忠房・篤麿と、近代にいたるまで日記が残されている。

(23) 摂関家の家記については前掲註(1)松薗書、第二部第八章参照。

(24) 尾上陽介「再利用された日記原本――『猪隈関白記』『後深心院関白記』を中心に――」（『年報三田中世史研究』一二、二〇〇五年）。

(25) たとえば、承久元年五月五日条「有二節供事一、如レ恒、陪膳文章博士淳高朝臣」、同八日条「今日宇治離宮祭也、御幣・神馬・乗尻等奉之、如レ例」などの記事がある。

(26)『大日本古記録　猪隈関白記』五、一七七頁の次に入るべきものである。

(27) 架番号五六九一一七。内容は、万暦十八年三月朝鮮国王書札案と、それに対する天正十八年仲冬関白秀吉奉書案などが記されている。

(28) 現存する『猪隈関白記』原本具注暦では、建仁二年・三年記の七巻が間空き三行である。建仁三年秋記の後は建永元年夏記まで原本が残っていないので、あるいは欠失している元久年間の原本も三行空きであった可能性がある。

(29)『猪隈関白記』原本具注暦では、文暦元年の断簡（陽明文庫所蔵『後六条殿任槐任大将御奏慶』紙背）が現存する最も後の時期のものである。これには記事の記入がまったく見られないが、体裁や後述の『猪御記目録』に記載されていることから考えて、『猪隈関白記』原本の一部であったことは間違いない。

(30) 山崎誠「陽明文庫蔵猪隈関白記紙背詩懐紙について」（『中世学問史の基底と展開』和泉書院、一九九三年）、堀川貴司「詩懐紙について」（『国文学研究資料館紀要』二九、二〇〇三年）、大木美乃「近衛家実詩壇の考察」

（『中世文学』五八、二〇一三年）。
(31) 古写本においても、料紙が詩懐紙から文書に変わった建保五年十二月一日松尾行幸記以降は、すべて断簡として残るだけである。
(32) なお、ここでいう日記目録は日記史料の所蔵目録を意味し、ある日記の記事内容の項目を抜粋した内容目録ではない。
(33) 第十四函四七号、重要文化財。
(34) 湯山賢一「『摂関家旧記目録』について」（『古文書研究』六六、二〇〇八年）。
(35) 中世近衛家の日記目録全体の紹介や考察については、稿を改めて論じたい。
(36) 架番号二五六七四。
(37) 架番号二五六七六。
(38) 架番号二五六七七。
(39) 架番号二五六七五。
(40) 春記が三月二日までの一巻となっているが、あるいは本来は三月三日以降のもう一巻が存在し、目録が作成された時点までに失われていた可能性もあろう。
(41) たとえば、安貞二年古写本断簡のなかには九月二十八日～十月九日が一紙に記された断簡（架番号五一九四五）があるが、日記目録では「九月十六日以後」と「十月・十一月」で巻が異なっている。
(42) 架番号二五六七二・二五六七三。
(43) 『猪御記目録』には十二・十三世紀の近衛家家記の目録が断片的に見える。
(44) 架番号二五五九三。
(45) 陽明文庫所蔵『文永十一年行事次第（日記目録）断簡』（架番号五一八九二）は文永十一年（一二七四）正月から四月までの日記記事目録であるが、正月の箇所に「正二位御拝賀事」とあり、この年正月五日に正二位に叙された家基の日記の目録であると考えられる。正月二十五日以降は公事への参加など家基の動静が列挙されており、自身が参仕した公事について日記を書いていたことはこの史料からもうかがえる。

(46) 勘解由小路家（後の広橋家）は日野家の分家であり、日野家が九条家の家礼であったのに対し、こちらは初代の頼資以来、近衛家に仕えていた。
(47) 『大日本古記録　猪隈関白記』五、一九三頁以下。この部分は近衛政家書写の『建武年中行事』紙背文書となっている。
(48) 『後六条殿任槐任大将御奏慶』（近衛政家筆）紙背。
(49) 架番号九一八六九。
(50) 尾上陽介「『民経記』と暦記・日次記」（五味文彦編『日記に中世を読む』吉川弘文館、一九九八年）。
(51) 前掲註(1)尾上書。
(52) 『猪御記目録』では貞応元年から嘉禎三年まで、二つの家記が重複して掲載されている。一つは日次記、別記・附帯文書、暦記の三種が一組になっているもので、家実の日記の目録である。一方、貞応元年〜三年の「抄本」一巻や、嘉禄元年・同二年・安貞元年の各一巻、安貞二年・寛喜元年・同二年・同三年・嘉禎元年・同二年の各二巻、同三年の春記・秋記二巻が見える。こちらの方は、嘉禎三年春記について「三月十日蒙二摂政詔一」という注記があるように、この日に摂政詔を受けた兼経の日記の目録である。
(53) このような認識は、毎朝に前日の出来事を暦に記入することを子孫に求めた藤原師輔の『九条殿遺誡』に淵源があるのかも知れない。
(54) 古写本安貞二年三月二十日朝覲行幸記断簡（架番号五一九一四）には推敲の痕跡が多くあり、一部の筆跡は家実にきわめて近似している。また、同日の別の断簡（架番号五一九三一）でも、文字を数行分摺消すなどして本文を書き改めている。
(55) 『猪隈関白記』古写本のうち、紙背文書の年代が判明するものでは、建保五年十二月一日松尾行幸記には同二年の文書が、安貞二年三月二十日朝覲行幸記には嘉禄元年・二年の文書が、安貞二年秋冬記には仁治二年・寛元四年の文書が、それぞれ見える。このうち前二者は下書きの可能性が高い。

<table>
<tr><th>備考(別の史料名、挿入紙・裏書の有無、紙背の状況)</th><th>西暦</th><th>家実年齢・官位</th></tr>
<tr><td></td><td rowspan="2">1197</td><td rowspan="2">19歳、正三位右中将、正月30日権中納言、10月10日従二位</td></tr>
<tr><td></td></tr>
<tr><td></td><td rowspan="3">1198</td><td rowspan="3">20歳、従二位権中納言、正月19日左大将、同30日権大納言</td></tr>
<tr><td></td></tr>
<tr><td>『日記切』(四月記冒頭部分断簡)</td></tr>
<tr><td></td><td rowspan="6">1199</td><td rowspan="6">21歳、従二位権大納言、6月22日右大臣、11月27日正二位</td></tr>
<tr><td>別紙挿入あり</td></tr>
<tr><td></td></tr>
<tr><td>別紙挿入あり</td></tr>
<tr><td>別紙挿入あり</td></tr>
<tr><td>別紙挿入あり</td></tr>
<tr><td>別紙挿入あり</td><td rowspan="6">1200</td><td rowspan="6">22歳、正二位右大臣</td></tr>
<tr><td>別紙挿入あり</td></tr>
<tr><td>別紙挿入あり</td></tr>
<tr><td>別紙挿入あり</td></tr>
<tr><td>『猪隈殿御記之切』(10月記冒頭部分断簡)</td></tr>
<tr><td></td></tr>
<tr><td></td><td rowspan="6">1201</td><td rowspan="6">23歳、正二位右大臣</td></tr>
<tr><td>別紙挿入あり、原表紙『無銘古筆手鑑』にあり</td></tr>
<tr><td>別紙挿入あり</td></tr>
<tr><td>別紙挿入あり</td></tr>
<tr><td></td></tr>
<tr><td>別紙挿入・裏書あり</td></tr>
<tr><td>別紙挿入あり</td><td rowspan="4">1202</td><td rowspan="4">24歳、正二位右大臣</td></tr>
<tr><td>別紙挿入・裏書あり</td></tr>
<tr><td>別紙挿入・裏書あり</td></tr>
<tr><td>別紙挿入・裏書あり</td></tr>
<tr><td>裏書あり</td><td rowspan="3">1203</td><td rowspan="3">25歳、正二位右大臣</td></tr>
<tr><td>裏書あり</td></tr>
<tr><td>別紙挿入・裏書あり</td></tr>
</table>

付表　陽明文庫所蔵『猪隈関白記』原本・古写本一覧（※No.76は国立歴史民俗博物館所蔵）

No.	分類	史料番号	内容	形態	暦間空き
1	十五函文書	第３函１	建久８年四季	原本	
2	十五函文書	第３函２	建久８年四季	古写本	
3	十五函文書	第３函３	建久９年正月・２月	原本	
4	十五函文書	第３函４	建久９年３月・４月～６月	原本	
5	十五函文書	第15函63	建久９年４月	原本	
6	十五函文書	第３函５	正治元年春	原本	
7	十五函文書	第３函６	正治元年夏	具注暦原本	５行
8	十五函文書	第３函７	正治元年夏	古写本	
9	十五函文書	第３函８	正治元年秋	具注暦原本	５行
10	十五函文書	第３函９	正治元年10月・11月	具注暦原本	５行
11	十五函文書	第３函10	正治元年11月・12月	具注暦原本	５行
12	十五函文書	第３函11	正治２年春	具注暦原本	５行
13	十五函文書	第３函12	正治２年夏	具注暦原本	５行
14	十五函文書	第３函13	正治２年秋	具注暦原本	５行
15	十五函文書	第３函14	正治２年冬	具注暦原本	５行
16	十五函文書	第15函55	正治２年10月	古写本	
17	十五函文書	第３函15	正治２年冬	古写本	
18	十五函文書	第４函１	建仁元年春	古写本	
19	十五函文書	第４函２	建仁元年春	具注暦原本	５行
20	十五函文書	第４函３	建仁元年夏	具注暦原本	５行
21	十五函文書	第４函４	建仁元年秋	具注暦原本	５行
22	十五函文書	第４函５	建仁元年秋	古写本	
23	十五函文書	第４函６	建仁元年冬	具注暦原本	５行
24	十五函文書	第４函７	建仁２年春	具注暦原本	３行
25	十五函文書	第４函８	建仁２年夏	具注暦原本	３行
26	十五函文書	第４函９	建仁２年秋	具注暦原本	３行
27	十五函文書	第４函10	建仁２年冬	具注暦原本	３行
28	十五函文書	第４函11	建仁３年春	具注暦原本	３行
29	十五函文書	第４函12	建仁３年夏	具注暦原本	３行
30	十五函文書	第４函13	建仁３年秋	具注暦原本	３行

備考(別の史料名、挿入紙・裏書の有無、紙背の状況)	西暦	家実年齢・官位
紙背詩懐紙あり	1206	28歳、正二位左大臣、3月10日摂政、12月8日関白
紙背詩懐紙あり		
『猪隈関白記断簡』、紙背詩懐紙あり		
『日記切』、紙背詩懐紙痕跡あり		
『猪隈関白記断簡』、紙背詩懐紙あり		
紙背詩懐紙あり	1207	29歳、正二位関白左大臣、正月5日従一位、同30日辞左大臣
紙背詩懐紙あり	1208	30歳、従一位関白
紙背詩懐紙あり		
『日記切』、紙背詩懐紙痕跡あり		
紙背詩懐紙あり		
紙背詩懐紙あり		
『日記切』、紙背詩懐紙痕跡あり	1209	31歳、従一位関白
『猪隈関白記断簡』、紙背詩懐紙あり		
『猪隈関白記断簡』、紙背詩懐紙あり		
『猪隈関白記断簡』、紙背詩懐紙あり		
『猪隈殿御記之切』、紙背詩懐紙あり		
『日記切』、紙背詩懐紙痕跡あり		
『日記断簡』、紙背詩懐紙痕跡あり		
『日記切』、紙背詩懐紙痕跡あり		
『猪隈関白記断簡』、紙背詩懐紙あり		
紙背詩懐紙あり		
紙背詩懐紙あり	1210	32歳、従一位関白
紙背詩懐紙あり	1211	33歳、従一位関白
『具注暦断簡』	1217	39歳、従一位関白
『往来物』紙背		
12月1日松尾行幸記、紙背文書あり		
『日記断簡』、12月1日松尾行幸記、紙背文書あり		
『日記断簡』、12月1日松尾行幸記、紙背文書あり		
『日記断簡』、12月1日松尾行幸記、紙背文書あり		

No.	分類	史料番号	内容	形態	暦間空き
31	十五函文書	第４函14	建永元年夏	古写本	
32	十五函文書	第４函15	建永元年冬	古写本	
33	一般文書	51896	建永元年10月	古写本	
34	十五函文書	第15函65	建永元年12月	古写本	
35	一般文書	51900	建永元年12月	古写本	
36	十五函文書	第４函16	承元元年秋	古写本	
37	十五函文書	第４函17	承元２年春	古写本	
38	十五函文書	第４函18	承元２年夏	古写本	
39	十五函文書	第15函65	承元２年閏４月	古写本	
40	十五函文書	第４函19	承元２年秋	古写本	
41	十五函文書	第４函20	承元２年冬	古写本	
42	十五函文書	第15函65	承元３年４月	古写本	
43	一般文書	51901	承元３年４月	古写本	
44	一般文書	51898	承元３年４月	古写本	
45	一般文書	51897	承元３年４月	古写本	
46	十五函文書	第15函56	承元３年４月・５月	古写本	
47	十五函文書	第15函65	承元３年５月	古写本	
48	一般文書	51922	承元３年５月	古写本	
49	十五函文書	第15函65	承元３年５月・６月	古写本	
50	一般文書	51902	承元３年６月	古写本	
51	十五函文書	第４函21	承元３年秋	古写本	
52	十五函文書	第４函22	承元４年夏	古写本	
53	十五函文書	第４函23	建暦元年春	古写本	
54	十五函文書	第６函52	建保５年７月～９月	具注暦原本	５行
55	一般文書	90619	建保５年９月	具注暦原本	５行
56	十五函文書	第４函24	建保５年12月	古写本	
57	一般文書	51958-2	建保５年12月	古写本	
58	一般文書	51926	建保５年12月	古写本	
59	一般文書	51886	建保５年12月	古写本	

備考(別の史料名、挿入紙・裏書の有無、紙背の状況)	西暦	家実年齢・官位
『元日節会次第』(近衛政家筆)紙背	1218	40歳、従一位関白
『後深心院殿御記』(近衛政家写)紙背	1219	41歳、従一位関白
『具注暦断簡』		
『自高麗書札並自本朝返翰案』紙背		
『踏歌節会後京極摂政次第』(近衛政家筆)紙背		
『白馬節会次第』(近衛政家筆)紙背		
『建武年中行事』(近衛政家写)紙背		
『後深心院殿御記』(近衛政家写)紙背	1222	44歳、従一位摂政太政大臣、4月10日辞太政大臣
『後深心院殿御記』(近衛政家写)紙背		
『常徳院殿三回忌一品経和歌』(近衛政家筆)紙背		
『後深心院殿御記』(近衛政家写)紙背	1225	47歳、従一位関白
『後深心院殿御記』(近衛政家写)紙背		
『寛正六年十一月廿七日詩歌御会写』(近衛政家筆)紙背		
『具注暦断簡』	1226	48歳、従一位関白
『暦』		
『具注暦断簡』		
『仙洞御八講記　応永三十二年四月』(近衛政家筆)紙背	1227	49歳、従一位関白
『往来物』紙背		
『具注暦断簡』		
『岡屋関白記断簡』、紙背文書あり		
『猪隈関白記断簡』、紙背文書あり		
『岡屋関白記断簡』		
『朝観行幸記』、3月20日朝観行幸記、紙背文書あり		
『日記断簡』、3月20日朝観行幸記		
『無表題　朝観行幸事稿本』、3月20日朝観行幸記、紙背文書あり		
『日記断簡』、3月20日朝観行幸記		
『無銘古筆手鑑』の内、3月20日朝観行幸記		
『日記断簡』、3月20日朝観行幸記、紙背文書あり		
『暦』		
『後深心院殿御記部類記』(近衛政家写)紙背		

No.	分類	史料番号	内容	形態	暦間空き
60	一般文書	46887	建保6年7月～9月	具注暦原本	5行
61	十五函文書	第14函86	承久元年夏	具注暦原本	5行
62	一般文書	93619	承久元年7月	具注暦原本	5行
63	一般文書	56917	承久元年7月	具注暦原本	5行
64	十五函相当	76	承久元年7月～9月	具注暦原本	5行
65	十五函相当	77	承久元年7月～9月	具注暦原本	5行
66	十五函文書	第14函84	承久元年冬	具注暦原本	5行
67	十五函文書	第14函40	貞応元年春	具注暦原本	5行
68	十五函文書	第14函86	貞応元年夏	具注暦原本	5行
69	一般文書	76594	貞応元年8月・9月	具注暦原本	5行
70	十五函文書	第14函86	嘉禄元年10月	具注暦原本	5行
71	十五函文書	第14函40	嘉禄元年10月・11月	具注暦原本	5行
72	一般文書	57756	嘉禄元年12月	具注暦原本	5行
73	十五函文書	第6函52	嘉禄2年4月	具注暦原本	5行
74	十五函文書	第1函34	嘉禄2年秋	具注暦原本	5行
75	十五函文書	第6函52	嘉禄2年冬	具注暦原本	5行
※76	広橋家旧蔵本	H-63-95	安貞元年8月・9月	具注暦原本	5行
77	一般文書	90619	安貞2年正月・2月	具注暦原本	5行
78	十五函文書	第6函52	安貞2年2月・3月	具注暦原本	5行
79	一般文書	51953	安貞2年3月	古写本	
80	一般文書	51899	安貞2年3月	古写本	
81	一般文書	51946	安貞2年3月	古写本	
82	一般文書	43609	安貞2年3月	古写本	
83	一般文書	51931	安貞2年3月	古写本	
84	十五函文書	第5函14	安貞2年3月	古写本	
85	一般文書	51914	安貞2年3月	古写本	
86	佳品目録		安貞2年3月	古写本	
87	一般文書	51887-2	安貞2年3月	古写本	
88	十五函文書	第1函34	安貞2年4月	具注暦原本	5行
89	十五函文書	第6函49	安貞2年6月	具注暦原本	5行

備考(別の史料名、挿入紙・裏書の有無、紙背の状況)	西暦	家実年齢・官位
『日記・記録之切』、紙背文書あり	1228	50歳、従一位関白、12月24日止関白
『岡屋関白記断簡』、紙背文書あり		
『岡屋関白記断簡』、紙背文書あり		
『勧学院政所下文写』紙背、紙背文書(現状表面)あり		
『岡屋関白記断簡』、紙背文書あり		
『岡屋関白記断簡』、紙背文書あり		
『岡屋関白記断簡』		
『岡屋関白記断簡』、紙背文書あり		
『岡屋関白記断簡』、紙背文書あり		
『岡屋関白記断簡』、紙背文書あり		
『岡屋関白記断簡』、紙背文書あり		
『岡屋関白記断簡』、紙背文書あり		
『岡屋関白記断簡』、紙背文書あり		
『岡屋関白記断簡』、紙背文書あり		
『岡屋関白記断簡』、紙背文書あり		
『岡屋関白記断簡』、紙背文書あり		
『岡屋関白記断簡』、紙背文書あり		
『岡屋関白記断簡』、紙背文書あり		
『岡屋関白記断簡』、紙背文書あり		
『往来物』紙背	1232	54歳、従一位前関白
『具注暦断簡』		
『具注暦断簡』		
『後六条殿任槐任大将御奏慶』(近衛政家筆)紙背	1234	56歳、従一位前関白
『岡屋関白記断簡』、紙背文書あり	1235	57歳、従一位前関白
『日記・記録之切』、紙背文書あり		
『岡屋関白記断簡』、紙背文書あり		
『猪隈殿御記之切』、紙背文書あり		
『日記・記録之切』、紙背文書あり		

No.	分類	史料番号	内容	形態	暦間空き
90	十五函文書	第15函57	安貞２年７月・８月	古写本	
91	一般文書	51925	安貞２年８月	古写本	
92	一般文書	51952	安貞２年８月・９月	古写本	
93	一般文書	51889	安貞２年９月	古写本	
94	一般文書	51954	安貞２年９月	古写本	
95	一般文書	51955	安貞２年９月	古写本	
96	一般文書	51924-2	安貞２年９月	古写本	
97	一般文書	51920	安貞２年９月	古写本	
98	一般文書	51945	安貞２年９月・10月	古写本	
99	一般文書	51888-2	安貞２年10月	古写本	
100	一般文書	51888-1	安貞２年11月	古写本	
101	一般文書	51882-2	安貞２年10月	古写本	
102	一般文書	51951	安貞２年11月	古写本	
103	一般文書	25666	安貞２年11月	古写本	
104	一般文書	51947-2	安貞２年11月	古写本	
105	一般文書	51921	安貞２年11月	古写本	
106	一般文書	51924-1	安貞２年12月	古写本	
107	一般文書	51947-1	安貞２年12月	古写本	
108	一般文書	51944	安貞２年12月	古写本	
109	一般文書	90619	貞永元年４月・５月	具注暦原本	５行
110	十五函文書	第６函52	貞永元年４月～６月	具注暦原本	５行
111	一般文書	93621	貞永元年６月	具注暦原本	５行
112	十五函文書	第14函８	文暦元年２月・３月	具注暦原本	５行
113	一般文書	51923	嘉禎元年９月	古写本	
114	十五函文書	第15函57	嘉禎元年９月	古写本	
115	一般文書	51913	嘉禎元年10月	古写本	
116	十五函文書	第15函56	嘉禎元年10月	古写本	
117	十五函文書	第15函57	嘉禎元年10月	古写本	

日記を書く天皇

西村さとみ

官司における日々の職務内容の記録ではなく、あるできごとを特定の状況下で記した報告書の類でもない日記。みずからの意思で日を追って綴られたそれは、九世紀末ごろから十世紀にかけて突然に姿をあらわす。そうした日記の「発生」をめぐっては、政務の運営形態の変化、儀式・行事の整備、国史編纂の途絶など、同時代の現象とのかかわりにおいてさまざまに論じられてきた。(1)それらのなかには、宇多天皇が次代の若き天皇のために記しおいたとして、天皇個人に「発生」・盛行の要因を求める説もあるが、(2)みずから日記を綴る天皇という存在が顧みられることは、必ずしも多くはなかった。

しかし、しばしば日本のそれと比較される唐の修史事業は、皇帝の言動を記した起居注をもとに皇帝ごとの実録が編まれ、それらが合冊、増補されるかたちで進められたという。(3)対する日本では、起居注が作成された形跡はなく、ある時期から天皇が自身で日記を書きはじめたのである。そこには、日本における君主の性格が表現されているのではあるまいか。こうした観点から盛行の嚆矢となった宇多天皇に着目し、日記「発生」の要因としてあげられてきた諸現象をとらえなおしてみたい。

さて、宇多天皇の日記は『花園天皇宸記』に「寛平御記十巻」とあるが（正和二年〈一三一三〉十月四日条）、現存するのは在位中の仁和三年（八八七）から寛平九年（八九七）にかけての逸文のみである。全容は知りえないものの、日々の政務や儀式・行事について詳細に、また網羅的に記されているとはいえず、一方で阿衡の紛議の顚末や日々の感懐が綴られているなど、当該期の日記のなかで異彩を放っている。ただ、日記とともに「御遺誡」が伝わっており、それらが相俟って故実・先例に向きあう天皇の姿勢をうかがわせてくれる。

「常例に拘ることなかれ」、「式の例には具《そなは》るといへども（中略）特にまた相労《いたは》れ」、「諸司に下して旧跡を勘《かむが》へしむべし。ただ旧く遠きことあれば、能く推し量りて行ふべし」。「御遺誡」には、先例をそのまま踏襲するのではなく、状況に応じて策を講じるべき旨が説かれている。五月の競馬の勝負をめぐり、見解の相違をふまえて先例を検討させた経緯を記し（寛平二年〈八九〇〉五月六日条）、新たにはじめた賀茂臨時祭の由来や（寛平元年十一月二十一日条）、相撲の勝負をめぐる判断基準の変化（寛平四年八月一日条）を記しおくなど、日記に残された故実・先例の記述には、そうした姿勢があらわれているといえよう。宇多天皇にとっての先例は、ある時点で的確に判断を下すために参照するものであり、固守すべきものではなかったのである。

もっとも、明文化された規定すら時が移れば弊害を招きかねないとし、その臨機応変の解釈・運用を是とする姿勢は、宇多天皇にはじめてみられるものではない。たとえば、貞観十一年（八六九）に撰進された貞観格の序は、「民意を推」し「時宜を量」って編んだ弘仁格も時とともに現実に対応しえなくなったと述べ、新たな格の編纂の意義を謳っていた（『日本三代実録』同年四月十三日条）。こうした認識・態度が浸透するにともなって、日々の政務処理にかかわる記録の充実が要請され、日を追って書くという形式がそれにふさわしいものとみなされて、さまざまな局面で選びとられていったのであろう。

その過程において、国史の編集方針もまた変更されたことは、すでに指摘されているところである。最後の勅撰国史となった『日本三代実録』は、同時期に進められた史書の部類作業、すなわち『類聚国史』の編纂と密接にかかわっており、部類され引勘されることを前提としたかのように、記事の採録、撰述の方針がそれまでとは異なるという。滞りなく催された恒例の行事は掲載しないとの原則は崩され、その概要が解説されるなど、儀

式・行事に関する記述が増し、勘文《かんもん》などの類も省略されずに引用されたのである。（4）

『類聚国史』の編纂に象徴されるのは、相前後してあらわれる日記や儀式書と国史の記述の接近という現象ばかりではなかった。それぞれの国史が有していた編集方針をひとつの「国史」のうちに解消させる類書の作成により、歴史は——それを歴史と呼ぶかはさておき——文脈をもたない過去のできごとの集積へと変換される。できごととできごとの関係がひと続きの時間のなかでとらえなおされることはなく、そうして語られてきたはずの日本の成り立ち、そこにみいだされたはずの統治の正当性も、別のかたちで求められることになったのである。

なお、ここで宇多天皇の「唯、群書治要を早く誦習すべし」との「御遺誡」について、ひとこと述べておきたい。天皇がまず学ぶべき書物とされた『群書治要』は、唐の貞観五年（六三一）、太宗の勅命により、儒教の経典をはじめとする多数の文献から政治に資する文章を抜粋して編まれたものである。村上天皇は、皇太子の元服に際して唐礼の検討を命じたことを日記に記しているが（応和三年〈九六三〉二月二十八日条）、過去のできごとが時間の推移を離れ、個々のそれとして消費されるようになるのと相前後して、顧みるべき過去のできごとの範囲が唐、さらにはそれ以前の王朝へと広がることには、考えるべき問題が潜んでいるように思われる。（5）

このように、天皇という存在がある意味でそれまでの歴史から切り離された時代に登場したのが、みずからの言動を記し、時に省みて自身の過ちをみとめ、「朕失《あやま》てり。新君慎め」と「御遺誡」を綴った天皇であった。そして、その天皇は「深く政事を知」る臣下から「多く諫正を受けた」とも語り、人材の登用に心を砕くよう「遺誡」したのである。状況に応じた天皇の判断に過ちがともなうとすれば、過去のできごと、先例の蓄積はより重みを増し、臣下の言も重視されることになる。

宇多天皇の日記には、太政大臣藤原基経から伝えられた内宴の陪膳に関する先例（仁和四年〈八八八〉正月二十一日条）や、壺斬《つぼきり》剣にまつわる故事（寛平元年〈八八九〉正月十八日条）などが書きとどめられており、やはり日記をものした醍醐天皇や村上天皇には、臣下のことばに耳を傾けようとした逸話がある（『大鏡』第六・昔物語、『古今著聞集』第三・政道忠臣）。さらに十世紀には、賢人を登用し、臣下の諫言を容れる天皇を「聖」と讃える詩句が散見されるようになる。『本朝文粋』に収められたそれらが漢籍に典拠をもつにせよ、そうした君臣関係がことさらに謳われた背景には、日記を書く天皇に通じる君主像への要請があったのかもしれない。

他方、宇多天皇は貴族層の陽成院に対する批判の言辞も拾いあげており、日記には「悪君」「悪主」といった語もみられる（寛平元年〈八八九〉八月十日条、同年十月二十五日条）。仁明天皇から文徳・清和をへて直系で皇位を継承した陽成の退位と、にわかに擁立された仁明の皇子、光孝の即位、そして、一度は臣籍に降り源氏を名のりながらも親王に復し、父の跡を継いだという宇多天皇の即位をめぐる事情が、その記述に深く影を落としていることは疑えないであろう。ただ、天皇の言動が注視され、讃えられる一方で非難を浴びせられるものとなっていることを確認しておきたい。

さて、皇位継承をめぐる葛藤のなかで、天皇がこれまでみてきたような性格を帯びつつあったとすれば、日記や「御遺誡」は――さしあたり宇多天皇のそれを受け取ったのが若い醍醐天皇であったとしても――、年齢にかかわらず必要とされたはずである。そして、判断をささえ、言動を律する知識の整備、体系化が進めば、それに則ることにより、天皇たりうる人びとの範囲を、逆の意味で年齢を問わず広げることが可能になろう。

そこに皇位継承の安定化への志向を読みとることもできようが、そうした事態の進行は同時に、先例を守るべきものにし、機に応じた判断を妨げることにつながりかねない。また、状況をみきわめ、判断を下したとしても、その妥当性をいかに証明するのかは、常につきまとう問題である。時が移るにつれて、日記には複数の先例をめぐる精緻な考察の跡が残され、あるいは災異を天の譴責とみなすことばが散見されるようにもなる。

そうしたいくつものできごと、複数の先例を構造的に把握するべく、天台座主慈円は、それらを「日本国ノ世ノハジメ」から現在にいたる時間のなかにおきなおし、そこにいく度も作りかえられる「道理」をみいだそうとして――「日本国ノ世ノハジメヨリ次第ニ王臣ノ器量果報ヲトロヘユクニシタガイテ、カヽル道理ヲツクリカヘ〳〵シテ世ノ中ハスグルナリ」（巻第七）――、『愚管抄』を著した。そして、そのなかで、彼は時間を「寛平マデハ上古ノスエトオボユ。延喜・天暦ハソノスエ、中古ノハジメ」と区分している（巻第三）。日記が「発生」した時期に時代の転換をみる歴史意識は、あくまで十三世紀初頭の慈円のものであるが、そこにあるべき君主像の変容過程を描きだすための、ひとつの参照点を求めることもできよう[6]。平安期における天皇の性格の変化はつとに指摘されてきたが、日記を書く天皇の登場は、その過程を描きだす緒たりうるのではなかろうか。

（1）松薗斉氏は、日記の「発生」をめぐる諸研究を国史材料説・国史廃絶説・儀式発展説・宇多天皇起源説・国史変質説の五説に分類されたうえで、諸説のなかにひとつの解を求めるのではなく、当該期の政治構造に関する研究の成果をふまえて、それらを再構成すべきであると論じている（「王朝日記の〝発生〟」『王朝日記論』法政大学出版局、二〇〇六年、初出は二〇〇一年）。

（2）池田源太「「本文」を権威とする学問形態と有職故実」（『奈良・平安時代の文化と宗教』永田昌文堂、一九七七年、初出は一九六九年）。

（3）遠藤慶太「国史編纂と素材史料」（『平安勅撰史書研究』皇學館大学出版部、二〇〇六年、初出は二〇〇一年）など。

（4）前掲註(3)遠藤書第十三章「『三代実録』と『類聚国史』」。遠藤氏は、九世紀後半の宮廷での政務のありかたに影響された国史の変質は、史書編纂の目的――すなわち善悪を余すことなく記述した「鑑誡」となる記録の作成であり、編纂を命じた当代天皇の正統性の表明――を後方に追いやるものであったと論じている。

（5）『群書治要』が重視された背景に歴史意識の転換をめぐる問題が横たわっていることは、西谷地晴美「規範的歴史意識の時空」（『古代・中世の時空と依存』塙書房、二〇一三年、初出は二〇〇五年。なお同書第五章「上古の時空」も参照）に論じられている。

（6）龍福義友氏は、日記にみられる「例」「理」という語に着目し、それらに表現された思考のありよう、行為の規範としてのはたらきかたの考察を通して、平安中期から鎌倉期にいたる思考方法の変化をとらえようとした（『日記の思考　日本中世思考史への序章』平凡社、一九九五年）。そこには、文中にいう考察にあたって参照すべき成果が含まれているように思われる。

一人称形式かな日記の成立をめぐって

久富木原玲

一　問題の所在

平安期のかな日記は『土佐日記』冒頭の「男もすなる日記といふものを、女もしてみむとてするなり」という一文によってよく知られている通り、三人称形式で始められ、平安時代のかな日記のスタンダードになっていくが、「われ」で始まる作品があらわれるのは、院政期も終盤を迎える十二世紀末のことである。その画期をなす作品と目されるのが日記的歌集とされる『建礼門院右京大夫集』で、これ以降、中世を代表する『とはずがたり』などの日記的作品が冒頭から一人称表現によって記されていく。きわめておおまかにいえば、このような一人称形式の文体が以後の一人称叙述作品の基層をなしていくのである。この時期に、このような一人称形式の日記が出現する理由は何なのか、一人称形式かな日記の成立にかかわる要因を探ってみたい。

二　西欧文学へのまなざし

近代の文体が翻訳文体とかかわることは常識だが、最近、近代小説にも前近代の伝承や和歌の伝統などを活かした作品があることが注目されつつある。特に兵藤裕己氏は泉鏡花の小説『春昼』には「主体のねじれ」が認められ、そこには謡曲や連歌、和歌などの語法が活かされており、翻訳文体とはまったく異質の、独特な小説世界が展開することを縦横に論じている。「主体のねじれ」は前近代の語り手が自己同一的な中心を持たないままにみずからの声によってシャーマニックに複数化していくありかたによるのだとする氏の分析は鮮やかで魅力的である。(1)

だが稿者の関心はむしろ逆に、前近代において自己同一的な中心性を持とうとする叙述形式がいかに生成されたかという過程の方にある。というのは西欧とは異なる条件下にあっても、同一主体を成り立たせる発想や表現形式がなければ、近代以降に翻訳文体が根付くのは難しかったのではないかと思われるからである。

ちなみに西欧においても、一人称叙述形式の文学作品の成立はそれほど古くはなく、たとえば堀田英夫氏のご教示によれば、その嚆矢とされるスペインの一人称小説『ラサリーリョ・デ・トルメスの生涯』は十六世紀の「黄金世紀」(「発見の時代」とも。日本では「大航海時代」)の作品であるが、日本中世の代表的な一人称形式の日記『とはずがたり』の方が約二〇〇年、これに先んじているのである。彼我の時代状況や言語的諸条件の相違はあるにしても、西欧においても一人称叙述形式の文学作品は決して古くから自明のものとして存在したわけではなかったようだ。西欧における一人称作品の生成過程をも意識しつつ、日本の前近代における一人称叙述の淵源をたどっていければと考えている。

三　三人称から一人称へ

現代、自分のことを記す場合、一人称形式を用いるのはごく自然な営為としてある。だが古代においては一人称形式の散文の例は認め難く、上代の記紀神話および『風土記』『日本霊異記』のような説話にいたるまで、散文作品は三人称の文体で記されている。それは、神話や説話、あるいは物語を語る文体なのであり、全知視点による枠組みを持つ。ゆえに一人称の文体で書くことは、この枠組みを壊すことにつながり、発想や思考の枠組みの転換を必要とする。

しかし日本語に一人称表現がまったくなかったわけではない。「われ」という一人称表現は和歌や消息文、あるいは会話や会話文においてしばしば用いられており、これらの表現が一人称形式の文体に影響を及ぼしたことは想像に難くない。(2) また、漢文日記にも一人称的な表現が認められるが、そもそもかな日記じたいが漢文日記に倣って発想されたものであり、両者は表裏の関係にあった。

すなわち、一人称体のかな日記は、和歌・消息文・会話体および漢文日記といったそれぞれに異なる位相に位置する表現方法を媒体として成立したのだと一応は考えることができる。ちなみに平安中期の本格的な日記作品である『蜻蛉日記』は、「われ」という強烈な意識の下にノンフィクションの人生を記したのだが、それでもなお冒頭に物語的な枠組みである「世に経る人ありけり」という一文を置いた。当時、三人称の枠組みがいかに堅固に機能していたかが知られるのである。

四　『建礼門院右京大夫集』出現の意義

近代における一人称叙述作品の成立が、西欧の翻訳の文体と密接な関連性を持つことはよく知られている。しかし、院政期には近代の一人称叙述の成立とは異なる条件下に、いわば中世の一人称形式が成立する。『建礼門院右京大夫集』は、その転換期の例である。その冒頭には、

家の集などいひて、歌よむ人こそ書きとどむることなれ、これは、ゆめゆめさにはあらず。（中略）ふと心に覚えしを、思ひ出らるるままに、わが目ひとつに見むとて書き置くなり。

と記されており、傍線部のように「自分ひとりで見る」ための集だとしている。さらに、

我ならで誰かあはれと水茎の跡もし末の世に残るとも

という和歌を最初に置いて、ここに集めた和歌は、自身が実際に経験し、現在、生きてある自分だけがしみじみとした感懐を持って受け止めることができるのだとして当事者性を強く打ち出している。

右京大夫は源平の動乱によって主家である平家が壇ノ浦で滅亡し、恋人平資盛も戦死するという憂き目に遭ったのであった。そのような激動期の生を刻みつけた私家集の冒頭に「我ならで」という、集全体を規定する内容の歌を置いたのであった。他者とは共有すべくもない強烈な自己の体験を表現するのが目的だったのだとすれば、この和歌と序文とは同じ機能を持っており、いわば等価のものとして定位される。ゆえにこの作品の一人称体の序文は和歌の主題に導かれ、和歌と対になる内容を持つことを必然としたのである。このように自分ひとりが見、自分だけが経験したことに基づく独自の感懐を一人称で記すことによって、迫真性に満ちたドキュメンタリーとして『建礼門院右京大夫集』は誕生した。ここには序文冒頭に文体としての当事者性が明確に打ち出されている。このように散文と和歌とが一体化する点に、古代的な三人称形式の殻が破られていく道筋のひとつを見ることができる。

五　和歌における人称

和歌と一人称表現との関係はきわめて深い。一人称形式の散文が容易に見当たらない上代においても、「われ」は和歌の領域では自己表出の表現としてきわめて多く詠まれており、『万葉集』はその宝庫である。その長歌における「われ」は後世の日記・紀行文と密接な関係をもつ。一例をあげると、巻一三・三二三六番は、詠者が通過していく地名を次々に列挙していき、最後に「我は越え行く　逢坂山を」と締めくくるが、これは「道行き」巡行叙事歌」であり、「古い歌謡」の形に通じる表現なのである。(3) そのような古い歌謡や長歌は、いわば歌による紀行文なのであり、ここには近代の翻訳文体などとは異なる一人称表現の淵源としての発想と伝統が認められる。

ただ古代歌謡に関しては、歌謡という口頭伝承の問題も絡むため、問題は複雑である。たとえば右にあげた『万葉集』の長歌の場合は一貫して一人称なのだが、古代歌謡には同一の歌謡の中で三人称から一人称へと転換する例が複数認められる。一般的には、本来は演劇的な場でうたわれたために、初めは三人称で役柄を名乗り、のちに登場人物になりきった時、一人称に転換するとされるように[4]、歌謡は和歌とはまた異なる要素をも含んでいる。平安初期の長歌にも、『伊勢集』四六二番のように三人称（単数）で詠み始めながら、途中で一人称（複数）に転換する例があることから、長歌や古代歌謡の場合、詠むこと、あるいは歌うという行為によって、人称は自在に変化するということも考えられる。とすれば、「和歌をうたう声の他者性」を説く兵藤氏の論[5]に立ち戻ることにもなるが、ここでは以上を問題提起としつつ、さらに今後を期することとしたい。

（1）　兵藤裕己「泉鏡花の近代——夢のうつつ、主体のねじれ——」（『文学』一一—一二、二〇一二年）、および「泉鏡花と柳田國男」（『アナホリッシュ國文学』二、響文社、二〇一三年）。

（2）　土方洋一「『かげろふの日記』の文体・その成立基盤」（『日記の声域　平安朝の一人称言説』右文書院、二〇〇七年）が言及している。

（3）　多田一臣『万葉集全解』5（筑摩書房、二〇〇九年）。

（4）　西郷信綱『古事記注釈』（平凡社、一九七六年）などが、その代表的な学説。

（5）　前掲註（1）参照。

『台記』に見る藤原頼長のセクシュアリティの再検討

三橋順子

はじめに

平安時代末期の動乱の口火を切った保元の乱(一一五六)の一方の旗頭である藤原頼長(一一二〇~五六)の日記『台記』(『槐記』)には、頼長自身の性愛に関わる記録、とりわけ男性との性愛行為を想わせる記述がかなりの頻度で散見される。その数は写本が現存している部分だけでも五六か所にも及ぶ(大石、一九九九)。

いわゆる「摂関時代」貴族の日記、藤原実資(九五七~一〇四六)の『小右記』、藤原行成(九五七~一〇二八)の『権記』、藤原道長(九六六~一〇二八)の『御堂関白記』、源経頼(九八五~一〇三九)の『左経記』、藤原資房(一〇〇七~五七)の『春記』などには、自身の性愛行動が直接記されることはなかった。それは「院政時代」になっても変わらず、頼長の祖父である藤原師通(一〇六二~九九)の『後二条師通記』、父である藤原忠実(一〇七八~一一六二)の『殿暦』、あるいは源俊房(一〇三五~一一二一)の『水左記』などでも同様である。

これらのうち、『御堂関白記』『後二条師通記』『水左記』は、記主の自筆本が現存しており、性愛に関する記述が後代の人(子孫)によって削除されたのではなく、そもそも記されていなかったことを示している。これは平安貴族の日記が、公卿・殿上人として朝廷の儀式に関わる「公人」としての日記であり、朝儀・政務のあり様を記録することによって、記主の子孫、あるいは娘婿が公卿・殿上人として定められた作法にしたがって過失なく儀式・政務を行えるように先例・故実を書き残すという基本的な役割を持っていたことを考えれば、最も「私人」的領域に属する性愛行動について記さないのは当然のことであった。

もちろん、例外はある。鎌倉時代中期の公卿藤原経光（一二一三〜七四）の日記『民経記』には、ある女性（「傾城」）との逢瀬のことが記されている。しかし、それは「夜に入りて、いささか面謁のことあり。（中略）時に雨濛々と夜着を湿らせ、窓梅ようやく匂う。心情をうごかすものなり」（天福元年〈一二三三〉正月四日条）のように、直截的ではなく、かなり文学的な記述になっている。

こうしてみると、自身の性愛行動の記録を頻繁かつ直截的に記す『台記』の特異性がいっそう浮かび上がってくる。それはいかなる意識によって記されたものなのだろうか。

一 事例の紹介

『台記』に見える頼長の性愛行動の記述をいくつか見てみよう。

［史料1］『台記』康治元年（一一四二）七月五日条

今夜於内辺、会交或三品件三品兼衛府。年来本意遂了。

「件の三品」とは藤原（花山院）忠雅（一一二四〜九三）で、この夜、頼長は内裏のあたりで忠雅と密会して交合に及び、長年の思いを遂げることができた。頼長は二三歳ですでに正二位内大臣の高位にあり、忠雅は一九歳である。

［史料2］『台記』天養元年（一一四四）十一月二十三日条

深更尚或所三、彼人始犯余不敢々々。

「三」と暗号化されているのは忠雅で、二人は夜更けに某所で密会したのだが、この夜、初めて忠雅が頼長を犯す側（能動＝肛門性交においてペニスを相手のアナルに挿入する側）にまわった。二人の関係は康治元年以来四年目に入っていた。この年、頼長は二六歳、忠雅は二二歳。「不敵々々」という記述からは、忠雅の性的成長を喜ぶ頼長の心情がうかがえる。

［史料3］『台記』天養元年十二月六日条

或人来、相互行濫吹。

「或人」とは、明記されていないが、前後の事情からして忠雅だろう。「濫吹」とは、本来は暴力沙汰の意味だが、頼長はしばしば男性同士の性愛関係に適用している。前回の密会で犯す側（能動）を経験した忠雅と、この夜は相互に犯しあっている。

［史料4］『台記』久安二年（一一四六）五月三日条

子刻、会合或人讃。於華山有此事。遂本意了。依泰親符術也。（後略）

「讃」は讃岐守藤原隆季のこと。この夜、頼長は二年前から執心していた隆季との性的関係をやっともつことができた。念願がかなったのは、三月から所持していた陰陽師安倍泰親の呪符の効力と考え、宝剣一腰を褒美として泰親に与えている。この時、頼長は二七歳、隆季は二〇歳だった。

［史料5］『台記』仁平二年（一一五二）八月二十四日条

亥刻許、讃丸来。気味甚切、遂俱漏精、希有事也。此人常有此事、感嘆尤深。

「讃丸」とは、このとき讃岐守に在任していた藤原成親であり、史料4の藤原隆季の弟である。この時一五歳で、三二歳の頼長より一七歳も年少だった。性的に未熟かというとそうでもなく、おそらく頼長に犯されながらほぼ同時に射精している（アナルにペニスを挿入されながら射精することを男色世界の用語で「ところ天」という）。成親は常にこの形らしいが、頼長は「希有の事」として感嘆している。

頼長と性的な関係をもった公卿・殿上人は、わかっているだけで藤原忠雅・藤原隆季・藤原為通・藤原公能・藤原成親・藤原成明・源成雅の七名に及ぶ。

しかし、頼長が関係をもった相手は、同じ貴族階層の男性だけではなかった。最高位の貴族である頼長からは大きく身分が隔った随身や侍などにも及んでいた。

[史料6]『台記』久安四年（一一四八）正月五日条

今夜、入義賢於臥内及無礼、有景味。不快後初有此事

「義賢」とは、源義賢（一一二六?~五五）のことで、河内源氏の源為義の子、源（木曾）義仲の父であり、東宮の帯刀先生《たちはきのせんじょう》の履歴を持つ武士である。この時期、義賢は頼長に仕えていて主従関係にあった。また二九歳の頼長より義賢の方がやや年少（二三歳?）であったと思われる。しかし「無礼」という言葉からして「臥内」においては立場が逆転し、義賢が頼長を犯しているように思われる。そして頼長はそのことに「景味」、つまり、おもしろみを感じている。

[史料7]『台記』久安四年十一月一日条

戌刻、引入貞俊於臥内。

「貞俊」とは、主税頭佐伯貞俊で、鳥羽法皇の推挙によって頼長の養女多子（近衛天皇の女御→皇后）の年預・知家事になった人物である。この少し前の十月二十一日に頼長は貞俊に会い、わざわざ松明で面を照らして「容貌美麗、潘岳の輩なり」と記している（『台記別記』）。ちなみに、潘岳（二四七~三〇〇）は西晋の文人で稀有の美貌で知られた人。頼長は貞俊の美貌を手近に賞味したかったのだろう。

[史料8]『台記』仁平二年（一一五二）八月二十五日条

今夜召入公春於臥内、去久安有彼事、其後絶無其事、今夜余強請之企、喜悦無極。

「公春」とは、左近衛府生秦公春のことで、頼長が幼少のころから身辺に仕えていた随身だった。随身とは、上皇・摂政・関白・大臣・大納言・中納言・参議などに与えられる警護役であり、近衛府などの下級官人や舎人が充てられた。本来は公的な従者だったが、のちには頼長と公春のような私的な主従関係を結ぶようになる。頼長と公春の性的な関係は、久安四年（一一四八）以来絶えていたが、この夜、頼長の強い要請で久しぶりに関係をもった。頼長の喜びの程がうかがえる。

このように『台記』には頼長と男性との性愛行動がしばしば記されている。記述はあからさまで、相手の名前が暗号化されることはあっても、行為自体を隠そうとする意識はほとんど感じられない。記述からは、能動か受動かという性行為（肛門性交）の形態、性的快感、さらには射精の有無まで、かなりの程度、具体的にうかがい知ることができる。

しかし、『台記』に見える頼長の性愛行動は男性相手だけではない。ただ一か所だが、女性との関係も記されている。

［史料9］『台記』久安四年三月二十一日条

宿柱本辺。今夜密召江口遊女於舟中通之。

この時、頼長は舟で難波の四天王寺に詣でた帰りで、柱本（現、大阪府高槻市）あたりに停泊した際に、江口（現、大阪市東淀川区）の遊女を舟中に召して性的関係をもった。

平安貴族が摂津の四天王寺や住吉大社に詣でた後、淀川を遡る帰路に江口・神埼（現、兵庫県尼崎市）の遊女を召したことは、『御堂関白記』などにも見える。しかし、そうした場合も「この日、遊女らに被物などを給う」（長保二年〈一〇〇〇〉三月二十五日条）というような記載の仕方、つまり、遊女との遊興に対する報酬を与えたという間接的な書き方がされるのが通例である。わずかに源師時（一〇七七～一一三六）の『長秋記』に摂津広田社に参詣した帰路のこととして「相公（源師頼）は熊野を迎え、与州（藤原長実）は金寿を抱き、羽林（源顕雅）は小最を抱く」（元永二年〈一一一九〉九月三日条）と、やや具体的な表現が見える程度である。「熊野」「金寿」「小最」は江口の遊女の名である。

このような類似の場合と比較すると、遊女との関係を「これに通ず」と、まったくぼかさずに性的関係があったことを直截的に記すところに『台記』の、そして頼長の特異性が見えるように思う。

日本古代・中世のセクシュアリティ史研究の泰斗である瀧川政次郎氏は「遊女を買ったことを堂々と日記に書き得る人はよほどの豪傑か、桁外れの痴者である」と述べている（瀧川　一九六五）。残念なことに瀧川氏は頼長のこの記述には触れていない。はたして、頼長は「豪傑」なのだろうか、「桁外れの痴者」なのだろうか。

ところで、『台記』の記載を通覧すると、性的な記録は一日の記載の最後に多く記されていることに気づく。性的な記録しかない日を含めると、その比率は九割に達する。また二か所だけだが「裏書」として記されているものもある（久安二年十月七・九日条）。尾上陽介『中世の日記の世界』は、『民経記』の自筆本を分析し、記主の藤原経光が右弁官に任じられた天福元年（一二三三）正月二十八日以後、先に掲げた女性との逢瀬の記録のような私的な記事が具注暦の裏面に書かれるようになることに注目し、公的な記録とプライベートな記録とを書き分ける意識があったことを指摘している（尾上　二〇〇三）。頼長の『台記』も自筆本段階では公私の書き分けがなされていたが、それが写本の段階で公私が連続した形になってしまった可能性はある。しかし、頼長がみずからの性愛行動、とりわけ男性とのそれを記録する意識を強烈にもっていたことは間違いない。

二　研究史

『台記』に見える頼長の男性との性愛行動の記述は、早く『古事類苑』人部三三遊女（付、男色）に七か条が引用されており、一部の識者には知られていたと思われるが、検討されることはなかった。日本の男色研究の先駆者である岩田準一（一九〇〇〜四五）は「平安時代の男色」の中で「白河鳥羽両院時代」の男色の事例として『台記』の記事に触れているが、頼長の問題としてではなく、鳥羽法皇の男色好みの傍証として掲げているにすぎない（岩田 一九三一〜三二）。

『台記』に見える頼長の男性との性的関係を子細かつ本格的に分析し、歴史研究者に知らしめたのは東野治之「日記に見える藤原頼長の男色関係——王朝貴族のウィタ・セクスアリス——」だった（東野 一九七九）。当時の日本史学界では、性愛関係、とりわけ同性間の性愛関係を論じることをタブー視する風潮が強かった。たとえば、橋本義彦『藤原頼長』は、頼長についての詳細な伝記であるにもかかわらず、男色については一切触れていない（橋本 一九六四）。それだけに東野論文は画期的であり、大学院に入って間もなくこの論文を読んだ筆者は大きな衝撃を受けた。研究することすら憚られていたテーマを開拓した東野氏には、性社会・文化史の研究を志すものとして心からの敬意を表したい。

続いて、東野論文を踏まえた五味文彦「院政期政治史断章」が、多くは略字＝暗号化されている頼長の男色相手を解明し、そこから頼長の男色関係の政治的性格を指摘した（五味 一九八四）。

こうした男色関係を当時の政治状況と結びつける方向とは別に、服藤早苗『平安朝の女と男——貴族と庶民の性と愛——』などが、平安時代の性愛史の中の「疎外された性愛」のひとつとして、頼長の男色関係に分析を加え、十世紀に強姦や姦通と「並んで男色も成立する」としている（服藤 一九九五・一九九六）。

また、中古文学者の神田龍身「男色家・藤原頼長の自己破綻——『台記』の院政期——」は、東野論文、五味論文を踏まえた上で、鳥羽院が主宰する「男色ネットワーク」の中に頼長の男色行為を位置づける。頼長の男色が政治的なネットワーク形成の方法であり、「支配のための男色」としての性格をもつことを詳細に論じている。

他の研究には少ないセクシュアリティの視点が多く含まれていて参考にすべき点が多い（神田 一九九六）。

さらに、大石幹人「院政期貴族社会の男色意識に関する一考察――藤原頼長にみる男色関係の性格――」が、従来の研究を踏まえた頼長の男色関係の再検討を行っている（大石 一九九九）。

三 再検討の視点――現代のセクシュアリティ論を踏まえて――

頼長のセクシュアリティを再検討するための視点として、現代のセクシュアリティ論を踏まえた、筆者なりの考えを整理しておきたい。

第一に問題になるのは「男色」と「（男性）同性愛」の関係である。従来の研究は、両者を漠然と、あるいは疑うことなく同じものとして論じているように思う。「男色」は一二一九年成立の『続古事談』（六巻四話）に用例が見え、少なくとも鎌倉時代初期には概念として成立していた。それに対し、「同性愛」は近代（明治末期〜大正期）になって日本に移入された欧米の精神医学の概念であり、それを前近代の日本の性愛に遡及させて適用することは、いろいろな点で問題が多い。たとえば、欧米では宗教的規範（主に旧約聖書）に基づき、同性愛は背教行為として厳しく禁じられ、同性愛者は社会的に抑圧されていて（基本的に死刑）、自身も背徳者の意識を強くもっていた。しかし、そのイメージを日本前近代の男色、たとえば頼長の男色関係に投影することはまったく意味がない誤りである。なぜなら、日本の宗教（神道・仏教）には、男色を禁ずる明文的な規範は存在しないからだ。男色は女色に比べれば愛好者は少なかったかもしれないが、両者は基本的に対置されるものであり、女色が正常で男色が異常であるかのような倫理的な価値づけはなかった（三橋 二〇一三）。

したがって、頼長がみずからの男色関係を恥ずべきもの、秘すべきものと認識していたとは、単純にはいえないのである。

第二は「男色」の類型の問題である。従来の研究では、そうした視点、認識はまったく乏しく、頼長の男色関係の特質に迫っていない。

この点について社会学者の古川誠氏は日本の男色には二つの類型があることを指摘している（古川 一九九四）。

【古川誠氏による同性愛の類型】

A　年齢階梯制にもとづく同性愛（武士的男色モデル）

B　ジェンダーをもとにした同性愛（歌舞伎的モデル）

①男／女というジェンダーの二項対立はそのままで、それをずらすことによって成立する同性愛（女装する女っぽいゲイなど）。

②男／女というジェンダーとは別に第三ジェンダーをたてるもの（アメリカ先住民社会のベルダシュやインドのヒジュラなど）。

また、筆者も古川の見解を踏まえながら、独自に二つの類型を立てた（三橋 二〇〇八）。

【三橋順子による男色文化の類型（旧）】

ⓐ　異性装（女装）を必ずしもともなわない男色文化

安土桃山～江戸時代の武士階層の「衆道《しゅどう》」、明治～大正時代の美少年愛好（硬派）、現代の東京新宿二丁目「ゲイタウン」など、男が男のままで男を愛す、男―男のホモセクシュアルな性愛文化。美意識の中心は「男らしさ」であり、女性性の忌避や嫌悪（ミソジニー）をともなう。

ⓑ　異性装（女装）をともなう男色文化

中世寺院社会の女装の稚児、江戸時代の陰間《かげま》、現代の「ニューハーフ」（商業的トランスジェンダー）や東京新宿（歌舞伎町・新宿三丁目）の女装コミュニティなど、男が「女」としての男を愛す、男―「女」の擬似ヘテロセクシュアルな性愛文化。美意識の中心は「女らしさ」であり、女装によりジェンダーの越境が重要な要素となる。

今回、頼長の男色関係を検討するにあたって、古川氏と筆者の類型を統合する形で、年齢階梯制と異性装（女装）を基準に整理した男色文化の四類型を考えた。

【三橋順子による男色文化の類型（新）】

Ⅰ　年齢階梯制をともない、女装もともなう男色文化

Ⅱ　年齢階梯制をともない、女装をともなわない男色文化

Ⅲ　年齢階梯制をともなわず、女装をともなう男色文化

Ⅳ　年齢階梯制をともなわず、女装もともなわない男色文化

この四類型で、ほぼすべての男色文化が類型化できると思う。Ⅰは中世寺院社会の女装の稚児や江戸時代の陰間など、Ⅱは安土桃山〜江戸時代の武士階層の「衆道」や明治〜大正時代の美少年愛好（硬派）など、Ⅲは現代の「ニューハーフ」や東京新宿（歌舞伎町・新宿三丁目）の女装コミュニティなど、Ⅳは現代の東京新宿二丁目「ゲイタウン」などに見られる形態に相当する。

第三に、これはセクシュアリティと社会・文化を考えるうえでかなり基本的なことなのだが、現代でいう同性愛者やトランスジェンダー（性別越境者）のような多数派の人たちと異なる非典型な「性」をもつ人たちは、おそらく人類のどの時代、どの地域にも、ほぼ一定の割合で、普遍的に存在したと思われる。しかし、そうした人たちをどのように認識し、社会の中に位置づけるかは「文化」の問題であって、社会によって、その扱いは大きく異なる。筆者は日本における性別越境者について通史的に考察したことがあるが、そうした非典型の「性」をもつ人たちは、どの時代にも存在し、一定の役割をもって社会の中に位置づけられていたことを確認できた（三

橋 二〇〇八）。

ここで重要なことは、個人の性欲として非典型な形が存在することと、社会のシステムとして非典型な「性」がどのように位置づけられていたかは異なる問題であるということだ。具体的にいえば、頼長の性欲のあり方が非典型であることと、同時代の社会がそうした非典型な「性」のあり様をどうシステム化していたかは、別の問題だということである。

これらの点を踏まえながら、頼長のセクシュアリティの特質を考えてみよう。

四　頼長の男色の類型と特質

（一）　年齢階梯制の検討

年齢階梯制をともなう男色とは「年長者と年少者という絶対的な区分にのっとった同性愛」であり、「能動の側としての年長者と受動の側としての年少者という役割が厳格に決められている」点に特徴がある（古川 一九九六）。

中世寺院社会では年長者である僧侶が女装の少年である稚児を犯し、江戸時代の陰間茶屋では年長者の男性客（大人）が女装の少年である陰子《かげこ》を犯し、安土桃山～江戸時代の武士階層の「衆道」では年長者が「念者」となり年少者である「念弟」を犯し、薩摩の「兵児二才《へこにせ》」制や明治～大正時代の美少年愛好の「硬派」たちも必ず年長の少年が年少の少年を犯した。能動・受動の役割はきわめて厳格なもので、それが逆転することはほとんど稀だった。

しかし、稚児が成長し剃髪して僧侶になり、年少の少年が成長して年長になり、あるいは元服して大人になると、今までの受動側から能動側に転じて、年少者を犯す側に回る。

こうして年少者＝受動―（成長・元服）→年長者＝能動というサイクルが繰り返され、それによって男色の精神と肛門性交の技術が継承され、それぞれの永続性が保たれた。つまり、年齢階梯制は、男色という性愛形態を社会の中に安定的に存在させるための重要な仕組みであり、前近代の日本の男色は、年齢階梯制を基軸にしたシステムだった。

ここで留意しておきたいのは、年齢階梯制をともなう男色では、その年長者―年少者の組み合わせは、元服をした大人と元服前の少年か、元服していない少年たちの集団の中での年長の少年と年少の少年かのどちらかであり、元服した大人の集団の中での年長者と年少者という組み合わせは、個人の性欲としてはともかく、社会システムとしては見られないということだ。

武士層の「衆道」でも、念者と念弟という関係（念契）は生涯続くにしても、念弟が元服して大人になれば、性愛関係はもたなくなる。なぜなら、元服した元念弟が今度は念者の立場になるからだ。もし、念弟が元服した後も念者との性愛関係が続き、念弟が受動の側にとどまるような事態が生じるならば、それは年齢階梯制に基づく男色の再生産を妨げることになりかねない。

日本の伝統社会では、年齢階梯制に基づく男色は、単なる個人の性欲の問題ではなく、それぞれの時代に社会システムとして存在していた。そうした社会にあって、元服した大人同士の男色が社会制度としては見られないことは、たまたまではない。年齢階梯制の仕組みから外れる元服した大人同士の男色は、男色という社会システムのリサイクルを妨げる社会的逸脱行為であり、それゆえに禁忌（タブー）とされた可能性が高いのである。

さて、そうした考察を踏まえて、頼長の男色を見てみよう。その男色相手の年齢は、藤原忠雅は四歳、源義賢は六歳？、藤原隆季は七歳、藤原家明は八歳、藤原成親は一七歳、頼長より年少である。一方、藤原為通は六歳、藤原公能は五歳、頼長より年長である。年齢差は不明だが秦公春も頼長より年長だろう。頼長の男色相手は年長・年少の両方に及んでいる、しかも、年少である藤原忠雅や源義賢が年長である頼長に対して能動的な立場で性交している（史料2・3、史料6）。

これは、年長＝能動、年少＝受動という年齢階梯制のシステムから明らかに外れている。そもそも頼長の男色は『台記』に見える限りほとんどが元服した大人同士の関係であり、年齢階梯制の枠組みにまったくそぐわない。唯一、一七歳年下の藤原成親との関係は頼長三二歳、成親一五歳の時のもので、成親の年齢は一般的な稚児の年齢（一二〜一七歳）に相当し、年齢階梯制的なイメージがある（史料5）。とはいえ、その成親もすでに元服を終えていて、社会的には大人であることに変わりはない。

結論として、頼長の男色は年齢階梯制的なものではないということになる。この点は、頼長の男色が政治権力に直結するネットワーク形成のためのものとする説（五味 一九八四・神田 一九九六）からすれば、相手が大人に限られることは当然ということになるだろう。しかし、政治的ネットワーク論者は、大人同士の男色関係が、日本の前近代においてはきわめて特異であり、さらにタブーである可能性に気づいていない。

また、頼長の男色を政治権力形成の方法・手順とした場合、政治権力には関わらない低い身分の相手との男色関係をどう考えるべきなのだろうか。たとえば、最も長期にわたって関係を続け、頼長の情愛も深かった随身秦公春（史料8）や、護衛の武士である源義賢（史料6）、養女多子の知家事佐伯貞俊（史料7）などとの関係である。

これらについて、東野氏は「主従関係の強化」という側面を指摘し、神田氏は支配・被支配関係が恒常化した末の「主従愛」とする（東野、一九七九・神田、一九九六）。男色関係を媒介にした主従関係の強化という手法は、のちに武士の世界でしばしば見られる形ではある。しかし、いくら武士が台頭してくる時代であったとはいえ、最高クラスの貴族である頼長が主従関係に男色を利用したとすることには、違和感を覚えざるを得ない。まして、護衛の武士に犯されることが、どうして主従関係の強化につながるのだろうか。むしろ、こうした低い身分の男たちとの性愛関係にこそ、思惑抜きの頼長の性的欲望の本質が現れているように思う。

（2）　女装、もしくは女性的要素の検討

少なくとも平安時代後期～鎌倉時代において、寺院の稚児は基本的に少女とあまり変わりない格好をしていた。髪を長い垂髪にし、顔は眉墨を引き、白粉や口紅で化粧し、女性の衣料である色鮮やかな小袿《こうちぎ》を羽織り、若い女性の履物である藺《い》げげを履き、言葉や動作も優美であることを求められた。稚児に課せられたジェンダーは女性のそれに極めて近く、稚児と少女は強い互換性をもっていた。稚児は宗教理念的には「観世音菩薩の化身」であっても、即物的には女性の代替者として、僧侶の性愛対象であった（三橋 二〇〇八）。

こうした女性ジェンダーへの転換をともなう男色関係は、寺院社会を中心に盛行し、古代・中世の日本の男色文化の主流だったと考えられる。そして、平安時代後期になると、寺院社会にとどまらず貴族社会にも流出し始める。

たとえば、藤原資房の『春記』にはこんな騒動が記録されている。

［史料10］『春記』長暦三年（一〇三九）十月二十九日条

少将、近来、愛乙犬丸三井寺前僧正御童子也、往反三井寺。其党能長、経家、行経等云々。皆以万物送彼童云々。少将、請行経馬、与彼童之。太以不便也。督殿聞給此由嘆息。従前々更不拘制止、何為哉。

蔵人頭藤原資房の弟である右近衛少将藤原資仲が、藤原能長（侍従）、藤原経家（蔵人・右中弁）、藤原行経（左近衛中将）らの仲間とともに、三井寺の前僧正永園の童子（稚児）である乙犬丸を愛し、しばしば三井寺に出かけては馬をはじめさまざまなプレゼントを贈って歓心を買おうとしている。それを知った中納言藤原資平（資房・資仲の父）は息子の行状を嘆き、兄の資房もどう対処したらいいか困惑している。

能長は藤原道長の四男権大納言能信の養子、経家は藤原公任の長男権中納言藤原定頼の嫡男、行経は権大納言藤原行成の五男でその政治的地位と書道の継承者である。いずれもそうそうたる名門の青年貴族たちが寺院の稚児に入れ込んでいる様子がうかがえる。

資房が心配した通り、この連中は翌月の新嘗祭の最中に騒動を起こす。十一月二十五日、資房は後朱雀天皇にこう告げられる。行経・能長・経家・資仲が乙犬丸を連れ出し、五節所に入り込み、行経が乙犬丸を「懐抱て臥し」、さらに「この童を以てその所の陪従幷びに童女に通嫁せしむ」と。つまり、青年貴族たち、稚児、少女入り乱れて五節の夜の「濫行」（乱交）であり、この時代のセクシュアリティの一端がうかがえる。

このように平安時代後期には、美しい女装の稚児は僧侶だけでなく、貴族の寵愛の対象にもなっていた。では、頼長の場合はどうだろうか。

残されている『台記』を見る限り、頼長の男色関係には女装（女性ジェンダーへの転換）は、まったくともなっていない。それどころか女性的要素すらきわめて乏しい。

頼長はみずからの男色行為をしばしば「濫吹」と表記する（史料3）。「濫吹」とは本来、暴力沙汰の意味だ。この点について神田氏は中国語や漢文学において「濫吹」に性行為を意味する用法はなく、「これを男色を表すものとして用いたのは、おそらく頼長の創意になる」と述べている（神田 一九九六）。頼長にとって男色行為は暴力に通じる荒々しいイメージだったのだろう。そこに女性的な細やかな情感はまったく感じられない。

ところで、神田氏はその論文の中で「女性の排除」という項を立てて、頼長の女性忌避傾向を指摘している。たしかに『台記』を眺めていると、頼長と婚姻関係にある女性たち、正妻である左大臣藤原（徳大寺）実能の娘（幸子）や、兼長・隆長の母である源師俊の娘、師長の母である源信雅の娘も含めて、頼長が女性関係に不熱心・無関心な傾向があるのは間違いないように思う。

そうした女性忌避の根本に、神田氏は頼長の女性に対するコンプレックス（強迫観念）を指摘する。そして二つの可能性を示す。一つは「頼長は女に対する強迫観念を払拭すべく、女を締めだし極端なマッチョに走ったのだが、それはあくまでもコンプレックスの裏返しとしての無理押しでしかなく、結局のところ男性同盟それ自体も支えきれなくなった」という評価である。もう一つは「あまりに純粋な男を志向しすぎたために、マッチョ的能動態位が負担になったばかりか、女に対しての恐怖心がそれに反比例するように皮肉にも醸成される結果になってしまった」（神田　一九九六）。

鶏が先か卵が先かのような話になっているように思うが、頼長のマッチョ志向の男色行為が、女性忌避さらには女性嫌悪（ミソジニー）と表裏一体になっていることは間違いないように思う。頼長は男色行為を示すのに一か所だけだが「男犯」という言葉を使っている（久安四年三月十九日条）。頼長にとって男色行為は、理念的には、女性性を排除した男と男のマッチョな関係「男犯」でなければならならなかった。しかし、現実には、男色行為の場で女性と同様の受動的な性行為に快楽を見出してしまう。そこに頼長の大きな矛盾が見て取れる。

（3）　ポリガミー傾向についての検討

同時期に多数の相手と性的関係をもつことをポリガミー（polygamy）という。これに対して同時期に一人の相手としか性的関係をもたないことをモノガミー（monogamy）という。江戸時代の武士階層における「衆道」では念者と念弟の関係は一対一であり、念者が複数の念弟と、あるいは念弟が複数の念者と関係を持つことは許されず、もしそれを行えば信義にもとる「不義」だった。複数の大人が一人の少年を争って、刃傷に及ぶことも珍しくなかったのは、念者と念弟が一対一のモノガミックな関係だったからだ。

寺院社会における師僧と稚児の関係もまたモノガミックだった。たとえば仁和寺御室守覚法親王（一一五〇～一二〇二）の稚児であった千手は、師僧の寵愛が新参の稚児参川に移ると里に下がってしまう。法親王の呼出を断りきれずに宴席に参上した千手が得意の今様で法親王の寵愛を取り戻すと、今度は面目を失った参川が出奔してしまう（『古今著聞集』巻八・好色）。好色な法親王に対してモノガミーな性愛の形を貫こうとする稚児たちの姿勢が印象的だ。

商業化し複数の客の相手をすることが当然だった江戸時代の陰間ですら、新吉原や島原などの遊女と客の関係と同様、男性客が同時に複数の陰間に通うようなポリガミックな行為は許されず、建前としてのモノガミーが維持されていた。もしそれを破れば制裁されても仕方がなかった。

つまり、程度の差はあれ、日本の前近代の男色はモノガミーな形を基本にしていた。では、頼長の男色関係はどうだったろうか。

頼長がもっとも長く関係をもったのは藤原忠雅で、康治元年（一一四二）七月五日に始まり（史料1）、確認できる範囲で久安三年（一一四七）十二月二十六日まで少なくとも七年間も続いた。また、随身の秦公春との関係は久安三年五月十二日から仁平二年（一一五二）八月二十五日まで六年間、確認できる。さらに公春への深い情愛は仁平三年正月十九日の公春の死去まで続く。

これだけ見ると、頼長の男色関係は忠雅との関係が疎遠になりかけた頃に公春との関係が始まるようなモノガミックな形のように見える。ところが実際はまったく異なる。たとえば藤原隆季との関係は久安二年（一一四六）五月三日（史料4）に始まり久安四年正月二十八日まで確認でき、忠雅や公春との関係期間と明らかに重なっている。

それどころではない。頼長と忠雅・隆季・公春の三者との関係が重なる久安三年五月十二日から同四年正月二十八日までの間に、頼長は随身の秦兼任と連夜にわたって関係を持ち（久安三年七月十九日条）、天王寺の舞人公方をも臥内に引き入れている。この夜は、公方との逢瀬ののち、夜中に「讃」こと藤原隆季と密会している（久安三年九月十三日条）。また、仁平二年八月には、二十四日の夜に藤原成親と濃密な関係を持ちながら（史料7）、翌二十五日の夜には随身の秦公春を臥内に引き込んでいる（史料8）。「お盛ん」といえばそれまでだが、なんとも奔放といわざるを得ない。

つまり、頼長の男色関係は、一対一のポリガミーな形ではなく、同時並行的に複数の男性と関係をもつポリガミックなものだった。モノガミックであった日本前近代の男色の傾向と、この点でも頼長の男色の形は大きく異なる。

頼長の男色行為を政治的なネットワーク形成のためのものであるとする説（五味 一九八四・神田 一九九六）に立てば、頼長は実に精力的にネットワーク形成をしていることになるが、はたしてそうなのだろうか。ポリガミーな性的関係は人間関係を複雑にする。すべての関係をバランス良く円滑に行うのは難しく、どうしても感情のもつれを生じやすい。頼長のポリガミーな男色にも、そうしたマイナスがあったはずだ。

（4） 頼長の男色の類型

以上の検討から、頼長の男色は、年齢階梯制をともなわず、また女装（女性ジェンダーへの転換）もともなわないことがわかった。筆者の四類型のⅣタイプということになる。また、頼長の男色がモノガミックではなく、ポリガミックであることもはっきりした。こうした男色の形態は、日本の前近代の男色文化においては社会システムとして存在しない形態であり、きわめて特異なものであると考えられる。

年齢階梯制をともなわず、また女装（女性ジェンダーへの転換）もともなわず、かつポリガミックであるという点で、最も類似した形態は、現代の東京新宿二丁目「ゲイタウン」において主流である男と男の性愛文化である。その特徴は、「男らしさ（マッチョ）」の美意識が価値基準になること、女性性への忌避や嫌悪（ミソジニー）がともなうこと、愛情的よりも快楽的であり、その結果、性行動はモノガミーではなくポリガミーになることなどがあげられる。

これらは、ほとんどそのまま頼長の男色行動に見られる傾向である。『台記』に記された頼長の男色行動を読んでいると、毎週末、新宿の「ゲイタウン」で現代の男性同性愛者たちが繰り返している性愛とほとんど同じ意識・行動を感じてしまう。八〇〇年もの時を隔てているのにもかかわらず……。

しかし、もう一度、繰り返すが、頼長のこうした「現代的な」男色形態は、前近代の日本の男色文化のあり方としては、きわめて特異なものだった。頼長の男色と現代の男性同性愛の形態が似てはいるが、それは歴史的に連なるものではない。

五　頼長の男色はどこから来たのか？

日本の伝統的な男色文化と基本的な部分で様相を異にする頼長の男色は、いったいどこから来たものなのだろうか？

（一）　鳥羽法皇との関係

従来の研究で強く意識されているのは、頼長の時代の最高権力者「治天の君」鳥羽法皇（一一〇三～五六年、在位一一〇七～二三年、院政一一二九～五六年）の存在である。神田氏は頼長の男色ネットワークの構築が「鳥羽法皇の男色ネットワークと張り合い、それを切り崩しながら」行われたと指摘する（神田　一九九六）。

たしかに鳥羽上皇に男色の気があったことは否めない。しかし、康治元年（一一四二）に東大寺戒壇院で受戒して法皇になった鳥羽院が女色にふける方が当時の倫理観からしたら問題で、男色の傾向を示すことは、むしろ当然だったのではないだろうか。その点で僧侶である鳥羽法皇と俗人である頼長の立場は根本的に異なる。

また、出家する前の鳥羽上皇は、父、白河院との関係から必ずしも円満でなかったはずの中宮藤原璋子（待賢門院）との間に五男二女を、譲位後の寵姫である藤原得子（美福門院）との間に一男三女をもうけるなど（他にも皇子・皇女多数）、女性関係は旺盛で、とうてい男色家とは思えない。いわゆる「院の近臣」との関係についても、男色ネットワークと理解するのは、ホモセクシュアル（男性同士の性愛関係）とホモソーシャル（男性同士の強い連帯関係）を混同した誤解ではないだろうか。

そもそも「鳥羽院主催の男色ネットワーク」は頼長の『台記』のような確実な史料に乏しく、その実態は不明確である。鳥羽院のセクシュアリティについては、まだ調査・考察が不足しているので断言は控えたいが、現状では「鳥羽院の男色ネットワーク」を想定し、それとの対抗で頼長の男色ネットワークを考えることには、慎重でありたい。頼長の男色行動は、そこに政治的な意図はなくはないが、もっと根源的・自発的なもののように思う。

(2) 漢籍からの影響

頼長が康治二年（一一四三）九月の『台記』の奥に記した「所学目録」によると、本格的な勉学を始めた保延二年（一一三六）以降に学習した書目は「経家」二六部三六二巻、「史家」一〇部三二六巻、「雑家」三五部三四二巻、計一〇三〇巻に及んでいる。上流貴族としては稀有の読書家であり、漢籍の影響を強く受けた人だった。

ところで、中国の男色文化は、伝説的には黄帝の時代に始まるとされる。「雑説」には「称黄帝、好精舎、好美婢、好孌童、好駿馬、好梨園、好鼓吹」とあり、孌童《れんどう》とは美少年のことである。

しかし、中国の男色文化の展開は複雑で、女性ジェンダーへの転換をともなわない形（II・IV型）と女性ジェンダーへの転換をともなう形（I型）が複雑に交錯する。傾向として華北系の王朝（漢、隋、唐など）は前者、江南系の王朝（南朝、南宋など）では後者の色彩が強いように思う。また時代が下る明、清では女性ジェンダーへの転換をともなう形が盛行する。

中国では男色を示す言葉として「龍陽」と「断袖」が広く知られている。「龍陽」とは戦国時代（紀元前四世紀末頃）の魏の公子で、魏の哀王の寵臣だった龍陽君のことである。

『戦国策』の「魏策」にこんな話が見える。龍陽君が哀王とともに釣りをしていた時、一〇尾余を釣ったところで涙を流した。奇妙に思った王が涙の理由を尋ねると、龍陽君は「初め魚を釣った時、自分は喜びました。ところが、後から釣れるのがますます大きく、私は先に釣り上げた魚を捨てようとしています。今、ご寵愛を受けている私も、より美しい者が現れると、王のご寵愛を失ってしまう。私も釣り上げた魚と同じようなものだと思うと悲しくて涙が出るのです」と述べた。これを聞いた王の竜陽君への寵愛はさらに益し、「美人を差し出そうとする者がいたら、一族皆殺し」と告げた。

「断袖《だんしゅう》」とは、『漢書』佞幸伝（董賢）に見える話で、漢の哀帝と寵愛の美少年董賢が寄り添って昼寝をしている時、帝は用事で起きなければならなくなった。ところが哀帝の衣の袖が眠っている董賢の体の下にあったため、帝は董賢を起こさないように気遣って、袖を鋏で断ち切って起きたという。

実は『続古事談』の「男色」の初例は、「漢家に男色の事ありや」という質問に対しある人（編者？）が、藤原長方（一一三九～九一）が董賢の事例を挙げたことを紹介して答える話である。頼長の「所学書目」の「史家」には『史記』『漢書』『後漢書』が含まれている。「龍陽」や「断袖」など男色に関わる故事を、頼長は間違いなく知っていただろう。また『漢書』に見える武帝と韓嫣、あるいは李延年との男色関係や、明確に男色関係とはいえないが衛国大将軍衛青に対する寵愛のさまも読んでいたに違いない。

「我朝の書記」を顧みず「漢家の経史」をもっぱらにしていた（『台記』康治元年十二月三十日条）と自己反省するほど漢籍に入れ込んでいた頼長が、こうした漢家の経史に見える男色関係の強い影響を受け、そこに理想の人間関係を見出した可能性はないだろうか。

この点については、ほとんど何も証拠がない。いきなり漢籍の影響を持ち出すことを唐突に思う方もいるだろう。しかし、自分の性的欲望が周囲の人々と違うことを自覚しはじめた少年が書物の中に自分と同じような性的傾向の人を見出し、大きな喜びを感じ、そこから強い影響を受けることは、現代の性的マイノリティの人にしばしば見られる現象なのだ。男性への性的指向と女性への嫌悪を自覚しつつあった少年頼長が勉学の過程で漢籍の男色記事と出会い、「我朝」の男色文化とは異なる男色文化のあり様を知り、そこから大きな影響を受けた可能性は十分にあるのではないかと思う。

（3）社会的規制の問題

人間の性行動は、性的指向（Sexual Orientation 異性に性欲を抱くか同性に抱くかという欲情の方向性）と性的嗜好（Sexual Preference 性愛におけるさまざまな好み）が合体して、その人にとってありうべき性愛のイメージである性幻想（Sexual Fantasy）が形成されると考えられる。頼長の性幻想は『台記』の記載から、性的指向は主に男性であり、性的嗜好は女性性を排した荒々しいマッチョな肛門性交だったと思われる。

しかし、性幻想は、さまざまな社会的規制、心理的抑制を受けるので、性幻想と現実の性行動とは一般的に一致しない。とくにその性幻想が、その社会においてシステム化されていないような特異な場合、社会的規制は強く働く。なぜなら、そうした性幻想をもち、そうした性行動を取ろうとしていることを他人に知られた場合、その人の社会的地位の失墜につながりかねないからだ。失脚を恐れるからこそ、そうした特異な願望・行動を抑えようとする心理的抑制が働くことになる。

頼長の性行動を見ていると、それが当時の男色文化に適合しない性愛形態であるにもかかわらず、社会的規制や心理的抑制が効いておらず、性的欲望がストレートに発露しているように思われる。頼長の性行動が、欲望に忠実で、さまざまな社会的規制を打ち破った自由な現代のゲイの性愛の形に似ているのは、そのためである。そうした社会的規制にこだわらない欲望に忠実な性行動を可能にしたのは、いうまでもなく、最高級貴族であり政界における権力者という頼長の社会的ポジションである。つまり、頼長だからこそ可能な性行動の形態であり、男色文化として社会システム化された性愛形態ではなかった。もし、頼長がそうした高い社会的地位と権力を失えば、消えてしまう性格のものだった。

おわりに

筆者は日本の社会は、基本的に母系の強い双系社会であると認識している。日本の男色文化に女装（女性ジェンダーへの転換）が根強くともなうのは、そのことと関係があると考えている。それはともかく、日本の古代社会では、社会の建前（隋・唐移入の律令制）としては父系（男系）主義をとりながら、実態として、通い婚、妻方同居婚という母系制的な婚姻形態をとり、生まれた子供は母方の親族の中で育つ。子供の養育・輔導責任は母方の男性親族、つまり祖父や「おじ」たちが担っていた。天皇について、そうした母方親族の輔導責任を政治システム化したのが「摂関政治」であり、そのシステム運用にもっとも成功したのが「摂関家」、わけても藤原道長だった。

そうした母系原理が濃厚な「摂関政治」の破綻（摂関家の子女に皇子が生まれない）に乗じて、天皇の父系親族（祖父、父）である「院」が政治権力を掌握した形態が「院政」である。その意味では、「摂関政治」から「院政」への移行は、政治原理の母系から父系への転換といえる。

しかし、それでもなお、女系・女性の力が失われたわけではない。頼長にとって「目の上の瘤」「目の敵」的存在である美福門院（藤原得子、鳥羽上皇の寵姫、近衛天皇の母。父は藤原北家末茂流の権中納言藤原長実）のような権勢と政治的実力を兼ね備えた女性がいた。

いわゆる「男色＝政治的ネットワーク論者」は、頼長の男色行動を新たな政治的ネットワーク構築の試みとして肯定的・積極的に評価する。しかし、頼長以外に、男色関係をメインに政治権力を形成しようとした政治家は日本では見当たらない。それは、双系的な社会である日本においては女性を介した政治権力の伝統が根強く、女性を完全に排除した形での政治権力の形成は困難であり社会的禁忌（タブー）だったと思われる。頼長が自らの性的指向を駆使してそれを目指したとするならば、まったくの「横紙破り」であった可能性が強い。

前近代の日本社会で、元服した大人同士の男色が社会システム化されていないということと、政治権力を持ちうる男性同士が女性を排除した男色という行為によって結合することがタブー視されたこととは、密接な関係があるように思う。

タブーを侵犯する社会的逸脱行為には制裁がともなう。頼長が権力を保っている間は社会的制裁が実行されることはないが、権力が衰弱した時には、いっそう反動が大きくなる。

頼長は、久寿三年（一一五六）七月十一日の白河北殿の戦闘で傷を負い、宇治から南都へ落ちのびたものの、十四日、母方のおじである千覚律師の房で逝去する。その無惨な死にざまに頼長の特異な性行動が、なにか影響しているような気がしてならない。

【文献】

岩田準一 一九三〇〜三二 「本朝男色考――歴史文学に現はれたる男色――」『犯罪科学』一―三・四・五・七、二―一・二・四。のちに『本朝男色考』私家版、一九七三年に収録）
大石幹人 一九九九 「院政期貴族社会の男色意識に関する一考察――藤原頼長にみる男色関係の性格――」『福島県立博物館紀要』一四
尾上陽介 二〇〇三 『中世の日記の世界』山川出版社
神田龍身 一九九六 「男色家・藤原頼長の自己破綻――『台記』の院政期――」小島菜温子『王朝の性と身体――逸脱する物語――』森話社
五味文彦 一九八四 「院政期政治史断章」『院政期社会の研究』山川出版社
瀧川政次郎 一九六五 『遊行女婦・遊女・傀儡女――江口・神崎の遊里――』至文堂
東野治之 一九七九 「日記に見える藤原頼長の男色関係――王朝貴族のウィタ・セクスアリス――」『ヒストリア』八四
橋本義彦 一九六四 『藤原頼長』吉川弘文館
服藤早苗 一九九五 『平安朝の女と男――貴族と庶民の性と愛――』中央公論社
服藤早苗 一九九六 「性愛の変容――中世成立期を中心に――」女と男の時空――日本女性史再考二『おんなとおとこの誕生――古代から中世へ――』藤原書店
古川　誠 一九九四 「セクシュアリティの変容：近代日本の同性愛をめぐる3つのコード」『日米女性ジャーナル』一七
古川　誠 一九九六 「同性愛の比較社会学――レズビアン／ゲイ・スタディーズと男色概念――」『講座現代社会学一〇　セクシュアリティの社会学』岩波書店
三橋順子 二〇〇八 『女装と日本人』講談社、一九二〜一九三頁
三橋順子 二〇一三 「性と愛のはざま――近代的ジェンダー・セクシュアリティ観を疑う――」『講座日本の思想5　身と心』岩波書店
劉　達臨（鈴木博訳）、二〇〇三 『中国性愛文化』青土社

第Ⅳ部

日記・古記録の伝来

かへりきにける阿倍仲麻呂――『土左日記』異文と『新唐書』――

荒木　浩

一　『土左日記』の阿倍仲麻呂

『百人一首』の注釈書を読んでいたら、次のような記述にぶつかって驚いたことがある。

> 御抄云。此仲麿、久しく在唐して、帰朝の時、利根無双の人にて、帰朝をせん事をおしみて殺さんとしたり。されども、奇瑞ありて帰朝せしなり云云。（中略）愚案、此説のごとくならば、仲麿、一度帰朝して、又入唐の後、唐にて卒する事あきらか也。『古今』『土佐日記』等にも帰朝せしよし侍り。或説云、聖武の朝に帰朝して、孝謙の天平勝宝五年、遣唐使にて入唐す云云。
> 一説栄雅云古今註、此集に書のせたるごとく、帰朝せんとしけるが、又思ひとまりて、つゐに漢土にて、唐の大暦五年に卒す。日本宝亀元年にあたる。年七十九（三イ）云云。（北村季吟『百人一首拾穂抄』[1]七番歌注）

阿倍仲麻呂といえば、奈良時代に、唐に入って高官となりながら、ついに帰国を果たせなかった悲劇の人ではなかったか。『吉備大臣入唐絵巻』では、入唐して楼上に籠められた吉備真備の前に、鬼となって現れていた姿が目に浮かぶ。ところがここでは、仲麻呂は「一度帰朝」した、と記されている。帰朝を思いとどまって、唐土で没したという史実は、むしろ「一説」扱いなのである。

さらに奇妙なのは、『古今集』や『土左日記』にも、仲麻呂帰朝のことが載っていると付言していることだ。そんなことが書いてあっただろうか。『古今集』巻九・羇旅（406番）の阿倍仲麻呂詠歌には、次のように詞書と左注が付してある。

もろこしにて月を見てよみける

天の原ふりさけみれば春日なる三笠の山に出でし月かも

この歌は、昔、仲麻呂をもろこしにものならはしにつかはしたりけるに、あまたの年をへて、え帰りまうで来ざりけるを、この国よりまた使ひまかり至りけるに、たぐひてまうできなむとて、いでたちけるに、明州《めいしゅう》といふ所の海辺にて、かの国の人むまのはなむけしけり。夜になりて、月のいとおもしろくさしいでたりけるを見てよめる、となむ語り伝ふる。（旺文社文庫）

右の左注によれば、仲麻呂は、留学生として中国に派遣され、長い間帰国しなかったのだが、日本からの遣唐使が来たついでに、一緒に帰国しようと思い立って出発した。送別の宴が明州（寧波）の海辺で行われた。夜になって、月が美しく姿を見せたのを見て詠んだのが「天の原」の和歌だという。傍線部に「まうできなむとて」とあるように、ここでは、仲麻呂が帰国しようとした、ということが書かれているだけである。ならば史実に即して問題はない。仲麻呂は確かに、天平勝宝五年（七五三）に、遣唐使・藤原清河とともに第一船に乗って、いったんは帰国の途に就いた。ただし彼らの船だけは、今日のベトナム、安南に漂流してしまう。同じ帰国の一行で、第三船に乗った鑑真が、ようやく日本に到着したのとは対照的であった。

『土左日記』のほうはどうか。『古今集』撰者の一人である記主・紀貫之は、この和歌の異伝を引いてみずからの航海になぞらえつつ、次のように仲麻呂をしのんでいる。

（正月）二十日《はつか》の夜の月いでにけり。山の端もなくて、海のなかよりぞいでくる。かうやうなるを見てや、昔、あべのなかまろといひける人は、もろこしに渡りて、帰り来けるときに、船に乗るべきところにて、かの国人、むまのはなむけし、別れ惜《を》しみて、かしこのからうた作りなどしける。飽《あ》かずやありけむ、二十日の夜《よ》の月いづるまでぞありける。その月は海よりぞいでける。これをみてぞ、なかまろのぬし、「わが国にかかる歌をなむ、神代より神も詠《よ》んたび、いまは、上中下《かみなかしも》の人も、かうやうに別《わか》れ惜《を》しみ、よろこびもあり、かなしびもあるときには詠《よ》む」とて、詠めりけるうた、

あをうなばらふりさけみればかすがなるみかさのやまにいでしつきかも

とぞよめりける。かの国人、聞き知るまじくおもほえたれども、ことの心を、男文字《をとこもじ》に、さまを書きいだして、ここのことば伝へたる人にいひ知らせければ、心をや聞きえたりけむ、いと思ひのほかになんめでける。もろこしとこの国とは、こと異なるものなれど、月の影は同じことなるべければ、人の心も同じことにやあらむ。（岩波文庫）

初句を「青海原《あをうなばら》」としたのは、状況に合わせた紀貫之の機転であろう。[2] しかしこちら『土左日記』の叙述の方は、いわれてみれば、読みようによっては意味深長である。私たちは、仲麻呂が帰朝を果たせなかったことを知っているので、「帰り来けるとき」を「帰ろうとした時」の意味に読む。しかし、次のような記述を前提にした時、文脈はいささか様相を変え、文字通り、「帰って来た時」と読めてくる。

今昔《いまはむかし》、安陪仲麿ト云《いふ》人有ケリ。遣唐使トシテ物ヲ令習《ならはしめ》ムガ為ニ、彼国ニ渡ケリ。数《あまた》ノ年ヲ経テ、否返《えかへ》リ不来《こざ》リケルニ、亦此国ヨリ□ト云フ人、遣唐使トシテ行《ゆき》タリケルガ、返リ来ケルニ伴ナヒテ返リナムトテ、明州ト云所ノ海ノ辺《ほとり》ニテ、彼ノ国ノ人餞《むまのはなむけ》シケルニ、夜ニ成テ月ノ極《いみじ》ク明カリケルヲ見テ、墓無《はかな》キ事ニ付テモ、此ノ国ノ事思ヒ被出《いでられ》ツヽ、恋《こひし》ク悲シク思ヒケレバ、此ノ国ノ方ヲ詠《なが》メテ、此《かく》ナム読《よみ》ケル、

アマノハラフリサケミレバカスガナルミカサノ山ニイデシツキカモ
ト云《いひ》テナム泣ケル。
此レハ、仲丸、此《この》国ニ返《かへり》テ語《かたり》ケルヲ聞《きき》テ語リ伝ヘタルトヤ。（『今昔物語集』巻二十四「安陪仲麿、於唐読和歌語第四十四」[3]）

ここではっきりと、仲丸（＝仲麻呂）は日本に帰ってきた、と書いてある。『今昔物語集』という説話集は、十二世紀中頃以降の成立と考えられているから、これは、阿倍仲麻呂帰朝説の本邦最古例である。以後、中世の『古今集』注釈書では、阿倍仲麻呂帰朝説が説話的に展開する（日本古典集成『今昔物語集一』付録「説話的世界のひろがり」新潮社、一九七八年）。そしてそれは、『百人一首』の注釈にも浸食していくのである。

ところが『今昔物語集』の注釈書では、この仲麻呂帰国説はあっさりと否定されている。たとえば、新日本古典文学大系（岩波書店、一九九四年）脚注は、仲麻呂が「実際は中国で亡くなっているが、帰国して自ら語った体験談に設定。戻ってこそ物語が伝わるはずという論理。仲麿帰国伝承（中世古今注）がすでにあったか」と説く。より新しい新編日本古典文学全集（小学館、二〇〇一年）頭注では、旧日本古典文学全集（一九七四年）をほぼ承けて、「仲麿は帰国せず、唐で没。この記事は史実に反する。編者がこういう和歌世界とは別の世界にあったことを物語るか。説話の真実性を強調するため、体験談の設定にした話末評語」などと書く。そして「説話の真実性を強調」する例として、巻二十―十一の「此《この》事ハ彼ノ僧ノ語伝《かたりつたふる》ヲ聞継《ききつぎ》テ、語リ伝ヘタルトヤ」という記述の存在を示している。

新大系が『古今集』注釈書に言及するのは、先行する日本古典集成の説明を承けてのことである。日本古典集成の「説話的世界のひろがり」では、つとに「中世における『古今集』注釈はきわめて説話的であるが、その説話的な了解のなかで、我々は仲麿の帰国を迎えることになる。日本へ帰ってこの歌を伝えたというのである。たとえば『弘安十年古今歌注』では、仲麿は帰国の後に出家し、多武峰に籠って法名を尊蓮と言ったとまで記す。『今昔』二二―四四は、かかる仲麿帰国説の最も早いものと言えるであろう」と指摘していた。

『今昔物語集』は、仲麻呂説話の次話として、やはり『百人一首』に採られた「わたの原」の歌を含む、遣唐使・小野篁の説話を採録する。『古今集』巻九・羇旅でも、この歌は仲麻呂歌の次に並べられている（407番）。そして『今昔』説話の末尾は、「此レハ篁ガ返《かへり》テ語ルヲ聞《きき》テ、語リ伝ヘタルトヤ」と終わっていた。仲麻呂説話と同じパターンの物言いである。『今昔物語集』の説話配列の原則には、「二話一類様式」があるという（国東文麿『今昔物語集成立考』早稲田大学出版部、一九六二年）。そうなると、仲麻呂の帰朝説は、隣り合う説話の平仄を合わせるために、編者が付け加えたフィクションのようにもみえてくる。実際、『今昔』と同類話を共有する『古本説話集』や『世継物語』の仲麻呂説話には、末尾の帰朝説などくっついていないのである。

二　仲麻呂帰朝説と『新唐書』

だが仲麻呂帰朝説は、史実ではないにしても、『今昔』編者が勝手に付記した、つじつま合わせの妄説などではない。それは、中国正史に基づいた、歴とした記録である。混迷のポイントは、『旧唐書』と『新唐書』の東夷伝に記された、阿倍仲麻呂伝の記述の推移にある。

『旧唐書』倭国日本伝には、次のように仲麻呂の伝が記されている。仲満、朝衡とあるのが仲麻呂を指す。

> 開元の始、又た使を遣わして来朝す。（中略）其の偏使朝臣仲満、中国の風を慕い、因って留りて去らず。姓名を改めて朝衡と為し、仕えて左補闕・儀王友を歴たり。衡、京師に留まること五十年、書籍を好み、放ちて郷に帰らしめしも、逗留して去らず。天宝十二年、又た使を遣わして貢す。上元中、衡を擢んでて左散騎常侍・鎮南都護と為す。(4)（下略）

中国に馴染み、なかなか帰ろうとしなかった仲麻呂だが、五十年を経て、帰国を許される。だがついに留まって帰国しなかったと『旧唐書』には明記されている。そして天宝十二年（載）条に、新たな遣唐使の到来を続けてかける。この部分が『新唐書』日本伝では大きく変えられているのである。原文で示そう。

……其副使朝臣仲満、慕レ華不レ肯レ去。易二姓名一曰二朝衡一。歴二左補闕・儀王友一、多所二該識一。久乃還。聖武死、女孝明立、改元曰二天平勝宝一。

天宝十二載、朝衡復入朝。上元中、擢二左散騎常侍・安南都護一。

傍線を引いた当該部が『新唐書』では改稿されている。朝衡と改名した仲満（仲麻呂）は、「久しくして乃ち還る」となっており、そして天宝十二載（七五三）に、仲麻呂（朝衡）は「復た入朝」したと記される。本文の示すところでは、仲麻呂は、一旦帰国して、再入国したと読むほかはない。

『旧唐書』には、「放帰レ郷逗留不レ去」といふから、これを文字通りに解すれば、朝衡は遂に帰国しなかつたことになる。『新唐書』では、「久乃還」とある故、これによれば、彼は勿論帰国したことになる。一は帰国しなかつたといひ、他は帰国したといふ。これが矛盾でなくて何であらうか。（杉本直治郎『阿倍仲麻呂伝研究』[5]）

この「矛盾」が起こった理由については、杉本が「必ずしも『新唐書』が、『旧唐書』以外の史料に拠つたと考へなければならぬほどのものでもない」と述べる通りである。『旧唐書』では、天宝十二載の遣唐使について、名前を出さずに「又遣使貢」と記す。阿倍仲麻呂が帰朝して、そして再入朝したという奇妙な伝承が生まれたのは、この「次に見える天宝年間の使者を朝衡と解し」（杉本同上）、続く上元年中の記事と短絡したために生じた、『新唐書』著者の誤読とこじつけである。ともあれ、正史として改定された『新唐書』自体の文意は明確である。仲麻呂の帰国説は、正史『新唐書』で変改された記述を根拠に据えた、正統の訛伝なのである。

『旧唐書』は九四五年に完成したが、欧陽脩らによって改稿された『新唐書』は、一〇六〇年の成立である。一方、『古本説話集』や『今昔物語集』の原典と目される散佚「宇治大納言物語」の作者源隆国は、一〇七七年に没している。北宋には、厳しい「書禁」[6]の制度があった。『新唐書』は隆国生前の完成だが、彼がすぐに『新唐書』を読めたとは思えない。しかし南宋になり、藤原頼長（一一二〇～五六）は、永治元年（一一四一）に『新唐書』「帝紀」を読み（『台記』康治二年九月二十九日条）、仁平元年（一一五一）には「宋国商客劉文冲」から「五代史記十帖」「唐書九帖」などを贈られている（『宇槐記抄』同年九月二十四日条。増補史料大成、史料纂集）。

十二世紀の『今昔物語集』の時代に、『新唐書』は、確実に日本に伝わっていた。たとえば杉本直治郎は、「『扶桑略記』（巻六）元正天皇の霊亀二年八月の条に」、「「大伴山守為遣唐大使。多治比県守・安倍仲麿為副使。（下略）」とあつて、仲麻呂（即ち仲満）副使説を取つてゐる。これまさに『新唐書』の副使仲満説を支持するものであらねばならぬ」と指摘している（『阿倍仲麻呂伝研究』）。『扶桑略記』成立の上限となる最後の記述は、寛治八年（一〇九四）の条である。

仲麻呂は、安禄山と同時代に玄宗に近侍する高官だった。しかも仲麻呂が帰朝を試みたのは、安禄山が乱を起こす（七五五）二年前であり、安南から唐へ戻るのは、その乱の前後であった（杉本前掲『阿部仲麻呂伝研究』参照）。清河の再帰国行は、この乱のせいで留められたのである（『続日本紀』天平宝字三年十月十八日条）。

この安禄山の存在と相俟って、仲麻呂の情報が古代日本人に渇望されていた可能性がある。安禄山の乱は、日本でも関心を持って同時的に報告されていた（『続日本紀』天平宝字二年十二月十日、同三年十月十八日、同五年十月十日条など）。『今昔物語集』（巻十「唐玄宗后楊貴妃依皇寵被殺語第七」）や、同じころ作られた『唐物語』（第一八話、藤原成範作か）に載る玄宗・楊貴妃と安禄山の説話には、『旧唐書』や『新唐書』の記述が反映されているとみる説もある。[7]『通憲入道蔵書目録』（群書類従）に「唐書目録」を記録した信西は、平治元年（一一五九）十一月十五日、「数家之唐書及唐暦、唐紀、楊妃内伝」を引いて「長恨歌絵」を書いている（『玉葉』建久二年〈一一九一〉十一月五日条、国書刊行会）。

日本人として初めて、唐朝の官吏試験に合格して高位に昇り、中国史上にも名を残した、傑出した仲麻呂の伝記である。しかもそれは、東夷伝の日本伝といういわかりやすい場所に記述されている。十二世紀初頭に『旧唐書』と新来の『新唐書』両書の記述を読み比べ、仲麻呂の帰国を想った知識人がいたと考えて、なんら不思議はない(8)。

時代下って、冒頭に引用した『百人一首拾穂抄』は、次のようにも述べている。

或説云、唐ノ天宝十二年、遣唐大使藤原ノ清河と云人と同船して、仲麿帰朝の海路にて風にあふて安南と云ところにたゞよひゆきて。終に亦唐に入て、仕ニ粛宗ニ、左散騎常侍、安南都護、又北海郡開国公にうつりなどして、終に大暦五年正月ニ卒す云云。此説のごとくならば、帰朝なきにや。しかれども、『土佐日記』、『古今』の説々、帰朝と侍れば、当流用之。

史実を前に、「しかれども」と、なかなか頑固な注説であるが、「安南都護」という語が示すように、こうした強弁の背景には『新唐書』がある(9)。先に引いた部分でも、「愚案」として、季吟が記す叙述のうち、「或説云、聖武の朝に帰朝して、孝謙の天平勝宝五年、遣唐使にて入唐す」というのも、よく見れば「久乃還。聖武死、女孝明立、改元曰天平勝宝。天宝十二載、朝衡復入朝」と記す『新唐書』に準拠した叙述である。

そこには、吉備真備との混乱、もしくは投影がある。真備は、最初は留学生として仲麻呂とともに入唐したが、天平五年（七三三）に帰国した。それから二〇年ほどが経った天平勝宝四年（七五二）に、遣唐使の副使となって、再入唐している（大使は藤原清河）。『旧唐書』にいう「又遣使貢」の「使」は、史実からいえば、この真備の時に比定される。真備は、「副使」として『新唐書』が描く、もう一つの仲麻呂の人生と完全に重なっている。

そして真備と仲麻呂は、説話世界の中でもペアである。本稿冒頭で触れたように、再入唐した吉備真備が楼の上に閉じ込められると、かつて同じような苦しみを味わって、唐土で痛恨の死を遂げた仲麻呂が、鬼の姿になって出現し、真備の援助に力を尽くすのだ（『江談抄』三・三、『吉備大臣入唐絵巻』など）。

三　『土左日記』の「に」と為家本――『新唐書』以後の文脈理解――

こうして『新唐書』による新しい阿部仲麻呂伝の内容は、確実に浸透していたが、もとより史実は異なっている。仲麻呂の客死は、動かない事実として認識されていただろう。それでも『拾穂抄』は、あんな風に屈折した。なにしろ『続日本紀』でさえ、仲麻呂の死について、「前学生阿倍朝臣仲麻呂在唐而亡」と記すのみだ[10]。敢えて言えば、彼が唐で死んだということしかわからないではないか…。玄宗のもと、安禄山と同じく異国の寵臣であった仲麻呂は、その乱の直前に、帰国を試みて失敗した。李白は、彼が死んだと思い込んで哀悼の詩を作ったが、仲麻呂は、その時、ベトナムに流されて生きていた。もしや、日本にもたどり着いていた可能性だってある、と人々は夢想する。仲麻呂も真備のように、ひとたびは帰国していたのではないか。その死は、二度目の入唐の時なのだ…。対外交流盛んなりし平安末期以降、新来の正史『新唐書』の新説に、いにしえの仲麻呂がよみがえる。仲麻呂は、一時の里帰りに、望郷の思いに溢れた和歌を本邦に伝えた。そして戻っていった唐の地で、彼はついにその生涯を終え、二度と帰国を果たすことはなかった。あんなに慕った故郷を捨てて…と物語は展開する。今となってはそれが悲しいと、仲麻呂びいきの伝承者は、新たな説話に思いを込める。

そういえば『土左日記』と『古今集』の記述では、読後感が微妙に違っていた。『土左日記』では、「もろこしに渡りて、帰り来けるときに」あの和歌を詠んだと書いている。『古今集』では「仲麻呂をもろこしにものならはしにつかはしたりけるに、あまたの年をへて、え帰りまうで来ざりけるを、この国よりまた使ひまかり至りけるに、たぐひてまうできなむとて、いでたちけるに」とあった。比較すると、『土左日記』では、大幅に表現の圧縮がなされていて、文意が曖昧になっている。せめて傍線部相当について、「帰り来むとするときに」などと表現されていれば、ずっと明瞭であっただろう。しかし、紀貫之の時代、仲麻呂がついに帰国を果せず、唐土で客死したことは、自明の了解事項であったはずだ。この和歌も、自ら撰んだ勅撰『古今集』収載を前提に、「あをうなばら」と変改して、日記の彩りとしている。ただし遭難の前兆だ。いささか皮肉は利いている。

だが逆に、そうした表現であるがゆえに、『土左日記』は、仲麻呂帰朝説を前提に読んでも、文脈と反発しない、という興味深い事態を招来した。

ここに重要な異文がある。為家本と呼ばれる古伝本には、当該部分が「もろこしにわたりてかへりきにけるとき」と記されているのである。「むとするときに」という、意志や未来ではなく、逆に「に」を付加している。「に」は、いわゆる完了の助動詞「ぬ」の連用形である。「にけり」という連語は、「物事の完了し、それが存続することを詠嘆的に回想することを表わす(11)」。そのアスペクトと時制は、まさに仲麻呂一時帰朝説と直結する時間表現なのであった。

とは言え、こうした本文は、意外にも孤例である。『土左日記』の本文批判を確立して、近代文献学の金字塔となった『古典の批判的処置に関する研究』(岩波書店、一九四一年)のなかで、池田亀鑑は次のように述べている。

諸本はすべて「きける時」とある。為相本にも「に」がないのは、定家本その他による改修か、又は為家本の形の忠実な伝承か明かでない。もし、為家本の形を伝へるものとすれば、青本に「に」の字の存するのは、青本の書写者によつて犯された衍字かも知れない。いづれにせよ、貫之自筆本には「に」は存しなかつたと見るべきである。(12)

「青本」とあるのは、池田が絶対的な底本とした、青谿書屋本《せいけいしょおく》『土左日記』である。(13)『土左日記』の最善本は、蓮華王院本の紀貫之自筆原本を忠実に写し取った藤原為家本であるというのが、池田亀鑑『土左日記』本文系統論の大前提である。だが当時、為家本は所在不明であった。そこで池田は、紀貫之自筆本（蓮華王院本）を忠実に写したという藤原為家の写本を、さらに忠実に写したという青谿書屋本をもとに、原本をめざして、本文批評を試みたのである。それは、系統樹が確立された『土左日記』をサンプルに、古典本文の批判的復原を方法論的に成し遂げようとする、プロジェクト研究の成果である。以後『土左日記』の活字底本は、例外なく青谿書屋本を底本とするようになった。

ところがその後、大発見があった。不明になっていた嘉禎二年（一二三六）書写の為家本そのものが、一九八四年に再発見されたのである。新聞等でも大きなニュースになったが、同本は青山短期大学に所蔵されることになり、重文を経て、国宝に指定された（一九九九年）。現在は、大阪青山歴史文学博物館の所蔵である。この本の影印などは出版されていないようだが、萩谷朴編『影印本　土左日記（新訂版）』（新典社、一九八九年）には、青谿書屋本と為家本原本との対校結果が頭注に示されている。同書をたどれば、萩谷の眼で見たその内容を確認することができる。(14)それによれば、この「に」は、為家本に遡源する。

しかして、為家本出現後も、現行の活字本は、「に」を削ったかたちで本文を定めている。「一九八六年、重文指定の「為家自筆本」を底本にした、最も新しく、決定的な「土佐日記」」と帯にうたう講談社文庫本『土佐日記』（川瀬一馬校注・現代語訳、一九八九年）などは、本文校合にページを割きながら、この異文については、その存在さえ無視しているのである。(15)

為家本の評価については、財団法人前田育徳会・尊経閣文庫蔵の藤原定家本の書誌学的考察とあわせて、藤本孝一や片桐洋一などにより、近年新説が出ており、議論がある。(16)為家本は、池田の所説どおり、紀貫之自筆本の忠実な写本なのか。あるいは、定家がかつて紀貫之自筆本を書写した模写本の写しであるのか。今後の決着を興味を持って見守りたいが、いずれにせよ、この「に」の扱いについては、池田亀鑑の最終的な処置は、結果論としては、おそらく正しい。「貫之自筆本には「に」は存しなかつたと見るべきである」。理由は、池田亀鑑本文学への信奉ではない。異文の文意の解釈による。すなわち「に」を補読した本文では、「にけり」の文法的法則に従って、仲麻呂の帰国が「完了し、それが存続することを」表してしまうからである。紀貫之は九四五年に没している。彼は『旧唐書』さえ読むことができなかった。貫之は、仲麻呂の本朝への一時帰国など、考えもしなかったはずだ。ことさらに「に」を付す意義は、彼にはない。

想定されるのは、『新唐書』の所伝を知った写し手による、恐らくは無意識の、解釈本文である[17]。為家本の成立過程をどう把握するかによって、それが藤原定家・為家親子のいずれによるものか、あるいはそれ以外の誰かの所為かは変わってくる。定家・為家親子のいずれも、『古今集』の注釈書を著し、さらに定家は『百人一首』に仲麻呂のあの和歌を採択した。仲麻呂の帰国説が中世古今集注釈書へ流入するプロセスについても、この誤伝は示唆的なのである。

いや「誤伝」とは言い過ぎだろう。それは、当時最先端の輸入史書『新唐書』に綴られた、純然たる〈新しい歴史〉であった。宋代の書禁をくぐり抜けて到来し、新来の大類書としてもてはやされた『太平御覧』[18]にさえ、『旧唐書』依拠の記述しか載っていない[19]。そんな中で、仲麻呂帰朝説の記事は、とりわけ飛び切りの新情報である。この「に」には、そうした海外へ向かう知識欲に支えられ、日宋貿易と僧侶たちの往来が活発化する時代潮流の中でよみがえる、日本の自国意識と、対外交流の先駆者としての阿倍仲麻呂への憧れが凝縮している。一見、ささいな差異ではあるが、この「かへりきにける」という本文は、当時の人々が、『土左日記』書写という形に託した、仲麻呂帰朝への思いを投影する、時代性を強く帯びた、重い異文なのである。

（1）引用は『百人一首注釈叢刊9　百人一首拾穂抄』（和泉書院、一九九五年）。「御抄」は、後水尾院の『百人一首抄』を指す。同書には「……此の仲丸久しくして帰朝の時、唐人共餞別の詩を作りし時の事也。此人は、元正天皇の御末、熒惑星の分身也。利根無双の人にて帰朝せんことを惜て殺さんとしたる也。されども奇瑞有て帰朝せし也」とある。『百人一首注釈叢刊6　後水尾天皇百人一首抄』（和泉書院、一九九四年）参照。

（2）ひとまず通説のまま「青海原」という文字を宛てたが、本来は漢語「滄溟」が相当するという。その詳細は中丸貴史「『土佐日記』の「あをうなはら」」（『武蔵野文学61　特集土左日記――表記・言語・歴史』二〇一三年十二月）参照。

（3）『今昔』の阿倍仲麻呂についての表記は不統一だが原文のままとする。引用は新日本古典文学大系。

（4）以下、石原道博編訳『新訂旧唐書倭国日本伝・宋史日本伝・元史日本伝――中国正史日本伝（2）』（岩波文庫、一九八六年）の訓読と本文を参照した。

（5）手沢補訂本による。勉誠出版、二〇〇六年（初出は一九四〇年）。

（6）宮崎市定「書禁と禁書」（宮崎市定著、礪波護編『東西交渉史論』中公文庫、一九九八年、初出一九四〇年）参照。

（7）麻原美子「我が国の「長恨歌」享受」（川口久雄編『古典の変容と新生』明治書院、一九八四年）。

（8）なお『新旧唐書合鈔　新増附編二種』（全九冊、楊家駱主編、台湾鼎文、国学名著珍本彙刊　正史新編之一）にはこの差異が載せられていない。

（9）『旧唐書』は「鎮南」とする。杉本直治郎『阿倍仲麻呂伝研究』、同「阿部仲麻呂は安南節度使として任地に赴いたか否か」（『古代学』一三―一、古代学協会、一九六六年）参照。

（10）『続日本紀』巻三五、宝亀十年（七七九）五月二十六日条。引用は新日本古典文学大系。

（11）松村明編『日本文法大辞典』（明治書院、一九七一年）。

（12）『古典の批判的処置に関する研究』第一部　土左日記原点の批判的研究・第四章　青谿書屋本の吟味と修正・第五節　獨自本文とその修正。

（13）大島雅太郎旧蔵、現東海大学附属図書館桃園文庫所蔵。

(14) その後の研究動向については、伊井春樹「為家本『土左日記』について」(『中古文学』七一、二〇〇三年五月)など参照。

(15) 講談社文庫本は「為家本と定家本との本文校異」を立て、その差異を新出の「為家本」によって検証して、八九項目を列挙するが、前掲註(14)伊井論文によれば、「これ以外にもまだ七例の見落としが存する」という。この例もその一つに含まれるだろう。

(16) 前掲註(14)伊井論文参照。

(17) 尊経閣文庫所蔵の定家本が、本文を忠実に書写すると記しつつ、「をとこもすといふ(=なる)日記といふ物を、むなもして心みむとて(=みんとて)するなり」(カッコ内が為家本)とテニヲハを補読した著名な解釈本文で始まることが、こうした書写行為の参考となる。

(18) 『太平御覧』の流出については、森克己『日宋文化交流の諸問題』所収「日唐・日宋交通における史書の輸入」(刀江書院、一九五〇年、『増補日宋文化交流の諸問題　新編森克己著作集4』増補版、勉誠出版、二〇一一年)に詳しい。『太平御覧』の日本への到来とその意義については、『中世文学』三三号所載「〔シンポジウム〕報告中世の学問――注釈の世界を通して――」の赤瀬信吾の発言や、栗山圭子「安徳即位と『太平御覧』」(『別冊太陽190　平清盛　王朝への挑戦』平凡社、二〇一一年一一月)など参照。

(19) その詳細は呉玉貴撰『唐書輯校』(二十四史校訂研究叢刊、中華書局、二〇〇八年)参照。

〔付記〕本稿では、原文の引用に際して、適宜平仮名に漢字をあてたり、カギカッコ、句読・濁点を付すなど、表記を改めた部分がある。

『御堂関白記』古写本の書写態度

名和　修

はじめに

藤原道長の日記『御堂関白記』は自筆本一四巻と、自筆本をさほど時代を経ずして書写した古写本一二巻、および古写本とほぼ同時代に抄出書写されたと思われる、いわゆる『御堂御記抄《みどうぎょきしょう》』七種（六巻一軸）が道長の直系の子孫である近衛家に伝わり、今日近衛家に伝襲された十数万の他の資料とともに、それらすべてを保存管理している公益財団法人陽明文庫に国宝として収蔵されている。ただしこれらは道長の記した日記のすべてではなく、本来自筆日記は三六巻であったことは、これも時代を経ていない頃に記された目録によって知られる。自筆本は一巻半年分の具注暦を用いて記されているので都合一八年分である。対して古写本は初めの三年分と末尾の三年分（いずれも自筆本四巻分）をそれぞれ一巻とする他は、自筆本二巻一年分を一巻としているので巻数は一六巻であったことになる。このうち四巻は失われているが、現存一二巻でも自筆本の欠如を補うことが出来るのは、自筆本にして一七巻分にもなる。

このように古写本は今日的には『御堂関白記』の存在の過半をになう重要な立場にあることは自明であるが、

翻ってこれが書写された時点においては、どのような使命を意図して成されたのであろうか。もちろん原本の亡失に備えるという基本的な目的は当然のこととして、それだけではない書写態度が古写本を熟視するとおのずとうかがえる。自筆本・古写本がともに現存する各巻、すなわち自筆本にして一一巻の、両者においての記述の差異の詳細を逐一検討するに、それは単なる誤写以外に種々な様相を示している。そのうち古写本が積極的に改訂もしくは改竄しようとする態度の汲み取れる個所に注目し、その意図を明めるのが本稿の目的である。今回は、それらの差異を意味・内容に即して一四項目に分類し掲げる。なお、御堂関白記の古写本については、昭和二五年阿部秋生氏による「藤原道長の日記の諸本について」(『日本学士院紀要』八―一・三、一九五〇年)の「古写本の本文の性質」において書写の態度などその諸様相の詳細の非常に優れた報告があるが、さらに深く踏み込んだ観察を試みたい。

今や周知の事実であるが、道長の自筆本の日記の記述状況は誤字・脱字・略字・宛字・衍字などが頻繁に用いられ、文体構成も所謂記録体とよばれる準漢文体には程遠く、「道長独自の文体」と称すべき、いわば自由奔放に書かれたものとみなされている。このような原本を目前にして、これを後世に伝え遺すために書写本を作成しようとする立場にあった人は、如何なる手法を選択するか。一つは原本そのままを忠実に書写する、この場合その書写者は、あまりにも奔放な原文をそのまま書き遺すことに躊躇を覚えるだろう。一方原文はともあれ、書写本を作成するかぎりそれは少なくとも、世に通行する体裁を整えたものにすべきとの決意によって作業を進める。これもその原文の状況からして容易なことであろう筈はない。はたして現存する古写本の書写者は如何なる途を選んだのか、逐次書写現象に即して、考察を加える。

ところで現存の古写本の書写筆跡は二筆とされており、次に示す如く、うち自筆本六巻分は「大殿御筆」とされる一筆、他は筆者の特定されていない「某」とした一筆である。この「大殿」については近衛家の伝承は宇治殿藤原頼通だとするが、これは次に述べる理由にて否定され、他に該当人物として、藤原師実と藤原忠実があげられ、現在では藤原師実説に確定されたといってよい。

今回は自筆本と古写本がともに現存する年次のうち、次の各巻を対象とした。

自筆本…長徳四年巻下・長保元年巻下・長保二年巻上・寛弘元年巻上・寛弘六年巻下・寛弘七年巻上

古写本…長徳四年後半・長保元年後半・長保二年前半・寛弘元年前半（以上某筆）・寛弘六年後半（大殿御筆）・

寛弘七年前半（某筆）

なお、以下の自筆本・古写本の対照表のうち〈 〉で囲む語または文はその直後の文字の右側に行間補書されていることを示す。□は一字分の闕字を、⊡は一旦書いた文字を削り消し闕字としたものを示す。■は古写本における文字の塗抹を、ヽは何らかのミセケチのしるしのある文字を示す。

一　古写本において特定の人名の一字を闕字としたもの

古写本の書写筆者が特定の人物に対して敬意をあらわす意味でその人の諱などのうち一字を闕字にするもので、対象資料では次の九例がある。

	（自筆本→古写本）
1 依田□悩事（長保元・7・18）	田靏→田□
2 田□丸参清水寺（長保元・7・27）	田靏丸→田□丸
3 一疋田□粁駒也（長保元・9・2）	田靏→田□
4 彼家田⊡至（長保2・正・4）	田靏→田⊡
5 頼□叙四位（寛弘元・正・7）	頼通→頼□
6 頼⊡被聴禁色者（寛弘元・正・10）	頼通→頼⊡
7 祭使頼⊡（寛弘元・2・5）	頼通→頼⊡
8 頼□粁耳（寛弘元・6・4）	頼通→頼□
9 頼ヽ依奉仕小忌（寛弘6・11・17）	頼通→頼ヽ

いずれも藤原頼通にかかわるもので、1、2、3、4は頼通の幼名の田靏(鶴)丸の靏を、他は諱頼通の通を闕字としたのである。1、2、3は初めから一字分空けて次の文字を写しているが、4は行末に田を書き改行して行頭に一旦靏の字を書きながらのちにそれを削り消している。6、7の通も同様に一旦書いたものを削り消している。5、8は空白をもうけているが、9は闕字にするかわりに「〻」を用いている。ちなみに9が大殿筆で他はすべて某筆である。さて古写本において頼通に敬意をはらい諱または幼名の一字を闕字としていることから、古写本の筆者を頼通とする近衛家の伝承、たとえば近衛家煕が、古写本と同じく大殿御筆とされる御堂御記抄の一つを、幅装としその箱書に宇治殿と記しているが、これが否定されるべきことは先賢諸氏の説の通りである。

二　自筆本の省画文字を正字に改める

	〔自→古〕
1前駿河守濟家（長保元・9・5）	齋→濟
2百姓愁（長保元・9・24）	生→姓
3他姓人々参会（長保元・11・7）	生→姓
4除目初（長保2・正・22）	余→除
5除目了（長保2・正・25）	余→除
6宮司有除書（長保2・2・25）	余→除
7除書（長保2・3・4）	余→除
8人夢想耳（寛弘元・正・8）	相→想
9今夜雑事被仰案内（寛弘元・正・27）	安→案
10〈授歟〉受大将小剣（寛弘元・2・5）	受→授
11蓮聖替（寛弘元・3・7）	扶→替
12従埒門〈寄歟〉奇御車（寛弘元・5・27）	奇→寄
13依夢想不閑（寛弘元・6・5）	相→想
14有小除目（寛弘元・6・16）	余→除
15其儀如常（寛弘6・7・27）	義→儀
16依御物忌不召論議（寛弘6・8・6）	義→議
17賜女装束下襲・綾袴（寛弘6・8・23）	夌→綾
18中宮仁王會依穢停止（寛弘6・9・29）	亭→停
19別遣本牧二賜左（寛弘6・10・5）	貴→遣
20見聞道俗隨喜尤深（寛弘6・10・13）	谷→俗
21晝行造作所（寛弘6・10・19）	書→晝
22中宮権大夫奉仕之（寛弘6・10・19）	士→仕
23有障自延引（寛弘6・12・10）	正→延
24典侍加綾褂、有裹（寛弘7・壬2・6）	果→裹
25常侍綾褂・袴（寛弘7・壬2・6）	卦→褂

26御帳内奉新圖畫釋迦・普賢・文殊（寛弘7・3・18）　加→迦
27南簀子南階東敷上達部（寛弘7・3・18）　責→簀
28着半靴等（寛弘7・4・24）　化→靴
29晝間時々雨降（寛弘7・6・9）　書→晝

道長の自筆本の記述で、誤字とみなされる用字のなかには、一種の傾向のある文字群が見受けられる。それはあたかも道長が意識的に常用していると考えざるを得ない文字で、本来の文字の一部分を省画した、いわば省画文字とでもいうべき文字である。ただし、これは通常用いられる省画でなく、あくまでも道長独自の用字であって、それには彼なりの一定の法則があるかの如きである。調査範囲の例でも察せられるように、漢字構成の偏・冠・繞《にょう》・脚などを略し、旁のみで元の文字に替える手法である。4・5・6・7・14の「除」のように頻度の多いものもある。ただこの文字が全て省画されるわけではない。4の近辺でも「除目召仰」（長保2・正・20）のごとく正字も用いられている。省画される頻度は全体からみるとごく僅かであろう。これに関して古写本の対応は概ね正確でほとんど正字に改めているが、「着左丈（仗）」（寛弘元・4・14）のように見落としもある。17の「綾袴」の自筆本の文字を『大日本古記録』は「表袴」とするがこれも「麦袴」で古写本の対応が正しいと考えられる。

三　自筆本の誤字を正字に改める

〔自→古〕
1清涼殿（長徳4・7・10）　冷→涼
2太上天皇（長保元・8・19）　大→太
3疋絹（長保元・8・20）　見→絹
4馬場殿（長保元・9・12）　腸→場
5除目儀初（長保元・9・23）　儀→議
6不堪奏（長保元・10・4）　勘→堪
7免輦車（長保元・11・3）　晩→免
8是舊年（長保2・正・1）　久→舊
9引出物（長保2・正・1）　外→出
10大内（長保2・正・4）　太→大
11参大内（長保2・正・10）　太→大
12候大内（長保2・正・11）　太→大
13以珎慧（長保2・正・21）　祢→珎
14命婦等（長保2・2・10）　姫→婦
15「不立列」「後列立」「有列」（長保2・2・25）

いずれも例→列

16〈歓〉観勧学院歩（長保2・2・27）　歓覺→勧学

17受領治國叙位（長保2・3・4）　舒→叙

18法性寺僧参宮（長保2・3・27）　往→性

19宮参大内（長保2・3・28）　太→大

20〈雷〉電音大也（長保2・4・7）　電→雷

21両於壇修善（長保2・4・29）　檀→壇

22即預爵（寛弘元・正・6）　領→預

23於経営有憚（寛弘元・正・10）　瑩→営

24以〈沈〉深香念数（寛弘元・正・11）　深→沈

25参大内（寛弘元・正・11）　太→大

26但講師論義了立座（寛弘元・正・14）　儀→義

27儀論（寛弘元・正・14）　儀→議

28申時議〈初〉（寛弘元・正・22）　儀→議

29未時議初（寛弘元・正・23）　儀→議

30未時議初（寛弘元・正・24）　儀→議

31参大内（寛弘元・2・4）　太→大

32取盃置一二座（寛弘元・2・5）　監→盃

33賜盃（寛弘元・2・5）　監→盃

34「次陪従諸大夫」「使陪従饗頭中將」「加陪従官人」（寛弘元・2・5）　倍→陪

35無哥〈笛〉（寛弘元・2・5）　奇→哥

36有和哥（寛弘元・2・6）　奇→哥

37陪従官人等（寛弘元・2・7）　倍→陪

38少将用野釼〈授敷〉受（寛弘元・2・7）　受→授

39候大内（寛弘元・2・19）　太→大

40〈預〉領禄官人等（寛弘元・2・22）　領→預

41依召参大内（寛弘元・2・24）　太→大

42下名〈授〉受右衛門督（寛弘元・2・26）　受→授

43列見（寛弘元・2・28）　例→列

44参大内（寛弘元・3・9）　太→大

45奉仕官奏（寛弘元・3・9）　巻→奏

46伊豫守明順（寛弘元・3・9）　与→豫

47錫杖十人（寛弘元・3・13）　仗→杖

48巳時居鷺（寛弘元・3・14）　鷺→鷺

49次有和哥事（寛弘元・3・18）　奇→哥

50柴嶋御庄帰来（寛弘元・3・22）　座→庄

51「到法性寺」「法性寺座主」（寛弘元・3・23）　往→性

52後撤大盤（寛弘元・3・27）　監→盤

53右衛門志縣犬養為政（寛弘元・4・28）　懸→縣

54有和哥進両三盃（寛弘元・4・30）　奇→哥

55着左仗座（寛弘元・5・7）　杖→仗

56賜大宰官符（寛弘元・5・7）　府→符

57仍加療治（寛弘元・5・15）　寮→療

58證義者二人加四位（寛弘元・5・19）　議→義

59大内女方（寛弘元・5・19）　太→大

60従大内白合掛卅領（寛弘元・5・21）　太→大

61式部大輔（寛弘元・5・21）　民→式

62舞青海〈波〉葉（寛弘元・5・21）　葉→波

63即参大内幷華山院（寛弘元・5・22）　太→大

64	将曹武吉（寛弘元・5・27）	告→吉
65	終日天陰風吹（寛弘元・5・27）	次→吹
66	螺蛔懸盤六（寛弘元・5・27）	監→盤
67	有御庚申事（寛弘元・6・7）	康→庚
68	議定後（寛弘元・6・17）	儀→議
69	不淨恐（寛弘元・6・18）	静→淨
70	有不淨気云（寛弘元・6・18）	静→淨
71	今∧日歟∨月滅門也（寛弘元・6・20）	月→日
72	而依有不淨疑（寛弘元・6・21）	静→淨
73	是只上人依不制止（寛弘6・7・5）	製→制
74	朝經・史是氏有申文事（寛弘6・8・13）	吏→史
75	入女方垸飯（寛弘6・10・2）	院→垸
76	従内出参東宮（寛弘6・10・24）	車→東
77	又宮陣吉上等給祿（寛弘6・11・9）	常→上
78	試樂如常（寛弘6・11・20）	薬→樂
79	午時切御臍緒御乳付兩事（寛弘6・11・25）	侍→付
80	右大将勸盃有（寛弘6・11・27）	歓→勸
81	列間挙燭（寛弘7・正・1）	糠→燭
82	申時列立（寛弘7・正・7）	例→列
83	此間時剋遷替（寛弘7・正・7）	偺→替
84	樂所者主殿寮者給疋絹（寛弘7・正・15）	見→絹
85	御送物三種笛御筥笙横笛（寛弘7・正・15）	長→笛
86	箏御琴和琴（寛弘7・正・15）	合→琴
87	有酒肴（寛弘7・2・21）	希→肴
88	公家被修五壇尾修法（寛弘7・2・29）	檀→壇
89	依吉方詣雲林院慈雲堂（寛弘7・壬2・1）	寺→慈
90	巡方馬脳等帯尻鞘等送（寛弘7・3・12）	悩→脳
91	東西高欄下有出居座（寛弘7・3・18）	蘭→欄
92	於禁中如此事希有事也（寛弘7・3・18）	肴→希
93	此日供養仁和寺灌頂堂（寛弘7・3・25）	奏→養

誤字の傾向としていくつか考えられる。

①字画は似ていないが、字音が同じ文字を充てる。（3・8・16・17・62・77など）

②字画が似ていて字義も近い文字を誤用する。（1・2・10・14・20・24など）

③同じ旁で偏や冠・繞・脚・垂の異なる文字を誤用する。（4・5・13・21・22・27・34・47・56・57・65・69・75・90・91など）

④不必要な偏冠脚を付ける。（7・15・26・48・53・73・78・83など）

⑤字画が似ているが字音も字義も全く異なる文字を誤用する。（32・35・45・50・52・64・71・74・76・79・81・

92・93など）

これらの誤字はややもするとくり返して用いられている。これの古写本の対応はかなり綿密でほとんど正字に直して書写しているが、やはり「被立頼〔寄〕」（長保2・正・26）、「両於檀〔壇〕修善」（長保2・4・29）のごとき、見落としもある。

四　自筆本の脱字と思われる文字を補入する

〔古写本〕

1召大外記善言（長保元・8・19）
2明日以巳時（長保元・8・19）
3蔵人則隆（長保元・10・27）
4大皇大后宮大夫（長保元・11・7）
5而納言皆不参（長保元・11・16）
6召大外記善言（長保2・正・7）
7右府有引〈出〉歟〉物（長保2・正・26）
8宣命日〈時〉（長保2・正・28）
9依可土御門〈門歟〉立（長保2・正・28）
10〈土〉御門〉（長保2・2・25）
11自余雑〈事歟〉右大臣行之（長保2・2・25）
12今〈日〉有奉幣事云々（長保2・2・27）
13有御読〈経〉給（長保2・3・5）
14申一點小朝拝（寛弘元・正・1）
15二人有引出物（寛弘元・正・2）
16而依件事〈停〉了（寛弘元・正・5）

17兼綱朝〈臣〉替用（寛弘元・正・7）
18被〈聴〉禁色者（寛弘元・正・10）
19宰相中〈将歟〉同道（寛弘元・正・14）
20召蔵〈人歟〉隆光（寛弘元・正・14）
21わかな、りけり（寛弘元・2・6）
22着座上藤中納言（寛弘元・2・9）
23入法性〈寺歟〉往（寛弘元・2・19）
24参陽明〈門〉（寛弘元・2・26）
25昇〈殿〉者二人（寛弘元・2・26）
26大蔵卿候（寛弘元・3・9）
27南僧房度籠（寛弘元・3・15）
28官人云〈々〉（寛弘元・3・16）
29左近中将頼親（寛弘元・3・25）
30前大僧正観〈修〉（寛弘元・3・25）
31民部卿（寛弘元・3・25）
32御観音〈院〉勝筭房（寛弘元・3・28）
33又不入経欠（寛弘元・3・29）

度　古写本衍カ
々　古写本衍カ

34輔尹朝臣｜云（寛弘元・4・10）
35定宇佐｜宮事（寛弘元・4・28）
36是宗海進怠状｜（寛弘元・4・28）
37可為親王｜宣旨（寛弘元・5・2）
38大蔵卿｜（寛弘元・5・20）
39為中清朝臣〈為使｜〉賜禄（寛弘元・5・21）
40源中納言｜権中納言（寛弘元・5・21）
41置捧〈物｜〉（寛弘元・5・21）
42入夜夕〈座｜〉了（寛弘元・5・22）
43大僧都｜厳久（寛弘元・5・24）
44筭〈刺｜〉等（寛弘元・5・27）
45十列神馬｜（寛弘元・6・15）
46夕方出中御門｜（寛弘元・6・21）　御　古写本脱
47勘解由長官｜（寛弘元・6・27）
48催諸卿｜有障不参（寛弘6・7・19）
49而未時許蔵人｜庶政来仰（寛弘6・7・25）
50召外記｜参入（寛弘6・8・11）
51教通朝臣｜候御釵（寛弘6・8・17）
52但可奉小馬一｜疋〈於｜〉御前者（寛弘6・8・17）
53出東河解除中御門｜末（寛弘6・9・1）
54近衞御門｜女子悩（寛弘6・9・4）

55殿上｜人野望云々（寛弘6・9・23）
56殿上〈人｜〉従陣罷出（寛弘6・10・21）
57讀書東宮學士｜菅原宣義（寛弘6・11・26）
58殿上人業遠朝臣｜（寛弘6・11・27）
59傅以下上達部｜悉参入（寛弘6・11・27）
60犬宮御五十｜日事等定（寛弘6・12・7）
61左宰相中將｜左兵衞督（寛弘6・12・26）
62引出｜物馬一疋（寛弘7・正・2）
63侍従中納言｜令入眼請印（寛弘7・正・5）
64持來叙位小勘文幷十年｜勞（寛弘7・正・6）
65犬宮御五十日｜（寛弘7・正・15）
66無朝恩時必不被｜免者也（寛弘7・正・21）
67齋食如｜常（寛弘7・正・21）
68大裏御七佛藥師｜初作（寛弘7・壬2・23）
69御讀經｜結願（寛弘7・3・9）
70七佛藥師｜四躰（寛弘7・3・18）
71威儀師｜在前（寛弘7・3・18）
72返來人々着直衣｜許（寛弘7・4・25）
73若宮｜参大内給（寛弘7・5・11）
74題青松｜衣古蘿（寛弘7・6・7）

道長が日記を記述する際、全く不用意に文字を書き落としているもので、これに傾向や特異性があるわけはない。特異性といえば前二項同様、あるいはそれ以上に頻度が高い点が、この記の自筆本なるがゆえの、特異性ともいうべきであろう。これの古写本の対応も前二項と同様である。

五　自筆本の行間補書を本行へ

〔古写本〕

1 出自清水人々（長保元・7・30）
2 定行雑事（長保元・8・3）
3 依太上天皇御幸例（長保元・8・19）
4 入夜従道方許（長保元・9・7）
5 内有穢定家宿所下有死人（長保元・9・8）
（以下長保二年六月まで一五例省略）
6 二人有引出物（寛弘元・正・2）
7 而平絹装束知可明日用（寛弘元・正・7）
8 依有慎所（寛弘元・正・8）
9 少将被免昇殿（寛弘元・正・9）
10 初候内宿所（寛弘元・正・9）
11 亥時許電雷聲両三度鳴（寛弘元・正・19）
12 近衛等立座候砌下（寛弘元・2・5）
13 右大将實資民部卿懐忠中納言時光（寛弘元・2・5）　自筆本行頭補書
14 勘解由長官有國春宮権大夫懐平左大辨忠輔（寛弘元・2・5）　自筆本ニ順位変更ノ指示アリ
15 右大将昨日事恐由示送（寛弘元・2・6）
16 但賜袴十人許（寛弘元・2・7）
17 而蔵人兵部丞定輔来（寛弘元・2・16）

---

18 列見着上卿藤中納言右衛門督左大弁云々（寛弘元・2・28）　自筆本本行上部補書
19 奉平天文奏持来（寛弘元・3・14）
20 南僧房籠盗犯殺害者大國安方侍（寛弘元・3・15）　自筆本行左空間補書挿入指示アリ
21 色革百枚送之朝経朝臣借帯鞦下鞍等（寛弘元・3・21）
22 有賜度者宣旨（寛弘元・3・25）
23 早〈レ〉仰可進由（寛弘元・3・28）
24 只今申参〈由〉■（寛弘元・3・28）
25 依乗車後無拝（寛弘元・3・28）
26 而遍救依申障被免（寛弘元・3・29）
27 不入経久（寛弘元・3・29）
28 惟風貢馬弁本馬馳見（寛弘元・4・3）
29 依可華山院渡御也（寛弘元・5・1）
30 従此間雨下（寛弘元・5・12）
31 講師大僧都定澄（寛弘元・5・19）
32 音聲舟於堂南発物聲従同廊下融舟（寛弘元・5・21）
33 通夜大雨下（寛弘元・5・22）
34 有御庚申事（寛弘元・6・7）
35 早朝人々来（寛弘元・6・24）　自筆本　朝〈レ〉早
36 入夜参内女方参（寛弘元・6・24）

自筆本には全体にわたってかなりの頻度で、本行の脇あるいは行頭に文字または文が補書されている。これは一旦記述したのち、書き落とした、あるいは追加する必要のある語や文を書き足したもので、これこそ自筆本が日々書き続けられた原本である証しでもあろう。これを書写するものは誰しも、それが本行の文意に必要な語だと判断すれば、本行書写の段階で取り入れて書写するだろう。一方補書の文字はその宿命として文字は小さく、ややもすると狭い行間に無理に書き込まれているため、見落されがちである。この古写本においても同様で概ね本行へ取り入れているが、見落としも少なくはない。なおそれについては一〇および一一で例示する。

六　自筆本の衍字と思われる字を古写本で省略する

〔古写本〕

右大〈臣可止歟〉将候大内

〔自筆本〕

1以西時以入内（長保元・11・1）
2右大臣将候太内（寛弘元・2・19）
3鴨賀河新堀方（寛弘元・3・10）
4中宮宮御諷誦使（寛弘元・3・25）
5御御論議如常（寛弘元・3・29）
6右大辨三位中將修理大夫三位中將（寛弘元・5・21）
7道方方朝臣公信朝臣立之（寛弘7・正・15）

自筆本において不必要な文字、多くは同じ文字や語が重複して書かれているのを、古写本で省いたもの。2はやや複雑で、自筆本に「右大臣将候大内」とあるがここは「右大将」が正しく「臣」は衍字であるのだが、古写本は一旦「右大将」と書きながら、「臣」を書き落としたと思い行間補書した。しかしそれが衍字であることに気付き「可止歟」と行間補書の「臣」の下に書き加え、あげく「臣可止歟」の行間補書四文字が無意味だとして、四文字に抹消符を付けたのである。

七　自筆本の記述の語順を改める

〔古写本〕	〔自筆本〕
1 内大臣行奉幣使（長徳4・7・7）	内大臣奉幣使行
2 史守永為外記代（長徳4・7・7）	為史守永外記代
3 仰使等事了（長徳4・7・7）	使等事仰了
4 而上卿一人不参（長徳4・7・9）	而〈不参〉上卿一人
5 依無他王延引（長徳4・7・9）	他王依無延引
6 上達部使不候〈有〉以四位可被奉定（長徳4・7・9）	雖不候上達部使以四位可被奉有定
7 奏下施米目録（長徳4・7・10）	施米目録等奏下
8 依〈無〉宜日用夜半時（長保元・7・18）	依〈無〉日宜用夜半時
9 〈有〉所々有俸物（長保元・7・29）	俸物有所々
10 依薬勢之殿上参（長保元・8・2）	薬勢之依殿上参
11 暁出従清水（長保元・8・4）	暁従出清水
12 見慈徳寺造作（長保元・8・18）	慈徳寺見作造
13 御幸慈徳寺（長保元・8・19）	慈徳寺御幸
14 令参諸衛（長保元・8・19）	諸衛令参
15 院渡慈徳寺給（長保元・8・20）	慈徳寺渡院給
16 給十僧法服（長保元・8・21）	十僧給法服
17 院参内給（長保元・8・23）	参内院給
18 昨日所献辞書（長保元・9・8）	所献昨日辞書
19 所々犬喰者（長保元・9・8）	所々喰犬者
20 右府被申云（長保元・9・8）	被申右府云
21 被定卅穢了云々（長保元・9・8）	卅日被穢定了云々
22 令勘申季御読経觸穢内被行例幷延引例（長保元・9・18）	季御読経有觸穢内例幷延引例令勘申
23 有可延引仰（長保元・9・18）	可延由有仰
24 候内宿間（長保元・9・19）	宿候内間
25 此間〈依〉淡路國百姓愁（長保元・9・24）	此間淡路〈依〉國百姓愁
26 又定〈初〉入内事（長保元・9・25）	又入内事定初
27 有長徳三年不堪奏（長保元・10・4）	長徳三年〈有〉不勘奏
28 美濃守為□献馬二疋（長保元・10・11）	美濃守為馬二疋献
29 仍志一匹（長保元・10・19）	仍一匹志
30 〈渡〉西京大蔵属秦連理宅（長保元・10・25）	西京大蔵属秦連理宅渡
31 右大弁道方持来御書（長保元・11・1）	右中弁道方朝臣御書持来
32 共上達部多（長保元・11・1）	上達部共多
33 給女装束（長保元・11・2）	女装束給
34 殿上人等於西廊〈以正光朝臣〉奏慶賀之由（長保元・11・7）	殿上人等於西廊奏慶賀之由以正光朝臣
35 進馬二疋（長保元・11・9）	馬二疋進
36 進一疋（長保元・11・9）	一疋進

37 進牛一頭（長保元・11・9）　牛一頭進
38 可有陣定（長保元・11・16）　可有定陣
39 進馬十疋（長保元・12・26）　馬十疋進
40 依申諸卿定〈申〉也（長保2・正・1）　依申諸卿定也
41 両府〈有〉引出物有（長保2・正・1）　両府引出物有
42 〈申〉御馬申引由（長保2・正・7）　御馬〈申〉引由
43 両人〈調〉僧俗調食物（長保2・正・9）　両人僧俗調食物
44 参夕方〈参〉内（長保2・正・26）　参夕方内
45 被〈定〉蔵人殿上人等定（長保2・正・27）　被蔵人殿上人等定
46 為大蔵卿正光〈為〉勅使（長保2・正・28）　為大蔵卿正光勅使
47 彼渡〈見仰〉雑事等見仰（長保2・正・28）　彼渡雑事等見仰
48 仰官外〈記〉晴明〈勘申〉日時勘申□月十四日（長保2・2・16）　仰官外晴明日〈時〉勘申来月十四日
49 〈其次可被免美濃守為憲由〉（長保2・2・22）　其次美濃守為憲可被免由
50 宮司有除目於御前〈有宮司除目〉右大将奉仕（長保2・2・25）　宮司有余書於御前右大将奉仕
51 次有小除書（長保2・3・4）　有次小余書
52 〈渡給〉院土御前門渡給（長保2・3・5）　院土御前門渡給
53 〈有〉一両有上卿（長保2・3・6）　一両有上卿
54 参院〈参〉内給（長保2・3・8）　参院内給
55 院賜宮對面給（長保2・3・14）　院賜宮對面
56 雨尚下従石清水（長保2・3・21）　従石清水尚雨下

57 〈奏聞〉来七日可入中宮〈可入〉給由奏聞（長保2・4・5）　来七日可入中宮給由奏聞
58 宮女官給絹（長保2・4・8）　宮女官絹給
59 供奉給被物（長保2・4・8）　供奉被物給
60 被申内府〈被申〉云（寛弘元・正・5）　被申内府云
61 頼明當省爵（寛弘元・正・5）　頼明省當爵
62 夜部事不知〈事〉由也（寛弘元・正・6）　夜部事不知由也
63 不申〈左右〉善言左右還出（寛弘元・正・11）　不申善言左右還出
64 仰宣規可作位記由〈仰〉少内記宣規（寛弘元・正・11）　〈仰〉可作位記由少内記宣規
65 依有腰所労（寛弘元・正・14）　有所腰労
66 〈上〉彼允子上議論間（寛弘元・正・14）　彼允子上儀論間
67 〈申〉明日可初政申勘文（寛弘元・正・14）　明日可初政申勘文
68 十五日〈庚子賜〉備中守生昌朝臣賜大宰俸新官符（寛弘元・正・15）　備中守生昌朝臣賜大宰俸新官符
69 〈奏云〉明日忌〈日歟〉也為可如何明後日御物忌〈可為如何〉奏（寛弘・元・正・20）　明日忌也可為如何明後日御物忌奏
70 承陣座〈承〉召（寛弘元・正・23）　承陣座召
71 承陣座〈承〉召（寛弘元・正・24）　承陣座召
72 公信〈取〉大将取瓶（寛弘元・2・5）　公信大将取瓶
73 兼時〈授〉笏〈授歟〉受（寛弘元・2・5）　兼時笏受
74 〈如〉仲信如道従南来（寛弘元・2・5）　仲信如道従南来

75 未＜定＞其日定（寛弘元・2・9）　未其日定
76 ＜為定＞木幡三昧堂可立所為定（寛弘元・2・19）　木幡三昧堂可立所為定
77 饗禄＜有＞甚以太由聞（寛弘元・2・22）　饗禄甚以有太由聞
78 ＜定＞万燈会定雑事（寛弘元・2・28）　万燈會定雑事
79 ＜掃＞木幡堂所掃（寛弘元・2・28）　木幡堂所掃
80 ＜見＞木幡堂所見（寛弘元・3・2）　木幡堂所見
81 ＜賜＞少内記惟規可作位記賜請文四枚（寛弘元・3・4）　少内記惟規可作位記＜賜＞記請文四枚
82 依申定諸卿＜定申＞（寛弘元・3・7）　依申定諸卿
83 此次以林懐＜任＞法華寺別當蓮聖替任（寛弘元・3・7）　此次以林懐法華寺別當蓮聖替任
84 廻北陣＜廻＞車御給（寛弘元・3・9）　廻北陣車御給
85 ＜見＞防河新水落見（寛弘元・3・12）　防河新水落見
86 ＜定＞明日定万燈会事（寛弘元・3・12）　明日定万燈会事
87 ＜定＞供養大般若定僧名（寛弘元・3・15）　供養大般若定僧名
88 所進＜以＞高雅朝臣＜所進＞以堀河邊家（寛弘元・3・15）　所進高雅朝臣以堀河邊家
89 ＜申＞本親等申不候三守＜レ＞河輔公申赴＜任＞由（寛弘元・3・22）親＜レ＞本等＜申＞不候由三河守輔公申赴任由
90 依供養女方＜供養＞大般若也（寛弘元・3・25）　依養＜レ＞供女方大般若也
91 上達部＜取＞十僧取禄（寛弘元・3・25）　上達部十僧取禄
92 諸大夫＜取＞五十僧取物（寛弘元・3・25）諸大夫五十僧取物

---

93 有右大将民部卿＜有＞障由（寛弘元・3・25）　有右大将民部障由
94 参明日＜参＞可申行者（寛弘元・4・4）　参明日可申行者
95 為南渡殿＜為＞座（寛弘元・4・27）　為南渡殿座
96 云＜レ＞申（寛弘元・4・28）　云申
97 依有被院申雖不宜＜レ＞母（寛弘元・5・2）　依有被申院雖不宜母
98 被右府＜被＞奏云（寛弘元・5・7）　被右府奏云
99 令奏右中弁朝経＜奏＞十七日御読経可候僧等（寛弘元・5・12）　令奏右中弁朝経十七日御読経可候僧等
100 早所手自＜所＞書（寛弘元・5・14）　日来所手自書
101 ＜奏＞可奉仕法華経奏由了（寛弘元・5・15）　■■＜可＞令奉仕法華経奏由了
102 入夜件＜レ＞出産女（寛弘元・5・15）　入夜件出産女
103 日来＜申＞八月申件女候也（寛弘元・5・15）　日来八月＜と＞申件女候也
104 賜一＜品＞宮＜賜＞名香（寛弘元・5・19）　賜一品宮名香
105 是衆人感＜レ＞所耳（寛弘元・5・19）　是衆人感所耳
106 従華山院＜給＞俸物十種給（寛弘元・5・21）　従華山院俸物十種給
107 為中清朝臣＜為使＞賜禄物（寛弘元・5・21）　為中清朝臣賜禄物
108 従中宮＜給＞入琉璃金百生絹単衣合袴廿六給（寛弘元・5・21）　従中宮入琉璃金百生絹単衣合袴廿六給
109 自下僧＜下自＞南階（寛弘元・5・21）　自下僧両階

110 王卿従＜レ＞下西對（寛弘元・5・21）　王卿従下西對
111 従＜レ＞上南階（寛弘元・5・21）　従上両階
112 ＜参＞内御読経参結願（寛弘元・5・24）　内御読経参結願
113 厳久退＜レ＞辞所（寛弘元・5・24）　厳久退辞所
114 明救辞退所（寛弘元・5・24）　明救退＜レ＞辞所
115 ＜■在＞埒門在南北（寛弘元・5・27）　埒門在南北
116 ＜雨＞不停雨（寛弘元・5・30）　不停雨
117 不停＜レ＞雨（寛弘元・6・2）　不停雨
118 不能参＜レ＞自（寛弘元・6・5）　不能参自
119 明日参○可聞＜レ＞事々（寛弘元・6・5）　明日参可聞事々
120 ＜定＞申請推問使孝忠＜申請＞定申文幷元命申文等（寛弘元・6・8）　申請推問使孝忠定申文幷元命申文等
121 共奉幸＜レ＞行（寛弘元・6・11）　共奉幸行
122 候宿所是依有悩気也（寛弘元・6・11）　候所宿是有依悩気也
123 有闕國＜有＞数（寛弘元・6・16）　有闕國数
124 雖非指事＜依有＞不浄依有恐（寛弘元・6・18）　雖非指事不静＜依＞有恐
125 入夜参内女方参（寛弘元・6・24）　夜入＜参＞内参女方
126 上達部被來（寛弘7・正・2）　被上達部來
127 中宮大夫被來左衛門督家（寛弘7・正・4）　中宮大夫左衛門督家被來
128 大外記善言持来叙位小勘文（寛弘7・正・6）　大外記善言叙位小勘文持来

129 為左兵衛督實成朝臣別為別當（寛弘7・正・16）　為左兵衛督實成朝臣別當
130 参尚侍参東宮（寛弘7・2・20）　参尚侍東宮
131 為修法性寺五大堂修二月（寛弘7・壬2・1）　法性寺五大堂依為修二月
132 仍仰早朝可来由（寛弘7・壬2・19）　仍早朝仰可来由
133 定季御読経僧名（寛弘7・壬2・25）　季御読経定僧名
134 分行花筥着座（寛弘7・3・18）　花筥分行着座
135 次散花僧下従東階（寛弘7・3・18）　次散花僧従下東階
136 可云不日功（寛弘7・3・18）　可不日功云
137 定可舎立所々（寛弘7・4・13）　可舎立定所々
138 従中宮以右馬頭相尹朝臣賜袴（寛弘7・4・24）　従中宮袴以右馬頭相尹朝臣賜
139 令着一座時國（寛弘7・4・24）　一座時國＜令＞着借
140 従見物左衛門督左右宰相中将大蔵卿源宰相等率殿上人神＜レ＞到立（寛弘7・4・24）　従見物所神立左衛門督左右宰相中将大蔵卿源宰相等率殿上人到
141 老年気色非如本（寛弘7・4・25）　老年非気色如本
142 若宮渡左衛門督在小南給（寛弘7・4・25）　若宮左衛門督在渡小南給
143 令臥近邊寺僧房（寛弘7・5・13）　近邊寺令臥僧房

自筆本において道長の記述する日記文体はかなり恣意的で、漢字を主として表記するも、本来の漢文体の語順には必ずしも従わず、特に述語の位置は気ままで、時として和語のごとく陳述の最後に置くこともある。このような自筆本を書写するにあたって、古写本の筆者は果敢にもこれを改めようとした。

すなわちこの項の各例に見るように、記述の語順を変更して通常行われると思しき順序に並び替えて書写した。それが1～5、7、10～24などの例である。対して6、25・26、30、40～48などの場合は、移動すべき文字を〈 〉で囲んで表示したが、これはその文字が古写本の本行でなく、その直後の文字の右側（例外的に左側の場合もある）の行間に傍書されていることを示している。すなわち古写本の筆者は本行を書写したのち、当該文字を自筆本とは異なった位置に挿入すべく補書したのである。この場合で40～48のごとく、当該文字が自筆本に書かれていた位置に、古写本でも一旦そのまま書写したのち、その文字に見せ消ちを表すゝを施し、改めるべき位置に行間補書しているものがある。これの意味するところは古写本の書写者は自筆本をそのまま書写したのち、一定の時間経過後読みなおし、問題の文字の移動のため加筆修正作業を行ったということである。それらの補書の文字は本行と同筆と認められるが、墨色が異なったり筆画が極端に細かったりすることが多いのも、これを裏付ける現象といえよう。

八　自筆本の仮名表記への古写本の対応

〔古写本〕	〔自筆本〕
1みかさやまゆきやつむらむと（寛弘元・2・6）	みかさ山雪やつむらむと
2入夜行長谷寺（寛弘元・6・22）	長多仁寺
3従長谷寺還来（寛弘元・6・24）	長多仁寺
4帥来（寛弘元・6・9）	帥来たり
5使者仁久るを捕留給祿云々（寛弘6・7・7）	使者仁久るを捕留給祿云々
6右府至御車下末て被参（寛弘6・8・17）	右府御車下末て被参

7可令奏云しを程無便と依命不奏事由（寛弘6・12・20）　可令奏云しを程無便と依命不奏事由
8犬宮御五十日申時供餅（寛弘7・正・15）　犬宮御五十申時餅末いる
9折敷打□衆人奇事無極（寛弘7・正・15）　折敷打古保せり衆人奇々事無極

男性の日記は仮名表記を用いないのが原則だとすれば、道長は和歌の記述は別としても、比較的多く仮名を用いていているといえよう。それに古写本ではどう対応しているかであるが、5・6・7のようにそのまま写していることもあるが、基本的には出来れば仮名表記は避けたい想いが、4の「帥来たり」を「帥来」とし、8の「餅まいる」を「供餅」と、微妙な意味の差を無視しても、仮名を排除することとなる。あげく、9の「こほせり」の適当な漢語が思い当たらず、後日にとてか二字分空白にしてそのままになったりする。逆に1の和歌記述の場合には、自筆本の「みかさ山雪や」を「みかさやまゆきや」とするのは、和歌ゆえの諦めか。なお、2・3の「長多仁寺」は「長たに寺」で京都岩倉にあった解脱寺のことで、古写本のように「長谷寺」とすると、大和桜井の長谷寺（初瀬寺）との混同を避けるため「長たに」とした、自筆本の意が無になることになる。

九　古写本の独自解釈により自筆本と異なる用字

1召大外記善言於宿所（長保元・8・19）　於　自筆本ナシ
2日来為参長谷寺齋（長保元・8・27）　為　自筆本ナシ
3令諸卿定申（長保元・9・24）　令　自筆本ナシ
4故一条殿（長保元・7・29）　故一條太戸
5馬二疋牽（長保元・8・27）　率↓牽
6可為五躰不具者（長保元・9・8）　可難五躰不具者
7觸穢内被行例（長保元・9・18）　有觸穢内例
8為承事〈レ〉定召諸卿（長保元・10・3）　承事申定〈召〉諸卿

9女房（長保2・2・10）　女方
10皇太后宮御内官御給二人（寛弘元・3・4）　皇太后宮御内官御給二人〈代〉
11難可他人例云（寛弘元・正・5）　非可他人例云
12御弓奏付内侍所（寛弘元・正・7）　御弓奏付内侍
13宿所上達部（寛弘元・正・7）　宿所達卿
14召〈在〉有三座下毛野公頼（寛弘元・2・5）

15〈着〉座後（寛弘元・2・5）　召有三座下毛野公頼
座後
16維叙従〈在〉有此中（寛弘元・2・5）　維叙従有此中
17右衛門督〈為〉別当（寛弘元・2・5）　為　自筆本ナシ
18人〈先〉前賜公助衣（寛弘元・2・5）　先　自筆本ナシ
19〈依明〉仍彼日〈可有〉依直物也（寛弘元・2・24）　仍彼日依直物也
20今朝住吉〈神社〉為愁摂津守説孝（寛弘元・2・26）
今朝住吉神〈為〉愁摂津守説孝
21上達部着座〈居〉置饗（寛弘元・3・13）　置饗

22宗海無申所避〈申〉進怠状（寛弘元・4・10）　宗海無申所避進怠状
23列立之〈間歟〉内（寛弘元・5・21）　列立之内
24舞臺来入中「舞臺来入中如何」（付箋）（寛弘元・5・21）　舞臺来入中
25馬場殿受南階奏聞「受南階如何」（付箋）（寛弘元・5・27）
馬場殿〈レ〉受南階聞〈レ〉奏了
26入銀筥〈裹〉袋物有枝（寛弘元・5・27）　入銀筥袋物有枝
27賜鉷釖（寛弘元・5・27）　鉷↓鉷
28可来廿日〈可参〉賀茂（寛弘元・6・18）　可来廿日賀茂

古写本の書写者が、自筆本にない文字を加えたり、自筆本の文字を異なる文字に置き替えたりして、文意を理解しやすくする目的であろうか、独自解釈のもとに文章を変更する。例えば1では自筆本が「召大外（記）善言宿所」であるのを古写本は「召大外記善言於宿所」（自筆本「記」脱古写本補入）としてこれは文意は変わらずより丁寧であるが、11の「非可他人例云」が「難可他人例云」ではいささか意味が異なり、6の「可難五躰不具者」が「可為五躰不具者」となると、まったく逆の意味となる。他の例でも当を得ているものと、疑問の残るものとあり、古写本のこの種の改変は功罪相半ばというべきか。

一〇　自筆本にあって古写本に欠落している文

〔古写本〕
1巡行数度（長保元・11・7）
自筆本改行なれど行頭でなく行半ばに位置す
2有數獻云々（長保2・正・2）
自筆本改行行頭

3候御前（中略）以返給者（寛弘元・3・9）
裏書　四行三字計七八字
4請僧十三人（中略）遣間返来（寛弘元・3・13）
裏書　四行一六字計一三三字

5是依軽服所示也（寛弘元・4・4）
6九日雨下（寛弘6・8・9）
7∧又奏内事由以教通∨（寛弘6・11・25）　自筆本行間補書
8人々罷出後参上給宮々又同（寛弘6・12・26）
9宿所食物頭弁所儲（寛弘7・3・15）　自筆本欄外頭書
10十四日辛酉若宮参太内（寛弘7・6・14）

自筆本にある文で、古写本では写し落とされているもの。多くは自筆本の裏書や行間または上部欄外などの補書のように、見落とされ易い個所に記述された文である。

一一　自筆本にあって古写本に欠落している文字

〔自筆本〕
1雖不候上達部使以四位可被奉有定（長徳4・7・9）
2自同∧之∨参（長保元・7・29）　之　自筆本行間補書
3令参諸衛云（長保元・8・19）
4即被奉返（長保元・8・20）
5舎人布給（長保元・8・20）
6而依有犬産穢留了（長保元・8・27）
7道方朝臣許（長保元・9・7）
8道方朝臣来云（長保元・9・8）
9難為五躰不具云（長保元・9・8）
10卅日穢（長保元・9・8）
11今朝初霰降（長保元・9・20）
12為承事申定召諸卿（長保元・10・3）
13殿上人等多来（長保元・11・1）
14右大弁道方朝臣（長保元・11・1）
15参着了内（長保元・11・1）
16修正月間人々定云（長保2・正・4）
17依有犬産觸穢立簡（長保2・正・13）
18申人々賀（長保2・正・25）
19無其用意（長保2・正・26）
20女御出給（長保2・2・10）
21庚午雨下参内定仁王會事（長保2・2・22）
22上達部相共見花（長保2・3・3）
23任僧正給（長保2・3・12）
24∧於∨賀茂河尻御舟（長保2・3・20）
25又仁和寺僧等参（長保2・3・27）
26内記進∧遅∨宣命（寛弘元・正・7）　遅　自筆本行間補書
27召小舎人来（寛弘元・正・9）
28十一日丙申（寛弘元・正・11）
29毎小数両三勝（寛弘元・正・18）
30勘解由使勘文（寛弘元・正・21）
31二頭中（寛弘元・正・25）

32 来上卿春宮大夫道綱（寛弘元・2・5）
33 但賜餘袴十人許（寛弘元・2・7）
34 付蔵規朝臣返事耳（寛弘元・2・9）
35 候御前即退出（寛弘元・2・16）
36 當時別可能治云（寛弘元・2・19）
37 〈入〉同勘文（寛弘元・2・22）
38 仰云可仰督藤原朝臣者（寛弘元・2・23）
39 廿四日（寛弘元・2・24）
40 直物了（寛弘元・2・26）
41 西寺綱所室作新等（寛弘元・3・4）
42 左衛門督行之（寛弘元・3・7）
43 大弁等依或取文申云（寛弘元・3・9）
44 入夜歸参参春宮（寛弘元・3・9）
45 伊賀守為義等也（寛弘元・3・9）
46 十二日丙申（寛弘元・3・12）
47 導師〈厳久〉咒願〈慶算〉（寛弘元・3・13）
48 令候前有暫申捕由（寛弘元・3・15）
49 賜盃酌（寛弘元・3・18）
50 此厂別當還成（寛弘元・3・22）
51 女左近府門龍頭〈立〉幡（寛弘元・3・24）
52 入夜違伊祐家〈レ〉方（寛弘元・3・24）
53 御諷誦使右近中將公信（寛弘元・3・25）
54 歸院給後奉哥（寛弘元・3・28）
55 夕方罷出後（寛弘元・4・10）
56 従中宮被奉齋院扇云々（寛弘元・4・20）

---

57 金作二車幷一車新牛及（寛弘元・4・20）
58 有和哥事進両三盃（寛弘元・4・30）　自筆本　哥↓奇
59 奏位禄目録幷有官奏（寛弘元・5・7）
60 以酉弓場殿（寛弘元・5・9）
61 大内女方等多来（寛弘元・5・19）
62 勝者方佐等（寛弘元・5・27）
63 有不淨気云々（寛弘元・6・18）
64 夕方出中御門（寛弘元・6・21）　自筆本　門　脱
65 廿八日辛巳天晴（寛弘元・6・28）
66 此間兩大将候御前（寛弘6・7・25）
67 廿八日辛巳（寛弘6・7・28）
68 後夜後従寺帰來（寛弘6・8・23）
69 物忌（寛弘6・8・24／25／28／29）　自筆本欄外頭書
70 又筑後國守文信愁申廿箇條（寛弘6・9・8）　自筆本重書
71 物忌（寛弘6・9・9／10／15／16／25／26）　自筆本欄外頭書
72 彼所東宮年來御（寛弘6・10・5）
73 他雑物相具（寛弘6・10・15）
74 午時切御臍緒御乳付兩事波々奉仕（寛弘6・11・25）
75 奉神寳神十列（寛弘6・12・16）
76 啓非可被奏由（寛弘6・12・20）
77 四方拝如常奏由（寛弘7・正・1）
78 自余事如常（寛弘7・正・1）
79 仰云七日可有節會（寛弘7・正・5）

80 自餘如常申時列立（寛弘7・正・7）
81 諸大夫年来不候例依兼仰（寛弘7・正・7）
82 御渡御給（寛弘7・正・15）
83 欲取御窪器物盛鶴間物（寛弘7・正・15）
84 権中納言左衛門督獻（寛弘7・正・15）
85 早朝召光榮吉平等（寛弘7・正・16）
86 左勝二数二小数三（寛弘7・正・18）
87 兵部省掌遅参後催仰（寛弘7・正・18）
88 即以律師令申上経（寛弘7・正・21）

＊尚、2月以降脱字と思われる個所21個所あり

自筆本では記述されているが、古写本では欠落している文字で、これはかなり頻繁にある。次の一二に例示するのは、この文字の写し落としに、書写中もしくは書写後気付き、行間に補ったものであるが、この例はその際にも気付かず欠字のままとなったものである。

一二　自筆本本行文字を古写本で行間補入

〔古写本〕

1 院上々御〈所〉給（長保元・8・25）
2 早可奏〈者〉美作守（長保元・9・7）
3 〈廿五日甲辰奉仕官奏一条院件度初今日院〈説〉講経御読経初也僧五口又定〈初〉入内事〉（長保元・9・25）
4 道方〈朝臣〉有被物（長保元・11・1）
5 〈非〉可奉仕者（長保2・正・1）
6 即参殿上〈方〉（長保2・正・28）
7 於御前〈定〉所充事（長保2・2・2）
8 〈十五〈日〉癸亥雨下〉（長保2・2・15）
9 〈□〉庚午参内定仁王會其次可被免美濃守為憲由諸卿定申仍免給〉（長保2・2・22）
10 女御〈土御門〉渡給（長保2・2・25）
11 請七〈口〉僧（長保2・3・5）
12 宮御封宣〈旨〉下（長保2・3・16）
13 院参石清〈水〉幷住吉給（長保2・3・20）
14 〈廿一日戊戌雨尚下従石清水於御舟返給〉（長保2・3・21）
15 〈下〉中務丞藤原公則（長保2・4・1）
16 平野〈臨時〉祭（長保2・4・1）
17 〈八日乙卯宮女官給絹供奉給被物〉（長保2・4・8）
18 内府〈御家〉諸卿等皆来（寛弘元・正・3）
19 ○〈六日辛卯〉令奏中宮御〈○〉給（下略）（寛弘元・正・6）
20 蔵人〈藤原〉量能（寛弘元・正・10）
21 就案下拜〈佛〉依臈〈次就〉僧綱座（寛弘元・正・14）
22 十五日〈庚子賜〉（寛弘元・正・15）

23申時議＜初＞（寛弘元・正・22）
24若＜小＞男共等（寛弘元・2・5）
25無哥＜笛＞（寛弘元・2・5）
26以＜女＞方（寛弘元・2・6）
27数月＜病＞従去三日（寛弘元・2・7）
28到＜彼＞山邊（寛弘元・2・19）
29定仁＜王＞會事（寛弘元・2・22）
30＜六日庚寅未時許参内候宿＞（寛弘元・3・6）
31前紀伊守景＜理＞去年定功過（寛弘元・3・7）
32＜召可然人々令候前暫申捕由＞入夜参内（寛弘元・3・15）
33以陳政朝臣令啓＜事由可遣者、遣信行朝臣等云々＞　自筆本裏書
（寛弘元・3・16）

34渡仁和＜寺＞（寛弘元・3・25）
35只今申参＜由＞■（寛弘元・3・28）　只今＜申＞参由
36十七日＜庚＞午（寛弘元・4・17）
37即遣＜之＞（寛弘元・4・28）
38一＜品＞宮（寛弘元・5・19）
39廿八日＜辛亥＞（寛弘元・5・28）
40廿九日＜壬子＞（寛弘元・5・29）
41問右衛門＜督＞悩気（寛弘元・5・29）
42廿三日＜丙子＞天晴（寛弘元・6・23）
43＜春宮大進頼光各一疋内蔵助師言引馬雑色為済木工允俊孝輔　自筆本裏書途中ヨリ
清＞（寛弘元・4・20）

前記のごとく、自筆本では本行に記述されている文字や語、もしくは文を古写本本行では書き漏らし、のちに行間に補書したものである。その補書の筆致の剛弱、濃淡、太い細い、書体の硬軟をそれぞれ克明に見ると、明らかに本行書写とほとんど変わらない書体・筆致、すなわち本行書写と同時進行で修正補書を加えたとみなされるものから、本行とまったく異なった書体・筆致のもの、いわば本行書写から一定の時間経過後の加筆であることが明白なものと多様であるが、概ねその本文の書写を担当した書写者、つまり「大殿」もしくは「某」本人によるものと考えられる。これはこの項のみならず、他のすべての状況における、補書加筆文字について言いうることである。

一三　古写本の誤写と思われる文字

	〔自→古〕
1 供（長保元・8・2）	供→共
2 宿惟親宅（長保元・8・4）	惟→維
3 即打鐘（長保元・8・21）	鐘→鍾
4 右中弁道方（長保元・11・1）	中→大
5 佐助不候（長保2・正・7）	助→獨
6 上達部多候（長保2・正・9）	候→後
7 依御物忌也見物（長保2・3・29）	也→又
8 三點御出、、後立標（寛弘元・正・7）	、、→之
9 不参御齋會（寛弘元・正・8）	齋→斉
10 御齋會講師（寛弘元・正・8）	齋→斉
11 御齋會（寛弘元・正・11）	齋→斉
12 未僧入前〈参入〉頭中將宿所（寛弘元・正・14）	未僧入前〈令入〉頭中將宿所
13 上労不被召間（寛弘元・正・14）	不→者
14 御供参入（寛弘元・正・17）	供→共
15 神社佛寺条（寛弘元・正・21）	寺→事
16 立座間賜衣（寛弘元・2・7）	衣→夜〈レ〉
17 入夜雨下（寛弘元・2・22）	雨下→雲
18 申時打鐘（寛弘元・3・13）	鐘→鍾
19 或両方者皆候可被對間（寛弘元・3・27）	候→後
20 少内記惟規（寛弘元・5・13）	内→納
21 日来所手自書（寛弘元・5・14）	日来→早
22 打鐘入堂（寛弘元・5・19）	鐘→鍾
23 即打鐘入堂（寛弘元・5・21）	鐘→鍾
24 僧下自両階（寛弘元・5・21）	両→南
25 従上両階（寛弘元・5・21）	両→南
26 御善物紫檀地（寛弘元・5・27）	檀→壇
27 笠行騰装束二具（寛弘6・8・23）	騰→勝
28 右兵衛佐通範奉仕（寛弘6・11・8）	兵→近
29 後漢書章帝紀（寛弘6・11・26）他4例	紀→記
30 持参太内奏之（寛弘6・12・14）	参→来
31 件減省正税減省可満者（寛弘6・12・23）	税→説
32 殿上人疋見頭綾（寛弘7・正・15）	頭→預
33 右衛門不加打掛（寛弘7・2・26）	右→左
34 自余女方等引見（寛弘7・2・26）	方→官
35 命婦白掛一重（寛弘7・壬2・6）	掛→袴
36 仁王會大極殿百講（寛弘7・壬2・23）	會→食
37 申二尅打鐘（寛弘7・3・6）	鐘→鍾
38 参大内後打鐘（寛弘7・3・9）	内→雨　鐘→鍾
39 上北御隔子又御簾（寛弘7・3・18）	隔→障

自筆本と古写本と記述が異なる文字で、明らかに自筆本のほうが正当性があり、古写本の誤写と考えられる例

である。これも次の一四に例示するように、のちに行間補書によって修正されたものがいくらかはあるが、それの及ばなかったものである。3・18・22・23・37・38の「鐘」を「鍾」とするがごとき、古写本はあくまで「鍾」に固執し、字音・字意ともに共通なので、あながち誤りとはいえないが自筆本の「鐘」が本来だとして、この項に挙げた。

一四　古写本の誤写をのちに行間補入もしくは修正する

〔古写本〕	〔自筆本〕
1 永家祭使〈功〉切云々（長保2・2・11）	
2 布施堂〈雨歟〉両儀（寛弘元・正・14）	
3 〈甚〉其以神妙（寛弘元・2・5）	
4 六日〈庚申〉己未（寛弘元・2・6）	
5 春宮大夫少童見〈物〉童来（寛弘元・2・7）	
6 〈列〉到見可着無上卿（寛弘元・2・9）	
7 其射〈弓〉了（寛弘元・2・27）	
8 史為孝餅〈餤〉餅持来（寛弘元・2・29）	史為孝餅餤持来
9 遺御〈レ〉彼庄（寛弘元・3・16）	遺彼御庄
10 季御読経初（寛弘元・4・29）	季読経初
11 定競馬事定（寛弘元・5・1）	定　自筆本衍字
12 故院方〈レ〉女大内女方（寛弘元・5・19）	故院女方
13 廿一日〈癸卯〉甲辰（寛弘元・5・20）	廿日癸卯
14 此王卿僧綱殿上人（寛弘元・5・27）	人　自筆本ナシ
15 申文等下下給（寛弘元・6・17）	下　自筆本ナシ衍字
16 明レ晴申云（寛弘元・6・20）	

古写本の誤書写の文字、あるいは自筆本の誤字・衍字を気付かずに写した文字などを、のちに行間に補書して修正したり、不要文字に抹消符を施し修正したもので、その状況は一二の場合と同様である。

ま と め

以上、自筆本を書写するに際して、古写本の書写者が取った書写態度、言い換えれば非常に特異性のある自筆本に対して、古写本書写者の対応した方策のいくつかについて、それも限られた抽出用例の範囲内で見てきた。

書写者の立場を顕示する結果となる一は別として、二・三・四・五・六には自筆本の誤謬や悪習を改めようとする意向がうかがえる。七・八はその延長線上にあるがいっそう積極的である。さらに一歩踏み込んだのが九であろう。一〇以下は通常転写本にありがちな手落ちであって、それを挙げつらうのは本稿の趣旨ではない。まだしも一四には自己修正の努力が認められる。

これらを通観するに、そこには及ばずながらも古写本書写者の、自筆本の持つ特異記述を、一般的な記録記述様式に適合させようとする志向がうかがえる。その努力の結果の成否は別として、基本的には古写本の書写者のめざす方向はそこにあったと考えてよいであろう。今回用例の摘出が、極めて限られた範囲に止まったために、決して全体の傾向を的確に捉え得たとは言えない。いずれさらに広く、また個々の状況の深層に立ち入っての調査を試みねばと覚悟するところである。

〔参考文献〕

阿部秋生「藤原道長の日記の諸本について」『日本学士院紀要』八―二・三、一九五〇年
東京大学史料編纂所編『大日本古記録　御堂関白記』上・中・下、岩波書店
山中裕編『御堂関白記全註釈』全一六冊、思文閣出版

『小右記』と『左経記』の記載方法と保存形態——古記録文化の確立——

三橋　正

はじめに

摂関期の貴族社会では日記を書く習慣が定着し、多くの日記（古記録）が残された。それは私日記であっても、先例（前例）を重視する文化の中で「公」的な意味を持ち、かつ家の誇りを持って書かれ、受け継がれていった。そして時代と共に膨大な写本が製作されただけでなく、多くの部類記や儀式書を生み出し、さらに他の階層にも広がって神社・寺院の諸資料の作成に発展するなど、日本社会全体の知の体系の根底となった。このような日記を付ける習慣と過去の日記を伝承・利用する「古記録文化」を解明するためには、古記録をあるがままに翻刻したり、書下し文・現代語訳を作成するだけでなく、自筆本と写本との関係から記主による記載・保存の方法を解明し、さらに伝来過程、歴史書・儀式書・故実書などへの利用形態、逸書・逸文に関する情報などを提示し、文化体系の全体像を示す努力がなされなければならない。

このような作業を試みながら「古記録文化」を概観すると、日記（古記録）は、自筆本が残されていることよりも、多くの写本が書写され続けてきたことの意義を問い直す必要に迫られる。それらの写本には目次的な役割を持つ目録や首書標目《くびがきひょうもく》（首付）が書かれたり、記事を事項ごとに検索できる総合的な目録が作成されたりしており、活用への工夫も随所に見られる。その存在形態は、伝来時における変化もあるが、自筆本の残されていない多くの古記録ではオリジナルの形態を再現する重要な鍵となる。従来、摂関期の日記というと、自筆本の残る藤原道長の日記『御堂関白記』（陽明叢書・大日本古記録）を基準に論じられてきた。遺品という意味で世界記憶遺産になるほどの重要性があるが、文化という面から同時代の日記の残存情況を見れば、写本の存在が圧倒的であり、その意義を探究しなければならない。

そもそも平安貴族は日記をどのように付け、それをどのように保存・活用していたのであろうか。『御堂関白記』自筆本から、具注暦の行間に記していたことは疑いない。しかし、『御堂関白記』の起筆は道長が廟堂の頂点に立つ内覧となった長徳元年（九九五）からであり（『御堂御記抄』）、自筆本が残る同四年条も七月の四日分しかない。その後の記述も乱雑かつ粗拙で、一般的な記録のあり方とかけ離れていたと考えられる。例えば同時代の最大・最良の日記（古記録）である『小右記』は、一日の記載が二〇〇〇字を超えることも珍しくない(1)。いくら記主藤原実資が「広暦」と呼ぶ特注の行間を多くした具注暦を用いていたとはいえ(2)、一つの巻子に書ける字数には限界があり、仮に必要に応じて紙を継ぎ足したとしても一巻の分量が多くなり、保存や先例を調べるという実用性が失われる。日記は単に毎日書き続けられるだけでなく、政務や儀式の参考に供されるものであったから、自らの日記の整理にも意を注いだに違いない(3)。

これまでの研究では、日記は具注暦に書くものという先入観があり、また写本にも広本と略本とがあり、広本は具注暦に書かれていた日次記《ひなみき》（日並記）の全文、略本はその抄出であるとされてきた。そして、日記を整理していく過程で「部類記」が作成されたという見解が定説となっていた(4)。けれども、藤原忠平の『貞信公記抄』をはじめ、その長男実頼の『清慎公記』、次男師輔の『九暦』など「古記録文化」確立期における古記録について、諸写本を比較検証し、本文の整理を進めていくと、本文中に「別記」に関する注記があることや、本文と儀式書などに引用された逸文との文章・字句に相違があることなどから、従来の学説通りではなく、必ず具注暦記と部類形式の別記を並行して付けていたことが明らかになった。それは、『九条殿遺誡』で奨励されている日記の書き方とも合致する。そして、『親信卿記』『権記』では記主自身による具注暦記と別記の統合作業がなされ、すべてを年月日順にした統合版が残されることになったとみられるのである。(5) 他方、近年では中世の日記に関する研究が進展し、具注暦に書いた「具注暦記」と普通の紙に書いた「日次記」があって、両者を並存させていたことが明らかになり、(6) そのような形態の源流を探る必要も生じている。

そこで本稿では、藤原道長・頼通の時代の代表的な日記である藤原実資の『小右記』と源経頼の『左経記』を取り上げ、写本のあり方、特に記事の残存情況や異例日付表記（例えば同日条が二つあるもの）を通覧することで、日記を書いている時の「具注暦記」と「別記」の相互関係を探り、両者を統合した「統合版」が作成される場合と「非統合版」の形で残される場合があったことを論じる。これによって、日記を付けるという日々の行為と、それを活用・保存するための方式が確立していく過程が明らかになるだけでなく、「古記録文化」の中世的な展開を見据えながら、日記に対する意識変化を解明する糸口が得られる。

具注暦に書かれた日記は「正記」と分類されたり、史料にも使われる「暦記」と表記されたりするのが一般的であるが、『小右記』などでは「別記」を含めた日記全般を指して「暦記」という語を用いている可能性があり、混乱を避けるために敢えて「具注暦記」とする。また通常「日次記」は「具注暦記」を含み、特別な事項について書いた「別記」の対概念とされるが、三つの関係はより多くの日記の用例に留意して検討し直す必要がある。

『小右記』については、上記の視点からの再検討だけでなく、『小記目録』の成立過程の検証も含めた考察が必要である。これまでの研究で『小右記』にも「別記」があったことは明らかにされているが、『九暦』や『親信卿記』の研究と同様に部類記は後から作られるという先入観が働き、原『小右記』から未完成ながら部類記（別記）が作られ、それが再び日次記の形態に戻されたといわれてきた。(7) また『小記目録』についても記主実資の在世中に作られたとの見解がある。そのような結論に至った背景には、現在伝わる『小右記』（以下、現『小右記』とする）の記事が長元五年（一〇三二）までで、『小記目録』に載録された項目（およびA系本の首書標目）と一致するのに対して、実資は永承元年（一〇四六）まで生き、伝存する逸文から、その間も日記を書き続けていたと知られることがある。しかし、長元六年以降の逸文は僅か六条で、「古記録文化」に果たした役割は比較にならないほど小さいことなどから、現『小右記』が記主実資自身の責任で「統合版」にまとめられたことがわかる。他方、首書標目と『小記目録』については、用語の分析から、後世に作られたことが明らかになる。

現在伝わる『左経記』（以下、現『左経記』とする）は日付に欠落があることから略本とされ、『類聚雑例』についても詳細な検討を経ないまま、『左経記』の記事を後世の人が編纂した部類記であるとの見解が通説となっていた。けれども、目録（巻頭の主要記事一覧）・首書標目・本文・逸文を比較検討してみると、現『左経記』は具注暦記のみ書写されたもので、他に部類形式の別記が複数存在し、その一つが他の日記と合わされて『類聚雑例』になったという結論に達する。

本稿の考察により、二つの日記について通説とは異なる姿が浮かび上がるだけでなく、両者と『御堂関白記』の存在形態の相違や後世に与えた影響の差違が明確になり、「古記録文化」を完成の域に到達させた『小右記』の真の意義が明らかになるであろう。

一　『小右記』

（一）『小右記』に見る具注暦記と別記

藤原実資（九五七～一〇四六）が日記を具注暦に付けていたことは、自らの日記（『小右記』）を「暦記」と称していることからも明らかである。また、単に「暦」または「記」とする例がある他、一ヶ所であるが『小右記』長和四年（一〇一五）六月廿二日条に「早朝資平(藤原)従レ内罷出、有二伝仰之事一、難レ注二暦面一」とあり、具注暦を指す「暦面」という語で指すこともあった。しかし「暦記」を参照したという記事内容には大饗・賀茂行幸・着座・新嘗祭・駒牽の饗の座などがあり、具注暦記だけではなく別記を含めていたと思われる(8)。毎日非常に長い記事を書いていた実資は、いつからか「広暦」という普通より行間を多くとった具注暦を特注して使用していたようで、『小右記』長元三年（一〇三〇）九月廿七日条に「広暦卌巻、借二左宰相中将(源顕基)一」とある。その「暦裏」を活用していたことは、写本の裏書や本文中に「注二暦裏一」「裏」などと注記して、宣旨・解文などの文書や先例を記していることからわかる(9)。

なお、蔵人所では宣旨を「目録」にまとめることがなされ、一条天皇の蔵人頭を勤めた藤原行成の日記『権記』でも同様の「目録」が作成されていたことを前稿で指摘したが、行成以前に円融・花山・一条の三代の天皇に蔵人頭として仕えた実資は、それらの内容を裏書に記しており、『小右記』では「目録」形式を採用していなかったと判断される。

現『小右記』に「別記」とあるのは、天元五年（九八二）五月七日条（中宮藤原遵子入内）の割注に「色目在レ別、」「又住(注カ)二別記一」とあるだけであるが、同年二月十九日条（東宮師貞親王元服）に「今日儀具在二別紙一、叙位東宮宣旨及乳母四人、是応和例、」とある他、同年三月十三日条の東宮啓陣、六月一日条の官奏、永延元年（九八七）二月七日条の中宮行啓、四月廿八日・廿九日・五月二日条の円融院法華八講、正暦四年（九九三）三月廿二日条の藤原懐平・藤原在国の夢、長保元年（九九九）七月廿二日条の陣定、寛弘八年（一〇一一）八月廿六日条の大嘗会、寛仁三年（一〇一九）六月廿九日条の公卿僉議の定文、同四年閏十二月十七日条の延暦寺四至関係文書、万寿元年（一〇二四）十二月一日条の諸国進物注記などの記事に「別紙」に詳細を書いたとある。よって、実資も若い頃から一貫して儀式などの内容を、具注暦記とは別の紙に別記として書いていたことがわかる。

さらに別記の存在については、日付の上に年月を冠したり（あるいは傍書したり）、同一日付が重複したり、日次の乱れ（錯簡）が存在するなどの異例日付表記があることによって証明されている。(10) 一例として日付が重複している正暦四年（九九三）正月廿三日・廿四日条（16a／b／c・17a／b）を取り上げると、

（16a）同四年正月廿三日、壬子、今日政始、（下略）

（16b）正暦四年正月廿三日、壬子、参二摂政殿（藤原道隆）大饗一、（下略）

（16c）廿三日、壬子、在二政部一

宇佐読経師平誉今日帰、示下平二安奉幣兼御読経一之由上、

（17a）廿四日、癸丑、在二大饗部一、

（17b）廿四日、癸丑、今日左相府（源雅信）大饗、一条第、（下略）

とあり、廿三日条には年月を冠した「政始」（16a）、「摂政殿大饗」（16b）について詳細を記した二条と、年月を冠しない一条（16c）があり、廿四日条には年月を冠しない条（17a）と「左相府大饗」（17b）の詳細な記載がある。そして年月を冠しない二条には「在二政部一」（16c）、「在二大饗部一」（17a）との注記があり、それぞれが「政始」（16a）と「左相府大饗」（17b）に対応することは明白である（本来は16cに「摂政殿大饗」の注記もあったと見なされる）。

前稿で藤原師輔の『九暦』（大日本古記録）を検証し、『九暦抄』の記載と異なる文章が『九条殿記』や儀式書に引用された逸文に見られ、両者が具注暦記と部類形式の別記という対応関係にあることを指摘した。それは現『小右記』のこれらの記事にも当てはまり、日付のみの条文が具注暦記（16ｃ・17ａ）、年月を冠する条文が別記（16ａｂ・17ｂ）という対応関係にあることは明白である。つまり、廿三日・廿四日と連続する具注暦記が基幹としてあり、そこには短い記載（廿三日条のみ）と別記の所在が注記されていただけであったが、具注暦記と別記を統合する際に、廿三日条については前に「政部」と「大饗部」にあった二つの別記の記事（16ａｂ）を挿入し、廿四日条については後に「大饗部」にあった一つの記事（17ｂ）を挿入したのである。

正暦四年春夏（正月～六月）の条文は写本の系統でA系本に分類される九条家本とB系本に分類される伏見宮本（共に宮内庁書陵部蔵）があり、二写本の相違を勘案しながら実資の日記の付け方を復元しなければならない。先に取り上げた正月廿三日・廿四日条は両系統の写本に見られるもので、統合作業を経た一形態を伝えていると見て大過ない。このような統合作業の形跡が窺えるのは現『小右記』全体のごく一部であることから、もとあった具注暦記と別記の書き分けの痕跡を極力見せないような努力が払われたと考えられるが、巻（年次）によって完成度に差があったのであろう。

正暦四年の巻は完成度の低いもので、正月一日条の元日節会（12）・二日条の藤原道隆第・東三条院拝礼と二宮大饗（13）・三日条の朝覲行幸（14）も年月を冠した異例日付表記があることから別記と見られ、日付が重複する七日条の白馬節会については行間補書（15ａ）が具注暦記からの記載で、別記の記事（15ｂ）への書き入れのようになっている。十四日条についても、除目と下名《おりな》の記事が別記で、補書されている御斎会結願と左兵衛府真手結《まてつがい》の短い記載は具注暦記からの挿入と判断される。また伏見宮本（B系本）にもある廿二日条の内宴、廿六日条の右大臣源重信大饗、廿八日条の内大臣藤原道兼大饗などの長い記事も別記であったと想像される。

二月では、日付の重複する五日条と八日条があり、共に干支と「在二政部一」という注記がある具注暦記（18a・19a）と別記（18b・19b）に分けられる。また、廿二日・廿三日・廿四日条の元服・着裳（伏見宮本にあり）の形態も別記の様相を留めているように思われる。

三月では、廿三日条の祈年穀奉幣（傍書あり）、廿七日条の道隆女原子入内（伏見宮本にあり）、廿九日条の殿上賭弓（伏見宮本にあり、廿八日条の最後に「其事在レ別也、」とある）、四月では、八日条の灌仏（傍書あり、伏見宮本にあり）、十五日条の賀茂祭（重複記事あり）、十七日条の公任着座（20、月を冠し、傍書あり）、廿三日条の道隆上表と関白任命（傍書あり）、廿八日条の一条天皇の初官奏御覧と位禄定（伏見宮本にあり）、五月では、五日条の外記政（21、月を冠し、伏見宮本にあり）、十日・十一日・十二日条の手結（十日条に傍書あり）、十四日条の仁王会大祓（伏見宮本にあり）、廿三日条の外記政（22b、日付重複）、六月では、廿日条の雷鳴陣（伏見宮本にあり）などが別記からの可能性がある。

同年秋・冬は伏見宮本（B系本）しかないが、七月の相撲節会、十一月の朔旦冬至と豊明節会などは別記でなければ書けない長文である。また、正月十六日条に「々々（外記）国定（多米）来写二射礼記一」とあるように、実資が「射礼部」に書いていた前年までの別記を翌日の儀のために外記に書写させており、別記の活用方法を垣間見ることができる。

上記の分析が大過ないとすれば、長い記事は部類形式の別記に書いていたことになり、具注暦記の記載は日々の備忘と別記の所在を示す程度であり、この時期までは藤原道長の『御堂関白記』と同じ二行分の間《ま》のある具注暦でも十分に足りていたと想像される[11]。

『小右記』の統合作業は、基本的に具注暦記に別記を嵌め込んでいく形でなされたと考えられ、それ故に、長保元年（九九九）八月廿五日条で具注暦記（23a）に続いて「長保六年（寛弘元年）八月廿五（三）日」の不堪佃田定・当子内親王着袴の別記（23ｂ）を（恐らく「六」と「元」が似ていることから）誤って挿入する錯簡も起こった。逆に、別記を基準として具注暦記の記載を挿入する作業もなされていたことは、正暦四年正月七日条（15ａｂ）のように具注暦記の記載が行間に書かれていることなどに表われている。

長和二年（一〇一三）春秋（前田甲本）も比較的統合作業の痕跡が残る巻である。正月では、道長第臨時客・皇太后宮饗・二宮大饗を書いた二日条（32、年月を冠するが抹消）・三日条と、続く四日条との間に八行分の空きがあって具注暦記か別の別記からの挿入を予定していたことを窺わせる「二三日可レ入、」と書いた貼紙が付され、日付重複の廿九日条がある。先述した「暦裏」についても、注記せずに写本の紙背に書くところと（八月十一日条）、「注二暦裏一」と注記して本文に書き継ぐところ（同月廿六日条）がある。

さらに注目されるのは、正月十日条の東宮朝覲行啓・十四日条の御斎会結願、二月九日条の春日祭使出立儀・十四日条の藤原斉敏忌日、七月廿九日条の相撲召合などの記事に、行間や頭書など欄外への書き込みが見られることである。いずれも別記があって然るべき項目の長文記事であり、それへ具注暦記の記載を書き入れた跡と判断できる。特に頭書には小野宮邸（自邸）の泉（二月十四日条）や月例法華講（七月廿九日条）のような私的な事柄が記され、以後もその傾向に変化はなく、ほとんどが別記を基本としたところに具注暦記の内容を書き入れたものと考えられる。

その他のすべての巻について諸写本を厳密に比較検証する必要があるが、概ね上記のような形で具注暦記と別記の書き分けがなされ、ある段階で両者を統合して現『小右記』の写本ができたと結論付けられる。これまでの研究では原『小右記』を想定し、未完成ながら部類に編集されてあったものを再統合したとの解釈があったが、実資も曾祖父忠平以来の「古記録文化」の伝統を受け継いで具注暦記と部類形式の別記を付けていたと考えるのが妥当で、その二つが統合されて現在に伝わる形態になったと見るべきである。

そのことは『小右記』に「別記」「別紙」という用語がほとんど使われず、その所在を「○○部に在り」という形で示していることからも明らかである。[12] 部立（項目）としては、「節会」「政」「大饗」「賭弓」の四つが本文から確認できる他、異例日付表記から「除目」「朝覲行幸」「神事」「仏事」「不堪佃田定」「着袴」「天皇崩御」などがあったと推測され、その他にも年中行事としての「相撲」や臨時（単独儀式記録）としての「長保元年東三条院御賀記」「長和度大嘗会記」などがあったと推測されてきたが、さらに詳細な分析をして、全体像を描かなければならない。

（2） 統合版『小右記』の製作

現在に伝わる統合版『小右記』（現『小右記』）が誰によって何時作られたかが問題となるが、これは先学の指摘通り、A系本とB系本に分類される現在の写本の両系統で共通する特色が認められることから推定できる。つまり、実資の養子である藤原資平（九八六〜一〇六七）の名称が草名のような形で記され、その実父である懐平（実資の兄）については「懐、」と実名を諱んで書いていること、そして写本のまとまった記事が長元五年（一〇三二）条までであることから、資平によって長元五年前後にA系本・B系本の祖本となる写本が完成されたと考えられる。資平が実資に忠実で、北隣に住んで常に指示を仰いでいたことは『小右記』の随所に認められることであるから、その書写作業も実資の意向によると見て大過ない。では、実資が統合版を作ろうとした動機は何であろうか。

『小右記』同三年九月十九日条に「六ヶ年暦記遣二中納言（資平）許一、依レ有二消息一」とあることは書写作業の始まりを示唆するが、[13] この時、実資は七四歳で右大臣、前年に太政大臣藤原公季が薨じ、上席には関白左大臣の藤原頼通がいるだけであったから、宣旨を太政官に下すなど公事執行の筆頭大臣（一上）であり、かつ頼通の諮問を受ける特別な存在であった。しかも同年十一月の豊明節会からは南庭で諸卿の列に加わらずに紫宸殿の座に直接着くことを認める「免列宣旨（自レ腋参上宣旨）」を得て、「儀式・政務の管理者（監視者）」としての地位が与えられた。実資自身の主導による日記の統合・書写作業は、この社会的な立場の変更と不可分の関係にあったと考えられる。

実資は後冷泉天皇の永承元年（一〇四六）に九〇歳で出家・薨去するまで右大臣の地位にあって朝廷で重きをなしており、日記を書き続けたことは長元六年（一〇三三）十一月廿八日条（『御賀部類記』）・同八年三月廿八日条（『兼香公記』）・同九年十二月十二日条（『宇槐記抄』）・長暦元年（一〇三七）四月廿一日条（『元秘別録』一）・七月二日条（『親王御元服部類記』後白河院）・長久元年（一〇四〇）十一月十日条（『改元部類』自応和至建久）などの六つの逸文から確認されるが、その全体像を窺い知ることはできない。現『小右記』の残存情況や『小記目録』の記載年次を考え合わせると、天元元年（九七八）から長元五年までの日記に十分な価値を認めて実資自身が後世に残すべくまとめて書写・伝承させたと理解できる[14]。

『小右記』の統合・書写作業が、後一条天皇朝で「儀式の完璧な執行者」としての地位を確立し、さらに「儀式・政務の管理者（監視者）」となった実資の責任でなされたとすると、それまでの具注暦記と部類形式の別記を合わせて完全な編年化を目指したことになる。では、何故そのようなことをする必要が生じたのであろうか。先ず考えられるのは、五〇年以上にわたる日記の分量が膨大になりすぎたことである。しかも別記が部類形式で、かつ単独の儀式記録も多数あったとなると、過去の記事を参照する際、同一日について複数の場所に保存されていたものを探し出さなければならなかったが、その煩わしさからの解放という意味もあっただろう。

さらに部類の項目に対する違和感が生じたことが考えられる。例えば実資が日記を付け始めた円融天皇朝において、天皇が宴席を給う「節会」や東宮・中宮・大臣のみに開宴を許された「大饗」は、権力秩序を象徴する最重要の儀式であった。しかし、藤原道長・頼通によって摂関家が確立される過程で、それらの意義は他の儀式と相対化され、新たに特記されなければならない事項が増加していった。つまり、時代の急激な変化により前代の部類形式（フォーマット）では収まりきれなくなり、最も単純な編年の形式が選択されたと考えられる。そうだとすれば、実資による『小右記』の統合は、「古記録文化」の中での形式的な変化だけでなく、価値観の転換をも示しているのである。

（3）『小右記』と『小記目録』

単純な編年の形式が採用されると、過去の日記を参照するための検索機能が新たに求められ、それまでの部類に代わるものとして、目次や目録が工夫されたことは容易に想像される。先に実資は『権記』の「目録」のようなものを日記として付けていなかったことを指摘したが、管見の限り現『小右記』に一ヶ所だけ、日記の内容を巻頭に箇条書きにした目次・目録的な記述がある。それは、甚だしい破損のある略本である九条家本「七寛弘九年（長和元年）夏」（B系本）の巻首の年月記載「寛弘九年改」「四月」の前にある、「六日、卌講事、」「八日、左府（道長）病、」「十七日、同事、（改行して注記があるが判読不能）」という三つの項目で、それぞれが七月六日・八日・十七日条に対応している。(15)『小右記』では他に例がなく、実資が具注暦記や別記と並行して付けていた目録か、資平による統合・書写段階で主要記事を各巻の最初に目次のように付けたものか、より後世のものか、俄かには判断できないが、後述する『左経記』にも同様の目録（巻頭の主要記事一覧）があることは指摘しておきたい。仮に資平が作成したとすれば、部類形式を放棄して完全な編年形式を採用するに当たって、巻頭に目次的な目録を作ることで検索に支障を来たさない配慮がなされたことになるであろう。

そして各条文に内容がわかる首書標目（首付・見出し）が付され、それに基づいて完璧に部類化された『小記目録』二〇巻が作成された。従来の研究では、その製作者に資平を当てることができるともされるが、その可能性はないであろう。第一に、『小右記』のAB二系統の写本には異なる首書標目が付けられていることから、二系統の祖本とされる資平書写本に首書標目がなかったと判断され、A系本の首書標目の文句を項目としている『小記目録』の成立も後の時代ということになる。第二に、『小記目録』には長和五年秋冬・寛仁元年春夏・長元元年春冬・同三年冬の四年の七季分が欠けており、資平の時代にこれほどの欠本（特に長元年間）があったとは考えられない。第三に、前田甲本（A系本）に付けられた朱書の首書標目は本文と同時代のものと見なされてきたが、その文句の中には実資が「右大将」と記されたり[16]、「僧事」という資平の時代になかったと考えられる用語が使われたりしている[17]。

「僧事」とは、摂関期に「僧綱召」「任僧綱」と呼ばれていた僧正以下の僧綱を補任する政務・儀式であり、本来は宣命を下すことまで行なわれていたが、次第に僧正の補任がない場合は宣命が省略され、さらに諸寺の寺司補任や阿闍梨宣下を含めるようになった。そして、このような質的変化に伴って包括的な表現として「僧事」という語が使用され始めたとされる。その初見は『為房卿記』承暦三年（一〇七九）正月十三日条とされ[18]、資平が薨去した一二年後のことである。資平の晩年に使用されていなかったとは言い切れないが、『小右記』本文に使用例はない。ちなみに『小記目録』（およびA系本の首書標目）にはないが、B系本（伏見宮本）の首書標目に「公卿勅使」（長元四年八月廿五日条）という伊勢神宮に参議以上の公卿を遣わす特別な使を指す大江匡房の造語（初見は『江記』寛治四年〈一〇九〇〉十一月十三日条）があり[19]、こちらも院政期以降の書き入れであることがわかる。

『小右記』に限らず、首書標目における「僧事」の使用は注目されるべきで、『貞信公記抄』延長三年（九二五）八月九日条に建保四年（一二一六）に加えられた朱書の首書標目で「官奏」「僧事、諸寺別当」とあり、『親信卿記』天延二年（九七四）二月十七日・五月十一日条の首書標目にも「僧事」とある。[20] これらは院政期以降に首書標目という形態で先人の日記（古記録）に朱書などで書き入れするようになったという証拠で、後述する『左経記』の首書標目が写本成立時より後とする見解を補足すると思われる。『親信卿記』の場合でも朱書は本文の内容を理解できなくなった後世の書き込みがあることを前稿で指摘したが、『小右記』に限っても、実資の日記に養子の資平が大胆な朱書を施していく作業をしたとは想像し難い。この視点から『小右記』の最古写本とされる前田甲本（A系本）に同筆で朱書きがなされていることを見直すと、オリジナル（資平書写本）に朱書を加えながら書写し、それに基づく『小記目録』を製作するという、一貫性を持った集中的な事業が院政期以降になされたことになる。

『小記目録』の成立につながる唯一の史料は、『玉葉』治承四年（一一八〇）二月廿三日条に「堀川中納言忠親《藤原》借二送小記目録廿巻一、即件人抄出也、」とある、藤原（中山）忠親の抄出した『小記目録』二〇巻を藤原兼実が借りたという記事である。忠親の日記『山槐記』同日条に該当する記述がないことから、これまで確証とはされていなかったが、これを疑う史料もない。むしろ資平書写本が二系統に分かれた後、一方の写本（A系本）に目録作成を考慮した大胆な首書標目が加えられたという過程を考え合わせると、資平没後から約一世紀を経た忠親の時代に『小記目録』が完成したとする説も十分に成り立つと思われる。[21]

『小右記』についても引き続き、記主実資の在世時における価値観の変化と共に、伝来過程における変遷をも視野に入れた総合的な検証が求められるが、以上の考察により、実資自身が具注暦記と部類形式の別記を並行して付け、それを長元三年（一〇三〇）頃から自身の責任で資平に完全な編年様式でまとめさせたこと、但し写本に付された首書標目や『小記目録』は院政期以降のもので藤原忠親製作説を否定できないことなどが明らかにな

った と思う。

『小右記』以前にも『親信卿記』『権記』などで限定的な編年様式での日記統合作業がなされてはいたが、自身によって人生をも総括するような『小右記』がまとめられたことの意義は重大で、日記を付けることやその保存についての価値観の変容が窺える。そこには、自らの日記を儀式執行の参考に供するというだけでなく、生涯に渡って実践してきた規範的な儀式執行者としての姿を現代史としてまとめて残すという意気込みも感じられる。統合版『小右記』（現『小右記』）の製作は、まさに「古記録文化」の転機となる大事件として位置付けられるべきである。

首書標目や記事を事項ごとに検索できる総合的な目録の作成も日記（古記録）の存在形態を大きく変えた画期的な事業であり、その分析は、年中行事書・儀式書の作成との関係を中心に論じられてきた日記（古記録）の継承という問題について、より多角的な視点をもたらすと考えられる。

二　『左経記』

（一）『左経記』における具注暦記と別記――本文と目録の比較から――

宇多源氏の源経頼（九八五～一〇三九）の日記『左経記』（増補史料大成）は、長和五年（一〇一六）正月から長元八年（一〇三五）六月までの日次記と、同九年の後一条天皇崩御・葬送・追善までの記事が載せられている「凶事」を部類した『類聚雑例』が知られている。また、『御産部類記』『台記』『魚魯愚別録』『列見幷考定部類記』などに引かれる逸文から寛弘六年（一〇〇九）から長暦三年（一〇三九）まで記されていたとされる[22]。経頼は五五歳の長暦三年、関白藤原頼通の勘発（譴責）を受けたショックで病に伏し、八月廿四日に臨終出家もできずに薨去したのであるから、死の床に入った時または「運已尽也、」（『古事談』巻二―一〇）と自覚した時まで日記を付けていたことになる。

経頼は、長和三年から二五年も弁官職を勤めて太政官政治の実務に携わり、『西宮記』勘物（青縹書）や『類聚符宣抄』（国史大系）を編纂したとされるほど政務・儀式に通じていた。その経頼の日記は、単に『小右記』を補うというだけではなく、同時代の事務官僚という特別な視点から書かれているという意味でも重要であるにもかかわらず、十分な諸写本の調査に基づく研究がなされていない。これまで現『左経記』（日次記）は日付に欠落があることから略本とされ、『類聚雑例』は『左経記』の記事を後世の人が編纂した部類記とされてきたが、活字本（増補史料大成）で省略されている首書標目にも留意した分析が必要である。ここでは目録（巻頭の主要記事一覧）・首書標目・本文・逸文を対照した成果が出されている長元四年条を中心に『左経記』の存在形態を探ることにしたい(23)。

現『左経記』には各巻（近世の冊子本は各冊）の最初に目録があり、本文へと続いている。同筆で記されている首書標目（※）は巻（冊）によって朱書もあるが、長元四年条は近世の冊子本しかなく上（春夏）下（秋・冬）共に墨書である。正月の目録は、

一日、節会事、　来三日行幸召仰、
三日、行ニ幸上東門院（藤原彰子）一事、　東宮（敦良親王）同行啓事、
五日、叙位儀事、
六日、被レ停ニ王氏爵一事、
七日、□□□□□（白馬節会事）、
八日、王氏爵事、　御□□□（斎会事）、
十一日、女叙位事、

十二日、依二王氏爵一被レ問二式部卿（敦平）親王一事、
十七日、以二外記一被レ問二同親王一事、
十九日、政始事、　　賭弓事、
廿二日、有レ政事、　　亦従二今日一三箇日可レ有レ政事、

という一一日分の一六項目であるが、首書標目は全部で二四項目あり、目録にない二日条に「関白殿（藤原頼通）臨時客事」（※1）「二宮大饗事」（※2）、廿一日条に「政事侍従中納言明後日為レ下二不与状一今日申」（※1）、「去月迫依レ無二三番申文一、更嘆申事一日政可レ被レ下二両三巻状帳一事」（※2）、廿三日条に「政事諸国不与状・実録帳・解由等」（※1）、廿五日条に「同事」（※1）、廿八日条に「大和守頼親（源）郎等散位宣孝令レ候二弓□（場）一事」（※1）、「検非違使召進事」（※2）とある（四日・九日・十日・十三日・十四日・十五日・十六日・廿日・廿四日・廿六日・廿七日・廿九日の一二ヶ日の条はなく、十八日条に本文はあるが首書標目はない）。また、一日条の首書標目が「関白殿拝礼事地下六位列二五位外一例事」（※1）、「節会事毛（無）二国栖奏一例」（※2）、「行幸召仰事」（※3）と目録より多く、文章も違うように、両者の対応関係は一致しない。これは、首書標目が目録を作成するためではなく、『貞信公記抄』『親信卿記』『小右記』の首書標目と同様に、後世になって便宜のために書き込まれたことを示唆している。

目録については、自身で具注暦記と並行して付けていたものか、写本作成の段階で作成されたものかを判断する決め手がない。けれども、当初の写本で各冊（各巻）の内容を知るためには、この目次の役割をする目録に頼るしかなかったことがわかる。

注目すべきは、目録にあって本文にない記事があることである。それらは「被レ始二除目一事、」（二月十五日▽a）、「除目畢事、」（同月十七日▽a）、「奉幣事、」（五月十五日◇1）、「中宮（藤原威子）御祈事、」（同月廿三日◇1）、「強奸愁等事、」（同月廿九日◇1）、「甲斐守頼信（源）上洛申二忠常（平）死去由一事、」（六月十六日◇1）、「依二月蝕一相撲楽可レ有否

事、」（七月廿四日◇1）、「相撲間事、」（同日◇2）、「相撲楽停止事、」（同月廿五日◇1）、「同召仰間事、」（同月廿六日◇1）、「同召合事、」（同月廿九日◇1）、「同御覧幷秡（抜）出事、」（同月卅日◇1）、「太神宮託宣事、」（八月二日◇1）、「同事、」（同月廿日▽a）、「仁王会事」（同月廿二日◇1）、「依レ為二伊勢使一不レ知二仏事一事、」（同日◇2）、「官（宮）司頭下（以）禄（料）折事、」（同日◇3）、「佐通（藤原相通）遁隠間逢二使々部一事、」（同月廿三日◇1）、「重有二託宣一可レ流二佐通於伊豆一事、」（同月廿四日◇1）、「霖雨御卜事、」（同日◇2）、「有レ勅参二御前一奉二使間事等一事、」（同日◇3）、「為二伊勢奉幣使一参向事、」（同月廿五日◇1）、「参二着太神宮一事、」（同月廿九日◇1）、「伊勢両宮禰宜・内人等位記請印事、」（九月七日◇1）、「除目事、」（十一月廿七日◇1）、「除目畢事、」（同月廿八日◇1）、「依二明後日仁王会一有二大祓一事、」（同月廿八日◇2）の二七項目である。

ここから現『左経記』は略本であるとの推測も生まれるが、五月廿三日条のように「卅講結願事」（※1）は記事があって「中宮御祈事」（◇1）はないなど、それでは説明できないことが多い。何より、除目・相撲などの重要な年中行事、奉幣・仁王会などの恒例神事・仏事、中宮の御祈・平忠常の死去・斎宮寮頭藤原相通の流罪・伊勢公卿勅使・伊勢神宮神官の位記請印などの重大事件について、原文にあったものを省略したとは考えられない。これらこそ別記に記されていた内容で、目録はその存在を指摘する役割をも担っていたと見るべきである。

二月の除目（十五日▽a・十七日▽a）については、『魚魯愚別録』巻二に逸文があり、[24] 詳しい儀式次第が記されていたことがわかる。その文章には『左経記』本文と重複する部分もあるが（七日※1・十三日※1）、部類形式の別記の「除目」項目から引用されたと考えられる。

八月の伊勢公卿勅使は、この年六月の月次祭で起こった斎王託宣事件に対処するため、当時参議であった経頼が勅使として発遣された。現『左経記』には八月十七日に伊勢奉幣使を拝命する「被レ召二仰伊勢奉幣使一事付潔斎事」（※3、目録は「来廿五日伊勢幣使可二勤仕一事、」）から、十八日の「大神宮忌勅使不レ可レ憚事先例有二廿日記一」（※1、目録は「同使間事、」）、十九日の「解除事至二于進発之日一毎日行レ之」（※1、目録なし）、廿日の「同事、」（▽a、目録にあるも首書標目なし）まではあるものの、廿二日以降の記事はなく、奉幣使の禁忌や神宮司以下への禄のこと（廿二日◇2・◇3）、前日に承った後一条天皇の勅（廿四日◇3）、廿五日の発遣や廿九日の参宮の儀などについては目録の項目だけである（廿五日◇1・廿九日◇1）。記事は卅日の離宮院における「伊勢勅使例禄事」（※1、目録はなし）で再開し、九月一日・二日の帰路（一日▽a・二日▽a）、三日に帰洛・参内して天皇に報告する「伊勢勅使帰参内事」（※1、目録は「帰洛参内事、」）へと続く。

もしも現『左経記』が略本であったならば、記主経頼自身が奉仕した重要儀式の記事こそ抜粋して残さなければならなかったはずである。それがまとめて抜けているのは、この部分がもともと別記に書かれていたからと考えられる。そこに伊勢内外両宮における詳しい儀式次第が記され、院政期に重要な先例とされたことは、大江匡房の『江家次第』の記載から明らかになる。匡房は寛治六年（一〇九二）十月の白河上皇の公卿勅使として参宮した時に『左経記』を参照し、それをもとにして『江家次第』（巻一二・神事）「伊勢公卿勅使」を書き、その「公卿勅使進発幷路次儀」の十二日（参宮日）条に、外宮の別宮である高宮（多賀宮）における「再拝拍レ手」に「経頼記、不レ拍、経任《信カ》・泰憲拍レ手、」という割注、直会殿の南砌下に設けた「禰宜座」について「西上北面、経頼記、不レ居レ饌、脱二白袍一着、」という割注を付けている[25]。

この他、『左経記』の本文中にも長元四年十一月十九日条の「節会事」（※3、目録も同じ）に「事了令レ出二舞姫一聞《間カ》以退出、具在二別記一、」とあり、節会の別記があったと考えられる。

（2）『類聚雑例』――『左経記』の別記＋α《プラスアルファ》――

以上のことをふまえて、『類聚雑例』について考えてみたい。長元四年（一〇三一）の記事として、

長元四年正月廿日、戊辰、天晴、参レ殿、及二午刻一帰宅、人々云、春宮権大進成行（高階）朝臣、去十七日夜馳二向焼亡所一之間、忽自レ馬落、心神背レ例、同十九日昼以卒去、人々云、是逢下如二鬼神一之悪物上歟云々、

という高階成行卒去と、

十二月廿三日、丙寅、天晴、参レ殿、被レ仰云、民部卿（藤原斉信）室家去廿一日死去、仍卿蒙レ思之間、難レ奉レ充二斎院新（料）加御封一歟、

廿九日、壬申、天晴、有レ召参レ殿、暫詣二戸部（斉信）御許一、問二室家喪一、及レ晩帰宅、

という藤原斉信室死去・問喪《もんそう》の二つがある。共に目録に挙がっていないので確証とまではいえないが、後者については『左経記』十二月廿三日条（※1「民部卿有レ障間輔可レ充二斎院封一否事」）に、

参レ殿、被レ仰云、民部卿室家去廿※1一日死去、仍卿蒙レ思々（恩之）間、難レ奉レ充二斎院料加御封一歟、卿有レ障之時、輔充レ封々（之）例可レ令レ尋者、

廿九日条（※3「官文殿籠二讃岐所知（承）符一事」）に、

自二陽（湯）殿一令レ上給召レ余、即参入、仰云、此承知事如何、申云、甚不便事也、但雖二下愚者一、何晴（暗）作二官符一乎、先（无）レ召聞二時永（中臣）一、随レ申可下令二量行一御上歟、暫請（詣）二印（戸）部御許一、問二家室喪一、及レ晩帰宅、

と、ほぼ同文があることから、経頼の文章と認められる。目録は主要な記事しか採らないので漏れたと考えてよい。

しかし、前者が本文になく、後者も廿九日条に大胆な省略があることは、『左経記』から凶事記事を抜粋・部類して『類聚雑例』が成立したとする従来の見解で説明できない。前稿で指摘したように、『親信卿記』や『権

記』からも部類形式の別記の一つとして「凶事」の記録をまとめて書いていた形跡が窺えることから、経頼も具注暦記（現『左経記』）と並行して部類形式の別記を付ける習慣があり、その「凶事」の巻が後に『類聚雑例』という名称で呼ばれるようになったと見るべきであろう。このように仮定すると、前者は高階成行卒去に関することを別記だけに書いたので具注暦記になく、後者は賀茂斎院（卜定されたばかりの馨子内親王）のことにも関わるので藤原斉信室薨去の情報を具注暦記に書くと共に、不必要部分を省略した形で「凶事」の別記にも書いたことになる（廿四日条※1「民部卿障令レ輔可レ奉レ充二御付（封）一事」は『類聚雑例』にない）。記主自身が具注暦記と別記の両方に（それほど時間をおかずに）書くのであるから、文章が似ているのは当然である。

『類聚雑例』が経頼の別記の一つとして伝えられたとすれば、年月または月を冠する日付記載が一つ一つの記事を示していることも容易に理解される。また、巻末の永万二年（仁安元年、一一六六）書写の本奥書に「此両巻申二給宇治左大臣（藤原頼長）殿御本一書三写之二云々、」とあることから、もとは二巻で藤原頼長のもとにあったことが知られ、これが『信西入道蔵書目録』第九十三櫃下にある「源大丞記二巻」だとするならば、長元二年正月一日条から同九年の後一条天皇の崩御・葬送・追善までが記されている現存の『類聚雑例』は下巻で、上巻にはそれ以前の藤原道長・行成（共に万寿四年十二月四日に薨去）を含めた記録があったと想像される。

このように具注暦記と並行して付けられていた部類形式の別記の原形を伝える『類聚雑例』であるが、その記事のすべてが経頼の別記であったとはいえない。錯簡や同一日付の重複が散見するからである。

『類聚雑例』の錯簡とは、先の長元四年正月廿日条の前に、長元五年八月廿五日条があることである。しかも、その間には年不詳の「八日丁未」条がある。これは喪に遭った伊勢大神宮大宮司大中臣兼任の替を任じるか否かを議する公卿僉議の記事であるが、兼任が大宮司に任じられたのは長暦元年（一〇三七）正月廿六日であるから（『太神宮司補任次第』）、長元五年八月八日丁未ではあり得ない。兼任については、『大神宮諸雑事記』長暦四年

（長久元年、一〇四〇）七月廿六日条に洪水の中を小船に乗って来て被害情況を見たこと、長久三年閏九月十三日に母の喪に遭って服解したが復任はかなわなかったことが記されている。干支が合わないなどの問題点もあるが、もしも「八日丁未」がその間のことだとすれば、経頼（長暦三年薨去）の死後となり、『左経記』の記事ではないことになる。

同一日付の重複が見られるのは、『類聚雑例』の大部分を占める後一条天皇に関する記載である。最初の崩御について「長元九年四月十七日乙丑」と「長元九年四月十七日」の二つの記事があり、前者は経頼のことを「余」としているのに対し、後者では「右大弁」としている。また、文体などから前者の記事までは概ね『左経記』と認められるが、後者は他の後一条天皇崩御以降の日記（記録）が挿入されたと考えるのが妥当であろう。それ以降も経頼を「左大弁」とする記事が多く、錯簡や同一日付の重複があり、ところどころ「別記」と注記されるなど、複数の記録が混在した形跡がある。詳細は後考を俟つが、すべてを経頼の文章と決めつけず、伝来の過程と合わせて検証しなければならない(26)。

『類聚雑例』については問題点も多いが、部類形式の別記がもとになっている可能性は高いと思われる。経頼は頼通の叱責を受けて病に伏し、臨終出家もできずに急逝した。よって、自らの日記をまとめることができなかったと考えられ、毎日書き続けていた具注暦記としての現『左経記』と部類形式の別記がそのままの形で残され、別記のうちの一つが他の記録と混合されて『類聚雑例』として伝わったと見るべきであろう。ここから摂関期における日記の付け方が窺えるのみならず、記主自身の責任による日記の統合作業を経た『小右記』と、その作業を経なかった『左経記』との質的な相違も浮かび上がってくるのである。

おわりに――『御堂関白記』との比較と院政期への展望――

権力の頂点にいて文化的営為の中核をなしていた平安貴族は、自ら日記を付けるだけでなく、過去の大量な日記を保存・活用する「古記録文化」を展開し、日本社会における「知の体系」の基層を形成した。本稿では、摂関期後半の藤原道長・頼通時代における日記（古記録）の存在形態を考察し、貴族社会全体での「知の営為」を復元しようとした。

これまで古記録についての概説・解説はあっても、研究面では個々の日記の分析に終始することがほとんどで、必ずしも全体像が見えていなかったが、前稿で「古記録文化」形成期の『貞信公記抄』『清慎公記』『九暦』から、『親信卿記』『権記』へと展開する様相を分析し[27]、それに続けて本稿で『小右記』『左経記』を検証して摂関期の「古記録文化」確立に至る経緯全体を鳥瞰できたことにより、具体的な日記の付け方や保存・活用のための工夫が明らかになっただけでなく、それを支える意識の変遷を垣間見ることができた。

十世紀に定着した毎日のように付ける日記には、具注暦に書き込む「具注暦記」と特別な事項を部類形式で記す「別記」があり、それらが並行して書かれていた。次第に両方を統合する作業が記主自身によってなされるようになり、十一世紀にはついに自らの全生涯の日記を年月日順にまとめた統合版『小右記』（現『小右記』）ができ、目次的な目録（巻頭の主要記事一覧）が付けられ、後世に各条文への「首書標目（見出し）」の書き込みと記事を事項ごとに検索できる総合的な目録の作成がなされることになった。他方、その作業をする機会なく没した場合には『左経記』のような具注暦記と別記とが別々に伝えられることもあった。これを現代の風習にあてはめてみれば、毎年秋になると書店で売り出される日記帳のような「具注暦記」の他に、ファイル・ノートのような形で各項目ごとにも日記を付ける「別記」があり、両方を使いこなすのが一般的であった。ところが、記事

図　『小右記』『左経記』などの形態に関する見解の比較

日記名	本稿の見解	従来の見解（概略）
『御堂関白記』 （自筆本あり）	具注暦記 （別記は少なく早くに失われた）	日次記 （日記の典型）
『小右記』 『小記目録』	具注暦記 部類形式の別記 …並行して同時に付ける ⇓ 統合版（現『小右記』、資平らが長元五年頃に作成） 院政期以降の整理段階で成立	日次記（原『小右記』を想定） 部類記（未完成）を作成 ⇓ 再統合版 資平による写本作成時に成立
『左経記』 『類聚雑例』	具注暦記（現『左経記』） 部類形式の別記（「凶事」の一部に他書混入） …統合版は作成されなかった	日次記（原『左経記』を想定） 抄出本 原『左経記』からの部類記

の量が多くなりすぎたことや時代変化に対応させるために両者を一体化させた「統合版」が出現し、その作業を経ない「非統合版」の形式と混在して日記（古記録）が伝承されていたと見なされる。

従来の研究では日記を具注暦に書くという点が強調され、別記に対する検証が疎かになっていた。その結果、すべての記載が日次記になされ、それを基にして項目ごとに記事を分類・類聚する作業が後でなされるという見解が定説のようになり、その先入観によって個々の日記を研究したために、『親信卿記』や『小右記』については、原日記を基に作成した類聚（部類記）から再び編集し直されたものが現在に伝わるという結論が導き出されていた。しかし『九条殿遺誡』で子孫に誡めているように、重要な公事（儀式）は別に書くことになっており、それが部類形式であったと考えることで、複雑かつ不可解な作業を想定する必要はなくなる。また、儀式書（故実書）や部類記に引用されている日記記事の多くは部類形式の別記からと考えられ、そうだとすると日次記の記事から検索して集めるよりも簡単に製作できたと想像される。

すべての記載が日次記になされていたとする先入観の形成に、摂関期の日記として唯一自筆本が残されている『御堂関白記』は具注暦記のみであるということが強く影響していると考えられるが、道長も別記を付けていたという確実な記事が三つある。『同』寛弘二年（一〇〇五）三月廿七日条に「一宮御対面・女一宮御裳其間記有レ別、」とある敦康親王による一条天皇への御対面と脩子内親王の御着裳の儀に関する記事、同八年八月二日条に「此日御法事、於二中殿一有二此事一、日記有レ別、」とある一条天皇の七七日御斎会に関する記事、同年十月十六日条に「御即位、（中略）辰時着二高御座一給、自余別具不レ記、」とある三条天皇即位儀の記事がそれである。寛弘二年（正月～六月）は自筆本（第五巻）があるが、別記（別紙）そのものは伝わらないし、すべての記事について古写本に別記の内容が書き加えられていないので、書写段階にはなくなっていたと考えられる。これは、道長が日記にあるべき別記の存在を認識しながらも、それを後で活用させようという意識が薄く、その結果、統合版が道長自身によっても子孫たちによっても作られなかったことを意味しているのではないだろうか。これを前稿と本稿で考察の対象とした諸日記と比べてみれば、『御堂関白記』こそ日記（古記録）の例外であったことが理解される。

それは自筆本第九巻である「寛弘七年暦巻上」に、道長の自筆と思われる「件記等非レ可二披露一、早可二破却一者也、」という書き込みがあることからも窺える。これは道長が自らの暦記をオーソドックスな日記でないと自覚していた証で、この巻のみならず全巻について恥ずかしいものと感じていたと思われる。当時は私日記でも「公」的な意味を持ち、かつ家の誇りをもって書かれ、受け継がれ、折あるごとに家の系譜を超えて参照されていたのであるから、[28]権力の頂点に立ってから日記を書き始めた道長のように、若い頃に日記を書く習慣を身につけていなかった者にとって、自分の日記が社会全体に、しかも未来永劫に曝されることは堪えられなかったと想像される。

この道長の態度と比較すると、実資が養子資平に自身の日記を総括させて統合版『小右記』（現『小右記』）を完成させたことの歴史的意義は一層鮮明になる。この一家を挙げての事業は、単に具注暦記と部類形式の別記を統合させたというレベルではなく、完全編年化という形式にしたことで、儀礼の参考に供するという目的を大きく超え、政務・儀式の完璧な執行者自身による詳細な「現代史」を完成させることになった。これを編纂者たちが自覚していたかは不明だが、少なくとも実資は自らが諸儀式を実践した内容を詳細かつ誇りを持って日記に記していたし、何よりも現在の研究者が『小右記』を摂関期の歴史記述の中核に据えている。まさに「古記録文化」の象徴を作り上げたといえるが、この完全編年化という形式が日記の付け方の実態を見えにくくしたことも事実で、先に指摘した先入観の源の一つになっていたと思われる。

現『小右記』が日記（古記録）の完成された姿であるが、日記を付けていた誰もが「統合版」を残せたわけではない。これも従来の研究に欠けていた視点であり、それ故に『九暦』と『九条殿記』、『左経記』と『類聚雑例』などについて統一見解が見出せない状態になっていたが、それぞれを具注暦記と部類形式の別記という関係にあった「非統合版」と見ることで解決の糸口が見えたと思われる。

各日記に付されている首書標目（見出し）とそれに基づく目録（『小記目録』）の作成が院政期以降であることも指摘したが、その背景には日記（古記録）の扱いに対する変化があったと想定される。それは、何より同時代に隆盛した部類記・儀式書の作成と連動していたから、それらに引用された諸日記の記事（逸文を含む）を精査しなければならない。それぞれの日記についても、現在の残存情況に至るまでの詳しい経緯や別記における部類項目の復元など、本稿で論じきれなかった点は多い。より丁寧な検証に基づく全体像の復元が求められるが、とても一つの論文でまとめられるものではない。これについては、インターネット（ウェブ）上で対応関係を視覚的に示せるような工夫をして公開したいと考えている。

さらに、院政期以降の展開もこの視点から見直す必要がある。自分の日記について、藤原宗忠（一〇六二～一一四一）が部類を作り、藤原定家（一一六二～一二四一）が書写（清書）をしたことはよく知られているが、それと摂関期の統合作業との関係・相違が検証されなければならないだろう。また摂関家の日記についても藤原頼長

（一一二〇～一一五六）の『台記』と藤原（九条）兼実（一一四九～一二〇七）の『玉葉』は異なる存在形態で伝えられているが、これも頼長の場合は保元の乱（一一五六年）で自らの日記を総括することなく死亡したので『台記別記』『婚記』などの別記がそのまま残され、兼実の場合は建久七年（一一九六）に失脚してからも九条家の興隆のために努力を惜しまず、しかも自らの日記を統合する時間があったので現在の『玉葉』ができた、という見通しが立つのではないだろうか。特に、宗忠や兼実が『小右記』を意識しなかったとは考えられず、ここからも総合版である現『小右記』成立の歴史的意義が見えてくる。

中世以降の展開については、日記の伝承と「日記の家」の形成という視点から論じられることが多く、実資が養子資平らに日記を統合させたことも中世的変容の一起点になったと見ることができるかも知れない。しかし「家」という枠で括ることで日記（古記録）の全体像が把握できなくなり、却ってその社会的な役割と歴史的意義を見損なう恐れがある。少なくとも摂関期においては（上級貴族の間で婚姻関係があるとはいえ）藤原氏・平氏・源氏という枠を超えて日記の存在形態が共通していたのであり、社会通念として成り立っていたことは明らかである。日記の分析には「古記録文化」という概念が有効で、その変容の過程を追究していくべきであろう。

（1） 拙稿「藤原実資と『小右記』」（黒板伸夫監修・三橋正編『小右記註釈　長元四年』上〈小右記講読会、八木書店発売、二〇〇八年〉解説）。『小右記』は五〇年以上の条文が残り、その間、記主藤原実資の地位や政治的立場の違いにより書き振りが変化している。当初は数行（五〇～二〇〇字）程度が普通で重要な儀式などでも一〇〇〇字を超えることはほとんどなかったが（第一期）、小野宮流の筆頭公卿の大納言であった三条天皇朝（一〇一一～一〇一六）になると儀式の記述が詳しくなると共に道長への批判や無能な公卿に対する罵言も多くなり（第二期）、後一条天皇が即位した長和五年（一〇一六）以降は儀式・先例に精通した自他ともに認める存在として自信に満ちあふれた記載を展開し、一日の記載が二〇〇〇字を超えることも珍しくなくなる（第三期）。なお、重田香澄「『小右記』にみる藤原実資の文字情報利用――身分の変化にもとづく時系列的把握の試み――」（『お茶の水史学』五六、二〇一三年）も実資の昇進に伴う参照書目の違いを検討するが、官職の違いのみで時期区分するのは不十分で、記主の社会的な位置付けと記述方法の違いを斟酌すべきであろう。

（2）『小右記』長元三年（一〇三〇）九月廿七日条に「広暦」四〇巻を源顕基に貸与したとある。また、長和三年十月二日条に、陰陽師笠善任が、実資の与えた料紙に拵えた「新暦」を持って来た記事がある。益田宗「暦に日記をつける――古記録の研究序説――」（国立歴史民俗博物館編『新しい史料学を求めて　歴博大学院セミナー』〈吉川弘文館、一九九七年〉）参照。

（3）実資は後一条天皇朝に廟堂での地位と摂関家との関係に加えて「儀式の完璧な執行者」という評価を不動のものとしただけでなく、七四歳の長元三年十一月の豊明節会から「免列宣旨（自レ腋参上宣旨）」を得て、「儀式・政務の管理者（監視者）」となった（第四期）。

（4）宮内庁書陵部編『図書寮典籍解題続歴史篇』（養徳社、一九五一年）の部類記の総説に、記録は大別して日記と別記と部類記の三種に分かれ、日記は日次記、別記は『九条殿遺誡』にいう「枢要の公事」等の詳記、部類記は日記・別記その他の書から「抜レ要省レ繁」（『台記』康治元年十二月卅日条）いて類別編集したものと解釈され、定説化している。土田直鎮『奈良平安時代史研究』（吉川弘文館、一九九二年）第四部「古代史料論　記録」（初出は一九七六年）。橋本義彦『平安貴族社会の研究』（吉川弘文館、一九七六年）「部類記について」（初出は一九七〇年）。山中裕「古記録と日記」（同編『古記録と日記』上〈思文閣出版、一九九三年〉所収）、同「古記録と部類記――九暦・小右記を中心として――」（『明月記研究』三、一九九八年）。所功「日記の部類記」（山中裕編『古記録と日記』下〈思文閣出版、一九九三年〉所収）。

（5）『貞信公記抄』『清慎公記』『九暦』『親信卿記』『権記』については、拙稿「古記録文化の形成と展開――平安貴族の日記に見る具注暦記・別記の書き分けと統合――」（『日本研究』五〇、二〇一四年）を参照。以下、前稿とする。

（6）田中稔『中世史料論考』（吉川弘文館、一九九三年）付章一「中世の日記の姿」（初出は一九八八年）。益田宗前掲註（2）論文、尾上陽介「『民経記』と暦記・日次記」（五味文彦編『日記に中世を読む』〈吉川弘文館、一九

九八年〉所収）、同『中世の日記の世界』（日本史リブレット30、山川出版社、二〇〇三年）、同「『民経記』（藤原経光）――「稽古」に精進する若き実務官僚――」（元木泰雄・松薗斉編『日記で読む日本中世史』〈ミネルヴァ書房、二〇一一年〉所収）。

（7）今江廣道「『小右記』古写本成立私考」（岩橋小彌太博士頌寿記念会編『日本史籍論集』上〈吉川弘文館、一九六九年〉所収）。桃裕行『古記録の研究（上）』（桃裕行著作集4、思文閣出版、一九八八年）第四部「小右記諸本の研究」（初出は一九七一年）。大日本古記録『小右記』解題（東京大学史料編纂所編、岩波書店、一九八六年）。

（8）『小右記』長和三年十二月四日条に「寛弘七年十月廿九日暦記」（府生奏への加署）、同五年三月三日条に「見二暦記一」（大饗）、寛仁元年（一〇一七）十一月十九日条に「長保五年暦記」（賀茂行幸）、同三年正月二日条（別記）に「去年十二月暦記」（二宮大饗）、万寿元年（一〇二四）正月十五日条に「暦記」（天元五年正月十四日の内論義、後に長徳四年正月十五日記もある）、同年十月六日条に「余（実資）両度着座暦記」、同四年十二月六日条の行間補書に「暦記」（長保二年十二月十六日皇后藤原定子崩御後の先例が引かれ、最後に「子細在二（別脱カ）記一」とある）、長元元年十一月三日条に「暦記」（永祚二年の新嘗祭・豊明節会）、同三年九月十九日条に「六ヶ年暦記」、同四年八月十七日条に「暦記」（正暦四年の駒牽の饗の座）。一例だけであるが、万寿四年十二月廿八日条に自らの日記を「私記」と表現している。

（9）「暦裏」については、長和二年八月廿六日条で太政官奏を本文中に、同四年五月廿七日条で「裏」として詔を本文中に、同五年二月十四日条で詔書を裏書に、寛仁元年十月十三日条で前例を裏書に、十一月廿三日条で宣命を裏書に、同四年九月十六日条で勘申を本文中に、治安元年（一〇二一）八月廿二日条で見参二枚を本文中に、長元二年八月二日条と四日条で解文を本文中に書写している。但し、万寿二年八月七日条に「追記付二暦裏一」とありながら書写されていないし、長元五年十二月十四日条に「邑上御記注二付暦裏一」とあるのは前々日（十二日）条に「仍写レ暦、」として「邑上御記」の二条を掲げているものに相当すると思われる。また、長元四年八月廿三日条には宣命が注記なく本文に掲げられるなど、書写の方針が一貫していなかったことを窺わせる。

（10）今江廣道前掲註（7）論文では全六四例を第一表「小右記に見える異例日附表記一覧」にまとめている。以下、便宜のためにその番号を（　）で示す。

（11）『小右記』の記載は三条天皇朝以降に増え、後一条天皇朝に自らが実践する理想的な儀式の姿を詳しく伝えるために長大となり、長元四年以降は「儀式・政務の管理者（監視者）」からの記述に変化する。前掲註（1）～（3）参照。

（12）桃裕行前掲註（7）論文の「II小右記別記」では註釈の（34）で『小右記』の異例日付表記が部類記作成の中断と日次記への還元の過程で残ったとする今江廣道前掲註（7）論文について「注目すべき見解」と記しているが、本文ではそれらの条文が「別記」であり「一括されたものとして存したかどうかは明かではなく、一括されてゐたとしても、その名称は分らないが、節会部・政部・大饗部・賭射部等があつたことは明かである。」としている。

（13）『小右記』の異例日付表記の下限は、長元二年正月七日条の白馬節会（64ａｂ）である。

（14）鈴木裕之「『小右記』起筆考――朔旦冬至と「前記」を手掛かりに――」（『日本歴史』七七九、二〇一三年）では『小右記』正暦四年十一月一日条の朔旦冬至記事にある「見二前記一」という注記を『小右記』の天延二年（九七四）十一月一日の朔旦冬至の記事と見て、『小右記』の起筆をこれ以前とする見解が示されている。確かに「前記」は『小右記』の条文を指すが、用例としては直前の記事に対する使い方がほとんどで、前回の朔旦冬至の記事とは見なし難い。起筆時期の問題は残るが、実資が自身の日記をまとめる際に天元元年以降の記事に意義を認めていたことは確かであろう。

（15）桃裕行前掲註（7）論文の「III小記目録」で「簡単な目録」として流布本の編年目録と共にその存在が指摘されているが、大日本古記録には反映されていない。

（16）『小記目録』第五「御禊事」に「同日、（寛弘二年四月十七日）右大将（藤原実資）賜二御禊前駆左衛門権佐允亮（惟宗）随身弁馬一事、」とある（『小右記』寛弘二年（一〇〇五）四月十七日条の首書＋3も同じ）。三橋正・山岸健二「摂関期の賀茂祭関係記事（その一）――『小右記』を中心とする古記録部類作成へ向けて（三）――」（『明星大学紀要―人文学部―日本文化学科』二二、二〇一四年）参照。

（17）『小記目録』第一六・臨時六「僧綱召事付阿闍梨・諸寺司・法務饗・度者」天元四年（九八一）八月卅日・永延三年（永祚元年、九八七）五月卅日・永祚元年九月十八日・同二年七月廿九日・長徳四年（九九八）十二月十三日・

十七日・寛仁二年八月十四日・同四年閏十二月一日・万寿二年十二月卅日・長元二年十二月卅日条。

(18) 海老名尚「「僧事」小考——中世僧綱制に関する一試論——」（『学習院史学』二七、一九八九年）。但し、僧綱以外に阿闍梨・内供奉十禅師・諸寺別当も同時に補任する例は寛仁四年（一〇二〇）から確認できる。岡野浩二『平安時代の国家と寺院』（塙書房、二〇〇九年）第二編第二章「「僧綱—有職制」「法親王—威儀師・従威儀師制」の成立」参照。また、『日本紀略』正暦四年閏十月十七日条に「僧事」とあるが、『本朝世紀』同日条には「被レ行二僧官之事一」とある表現が後世に省略または誤記されたと考えられるという。

(19) 藤森馨『改訂増補平安時代の宮廷祭祀と神祇官人』（原書房、二〇〇八年、初版は二〇〇〇年）第一編第四章「平安時代中期における神宮奉幣使の展開——公卿勅使制度成立に関する一試論——」（初出は一九八八年）。

(20) 佐藤宗諄先生退官記念論文集刊行会編『『親信卿記』の研究』（思文閣出版、二〇〇五年）は、50「僧綱召」の①②として両条文を収録している。

(21) 日記（古記録）に首書標目（首付）を付けてから部類記を作成する方法は、『台記』天養元年（一一四四）九月十日条に「始二東部類一、俊通（源）・定安（清原）為二上首一、先令二首付一後、使二少納言成隆（藤原）覆勘一、其後可二部類一」とあるように、藤原頼長が藤原教通の『二東記』に対して家司らに行なわせた例があり、院政期には定着していたと思われる。

(22) 清水潔『類聚符宣抄の研究』（国書刊行会、一九八二年）附載「左経記（経頼記）逸文拾遺」。

(23) 前掲註(1)『小右記註釈　長元四年』上下「『日本紀略』書下し文『小右記』『左経記』見出し対照」参照。以下、便宜のためにその記号番号を（　）で示す。

(24) 『史料拾遺』第六巻「前田家本　魚魯愚鈔　下巻之一」八〜五六頁、前掲註(1)『小右記註釈　長元四年』上「『左経記』本文」四三五頁。

(25) 藤森馨前掲註(19)書第一編第五章「『江家次第』伊勢公卿勅使条の再検討——公卿勅使進発弁路次儀条の成立をめぐって——」（初出は一九八八年）。また、『年中行事秘抄』に「参宮間可二用心一事輔親申状」として引かれる五ヶ条も経頼が大中臣輔親から聞いた禁忌の内容（十八日※1・廿日▽a）に近いかも知れない。前掲註(1)『小右記註釈　長元四年』下の八月註(296)参照。

(26) 静嘉堂文庫本など写本によっては二つ目の「長元九年四月十七日」条から朱書となっている。清水潔前掲註(22)書第五章「編者源経頼の研究」註(24)三二九頁では経頼を「右大弁」としていることについて「後世の部類記作成者が、「右大弁」と書き変へたと考へるべきであらう」としている。また、経頼が一方(恐らく別記)で自らを「右中弁」と書いた可能性もあるが、『類聚雑例』の同一日付記載の条文は文体にも違いがあり、錯簡が認められるように完成度も低く、何者かが責任を持って編集したというより、いつしか他書と合わせて書写されたような情況を想定すべきであろう。『類聚雑例』は藤原頼長のもとにあった二巻本がもとになっているが、恐らく上巻が喪失し、「後一条天皇晏駕記」とも題される下巻のみが残り、その伝来過程で同じ後一条天皇崩御に関する記録として保管されていたものが合わされたと考えられる。

(27) 拙稿前掲註(2)論文。

(28) 例えば、天元五年(九八二)の藤原遵子立后に関する実資の日記記事(『小右記』同年三月十一日条など)は同時代の諸家に知れ渡っていたようで、正暦元年(九九〇)の藤原定子立后に際して中関白家の藤原伊周の求めに応じて書写して送っているし(同年九月卅日条)、長和元年(一〇一二)の藤原娍子立后に際しても小一条家の藤原通任から抄出依頼がなされている(同年四月十八日条)。拙稿「摂関期の立后関係記事――『小右記』を中心とする古記録部類作成へ向けて――」(『明星大学紀要―人文学部―日本文化学科』二〇、二〇一二年)参照。

〔編者付記〕 三橋正さんは本稿校了直前の二〇一四年十一月七日に逝去されました。本稿はご遺族、関係者のご協力を得て収録することが出来ました。ご遺族、関係者の皆様に感謝申し上げるとともに、三橋さんのご冥福をお祈り申し上げます。

公家史料の申沙汰記——日記と古文書を結ぶ史料群——

井原今朝男

はじめに

国立歴史民俗博物館（以下、歴博と略称）所蔵の「広橋家旧蔵記録文書典籍類」（以下、「広橋本」と略称）は、広橋家の家文書である。この公家は、鎌倉期は勘解由小路、室町期からは広橋を称したが、代々、蔵人で弁官から中納言に昇る名家で、摂家の家司をつとめる諸大夫の家柄で、『民経記（経光卿記）』『勘仲記（兼仲卿記）』『兼宣公記』など著名な日記を相伝した「日記の家」として知られる。

これまでに家文書の中から、いわゆる日次記・暦記・別記・部類記といわれる多様な形態の古記録が整理・刊行されている。だが、館蔵史料にはなお未刊行のままで、性格不明の多様な史料群が数多く存在する。とりわけ、儀式や諸行事の行政執行過程で作成された内々の手続き文書である書状・折紙・次第・風記・注文・目録などの原本史料群をそのまま貼り継いだもの、あるいは日付に沿って整理・書写して、巻子本に仕立てた史料群なども存在する。それらはいわゆる日記・古文書とは異なるため、未調査のままになってきた。古文書群と記録類とを混在させた史料群というべきもので、いかなる性格の史料なのか不明なものも多い。本稿では、その一部を紹介して検討の糸口を探り出したい。

一　広橋本における古文書と日記に分類できない史料群

歴博の広橋本（H六三）の史料名と所蔵番号は、昭和七年十一月「岩崎文書和漢書目録」（以下「目録」と略称）を継承している。その中から、未刊行史料で、しかも古文書と日記を混在させた史料を抽出すると、つぎのようになろう。

［神事］
H六三―34　応永二十年十一月鎮魂祭雑事文書
同―42　賀茂祭典侍弁出車申沙汰記　応永廿七年広橋兼宣自筆　一軸
同―44　賀茂祭用脚沙汰記　康正元年三月二十七日至四月二十二日広橋綱光
同―46　祈年穀奉幣用脚申沙汰雑事文書　応永二十六年秋写本自筆一軸
［仏事］
同―68　応永二四年御修法雑事文書写本一軸
同―70　御経供養雑事文書　鳥羽勝光明院供養文書
同―73　北山殿御修法申沙汰記　応永七年二月十六日至二十二日広橋兼宣　写本自筆
同―77　同　応永十三年正月十六日二十二日二十三日広橋兼宣　写本自筆
同―81　後花園院三十三回聖忌曼荼羅供雑事文書　文亀二年
同―82　後花園院三十三回聖忌曼荼羅供申沙汰記草　文亀二年　広橋守光自筆本
同―86　請雨御修法雑事文書　建暦三年八月　写本

同―92　仙洞御修法申沙汰記　応永二十七年五月　広橋兼宣自筆記
同―93　同　応永三十一年五月十五日至二十六日　兼宣自筆記
同―94　同　応永三十一年八月二十一日至二十五日　同
同―107　変異御祈申沙汰記　応永三十一年四月九日　兼宣公自筆本
同―108　法勝寺大乗会申沙汰記　応永二十九年二月　兼宣自筆記
同―646　禁裏御修法申沙汰記応永二十五年七月十日十一日　兼宣自筆本
［改元］
同―173　兼賢公改元申沙汰記　元和度　広橋兼賢　写本自筆
同―174　兼宣公改元文書雑纂　広橋兼宣　写本自筆　一軸
同―176　享禄度改元申沙汰愚記草　広橋兼秀　写本自筆　一冊
同―237　守光公改元申沙汰記　文亀度　影写　一冊
［公事］
同―252　応永十九年代始重陽平座申沙汰雑事文書　写本　一軸
同―253　応永二十五年重陽平座申沙汰案　写本一軸
同―254　応永二十九年二月釈奠雑事文書　写本一軸
同―289　資光卿白馬節会申沙汰案　応永二十年写本広橋兼宣筆　一軸
同―290　釈奠雑事文書　応永廿年二月　一巻　写本一軸
同―351　明応六年踏歌節会申沙汰記　広橋守光　写本自筆
同―417　准后宣下申沙汰文書　明応六年正月十五十六日写本一軸

［武家］

同―570　宝徳二年足利義成直衣始申沙汰記　写本一軸

同―578　義政公院司拝賀雑事文書　寛正五年七月二十九日　写本　一軸

同―580　義政公内大臣拝賀雑事文書　写本　一軸

同―582　義視公直衣始申沙汰記文正元年広橋綱光写本自筆　一軸

同―584　義持公南都下向申沙汰記　広橋兼宣写本自筆　一軸

「目録」の分類によれば、神事四点、仏事一三点、改元四点、公事七点、武家五点となる。いずれも行事・儀式でもちいられた多様な書類・記録を含んでいる。日記の抜書や、日付にそって行政実務の内容や文書の封紙の仕方などを注記した史料群である。外題の史料名称は、古文書類をあつめたものは「雑事文書」、日記抜書や日付・次第・覚書などを記したものは「申沙汰記」と名付けている。

この分類方法は、広橋本の整理・修理・補綴にあたった上野竹次郎によるものと考えられる。広橋本は、史料散逸を心配した東京帝国大学教授黒板勝美の媒酌によって藤波家に養子に入っていた広橋胤保二男藤波言忠から岩崎家に売却・移転された。大正五年前後の時期で、臨時帝室編修局編修官であった上野竹次郎が、史料整理と表具修補の指示を行ったと思われる。広橋本はいずれも同一の縹《はなだいろ》色表紙をもった表具の巻子本に仕立てられている。外題には訂正の跡も記されたままで、同筆である。「資四二之内」など朱筆の追筆で旧蔵の筥番の書込もある。表具仕立てや紙継ぎの順番を記した指示書や加筆などが彼の筆によってなされたものと考えられる(1)。

したがって、「雑事文書」と「申沙汰記」に二分して巻子本に仕立て、外題を据えた史料群の整理作業は、彼の古文書学の知識や判断によるものといえよう。広橋家伝来の固有情報にもとづいていたこともあろうが、「雑事文書」と「申沙汰記」という分類法による外題のつけ方は、当時の帝国大学での近代歴史学が、古文書と日記

（古記録）を二大分類する方法によるものと判断してまちがいなかろう。[2]

今となっては、広橋家に伝来した当時の史料群の保存状態を復原することは困難になっているといわざるをえない。しかし、伝来した史料群の歴史的機能を解明するためには、どのような状態で伝来してきたのか、その実態を知る事はきわめて重要で高度な歴史情報である。それを含んで史料批判学を構築していくことが必要不可欠であることは、いうまでもなかろう。正倉院文書では、本来の伝来した状態に復原する資料学の作業が古代文書の研究に必要不可欠になっている。[3]中世公家史料研究の前進のためにも、正倉院文書と同様の問題群が今なお存在していることを忘れてはならない。古文書学と古記録学を二大学問分野とする研究手法は、近年ではその手法の限界や問題点が指摘され、『古文書研究』も特集号「古文書学と史料学」を組んで、新しい歴史情報を引き出すために史料学の問題提起を行ってから久しい。[4]古記録学の分野でも、「日記の家」研究や新しい目録学の提起がなされている。[5]とりわけ、古記録や日記の史料論的検討は未開拓の分野といわなければならない。

先に日記や別記とは区別して伝奏記と呼ばれる史料群があることを指摘した。[6]本稿では、いわゆる古文書と日記とが混在した申沙汰記とよばれる史料群の存在とその分析を通じて、「日記の総合的研究」の一端に参加できれば、幸いである。

二　後花園院三十三回忌仏事における「雑事文書」と「申沙汰記」

（一）「雑事文書」と「申沙汰記」の事例

広橋本の中の「雑事文書」と「申沙汰記」について考察するため、その一例として「後花園院三十三回聖忌曼陀羅供雑事文書　五通　一括」（H六三―81）と「後花園院三十三回聖忌曼荼羅供申沙汰記草　守光公自筆本一巻」（H六三―82）を紹介し、史料群の歴史的性格を解明するための基礎作業をはじめよう。両者はともに文亀二年（一五〇二）十二月十九日に後柏原天皇が祖父である後花園院の三十三回忌法事を営んだときの史料群を集成している。法事伝奏中山宣親と奉行職事の頭弁広橋守光が、年忌法要準備のために作成・発給・受給した行政執行関係文書を原本のまま貼り継いだものが前者である。のちに日付をつけて行政執行過程を整理し発給文書の書写と由来や経過を覚え書きとしてまとめたものが後者と考えられる。ひとつの儀式の執行にともなって「雑事文書」と「申沙汰記」という史料群が残された典型例である。

まず、史料の紹介（図版）と翻刻を記す。料紙ごとに種類名と法量を記し、古文書には史料番号をつけ、古文書名称を付した。

イ後花園院三十三回聖忌曼荼羅供雑事文書　五通（以下、イ―雑事文書と略）

［料紙1］宿紙　三〇・七×四三・〇センチ（以下略）

〈史料イ―1　後花園院三十三回忌奏事目録〉

文亀二年十一月十八日守光　奏「中山中納言（宣親）」

曼荼羅供條々

日次事
「仰　可レ為二十二月十九日一」

於二何在所一可レ被レ行哉事
「仰　可レ為二安禅寺殿一」

着座公卿御點事
「仰　重可レ被二仰下一」

堂童子御布施取殿上人御點事
「仰　同前」

御願文作者事
「仰　可レ為二章長朝臣一」

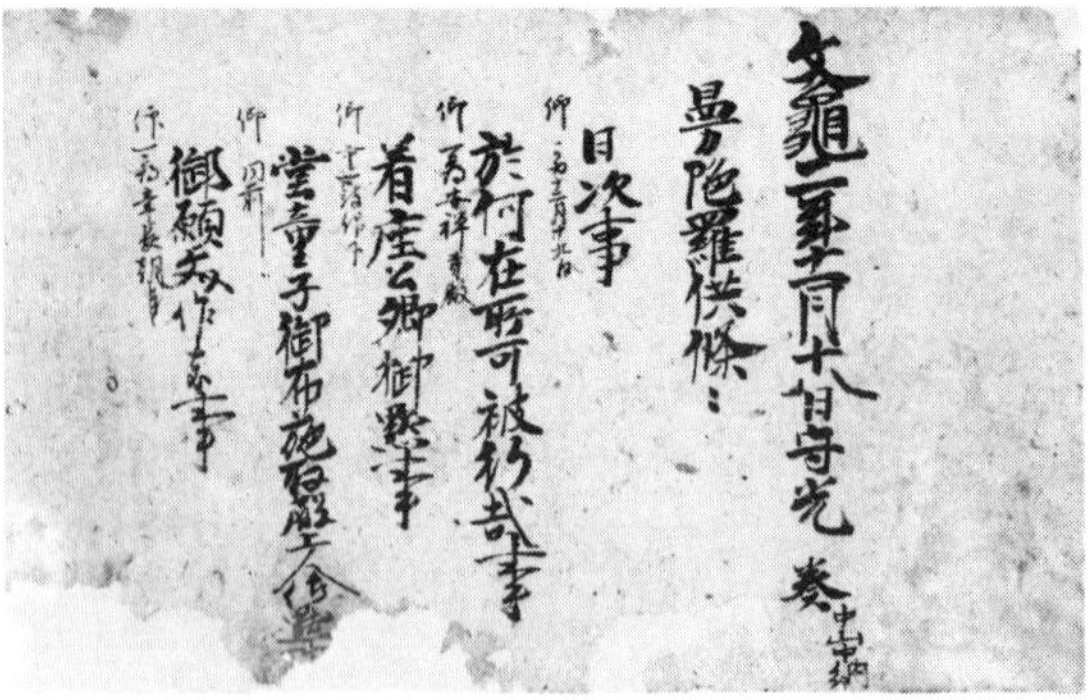

［料紙2］宿紙　三〇・五×四一・九センチ

〈史料イ―2　後花園院三十三回忌奏事目録〉

文亀二年十一月　日守光　奏

曼荼羅供條々

日次事

於二何在所一可レ被レ行哉事

着座公卿御點事

堂童子御布施取殿上人御點事

御願文「弁諷誦」作者事

［料紙3］楮紙　二五・三×四二・二センチ

〈史料イ―3　伝奏中山宣親書状〉

（端裏書）「中山中納言」

奏事目録二通

勅答之旨注二裁之一

令二返献一之候、夜前

御不参無念候、恐々

謹言

十一月十九日宣親

頭弁殿

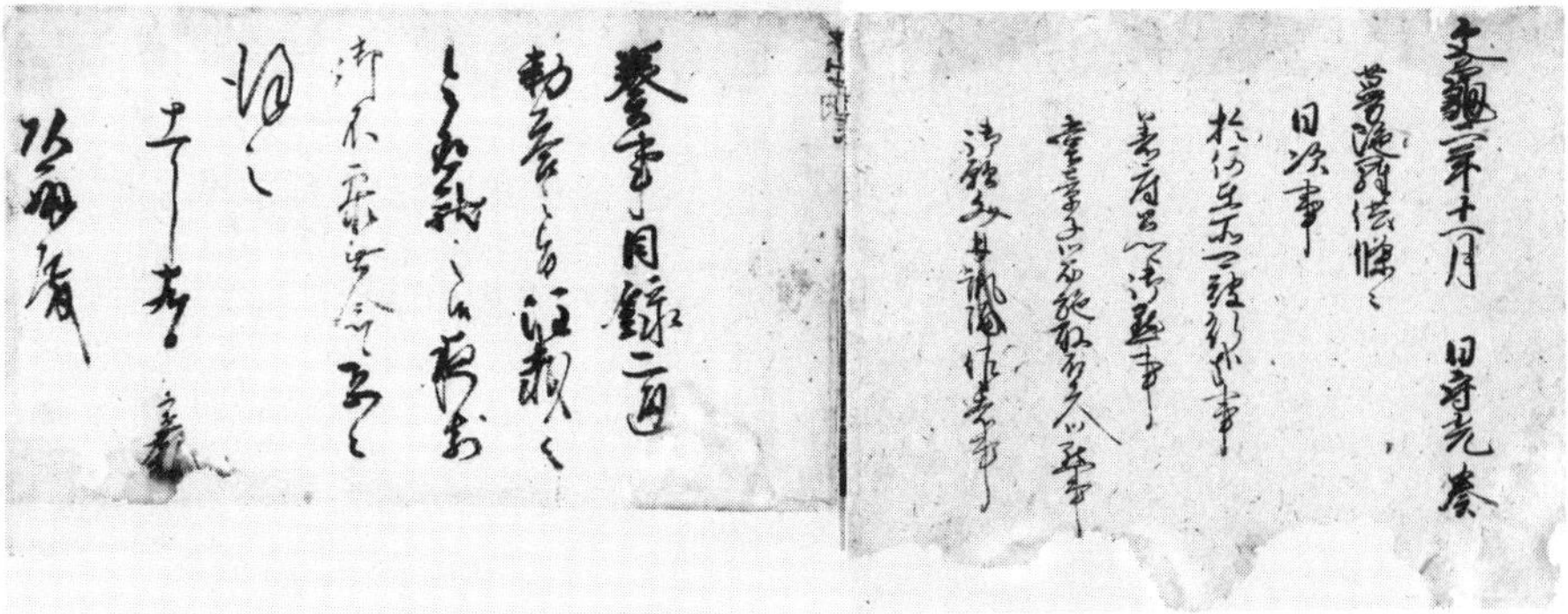

[料紙4]　楮紙　二八・五×四六・〇
〈史料イ―4　隆実朝臣請文〉
曼荼羅供　御教書云々□
相催参否重而可二申入一候也
隆実謹
　十一月廿一日　　隆実上
　謹上　　左中弁殿

[料紙5]　楮紙　二五・二×三九・五
〈史料イ―5　高辻菅原章長請文〉
曼荼羅供御願文
幷諷誦文草進
レ之候、宜下令二披露一
給上候也　恐々謹言
　十二月十四日　章長

ロ後花園院三十三回聖忌曼荼羅供申沙汰記草　一巻
（以下、ロ―申沙汰記と略記）

[反古紙1]　二五・七×三四・三

〈史料ロ―1　広橋守光書状写〉

奏事目録二通内々
付二進之一候　御奏事始
何日候哉　尤可二参會申一候処、
不具故障非事候　可レ得二
御意一候也　恐惶謹言
　十一月十日　　守光
中山中納言殿（宣親）
白紙〇（二枚）書レ之　巻二籠目録二通一
結二下計一而如レ常之状立文遣レ之者也

［反古紙2］二五・七×二八・七

〈史料ロ―2　広橋守光催促状写〉

後花園院御卅三回御法事　可レ被レ行二
曼荼羅供〇（之由被二仰下一候、）一條々可二尋申一事　早々可レ有二
入来一候也
　十五日　　判
威儀師御房

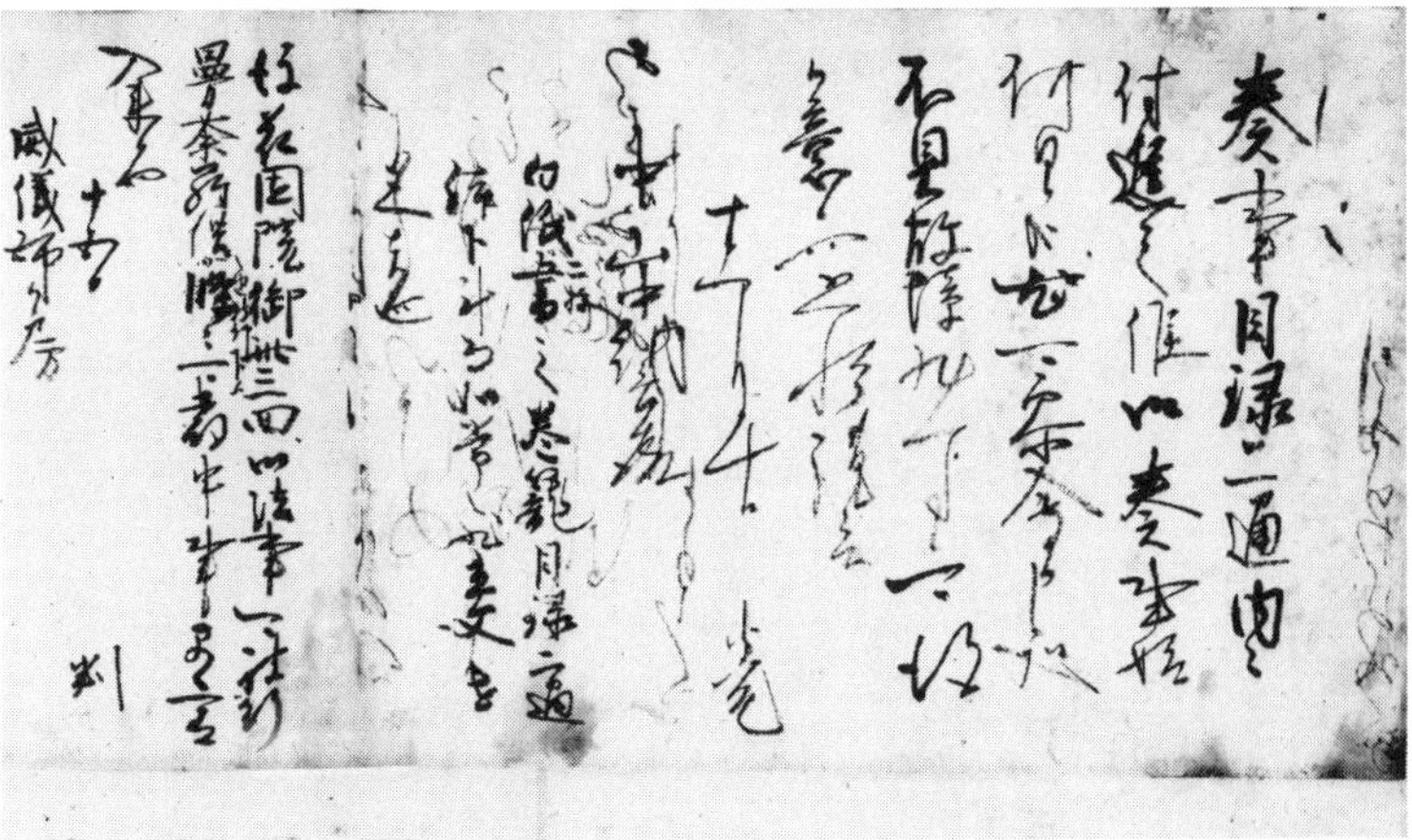

十五日晴如レ此調二折紙一　遣二惣在庁坊一者也
十六日晴威儀師来申二子細一遣二伝　奏一者也
十九日晴自二中山黄門一一通到来　昨日奏事始事也
　微臣依二歓楽一不参　六位源諸仲云々
〈史料ロ―3　中山中納言宣親書状写〉
奏事目録二通勅答旨注二載之一令二返
献之候、夜前御不参無念候　恐々謹言
　十一月十九日　　宣親
　頭弁殿

以上セット料紙①

［反古紙3］二六・三×四二・〇
廿日晴、写二奏事目録二通一、奏事目録案ト加銘
巻二籠消息一遣レ之者也
〈史料ロ―4　広橋守光書状写〉
御　奏事始珍重候　目録
二通被レ付二仰詞一　被二返下一了
仍二通写進候、内々御披露
如何、可二参申一候也　恐惶謹言
十一月廿日　　――

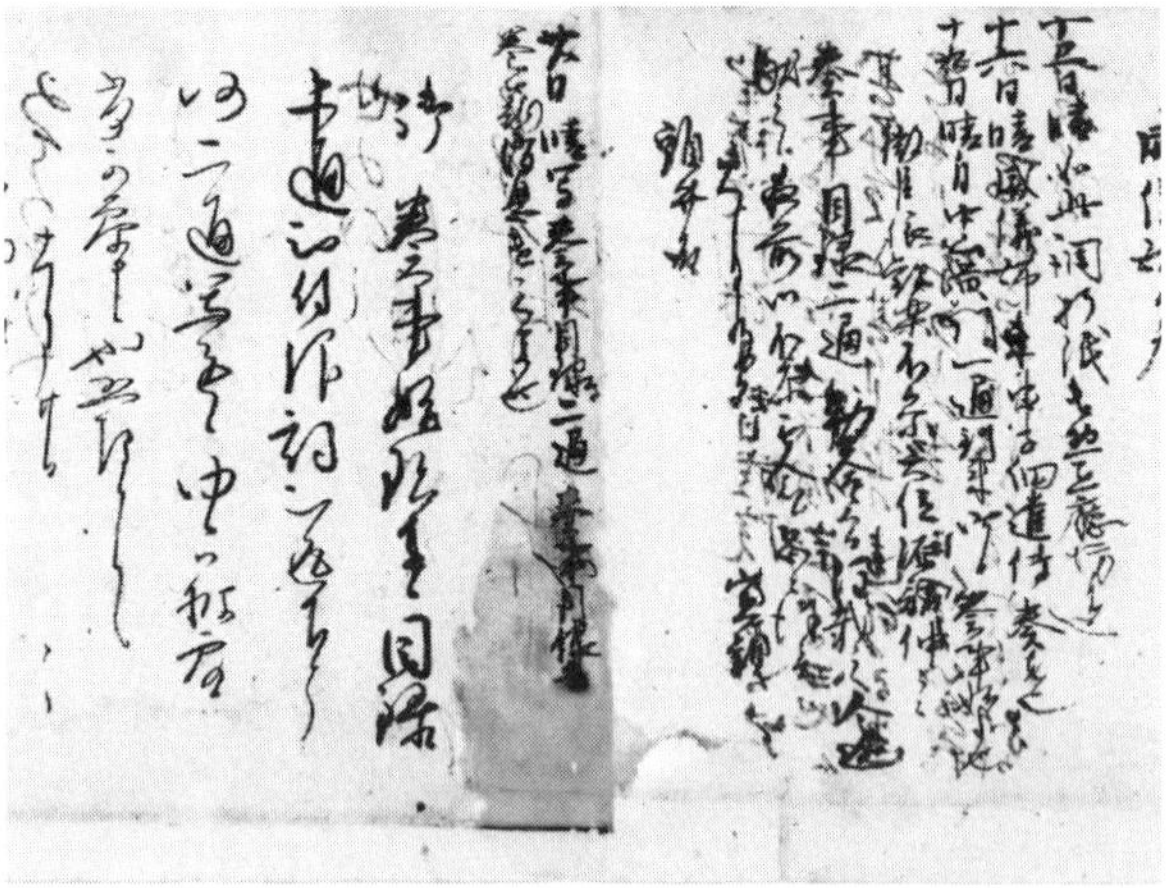

中山中納言殿
侍従殿羽林事、雖下不レ可ニ驚存一候上
当于時珍重候、口宣案書下入候、
旁可ニ参申一候也

［反古紙4］二六・〇×二一・五センチ
廿二日晴、威儀師来御訪事、可レ為ニ半□一
伝奏被ニ責仰一之間、迷惑之由申レ之、又催之事
伝奏奉行之間、可レ為レ何哉、相ニ尋所見一処、於ニ曼供一所
見等無レ之云々、先年於ニ 禁中御八講一者、〇自ニ伝奏一
〇直預ニ御教書一云々、先〇及ニ遅怠一間、申ニ請案書一遣者也

〈史料ロ—5 伝奏御教書写〉
来月十九日奉為後花園院聖忌、
卅三回聖忌、於ニ安禪寺宮一可レ被レ行ニ
曼陀羅供一任レ例、可レ被ニ催申沙汰一之状、
如レ件
十一月廿二日
威儀師御房
追申

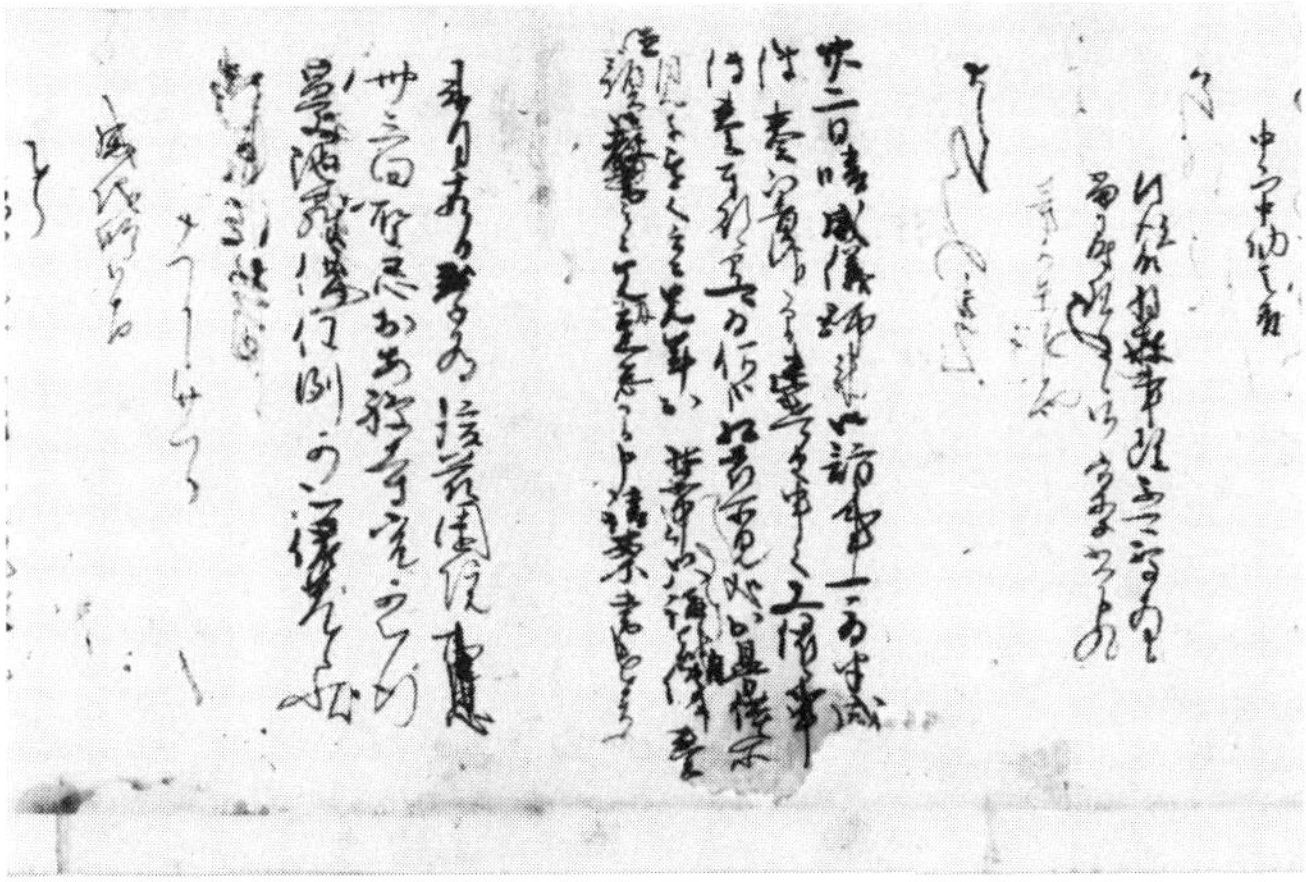

阿闍梨可レ為ニ報恩院僧正一、
讃衆可為十八口之由、被ニ沙汰一候、同可レ被ニ
存知一候也

［反古紙5］二五・八×四二・五センチ

〈史料ロ―6 広橋守光職事書下（綸旨）写〉

来月――――
御布施取可下令ニ庁勤一給上者 依
天気 ――執達如件
十一月日
謹上 姉小路中将殿（基綱）、高辻少納言殿（章長）、大内記殿（東坊城菅原和長）、
内蔵頭殿（山科言国）

〈史料ロ―7 広橋守光職事書下（綸旨）写〉

来月十九日奉為
後花園院 聖忌於ニ安禪
寺ニ可レ被レ行ニ曼陀羅供一可下令ニ
参仕一給上者 依ニ
天気一言上如件 「誠恐謹言」
十一月廿六日 左 ――――

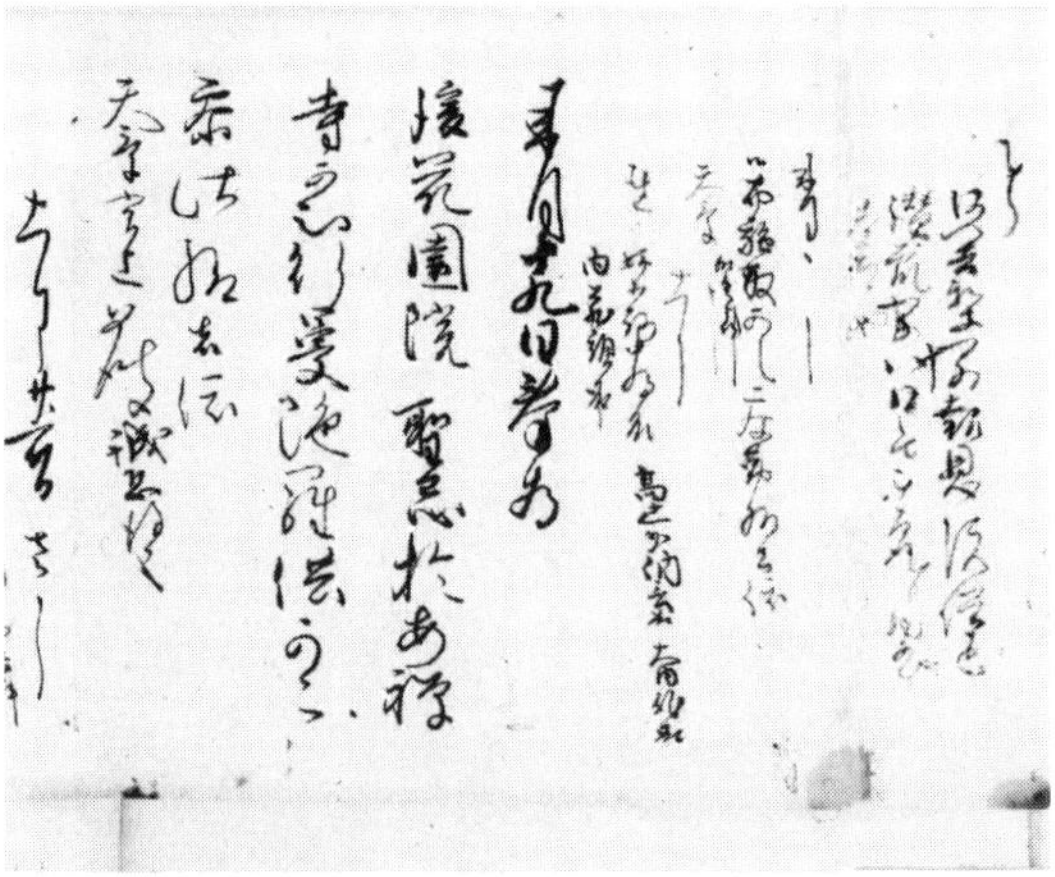

進上　新大納言殿（四辻実仲）、　謹上　中山中納言殿執達如件
侍従大納言殿（三条西実隆）　勧修寺中納言殿（政顕）同
飛鳥井宰相殿（雅俊）、
右大弁宰相殿（中御門宣秀）、

〈史料ロ―8　広橋守光職事書下（綸旨）写〉

来月十九日奉為　後花園院
聖忌於二安禅寺一可レ被レ行二曼陀羅供一
堂童子可下令二参勤一給上者依
天気――
十一月廿六日　――
謹上　侍従殿（世尊寺行季）　右衛門佐殿（富小路資直）

以上セット料紙②

［反古紙6］二八・〇×四六・七センチ

〈史料ロ―9　広橋守光職事書下（綸旨）写〉

来月十九日奉為　後花園院卅三
回聖忌於安禪寺〇（可レ被レ行二）曼陀羅供一御□
幷御諷誦可下令二草進一給上者　依
天気　執達如件
十一月廿八日　――

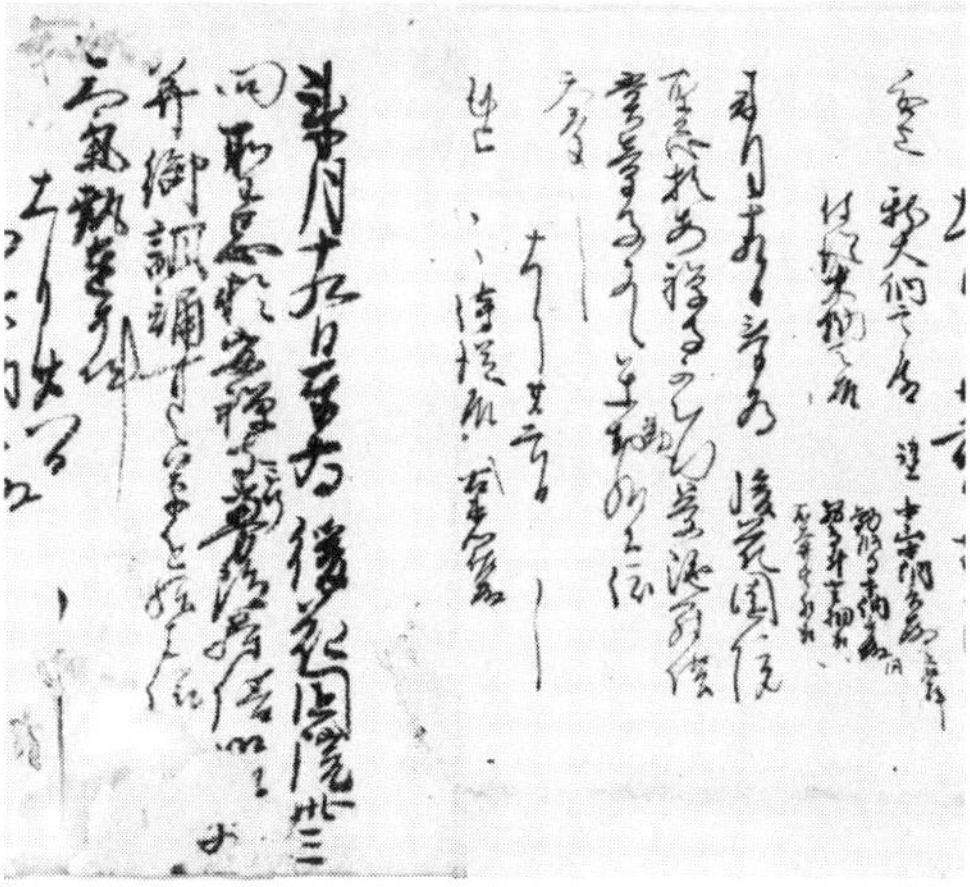

謹上　高辻少納言殿
追申
御布施取御参之事、御點候必可下令二
存知一給上候也

〈史料口—10　広橋守光職事書下写〉

来月十九日奉為　後花園院廿三回
聖忌　於二安禅寺一　可レ被レ行二曼陀羅供一任レ例
可二申催沙汰一之状如件
十一月廿八日　————判
蔵人中務丞殿
廿日陰御教書如此レ書レ之、悉催沙汰

〈史料口—11　広橋守光職事書下写〉

来月十九日奉為　後花園院廿三回聖忌於二安禅寺一
可レ被レ行二曼荼羅供一　任レ例可被レ催二沙汰一之状如件
十二月十日　　左中弁判
（官務大宮時元）新四位史殿

以上セット料紙③

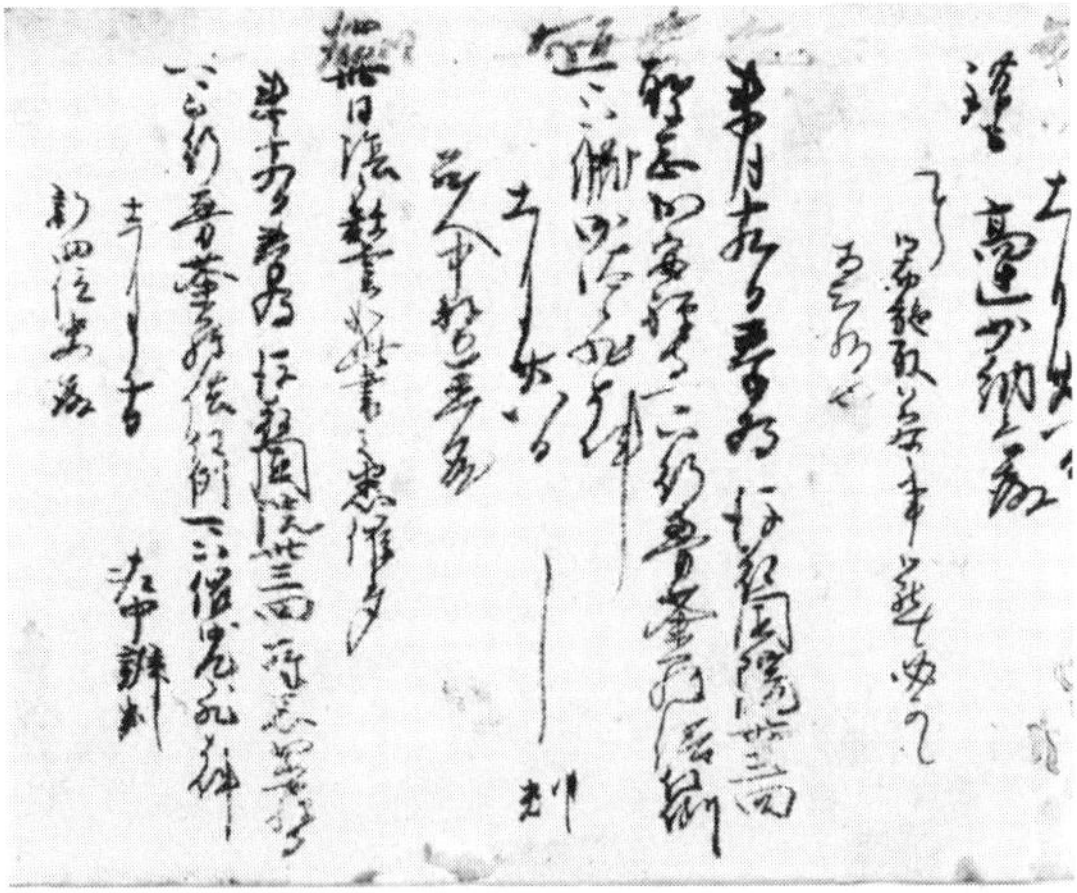

（2）　雑事文書と申沙汰記の内容検討

［雑事文書の記載内容と特長］

まず、イ—雑事文書は、後花園院三十三回忌法事に関する後柏原天皇の奏事目録とともに、奉行職事と伝奏・公家官人との間での消息類の原文書をそのまま巻子本に仕立てたものと判断される。第一の理由は、イの巻子本には紙背文書がなく、すべて大きさの異なる一枚の料紙に別人の筆跡による消息が記され、別々に作成された五通の古文書をそのまま貼り継いでいるからで、書写本ではなく原本とわかる。

第二は、史料イ—1・2の二通の奏事目録はともに薄墨の宿紙である。前者はとくに良質で濃墨色である。字体も楷書で上部から下にむけて小文字になる逓減法を守って作成される。後柏原天皇の決裁文言を記入した「仰」以下の文字は、あきらかに別筆の追筆で行書体になっている。史料イ—3の中山宣親書状には、「奏事目録二通勅答之旨注裁之、令返献之候」とあり、伝奏宣親が天皇の仰詞を記載して頭弁広橋守光に奏事目録二通を返送したことを明記している。書体と筆跡が異なるから二人の筆者である守光と宣親が作成した複合文書の原本であり、公文書として天皇の御覧に入れた原本と判断される。ここまでが、後柏原天皇による十三回忌の奏事による最高意志決定過程と奏事目録の作成過程を示している原本の古文書群と判明する。

第三に史料イ—4・5は、奉行職事守光から出仕や作文の催促を受けた殿上人・文章博士らが請文を提出した原本がそのまま張り継がれている。前者は隆実請文で、曼荼羅供への出仕を命じる御教書を受け取った隆実が参否を後日回答する旨、蔵人頭左中弁守光に連絡した返書である。後述するごとく、この請文の包紙が、ロ—申沙汰記の料紙として二次利用されており、原本そのものと判断できる。後者は、史料イ—1で願文・諷誦文草案の作成者に指名された高辻章長が受諾した旨、守光に返信した書状＝請文《うけぶみ》である。章長は菅原家一門の出身で、当時、文章博士で従四位上であった（『公卿補任』永正四年条）。

以上から、法事執行業務での催促を受けた各々の書状作成者が頭弁守光に提出した書状の原本といえる。[イ]の「雑事文書」は、文亀二年（一五〇二）十二月に行われた後花園院三十三回忌法事の奏事と行政執行上用いられた手続き文書の原本をそのまま巻子本に仕立て保存されてきたことが判明する。「雑事文書」の外題名は最適といえよう。

［申沙汰記の記載内容と特長］

[ロ]後花園院三十三回聖忌曼荼羅供申沙汰記草（以下、「申沙汰記」と略称）は、すべて紙背文書があり、反古紙を再利用して、守光が法事の行政執行手続きの経過を日付にそって整理・まとめた記録である。守光がすべて自筆で書いた書写本である。

書誌データを整理しておく。まず、反古料紙は全部で六枚あり、しかも、反故紙を張り継いで三つのセット群をつくって、その裏紙に日付にそって関係文書類を整理・書写しながら行政執行の作業内容の注記を加えている。

セット料紙①は、反古料紙1と2を張り継いで二五・七×六三・〇センチの料紙にして、十一月十日守光書状（史料[ロ]―1）と十五日付の僧綱の威儀師に宛てた催促状（史料[ロ]―2）と十五日・十六日・十九日の作業内容の覚書、さらに十一月十九日付の宣親書状（史料[ロ]―3）までを書き写している。史料[ロ]―1の守光書状は、守光が作成した奏事目録二通を中山宣親に送付し、奏事始の日程を問い合わせた消息である。追伸に「白紙二枚これを書く、目録二通を巻き籠め下ばかりを結ぶ」とあり、まず奏事始の前につくった奏事目録は白紙に書いたと明示されているから、[イ]―雑事文書に貼り継がれた宿紙の奏事目録（史料[イ]―1・2）とは別のものであることが判明する。奏事目録を書状に巻き籠めて立文という封紙の作り方を覚書にする。守光が「奏事始何日候哉」と中山宣親に奏事始の日程を問い合わせているから、白紙の奏事目録は奏事始の前に作成して伝奏に送ったことがわかる。

十五日には威儀師宛て書状（史料ロ―2）について「折紙を調え惣在庁坊に遣す者也」との作業内容を日記風に注記した。十六日には「晴、威儀師来りて子細を申す、伝奏に遣す者也」とあり、法事を取り仕切る惣在庁の威儀師が来宅して守光に申し入れた子細を伝奏に遣わした行政内容を記す。十九日には、中山黄門から書状が到来して、昨日の奏事始に守光は歓楽＝病気で欠席し六位蔵人源諸仲が出席したと経過を記して、十九日付の宣親書状（史料ロ―3）を書写している。これは、イの雑事文書に貼り継がれた史料3宣親書状を書写したものであることがわかる。ここから年忌法事の奏事始が十一月十八日に伝奏宣親と六位蔵人諸仲によって実施され、守光が欠席したことがわかる。宣親消息から、宣親は守光から送られた奏事目録に、天皇の仰詞を書き付けて目録二通を守光に返したことがわかる。したがって、イ雑事文書の史料1の原本の奏事目録こそが、伝奏宣親が後柏原天皇の仰詞を書き込んで、守光に返献したものを、守光が保存したものと判明する。

セット料紙②は、反古料紙3と4と5の三枚を張り継いで、二六・〇×一〇五・〇センチのセットにして記録用の料紙にしている。セット料紙①よりも縦が三ミリほど長い料紙になっている。まず「廿日」の日付を記して「奏事目録二通を写し、奏事目録案ト加銘、消息を巻き籠めこれを遣す者也」と行政実務内容の覚書がある。伝奏宣親から送られてきた奏事目録二通を守光が書写して、頭弁として「奏事目録案」と銘を加え、伝奏あての書状に巻き籠めて再び宣親に送り返したことがわかる。宣親宛の消息には「御　奏事始珍重に候、目録二通に仰詞を付けられ返下されて了、仍って二通写し進め候、内々御披露如何、参申すべく候也」とある。守光が書写・返送した奏事目録案は、伝奏から禁裏への披露を目的としたことが判明する。追申で伝奏中山宣親の子息康親が羽林（中将）に昇進し、口宣案を書き下した旨を伝達している。

ここから、頭弁守光は奏事目録を三つの段階で作成していたことになる。つまり、奏事始以前に白紙で奏事目録を二通作成して伝奏に送った段階。伝奏が奏事始のあとに天皇の仰詞を注し記載して奉行職事に送り返した段階。最後に、仰詞を記載した奏事目録を奉行職事がさらに書写して銘を加えて、披露するために伝奏に写を送り返した段階。以上、三段階の奏事目録が複合文書として作成されていたことが判明する。

つぎに「廿二日」の日付を起筆して、惣在庁の威儀師が守光宅を訪ねて抗議した内容を覚書にしている。抗議内容は、僧侶の給与である御訪料を半分にせよとの伝奏の主張は迷惑であること、催促文書は伝奏奉行が行っているが、禁中御八講では伝奏より直接御教書を受け取っていることの二点である。守光は実務の遅怠から、文書の草案を出してもらいそれに従って威儀師宛の文書を作成した。守光は発給した十一月二二日付威儀師宛の伝奏御教書（史料ロ—5）を書き写した。安禅寺殿での三十三回忌法事を「申沙汰」するように威儀師宛に命じた催促状である。追申で、導師の阿闍梨には醍醐寺報恩院僧正が指名されたこと、讃衆の僧侶は八口から十口に訂正されたことが見消しで指示されている。公家文書の発給は、請取主が原案を事前に文書作成者に示して作成される場合が多いことがここから判明する。

つづいて、御黙で年忌法要での布施取役を命じられた姉小路中将基綱、高辻少納言章長、大内記東坊城和長、内蔵頭山科言国に宛てた守光の催促状（史料ロ—6）を書写する。「依天気――執達如件」とあるから綸旨の様式である。つぎは、新大納言四辻実仲、侍従大納言三条西実隆、中山中納言宣親、飛鳥井中納言雅俊、右大弁宰相中御門宣秀に法事への参仕を命じた十一月廿六日付の左中弁守光の催促状（史料ロ—7）である。当日堂童子を参勤するように侍従世尊寺行季と右衛門佐富小路資直に命じた守光の催促状（史料ロ—8）も、天皇の仰を請けて出されたから綸旨となっている。

セット料紙③＝反古料紙⑥は、「謹上　左中辨殿　　隆実上」と記した包紙を反故にして記録用の料紙に転用している。二八・〇×四六・六センチの長めの楮紙で、立文の包紙をヨコにして再利用している。巻子本イ雑事文書の史料4の隆実書状の懸紙《かけがみ》（礼紙や包紙）であったことがわかる。守光は、文書行政で手元に送られてきた書状や懸紙などを、行事ごとの別記をつくるための料紙に再利用したのである。

ここでは、まず守光が高辻菅原少納言章長に御願文と諷誦文の草案作成を命じた十一月二十八日付の守光催促状（史料ロ―9）を書き留めている。催促を受けた章長が受諾した旨、請文を提出し、その原本がイ雑事目録の史料5の高辻章長請文にあたる。守光催促状の追伸で「御布施取御参のこと、御點候」とあり、当日の布施取役も天皇の指示であることを、章長に連絡した。つづいて、守光は蔵人中務丞にあてて「例に任せ申沙汰を催すべく」との命を伝える催促書状（史料ロ―10）を発した。最後に「丗日」の日付を起筆して「陰、御教書如此これを書く」として十二月十日新四位史＝官務大宮時元に催沙汰を命じた十二月十日付の催促状（史料ロ―11）を発給した。頭弁催促状を守光自身が「御教書」と呼んでいたことがわかる。

こうした奉行職事が天皇の仰を受けて行事出仕者に宛てて出す手続上の催促状は、平安・院政期の研究者は職事書下と呼んでいる。(7) 室町期朝廷で、伝奏や奉行職事が発給した公家の行政手続き文書については、研究が遅れており、近年、伝奏や官務・局務の発給文書の控である符案に関心があつまり、あたらしい公家文書研究の研究課題になっている。(8)『親長卿記補遺』に残る符案は、奉行職事や伝奏をつとめた親長が、公卿・殿上人・官人らに催促した手続き文書を書き留めたもので、伝奏奉書・御教書・綸旨と別称している。『薩戒記』『親長卿記』『実隆公記』などでは「御教書」や「伝奏奉書」「消息」と呼んでいる。催促を受けた公卿・殿上人・官人らが受諾書を提出し、それらは、「請文」「散状」「領状」などと呼ばれている。

以上から、申沙汰記に記載された内容は、十一月十日から十二月十日までの期間に、後花園院三十三回忌法事の奉行職事となった頭弁守光が、行政執行の過程で発給した文書と受給した文書を日付に沿って再整理した備忘録であることが判明した。

（3）雑事文書・申沙汰記の内容確認

［広橋守光と中山宣親の職務］

では、以上みてきた文亀二年（一五〇二）十二月十九日後花園院三十三回忌法事での雑事文書と申沙汰記の記載内容が、他の史料群によって裏づけをとることができるかどうか、その実証性・信憑性を検討しよう。

『言国卿記』文亀二年十二月十九日条には「一於二安禅寺一　後花園院為二三十三廻曼荼羅一□中山中納言宣親卿奉行広橋頭弁□」とある。ここから、後花園院三十三回忌法要は安禅寺殿で、十二月十九日に予定通り実施され、中山中納言宣親が法事伝奏、広橋頭弁守光が奉行を勤めたことが確認される。記者の山科言国は、史料ロ—6の守光催促状に、当日に布施取役に参勤するように命じられた四人のなかのひとり「内蔵頭」本人にあたる。法事に出仕した当事者の日記によって記述内容が一部裏付けられたといえる。

さらに当日の法事の詳細については『実隆公記』同日条につぎの記載がみえる。

今日於二安禅寺一奉為後花園院三十三廻聖忌被レ行二曼荼羅供一、阿闍梨賢深僧正醍醐水本、故定親卿息、七十三歳、一昨日補東寺一長者讃衆十口、十弟子両人堂上之儀也、八千疋供料給レ之参勤云々、奉行職事「可謂行事弁歟」守光朝臣、伝奏中山中納言也、依二兼日催一参仕、早朝先著二已直衣一参二彼寺一乗輿、不レ及二僮僕沙汰一、雑色一人召二具之一、於二彼寺中一着二装束一、甘露寺中納言令レ著レ之、刻限可レ為二辰一點一之由兼日雖レ有二其沙汰一時刻推移漸及二午下刻一事始、先於二集会所一頭弁申二事由一具之由於二上卿一新大納言、今日上首也仰下鐘可レ打レ之由上弁退入、仰二図書官人一令レ打レ鐘、次新大納言著二堂前座一、次予堂著レ之、次中山中納言著レ之、其座西方一方也、以レ東為レ上、次堂童子二人行李、藤原資直等著座、次綱所著座綱所列引頭之事、尤可レ有レ之哉不審之処、阿闍梨所為猶不レ可レ及二引頭一云々、仍著座、翌日中山黄門談云、阿闍梨失念也、尤可レ有二引頭一之事也云々、愚意符合了、次金剛衆引列（已下原本余白）

安禅寺殿は後花園天皇の皇女・芳苑恵春で、後土御門天皇と兄妹で延徳二年（一四九〇）二月十三日に葬礼

（『親長卿記』同日条）が実施された尼門跡である。「阿闍梨賢深僧正醍醐水本、故定親卿息、七十三歳、一昨日補東寺一長者讃衆十口、十弟子両人堂上之儀也」とあるから、当日の阿闍梨は醍醐寺水本僧正賢深であったことが判明する。故中山定親の子息七十三歳というから、伝奏宣親とは兄弟であった。『報恩院源雅記』（歴博田中本）によると源雅も中山宣親の子息であった。史料ロ―5の伝奏御教書に「阿闍梨は報恩院僧正を為すべし、讃衆十八口之由沙汰」との記述が『実隆公記』の記述で裏付けられる。

実隆は守光の「奉行職事」に「行事弁か」と注記をしている。『弁官補任』によれば、応永年間以降十五世紀の弁官はいずれも蔵人を兼任している。実隆は行事の奉行職事が行事弁と認識していたのである。職事弁官機構論（拙著『日本中世の国政と家政』校倉書房、一九九五年）の指摘が適合しているといえる。

『実隆公記』によれば、三条西実隆も直衣姿で僮僕沙汰なし、雑色一人を召し具す略式の輿で安禅寺に参じ、寺内で装束を着替えた。参加者は甘露寺中納言元長、上卿は上首であった新大納言四辻実仲がつとめ、侍従大納言実隆・中山黄門宣親らが着座し、堂童子役は世尊寺行季と極﨟富小路資直がつとめた。史料ロ―7の守光職事書下で出仕を命じられた公卿には、新大納言四辻実仲と侍従大納言実隆や中山中納言宣親らが指名されているから、天皇の御點による人選の結果と一致している。しかも史料ロ―8の守光職事書下には、堂童子としての参勤が侍従と右衛門佐に命じられていた。世尊寺季行が侍従（『宣胤卿記』永正元年五月十三日条など）、極﨟資直が右衛門佐に該当することが確認できる。

とりわけ、十二月十九日当日の法会が辰一点（午前八時半）の予定が実際には午下刻（一二時すぎ）にずれこんだこと、阿闍梨賢深の失念で、僧綱所による引頭《いんず》（僧侶の先導役）の作法を省いてしまったことを、あとで中山宣親も認めたとある。この記述も、年忌法事が惣在庁の威儀師と奉行職事守光との交渉で準備されたという史料ロ―5の記述と一致する。『実隆公記』のいう「綱所」とは、史料ロ―5がいう惣在庁の威儀師を指すのであ

るから、両者の記述は合致する。(9)

以上の検討から、三十三回忌法要の行政執行は、天皇の奏事目録の作成とその決定にもとづいて伝奏と奉行職事によって関係者に職事書下や伝奏御教書での催促状が出され、文書発給と請文受領という行政執行手続きが遂行されて、醍醐寺報恩院主賢深を阿闍梨にして安禅寺殿で日程通りに実施されていたことを、当時の日記によって実証することができた。

では、こうした行政手続は、室町期の一般的儀式執行でも共通しているのか、室町期の奏事目録と朝廷の行政執行システムについて、節をかえて検討しよう。

三　室町期の奏事目録と朝廷の行政執行手続き

(一)　奏事目録とはなにか

[奏事目録の研究史]

朝廷国政運営の政務処理である「奏事」をとりあげ、奏事目録に最初に言及したのは相田二郎氏である。永禄九年(一五六六)正月十六日神宮奉行職事庭田重通と神宮伝奏今出川晴季による神宮奏事始で作成された奏事目録の原本が菊亭文書に残ったことを紹介し、伝奏や奉行職事の書状を「披露状」としてとりあげた。(10)橋本義彦氏は平安期の政務処理が政・定・奏事の三つの形態をもつとし、曾我良成氏は弁官が上卿の指示で奏聞して天皇の決裁を仰ぐ奏事ルートは十一世紀に始まるとした。(11)奏事目録作成の実例は、高田義人氏が最初に検討した。『侍中群要』の「奏書目録」の規定から、天皇の仰を蔵人が目録に注記したとし、「奏事目録」として『山槐記』応保元年(一一六一)十一月一日条をあげる。『実隆公記』から明応六年(一四九七)二月四日神宮奏事目録をあげ、「上皇の仰せを最初に記録する決裁記録である」とし、奏事目録には原簿、伝達文書、先例集という三つの機能があったとする。(12) 玉井力氏は、摂関政治の十世紀には蔵人方奏事が行われ、官方奏事と区別されていたとし、下郡剛氏は、白河・鳥羽院政下の奏事目録がみられないが後白河院政期には多数確認できるとし、弁官は官方奏事のみ、蔵人は蔵人方奏事や政務全般について連絡調整を行ったとする。(13)

鎌倉期の奏事目録は、橋本初子氏が『吉黄記』（別名『経俊卿記』）正嘉元年（一二五七）五月八日資宣奏の奏事目録をとりあげ、本郷和人氏は、『実隆公記』の明応七年（一四九八）正月神宮奏事目録を『建内記』正長元年（一四二八）九月二十二日条の記載にもとづいて解釈し、職事が奏事目録を作成し、伝奏が仰詞を書き入れ、職事は目録の写を二通つくり、伝奏と御所に進上したと主張した。(14) 本郷氏は「勘仲記裏文書」の建治二年（一二七六）後三月十日職事為方の奏事目録（鎌一二二九九）が殿下鷹司兼平の仰詞を記載したとし、摂関政治下では摂関が仰詞の主体になれたとする。相田氏が指摘した「永禄九年正月十六日重通奏」の神宮奏事目録を事例にして、奏事の主体は原則的には蔵人であるが弁官も行うことができたとする。(15)

本郷恵子氏は広橋家本の「貞治二年仲光卿奉行綸旨幷御教書案」の紙背文書にある貞治二年（一三六三）二月奏事目録原本二例を紹介した。仲光が「賀茂社の奉行」で奏事も行ったとする。(16) 遠藤基郎氏は、『経俊卿記』から「正嘉元年（一二五七）四月十九日雅言奏、法勝寺条々」、東山御文庫記録の「徳治三年（一三〇八）八月四日公賢奏　按察大納言」「徳治三年八月十一日公賢奏　按察大納言」などの一連の奏事目録を紹介し、伝奏按察中納言洞院実泰が後宇多院に奏聞したもので、洞院公賢は「法勝寺付きの行事弁と断定して間違いない」とする。(17)

室町期の奏事目録については、まったく専門論文はない。わずかに奏事目録に言及する富田正弘氏は、官宣旨・太政官符・官牒など公文書は南北朝期に省略され、職事や弁官が作成する口宣案・院宣・綸旨が官宣旨・宣旨につぐ「天皇＝太政官の新公式文書となる」とし、天皇の決裁は宣として口頭でなされ、記録のために奏事目録が作成されたが、それは単なる記録にすぎないと主張する。森茂暁氏は『忠光卿記』康安二年（一三六二）五

月六日後光厳天皇の奏事目録をとりあげている。(18)

［奏事目録の論点］

以上の研究史をみると、奏事目録は職事が作成したのか、行事弁が作成したのか、伝奏が仰詞を記入したが、銘や伝奏の名は誰が書入れたのか、諸氏によって混乱しており、統一した説明がない。なによりも、奏事目録が前述したように奏事始の進行過程に応じて三段階の作成手続きをもっていたことが無視されている。まず奏事目録の作成過程を確定することが第一の検討課題といえよう。

第二点は、奏事目録は天皇の決裁文書であるから、それを起点にして次々に文書が作成されていくとみる高田義人・本郷和人両氏の見解と、口頭の宣を一時的に記録するのが朝廷の作法であり、奏事目録も単なる記録にすぎないとみる富田説が対立している。奏事目録が、中世朝廷の行政執行手続きにともなう文書発給上どのような役割を果たしたのかを解明することが第二の研究課題といえよう。

第三は、奏事目録が原簿・伝達・先例集としての役割をもっていたとする高田義人説と、「奏事目録は奉行の手控えであり、意志の伝達された後は廃棄される性質のものである。朝廷の外部には発給されないので、偶然が作用しない限り後世には伝わらない(19)」と主張する本郷和人説が対立している。奏事目録が原簿か、廃棄される性格のものか、奏事目録の機能とあわせて再検討されなければならない。

［室町期の奏事目録］

鎌倉期の奏事目録は、『経俊卿記』のほか、『実躬卿記』に「嘉元三年十二月二日公秀奏」の奏事目録が同日条にある。また後宇多院が決裁した「徳治二年五月二十五日公賢奏左大弁宰相」の奏事目録や「徳治三年六月一日公賢奏宰相」の奏事目録が東京大学史料編纂所編『平安鎌倉古文書集』（八木書店、二〇〇九年）に収められる。

一方、室町期の奏事目録で管見に及んだものは、表1の通りである。

ここから二三点の奏事目録の事例をあげることができる。「偶然が作用しない限り後世には伝わらない」ものではなく、むしろ伝奏や奉行職事をつとめる名家・羽林家にはよく伝来しているといえよう。以下、研究史上の論点に即して具体的に検討しよう。

［奏事目録の作法］

まず、本論第二節で、奏事目録の作成過程には三つの段階があることを指摘した。その奏事目録を実証する事例として、⑳明応七年正月十四日宣秀奏事の事例を示そう。『実隆公記』同日条には、奉行職事中御門宣秀が神宮奏事始で神宮伝奏三条西実隆の奏聞のために事前に送った奏事目録を書写している。

〈奏事目録書様1〉

明応七年正月　日宣秀奏事

神宮条々

祭主伊忠朝臣申造替事、

同申神領再興事、

同申二加級事一

神宮奉行宣秀が伝奏実隆に宛てた書状には、「奏事目録一帋献二上之一、可下令二奏聞一給上」（『同』同日条）とあるから、奏事目録書様1が、奏事始の前に奉行職事によって作成され伝奏に献上されたものであることが裏付けられる。

二通目は、伝奏が仰詞を書き込んで、職事に返献したもので「予返遣時之躰」として、つぎの書様を書写している。

〈奏事目録書様2〉

伝奏	備考	典拠
広橋兼宣	天皇病のため伝奏に代わって職事の奏事	薩戒記同日条
按察大納言土御門資家		薩戒記同日条
大嘗会伝奏甘露寺親長		親長卿記補遺同日条
同上	奏事目録に仰詞をつけ左衛門督御局に送付	同上
同上	親長参院して奏事	同上
同上	参院奏条々　奏事の目録女房に送付	同上
同上	尚光に付し奏事	同17日条
同上	昨日奏事目録女房に送付	同日条
同上		同日条
同上		同日条
同上		同日条
同上		同日条
賀茂伝奏甘露寺親長	常御所で目録を開き読進	親長卿記25日条
同上	一昨日目録今日進上、仰詞書き改め	同17・20日条
法事伝奏甘露寺親長		同日条
賀茂伝奏親長	懐中より取出し下上御前方に引廻し読申す	同日条
同上	読申　文下向御前	同28日条
伝奏日野資綱		同26日条
伝奏三条西実隆	日付、仰詞は愚筆を以て注す	実隆公記同日条
同上	奏事目録に3つの書様を書写	同日条
神宮伝奏中御門宣胤	五位職事の目録書様不審	宣胤卿記同日条
同上	目録に仰詞を付け頭弁に遣す頭弁写2枚を返送	宣胤卿記同日条
同上	議定所出御、伝奏が読申し天気を伺う	宣胤卿記同日条

明応七年正月十四日宣秀奏事、
　祭主伊忠朝臣申造替事、（仰別而早速可申沙汰、）
　同申神領再興事、（仰可仰合武家、）
　同申加級事、（仰可令宣下）

実隆は、「御奏事目録注二仰詞一返三進之二候也一」との書状を神宮奉行宣秀に返送したとある（同日条）。奏事目録書様2は、奏事始で天皇や上皇の決裁をうけた伝奏が、仰詞を奏事目録に注裁し、奉行職事に返送したものであることが裏付けられる。

三通目は、神宮奉行宣秀が奏事目録を二通書き写して、再度伝奏に返進したもので、つぎのように書様を書写している（同日条）。

〈奏事目録書様3〉

□銘奏事目録、明応七年正月

十四日宣秀奏事、侍従大納言、

表1　室町期の奏事目録一覧

No	書出文言	条々	仰詞	奉行職事
①	応永三十二年七月二十六日奏	4回に分け12か条	有	中山定親
②	永享元年十月十四日奏	即位年内	有	頭弁甘露寺房長
③	文正元年三月　日広光奏	大嘗会条々	有	職事町広光
④	文正元年六月十日親長奏	同上	有	
⑤	文正元年六月十四日親長奏	同上　4か条	有	
⑥	文正元年六月十六日親長奏	同上　5か条	有	
⑦	文正元年六月十九日尚光奏	大嘗会悠紀所条々	有	悠紀行事左少弁
⑧	文正元年六月二十一日親長奏	大嘗会条々4か条	有	
⑨	文正元年七月二十九日親長奏	同上　8か条	有	
⑩	文正元年八月七日広光奏	同上　7か条	有	
⑪	文正元年八月七日広光奏	同上　6か条	有	
⑫	文正元年十二月四日広光奏	同上　3か条	有	
⑬	文明三年二月日親長奏	鴨社の5か条	有	
⑭	文明三年三月十五日親長奏	賀茂1か条	有	
⑮	文明三年三月二十日親長奏	旧院百日法事　10か条	有	
⑯	文明六年正月十三日	賀茂社奏事始	無	職事元長
⑰	文明八年正月　日親長奏	賀茂社奏事始	有	
⑱	文明十六年正月　日基富奏	神宮条々　神宮奏事始	有	神宮奉行基富
⑲	明応六年二月四日宣秀奏事	同上　神宮奏事始	有	神宮奉行宣秀
⑳	明応七年正月十四日宣秀奏事	同上　3か条	有	同上
㉑	永正三年三月二十四日尚顕奏	神宮奏事始　神宮条々	有	神宮奉行尚顕
㉒	永正四年正月二十三日尚顕奏	同上　3か条	有	同上
㉓	永正五年二月五日康親奏	同上　3か条	有	奉行頭中将中山康親

神宮条々、

祭主——仰別而早速可二申沙汰一、

同申——仰可レ仰ヨ合武家一、

同申二加級一事、　仰可令宣下

奏事目録書様3は、奉行職事が銘を加え、奏事を行った伝奏の名前を小文字で加筆したことがわかる。奉行宣秀は「奏事目録二通写進入候、旁可二参申一候」との消息をつけて三条殿（実隆）に送り、「白帋腰文立文也」との注記を実隆が書写している。腰文＝封紙は白紙であったことがわかる。奉行職事は奏事目録を手元に保存し、書写した奏事目録を神宮伝奏実隆に送った。実隆は、「昨日の奏事の目録まいらせ候、御心えて御ひろう候へく候」と勾当内侍宛に送った消息を日記に書写した。一通は自分の手元に置き、一通は勾当内侍を介して天皇の御覧に入れたことがわかる（同日条）。最終段階の奏事目録は、院御所や禁裏に提出され、国家意志決定権者の御覧に入れて最終確認をえたことがわかる。

以上から、雑事文書と申沙汰記の分析から見出した三段階の奏事目録の書様は、『実隆公記』の記載により裏付けられたといえよう。そこで、表1の事例が、どの段階の奏事目録に相当するのかをみながら、その機能と役割について検討しよう。

書様1の奏事目録は天皇への奏事に先立って事前に奏行職事が用意したもので、表1の⑬⑯⑰㉓の事例をあげることができる。

⑬の事例は賀茂伝奏甘露寺親長の賀茂社条々の奏事で、「予奏事目録持参……被レ召二御前一、只常御座所也、開二目録一読進」（『親長卿記』文明三年二月二十五日条）とある。奏事の日付も無記入であり、伝奏親長が常御座所の天皇の前で奏事目録を開いて読み進めていた。

⑯も賀茂社奏事始で、「出御御引直衣参二御前一、自二懐中一取三出予奏事目録一元長奏事目録巻籠予奏事目六之内展二紙捻一、折二上下一、下上引三廻御前方一読申、其条在レ別賀茂上下事、宣親少将事等也次取二元長奏事目録一読申、為景左衛門尉事、為忠雅楽助事等也、読了承レ仰、……退出、改着二衣装一、又参レ番、奏事目録注二仰詞一進三上之二」（『親長卿記』文明六年正月十三日条）とある。事前に作成した奏事目録を懐中から取り出し、上下を引き回して天皇の御前に向けて置き、伝奏が読み申した。子息の賀茂奉行元長の奏事目録も同時に読み奏事した。一度退出して目録の仰詞を注記して進上した。

㉓では、神宮奉行中山康親が用意した奏事目録を神宮伝奏中御門宣胤が奏事した。「次出三御議定所一……諸仲来、告二出御之由一、取三副レ笏於二奏事目録一入二西向戸一〈於二戸外一蹲踞〉、膝行著二圓座一此圓座兼、六位敷也置レ笏二披目録一、読申、永正五年二月四日康親朝臣奏、神宮条々、祭主三位申造替事ト読了、伺二天気一」（『宣胤卿記』永正五年二月五日条）とある。六位蔵人が天皇の出御を伝えると、伝奏宣胤は議定所で奏事始を行い、目録を伝奏が読んで

「天気を伺」った。第一段階の奏事目録は、国家意志決定権者の前で伝奏によって読まれ、しかも天皇や院に見えるように置いていたことがわかる。

書様2の奏事目録は、宿紙に書かれ、奏事の結果である仰詞を伝奏が注記し、奏事の日付の文字を書き込んだものであり、仰詞の記載されたものは②から㉓までほとんどすべての事例である。とりわけ、⑲の事例では、「此日以二愚筆一入レ之、仰詞同以二愚筆一注レ之」（『実隆公記』明応六年二月四日条）とあり、伝奏実隆が奏事の日付と天皇の仰詞を注記した。⑭の場合には一昨日の奏事目録を今日（十七日）禁裏に進上したが、そのあと「賀茂社申関事先日仰詞不レ叶二時宜一云々、仍書二改之一」（同二十日条）とある。一度禁裏に提出した奏事目録の文言を後日に訂正した事例である。仰詞を事務手続き上、整合性のあるように訂正することもあったことがわかる。

書様3の奏事目録で、奉行職事から伝奏に送り返された奏事目録を女房が天皇や院に提出したことを明示したものは④⑥⑧⑭⑲㉑㉒㉓の八例確認できる。⑲明応六年二月四日宣秀奏事では、伝奏が仰詞を注記したあと、神宮奉行宣秀が「銘　奏事目録」と「侍従大納言」との文字を書き加えて、伝奏に「奏事目録一帋進入候、旁可二参申一候」と送り返して禁裏への進上を依頼した（『実隆卿記』同日条）。㉑永正三年三月二十四日尚顕奏では「尚顕朝臣神宮奏事目録写レ之、宿紙二枚送レ之、表ニ銘ヲ書、奏ノ下ニ伝奏ヲ付、昨日両度催促、及二今日一如何、一通可レ進二禁裏一之処、今日御衰日也」（『宣胤卿記』同二十六日条）とある。神宮奉行尚顕が書写した奏事目録案は「宿帋」に書き、表に銘と伝奏の名を加筆した。「奏事目録、如レ此銘ヲ頭弁書レ之、巻タル表ノ事也」とある（同二十六日条）。㉒の永正四年正月二十三日神宮奏事始の事例では、「奏事目録写之二枚頭弁送レ之、奏ノ字ノ右ノ下ニ中御門大納言ト書之、銘ニ奏事目録ト書之、又籠二枚封レ之、状以レ紙捻ヲ結上下一、立紙之封状不レ可レ結之由申遣了」（『宣胤卿記』同二十四日条）「二十五日晴、奏事目録一通、以レ文進二禁裏一、昨日御衰日之間、今日所レ進也、一通留レ私」（同二十五日条）とある。ここでも、頭弁が最終的な奏事目録を宿紙に清書して二枚つくり、伝奏に「立紙之封状」で送り返し、それを伝奏は、一通を禁裏に進上し、一通を伝奏の手元に保存したことが再確認できる。

「立文」「立紙之封状」とは古文書学では懸紙（封紙）のことを指す。[20]料紙を縦長の形式で包んだことで、「腰文白帋」と明示された事例もあるから、奏事目録二通は宿紙、懸紙は白紙の場合があったといえる。

以上の検討から、奏事目録とは奏事の行政手続きが進行するのにともなって書様が三段階に変化し、奉行職事と伝奏によって作成された複合文書であり、職事・伝奏の手元に保存され、最終的に禁裏や院御所に提出され御覧に入れるものであったことが判明した。したがって、本郷和人氏のように「意志の伝達された後は廃棄される性質のもの」とか、富田正弘氏のように「単に記録されたもの」とする見解はあやまりである。高田義人氏のいうように原簿、伝達文書、先例集でもあったが故に、奉行職事と伝奏の手元に置かれ、禁裏や院御所に提出されたものといわなければならない。国家の最高意志決定を記録した行政文書が、天皇や院御所に提出された奏事目録であった。

（2）　行政執行としての申沙汰

［申沙汰と行政執行の発給文書］

では、最後に、奏事目録と申沙汰との関係について、具体的な事例で職事書下や伝奏奉書の発給過程を論証しよう。

表1の⑮後花園院百日法事では、後土御門天皇の奏事目録にもとづいて、伝奏親長が出仕者の公卿・僧侶・門跡への催促状を発給し、さらに彼は職事奉行や官務らにも催促の御教書を発給した。その文書発給の手続きが『親長卿記』に記載されており、筆者はその行政執行経過について別に検討したことがある。[21]ここでは、『薩戒記』永享元年（一四二九）十月条から、奏事目録にもとづいて奉行職事の頭弁が発給した職事書下の書様と申沙

汰の意味について検討しよう。

永享元年は、後小松院政下で前年に後花園天皇は践祚を済ませただけで、即位式の準備中で年内実施が奏事で決められ、即位伝奏土御門資家、奉行頭弁甘露寺房長が五か条について奏事目録をつくり、申沙汰した（『薩戒記』永享元年十月十四日条）。奉行職事の蔵人頭右大弁甘露寺忠長と蔵人頭左大弁甘露寺房長が公卿・殿上人・官人らに職事書下を発給していた。まず、頭弁忠長が六位蔵人に出した催促状を示そう。

明後日廿一日、可レ被レ勘二官廳立柱上棟日時一、任レ例可レ被二申沙汰一之状如件

十月十九日　右大弁判

蔵人中務丞殿

追申　高御座事始日時定可レ為二同日一、可レ被二存知一候也

この文書を『大日本古記録　薩戒記』の編者は頭注で「職事書下」と名付けている。即位式での官庁の棟上式と高御座の事始の日時定について「申沙汰」を行うように、頭弁忠長が蔵人中務丞源重仲に命じた。六位蔵人の行うべき職務を「申沙汰」といっていることが確認できる。

十月二十五日には、蔵人頭左大弁甘露寺房長が、日記の記者である中山康親に催促状を送ってきた。「午終刻、頭左大弁房長朝臣送御教書云」とつぎの文書を書写した。

「紙屋帋也」
来十二月廿七日可レ有二御即位儀一、侍従代可下令二参勤一給上者、依二摂政（二条持基）殿御消息一執啓如件

十月廿五日　左大弁房長

謹上　中山宰相中将殿

ここから、頭弁房長の催促状＝職事書下を、記者の康親は「御教書」と呼び、文書様式も摂政二条持基の消息を受けて発給され、紙屋帋＝宿紙を用いたことがわかる。蔵人頭右大弁忠長が花山院大納言持忠に宛てた職事書

下も摂政二条持基御教書であった（『薩戒記』同二十五日条）。

奏事で天皇の仰詞を受けて出される職事書下は、天皇の仰を受けるから綸旨の場合があることは前述した。ここでは「依　摂政殿御消息執啓如件」として摂政御教書の文書様式となっていながら、天皇の秘書官蔵人所の出す宿紙に書かれている。本郷和人氏が九条道家政権のとき、摂政の仰詞を記したものを奏事目録とした事例を指摘したことはすでにみた。室町期朝廷でも、摂政二条持基の仰で職事書下が発せられたことがわかる。職事書下は、奉行職事が国家意志決定権者の仰によって発給する書状であるから、綸旨の場合もあれば院宣の場合、摂政御教書の場合もありえたのである。伝奏や奉行職事が、天皇・上皇・摂政・室町殿の仰を受けて、伝奏奉書や職事書下を発給したことを意味する。以下、室町殿の仰を受けた職事が書下を発給した事例を示しておこう。

歴博所蔵・清原船橋本の大宮時元の符案である『下請符集』（H一七七〇―一）永正七年二月条につぎに符案がある。

就二江州進発之地一御敵退散御祈事、別而可レ抽二懇誠一之由、可レ被レ下二知　神宮一之由、室町殿被二仰下一候
也、仍状如件

二月十六日　右中将（正親町三条実胤）判

四位史殿（大宮時元）

これは、細川高国・大内義興に擁立された室町殿義尹が、前将軍義澄政権を近江に追討したとき、頭中将正親町三条実胤が伊勢神宮に敵退散の祈禱を行わせるように官務大宮時元に命じた職事書下である。「室町殿被仰下候也、仍状如件」とあり、頭中将が室町殿義尹の仰を受け発給したことが明示されている。このとき、蔵人右中弁万里小路秀房も二月十六日付でまったく同文の文書を「右中弁」として「祭主三位」に発給した(22)。まさに、蔵人頭弁万里小路秀房と蔵人頭右中将正親町三条実胤は、室町殿義尹の仰詞を受けて、職事書下を官務や祭主に発

給する場合があったことが実証できる。(23)

甘露寺親長が文正元年（一四六六）に後土御門天皇の大嘗会伝奏をつとめたときの表1―③〜⑫の事例でも、奏事目録にもとづいて、伝奏親長が「御教書」を発給し、大嘗会奉行職事の蔵人弁町広光に対して「大嘗会可下令二申沙汰一給上之由被レ仰候也」との伝奏奉書を発している（『親元日記補遺』寛正七年二月二十二日条）。このとき、大嘗会惣奉行に補任された幕府奉行人斎藤之親に対しては、仙洞後花園院から室町殿義政に申し入れがなされ、「只伝奏より直に武家奉行摂津掃部頭、去年御即位奉行云々に仰すべし」との指示があり、「大嘗会惣用事　任レ例可二申沙汰給一候也、恐々謹言」との伝奏親長奉書が「摂津掃部頭殿」（之親）に宛てて発給されていた（『親長卿記補遺』後二月六日条）。室町期朝廷の伝奏奉書が幕府奉行人に宛てて出され「申沙汰」すべきことが命じられていた。

以上から、奏事目録にもとづいて伝奏や奉行職事が、行事出仕者の公家・官人・僧侶や武家奉行らに催促状として「御教書」や「消息」を出す行政事務のことを「申沙汰」といった。その文書様式は最高意志決定権者の仰詞を受けて出されるので、綸旨・院宣・摂政御教書・室町殿御教書になったことを指摘した。伝奏の発給文書は「伝奏奉書」、奉行職事の発給文書は「職事書下」と総称しえるといえよう。

むすびに

本稿では、申沙汰とは奉行と同義語であり、室町期朝廷での行政執行の記録を申沙汰記と呼ぶことがあったことを論じてきた。これとは反対に、申沙汰は酒宴の意味とする理解がみえる。「及晩参内、一献申沙汰也近臣、例年事也」（『親長卿記』文明十四年正月廿六日条）について、小森崇弘氏は「文明十四年の一月から三月にかけて行われた廷臣等による申沙汰（費用負担）の酒宴では曲舞や猿楽などを伴った酒宴が確認される」(24)と解釈する。明石治郎氏も『実隆公記』明応四年正月八日条の「申沙汰」を「申沙汰（＝酒宴）等」と述べる。大日本古記録

『後法成寺関白記』永正十七年八月二十二日条に「今日於大樹京兆、申沙汰云々」とある頭注に「高国足利義稙邸ニ酒宴ヲ催ス」とある。室町期の研究者は申沙汰を酒宴とする理解が一般的とみえる。

後法成寺関白記の記者、近衛尚通は断片的な記載しか日記に残さなかった人物であるが、廿日から廿二日条をみれば、公方義稙亭での「一献申沙汰」に近衛尚通も招待されたことがわかる。禁裏でも正月「近臣申沙汰」による一献の酒宴は年頭の恒例行事になっていた（『親長卿記』『実隆公記』）。「一献申沙汰」が、酒宴の準備であったといえる。

しかし、「申沙汰」の本来の意味は、奏事目録にしたがって伝奏や奉行職事が行政執行のために伝奏奉書や職事書下を発給して、儀式や行事への出仕を関係者に催促することを意味する。奉行職事らの行政執行のこと、奉行が申沙汰することが本来の語意である。申沙汰には酒宴を意味する場合もあったが、申沙汰の語源が酒宴を意味するわけではない。「逆は必ずしも真ならず」である。

では、武家史料の場合をみておこう。幕府奉行人摂津之親は文正元年大嘗会惣奉行の「申沙汰」を命じられた（『親長卿記補遺』後二月六日条）。『斎藤親基日記』には「掃部頭之親、大嘗会申沙汰忠賞として、御腰物助宗、御太刀包平　これを下さる」（同十二月二十六日条）、「之親事、大嘗会惣奉行賞として、官位を改めらるべき之旨忝けなくも勅筆を染めらる」（同十二月二十九日条）とある。室町幕府奉行人摂津之親は大嘗会で「惣奉行」をつとめ、「申沙汰の忠の賞」によって将軍家の太刀と天皇の「勅筆」によって「修理大夫」の官位に任じられ「諸大夫に列」せられた。「大嘗会申沙汰忠賞」とは「大嘗会惣奉行賞」であるから、「申沙汰」とは「奉行」と同義語であった。武家奉行人の大嘗会奏奉行への補任状は伝奏奉書であったことも前述したとおりである。公武一体の官僚組織が、儀式伝奏の下に組織されていた。

以上の検討から、申沙汰記とは、儀式や行事での「奉行」をつとめたときの覚書を指すものであったといえよう。室町期朝廷の行政執行に従事した伝奏や奉行職事が、行政執行の過程でやり取りされた書類を日付にそって整理・備忘録としたものが申沙汰記。消息や御教書・職事書下をあとで書き溜めたものを符案。発給・受給した古文書を集成したものを雑事文書と呼ぶことがあったものといえよう。名家として奉行職事や伝奏を務めることを家職としていた広橋家に、申沙汰記や符案・雑事文書が数多く残っていた理由は、まさに禁裏や室町殿の「奉行」として申沙汰を行っていたためである。室町期天皇制の官僚機構の文書発給体制は、奏事目録と申沙汰によって合理的でシステマチックになっていたことが判明する。

（1） 広橋家本の整理過程は不明な点が多い。広橋家本と藤波家本との混在がみえることや上野竹次郎に言及した論考は、藤本元啓「神宮祭主藤波家旧蔵文書の紹介　下――伊勢神宮関係文書と広橋家知行地関係文書――」（『皇學館大學史料編纂所報　史料』九〇、一九八七）、渡辺滋「国立歴史民俗博物館所蔵の古代史料に関する書誌的検討」（『国立歴史民俗博物館研究報告』一五三、二〇〇九年）、拙論「中世禁裏の宸筆御八講をめぐる諸問題」（『室町廷臣社会論』塙書房、二〇一四年、五三二頁）参照。

（2） 二大分類法による古文書整理の典型例は、千葉県鋸南町吉浜保田の日蓮宗妙本寺の寺院文書があげられる（佐藤博信「妙本寺と高橋正明と重野安繹」『中世東国日蓮宗寺院の研究』東京大学出版会、二〇〇三年）。明治十六～十九年、太政官修史館の重野安繹は聖教類を含む寺院資料のうち古文書のみを影写し、五巻の巻子本に仕立て、古文書と聖教類とは分離・保存された。このため、日郷―日伝―日周ら歴代住職が師資相承で書写した古文書とともに曼荼羅・衣鉢・聖教類を弟子に相伝した史料群としての一括性が解体してしまった。同一の古文書がきわめて精巧な模写で複数残存する理由が不明のままになっていた。二〇〇六・〇七年の千葉県文化財保護審議会での調査過程で、筆者も近代歴史学の古文書・記録分離主義の問題点を目の当たりにした（前掲註1書五九九頁）。

（3） 杉本一樹『日本古代文書の研究』吉川弘文館、二〇〇一年）、

（4） 村井章介「中世史料論」（『古文書研究』五〇、吉川弘文館、一九九九年）。久留島典子・五味文彦編『史料を

読み解く――中世文書の流れ――』（山川出版社、二〇〇六年）。

（5）松薗斉『日記の家』（吉川弘文館、一九九七年）、同『王朝日記論』（法政大学出版局、二〇〇六年）、尾上陽介『中世の日記の世界』（山川出版社、二〇〇三年）、高橋秀樹『古記録入門』（東京堂出版、二〇〇五年）、五味文彦「日記の効用」（『中世社会史料論』校倉書房、二〇〇六年）、元木泰雄・松薗斉編『日記で読む日本中世史』（ミネルヴァ書房、二〇一一年）、田島公「天皇家ゆかりの文庫・宝蔵の「目録学的研究」の成果と課題」（『説話文学研究』四一、二〇〇六年）。同編『禁裏・公家文庫研究　第三輯』（思文閣出版、二〇〇九年）。

（6）拙論「甘露寺親長の儀式伝奏と『伝奏記』の作成」（前掲註1拙著）。

（7）奉行職事が天皇の仰を受けて出す催促状などを職事書下と呼んだ初見は、頭弁藤原俊憲『新任弁官抄』である。歴史研究者で「職事書下と呼んでおこう」と提案し「職事書状とも言うべきもの」としたのは、五味文彦「宣旨類」（『院政期社会の研究』山川出版社、一九八四年、一〇四頁）が最初である。職事書下の重要性は、公家文書研究でも深められていない。

（8）符案は、今岡典和・吉川真司「勧修寺家文書調査の成果と課題」（科研報告書『中・近世公家文書の研究』一九九〇年、研究代表朝尾直弘）がとりあげ、末柄豊「『実隆公記』と文書」（五味文彦編『日記に中世を読む』吉川弘文館、一九九八年）、同「室町・織豊期符案類目録（稿）」（科研報告書『室町・戦国期の符案に関する基礎的研究』研究代表末柄豊、二〇〇六年）、拙論「室町廷臣の近習・近臣と本所権力の二面性」（前掲註1拙著）参照。相田二郎が伝奏の直状を「伝奏伝達書状」とし、「伝奏家の諸大夫がその主人の仰を受けて出す奉書式の伝達状もある」と指摘する（『日本の古文書上』岩波書店、一九四九年、四七四頁）。院宣に行政執行の手続文書が含まれることは、白根靖大「院宣の基礎的考察」（『中世の王朝社会と院政』吉川弘文館、二〇〇〇年、初出は一九九八年）参照。宣旨下知状や口宣送状などの公家手続文書が関東下知状や関東御教書の影響で登場していることは、拙論「室町期の公家文書と古文書学の課題」（科研報告書『室町期禁裏・室町殿統合システムの基礎的研究』二〇一二年、研究代表井原今朝男）参照。

（9）惣在庁、僧綱、威儀師・従儀師については、牛山佳幸『古代中世寺院組織の研究』（吉川弘文館、一九九〇年）、岡野浩二『平安時代の国家と寺院』（塙書房、二〇〇九年）参照。室町期の僧綱所が僧正や威儀師・従儀師など身分呼称になり、その内実の検討が必要であることは、拙論「中世寺院を支えた寺辺の人々」（『史実　中世仏教第2巻』興山舎、二〇一三年、注19、六六頁）参照。

(10) 相田二郎「奏事目録」（前掲註8『日本の古文書上』七六九頁）、伝奏、職事の書状を披露状とする（『日本の古文書下』同、三六九～三七二頁）。

(11) 橋本義彦『平安貴族社会の研究』（吉川弘文館、一九七六年）、曾我良成「王朝国家期における大政官政務処理手続について」（『王朝国家政務史の研究』吉川弘文館、二〇一二年、初出は一九八七年）。

(12) 高田義人「「御目録」「奏事目録」について」（『国史学』一五八、一九九五年）、同「宣旨目録と奏書目録」（『書陵部紀要』四八、一九九六年）。この論考は、中世の奏事目録の性格と機能を解明した研究史上重要な論文であるが、鎌倉・室町期の朝廷研究ではあまり参照されない。平安・院政期研究と室町期研究との断絶現象である。

(13) 玉井力『平安時代の貴族と天皇』（岩波書店、二〇〇〇年）。下郡剛「奏事にみる後白河院政」（『後白河院政の研究』吉川弘文館、一九九九年）。

(14) 橋本初子「王朝文書の変質」（佐藤進一責任編集『文献史料を読む・中世』朝日新聞社、一九八九年）。本郷和人『中世朝廷訴訟の研究』（東京大学出版会、一九九五年、四頁）。

(15) 本郷和人「中世古文書学再考」（石上英一編『日本の時代史30　歴史と素材』吉川弘文館、二〇〇四年）。

(16) 本郷恵子「勘解由小路仲光の御教書案」（科研報告書『綸旨・院宣の網羅的収集による帰納的研究』研究代表近藤成一、一九九九年）。

(17) 遠藤基郎「天皇家御願寺の執行・三綱」（『中世王権と王朝儀礼』東京大学出版会、二〇〇八年、初出は二〇〇五年、一九七頁）。

(18) 富田正弘「公家政治文書の発給過程と系譜」（『中世公家政治文書論』吉川弘文館、二〇一二年、一六五頁）、同「口宣・口宣案の成立と変質」（同書二七六頁）、同「室町殿と天皇」（『日本史研究』三一九、一九八九年）、森茂暁「北朝の政務運営」（『南北朝期公武関係史の研究』文献出版、一九八四年、二一三頁）。

(19) 本郷和人「中世古文書学再考」（前掲註15書、八〇頁）。

(20) 田中稔『中世史料論考』(吉川弘文館、一九九三年、一五八頁)、百瀬今朝雄「重紙と裏紙」『弘安書札礼の研究』(東京大学出版会、二〇〇〇年)。

(21) 拙論「室町廷臣の近習・近臣と本所権力の二面性」(前掲註1拙著、第二章)参照。同「室町・戦国期の天皇裁判権とふたつの官僚制」(『国立歴史民俗博物館研究報告』一七八集、二〇一三年)。

(22) 「荒木田守晨引付」に引用された萬里小路秀房の職事書下が『大日本史料』九編之二、四二四頁に採録されている。

(23) 科研報告書『室町期禁裏・室町殿統合システムの基礎的研究』(研究代表井原今朝男、二〇一二年、三八〜三九頁)参照。

(24) 小森崇弘「後土御門天皇期の禁裏における猿楽興行の諸様相」(『戦国期禁裏と公家社会の文化史』小森宗弘君著書刊行委員会、二〇一〇年、初出は二〇〇四年)、明石治郎「後土御門天皇期における伝奏・近臣」(羽下徳彦編『中世の政治と宗教』吉川弘文館、一九九四年)。

〔追記〕 史料読解には、研究メンバーをはじめ、末柄豊・尾上陽介・高橋敏子・久留島典子諸氏のご教示をえた。記して感謝の意を表したい。なお、本研究はＪＳＰＳ科研費二四五二〇七八九の助成を受けたものである。

真言門跡寺院における文書と日記——勧修寺大経蔵からみえるもの——

上島　享

はじめに

寺院に残された史料群は、通常、聖教（典籍）と文書とに分けて調査・研究がなされている。本稿は、かかる分類の有効性そのものを再検討することが課題となるが、とりあえず、本書がテーマとする日記類は寺院史料群では聖教（典籍）に含めるのが一般的である。

日本中世史研究においては、文書と日記——なかでも文書——こそが史料的価値が高いとされ、それらを根本史料として歴史像が構築されてきた。本稿では、寺院経蔵における史料保管の実態を体系的に検討するなかで、史料群全体における文書と日記の位置づけを考察しようとするものである。その一事例として、ここでは京都山科にある勧修寺の史料群をとりあげる。

一　勧修寺と勧流

勧修寺は真言小野流の中心法流のひとつ勧修寺流（以下「勧流」と表記）の拠点寺院である。その創建をめぐっては諸説があるが、延喜五年（九〇五）九月二十一日太政官符（『類聚三代格』巻二「年分度者事」）に引用される「律師法橋上人位承俊奏状」での記載が最も史料的信憑性が高い。当時、承俊は勧修寺を勾当しており、その奏状には「件寺　贈皇后存生之日、為レ令レ誓ニ護　天皇陛下一所ニ建立一也」と記され、宇多天皇の女御胤子（藤原高藤娘、醍醐天皇母）が生前に宇多天皇を護持せんがために建立したという。胤子が勧修寺を創建するにさいして、父高藤や弟定方からのさまざまな支援があったことは疑いなく、さらに母列子の生家たる宇治郡大領宮道弥益の宅地に伽藍を建立したとする『勧修寺縁起』（『群書類従　第二十四輯釈家部』）にみえる伝承も、まったく根拠がないと退けることはできない。

確実な史料に「勧修寺」の名が初見するのが上記の延喜五年九月の太政官符で、承俊の申請にしたがい、勧修寺を定額寺となし、年分度者二名が置かれている。二名の内訳は真言宗声明業と三論宗の各一名で、勧修寺は真言と三論との兼修寺院として出発した。その後も、勧修寺長吏が東大寺別当を勤めるなど勧修寺と南都（東大寺）との関係は永く続く。

十・十一世紀における勧修寺の実態については、同時代の史料が乏しく不明な点が多い(1)。十二世紀初頭には院近臣・摂関家家司として活躍した藤原為房が公卿にまで昇進し、高藤流藤原氏（勧修寺家）がその社会的地位を上昇させるなか、祖高藤が創建に関わった勧修寺が勧修寺流藤原氏の菩提寺として重視されるようになる(2)。それと同時に、勧修寺流為房の息寛信（一〇八四～一一五三）が勧修寺の寺務を掌握することで、代々相承されるべき勧流の基礎が築かれ、勧修寺が勧流の拠点寺院としての位置づけを明確にする。

広沢流と並ぶ真言密教の二大法流のひとつ小野流を事実上創始したのが仁海（九五一～一〇四六）で(3)、仁海―成尊―範俊―厳覚と相承された小野流は範俊・厳覚の代でさらなる発展を遂げ、諸流に分かれていき、そのひとつとして勧流も生まれる。寛信は父為房とともに白河上皇の近臣として活躍し、かかる俗縁と彼自身の密教僧としての実力により、勧修寺と勧流とが発展する基礎が固められた。

勧流は寛信—雅宝—成宝—聖基—道宝—勝信—道淳—信忠—教寛—寛胤—尊信と嫡々相承され、彼らが勧修寺長吏を勤めた。寛信・雅宝・成宝は高藤流勧修寺家の出身だが、聖基は松殿基房孫（後高倉院猶子）、道宝は九条兼実男、勝信は九条道家息で、九条忠教男の教寛まで摂関家出自の僧が長吏を勤め、さらに、南北朝期には後伏見院の男寛胤法親王より王家の子息が入寺することとなった。このように、勧修寺長吏の出自は中級貴族の勧修寺家から摂関家、そして王家へと上昇していく。勧修寺長吏は仁海が収集した聖教・道具類を納めた鳥羽宝蔵の蔵司を兼帯しており(4)、それは勧流が小野嫡流たることを示すもので、かかる勧流の真言密教内での位置づけにふさわしい長吏を選任すべく、長吏の家格が上昇していったものと理解したい。長吏の出自身分が重視されるようになったのは、密教修法が発展した院政期が終わるとともに、勧修寺における聖教の集積や諸修法を集大成した『覚禅鈔』の編纂など先例の収集が進み、必ずしも僧侶の個人的な勤修能力によらずとも修法の相承が可能なシステムが確立したことが背景にあるといえよう。

かかる状況のもと、長吏による勧流の相承を確実なものとするために重要な役割を果たしたのが、勧修寺の院家慈尊院の存在であった。歴代の慈尊院主には長吏より勧流が伝授され、長吏から次代の長吏への直接の伝法が不可能な場合には、慈尊院主が次の長吏へと勧流を伝えた(5)。勧流は長吏方と慈尊院方の双方に相伝され、相互に伝法するというシステムの存在が勧流および勧修寺の安定的な相承を可能としたのである。

二　中世における勧修寺の史料——慈尊院経蔵をめぐって——

中世に勧修寺は二度、兵火を被っている。最初が建武三年（一三三六）八月二十二日で、勧修寺の堂舎等に加え慈尊院も炎上し(6)、二度目が文明元年（一四六九）七月十九日で、「為二兵火一当寺伽藍堂舎僧房回禄、此時相承

表1　建武3年8月の慈尊院経蔵炎上とともに焼失した文書

	文書名	内容
①	乾元元年(1302)11月21日慈尊院栄尊契状(正文)	慈尊院を一旦、印遍法印へ譲ったが、栄海が未来伝持の器ゆえ管領すべき旨を申し置く
②	「一品宮」令旨(正文)	栄尊入滅後、方々の訴訟があったが、栄海が慈尊院を相承すべき旨を仰す
③	寺家安堵状(正文)	栄海の慈尊院進止を認む
④	田地売券	伊予講師頼覚が布豆田里6坪6坪1段を買得した売券
⑤	伊予講師頼覚田地譲状	伊予講師頼覚が布豆田里6坪6坪1段を栄海に譲与した譲状
⑥	清水小田原伝法輪寄進状	故清水小田原伝法輪が慈尊院栄尊忌日斎料として布豆里7坪2段を寄進

註：①～③は暦応4年閏4月2日栄海文書紛失状、④～⑥は康永2年正月11日栄海文書紛失状による。

宝物御袈裟等紛失云々」（『勧修寺別当長吏補任等古記録』「無品法親王恒弘」の項）とされる。建武の火災では、慈尊院方の聖教類を納めた慈尊院経蔵が焼失した。長吏方の経蔵たる勧修寺大経蔵の被害は不明だが、後述するように罹災した可能性は高い。また、「此時相承宝物御袈裟等紛失云々」というくだりから、文明の兵火も経蔵に及んだものと思われる。

ここでは、関連史料が残る建武三年の慈尊院経蔵炎上後の復興事業について確認をしたい。慈尊院主栄海は暦応四年（一三四一）閏四月二日と康永二年（一三四三）正月十一日に二通の文書紛失状を作成して、勧修寺長吏および勧修寺構成員の証判を得ている（ともに勧修寺文書夏箱三七号）。この両紛失状より表1に示すがごとく六通の文書が慈尊院経蔵とともに焼失したことが知られる。それらは、栄海の慈尊院相承を示す証拠文書や慈尊院所領領有の公験であり、これらの正文が慈尊院経蔵に納められていたのである。経蔵には聖教のみならず、院家に関わる公験文書も保管されていた事実をまず確認しておきたい。

栄海は貞和二年（一三四六）十月八日に譲状を作成し、慈尊院住房・聖教・所領等を弟子俊然に譲与した（勧修寺聖教陰箱三〇号）。そこには、寝殿一宇、護摩堂一宇などの房舎に続けて、次のような記載がある。

此外経蔵・御影堂等可二建立一之由、雖レ有二所存一、未レ遂二其志一、雖二此後一令二造立一者、又可レ入二譲中一也、又存日不レ叶者、雖二没後一於レ有二

其料足一者、可レ致二其沙汰一也、

建武三年の火災で焼失した経蔵と御影堂の再建は未だなされておらず、それらの復興が栄海の悲願であったことが分かる。さらに、同文書では、「聖教法文数十合」を俊然へ譲るとして、その詳細を、

当時依レ無二此房経蔵一、所レ納二高雄経蔵一也、然而本願自筆抄等早取渡二此房一可二安置一也、八坂聖教等者可レ安二置高雄一也

と記す。「聖教法文数十合」が「高雄経蔵」にあり、これが嫡弟に相承されるべき勧修寺慈尊院の聖教であった。「高雄経蔵」とは栄海が管領した神護寺慈尊院にあった経蔵であり、「八坂聖教等者可レ安二置高雄一也」とあるように「八坂聖教等」（吉祥園院聖教等）は「高雄経蔵」に置かれるべき書籍であった。しからば、「聖教法文数十合」のうち、「八坂聖教等」を除いた分が勧修寺慈尊院の聖教としてよい。ここで問題となるのが、勧修寺慈尊院分の「聖教法文数十合」と焼失した慈尊院経蔵にあった聖教群との関係である。

栄海が「本願自筆抄等早取渡二此房一可二安置一也」という「本願自筆抄等」とは、勧修寺慈尊院の初代行海の自筆聖教といえ、「早取渡二此房一可二安置一也」とあるように、これらは本来、勧修寺慈尊院にあるべき史料で、建武三年の慈尊院回禄にさいし救出され、神護寺に避難していたと考えられる。つまり、高雄経蔵にある「聖教法文数十合」のなかには本来、勧修寺慈尊院経蔵に収められていた聖教が含まれていた可能性が高い。

燃える経蔵より取り出された史料がどれ程の量であったかは不明だが、前述のように、慈尊院経蔵に納められていた根本公験が焼失している事実から判断するに、灰燼に帰した聖教も多かったと思われる。「本願自筆抄等」は勧修寺慈尊院にとって最も重要な聖教ゆえ、火中よりなんとか救い出されたのか、あるいは火災時には栄海の手許に置かれていたのかも知れない。かかる推測が正しいなら、高雄経蔵にある「聖教法文数十合」には、建武三年の火災以降、約一〇年間に栄海が作成・書写した書籍が多く含まれていたことになる。実際、栄海が神護寺

慈尊院などで記したとする奥書を持つ聖教が多く勧修寺に現存している。栄海は後代に慈尊院経蔵を伝えるべく、失われた聖教の復興に尽力し、それが彼の晩年の一大事業でもあった。経蔵・御影堂が未だ再建されていないのも、栄海が経蔵の中身たる聖教の書写こそを優先させたからであろう。

貞和二年の栄海譲状では、住房（房舎）・聖教・所領等が譲られており、これらが院主に相承されるべき財産だが、院家焼亡後の栄海の活動をみるならば、寝殿・護摩堂をはじめとする堂舎の再建とともに、燃えた聖教の復活こそが重視されており、それが院家再興の最要であった。前述のごとく、院家に関わる公験文書も経蔵の重要な構成要素であり、栄海による暦応四年・康永二年の二通の文書紛失状の作成も経蔵復興の一環であったとみてよい。

貴族社会においては、日記や儀式書を納めた文庫を伝えることが家職の相承を保証したが、その文庫に該当するのが寺院社会では経蔵であり、その中身は院家の譲状では「聖教」と表記され、そこには宗教関係の史料とともに所領支配に関わる公験文書も含まれていたのである。

三　近世・近代の勧修寺とその史料

中世における慈尊院経蔵については、栄海晩年の史料よりその様子を若干うかがうことができたが、中世の勧修寺大経蔵の実態はほとんど不明である。十八世紀初頭には、勧修寺慈尊院闓海が大経蔵の整理を行い、宝永七年（一七一〇）七月に『勧修寺大経蔵聖教目録』（勧修寺聖教触箱二号一）が完成した。本目録は計三九箱に納められた全聖教の書名を書き上げたもので、次節で詳しく検討をする。また、延享元年（一七四四）七月には勧修寺浄土院賢賀（慈尊院も兼帯）が『勧修寺慈尊院聖教目録』（勧修寺聖教触箱三号一）を制作し、それを大経蔵に納めた(7)。本目録より当時、慈尊院経蔵にあった全一七箱に納められた書目の全貌を知ることができる。

さて、親王が長吏を勤める門跡寺院としてその格式を守ってきた勧修寺だが、幕末、元治元年（一八六四）、勅命により長吏済範親王（光格天皇猶子、伏見宮貞敬親王息）が還俗し、山階宮晃親王となることで、勧修寺は主を失った。還俗後も晃親王は勧修寺を管領していたが、寺院としての実態は薄れていった。明治元年（一八六八）閏四月十二日には、晃親王が勧修寺所蔵の聖教四六箱を高野山聖方に寄附することとなり、聖方惣代明王院住侶が勧修寺に赴き、聖教箱は高野山へと運ばれた(8)。貞享四年（一六八七）に高野山聖方は勧修寺の法末になっており(9)、かかる縁より聖教が聖方惣代に寄附されたといえる。高野へと移動した四六箱には勧修寺大経蔵に加え、慈尊院経蔵に納められていた聖教箱も含まれていた(10)。

明治七年三月、雲照が勧修寺門跡となるが、短期間でその職を辞し、明治十一年春、晃親王の要請で（別所）栄厳が門跡となり、勧修寺の復興を進めていく。同年七月には高野山惣代光明院敞順より、聖教が勧修寺栄厳に返却された。その時、作成された「奉納目録」（勧修寺聖教触箱二〇号）によるならば、二一箱、計八二二点が戻されており(11)、明治元年に寄附されたほぼ半数といえる。返納された聖教箱はいずれも大経蔵に納められていたもので、慈尊院聖教箱の多くは光明院に残されたと考えられる(12)。

勧修寺に現存する聖教群は、近世の勧修寺大経蔵と慈尊院経蔵に納められていたもので、高野山に寄附されず勧修寺に留め置かれていた分と高野山より返却されたものからなる。後者の聖教箱の上蓋裏面には「明治元辰年／山階宮御附属之内／護持主／高野山聖方卅六院惣代／光明院敞順」（陰箱上蓋裏面墨書）との墨書があるものが多く、聖教箱の来歴を伝えている。勧修寺の史料群は、大正年間に門跡和田大円氏により調査がなされ、目録が作成された。戦後には、平岡定海氏が調査を開始し、それは勧修寺聖教・文書調査団へと継承されており、本稿もその成果による。

また、光明院に残された史料群は、現在、高野山図書館に光明院文庫として保管されており、武内孝善氏を中

心に調査が進められている。(13)

四　『勧修寺大経蔵聖教目録』の世界――近世における寺院経蔵の実態――

十八世紀初頭における勧修寺大経蔵の全貌を知ることができるのが『勧修寺大経蔵聖教目録』（以下、『大経蔵目録』と表記）である。(14)本目録の末尾近くには二種の奥書（本奥書と追記奥書）が付されており、その作成経緯を知ることができる。本奥書には、

右、大経蔵聖教混純有二粤年一、慈尊院僧正闍海歎レ之、乃分レ品別レ類支分節解燦然、作以二目録一、於レ是予亦在レ傍、作二符合文字一以為二是紋一、備二後世一無二亡失一云、

宝永七年庚寅秋七月二十一日

稲熊大膳恭弘篤

とあり、大経蔵聖教が混沌としているのを歎いた勧修寺慈尊院闍海が聖教の整理・分類を行い、宝永七（一七一〇）年七月に『大経蔵目録』ができた。そして、闍海に仕えた稲熊弘篤は「符合文字」（聖教箱の名称）を付けたという。また、追記奥書の記載は次の通りである。

右、目録一冊者、先師闍海僧正令二稲熊氏一遂三成功二了、爾来経二年序一、書様亦損、既修補畢、伝二諸来葉一、毎レ歳曬レ軸之砌、遂二比校一可レ有二収蔵一焉、後資勿レ怠矣

延享第四龍集丁卯季春七日

浄土院僧正賢賀俗齢六十四歳

闍海の整理を受け継いだ賢賀による聖教修復については、本目録冒頭にある賢賀自筆の識語（追記）に詳しい。

今此目録所レ載之経論疏記等、旧損之分、不レ漏二一紙一寛保・享保・延享年間既補綴畢、是併

尊孝親王之厳命也、近奉ﾆ為　寛宝親王御所覧ｰ、遠為ﾆ後君巻舒ｰ、弟子僧等励ﾚ力成ﾚ功訖、（中略）
延享第四歳次丁卯仲春七日浄土院僧正賢賀俗歯六十四法夏五十五
弟子僧奥坊上人覚恵
宮野常新即応
御修復工人高橋友之進
同　和泉

つまり、賢賀は勧修寺長吏尊孝親王の命に従い、享保（一七一六～三六）、寛保（一七四一～四四）、延享（一七四四～四八）年間に破損した聖教すべてを補綴した。その修補を助けたのが、最後に名を連ねている弟子僧覚恵・即応、修復工人高橋友之進・和泉であったという。

現在、勧修寺に残る聖教類をみると、賢賀が、巻子本では表紙・軸・紐を付し、自筆で軸付紙に修補奥書を、表紙に外題を記しており、折本・冊子本には帙を作成し、外題と修補奥書（帙内）をみずから書いている。三〇年以上を費やした聖教類の修補作業は、まさに労力と財力を費やした大事業であったことが分かる。(15) このように、十八世紀前半、勧修寺慈尊院を管領した二代の僧侶――濶海と賢賀――により、大経蔵聖教の分類・整理と修補がなされ、現在われわれが目にする大経蔵聖教の姿ができあがったのである。

さて、『大経蔵目録』には、冒頭の賢賀識語に続けて「目録符字例」との項が載せられる。そこには、

一、経部五箱者、以ﾆ色・受・想・行・識ｰ為ﾆ符字ｰ、
一、覚禅鈔四箱者、以ﾆ元・亨・利・貞ｰ為ﾆ符字ｰ、
一、次第並小折紙次第三箱者、以ﾆ智・仁・勇ｰ為ﾆ符字ｰ（以下略）

との記載があり、たとえば、経箱は五箱で、その箱名が色・受・想・行・識だとする。「経部」「覚禅鈔」「次第

表2　勧修寺大経蔵聖教箱の符字

	分類と箱数	符字
①	経部5箱	色・受・想・行・識
②	覚禅鈔4箱	元・亨・利・貞
③	次第並小折紙次第3箱	智・仁・勇
④	印信2箱	天・地
⑤	灌頂2箱	宇・宙
⑥	御修法〈諸尊次第、支度、後七日並近来御祈〉2箱	陰・陽
⑦	口決鈔物2箱	表・裏
⑧	伝授集、四度聞書〈並口決〉、護摩、声明集〈並迦陀、讃〉、講式〈祭文〉、表白〈並誦経、啓白〉、儭避羅抄、経説、記録8箱	乾・兌・離・震・巽・坎・艮・坤
⑨	御遺状、秘密箱、理源大師五鈷、東大寺、東寺〈長者並拝堂〉、御末寺、悉曇、諸縁起8箱	金・石・絲・竹・匏・土・革・木
⑩	記録2箱	内・外
⑪	当寺御支証録、図像、不足類3箱	身・口・意

並小折紙次第」など聖教箱の内容分類は閫海が行い、「色」などの符字を付けたのが稲熊弘篤であった。「目録符字例」の記事をまとめると表2のようになり、これが閫海整理後の勧修寺大経蔵の全貌といえる。

「目録符字例」における記載順（①～⑪）は、閫海が重要と認識した順序を示すもので、その構成はおよそ次の四種に分けることができる。

（a）①経部、②覚禅鈔
（b）③次第、④印信、⑤灌頂、⑥御修法、⑦口決鈔物、⑧伝授集・四度聞書等
（c）⑨御遺状・秘密箱等、⑩記録
（d）⑪当寺御支証録・図像・不足類

最要の（a）には、経典類と勧修寺慈尊院興然の弟子覚禅が編纂した東密修法の集大成たる覚禅鈔が置かれ、次の（b）が修法・灌頂に関わる諸史料、そして（c）の祖師・先師および勧修寺・関係寺院の史料、最後が（d）の勧修寺の証拠文書、図像（白描画などで、本尊となる図像は含まず）と不足類となる。

日記類がまとまって存在するのは⑤灌頂箱で、これについては次節で論じることにする。大経蔵全体の特質を考える上

で検討せねばならないのが、⑪の「当寺御支証録」である。身箱「当寺御支証録」は春・夏・秋・冬の四箱に細分されており、いずれも勧修寺に現存する。ここに納められているのは中世文書、それも勧修寺の諸国・寺辺所領に関する文書である。注目すべきは、賢賀が「旧損之分、不レ漏二一紙一、寛保・享保・延享年間既補綴畢」とするにも関わらず、身箱「当寺御支証録」所収の文書は、ごく一部を除き修補の跡がみられないことである。①～⑩の史料の大半が賢賀自筆の修補奥書（識語）が付され、丁寧に補綴されているのとは対照的である。

かかる区別は闍海が『大経蔵目録』を作成した段階から認められる。『大経蔵目録』では、「目録符字例」に続けて、①～⑪の各箱ごとに収納された書名が列記されている。追記部を除き、その筆跡は①～⑩および⑪「図像」「不足箱」の部分は同筆だが、⑪の「当寺御支証録」のみ筆が異なる。しかも、身箱「当寺御支証録」（春・夏・秋・冬箱）の文書を確認すると、各文書の巻首端裏に付された文書名の筆跡が、『大経蔵目録』の当該部と合致するものが多い。つまり、『大経蔵目録』作成にさいして、「当寺御支証録」部を担当した者が目録に文書名を記入すると同時に、身箱の各文書に端裏書を付したのである。

『大経蔵目録』に記された史料群の中で唯一、身箱「当寺御支証録」のみがほとんど賢賀の修補がなされていないのは、この部分に納められたのが中世の勧修寺領関係の文書群で、闍海や賢賀の時代にはすでに効力を持たない「古文書」となっていたからである。前述のように、南北朝期の慈尊院経蔵では院家領に関わる公験文書は院家の財産たる「聖教」の構成要素であったが、中世から近世への社会変動にともない、公験文書の位置づけは大きく変化した。闍海の整理において、大経蔵内にあった「古文書」が集められ「当寺御支証録」との箱に入れられ、この部分は①～⑩の史料群とは性格が異なるゆえ、別の人物が文書名を付け、『大経蔵目録』の末尾近くに置かれた。

ここで留意せねばならないのは、現在、研究者が「文書」として分類する史料が⑪のみならず、①～⑩にも散見されることである。たとえば、⑩記録の外箱には、中世後期・近世の綸旨・口宣案・請定などの正文が多数収められており、それらは賢賀により丁寧に改装がなされており、まさに「聖教」として扱われている。綸旨は後七日修法への出仕や護持僧の勤仕を命じるもので、口宣案は僧位・僧官等の補任である。つまり、同じ「文書」であっても、法会・修法や先師の叙任など寺院の宗教活動に直接関わる文書は、近世になっても生きた史料として大切に保管されていた。近世史料でも大経蔵に納められたものがある反面、勧修寺本坊・里坊の日次記やそれに付随する諸文書など日常的な世俗活動に関わる近世の史料類は『大経蔵目録』には含まれない。

このように、勧修寺に保管された史料群は当時の寺院としての活動実態に応じた価値づけがなされ、保管形態も異なっていたのである。その価値づけはおよそ次の三層構造をとっている。最も大事にされたのが、勧流の宗教活動と直接関わる史料群で、これらは賢賀が丁寧に補綴して大経蔵に納められた（第Ⅰ層）。次が、中世の史料ではあるが所領支配に関わる「古文書」で、修補はなされず『大経蔵目録』の最後に置かれた（第Ⅱ層）。そして、寺院の日常的な世俗活動に関与するものは経蔵には入れられず、住房で保管されていた（第Ⅲ層）。

「はじめに」で述べたように、現在、研究者は通常、寺院史料を聖教（典籍）と文書とに分けて調査・研究をしている。かかる分類に基づくなら、勧修寺の史料は、第Ⅰ層が聖教（聖教）、第Ⅱ層が文書とするのが一般的だろう。しかしながら、文書と呼ぶべき史料のうち中世文書は第Ⅰ層にも含まれ、近世文書は第Ⅰ・Ⅲ層にあった。かかる事実は文書と聖教という分類概念そのものが、近世の寺院経蔵における史料保管の実態には合致していないことを明示する。(16)

さて、明治二十年（一八八七）には現在の東京大学史料編纂所が勧修寺の史料採訪を行い、影写本を作成している。その影写対象となったのが身箱「当寺御支証録」であり、それが「勧修寺文書」として編纂所に架蔵されている。編纂所の寺院史料調査は、醍醐寺のように一〇〇年以上をかけて悉皆調査を行う場合もあるが、(17)勧修寺はごく短期の採訪であった。短期間の調査ゆえ、何が選択・採訪されたかには当時の価値観が強く反映しているといえよう。『大経蔵目録』のなかでは最後に置かれ、近世には低い扱いを受けていた身箱「当寺御支証録」のみが影写されたのである。それらは近世に「古文書」とされた史料ゆえ、中世の寺領支配に関わる社会経済史関係の文書群であった事実は重要である。一方、中世文書であっても、宗教関係の史料は採訪の対象となっていない。(18)

史料編纂所の活動を批判することが意図ではない。かかる採訪のあり方は文書の史料的価値を高く評価する近代史学における史料認識を反映したものといえる。それゆえ、近世の整理にさいして「古文書」として中世文書が集められていた部分が採訪されたのである。また、『大経蔵目録』の中核たる宗教関係史料（いわゆる「聖教」類）が調査対象とならなかったのは、哲学・史学・文学という近代の学問知の枠組にしたがい、宗教関係史料（聖教）は哲学（仏教学）の対象で、歴史学が扱うのは文書との認識があったからだとも考えられる。いずれにせよ、十八世紀の整理で「古文書」として一括された中世の社会経済史関係文書が採訪された事実は重要である。

かかる特色は、東寺や東大寺など権門寺院の史料調査においても当てはまるものといえ、近世に「古文書」となった中世文書が広く紹介されることで、中世史研究は社会経済史を中心に進展することになった。ただ、繰り返し指摘されてきたように、中世寺院は庄園を支配するために存立した訳ではなく、経済活動は宗教活動を維持するためにあり、寺院の本質は宗教活動こそにあった。(19) かかる近代における中世史研究の偏差は、近代史学における史料認識が反映したものであり、さらには、その前提として「古文書」を一括した近世における史料整理が大きな影響を与えている事実を指摘しておきたい。

五　勧修寺大経蔵における日記——伝法灌頂記を中心に——

勧修寺大経蔵の中で、日記と呼ぶべき史料としては伝法灌頂記や修法日記などが確認できるが、伝法灌頂記は

表3　宙箱に納められた中世の伝法灌頂記（勧修寺を会場とする灌頂に限る）

箱内番号	書名と員数	書写年代	伝法灌頂実施日	記主
1号	長承元年灌頂記1巻	慶安4年（1651）写本	長承元（1132）．10．16	寛信（大阿闍梨）か
2号	伝法灌頂記1巻	寛文12年（1672）写本	応保元（1161）．11．14 承安5（1175）．4．29	朗澄（色衆）
3号	灌頂日記1巻	慶安3年（1650）写本	承安5（1175）．4．29 2号後半部と同本	
4号	灌頂日記1巻	慶安2年（1649）写本	文治2（1186）．11．23	興然（教授）
5号	灌頂日記1巻	康永2年（1343）写本	寛喜元（1229）．12．13	定真
6号（1）	伝法灌頂支具等雑記〈私〉1巻	江戸前期写本	弘安9（1286）．正．28	賢爾
6号（2）	伝法灌頂弘安記1巻	享和元年（1801）写本	6号（1）と同本	同上
7号	伝法灌頂記1巻	明応2年（1493）写本	正安2（1300）．3．6	栄海（受者）
8号	伝法灌頂記1巻	文和3年（1354）写本	7号と同本	同上
9号（1）	伝法灌頂記1巻	江戸前期写本	正和4（1315）．9．7	栄海（教授）
9号（2）	伝法灌頂記1巻	延宝2年（1674）写本	9号（1）と同本	同上
10号	伝法灌頂略記1巻	明徳5年（1394）写本	永和4（1378）．4．5	賢宝（色衆）
11号	伝法灌頂記1巻	江戸前期写本	文安6（1449）．4．16	承珍（教授）
12号	長吏入壇記1巻	寛文12年（1672）写本	明応元（1492）．12．15	
13号	大永三年御灌頂記1巻	大永3年（1523）写本	大永3（1523）．3．28	教済（誦経導師）
14号	伝法灌頂略記1巻	慶安3年（1650）写本	大永3（1523）．3．28 13号とは別本	

註：書名は表紙外題名を採用した。本文の叙述で端裏外題名や内題名を用いる場合はその都度、註記する。

⑤「灌頂」の宙箱にまとまって残っており、それらを検討したい。宙箱に納められた伝法灌頂記のうち、勧修寺で中世に行われた灌頂を記したものは表3の通り計一六点（うち三点が重複本）である。いずれも勧修寺長吏あるいは慈尊院主が伝授に関わった灌頂で、勧流の嫡流相承の様子を記した日記も多い。

表3にあげた伝法灌頂記はその記載形式より、次の二類型に分けることができる。一つ目は宙箱一号「長承元年灌頂記」で、本書は長承元年（一一三二）十月十六・十七日に権律師寛信が大法師念範・行海に灌頂を授けたさいの記録である。まず灌頂の次第が列記され、次に「権律師寛信授二灌頂於両人一記」と題する灌頂の様子を記した大阿闍梨寛信の日記を載せる。そして、灌頂後に行われた歓徳師院厳・明海両人による歓徳の詞、印授直後に大阿闍梨が受者

に印授の意義を説く教誡の詞、受者の返答の詞、十月十三日付請定が順に記載され、最後に灌頂の前日十五日未明に寛信が見た夢の記録が収められている。つまり、寛信の灌頂日記と夢記に加えて、次第、歎徳・教誡・返答の詞、請定など灌頂に関わる諸記録・文書を集めることで、「灌頂記」という一巻の書籍ができている。(20)

二つ目の類型として宙箱四号「文治二年灌頂日記私 理明房記」（端裏外題）をとりあげたい。本書は巻頭に「理明房記／勧修寺」との内題があり、次に、

文治二年歳次丙午十一月廿三日、於二勧修寺勝福院道場一、大阿闍梨法印権大僧都兼東大寺別当雅宝民部卿顕頼卿三男、于レ時五十五授二与民部卿律師成宝惟方入道息、于レ時歳廿八伝法灌頂職位一日記（傍点は著者が付す）

と記され、巻末までが「日記」と呼ばれたことが分かる。巻末の本奥書には、

勧修寺西山隠士老比丘興然令レ勤二仕教授之役一間、且見且聞事等集記レ之、若有二失錯一、後見刊レ之莫レ咲、

とあり、灌頂で教授を勤めた慈尊院興然が記した「日記」（「理明房記」）であることが分かる。「且見且聞事等集記レ之」というように、興然が灌頂の具体的な様子を記すのみならず、請定、役人交名、道場図や布施物の一覧などをも収録することでひとつの「日記」ができている。

このように、宙箱に納められた伝法灌頂記には、一号「長承元年灌頂記」のごとく、寛信の「日記」をはじめ、関連する記録・文書を類聚することで一書の「灌頂記」を構成するものと、四号「（文治二年）灌頂日記」のように、興然が記したひとつの「日記」内に関連諸資料が収録されているものの二種類があった。両者は書籍としての形態を異にするが、ともに資料を網羅的に集め記録しようとする姿勢は共通しており、内容的には類似するといえよう。

宙箱に収められた灌頂記の大半は四号と同じく一書の「日記」の形態をとっている。その記主を確認するなら、法を授ける大阿闍梨みずからが書写する場合も（宙箱一号所収の「日記」）、受者が書く例もあるが（宙箱七号）、

多くは灌頂に参加した色衆が記しており（宙箱二・四・五・六・九・一〇・一一・一三号）、大阿闍梨など師匠より灌頂記作成を命じられたと奥書に記すものもある（宙箱一〇・一一号）。

寛喜元年十二月十三日に行われた伝法灌頂を記した「灌頂記」（宙箱五号）の本奥書には「寛喜元年十二月十四日帰二本寺一注レ之、可レ再二治之一、定真」とあり、定真は灌頂の翌日に記したが、「可レ再二治之一」というように本書は草案との認識だったことが分かる。[21] 多くの灌頂記は一週間から一か月程度の時間をかけてできている。その作成過程が分かる事例を二つあげたい。

弘安九年（一二八六）正月二十八日の灌頂記（宙箱六号(1)）は巻頭に「伝法灌頂支具等雑日記私」との内題があり、次のような本奥書を有する。

　弘安九年二月十日、大概記レ之、持二参慈尊院一、一反申談畢、大概無二相違一云々、其上重披二本式一、可二書調一者也、先為レ入二師匠之見参一、草案如レ此、　求法弟子賢（爾）―歳四十四

賢爾は大阿闍梨を勤めた慈尊院栄尊の許に下書きを持参して、大過がないことを確認した上で、「師匠」に「草案」を献上したのである。この日記の本文には、先例の引用が散見されるとともに、「仰云」として大阿闍梨栄尊の見解が繰り返し記載されている。また、本奥書には本書を「草案」としており、「師匠之見参」を経てその意見を反映させ、さらには「其上重披二本式一、可二書調一者也」というように先例等を参照した上で、賢爾は「日記私」を完成させようとしていたことが知られる。かかる作成過程を踏まえるなら、賢爾は内題に「日記私」と記すものの、通常の個人の日記（「私記」）とは性格を異にする。

また、上述した宙箱四号「文治二年灌頂日記私 理明房記」の巻末近くには、次のような記載がある。

　歎徳了、色衆共三拜、

　次新阿闍梨返答、其詞云、

（一〇行分空白）

返答了、色衆一拝、即伊予法務珍俊大威儀師珍賀息給レ録（禄）、次色衆還二中門一、

興然は、歎徳師の詞に対する新阿闍梨成宝の返答を追記するために空欄を設けたが、結局、その詞を知ることができず、かかる表記になったのであろう。この直後にも「大阿闍梨被レ発二教誡之詞一、其詞云」と「次受者返答、其詞云」の後がそれぞれ空欄になっている。「且見且聞事等集記レ之」とする興然は、灌頂当日の自身の見聞のみならず、灌頂終了後、諸資料を収集し参列者に当日の様子を確認するなどして、「日記」を作成しようとしていたことが分かる。

このように、伝法灌頂記と呼ばれる「日記」は、灌頂当日の様子を諸資料を網羅して詳細に記すとともに、大阿闍梨の閲覧を経るなど参列者の見解をも聴取して、さらには先例をも参照することで作成された。伝法灌頂記は「日記私」「私記」と記載される場合もあり、特定の個人が作成した「日記」であることは間違いないが、通常の日次記（あるいはその抄出）とは異なり、関係諸文書を引用し、先例や聞書を含め伝授灌頂の様子を詳細に後代へ伝えることを強く意識して作られた「日記」といえる。「日記」の形式を取るが、儀式書を編纂するがごとき意図を持っていたとしてよい。書写奥書をみると、繰り返し転写されており、先例として重視され、実際、のちの灌頂にさいして参照された例も確認できる。(22)

さて、勧流の嫡流伝授を記す灌頂記は勧修寺にとって最も重要な史料で、特に寛信の「日記」を収める一号「長承元年灌頂記」や興然の日記たる四号「（文治二年）灌頂日記」など歴代の勧修寺長吏・慈尊院主が記したものは、その原本が勧修寺大経蔵あるいは慈尊院経蔵に納められていたことは確実であろう。しかしながら、現在、中世の灌頂記の原本は残っておらず、最古の写本が文和三年（一三五四）で、これを含めて室町期の写本が四点、残りは近世写本である。建武三年（一三三六）以前の書写本が存在しない事実は、建武三年の兵火で勧修寺大経

蔵も罹災し、そのさい、灌頂記を収めた箱が失われた可能性を示唆している。(23)

慈尊院経蔵聖教の復興に栄海がみずからの晩年を費やしたように、中世後期・近世の勧修寺関係者も失われた書籍を求めて諸寺の経蔵に赴き書写を行ったことが伝法灌頂記をはじめ大経蔵に残る聖教の書写奥書より知られる。住房（房舎）・所領と並び、聖教は寺院の根本財産であり、なかでも聖教は寺院の本質たる宗教活動を支えた。勧修寺にとっては、勧流聖教の集大成たる大経蔵は勧流そのものを意味し、勧流を次代へと継承させるためには、大経蔵を守るとともに、失われた聖教の再生が最要の課題であった。かかる認識は、南北朝期・戦国期の動乱を経ることで、一層強く自覚され、闇海・賢賀の整理へとつながっていくのである。

おわりに

勧修寺には近世の本坊・里坊日記などは残っているが、中世の日次記はない。高藤流勧修寺家はいわゆる「日記の家」とされ、それを出自に持つ勧修寺長吏が日次記を残していた可能性は否定できず、長吏らの日次記が現存しないのは建武三年・文明元年の兵火によるのかも知れない。ただ、なによりも重要なことは、現在、勧修寺に残る史料の多くが大経蔵に納められていた聖教として伝来したという事実である。

江戸中期の闇海の整理により、当時、勧修寺に現存した諸史料は、勧流の宗教活動に関わる史料群（第Ⅰ層）、中世以来、大経蔵に納められてきたがすでに「古文書」となった中世の所領支配の文書群（第Ⅱ層）、近世の世俗的活動に関わる史料（第Ⅲ層）の三層に分けられ、かかる史料位相が当時の勧修寺における価値認識をも反映していた。『勧修寺大経蔵目録』に収録された第Ⅰ・Ⅱ層が近世の大経蔵を構成し、第Ⅰ層こそが核たる聖教で、第Ⅲ層は経蔵外に置かれたのである。

勧流の拠点寺院たる勧修寺にとっては、勧流の具体的内実たる聖教とその集大成である経蔵とを維持・継承することこそが重要であり、かかる観点から史料の整理・保管がなされてきた。それゆえ、「日記」は第Ⅰ層に含まれ、その記載内容にしたがって灌頂や修法などの項に分置されたのである。つまり、勧流聖教を核とする史料分類においては、「日記」という範疇はそれほど重要ではなかった。それは「文書」という分類概念についても同様で、中世文書は第Ⅱ層のみならず、第Ⅰ層にも存在していた。勧流の宗教活動に直接関わるものか否かこそが分類の基準であり、かかる基準を満たせば、「文書」も「日記」も聖教に含まれた。そして、聖教群は勧流の根本ゆえ、兵火などで失われると、写本から転写がなされ、こうして残った史料群が勧修寺大経蔵であった。

個々の史料を扱うにさいしては、それが残された史料群全体の中での位置づけや、史料群の来歴を考慮に入れることが大切である。明治以降、日本中世史研究においては文書こそを重視し、また日記も史料的価値が高いとされてきたが、かかる史料に対する価値評価は近世における認識とは大きく異なっていたという事実は重要である。さらに、中世には所領支配の公験として重視された文書群が近世の整理で「古文書」として一括されたように、各史料の位置づけは時代とともに変化した。つまり、近代、さらには近世の価値観とそれに基づく史料整理というフィルターを取り除いてはじめて、中世における史料の実態がみえてくることになる。

さらに、史料の位相構造は、時代のみならず、当該集団の社会的位置づけによっても異なっている。それゆえ、勧流の拠点寺院たる勧修寺を扱った本稿は一事例の紹介に過ぎないが、中世から近代までを見通したひとつの文庫・経蔵の変遷を具体的にたどることは重要な基礎的作業だと考える。

（1）『勧修寺古事』を史料的根拠として、摂関期の勧修寺と高藤流藤原氏（勧修寺家）との関係を論じた研究として京樂真帆子「平安時代の「家」と寺」（『平安京都市社会史の研究』塙書房、二〇〇八年、初出は一九九一年）がある。『勧修寺古事』は摂関期の勧修寺を知る貴重な史料ではあるが、本書は藤原為房の記を息寛信が増補してできたもので（藤原重雄「『勧修寺古事』」『勧修寺論輯』三・四合併号、二〇〇六年）、十二世紀初頭の認識が投影されている可能性がある。摂関期の勧修寺の状況について、別途詳細に検討する機会を持ちたい。

（2）高橋秀樹「祖先祭祀に見る一門と「家」」（『日本中世の家と親族』吉川弘文館、一九九六年）。なお、橋本義彦「勧修寺流藤原氏の形成とその性格」（『平安貴族社会の研究』吉川弘文館、一九七六年、初出は一九六二年）をはじめ勧修寺が高藤流藤原氏あるいは勧修寺家の「精神的紐帯」となったことを指摘する研究は多いが、勧修寺そのものの検討はなされていない。両者の関係を考える上で、為房の息寛信以降、勧修寺家出身者が勧修寺の長吏を勤める事実は重要で、そこに段階差をもうけねばならない。

（3）拙稿「仁海僧正による小野流の創始」（『仁海』大本山随心院、二〇〇五年）。

（4）佐藤愛弓「鳥羽宝蔵と勧修寺流」（『勧修寺論輯』五号、二〇〇八年）。

（5）長吏寛信から雅宝への直接伝授はなされず、寛信の弟子慈尊院行海が雅宝に伝授した。また、成宝の次の長吏聖基へ伝授したのも、成宝の資慈尊院栄然であった。このように慈尊院主から勧修寺長吏への伝法例は、幕末まで合計一四例ある。

（6）建武三年の火災については、建武四年七月十七日勧修寺別当三綱連署文書紛失状（勧修寺文書冬箱八六号一）、暦応四年閏四月二日・康永二年正月十一日慈尊院栄海文書紛失状（勧修寺文書夏箱三七号）より知られる。

（7）『勧修寺大経蔵聖教目録』『勧修寺慈尊院聖教目録』は『大正新脩大蔵経別巻　昭和法宝総目録第三巻』に翻刻が掲載されている。また、慈尊院経蔵については、永正元年（一五〇四）と一七世紀末に作成された目録が存在し、詳細は末柄豊「慈尊院聖教古目録二種」（『勧修寺論輯』八号、二〇一二年）を参照。

（8）山階会編『山階宮三代』（一九八二年）。

（9）村上弘子「勧修寺と高野山聖方」（『勧修寺論輯』二号、二〇〇五年）。

（10）この時、寄附されたのは勧修寺大経蔵と慈尊院経蔵に納められていた聖教箱であった。大経蔵三九箱のうち、覚禅鈔・文書箱（身箱）などは高野山へは運ばれず、勧修寺に残された。なお、高野山聖方に寄附された個々の史料には、その巻頭部に複郭朱印「明治因革／護持敝順」が捺されている。

（11）「奉納目録」には二一箱に加えて、箱外として絵画・仏具等も記されており、それらは高野山へ運ばれた計四六箱に含まれていたとはいえ、明治元年に寄附されたもののうちほぼ半数が明治十一年に返納されたといえる。

(12) 高野山大学図書館の光明院文庫に残る勧修寺関係史料を実見すると、複郭朱印「勧修寺／大経蔵」が捺されている史料も若干あるが、多くは「慈尊院」との注記が残されている。

(13) 武内孝善「高野山大学図書館・光明院文庫蔵典籍文書目録(一)〜(五)」(『高野山大学論叢』四〇〜四八号、二〇〇五〜一三年)。

(14) 阿部泰郎「『勧修寺大経蔵聖教目録』解題稿」(『勧修寺論輯』創刊号、二〇〇四年)に詳しい。本稿は阿部論文を踏まえたものだが、「目録本文の筆跡は基本的に一筆になり、これは目録作成者として序文末尾に名を連ねる弟子僧「奥坊上人覚恵／宮野常新即応」の手になるものであろう」とする点には異論がある。本文で述べるように、目録のうち、身箱（中世文書）部分の記載は別筆である。また、『大経蔵目録』は闍海が宝永七年に完成させており、それに賢賀が延享四年に追記をしている。延享四年の賢賀追記にみえる「奥坊上人覚恵／宮野常新即応」は賢賀の弟子で、本目録を書写したのは闍海あるいはその弟子と考えられる。

(15) 賢賀は東寺観智院金剛蔵に納められた聖教についても、勧修寺と同様の補綴作業を行っており、賢賀による両寺聖教の修復に関してその全体像を考察する必要がある。

(16) 上川通夫「文書様式の聖教について」(『日本中世仏教史料論』吉川弘文館、二〇〇八年、初出は一九九九年)では、東寺観智院金剛蔵に聖教として残った範俊解写をとりあげ、文書様式の聖教について論じる。上川氏は、文書と聖教とは相対的に区別できるとして、文書として作成された書面は聖教として二次的に再生する場合があり、それを文書の聖教化と呼ぶ。本稿は、現在、研究者が寺院史料を聖教（典籍）と文書とに分けて調査・研究していること自体が問題だとする立場にたつ。本文では、聖教と文書という分類が勧修寺の近世における史料保存の実態と乖離していることを述べたが、中世においても、表1で示した文書は慈尊院経蔵に収められており、貞和二年十月八日に慈尊院住房・聖教・所領等を弟子俊然に譲った栄海譲状（勧修寺聖教陰箱三〇号）も当時から聖教として扱われていたと考える。聖教を含めた院家の譲状は、伝法関係の史料以上に法流の嫡流相承を示すものだからである。中世・近世の寺院史料を扱うにさいしては、新しい史料論が求められており、体系的な私見を提示すべく準備を進めたい。

(17) 詳細は醍醐寺文化財研究所編『醍醐寺文化財調査百年誌』（勉誠出版、二〇一三年）を参照。

(18) 身箱「当寺御支証録」に収められた中世文書でも長い巻子については、後半部の採訪が略されているものがある。

(19) 上島有「荘園文書」（『講座日本荘園史1　荘園入門』吉川弘文館、一九八九年）。

(20) 一号「長承元年灌頂記」の編者は不明だが、宙箱五号「灌頂日記」の巻頭に、

灌頂私記（先師理明房阿闍梨御房私記也）
長承記一巻（法務御房御日記也）
於㆓当流㆒可㆓秘蔵㆒書也、此流少不㆑可㆑違㆑之云々

と記され、「長承元年灌頂記」一巻が寛信の日記とされており、寛信が編纂したものと認識されていたことが知られる。

(21) 正安二年三月六日の伝法灌頂を記した宙箱七号「伝法灌頂」の本奥書には「正安二年三月十一日、粗記㆑之、委曲追可㆑注㆓加之㆒而已、／金剛仏子権律師栄海（生年二十三）」とある。

(22) 前掲註(20)の引用史料によると、「灌頂私記（先師理明房阿闍梨御房私記也）」（宙箱四号）と「長承記一巻（法務御房御日記也）」（宙箱一号）に記された作法に基づき灌頂が行われていたことが分かる。

(23) その被害の全体像は今後明らかにしたい。

〔付記〕本稿は科学研究費補助金基盤研究Ａ「人類の思想的営みとしての宗教遺産の形成に関する総合的研究」による研究成果の一部である。

『西宮記』勘物の諸本間の配列について——六月・七月勘物の書写方法から——

堀井佳代子

はじめに

平安時代中期、源高明（九一四～九八二）によって撰述された私撰儀式書『西宮記』は、一月から十二月の恒例行事および賀事・凶事・政務等の臨時行事の儀式次第を詳細に記述している。『西宮記』は、儀式の装束や進行を記載した儀式次第に加え、儀式の実例である勘物《かんもつ》を大量に記載する。勘物は『醍醐天皇御記』『九暦』といった日記類から当該儀式に関わる一部分を抜書したものであり、なかには元の日記は散逸し、ここでしか確認出来ないものを含む。失われた日記本文を復元する逸文収集の面からも貴重な史料と言える。また『西宮記』は、儀式に関わる実例として日記を参照し利用した具体相を示している。高明の撰述以降も、本文・勘物ともに増補・改訂され、勘物は著者高明本人により採られたものもあれば、高明死後の紀年を持つものもある。高明死後に勘物を書き加えた人物は、高明孫の源経頼（九七六～一〇三九）とされ、ほとんどの勘物は十一世紀初頭までに加えられたものと言える。(1) このように勘物について重要な指摘がされてきたが、さらに写本間の相違に着目することで個々の勘物が加えられた時期や性格をある程度、推測することが出来る。

本稿では『西宮記』の中から比較的分量の多い相撲《すまい》勘物をとりあげ、『西宮記』写本間で配列の相違が生じた原因を明らかにし、勘物の成立過程を解明する糸口としたい。

一　相撲勘物の構成と引用方法――巻子本・大永本の配列順の相違を通して――

諸本のなかでも前田尊経閣文庫所蔵の巻子本・大永本、宮内庁書陵部所蔵の壬生本が良本として知られる。平安末期の書写とされる壬生本を大永五年（一五二五）に三条西実隆が忠実に転写したものが大永本である。壬生本は欠失部分が多いが、大永本および紅葉山文庫本を通してもとの姿を知ることが出来る。それとは別系統の巻子本は書写年代の異なるいくつかの系統の写本を取り合わせたものである。(2)

ここでとりあげる六月・七月部分は、壬生本〔六月部分…第四軸、七月部分…欠失〕、大永本〔第二冊〕、巻子本〔巻四〕にあたる。壬生本第四軸は、同時期に別紙に書写された儀式文と勘物とを貼り継ぐ形態をとる。(3)巻子本巻四は平安末から鎌倉の書写と推定される本紙（儀式文）と、建武元年（一三三四）頃の補写部分（勘物）とからなる(4)（なお、橋本義彦氏によると巻四は七・十（乙）・十二（乙）と同じ系統である）。本紙を儀式ごとに切断して間に紙を貼り、該当儀式の勘物を記載する形態を持つ。当該箇所は、壬生本およびその忠実な写しである大永本と、巻子本とで記載内容が概ね一致し、壬生本と巻子本とは同系統の祖本を用いたと考えられる。但しその配列や注記の有無等細かな点では相違が見られる。特に配列の相違は、書写する際の作業方法の違いとして理解できる。

（一）　書写の方法について

巻子本は建武元年段階の補写に際して、儀式文の頭註も本紙の部分に書き加えている。同巻には、頭註を書き始めたものの本紙天部の空白に書ききれず、中途から後補の紙に記載する箇所がある〔雷鳴陣の「羽林抄云」〕。また巻子本の本系統には数か所のみ裏書が存在するが、これも補写段階に写されたと見られ、いずれも一行か二

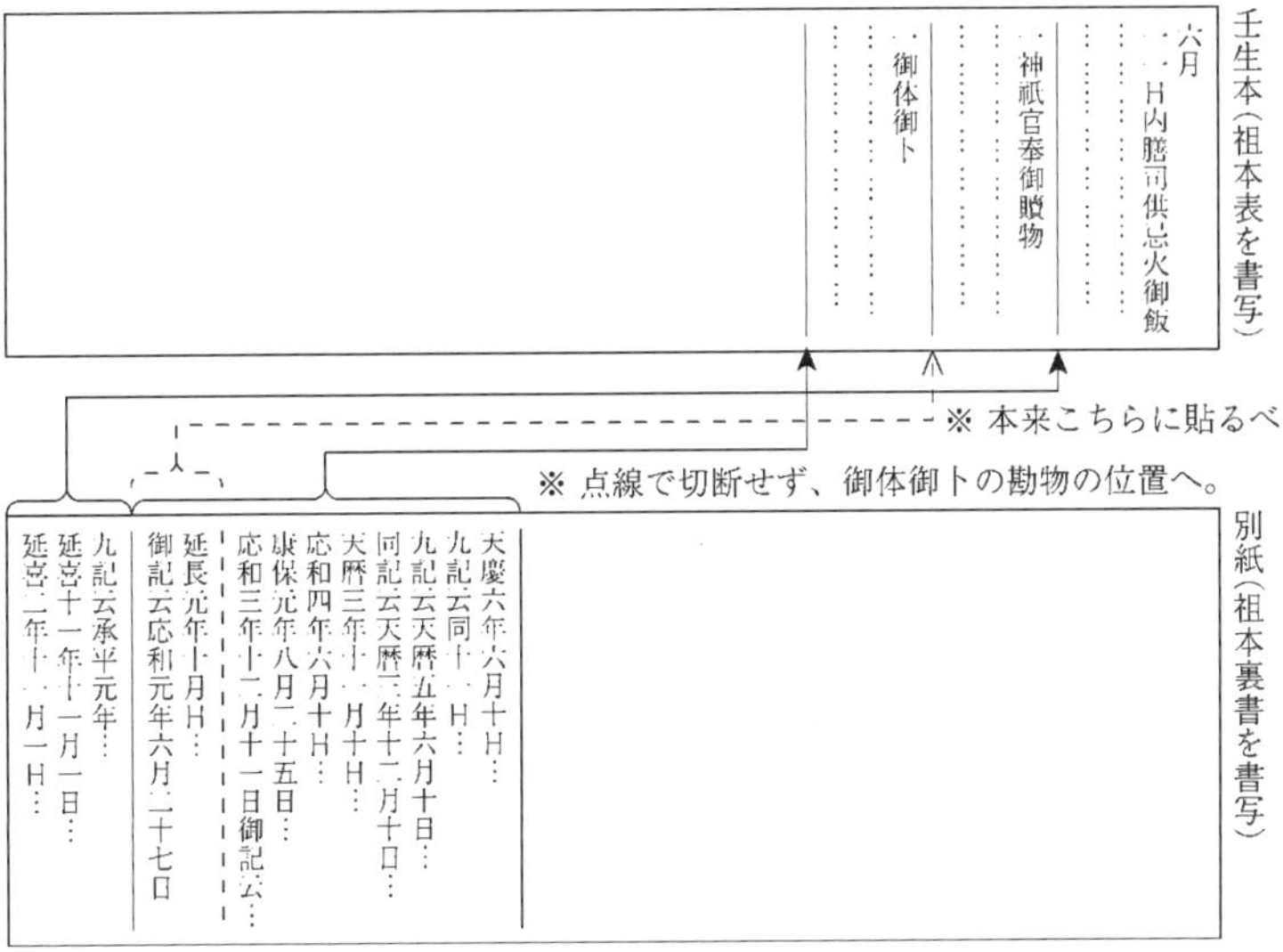

図　壬生本第四軸の書写方法

行程度の短い勘物である。本来であれば本紙を切断して間に紙を貼り継ぐべきところを、その手間を惜しみ、裏に直接書いたものと考えられる。おそらくこの補写時に用いた祖本は儀式文・頭註・裏書の勘物を持つ形態であり、補写者は、祖本を手元に置きながら、頭註を増補し、裏書の勘物を写して表書として本紙に貼り継ぐ、場合により勘物を裏に書き込む作業を行ったのだろう。

壬生本も巻子本同様、儀式文の後に勘物を貼り継ぐ形態だがその作業方法は異なる。まず祖本の表部分をすべて書写し、次に別紙に祖本の裏書を書写する。祖本では、表の儀式文に関わる勘物をその裏に記載しているため、裏書を右から左へ続けて書写すると、表の項目とは逆の配列となる。それを後で適宜切断して間に貼り継いでいく。この壬生本の作業方法は巻子本に比べると、合理的かつスピーディだが丁寧さに欠ける。

事実壬生本では、裏書を書写して貼り継ぐ際に切断部分を誤った結果、巻子本とは異なる配列となった箇所がある（図参照）。巻子本巻四　六月「神祇官奉御贖物」末尾には、延長元年（九二三）十月日（典拠不明）・応和元年（九六一）六月二十七日（村上天皇御記）の二つの勘物を載せるが、壬生本該当箇所に両条はなく、次の項目「御体御卜事」末尾に記載される。壬生本の書写者は、延長元年十月日の右側で切断して継ぐべきであったが、それに気付かず、「御体御卜事」の部分にそのまま勘物が残されたと推測される。

（2） 相撲勘物の配列の相違

次に相撲勘物を検討する。この部分は壬生本が残らないため、壬生本を忠実に転写した大永本を用いて巻子本との相違を確認する。(5) この相撲儀式文は相撲召仰・大節・節代・召合・御覧日・仁寿殿東庭例・童相撲事の項目からなり、各項目ごとに勘物が付され、さらに後補の勘物（祖本の裏書を書写して表とした）が最後に加えられている。末尾の勘物は、巻子本に六四条、大永本に七七条あり、配列順は大きく異なる。たとえば『権記』長保二年（一〇〇〇）八月十二日条は、巻子本では冒頭にあるが、大永本では最末尾に配置されている（後掲表：大永本77・巻子本1）。全体を通して大永本と巻子本とで配列の順はほぼ逆になるがこれはなぜなのか。

日記・記録の一部分を勘物として採る際は、ただ漠然と儀式に関わる記事を集めるのではなく、儀式を運営する際に参照すべき事例を意図的に選んでいる。各勘物が儀式のなかの何に関わる先例なのかに着目すると（表の内容欄参照）、大永本の配列は、ほぼ［相撲召仰］［開催日］→［内取］→［召合］→［宴会での出居《でい》・侍従］→［雨儀］→［仁寿殿儀］→［臨時相撲］の順になる。これは儀式文の項目の順に対応している。それに対して巻子本は、それとは逆の順番で配列されている。おそらく、巻子本は末尾の相撲勘物すべてを一連のまとまりと捉え、祖本裏書を右から左へと続けて書写したのであろう。大永本の祖本である壬生本は、前項で確認したように、まず他の儀式も含めたすべての裏書の右から左へと書写した後で、相撲勘物については項目ごとに切断し、細かく貼り継いだのではないだろうか。その結果、現状のごとく大永本と巻子本との配列の相違が生じたのであろう。

このように見ると、巻子本の補写者は、六月部分では丁寧に頭註・勘物を加えたにもかかわらず、七月相撲の部分には注意を払っていないようである。これは壬生本と巻子本との書写年代の違いによるものであろう。七月の恒例行事としての相撲は、十一世紀以降廃絶に向かう。保安三年（一一二二）に行われて以降しばらく途絶し、その後、保元三年（一一五八）、承安四年（一一七四）の二度、再興されるものの廃絶した。(6)壬生本が書写された時点ではまだ一応は恒例行事であり、次第を把握しておく必要があった。しかし建武元年（一三三四）の巻子本補写の段階では、すでに宮廷での相撲は廃絶して久しい。朝儀の復興を目指して記された後醍醐天皇『建武年中行事』に七月の相撲の項目はない。巻子本の補写者にとって相撲における細かい内容は、もはやほとんど意味を持たなかった。(7)そのため細かく項目ごとに切り継ぐことなく裏書をそのまま写したのであろう。書写者の関心により、史料の形態に変化が生じたと言える。

二　藤原行成の『権記』の引用

相撲勘物の部分での大永本と巻子本との配列の相違を、裏書を書写してさら項目ごとに切り継いだケースと、裏書をそのまま書写したケースとして理解できることを述べた。しかしそれで説明出来ない箇所が数か所ある。そのひとつが『権記』寛弘七年条（大永本20）と承平五年条（大永本21）とである。なお寛弘七年条は『左経記』逸文の可能性が指摘されていたが、(8)寛弘七年当時、玄蕃頭・次侍従であった経頼の筆とは考えがたく、むしろ当時権中納言であった行成の記述と捉えたほうが自然である。(9)この両勘物は、巻子本では最末尾に配列されている。裏書を書写して切り継ぐという壬生本の書写方法から考えれば、両勘物は大永本冒頭に配列されるはずである。しかし大永本では、全七七項目中二二番目に位置し、巻子本と対応しない。また他の勘物が日記の一部の必要箇所のみを引用するのに対し、両勘物は分量も多く日記の該当日全体を引用しており、他の勘物とは、採られた段階や形態が異なっていた可能性がある。『西宮記』勘物は源経頼により書かれたとされ、また彼が藤原行成の娘婿であり、『西宮記』勘物にも行成から提供されたと思しき『権記』や『行成大納言家年中行事』の引用が十数条ある。[10]『権記』を含む両勘物は経頼自身が他の勘物とは別に後から加えた可能性も考えられる。ただし、このような書写作業の方法の相違では説明できない配列は、あるいは現状の巻子本に錯簡があるためとも考えられる。この点については、他の部分の検討も含めて考える必要がある。

おわりに

以上『西宮記』六月・七月勘物について、諸本の形態の違いから、裏書の取り扱いが書写者の関心により異なること、また祖本の形態が想定できることを述べた。『西宮記』の一部をとりあげたに過ぎず、また初歩的な謬りを犯していると思うが、『西宮記』恒例行事部分の理解のためのひとつの試みとして検討した。大方のご叱正を請う。

（1）所功「西宮記の成立」（同『平安朝儀式書成立史の研究』国書刊行会、一九八五年）、和田英松「西宮記考」（増訂故実叢書『西宮記』明治図書出版、一九三一年、初出一九二〇年）。

（2）早川庄八「壬生本『西宮記』について」（同『日本古代の文書と典籍』吉川弘文館、一九九七年、初出一九七〇年）、北啓太「壬生本『西宮記』旧内容の検討」（『史学雑誌』一〇一—一一、一九九二年）、同「解説」（『宮内庁書陵部影印集成七　西宮記三』八木書店、二〇〇七年）。壬生本の書写時期には諸説あるが、本稿では北氏の示された保元四年（一一五九）に写書された可能性があるという見解を採っている。

（3）橋本義則「壬生本『西宮記』の再検討——古写にかかる諸巻について——」（科学研究費補助金研究成果報告書『儀式書を中心としてみた平安時代政治機構の総合的研究』一九九一年）。

（4）橋本義彦「『西宮記』――尊経閣文庫本を中心に――」（同『日本古代の儀礼と典籍』青史出版、一九九九年、初出一九九五年）。

（5）この部分の大永本と壬生本が祖本と直接の転写本の関係にあることは、紅葉山文庫本と大永本の形態が大きく異ならないことからも知られる。この点については前掲註（4）橋本論文参照。

（6）新田一郎『相撲の歴史』（講談社、二〇一〇年、初出一九九四年）。

（7）前掲註（3）橋本論文では、建武の補写者を九条道教（一三一五～四九）と推定する。

（8）前掲註（1）所論文。

（9）嶋本尚志氏の御教示による。『権記』寛弘七年七月十三日条には「在別記」とあり、本勘物が別記に当たるか。但し記主本人を「権中納言行成」とするなど本人の記述としては不審な点も残る。

（10）管見の限り『権記』の引用は①寛弘二年（一〇〇五）八月二十一日条（御斎会内論議）、②寛弘二年五月十一日条（賑給）、③長徳元年（九九五）七月二日条（雷鳴陣）、④長保元年（九九九）七月十三日条（施米）、⑤長保二年（一〇〇〇）八月十二日条（相撲）、⑥長保二年七月二十八日条（相撲）、⑦寛弘七年（一〇一〇）七月十三・四日条（相撲）、⑧長徳四年（九九八）九月二十九日条（国忌）、⑨長徳三年（九九七）正月二十八日条（外記政）、⑩長徳二年（九九六）八月二日条（大宰帥大弐赴任事）、⑪長徳元年八月二十八・九日および九月十三・十六・二十二日条（侍中事）、⑫長徳二年五月十七日条（侍中事）、⑬長保二年正月一日条（弁官事）、⑭長保元年十二月五・九・十三日（皇后崩）、⑮寛弘元年（一〇〇四）五月二十四日条（薨奏）。

表　『西宮記』相撲勘物　大永本・巻子本勘物対照表【大永本の順に配列】

大永本番号	巻子本番号	年	西暦	月	日	内容	出典	注記	※
1	60	天慶 9	946	7	28	大将奏	九暦(「九記」)		
2	61	天慶 9	946	7	28	大将奏	清慎公記(「小野記」)		
3	57	天暦 3	949	7	17	召仰・内取	不詳	同二十三日も含む。	
4	58	延長 6	928	7	28	舞	不詳		
5	59	仁和 3	887	6	25	開催日	＊日本三代実録		
6	56	応和元	961	7	25	開催日	不詳		
7	42	天暦10	956	7	19	相撲召仰	＊九暦ヵ	巻子本54と重出。巻子本、末尾に「已上九条殿記」とする。	×
7	54	天暦10	956	7	19	相撲召仰	＊九暦ヵ	巻子本42と重出。巻子本「九記」とする。	
8	55	天暦7	953	7	22	相撲召仰・開催日の議論	小一条記		
9	53	天暦4	950	7	25	内取・召合	九暦(「九記」)		
10	48	天暦7	953	7	28	内取	不詳		
11	49	天暦7	953	7	29	大将奏	九暦(「九記」)	巻子本は天暦10とする。	
12	50	康保2	965	7	25	内取	村上天皇御記(「御記」)		
13	51	天平6	734	7	丙寅	沿革	＊続日本紀		
14	52	天平10	738	7	癸酉	沿革	＊官曹事類ヵ		
15	45	天暦10	956	8	18	臨時相撲	九暦(「九記」)	巻子本「九記云」とする。大永本冒頭に「九記」。	
16	46	天慶10	947	7	16	相撲召仰	九暦(「九記」)	巻子本「九記云」とする。	
17	47	天慶10	947	7	23	開催日	九暦(「九記」)	大永本、末尾に「已上九記」とする。	
18	43	延喜18	918	7	27	召合の雨儀・饗の弁備	不詳		
19	44	天長 3	826	—	—	開催日	不詳	「七月十六日相撲式」の見出しの下に割注として記載。	
20	64	寛弘 7	1010	7	13	召仰	＊権記別記カ	同十四日条も含む。	×

21	63	承平 5	935	7	28	召合・宴会	九暦（「九記」）		×
22	41	応和元	961	7	28	召合・追相撲	村上天皇御記（「御記」）		
23	62	康保 2	965	7	28	召合	村上天皇御記（「御記」）		×
24	39	承和 5	838	7	13	災害による異例	＊外記日記ヵ		
25	40	承和 6	839	7	15	災害による異例	＊外記日記ヵ		
26	／	延長 6	928	7	28	追相撲への次侍従参加	不詳	大永本「後日」と項目をつける。26～29にかかるか。	×
27	／	承平 2	932	7	29	追相撲への次侍従参加	不詳		×
28	／	承平 5	935	7	29	追相撲への次侍従参加	不詳		×
29	／	承平 7	937	7	29	追相撲	不詳		×
30	34	承平 6	936	7	28	召合・追相撲	貞信公記（「貞公御記」）		
31	35	延喜12	912	7	27	召合・宴会	醍醐天皇御記（「御記」）		
32	33	延長 5	927	7	30	召合・服装	吏部王記（「吏部記」）		
33	32	承平 5	935	7	28	大将奏	＊吏部王記	巻子本「吏部記」とするも「本無」と注記。	
34	／	承平 5	935	7	29	追相撲・宴会	＊吏部王記		×
35	／	承平 6	936	7	28	大将奏	不詳		×
36	23	承平 5	935	7	28	代官	不詳（「或記」）		
37	24	天慶 5	942	7	28	出居	不詳		
38	25	天慶 6	943	7	27	出居	不詳		
39	26	天慶 8	945	7	28	出居	不詳		
40	27	天暦 3	949	7	29	出居	不詳		
41	28	天暦 4	950	7	28	出居	不詳		
42	29	承平 2	932	7	29	次侍従	不詳		
43	30	承平 6	936	7	28	次侍従	不詳		
44	／	寛平年中		—	—	侍従	不詳		×
45	／	貞観16	874	7	28	侍従	＊日本三代実録		×
46	／	元慶 8	884	7	29	侍従	＊日本三代実録		×

大永本番号	巻子本番号	年	西暦	月	日	内容	出典	注記	※
47	31	天慶２	939	7	27	出居・大将不参	＊吏部王記	巻子本「吏部記」とする。	
48	16	延長４	926	7	29	宴会	吏部王記（「吏部記」）		
49	17	延長５	927	7	30	出居	吏部王記（「同」）		
50	18	天慶８	945	7	28	出居	不詳		
51	19	天慶８	945	7	27	雨	不詳		
52	20	承和13	846	6	19	雨	不詳	巻子本、19の割注とする。	
53	21	承平４	934	7	28	雨	不詳		
54	22	延喜２	902	7	21	仁寿殿儀	不詳		
55	15	長保２	1000	7	28	追相撲の役送	権記（「故按察御記」）	本文、長徳２とするが史料纂集『権記』により改める。	
56	12	天慶５	942	7	28	追相撲の役送	不詳（「或記」）		
57	13	承平６	936	7	28	追相撲の役送	＊村上天皇御記ヵ		
58	14	天暦４	950	7	28	追相撲の舞	不詳		
59	8	承平３	933	7	24	仁寿殿儀・宴会	貞信公記（「貞公御記」）		
60	9	応和２	962	7	29	侍従	不詳		
61	10	延喜13	913	7	28	禄・前年の支給額	不詳		
62	11	延喜７	907	8	12	相撲人への給付	不詳		
63	4	天慶２	939	閏７	13	還饗	吏部王記（「吏部記」）	本文、天慶３とするが史料纂集『吏部王記』により改める。	×
64	2	応和２	962	8	16	宴会	＊村上天皇御記ヵ		
65	3	垂仁天皇７		7	—	相撲の淵源	日本書紀（「国史文」）		
66	5	元慶４	880	7	28	仁寿殿儀	日本三代実録（「国史文」）		×
67	6	延暦８	789	10	—	高麗福信の事績	続日本紀（「国史文」）		×
68	36	—	—	—	—	雨儀例	—	該当の年月日を注記するのみ。	×
69	37	—	—	—	—	依雨延引例	—	該当の年月日を注記するのみ。	×
70	38	—	—	—	—	依雨追相撲延引例	—	該当の年月日を注記するのみ。	×

71	7	—	—	—	—	旱損年相撲事	—	該当の年月日を注記するのみ。大永本は空所に細字で注記。	×
72	／	延喜 4	904	7	28	侍従	不詳(「或記」)	大永本「初日」と項目を付ける。72～76にかかるか。	×
73	／	延長 6	928	7	27	侍従	不詳		×
74	／	承平 5	935	7	28	侍従	不詳		×
75	／	承平 6	936	7	28	侍従	不詳		×
76	／	天慶 2	939	7	21	侍従	不詳		×
77	1	長保 2	1000	8	12	臨時相撲	権記(「故按察私記」)		

凡例 1：大永本番号は、大永本の 7 月相撲末尾の勘物について、前から順に番号をふったもの(第 2 冊)。巻子本番号は同じく巻子本の勘物に番号をふった(第 4 巻)。

2：「内容」欄には当該勘物が相撲儀式のなかでの何に対する先例なのかを示した。

3：「出典」欄には勘物の出典について示した。＊は勘物自体に出典は明示していないが、諸書により出典が判明するものを示す。(　)内には勘物本文での出典の表記を示した。

4：「※」欄には、切り継ぎ方法の相違として理解できない勘物を×で示した。

5：表中の線で区切った部分は、巻子本との対応関係から、壬生本において切り継ぎがあったと判断される箇所を示している。

殿下乗合事件
――「物語」に秘めた真実と「日記」に潜む誤解――

曽我良成

はじめに

嘉応二年（一一七〇）七月、摂政松殿藤原基房の一行が女車に乗った平資盛に遭遇し、基房の従者が資盛の車の無礼を咎めて恥辱を与え、その後、平氏側とみられる武者が基房の従者を襲撃して報復を行ったとされる事件が起こった。

この事件の「史実」は次の一連の史料によって知ることができる（なお、史料の引用は、従来からの通説の確認の意味であえて国書刊行会本を使用する）。

①『玉葉』嘉応二年七月三日条（「国書刊行会」本）

今日法勝寺御八講初也、有二御幸一、摂政被レ参二法勝寺一之間、於二途中一越前守資盛（重盛卿嫡男、）乗二女車一相逢、而摂政舎人居飼等打二破彼車一、事及二恥辱一云々、摂政帰レ家之後、以二右少弁兼光一為レ使、相二具舎人居飼等一、遣二重盛卿之許一、任レ法可レ被二勘当一云々、亜相返上云々、（傍線筆者、以下同）

②『玉葉』嘉応二年七月五日条（「国書刊行会」本）

人々云、乗逢事、大納言殊欝云々、仍摂政、上臈随身幷前駈七人勘当、但随身被レ下二厩政所等一云々、又舎人・居飼給二検非違使一云々、

①②によれば、七月三日、藤原基房の行列と平重盛の子息資盛の行列との間で闘乱が起こった。帰宅後、基房は事件の下手人である居飼・舎人を重盛の許に護送してきた。しかし、重盛はこれを「返上」した。その二日後、基房は事件に関係した随身・前駈を処分し、居飼・舎人を検非違使に送った。

③『玉葉』嘉応二年七月十六日条（「国書刊行会」本）

或人云、昨日摂政被レ欲レ参二法成寺一、而二条京極辺ヱ武士群集、伺二殿下御出一云々、是可レ搦二前駈等一之支度云々、仍自レ殿遣レ人被レ見之処、已有二其実一、仍御出被レ止了云々、末代之濫吹、言語不レ及、悲哉、生二乱世一、見二聞如レ此之事一、宿業可レ慨々々、是則乗逢之意趣云々、

③によれば、そのさらに約一〇日後の十六日、基房の行列の襲撃計画が発覚した。これは「乗逢之意趣」によるものだということであった。

④『玉葉』嘉応二年十月廿一日条（「国書刊行会」本）

此□□元服議定、申刻着二束帯一、参二大内一、（中略）或人云、摂政参給之間、於二途中一有レ事帰給了云々、余驚遣レ人令レ見之処、事已実、摂政参給之間、於二大炊御門堀川辺一、武勇者数多出来、前駈等悉引二落自レ馬了云々、神心不レ覚、是非不レ弁、此間其説甚多、依二摂政殿不レ被レ参、今日議定延引之由、

④によれば、三か月後の十月廿一日、高倉天皇元服定に出かけた基房の行列が襲撃を受けている。以上が事件の概要である。

一　報復の首謀者「通説」

これらの史料に基づき、以下の説明が歴史学の「通説」的理解となっている。

基房はその下手人を処罰して謝罪したのであるが、重盛はひじょうに立腹してこれをゆるさず、報復の機会

をねらっていた。（中略）重盛は執念深く、その（基房の）部下の過失をとがめて、何故か恨みをいだきつづけた。そこには平氏一門の思い上がった一面がのぞかれる。（中略）三ヶ月後の一〇月二一日、参内しようとする基房の行列が、多数の武士に狼藉を受けるという事件がついにおこった。明らかに重盛の意思による報復である。〈安田元久『院政と平氏』日本の歴史　第七巻、小学館、一九七四年、二七八頁〉

『平家物語』諸本がすべて、報復の主体を平清盛だとするのに対し、歴史学の通説では「重盛はひじょうに立腹」、「明らかに重盛の意思による報復である」と述べ、報復の主体は平重盛だと断定している。物語では、重盛は資盛の非礼を叱責する冷静な人物であると描かれている。このギャップを埋めるために、物語は平清盛の悪行を際立たせるため、報復の首謀者を清盛に書き換え、その対比のために実際には報復の主体であった重盛を冷静な人物として描き出した、と説明され、これまた常識となっている。(1)

以上のような通説的理解を常識とする歴史学者や国文学者が次のようなあらすじのNHK大河ドラマ「平清盛」をどのような思いで見たのであろうか。

重盛はこの事件について礼節を欠いていた資盛を叱るのみだった。（中略）そんな折、事件は起きた。基房の輿を謎の武装集団が襲ったのだ。次々と従者たちの髻が切り落とされて、基房も底知れぬ恐怖感を抱く。それはすべて時忠の策略だった。内裏に出仕した重盛は、基房をはじめ貴族たちが突然、平家に対して従順になっているので、何かがあったと察する。慌てて館に帰ると基房が襲われた一件は、すべて重盛の策略だったということになっており、平家一門はよくぞ復しゅうしてくれたと重盛を褒めたたえた。(2)

清盛を首謀者として描くこのストーリーは、荒唐無稽な設定なのであろうか？　重盛が主導者であるという通説は、揺るがない絶対的な理解なのであろうか？

摂政基房の行列が襲撃されたのは嘉応二年十月廿一日のことであった。その日の『玉葉』史料④の「摂政参給之間、於二大炊御門堀川辺一、武勇者数多出来、前駈等悉引ヨ落自レ馬了云々、神心不レ覚、是非不レ弁、此間其説甚多」という記述を素直に読む限りは、誰が「武勇者」に指示をして基房の行列を襲撃したのか記されてはいない。「其説甚多」と記されているように、当時情報が錯綜しており、重盛は一番疑われやすい立場であるにもかかわらず、記主兼実は首謀者であるという判断をしていないことに注目すべきである。また、『百練抄』同日条は「是先日資盛之会稽也」と記し、平氏による報復であろうと推測しているが、その主体については『玉葉』同様に何も触れていない。

二　重盛報復主体説（1）――『愚管抄』と「秘本」――

重盛を首謀者とするのは、以下に掲げる二つの史料である。

⑤『愚管抄』（巻第五）

小松内府重盛治承三年八月朔日ウセニケリ。（中略）イカニシタリケルニカ、父入道ガ教ニハアラデ、不可思議ノ事ヲ一ツシタリシナリ。子ニテ資盛トテアリシヲバ、（中略）ソレガムゲニワカヽリシ時、松殿ノ摂籙臣ニテ御出アリケルニ、忍ビタルアリキヲシテアシクイキアヒテ、ウタレテ車ノ簾切レナドシタル事ノアリシヲ、フカクネタク思テ、関白嘉応二年十月廿一日高倉院御元服ノ定ニ參内スル道ニテ、武士等ヲマウケテ前駈ノ髻ヲ切テシナリ。

『愚管抄』の記主慈円は、十月廿一日の襲撃の主体を「フカクネタク」思った重盛だと考え、しかし一方でこのとき以外の重盛の行動からして「不可思議ノ事」であると記している。まず、確認しておきたいのは、『愚管抄』の成立は承久年間（一二一九～一二二二）前後といわれており（『国史大辞典』）、事件から約五〇年後の著作であるということである。慈円は久寿二年生まれといわれ、事件当時一五歳、すでに受戒後であり、この事件の渦中にはいない。つまり、この記述は当時僧籍に身を置いていた一五歳の少年の半世紀後の記述なのである。重盛が「フカクネタク」思ったという記述の根拠が示されているわけではない。事件の当事者ではない当時一五歳の少年の五〇年後の根拠を示さない証言のみでは、有罪判決は出せまい。美濃部重克氏も主謀者を「平重盛ではないかと推測している」が、一方で「『愚管抄』の記すように平重盛の仕業とすれば」その証拠（「鍵」）が必要となるが「今のところ、その鍵はない」と根拠のないことを認めている(3)。

⑥『源平盛衰記』巻三所引「秘本」(4)

秘本云、入道相国ハ、福原ニテ逆修被レ行ケル間也。平大納言重盛ノ所為也ト聞ヘキト。普通ニ大ニカハレリ。

「秘本」とされその性格が不明な上は、この史料についてこれ以上真偽の判定は不可能である。清盛は福原にて逆修を行っている（現時点では史料的に確認できない）ので、重盛の所為であると「聞ヘキ」と風聞を伝えている。

以上のように、重盛を首謀者として記述する二つの史料とも、一次的史料ではなく、どちらも確証があって記述したわけではないように思われる。別にこの時代に限らなくとも、子供が被害者の事件の復讐が行われたとなれば、まず誰しも親を疑う。そのような風聞が当時も流布していたとしても何の不思議もない。というより事情がわからない人間はこれを真実として疑わなかったであろう。

しかし、そのような風聞を受け容れる一方で、⑤⑥ともに見られるように息子の事件に対する復讐行為とそれまでの重盛の人間像との乖離に人々は一様に首をかしげるのである。⑥は、清盛は福原で逆修をしているから主体にはなり得ないかのような記述をしている。また、五味文彦氏も「報復を実行した十月二十一日に清盛は福原にいた可能性が高い」〈五味文彦『平清盛』吉川弘文館、一九九九年〉と述べ、そのことが清盛首謀者説が成立しない根拠のように述べられている。しかし、清盛自身が軍勢を率いて復讐を果たしたわけではなく、物語が描くように部下に指示をすれば良いだけなのだから、清盛がどこにいたかはまったく問題にならない。さらに、乗合事件から報復の実行まで三か月の期間（この期間をどのように考えるかも問題である）があるため、報復決行当日に在京しないことは、首謀者かどうかの証拠になり得ない。

三　重盛報復主体説その二――『玉葉』の解釈――

平重盛を報復の主体とする「史実」の根拠は前掲史料①の『玉葉』の記述である。とくに「摂政帰レ家之後、以二右少弁兼光一為レ使、相二具舎人・居飼等一、遣二重盛卿之許一、任レ法可レ被二勘当一云々、亜相返上云々」、②の「人々云、乗逢事、大納言殊欝云々、仍摂政、上臈随身幷前駈七人勘当、但随身被下二厩政所等一云々、又舎人、居飼給二検非違使一云々」の部分である。それは次のような理解に見ることが出来る。

重盛がこのような行動に出たのは、四月二十一日に大納言に復帰した気負いによるのであろう。（中略）我が身の名誉をいたく傷つけられたと感じたと見られる。すばやく手を打ち、下手人を差し出してきた摂政への欝念は消えやらず、ついに報復に及んだものであろう。〈五味文彦『平清盛』〉

「亜相」すなわち重盛は、松殿基房が自主的に差し出してきた舎人・居飼を「返上」した（①）。人々が重盛が乗合事件について「殊に欝」であるということを知った基房は、そこで（＝「仍」）さらに随身や前駈の処分も自主的に行ったというのである。ここでは、最初の下手人の「返上」も、翌日の随身前駈の追加処分も、重盛の「欝」が原因だったというのである。

（一）下手人の「返上」

通説的理解では、重盛が最初に護送されてきた下手人を「返上」したのは「摂政への欝念は消えやらず」のためであったとされる。しかし、これは誤りである。前田禎彦氏の研究〈「摂関期の闘乱・濫行事件」『日本史研究』四三三、一九九八年〉によれば、当時の権門同士の闘乱解決の慣習に則った通常の事件解決の処理方法は、以下の三点で行われたという。

〈1〉加害者側の本主が被害者側に下手人を引き渡す

〈2〉被害者側も下手人を返送するのが一般的

〈3〉処理は当事者間の交渉によって進められ、使庁の役割は下手人の禁獄に限定

実際の史料でも「付レ使返奉」、（『小右記』長和二年正月廿七日条）、「付レ使返送」（『小右記』長和二年七月廿日条）などとあり、どちらの史料においても、闘乱事件の下手人を加害者側の本主が自主的に被害者側に護送し、送られた被害者側ではその礼に対し護送してきた使にそのまま下手人を付して返送している。このような方法によって、貴族たちは無用な闘乱の拡大を防いでいたのであり、いわば安全保障となっていたのである。前田氏もこのときの殿下乗合事件の一連の対処もこの慣習として行われていることをすでに指摘している。

この慣習は摂関期に限ったものではない。建長二年（一二五〇）六月、増忠法印と兵部権大輔平時仲との乗合事件が起きた。喧嘩を起こした側の平時仲が、事後増忠法印の師であり叔父でもある長谷前大僧正静忠に謝罪をしている。この事件の場合、実際に被害を受けたのは礼を失した時仲の側であったために、下手人の送付は行われず謝罪のみとなったが、十三世紀半ばにいたっても牛童と扈従の喧嘩の謝罪は「時仲参二長谷前大僧正許一謝二此事一」とあるように失礼を犯した側から行われており、前田氏が指摘された事件解決の慣習は継続していたものと考えられる。『岡屋関白記』の記主近衛兼経の「彼是相和さば何んぞ此の難有らんや」という感慨に、摂関

期と変わらぬ貴族たちの宥和への思いが込められている（『岡屋関白記』建長二年六月廿二日条）。
殿下乗合事件の当初の処理を前田論文の手続き〈1〉〈2〉〈3〉に当てはめてみると、
〈1〉加害者側の本主（基房）が被害者側（重盛）に下手人（舎人・居飼）を引き渡す→史料①
〈2〉被害者側（重盛）も下手人を返送する（「返上」）のが一般的である→史料①
〈3〉処理は当事者間の交渉によって進められ使庁の役割は下手人の禁獄に限定（「舎人・居飼給二検非違使一」）
→史料②
以上のことからわかるように、平重盛が下手人を基房に「返送」したことや、下手人を検非違使に渡したことなど、この一連の処理は当時の闘乱解決の慣習に従っただけのことであり、『玉葉』の二日後史料②の「欝」の記事にひきづられ「重盛はひじょうに立腹してこれをゆるさず」〈安田元久『院政と平氏』〉とか「摂政への欝念は消えやらず」〈五味文彦『平清盛』〉と評価することは明白な誤りである。ただ、史料②「上臈随身弁前駈七人勘当」という部分がこの慣習に則ったものか、そうでないかについては決定的な判断材料はない。

（2） 重盛の「欝」

①の史料の「返送」は当時の闘乱事件解決の慣習に則っただけのことであった。しかし、史料②で、基房が随身や前駈を追加処分したことは「乗逢事、大納言殊欝」という情報によるものであり、この部分については、重盛の「立腹」や「摂政への欝念」の表れであると理解できる可能性があるようにも思われる。であれば、このの ち起こる報復の主体はやはり重盛ということが出来るのではないか、ということになってくる。
史料②『玉葉』嘉応二年七月五日条は刊本によって微妙に字句が異なっている。
②-a「国書刊行会」本

人々云、乗逢事、大納言殊欝云々、仍摂政、上臈随身并前駈七人勘当、但随身被下二厩政所等一云々、又舎人・居飼給二検非違使一云々、

これを読む限り、大納言の欝という前段と、摂政による随身・前駈の処分という後段が、「仍」という接続詞によって因果関係で結ばれているようにも見える。しかし、別本では微妙に文面が異なっている。

②-b「九条家」本

人々云、乗逢事、大納言殊欝云々、但摂政、上臈随身并前駈七人勘当、　随身被下二厩政所等一云々、又舎人・居飼給検非違使一云々、

違いは「仍」→「但」、「但」→「　」の二箇所である。九条家本の「但」という語では、重盛の欝という前段と、摂政による随身・前駈の処分という後段が、必ずしも因果関係で結ばれないことになる。つまり②-aは「人々がいうには、重盛は乗合事件について非常に「欝」であるということである。そこで（それを配慮した）摂政基房は上臈随身や前駈七人を勘当に処した。」と言う意味になり、②-bは「人々がいうには、重盛は乗合事件について（平氏と摂関家との間に無用な緊張を生むものとして）、非常に「欝」であるということである。ただし、摂政が上臈随身・前駈七人を勘当に処したということである。（事態は終息に向かうか？）」というような意味にも取れる。

現時点においては、どちらの解釈が正しいのか、決定的ではない。しかし、決定的ではないということは、少なくとも重盛の「欝」＝激怒と捉え、三か月も後の報復と直結させる従来の「通説」もまた決定的ではないということになる。この「欝」が、どのような感情を表すかということについては、別稿を用意しているがここではどちらも決定的な解釈にならないという指摘にとどめておきたい。

おわりに

従来は、重盛が下手人を「返上」したことを、重盛の激怒もしくは恨みの深さと考えてしまったために、それにひきづられ十月の報復事件の主体を何の疑いもなく重盛と見なしてきたが、事件を記述する『玉葉』には報復の首謀者を重盛と疑う記述は一切ない。当然、疑ってしかるべきであるにもかかわらず、九条兼実はいっさい主体については触れてはいない。直接報復を果たした武士は平氏方（実はこれも史料的裏付けはない）であろうが、誰の指揮によっているのかは不明だったのである。重盛を疑う『愚管抄』にしても『源平盛衰記』所引「秘本」についても、それをもって確証とするにはあまりに史料性が脆弱である。

重盛が報復の主体ではなかった可能性については、すでに伊野部重一郎氏が指摘され、「この事件の直接責任者は平家の家人武士たちであり」「清盛はそれに黙認了承を与えたものと考えたい」と述べている〈「平資盛事件覚書」『政治経済史学』二〇〇、一九八三年〉。「平家の家人武士」と断定する伊野部氏の結論については、重盛首謀者説と同じく史料的裏付けに乏しいためその当否は措くとしても、報復の首謀者を重盛とする根拠は何もないという点においては、再評価されなければならない。

報復の主体が、歴史学の通説のように平重盛であったのか、物語や大河ドラマが描くように平清盛であったのか、あるいはまったく別の人物であったのか、残念ながら筆者は確証を持たないため、ここでは明言することができない。念のため、断っておくが、重盛主体説の可能性を本稿は否定しているわけではない。今後研究が進展し、誰もが納得する史料的裏付けによって、やはり報復の主体は平重盛であったという時が来るかもしれない。しかし、歴史学者としては現時点においてはどちらとも決め難い。

（1）早川・曽我・村井・橋本・志立「『源平盛衰記』全釈八-巻三-一」（『名古屋学院大学論集（人文・自然科学篇）』四九―二、二〇一三年）参照。この他、この事件当時、「松殿」基房が、松殿に居住していなかったなど重要な指摘がなされている。

（2）NHKドラマ『平清盛』第三七回（二〇一二年九月二十三日放送「殿下乗合事件」あらすじ（http://www9.nhk.or.jp/kiyomori/story/37.html、ただし現在リンク切れ）

（3）美濃部重克『観想平家物語』（三弥井書店、二〇一二年）10「巻一殿下乗合」一四八頁。

（4）前掲註（1）参照。

第V部

日記・古記録の使われ方

渡海日記と文書の引載——古記録学的分析の試みとして——

森　公章

はじめに

筆者は先に「遣外使節と求法・巡礼僧の日記」（『日本研究』四四、二〇一一年［註1拙著に所収］）なる小稿を草し、対外関係の史的分析素材として、その記載内容に着目されることが多い求法僧・巡礼僧の日記、本稿では一括して渡海日記と称することにしたいが、に関して、公家日記など古記録一般の特色との照合を試み、「日記の総合的研究」の一隅に光を照らそうとした。そこではまた、円珍の『入唐記』（在唐巡礼記）五巻など散佚した渡海日記の復原(1)、円仁の『入唐求巡礼行記《にゅとうぐほうじゅんれいこうき》』(2)四巻や成尋《じようじん》の『参天台五臺山記《さんてんだいごだいさんき》』（以下、『参記』と略す）八巻(3)のように写本として伝来していても、原本（自筆本）が現存しないものについての原形の探求など、いくつかの課題を指摘している。

『参記』に関しては、巻六・熙寧六年（一〇七三＝延久五）正月二十三日条で先行して帰国する弟子五人に付託する品々を記した中に、石蔵（岩倉大雲寺）経蔵に届けるべきものとして「入唐日記八巻」が見えている。現行の『参記』八巻は巻八・熙寧六年六月十二日条、起筆から四七〇日目に明州で帰国する弟子たちの出航を見送るところで終了しており、正月二十三日はまだ三三三日目であった。二月八日に五人が明州に向けて出立したのち、北宋の首都開封に滞留した成尋らは、祈雨法壇《きう》への招請、三日間で雨を降らせるという前例を見ないほどの法力を称賛され、善慧大師号を賜与される。また奝然《ちょうねん》将来後に訳出された宋版一切経の摺本頒布を許可されるなど、重要な成果をあげており、皇帝の護持僧としての滞在要請を謝絶した上で、再度の天台山国清寺での修行のため下向、途中明州で日本に先行帰国する五人の弟子と別離する場面までが記されている。

したがって現行本『参記』は「入唐日記八巻」をさらに書き継いだものを後日明州で付託したか、あるいは「入唐日記八巻」とは別に綴述していた渡海日記を差し替えて付託したものということになろう。とすると、「入唐日記八巻」と現行本『参記』八巻の関係は渡海日記の成立過程に関わる論点として重要視されねばならない。この問題を考える手がかりとしては、一つには現行本『参記』の巻立てを検討するという方法が想起される。(4) また『参記』や『入唐求法巡礼行記』は唐・宋代の公文書や書状など中国では失われてしまった原文書を多く引載することで著名であり、貴重な史料を呈している。(5) 公家日記においても法令・諸文書を転写したり、到来した書状などを貼付したりする事例が知られており、こうした引載文書の様相を検討することは、渡海日記の古記録学的考察に資するものであろう。

そこで、小稿では『入唐求法巡礼行記』と『参記』を素材に、文書引載のあり方、どのような文書が引載されているのか、原文書の転写か、引載の目的如何などを調査し、渡海日記の構成要素としての文書、日次記と引載文書の関係を考える手がかりとしたい。また『参記』に関しては、現行本の成り立ち、「入唐日記八巻」との関係を究明する糸口として文書引載の様相に着目し、課題解決の道を探ることにしたいと思う。

一　『入唐求法巡礼行記』の場合

渡海日記における文書引載のあり方を考えるために、まず円仁の『入唐求法巡礼行記』四巻について検討を加える。円仁は承和度遣唐使の請益僧《しょうやくそう》として入唐したが、天台山行きが認可されないままに帰国の途につく段階で、日本の遣唐大使藤原常嗣の黙認を得て、在唐新羅人の支援によって唐に「密入国」、滞留して求法を続ける道を選択した。五臺山を経て長安に入り、青龍寺の義真や法全《はっせん》から密教を伝授され、日本の天台宗の密教化、台密の完成の礎を築くことになるが、長安で首尾よく密教を学んだところで、中国史上最大の仏教弾圧である会昌の廃仏に巻き込まれてしまう。さまざまな稀有の体験をし、在唐は一〇年間にも及び、ようやくに帰国を遂げることができた。(6)

今、『入唐求法巡礼行記』四巻の概要を示すと、次のごとくである。

《巻一》承和五年（八三八）六月十三日～唐・開成四年（承和六）四月十八日

承和度遣唐使の渡海、唐への入国、長安上京組と揚州残留組の動向、唐からの帰国と渡航ルートをめぐるトラブルなど、円仁が日本の使節一行と別れるまでの詳細が記されており、遣唐使の全体像を知る史料として注目される。円仁が大使藤原常嗣と相談の上、唐への不法滞在・求法継続を決めた事情も記されている。

《巻二》開成四年四月十九日～開成五年四月二十七日（または五月十六日）

現行諸写本では開成五年四月二十八日～五月十六日の記載は巻二末尾と巻三冒頭で重複がある。遣唐使一行と別れて唐に残った円仁は、新羅訳語らの仲介もあって、登州文登県赤山法花院に滞在することになる。円仁は従僧惟正・惟暁と行者丁雄満を随従しており、一行は四人であった。円仁は当初天台山行きを模索するが、赤山からは五臺山や長安の方が近距離で、五臺山が霊地であること、また天台宗を講じる僧がいることを知り、唐の公験（通行証）を得て、五臺山行きを準備する。開成五年二月十九日に赤山を出発し、四月二十三日に五臺山の境内に入り、二十八日に霊仙（延暦度の留学僧、五臺山で死去）も滞在した普通院に到着、中臺の頂を仰ぐ。

《巻三》開成五年四月二十八日（または五月十七日）～会昌三年（八四三＝承和十）五月二十六日

五臺山での修行の様子や霊仙の事績が記される。開成五年七月一日には長安行きの準備を整え出発、八月二十二日長安城内に入る。長安では大興善寺翻訳院の元政和尚に金剛界法を伝授され、次いで青龍寺の義真から胎蔵界法と蘇悉地の秘法の伝授を得る。また玄法寺の法全からも受法を得ることができた。ちょうどこの年に武宗（在位八四〇～八四六）が即位しており、会昌の廃仏（八四二～八四六年）が始まるところであった。廃仏は揚州で交流があった李徳裕が宰相になり、会昌二年三月に僧尼の管理を厳密にするよう進言したことから、次々にエスカレートしていく。

《巻四》会昌三年六月三日～大中元年（八四七＝承和十四）十二月十四日

会昌の廃仏が激化する中、会昌三年七月二十四日に弟子惟暁が死去する。会昌五年になると、円仁は還俗して日本に帰ることを願い出るが、許可が出ないままに、四月には外国僧も強制的に還俗、本国への帰去が命じられた。五月十五日に長安を退去し、六月二十八日には揚州、七月三日には楚州に到着するが、帰国手段を得ることができず、八月二十四日に登州文登県に帰着する。不安定な状況のためか、巻四の日次は飛び飛びで、一か月以上も記述が空くことが多い(7)。会昌六年三月に武宗が死去し、宣宗（在位八四六～八五九）が即位、廃仏は終了した。四月二十七日には日本から弟子性海が到来したことを知り、十月二日に再会、翌大中元年になると、帰国の方法をさまざまに探り、七月二十日唐人江長、新羅人金子白・欽良暉・金珍らの船に乗り、九月十日に肥前国松浦郡鹿島に帰着、十八日に大宰府鴻臚館に着いた。以後しばらく大宰府に滞在、諸神を巡拝し、神前読経を行う中、十二月十四日に南忠が比叡山から到来するところで日記は終わる。

では、『入唐求法巡礼行記』にはどのような形で文書が引載されているのであろうか。まずその状況を表1に整理する[8]。法令・文書や書状の一部を引載するのは公家日記でも珍しいことではなく、表1にはそうした事例が散見している。ただし、計六〇〇日分弱（円仁の在唐は一〇年間に及ぶので、上述のように完全な日次記ではない）の渡海日記の割には、文書・書状の全文を体裁がわかる形でそのまま掲載する率は、公家日記に比してかなり高いと思われ、ここに渡海日記の特色、入唐求法の足跡を明示し、後続者に具体的な文書発給の実例を残すといった工夫・配慮があるのかもしれない。

ⓐ『入唐求法巡礼行記』巻一・開成三年（八三八＝承和五）八月二十六日条（1-042）

（以下、史料引用の「／」は改行が示されている場合の改行箇所を示す）

沙金小四両。／右、求法僧等、得レ免二萬里一、再見二生日一。蹔住二寺裏一、結二泉樹因一、謹献二件沙金一、以替二香積供一。伏願加二弁作之労一、用宛二寺裏衆僧空飯一。但期日在二明日一矣。／八月廿六日／日本国天台法花宗還学伝燈法師(位僧)留学伝燈満位僧。

ⓑ『入唐求法巡礼行記』巻一・開成四年二月二十六日条（1-122）

牒楚州弁勾当王友真及日本国朝貢使。案二其状一偁、留学円載・沙弥仁好・傔従始満。朝貢使奏請、往二台州一学問。奉レ勅宜レ依レ所レ請。件円載等牒請下往二楚州一、別二朝貢使一、却廻到二揚州一、便往中台州上。奉二相公判一、准レ状者。今別二朝貢使一訖、擬レ遣二台州一。同十将王友真、勾当押二領僧等一、雇二一小船一、早送来。州司待レ発、給レ粮。奉二相公判一、准レ状者、州宜レ准レ状者。具在二牒文一。王友真催勧、不レ許二縱容一。日本国持節大使正三品行太政官左大弁鎮西府都督参議参議是此間平章事大唐国雲麾将軍是二品検校太常卿是文官正三品兼左金吾衛将軍是武官第一、国親所除職也、正三品員外置同正員。

ⓒ『入唐求法巡礼行記』巻二・開成四年九月十二日条（2-221）

表１　『入唐求法巡礼行記』と文書

巻数・番号	年月日	概　要
1-017	開成３．７．19	遣唐大使からの牒状を引用
1-(027)	開成３．８．１	円仁・円載が国清寺行きを請う牒を揚府の使衙に提出
1-029	開成３．８．４	◎円仁・円載の国清寺行きに関する覆問書・答書
1-(030)	開成３．８．７	開元寺三綱より報礼書が届く
1-033	開成３．８．10	揚州の節度使李徳裕の報牒を引用（２、３日後に到来）　※小野氏註２書第１巻180頁は「十日以後の記事であるが、あとから行記を整理するに当つてここに付加した結果であろう」と述べる
1-038	開成３．８．22	李徳裕の牒を引用…円仁・円載らに開元寺居住を指示
1-042	開成３．８．26	◎円仁・円載が開元寺の僧に供斎する旨の文書
1-050	開成３．９．16	円仁の国清寺行きに関する李徳裕の牒を引用
1-052	開成３．９．20	「写得相公牒状」として李徳裕の牒の一部を引載
1-056	開成３．９．29	遣唐大使の宣（含李徳裕の牒）を引用
1-058	開成３．10．４	判官長岑高名の書状を引用／円仁・円載が情願状を作成（「其状如別」）
1-064	開成３．10．14	禅門宗僧ら13人との筆言、円仁の筆書報
1-(073)	開成３．11．16	李徳裕宛の啓と贈状を作成（「其状如別」）
1-(076)	開成３．11．19	天台大師忌日設斎のために絹・綾を付託（「其状在別紙」）
1-(083)	開成３．12．２	惟正らの受戒に関して李徳裕に牒す（「其状如別」）
1-092	開成４．１．３	揚州に到来した勅符（日本国使は３月に楚州から帰国される旨）を引用
1-(094)	開成４．１．７	講経法師潘の慕縁文を引用（「其状在別紙」）
1-(102)	開成４．１．21	遣唐大使の書状を引用（「其状在別紙」）／判官長岑高名の傔従村清（白鳥村主清岑）の書状を引用
1-〔107〕	開成４．①．19	天台山禅林寺僧敬文との筆書を引載　※①．21：筆言通情の旨見ユ
1-110	開成４．２．６	揚州残留組への賜禄を記した観察使牒を引載
1-111	開成４．２．８	判官長岑高名の①．15付書札を引載
1-122	開成４．２．26	◎円載の天台山国清寺行きを許可する揚州牒
1-(128)	開成４．３．５	「縁求法難遂可留住唐国之状」を大使に献上（「其状在別紙」）
1-140	開成４．４．２	大使からの帰路の航路をめぐる裁定の書状を引載
1-141	開成４．４．３	新羅訳語金正南の書状を引載
1-143	開成４．４．５	円仁らは新羅人と称して滞留を謀るも失敗→海州の官人に答弁状を呈す
2-164	開成４．２．26	乳山西浦にて生料を請う牒を引載
2-(179)	開成４．５．16	円仁は「留住之状」を作り、商人孫清に付して林大使に送る
2-215	開成４．７．28	◎７．24付円仁らの滞留に関わる文登県の牒／◎７．20付円仁の牒／◎７．某日付赤山院の状
2-220	開成４．９．３	◎８．15付および９．某日付円仁らの滞留に関わる文登県の牒／◎９．３付円仁の牒
2-221	開成４．９．12	◎元和２（807）．２付新羅僧法清の頭陀公験（祠部牒）／◎９．26付円仁の頭陀公験給付請願の牒
2-〔234〕	開成4．11．12	（◎）赤山院講経儀式、新羅一日講儀式、新羅誦経儀式・大唐喚作念経
2-〔237〕	開成５．１．15	（◎）「当年暦日抄本」を筆写
2-238	開成５．１．19	◎円仁が赤山院に諸処遊礼・尋師訪道を請う牒

2-239	開成５．１．20	◎赤山院綱維の状とともに、押衙張詠宛に円仁牒を送る
2-240	開成５．１．21	押衙の報を引載
2-241	開成５．１．27	押衙の報を引載
2-242	開成５．２．１	◎押衙宛の円仁書状／押衙の報を引載
2-246	開成５．２．15	押衙の報を引載
2-247	開成５．２．17	◎崔押衙および張宝高宛の円仁書状
2-248	開成５．２．19	◎２．10付文登県牒(勾当新羅押衙宛)…「蹋県印三処」と見ユ
2-253	開成５．２．24	◎２．23付文登県から登州都督府に宛てた牒(抄本：２．19条)…円仁の遊礼のための公験←「牒文如別」とある
2-260	開成５．３．２	◎登州開元寺宿入の際、行由を請われ、円仁が行歴を記した状
2-263.264	開成５．３．５	◎給粮を謝す書状／◎公験発給を請う牒／◎開元寺綱維宛に施米・麺を庫頭設供に充てる旨の書状
2-267	開成５．３．８	◎公験発給を請う牒・書状
2-268	開成５．３．９	州牒近来の旨を伝える院長の報を引載
2-270	開成５．３．11	◎登州都督府牒…節度使(尚書)に申請すべしとする
2-284	開成５．３．25	◎尚書宛に五臺山行きを請う書状／◎斎粮を請う書状／◎施米への謝状
2-287	開成５．３．29	◎尚書宛に斎糧を請う書状
2-(289)	開成５．４．１	「朝衙得公験」
2-290	開成５．４．２	◎尚書からの施物に対する謝状
2-〔320〕	開成５．５．５	(◎)竹林寺斎礼仏式(「其奉請及讃文、写取在別」)
3-(325)	開成５．５．18	日本国无行和上送天台書、天台修座主通決已畢請州印信之書、台州刺史批判与印信之詞を「具写付来」
3-〔339〕	開成５．７．３	(◎)哭日本国内供奉大徳霊仙和尚幷序(渤海国僧貞素)
3-〔352〕	開成５．７．18	幷州にて五臺山諸霊化伝碑を写取(←入唐新求聖教目録には見エズ)
3-〔356〕	開成５．７．26	童子寺にて石碑を見て、引載
3-381	開成５．８．23	◎長安にて城中諸寺寄住・尋師を請う円仁牒を提出
3-382	開成５．８．24	◎円仁らの来由を説明する牒
3-383	開成５．８．25	資聖寺への権寄住・供給を許可する旨の功徳使牒を引載
3-388	開成５．９．14	◎功徳巡院の功徳侍御を起居する書状牒／(「侍御答書在別」)
3-389	開成５．９．18	◎諸寺往来・尋師聴学の許可を侍御に請う書状
3-392	開成５．10．17	◎興善寺元政を起居し、念誦法門を借請する書状
3-418	会昌元．４．28	◎青龍寺義真に起居し、絹・銭を送る書状
3-421	会昌元．５．１	◎青龍寺義真に感状
3-427	会昌元．８．７	◎功徳使宛に帰国を請う牒
3-441	会昌２．３．８	◎３．５付巡院転牒…外国僧の留置を命じる内容
3-443	会昌２．３．12	◎五臺山に百五十僧供を敬送する書状／◎３．10付巡院牒…円仁らを資聖寺に収管する旨
3-444	会昌２．４．？	◎玄法寺法全を起居する書状
3-447	会昌２．５．26	◎５．25付巡院牒…外国僧の芸業を勘問
3-448	会昌２．５．26	◎芸業勘問に答える牒
3-〔454〕	会昌２．10．９	(廃仏の勅を引載)
3-461	会昌３．２．１	外国僧追却を命じる功徳使牒を引載
3-464	会昌３．５．25	◎巡院牒…諸外国僧の来由を勘問

3-465	会昌3．5．26	◎来由勘問に答弁する牒
4-468	会昌3．6．13	◎太子詹事韋宗卿が撰上した涅槃経疏を焼焚する勅
4-474	会昌3．7．2	◎資聖寺への滞留を報告する牒
4-475	会昌3．7．5	◎弟子惟暁の死去を報告し、墓地賜与を請う牒
4-483	会昌3．12．?	楚州新羅訳語劉慎言からの書状を引載
4-484	会昌4．2．?	越州軍事押衙潘某経由の円載書状を引載
4-〔485〕	会昌4．3．?	洛陽駕幸の勅を引載
4-〔486〕	会昌4．7．15	僧尼還俗の勅を引載
4-〔489〕	会昌4．10．?	内裏に仙台を築く勅を引載
4-495	会昌5．4～5	外国僧の還俗・本国追却の勅を引載
4-506	会昌5．6．28	銅仏・鉄仏毀砕の勅を引載
4-522	会昌5．8．16	金銅仏像の金剝取の勅を引載
4-527	会昌5．8．27	登州諸軍事押衙張詠の州への報状を引載
4-526	会昌5．9．7	州牒を引載…安存と日本への帰国模索を許可される
4-529	会昌5．12．15	僧尼の存亡確認・移動禁止の勅を引載
4-530	会昌6．1．9	楚州訳語劉慎言の書状を引載
4-532	会昌6．3．9	張詠の書状を引載
4-(540)	会昌6．10．2	性海と相見、日本から将来した文書を分付する勅あり(「其勅文見在」)
4-544	大中元．③．10	入新羅告哀兼吊祭冊立等副使金簡中が張詠の円仁帰国のための造船を掣肘する牒を引載
4-557	大中元．6．9	唐人江長らの書状を引載
4-561	大中元．6．26	金珍の留書を引載

備考：番号に(　)を付したものは、文書の作成・到来のみを記すもの。◎は文書の体裁がわかる形で引載した例を示す。丸付の月は閏月。

祠部　牒。／上都章敬寺新羅僧法清。／右、請レ准レ格、所在随縁頭陀。／牒。得二前件僧状一偁、本心入道、志二楽頭陀一。但是名山、帰心礼謁、経二行林下一、所在尋レ師。学二迦葉之行門一、進修二仏理一。請准下乾元元年四月十二日勅、三蔵僧般若力奏、弟子大念等請二頭陀一、奉レ依二釈教一、准レ勅修行、所在頭陀、勿上虧二聖典一。但為二持念一損レ心、近加二風疾一、発動無レ恒、薬餌之間、要下須二市易一将上息。今欲下往二諸山一巡礼、及尋レ医療上疾。恐所在関戍・城門・街鋪、村坊仏堂・山林蘭若・州県寺舎等、不レ練二行由一、請レ給二公験一者。付レ庫検、得レ報勅内名同者。謹検レ格、僧尼有三能行二頭陀一者、到二州県寺舎一、任安置将理、不レ得二所由恐動一者。僧法清請二頭陀一、検勘同者。准レ状牒。故牒。／元和二年二月　日／令史　潘倫　牒／主事　趙参／員外郎　周仲孫。

日本国求法僧等　牒　当寺。／僧円仁、従

僧惟正・惟暁、行者丁雄萬。／請、寺帖二報州県一、給二与随レ縁頭陀公験一。／牒。僧等本意欽慕二釈教一、遠投二仁境一、帰二心聖跡一、志二楽巡礼一。見説、臺山等諸処、法教之根源、大聖之化処、西天高僧、踰レ嶮尋訪、漢地名徳、在レ茲得レ道矣。僧等之仰二彼芳猷一、偶属二良縁一、幸到二聖国一。今欲下往二赴諸処一、以遂中旧情上。恐在二道路一、不レ練二行由一。伝聞、般若三蔵為二頭陀僧一奏請二公験一、准レ勅修行、起レ昔継レ今也。伏望、当寺准二当国格例一、帖二報州県一、請レ給二公験一。然則綱維弘済之芳声、遂振二海外一、催勧之恩頼、扶二揚仏日一。不レ任二思誠之至一、見レ状如レ前。牒件状如レ前。謹牒。／開成四年九月廿六日／日本国延暦寺求法僧円仁牒。

ⓓ『入唐求法巡礼行記』巻二・開成五年二月十九日条（2-248）

文登県牒　勾当新羅押衙所。／当県先申上日本国船上客僧円仁等肆人。／牒。検二案内一、被レ帖偁、前件客僧等、先在二赤山院一住、全為レ春暖、欲下往二諸処一巡礼上。恐不レ練二事由一。今欲二放東西一、未二敢専擅一、状上者。奉レ帖、准レ状、放去者。未レ有二准牒一、牒二勾当新羅張押衙処一請二処分一者。准レ状、牒二張押衙一者。謹牒。／開成五年二月十日　典　王佐　牒／主簿判尉胡君直。〔蹋二県印三処一〕

ⓔ『入唐求法巡礼行記』巻三・開成五年十月十七日条（3-392）

久藉二芳猷一、未二因接展一。欽仰之誠、難二以喩レ言。昨辱二栄問一、殊慰二愚情一。孟冬漸寒。伏惟和尚道躰動止万福。円仁遠辞二本縁一、訪二尋仏教一、遊到二城中一、未レ有二服勤一。伏承　和尚徳尊道高、究二暢法蔵一、開二演真教一。円仁雖レ未二頂謁一、殊仰二道風一。伏以二客事一、不レ獲二専詣一。勤慕空積、奉顔未レ間。但増二馳結一。謹遣二弟子僧惟正一、奉レ状代レ身。不宣謹状。／開成五年十月十七日　日本国僧円仁伏上。／興善寺政和尚法前謹空。

今、全文引載・文書体裁の判明する事例を通覧すると、まず円仁の唐への滞留や求法推進に関係する諸手続にともなうものが多いことがわかる。ⓒⓓがその具体例であり、巻二所載の諸文書は赤山法花院への滞在許可、そして五臺山への求法進発のための公験獲得や粮料給付を得るまでの過程を示すものになっている。巻三所載のものは五臺山から長安への求法申請に関わる文書、会昌二年に入り会昌の廃仏が激化した段階では、当局からのさまざまな指示・調査に応じるために作成した文書などである。これらは円仁の「入唐求法」を支える根幹であり、唐での諸手続を示すために、特に筆記されたのであろう。

ⓒの元和二年（八〇七）二月付祠部牒は新羅僧法清の頭陀《ずだ》公験であり、円仁が自身の頭陀公験申請を作成するための参考にしたものであるが、唐側の頭陀承認を支える論理を知る材料として書写したと考えられる(9)。なお、ⓑは円載の天台山国清寺行きを認める文書であるが(10)、日本の天台宗にとって入唐留学が認可されるという重要事であるとともに、一方では円仁の天台山請益が不可能になるという局面の中で、羨望も込めて引載されたものと思われる。

次にⓐⓔのごとき、唐での寺院生活を円滑にする行為や教学伝授に関わる人的交流にともなうものがある。これらは円仁の交流関係を知る材料であるとともに、当代の書状の書き方、人的交流の際の作法として参考に供されたのではないかと目される。ところで、こうした書状には当然相手方からの返信があったと思われるが、円仁宛書状はまったく掲載されていない。表1-388には「侍御答書在レ別」とあるので、相手方からの返信があったことはまちがいないが、こうしたものは「在レ別」、日記には掲載・転記せず、別途保管されていたのであろうか。同様に円仁宛に下されたはずの公験についても不詳である。

このように、円仁には入唐中の唐側の公験や円仁宛書状などの文書類は残っていないのに対し、円珍は渡海日記は散佚しているものの、関係文書が多く残されている(11)。円珍の渡海を認める仁寿三年（八五三）二月二十日大宰府牒（『平安遺文』一〇二号）、「円珍過所《かしょ》」と称される唐国内移動のための公験（同一〇三～一一〇、一一一・一一二号）、天台山国清寺に対して写得の天台法経を日本に将来する許可を求める円珍牒（同一二四～一二七号）などの文書、大中十二年（八五八＝天安二）四月八日台州刺史厳修牒（四四七八号）のような円珍宛の書状、青龍寺での授法にともなう大中九年（八五五＝斉衡二）十一月十五日「青龍寺求法目録」末尾に付された十一月二十一日付法全批記、唐人送別詩と称される円珍の帰国を送る詩文等々があげられる。こうした豊富な文書・書状類があるので、渡海日記は失われてしまっても、円珍の足跡をかなり具体的にたどることができるわけである[12]。

これらのうち、「円珍過所」は連巻になっており、紙継目にかかる捺印や署判があるので、それらを渡海日記に分載することはできない。円仁も同様の公験を有していたと思われ、いくつかの州を越えて移動するので、連巻になっていたはずであり、それは『入唐求法巡礼行記』には引載されていない。とすると、円珍の『入唐記』五巻が伝存したとしても、やはりこうしたものは渡海日記には掲載されない情報ということになるのかもしれない。同様に円珍宛の書状も別途保管しておくべきものであり、これも渡海日記には筆録されなかったと思われる。円仁と円珍の対照的な史料残存のあり方から、渡海日記に掲載すべき情報と別途所持しておくものとの対比が可能になるのである。

ところで、表1に戻ると、日次が飛び飛びになる巻四はおくとして、巻一と巻二・三では全文引載・文書体裁が判明する事例の比率が大きく異なる。巻一・開成四年三月五日条には「又縁二求法難一レ遂、可レ留二住唐国一之状、献二大使相公一」とあり、遣唐大使藤原常嗣に唐への滞留の決意を告げる場面が描かれており、「相公報宣云、如要二留住一、是為二仏道一、不二敢違一レ意、有二擾悩一歟。但能思量耳云々」と、概ね容認を得たことが記されている。ただし、「具状在レ別」とあって、残念ながら、この重要な決断にいたる円仁の心情の詳細は残されていない。ここにはあるいは後日問題になった場合も考慮して、書状の案文などを掲載しなかったのかもしれないが、巻一では上述の円仁の活動や寺院での交流などに関係するものでも、「其状如レ別」となっている場合が多い。

巻一は承和度遣唐使の詳細を知る史料として重宝されるところであるが、円仁自身の活動をたどる、入唐求法のために必要な情報を得るという点では、巻二・三よりも粗雑であるといわざるを得ない。あるいはこの段階では遣唐使の一員としての行動という意識が強く、遣唐使の動静を筆録することに主眼があったため、自身に関する文書・書状は別途所持しておけば、特に日次記《ひなみき》に記す必要がないと考えていたのかもしれない。巻二・三は唐に滞留しての求法継続の時期にあたるので、その詳細を残すという意識が高まり、また後学者のためにも具体的な情報・文例を示すことに努めたと見ることができよう。記主の筆録姿勢により記載内容や文書引載のあり方が異なるというのは公家日記でも看取される特色であるが、『入唐求法巡礼行記』の場合は短期間で円仁の立場が変化したため、遣唐請益僧の渡海日記といわば不法滞在して求法を続ける求法・巡礼僧の渡海日記という二つの性格が浮かび上がってくる。

以上、『参記』の予察として、『入唐求法巡礼行記』における文書引載のあり方を検討した。この知見をふまえて、次に『参記』の考察に進みたい。

二 『参天台五臺山記』の事例

ここでは『参記』における文書引載の状況を整理するが、まず『参記』の概要を示しておきたい。

《巻一》延久四年(一〇七二=宋・熙寧五)三月十五日~六月四日

肥前国松浦郡壁島を出発し、入宋を果たす。一行は成尋と随行の弟子たち頼縁供奉・快宗供奉・聖秀・惟観・心賢・善久・長明であった。宋への入国後は杭州の繁盛の様子、天台山国清寺に赴く途次の運河交通の情景などが描かれ、また中国への入国、国内旅行のための手続きも知られる。五月十三日国清寺到着後は、諸伽藍を巡礼しており、天台山の様子が詳しく記されている。

《巻二》熙寧五年六月五日~閏七月二十九日

五臺山巡礼申請のための交渉の様子、国清寺滞在中の諸僧との学問的交流、また天台県や台州の役人との教理上の問答（法門問答）と経典の貸与を通じた交わりなどが描かれている。五臺山巡礼が許可され、しかも京師（首都開封）において皇帝との面謁も指示されたので、勅旨による上京ということで、以後の旅行に大いに便宜を得ることができた。

《巻三》熙寧五年八月一日～十月十日

国清寺を出発し、京師に赴く旅程を記す。運河の通交の様子、途次での人々のと交流の諸相が描かれている。途中で見た葬儀の様子、象の見物など、興味深い記事が存する。

《巻四》熙寧五年十月十一日～十月三十日

京師に到着し、太平興国寺伝法院を宿所とする。その後、皇帝に謁見し、五臺山参詣の許可を得ることができた。皇帝との面見の式次第・作法が細かく記されている点や日本の国情についての質問を受け、答弁している場面は重要な考察材料になる。五臺山行きまでの間、京師の諸寺を巡覧し、院内の高名な僧侶と交流・諸文献の貸借を行っており、学問的研鑽にも努めている様子が知られる。

《巻五》熙寧五年十一月一日～十二月三十日

厳寒の時期の五臺山巡礼は堪え難いとして参詣延期を忠告されるが、早く登山したいと思い、待望の五臺山巡礼を成し遂げる。当該期の五臺山の様子を知る貴重な記録となる部分であり、文殊菩薩への献納品には日本の諸貴族と成尋との関係をうかがわせる記述も存する。

《巻六》熙寧六年（一〇七三＝延久五）正月一日～二月二十九日

五臺山巡礼を遂げ、京師帰還後の太平興国寺伝法院における人々との交流が記されている。その当時新訳経の開板が進行しており、その翻訳に携わった僧侶の名前も登場する。一方で、成尋とともに入宋した随行者のうちの五人の僧侶（頼縁供奉・快宗供奉・惟観・心賢・善久）が先行帰国する準備を進め、日本に送る求得品の選択作業も行われており、五人は二月八日に京師を出発した。

《巻七》熙寧六年三月一日～三月三十日

宋の朝廷での祈雨への従事と、その成功・皇帝からの褒賞の様子（善慧大師号賜与など）が描かれている。また訳経場を見学しており、訳経の手順を知る史料としても貴重である。成尋はこの新訳経を日本に将来しようとし、皇帝から許可を得ることができた。

《巻八》同年四月一日～六月十二日

京師を離れて、天台山に戻る準備の様子、下向の旅程が記されている。新訳経の印刷の進捗・下賜を得て、明州に赴き、この新訳経を帰国する五人に託した。六月十二日に五人の出発を見送る（成尋と聖秀・長明は宋に残る）ところで『参記』は終わるが、正月二十三日に預けた『入唐日記』八巻を差し替え、現存する『参天台五臺山記』八巻の原本をこの時に付託したと考えられる。

『参記』の文書・書状などの引載状況は表2のごとくである。[13]『参記』には成尋自筆本（原本）は伝存しておらず、東福寺所蔵の古写本が現存最古の写本とされている（八冊、重要文化財）。その第一・三・五冊の奥書によれば、東福寺本は承安元年（一一七二）に成尋自筆本と校合した写本を底本として、承久二年（一二二〇）に書写されたものであることがわかり、また東福寺本の巻頭あるいは巻末に「普門院」の印記があるので、円爾弁円（聖一国師）の蔵書であったと推測される。この他に十数本に上る近世の写本があるが、ほとんどが東福寺本を祖本とするものと考えられている。[14]

唯一この系統に属さないのが、内閣文庫本の系統である。内閣文庫本は現在所在不明であるが（近現代に某氏が持ち出したとされている）、『（改訂）史籍集覧』二六「参天台五臺山記」の底本に利用されており、『（改訂）史籍集覧』本とこの系統の現存唯一の写本である松浦史料博物館所蔵本を比較することによって、ある程度の姿をう

表2 『参天台五臺山記』と文書

巻数・番号	年月日	概　要
1-049	熙寧5．5．4	杭州捍江第三指揮第五都長行兵士徐貴の書を引載
1-061	熙寧5．5．16	◎砂金を国清寺に献ずる書状／◎寺主中芳の返状
1-067	熙寧5．5．22	◇成尋の法衣・鏡筥献上に対する寺主仲芳の返状2通～鏡筥への返状には【唐人之手跡也】とあり、花押の所在も記す
1-076	熙寧5．6．2	◎五臺山巡礼を求める成尋の表文
1-078	熙寧5．5．4	◎開元寺都僧正子章の牒…「文状案文、為後日書置也」
2-079	熙寧5．6．5	◎5．3付杭州牒案／6．1付台州牒案／6．1付国清寺宛台州牒案…花押あり、蘇軾のサイン見ユ
2-081	熙寧5．6．7	◎国清寺の送杭州返牒案文
2-082	熙寧5．6．8	◎如日文章が詩1紙を賜与する書状と詩文
2-083	熙寧5．6．9	◎国清寺の送台州返牒案
2-086	熙寧5．6．12	◎如日の送詩状と挽歌3首
2-089	熙寧5．6．15	◎台州管内僧判官覚希の6．14付起居状
2-104	熙寧5．7．1	◎道寧が念珠を請う状
2-(132)	熙寧5．7．29	赤城處咸と問答…「法門問答在別紙」
2-133	熙寧5．7．30	◎赤城處咸の起居状
2-138	熙寧5．⑦．5	◎如日の書状
2-140	熙寧5．⑦．7	◎成尋の上京・皇帝との面見指示を伝える⑦．4付台州牒
2-(141)	熙寧5．⑦．8	「書州返牒送県」と見ユ
2-143	熙寧5．⑦．10	◎處咸の書状
2-145	熙寧5．⑦．12	◎若冠の詩1篇
2-146	熙寧5．⑦．13	◎覚布(希)の念珠賜与に対する謝状
2-147	熙寧5．⑦．14	◎景徳寺象俅が念珠賜与を乞う状
2-149	熙寧5．⑦．16	◎台州少卿の送銭状
2-162	熙寧5．⑦．29	◎軍資庫にて銭300貫を請取すべき旨に対する成尋の請文(案)
3-163	熙寧5．8．1	◎7．24付台州牒…沿路盤纏の宣旨を伝達
3-165	熙寧5．8．3	◎温州進士朱定の餞状
3-168	熙寧5．8．6	◎景福院恵日の送詩状と詩文
3-(178)	熙寧5．8．16	越州都督府に参謁。「謝起居辞一〔三ヵ〕通文字次第奉入」とあるが、引載なし→成尋の書状は筆録しないか
3-189	熙寧5．8．27	◎秀州少卿の送酒状
3-190	熙寧5．8．28	◎秀州管内副僧正用和の文牒／寿聖寺願従の文牒は引載せず
3-195	熙寧5．9．4	◎蘇州管内僧正・副僧正の起居状
3-196	熙寧5．9．5	◇蘇州都督の送酒状【此枚唐人手跡也】
3-198	熙寧5．9．7	◎常州管内僧正懐雅の起居状
3-201	熙寧5．9．10	◇潤州管内僧正日華・副僧正白超の起居状【唐云】／普慈院慶蒙・甘露院応天…「各出文状来問、答法門、不委記」と見ユ
3-204	熙寧5．9．13	◇揚州管内僧正恵禮・副僧正惟雅の起居状【本唐人手跡】／その他17人の僧が「出文状」と見ユ／◇揚州の送酒状～花押あり
3-221	熙寧5．9．30	◇宿州知府の送酒状・送糖餅状【唐人手跡也】

4-235	熙寧 5 . 10. 14	◇祠部入内進呈を求める指示【以下四行唐人也】／◎天喜 2 . 12. 26付成尋の阿闍梨官符を進呈…案文を筆録
4-236	熙寧 5 . 10. 15	日本情報の下問に答弁…清書文に記した成尋の書名を録す
4-238	熙寧 5 . 10. 17	◇梵才三蔵の書状【三蔵手跡也】
4-239	熙寧 5 . 10. 18	◎五臺山巡礼を請う成尋牒(申文)の案文
4-242	熙寧 5 . 10. 21	◎伝法院牒を引載／◇文慧大師の書状【唐人書状也】…「以上別書也」と見ユ／◎朝見に関する伝法院牒を引載…「有判」と見ユ／◎客省の文状を引載…「同前」と見ユ
4-243	熙寧 5 . 10. 22	◎賜物に対する成尋の請文を引載…「年月日牒」と見ユ／◎開封諸寺の巡見を許可する宣旨…「在判」と見ユ
4-245	熙寧 5 . 10. 24	◎五臺山巡礼を許可する客省牒…「在判」と見ユ
4-247	熙寧 5 . 10. 26	◇遊臺使臣劉鐸の奉謁状【以下四行唐人手跡也】／◎阿弥陀大呪句義に対する慈済大師智敬の頌／「三蔵切請、即行向与詩二編、如後。依紙長不続、在別。文慧大師和在別、進左大臣殿了」と見ユ
4-248	熙寧 5 . 10. 27	◎五臺山巡礼に通事陳詠の同行を向を請う牒…「何月日具位名牒」と見ユ
4-250	熙寧 5 . 10. 229	◎慈済大師智敬の送蠟燭文
5-252	熙寧 5 . 11. 1	◎10. 28付沿路盤纏の宣旨
5-272	熙寧 5 . 11. 21	◎龍圖閣学士劉庠の書状
5-281	熙寧 5 . 12. 1	◎納物に対する五臺山の返状…「送日本国院返牒」
5-310	熙寧 5 . 12. 30	◎参五臺山慶悦表を奉る…「年月日具位ム状表」と見ユ
6-318	熙寧 6 . 1 . 8	◎回賜品に対する 1 . 7 付請文の案文を引載…「昨日事依忘却追今日記之」とある
6-320	熙寧 6 . 1 . 10	客省官人が 1 . 11駕出に内門前にて祗候すべき旨を指示する状を持参→返報を与える《 1 . 11：雨により駕出延引》
6-322	熙寧 6 . 1 . 12	客省官人が 1 . 15駕出に興国寺南門前にて迎駕すべき旨を指示する状を持参
6-323	熙寧 6 . 1 . 13	◎茶菓賜与に対する進表の案文／◎ 5 人の弟子の先行帰国と沙門長明の聖節投壇受戒を乞う牒の案文
6-325	熙寧 6 . 1 . 25	◇伝法院宛の客省牒【唐人手跡】…サインあり
6-339	熙寧 6 . 1 . 29	◎伝法院の返牒／◎使臣の宣旨文…「皆如前状略之」と見ユ
6-342	熙寧 6 . 2 . 2	◎日本への皇帝賜物を受領した旨の表文…「具位〈ム等〉」と見ユ
6-352	熙寧 6 . 2 . 12	◎大相国寺善湊の斎請の啓…「年月日具位如前」と見ユ
7-371	熙寧 6 . 3 . 2	祈雨粉壇請書を引載
7-374	熙寧 6 . 3 . 5	祈雨についての皇帝の宣旨を引載
7-376	熙寧 6 . 3 . 7	◎壇上道具の処理について進奏…「年月日〈ム〉状上」と見ユ
7-377	熙寧 6 . 3 . 8	◎祭文2通を写す
7-379	熙寧 6 . 3 . 10	◎善湊の送詩状
7-381	熙寧 6 . 3 . 12	◎ 3 . 11付の帰天台山聖旨が到来…「〈押〉」と見ユ
7-385	熙寧 6 . 3 . 16	文慧大師が持参した皇子誕生による大赦詔を引載
7-392	熙寧 6 . 3 . 23	◎賜顕聖寺新経聖旨…「〈押〉」と見ユ／◎ 3 . 17付枢蜜院差使臣の状…「〈押〉」と見ユ
7-393	熙寧 6 . 3 . 24	◎伝法院宛の顕聖寺牒／◎伝法院返牒／◎師号中書案の文面

7-395	熙寧６．３．26	◎「書送枢密院送客省牒案文」…３．17付で、「〈押〉」と見ユ←「前日客省官人持来、思失不書留、仍乞也」とある
7-398	熙寧６．３．29	◎朝辞案文…「年月日々本〈ム〉」と見ユ
8-400	熙寧６．４．１	◎客省が朝辞文を与える…「〈押〉」と見ユ／◎成尋の請文…「年月日台ムムムム謹牒」と見ユ
8-403	熙寧６．４．４	◎善慧大師号賜与の中書門下牒…「在判」と見ユ／◎陳詠の剃度（法名は悟本）の祠部牒…「〈押〉」と見ユ／長命の戒牒…「〈在判〉」と見ユ
8-404	熙寧６．４．５	◎通事明州受戒奏状の案文…「具位〈ム〉」と見ユ
8-411	熙寧６．４．12	悟本の祠部牒…日下の署名は「〈押〉」、尚書の署名は「如前長命戒牒」と見ユ
8-412	熙寧６．４．13	◎顕聖寺印経院牒
8-418	熙寧６．４．19	日本に送る成尋真影の讃（文恵大師智善述）を写す
8-455	熙寧６．５．27	◇天竺寺僧正恵辨の啓【本紙唐人手跡也】

備考：番号に（　）を付したものは、文書の作成・到来のみを記すもの。◎は文書の体裁がわかる形で引載した例を示す。◇は原文書の可能性があるもの、【　】は頭書の記載を示す。書止が「年月日」「具位ム」となっていたり、署判が「在判」「押」と記されているもの、また「案文」とあるものなどは写（案文）と判断した。丸付の月は閏月。

かがうことができる。筆者は何度か松浦史料博物館に赴き、写本の調査を行わせていただいたが、総体的にいって、本文の正確さや読解上の利便性・理解のためのより有効な補助という点ではやはり東福寺本を越えるものではないと位置づけねばならず、今回引用にあたっては東福寺本の読み起こしを基本に校訂文（案）を作成した。

さて、論を『参記』の文書・書状引載状況に戻すと、表2からはまず巻ごとの寡多が看取される。ただし、巻一は入宋および天台山への旅、巻三は開封への上京、巻五は五臺山への往復、巻八は明州への下向と、かなりの強行軍をともなう旅程の途次にあったという事情も考慮したい。開封への上京や五臺山参詣は皇帝の許可を得たもので、沿路盤纏の宣旨により交通手段・粮食が保障され、使臣の同行もあって、旅程は円滑であった。したがって円仁のように自分で文書を作成し、交渉を重ねてということはないので、こうした関係の文書は発給されない。

ただ、一方では旅行が他律的に管理され、自由が制限されるという側面もあった。巻五ではまだ充分な粮銭があるのに、使臣が繁時県の日食銭を受納したことに疑問を記し（284熙寧三年十二月四日条）、五臺山から到来した省盛を使臣が追い返したため、書状だけで謁見できなかった点について「遺恨最深」と不満を表明する場面もある（287十二月十七日条）。なお、同じ旅の移動中とはいえ、巻三では文書・書状の引載が多いのは、まだ宋の風物・人事が珍しい段階であり、各地の僧侶が呈した起居状などを丁寧に引載しているということで説明し得ると思われる。

ここで表2を通覧すると、『参記』が引載する文書・書状の内容としては、天台山国清寺行きなど宋国内での移動やさまざまな申請に関わって成尋側が作成した文書、皇帝からの指示を含む宋の官文書、また僧侶などからの書状が存する。こうした官憲との交渉や滞在先での人々との交流を伝えるという点は表1とも共通するところであり、渡海日記という旅行に関わる記録に通有する要素と見ることができよう。ただし、『参記』では『入唐求法巡礼行記』には掲載されていなかった本人宛の書状が多く掲載されているという特色がある。

この点に関しては、入宋時六〇歳という渡海僧としては高齢である成尋の年齢[15]、そして入宋の際の覚悟を考慮すべきであると思う。『朝野群載』巻二〇所収延久二年（一〇七〇）正月十一日僧成尋請渡宋申文によると、「爰齢迫二六旬一、余喘不レ幾」と、年齢が六〇歳に近づき、余命も長くないことを自覚しつつ、「偏任二残涯於畳浪之風一、懐土之涙、非レ不レ落也。唯寄二懇望於五峰之月一、師跡之遺室、興隆之思豈廃。母老兮在レ堂、晨昏之礼何忘。然而先世之因、欲レ罷不レ能。今世之望、又思二何事一」と述べ、老母との別離すら振り切って渡海する覚悟を示している。『成尋阿闍梨母集』巻一にも、「年老いり同じくは死なぬさきに、思ふことせまほしきを、唐に五台山といふ所に、文殊の御跡をだに拝みて、もし生きたらば帰りまで来む、失せなば、かならず極楽をあひ見、拝みたてまつるべきこと思はむ」という成尋の決意が記されている。

『参記』巻七・熙寧六年三月二十五日条（394）には、「素意於二天台・五臺一欲レ修二仏道一、而為レ参二臺山一入二花洛間一、去年廿日住二此訳館一。今年早帰二天台一思切。去年参臺、騎馬及二六十日一、老衰之身弥以疲極。待二花水来一、以レ船欲レ帰、二月廿五日待レ得二花水一、即以上表。依二祈雨御修法一、三月十日延引、十一日蒙下帰二天台一聖旨上、

船・使臣具了。依㆓新経事㆒又延㆑日、中心辛苦」と記されており、祈雨の成功と善慧大師号の賜与という栄誉よりも、天台山での求法生活を希求し、新訳経印板が思うように進まないことにたいする焦燥がうかがわれる。

三月二十八日条（397）では「不㆑得㆑還㆓去天台㆒、在㆑京可㆑勤㆓仕皇帝祈㆒」という提案に対して、「経㆓両年㆒後参㆓五臺㆒一年修行復至㆓住京洛㆒可㆑随㆓左右㆒」と答奏しており、残された時間を求法に充てようとする成尋の決意に疑いはない。成尋の入宋の事績や成尋画像などの聖遺物将来が岩倉大雲寺の寺門興隆に資したことも事実であり（『水左記』承暦四年〈一〇八〇〉十月二十二日条、『中右記』康和四年〈一一〇二〉六月十九日・長承三年〈一一三四〉二月二十八日条など）、五人の弟子たちを先行帰国させる意味合いとしては、みずからの足跡を祖国に伝え、弟子たちの行く末をも充分に考慮しての行為と解される(16)。入唐時にはまだ四五歳であった円仁はいずれは帰国する計画であったため、本人宛の書状などは別途所持しておけばよかったが、成尋は半ば（以上）異国の土となる覚悟であり(17)、一方では弟子たちの将来も考えて、入宋の事績喧伝のためにも、各地で交流した僧侶などからの起居状を祖国に伝えることに努め、『参記』への引載という形になったのではないかと考えられる。

次に表2によると、「唐人手跡也」という頭書が付せられた事例が散見することに注目される。諸活字本では本文にこの頭書の所在が翻刻されていないが、『大日本仏教全書』遊方伝叢書では、たとえば3-196について「原本頭書云、此枚唐人手跡也。蓋挿㆓入書簡原本㆒者」という考異を示している。この「原本」は東福寺本のことで、上述のように、東福寺本は成尋自筆本と校合した写本を書写したものであり、第三冊の奥書には「書本云、以㆓善恵大師手跡之本㆒比校之了云々」という文言が見える。とすると、『大日本仏教全書』の考異が指摘するように、「唐人手跡也」は文書・書状の原本を貼付したものであろうか。いくつかの事例を掲げながら、検討してみたい（東福寺本の校訂文（案）に依拠。【 】頭書。改行を「／」で示した）。

ⓕ『参天台五臺山記』巻三・熙寧五年九月五日条（3-196）

【此枚／唐人／手跡也】

宣奉郎中尚書出由〔屯田カ〕貝外郎通判軍州兼管内勧農事騎都尉賜緋魚袋厳君貺。／法酒五瓶。／右謹送／上。伏惟／皆納。謹伏。／九月　日　宣奉郎中尚〔書脱カ〕屯田貝外郎通判軍州兼管内勧農事騎都尉賜緋魚袋厳／君貺　状。

ⓖ『参天台五臺山記』巻三・熙寧五年八月二十七日条（3-189）

今送二／大師一。／食壹分折酒弐餅、／法酒一餅。／右具在レ前。／八月　日　守司理参軍監康

ⓗ『参天台五臺山記』巻一・熙寧五年五月二十二日（1-067）

【□□□／□唐／似也唐／人之手／跡也】

又承二／法慈一、特示二鏡箮／一口一。深感二／厚意謹篤一不レ敢二推轉一。謹□上／謝。毋宣。天台山国清寺臨壇賜紫仲芳復。／日本国大雲寺主国師。／五月二十二日（花押）。

ⓘ『参天台五臺山記』巻一・熙寧五年六月四日条（1-078）

都僧正覚照大師　子章。／在〔右カ〕子章謹祇候、／起二居阿闍梨大師一。状□〔伏カ〕／□旨。／牒件状如レ前。謹牒。／熙寧五年六月　日。都僧正覚照大師子章牒。

ⓙ『参天台五臺山記』巻三・熙寧五年九月十三日条（3-204）

【本唐／人手跡】

管内僧正傳教賜紫慧禮。／右　慧禮　謹祇候、／起二居／三蔵大師一、伏取二／慈旨一。／牒件状如レ前。謹牒。／熙寧五年九月　日　管内僧正傳教賜紫　恵禮。

東福寺本は写本であるから、ⓕの官職名の誤記やⓙの「慧禮」と「恵禮」のように、必ずしも自筆本を正確には反映していない部分も存すると思われる。では、自筆本ではこれらは正しい表記、統一された表記になっていたのであろうか。ⓗは末尾に花押らしきものが記されているが、ⓕとⓖの送酒状、ⓘとⓙの起居状を比べると、

「唐人手跡也」の有無だけでは書状原本か否かは決定し難いところがある。花押の有無に関しても、『参記』巻二・熙寧五年六月五日条（079）に引載された五月三日付杭州公移には「大〔太カ〕常博士真〔直カ〕史館通判軍州事蘇立」とあり、「立」は花押かと目されるが、これは蘇軾（東坡）のことで、蘇軾の署名がある文書として注目される(18)。

ただし、これらは「杭州台州等牒案」と記されており、文書原本ではなく、写しであった。杭州公移の原本は成尋らが台州の天台山に参詣する移動を保障するものとして、各所で官憲に提示しなければならなかったし（巻一・熙寧五年五月六日条（051）、二十日条（065）など）、天台山国清寺到着・台州滞在許可後には通事陳詠に付託して杭州に返納すべきものである(19)。とはいうものの、花押までをも忠実に写したものを日次記に貼付しているのであり、宋代の官文書の様態を知る貴重な材料を呈している。

『参記』巻一・熙寧五年四月十九日条には「宿坊壁上懸阿閦仏真言、以二聖秀一令レ取、書取了。現二転女身一因縁為レ渡二日本一也」とあり、これは日本に残した老母のためでもあったが、成尋はみずからさまざまなものを書写していた。『参記』巻五の五臺山への往復路では駅舎の壁に記された人々の詩、いわば落書を丁寧に書写しており、その他経典の序・奥書など長大な文章の筆写も散見している。ただ、巻四・七・八の官文書は「押」「在判」などの形で花押の所在を示すものの、花押そのものを筆写するという労力はとらなくなっているようである（242・243・245、381・392・395、400・401・411）。

こうした成尋の文書・書状引載への執心は、巻六・熙寧六年正月八日条（318）で正月七日付請文の案文について、「昨日事依二忘却一追今日記レ之」とするところ、また巻七・熙寧六年三月二十六日条（395）では「書送枢密院送二客省牒案文一」とあり、三月十七日付の文書を書写しているが、これは「前日客省官人持来、思失不二書留一、仍乞也」であったと述べる点などに看取できよう。巻四・熙寧五年十月二十六日条（247）には「三蔵切請、即行向与二詩二通一、如レ後。依二紙長一不レ続、在レ別。文慧大師和在レ別、進二左大臣殿一了」と記されており、『参記』

に記載されなかった情報・原文書の存在も知られる。

論を「唐人手跡也」の性格に戻すと、花押なども含めて忠実に書写して引載する事例があるので、花押の有無が原本か否かの決め手にはならない。ⓘとⓙの起居状はⓙに「本唐人手跡」とある点を除くと、文字配りなども書状原本の形が踏襲されており、区別は難しい。ⓘに関しては、「文状案文、為㆓後日㆒書置也」と記されているので、これが案文、写しであったことはまちがいない。とすると、そうした中でことさらに「唐人手跡也」と記されているものは、やはり成尋の筆跡とは異なるもので、到来した文書・書状原本をそのまま貼付したと見ることができるのであろうか。この点に関連して、巻四・熙寧五年十月二十一日条(242)では官文書の写しをいくつか引載する中に、「従㆓国字㆒／至㆔于八行／和之南／二字㆓唐人／書状也」との頭書があり、文慧大師智善の書状を掲載しているが、「以上別書也」とあるので、これが本文とは別筆であったことを示すものと解される。

このように見てくると、ⓘとⓙのように、文面上は弁別できなくても、「唐人手跡也」と判断できるものがあったことになり、『参記』には成尋が案文として書写した文書・書状と、文書・書状原本をそのまま貼付したものの二種類が存したと推定される。東福寺本の頭書「唐人手跡也」は東福寺本が依拠した成尋自筆本、すなわち『参記』原本との比較本に存した記述と目され、原本を実見すれば、この弁別は一目瞭然であったと考えられる。とすると、「はじめに」で掲げた「入唐日記八巻」と現行本『参記』の関係については、いくつかの「唐人手跡也」が存する現行本『参記』を先に手渡すことはできないから、その時点まで綴述していた渡海日記＝現行本『参記』をある時点までで区切って、それを全書写したものを八巻に仕立てたか、あるいは適宜ダイジェストして八巻の渡海報告書としたものと位置づけられてくる。この「入唐日記八巻」の行方や現行本『参記』の日本への到来について、さらに考究してみたい。

三　渡海日記の行方

『参記』巻八・熙寧六年六月十二日条（470）には「卯時陳詠来相定、新訳経・仏像等買レ船可ニ預送一、并賜下預大宋皇帝志ニ送日本一御筆文書上、至ニ于物実一者入ニ孫吉船一了。五人相共今日乗ニ孫吉船一渡了」とあり、これは『参記』の最後の記述であるが、成尋一行の通事を務めた陳詠（巻二・熙寧五年六月五日条所引杭州公移、巻八・熙寧六年四月十二日条所引尚書祠部牒によると、慶暦八年〈一〇四八＝永承三〉以来、五回日本に到来していたとある）とやはりこの前後に何回か日本への到来が知られる孫吉（孫忠）との間で、どちらが成尋の弟子五人の帰国を送って日本に行くかという紛擾が起きていたことを伝えている。[20] 明州では孫吉の船を準備していたようであるが、陳詠は「於レ京蒙ニ聖旨一」ことを楯に譲ろうとはせず（六月十一日条）、結局のところ、新訳経・仏像や宋皇帝の文書といった最も名分のあるものは陳詠が運び、皇帝の信物などの物実《ぶつじつ》や五人の僧侶については孫吉の船で運ぶという、いわば利権を分け合う形で決着したのである。

この宋皇帝の文書や賜物の到来という予期せざる事態は、日本朝廷にその受領の可否、返書・答信物の送付をめぐって長期間にわたる外交案件を呈示するものになった。[21] その分、勅許を得ないままの密航であった成尋の入宋や宋での事績も喧伝されたものと思われ、『中右記』康和四年（一一〇二）六月十九日条「終日候ニ御前一。従ニ院御方一被レ奉ニ屏風十二帖一。是故成尋阿闍梨入唐之間路次従ニ日域一及ニ唐朝一図絵也。尤有レ興者也」によると、成尋の入宋絵巻のごときものまでが製作されていたことが知られる。これが岩倉大雲寺の寺門興隆に資したことは上述の通りであるが、成尋の先蹤にならって入宋を敢行する者も出現している。

渡海日記『渡宋記』を残した戒覚である。[22] 戒覚は中原氏、京都の人で、父の没後、立身を志したが、遁世し、「便於ニ延暦寺一久汲ニ法水之流一、厚愁ニ生涯之浪一、落ニ懺悔罪障之涙一千万行、朝夕露寒、修ニ安養世界之業一四十年、香火煙老者也」であったと言い（『渡宋記』元豊五年（一〇八二＝永保二）十月二日条所引上表文）、延暦寺僧伝灯大法師位を称するものの、播磨国綾部別所引摂寺という地方寺院の住持を務めていたらしい。しかしながら、日本を廻却させられた劉琨の帰船に密航して入宋したこと、五臺山参詣を企図したことなどは成尋を先例にしたものに他ならない。戒覚は明州に呈した上表文で「竊以遠方異俗来朝入覲、巡二礼聖跡名山一例也。近則阿闍梨成尋、去熙寧五年賜二 宣旨一、遂二心願一先了」と述べており、成尋の入宋を悉知していたと考えられる。

同日に捧呈した申文でも、「先須下届二天台山一、而送中此冬上也。明春賜二 宣旨一、欲レ赴二五臺山一」と記し、成尋の先蹤が参考にされている。元豊五年十二月十一日条「乗二河路一、指二京洛一。以二蔣侍禁一〈蔣姓也、侍禁官名也〉為二行事官一、路次国々受二日供銭一也」という移動方式、元豊六年二月十六日条の宋州での象見物、三月五日条「依二 宣旨一、経二 朝見一、便於二崇政殿之前一、賜二 紫衣一襲一〈衣袈裟裳〉、又出レ闕之後、追賜二香染装束幷絹廿疋一」とある朝見の様子などはいずれも成尋の処遇をふまえたものであり、母方をたどれば源高明の孫にあたり、藤原師実の護持僧や後冷泉天皇の病気平癒祈禱にも与っていた成尋とは対照的に、「貧乏旅行」であった戒覚も入宋すれば何とかなるという手がかりがあったものと思われる。

戒覚は五臺山にとどまり、ついに帰国しなかった。『渡宋記』末尾には「元豊六年六月十五日記訖〈取レ要不レ載二子細之文一。依二便人怱二而略〉」とあり、のちに播磨国書写山を訪れた慶政が書写した現行本『渡宋記』には、この渡海日記末尾に続いて「我願、以二此記一置二於日本国播磨国綾部別所引摂寺頻頭盧尊者　御前一、敢不レ出二山門一、備二来住人之道心一焉（花押影）」云々の戒覚の請願文が記載されている。慶政書写本の奥書には「以二戒覚聖人御自書一写了」とあるので、花押影は戒覚の花押を模写したものであろう。

『渡宋記』は現行本『参記』とは異なり、日次記そのものではない。戒覚も日次記の渡海日記を綴っていたと思われるが、それはさらに書き継ぐべく手元にとどめられたものと推定され、『渡宋記』には「子細之文」を掲載することができなかったのである。『渡宋記』にも上述の上表文・申文、また開封入京時（鎌倉中期の私撰集『万代和歌集』に相似した歌が伝来）や再度日本に行くという劉琨に消息を付託した際の感慨を詠じた和歌、五臺山参詣途次の代州の府駅や五臺山真容院で作った漢詩などが記され、戒覚と弟子の沙弥仙勢の五臺山滞在を許可した寺家返牒の一部が引載されている。これらは渡海日記を構成する文書・書状などの引載の要諦を示すものといえよう。

『渡宋記』は先行して帰国するもう一人の弟子僧隆尊に付託されたものと思われ、戒覚には充分な時間がなかったためか（周到な計画の欠如、成尋とは異なる資金状況により、隆尊の帰国が急に決まったことなどが想像されてくる）、渡海日記全体を書写したものを渡すことができず、ダイジェスト版の『渡宋記』だけが伝来することになったと考えられる。ここには成尋の現行本『参記』と「入唐日記八巻」の関係をうかがう手がかりがあるのかもしれない。

成尋が五人の弟子に「入唐日記八巻」を付託した旨を記す現行本『参記』巻六・熙寧六年正月二十三日条は起筆から三三三日目であり、巻五末尾の五臺山往復・開封に戻り熙寧五年末を迎えるところまででは三一〇日分になる。仮にこの頃までの日次記を八巻に仕立てたとすると、一巻は四〇日分くらいのものであったと推定される。現行本『参記』巻一は七八日分、巻二は八四日分、巻三は六九日分、巻四は二〇日分、巻五は五九日分の記事があり、これに巻六の二三日分を加えると、巻一、巻二、巻三・四、巻五・六はそれぞれ八〇日分くらいの記事が存することになる。これを内容面や月ごとの区切りなどを勘案して一巻四〇日分くらいの「入唐日記」とすることができるか否かを検討すると、次のようになろう。

Ⅰ巻一　延久四年（熙寧五）三月十五日条（001）～四月三十日条（045）〔四五日分〕…渡海の辛苦と杭州への来着、天台山国清寺への旅の準備。

Ⅱ巻一　五月一日条（046）～六月四日条（078）〔三三日分〕…天台山国清寺への旅、天台山の諸寺・諸院参詣。国清寺滞在を公式に認めてもらうために天台県・台州に赴き、文書の交付を得るとともに、また五臺山行きの希望を伝える。

Ⅲ巻二　六月五日条（079）～七月三十日条（133）〔五五日分〕…国清寺に滞在し、諸僧と交流・経典の貸借を行う。

Ⅳ巻二　閏七月一日条（134）～閏七月二十九日条（162）〔二九日分〕…国清寺滞在の様子、五臺山行きと上京・皇帝との面見の指示が届き、その確認のために台州に赴き、台州に滞在し、台州の僧侶・官人と交流。

Ⅴ巻三　八月一日条（163）～八月二十九日条（189）〔二九日分〕…首都開封への旅。

Ⅵ巻三　九月一日条（190）～十月十日条（231）〔四一日分〕…開封への旅。

Ⅶ巻四　十月十一日条（232）～十一月二十九日条（280）〔四九日分〕…開封到着と皇帝との謁見、大平興国寺伝法院での生活、五臺山参詣の旅、五臺山真容院での滞在の様子。

Ⅷ巻五　十二月一日（281）～十二月三十日条（310）または巻六・熙寧六年正月二十三日条（331）〔三〇日分または五三日分〕…五臺山からの帰途の様子、再び開封での日々。

現行本『参記』は三月十五日の乗船から始まる巻一はおくとして、概ね各月の朔日から始まる巻が多いが、巻二は六月五日、巻四は開封入城の十月十一日から始まっており、各巻の日数も区々であるものの（表3）、前章冒頭で整理した概要の通り、これらの巻立てには意味があるものと考えられるので、「入唐日記八巻」の復元にもこの点を加味してⅠ～Ⅷの試案を示してみた。また八巻という巻数からは『渡宋記』のごときダイジェスト版とは考え難いので、現行本『参記』をそのまま踏襲する形のものを想定したところである。他にも「入唐日記八巻」の巻立て案はあると思うが、これは現行本『参記』と同じ記事が掲載されていると仮定しての区分案であり、

表3　東福寺本『参天台五臺山記』の構成

外題／内題	巻頭の日付表記／《収載日数》
五臺山記巻第一／参天台五臺山記第一	001延久四年三月十五日《78日》
五臺山記巻第二／参天台五臺山記第二	079六月五日《84日》
五臺山記巻第三／（参天台五臺山記第三）	163（熙寧五年八月一日）《69日》
五臺山記巻第四／参天台五臺山記第四	232大宋国熙寧五年十月十一日《20日》
五臺山記巻第五／参天台五臺山記第五	252同四年十一月一日《59日》
□臺山記巻第六／参天台五臺山記第六	311大宋国熙寧六年〈癸丑〉正月一日《59日》
□□山記巻第七／参天台五臺山記第七	370六年三月一日《30日》
□□山記□□八／参天台五臺山記第八	400六年〈癸丑〉四月一日《71日》

備考：巻三の巻頭は東福寺本欠損により、大日本仏教全書本に依拠して内題と日付表記を掲げた。

一つの試案を呈示するものにとどまらざるを得ない。熙寧六年六月十二日に五人の弟子たちを見送ったのちにも、成尋が渡海日記を綴述し続けたか否かも含めて、さらなる検討課題としたい。

むすびにかえて

小稿では渡海日記の古記録学的検討として、自筆本の現存しない渡海日記の原本の形態を探る方法を模索した。渡海日記が引載する文書・書状は旅程の進行や各地での人々との交流の促成を示すのに不可欠の要素であり、求法の成果を誇示するため、また後学の渡航希望者への手引きとして重要であったと思われる。

特に『参記』については現行本『参記』と「入唐日記八巻」との関係を考えてみたが、最後に成尋自筆本『参記』について知見を付加して、むすびにかえたい。上述のごとく、東福寺本は八冊の冊子本であり、外題には「巻第一」、内題では「第一」のように記されている（表3）。成尋が当初付託した「入唐日記」は八巻の巻子本であったと目されるが、現行本『参記』の成尋自筆本はどのような形態であったのであろうか。表3によると、巻五の巻頭に「同四年」とあるのは延久四年の謂《いい》に他ならず、これは巻一巻頭と対応するものである。ただし、『入唐求法巡礼行記』でも同様であるが、渡海日記では中国への到着・入国後は中国の年号を用いて記されるのが通常で、『参記』の他巻は確かに宋の年号で表示されている。巻五は五臺山参詣に出発するところで、「参天台五臺山」の趣旨からいえば、天台山での日々と五臺山参詣を中心とする二区分を意識したものと見ることができよう。とすると、極めて短絡的な発想であるが、将来された八巻の成尋自筆本のさらなる原型は二巻の巻子本であった可能性はないのであろうか。この憶測を示し、古記録学的検討の深化を課題としつつ、蕪雑な稿を終えたい。

(1) 小野勝年『入唐求法行歴の研究』上・下（法蔵館、一九八二・八三年）、国書逸文研究会編『新訂増補 国書逸文』（国書刊行会、一九九五年）、拙稿「入宋僧成尋の系譜」（『成尋と参天台五臺山記の研究』吉川弘之館、二〇一三年）など。

(2) 小野勝年『入唐求法巡礼行記の研究』全四巻（法蔵館、一九八九年）、研究代表者・田中史生『『入唐求法巡礼行記』に関する文献校定および基礎的研究』〈平成十三年度～平成十六年度科学研究費補助金（基盤研究C(2)）研究成果報告書〉（二〇〇四年）など。

(3) 藤善眞澄『参天台五臺山記』上・下（関西大学出版部、二〇〇九・一一年）、王麗萍『新校参天台五臺山記』（上海古籍出版社、二〇〇九年）、拙稿「『参天台五臺山記』東福寺本の校訂本(案)」（『遣唐使の特質と平安中・後期の日中関係に関する文献学的研究』〈平成十九年度～平成二十年度科学研究費補助金（基盤研究(C)）研究成果報告書〉〈研究代表者・森公章〉、二〇〇九年）など。

(4) 拙稿「『参天台五臺山記』日々要略」（前掲註3科研報告書）では旅程・内容に関する区分案を示しているが、巻立ての改訂云々については未考である。

(5) 古瀬奈津子『遣唐使の見た中国』（吉川弘文館、二〇〇三年）、礪波護「唐代の過所と公験」（『中国中世の文物』京都大学人文科学研究所、一九九三年）、遠藤隆俊「宋代中国のパスポート」（『史学研究』二一七、二〇〇二年）、王麗萍「『参天台五臺山記』に見える文書について」（『宋代の中日交流史』勉誠出版、二〇〇二年）など。

(6) 前掲註(2)小野書、E・O・ライシャワー『円仁 唐代中国への旅』（講談社、一九九九年）、佐伯有清『最後

の遺唐使』（講談社、一九七八年）、『円仁』（吉川弘文館、一九八九年）、『慈覚大師伝の研究』（吉川弘文館、一九八六年）など。

（7）近年出現した法王寺石刻「釈迦舎利蔵誌」と綴述欠落部分の円仁の行動に関しては、鈴木靖民編『円仁と石刻の史料学』（高志書院、二〇一一年）を参照。

（8）表1の「1-017」は巻一と前掲註（2）小野書に付された記事の通し番号を示す。なお、小野氏は日次の整合性により原本の文書掲載箇所を適宜移動しているが、文書所在箇所の番号は小野氏本の校訂に従う。

（9）前掲註（2）小野書第二巻一三一頁は、「円珍の使用した過所の書名は全く上掲の牒式と合致していて参考となる。なお、円仁は法清の厚意で、頭陀の公験を披見することができたので、早速これを写し証拠としてこれを掲げたのであろう」と述べる。

（10）円載については、佐伯有清『悲運の遺唐僧 円載の数奇な生涯』（吉川弘文館、一九九九年）を参照。なお、拙稿「九世紀の入唐僧」（注1書）も参照されたい。

（11）園城寺編『園城寺文書』第一巻智証大師文書（講談社、一九九八年）。

（12）註（1）小野書。

（13）表2の「1-049」などの表記は表1に同じ。番号は註（3）拙稿による。『参記』は計四七〇日の渡海日記であるが、二日間（115巻二・熙寧五年七月十二日条、324巻六・熙寧六年正月二十四日条）だけ記事が欠落している。前掲註（3）王麗萍書は現存記事によって「四八六篇日記」と解説し、白化文・李鼎霞校点『参天台五臺山記』（花山文藝出版社、二〇〇八年）も現存記事によって四六八までの番号を付しているが、欠落の二日分にも番号を付して、計四七〇日分として理解しておきたい。なお、『参記』の活字本としては、その他に『大日本仏教全書』遊方伝叢書（仏書刊行会、一九一七年）、『（改定）史籍集覧』二六（近藤出版部、一九〇三年）、島津草子『成尋阿闍梨母集・参天台五臺山記の研究』（大蔵出版、一九五九年）、平林文雄『参天台五臺山記 校本並に研究』（風間書房、一九七八年）などもある。

（14）前掲註（13）平林書を参照。なお、東福寺本の複製は『参天台五臺山記〈東洋文庫叢刊第七〉』（東洋文庫、一九三二年）として刊行されている。

(15) 成尋の年齢に関しては、石井正敏「成尋生没年考」(『中央大学文学部紀要』四四、一九九九年)を参照。
(16) 拙稿「入宋僧とその弟子」(前掲註1書)。
(17) 前掲註(15)石井論文によると、成尋は宋・元豊四年(一〇八一=永保元)に開封で死去したようである。これは上述の皇帝との約束を果たし、開封にとどまる道を選ばざるを得なかったためと思われる。
(18) 藤善眞澄「成尋をめぐる宋人――成尋と蘇東坡――」(『参天台五臺山記の研究』関西大学出版部、二〇〇六年)。
(19) 前掲註(5)遠藤論文。
(20) 拙稿「劉琨と陳詠」(前掲註1書)。孫吉については、原美和子「成尋の入宋と宋商人」(『古代文化』四四―一、一九九二年)を参照。
(21) 拙稿「平安貴族の国際認識についての一考察」(『古代日本の対外認識と通交』吉川弘文館、一九九八年)。
(22) 森克己「戒覚の渡宋記について」(『続日宋貿易の研究』国書刊行会、一九七五年)、橋本義彦「『渡宋記』――密航僧戒覚の日記――」(『平安の宮廷と貴族』吉川弘文館、一九九六年)など。

平安貴族による日記利用の諸形態

加藤友康

はじめに

九世紀末から十世紀初頭にかけて貴族の日記の数が増えてくる背景には、貴族層内部における官職の固定化という貴族社会の構造変化と、それにともない貴族たちが固定化された役割分担にもとづき、一定の作法に従って進められた政務・儀式において先例を重視するという規範意識の形成によって、宮廷儀式における前例調査に日記が重要な役割を果たすようになったことがあると指摘されてきた。

筆者はこの平安時代の貴族の日記（古記録）に「情報装置」という概念を援用するならば、筆録の過程に際して次のモデルが考えられると指摘してきた(1)。

本稿では、この筆録過程のうち、output された日記の利用という側面に視点をすえて検討を進めたい。日記の利用形態には、(1)本人による本人の日記の利用、(2)他人の日記の利用があげられる。(2)は、さらに利用者の祖先の日記（「家の日記」）の参照と、貸借による他者の日記（他記）の参照が考えられる。またその際に、原本そのものを利用する場合、output の二次的形態として写本、抜粋（抜き書き）を作成する場合など

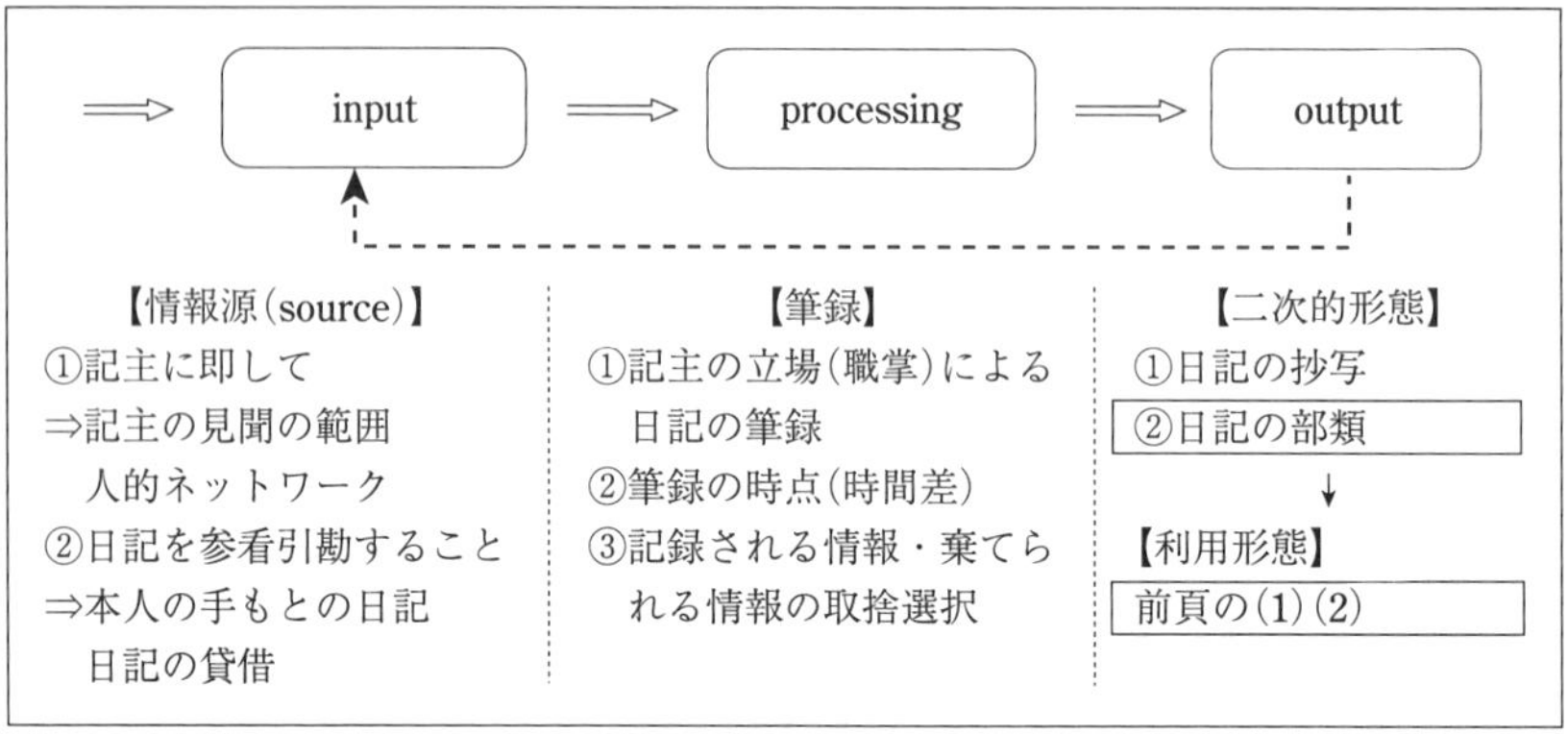

筆録過程のモデル図

いくつかの方式があった。これらの様相について、原本そのものに残された情報や、日記に筆録されて記録にとどめられた情報をもとにその特質について検討することが課題となる。そして output の二次的形態を考察する検討対象として、のちの利用に便利なように日記から特定の事項に関する記事を書き出して分類した部類記や目録に注目したい。

一　日記の参看

(一)　本人の日記

まず記主本人が自身の日記を利用することについて、藤原実資の『小右記』を例として考えたい。

【史料1】『小右記』長和五年（一〇一六）三月三日条

三日、丁未、相定撲㆑文下給訖、摂政(藤原道長)来月九日可㆑被㆑行㆓大饗㆒、其事卿相欝㆑之、故大入道殿(藤原兼家)摂政始被㆑行㆘如㆓大饗㆒事㆖、西対庇為㆓公卿座㆒、見㆓暦記㆒、昨日大略申㆓摂政㆒、々々云、可㆑依㆑彼、但用㆓庇饗㆒者不㆑可㆑用㆓朱器㆒、故殿未㆑度㆓朱器㆒之間被㆑行㆓庇饗㆒、用㆓様器(被イアリ)㆒歟、以㆓朱器㆒用㆓大饗㆒之人、用㆓様器㆒如何、欲㆑見㆘貞信公(藤原忠平)拝㆓給太政大臣㆒之日記㆖者、今朝彼年(承平六年)故殿(藤原実頼)御記聊出、付㆓資平(藤原)㆒奉㆑之、庇饗用㆓様器㆒、亦見㆓故殿拝

給之御記一、如二彼承平六年一、

史料1にはこの年正月、後一条天皇の摂政となった藤原道長が大饗をとり行なうに際して、藤原兼家が摂政のときの先例について、『小右記』の記主実資は「暦記」を参看し、兼家の例を道長に申上していることがみえる。実資は「暦記」すなわち具注暦にみずからの日記を記していたことが知られるが、先例参看のためにこれが利用されていたのである。

表1（以下、表はすべて本稿末に掲出）に掲げたように、『小右記』には、「暦記」「暦」「記」などとして、五六例がみえる。この事例について、利用目的に即してみると三つの場合に区分できよう。

第一に、みずからが先例を調査するために利用する場合である。事例としては、6・8・12・16・21・27・39・40・41・44・45・49・52が該当する。第二には、他者の求めに応じて参看して回答する場合であり、14・15・23・28・46・51・55がそれにあたる。第三は、他者の求めに応じて抄写して送る場合であり、7・24・26・32・47・56が該当する。

（2）他者の日記

次に、本人自身の日記ではなく、他者の日記を利用する場合がある。その一つは、祖先の日記を利用する場合である。表2は『小右記』が『清慎公記』を引用している事例一〇七例を掲げたものである。実資が祖父藤原実頼の日記『清慎公記』を利用する目的について、みずからが先例を調査するために利用する場合のほかに、他者の求めに応じて抄写する場合や、他者の求めに応じて貸与している事例がある。表2-36を事例として掲げる。

【史料2】『小右記』長和四年（一〇一五）十月十六日条

十六日、癸巳、故殿（藤原実頼）安和元・二両年職御曹司除目御日記、抄二写為レ宗之事一、早旦以二資平（藤原）一奉二左相府（藤原道長）一、

長和三年二月に内裏が焼亡し、同四年九月、三条天皇は枇杷殿より新造内裏に遷御するが、同年十一月再び内裏が焼亡してしまうその間のことである。ここでは実資が道長の求めで『清慎公記』を抄写していることが知られる。また他者の求めに応じて貸与している事例として、表2-32・59・83の事例がある。

もう一つ、祖先以外の他者の日記を利用する場合もあった。表3は日記が引用する日記等（『小右記』が引用する『清慎公記』を除く）を掲げたものである。表3からは他者の日記そのものを利用する場合と、間接的に他記を利用する（この場合、他者からの情報をもとに他記の内容を取得するということになろう）形態があった。

他記そのものを所持している場合として、表3-46の事例をみてみたい。

【史料3】『小右記』長和四年（一〇一五）十月二十日条

廿日、丁酉、明日造宮叙位儀式等事、昨今資平（藤原）来申、指示了、又大納言公任（藤原）消息云、叙人卿相可レ在二公卿列一歟、答云、叙列在レ別、如二七日儀一、亦其標在二公卿列東一、見二邑上御記（村上天皇）一、

史料3から実資が『村上天皇記』を所持していたことが知られるが、表3からは実資にとどまらずそのほかの公卿たちも他記を所持していたことが判明する。

間接的に他記の情報を利用する（他者からの情報による引用）形態は、表3★印（「〇〇云」形式で引用）が該当するが、たとえば次の史料4のような形で記されたものがそれである。これは表3-38の事例である。

【史料4】『小右記』長和三年（一〇一四）十一月二十八日条

廿八日、庚戌、（中略）

東宮属某、来云、今日御書初巳剋可二参入一者、仍経営参入、午剋許、土御門院、（中略）次諸卿次第退下、着二殿上饗一、次入御、左大臣（藤原道長）云、可レ有二管絃一歟、九条殿（藤原師輔）御記云、可レ有二管絃一、而有二事憚一、無二其事一由被レ記也、如何者、諸卿不レ陳二左右一、大夫斉信（藤原）卿云、然者可レ召二遣伶人一歟、予（藤原実資）云、度々御書始有二管絃一乎如何、丞相云、無

レ所レ見、前例無二絃管（管絃）一、今初被レ行如何、相府許諾、

ここでは道長の言葉から得られた「九条殿御記」（『九暦』）の情報を、実資がみずからの日記に記しており、間接的に他記の情報を利用した形態といえよう。ただ、表3-79の事例である次の史料5には、

【史料5】『小右記』長元元年（一〇二八）八月二十五日条

廿五日、丁亥、中将（藤原資平）云、去廿三日信濃駒牽、中納言兼隆（藤原）行二其事一、而彼日中納言道方（源）・参議朝任（源）、行二内印事一候レ陣之間、不レ給二御馬一云々、天慶七年九月十四日故殿（藤原実頼）・九条殿（藤原師輔）記云、右大臣故殿、・参議在衡（藤原）、依二季御読経事一候二宜陽殿一、不レ給二御馬一、仍十五日可レ給二御馬一之由被レ仰二大納言師輔卿一、但以二右馬寮御馬一可レ給二右大臣一、依レ為二御監一、左御馬可レ給二在衡一、皆是取手内者、

とあり、実資ものちには『九暦』を所持していたと考えられる記述も存在する（表3-67・70なども同様であろう）。

（3）日記所持の拡大と利用者の意識

祖先の日記の利用にとどまらず、他者の日記を所持して利用する傾向は拡大していく。『小右記』には『師尹卿日記』『九暦』『吏部王記』『親信記』『太后記』『醍醐天皇記』『貞信公記』『村上天皇記』が引かれている。時代が下ると、藤原師通の『後二条師通記』では、『一条院御時日記』『醍醐天皇記』『九暦』『経信記』『権記』『左経記』『時範記』『師房記』『小右記』『親信記』『成宗記』『相尹記』『致方記』『中右記』『貞信公記』『村上天皇記』『御堂関白記』『明範日記』『頼隆日記』『吏部王記』が、さらには藤原忠実の『殿暦』にも『九暦』『教通記』『後三条天皇記』『後二条師通記』『後冷泉天皇記』『権記』『師実記』『時範記』『中右記』『知信記』『御堂関白記』など多種の日記が引かれている。

みずからの日記に他者の日記を引く記主の意識は次の史料6によくあらわれている。

【史料6】『貫首秘抄』

予案、為二職事一之者必可レ持之文、律令、延喜式、同儀式、類聚三代格、柱下類林、類聚諸道勘文、勘判集法宗〔家カ〕、類聚国史、仁和以後外記日記、如レ此之書、広言レ之者不レ可二記尽一、只挙二一端之要一也、万之一示也、執柄若職事能知二主上御作法一、公事之条備二顧問一、又幼若之主奉二教訓一、仍寛平御記、二代御記、内裏式、寛平遺誡、常可レ見レ之也、又代々為二職事一之者、為二識者一之輩日記可レ尋二勘之一、後三条院年中行事一巻在レ院、又自レ院被レ献レ内ノ御作法、大都年中行事不レ過二此記一也、若有下被二尋仰一事上、有二不審一者、見二件御書一歟之由可二奏務一也、予度々給二件御書一、注二出折帋一奏覧、

ここには、蔵人としてつとめるうえで、律令・延喜式以下の法書や国史などの史書、外記日記、天皇記とならんで「為識者之輩日記」を参看すべきものとしていることがみえており、他の貴族の日記を先例として利用する意識の存在を知ることができる。

また、さらに次の史料7にも、

【史料7】『愚管抄』（巻第七）

……モシ萬ガ一ニコレ（愚管抄）ニ心ヅキテ、コレコソ無下ナレ、本文少々ミバヤナド思フ人モイデコバ、イトヾ本意ニ侍ラン。サアラン人ハコノ中タテタル内外典ノ書籍アレバ、カナラズソレヲ御覧ズベシ。ソレモ寛平遺誡、二代御記、九條殿ノ遺誡、又名誉ノ職者ノ人ノ家々ノ日記、内典ニハ顕密ノ先徳タチノ抄物ナドゾ、スコシ物ノ要ニハカナフベキ。

とあり、「名誉ノ職者ノ人ノ家々ノ日記」が有用というのも史料6の「為識者之輩日記」に対する意識に通じるとすることができよう。

平安期の記主の日記は、時代が下っても、たとえば、

【史料8】『明月記』安貞元年（一二二七）九月二十七日条

廿七日、（中略）去夜夢、小野右府（藤原実資）来坐給、六十許老者、非レ肥非レ痩、非二白髪一すこし長丸みて、鬚又不レ少不レ多、きよけなる形、冠なえたる直衣也、坐二長押上一、予（藤原定家）坐二其下一、予云、偏存二御家人之儀一、踈不レ可二思食一、気色甚快然、予乍レ恐重申、枉レ理御束帯にて渡御候乎、不審事等欲二窺申一、有二許容之気一、更衣之間、装束未二出来一、事体更衣以二後朝之比一歟、異様旧装束取寄、可レ着レ之とて被二立去一訖、此間心中思レ之、如二内弁之体一、殊勝賢者之説、面見レ之可二問申一、無レ限可レ有レ興事也と思之間、夢覚訖、予本性慕二古人一之心極深、近日殊日夜握二翫彼記一、長和之比、依二此執心一見二此夢歟一歟、存二吉想之由一、

と、実資の日記『小右記』を熱心に読んでいた藤原定家の夢に、憧れの実資が現れたとあるように、後世の貴族に読まれていたこともみえる。また、

【史料9】『花園天皇宸記』元亨四年（一三二四）二月十三日条

十三日、己巳、晴、宇治左府（藤原頼長）記見了返献、此人近古才学優長之人也、就レ中義学為レ宗、而一期行迹頗不レ足レ観、挙レ兵是大事、不レ可二軽用一、保元大乱為二謀首一不レ能レ成レ事、其智所二以不レ足称一也、

のように、藤原頼長の日記『台記』を読んだ花園天皇が頼長の人物批判を行なっている事例もみられ、日記の流布によって政務・儀式の参考としての日記の利用にとどまらず、日記の読み方が変化している様相をも知ることができる。

二　日記筆録記事の位置

（一）日記の裏に記すこと

前節でみたように、本人が日記を利用する場合、また他者の日記を利用する場合に、input された情報にもと

づいたprocessingによって筆録された情報は必ずしも日記（が記された具注暦などの）表面にのみ残されるものではない。自筆本の場合には、原本の紙背にも及んで記事が記されることがある。このような紙背に記された「裏書」に注目した服部一隆氏は、藤原娍子の立后にかかわる『御堂関白記』長和元年（一〇一二）四月二十七日条の三つの改行によって記された「裏書」に注目して次のような指摘を行なっている。(2)

三つの改行によって区切られた四つの記事は、藤原妍子入内に関する公卿の動向、娍子立后に際しての内弁選定の事情、妍子入内に関する酒食と賜禄、道長の男藤原教通と藤原公任女の婚姻のことからなるが、これらの記載の間には、若干の時間の経過を想定できる可能性がある、道長は時刻が違えば吉田祭・入内・立后と三つの並行が可能であると考えていた、また道長は娍子立后についての知識を事前に持ち合わせていなかった可能性が高く、計画的な妨害を想定することは難しいと結論したのである。この着目は、これまで娍子立后をめぐって道長による妨害、それに対する実資の義憤などとして説明・叙述されてきた評価の再検討を迫るものといえよう。日記の記載を正しく理解するためには、記された記事の位置情報を含めて検討されねばならないことを示している。

自筆本の場合には実際に日記の裏面に記されていることがあるが、自筆本ではない場合にも記主によって「暦裏」「裏」と示されることによって筆録の位置を間接的に知ることができる。先に掲げた表1の『小右記』には、「暦裏」「裏」とする表記が二三例みえる。1・2・4・5・9・11・13・16・18・19・20・22・25・29・30・31・33・34・35・37・38・42・48がそれである。自筆本段階のいわば「原裏書」ともいうべき筆録箇所は、写本作成の書写過程で裏に書写されるものと本文中に追い込んで書写されるものとがあった。

『大日本古記録』が底本とした諸本のうち前田家本・九条家本については、基本的に裏書であったものは裏に書写され（表1の内容欄で（裏書）と示してある）、秘閣本は本文中に追い込んで書写されている（表1の内容欄で

（本文）と示してある）。ただし、表1-5の長和二年（一〇一三）八月二十六日条（底本は前田家本）では、「斎宮入㆓御野宮㆒定」の前駆差文《さきがけさしぶみ》について、「注暦裏」として引用しているものも本文中に記されている場合がある。また、48の長元二年（一〇二九）八月二日条（底本は九条家本）でも、出雲国解について、「出雲解文注暦裏」として引用しているものは本文中に記されており、書写の過程での位置関係の変更に留意する必要がある。

さらに「暦裏」に記すのとは別の形態での情報の保存形態として、記主によって「別紙」に記される場合があったことにも留意せねばならない。次の事例は、別紙そのものは存在せず、その内容は伝わらないが、『小右記』に「別紙」に記載したと記されているものである。

・天元五年（九八二）二月十九日条「今日儀具在別紙」（東宮師貞親王元服儀）
・天元五年（九八二）三月十三日条「給禄色目所々饗等在別紙」（啓陣諸衛佐への給禄）
・天元五年（九八二）六月一日条「書出諸社御願雑事、被奏覧在別紙」（諸社の申請）
・永延元年（九八七）二月七日条「其定文在別紙」（中宮藤原遵子の四条宮遷御）
・永延元年（九八七）四月二十八日条「令行御堂荘厳事、具可記別紙」（円融法皇母后藤原安子のための法華御八講の御堂荘厳）
・永延元年（九八七）四月二十九日条「作法次第具在別紙」（同　法華八講の作法）
・永延元年（九八七）五月一日条「所々御捧物、其数巨多、可載別紙」（同　法華御八講の御捧物の目録）
・正暦四年（九九三）三月二十二日条「遺子細具以注送、誠可謂吉想、在別紙」（藤原懐平の夢想）
・長保元年（九九九）七月二十二日条「造内裏所々申請人々事・種々起請事在別紙」（陣定における造内裏定の申請文）
・寛弘八年（一〇一一）八月二十六日条「件事等多事、不注子細、皆在別紙」（三条天皇大嘗会関係の諸勘文）

・寛仁三年（一〇一九）六月二十九日条「国々司・将軍等申請事等定申趣、其定文在別紙、抑勲功賞了〔之〕有無如何」（諸国申請雑事定の定文　＊このとき刀伊入寇における大宰府勲功者の取り扱いには関心があったものか、「勲功者の注文」は記録している）
・寛仁四年（一〇二〇）閏十二月十七日条「子細在別紙」（延暦寺四至実検使注文・関係文書→入道道長へ回送、指示を仰ぐ）
・万寿元年（一〇二四）十二月一日条「国々司或送料材或染色不裁縫也、又唐衣・裳等未送之、皆注別紙、之中有無志之人等」（諸国司からの進物の注記）

このように、本来は記されるべきであった情報が棄てられてしまい、今日には伝わっていないものが日記の背後にはあったことになる。

また一方では、「具在二定文一、余執筆、書二出雑事一」（『小右記』永延元年〈九八七〉二月四日条）とあるものの、定文の内容が『小右記』には記載されていない事例もある。「当時の人々は日記を決して勝手気ままに記していた訳ではない。何を記載すべきかも彼らの意識の中で取捨選択がなされていたはずであり、彼らの社会の中で一つのシステムとして機能していたはず」との指摘(3)をふまえるとき、記載事項の取捨選択が行なわれ、その結果「別紙」に記された歴史情報は日記本体にとどめられることなく終わってしまったことにも注意を払うべきであろう。

日記に残された歴史情報は、のちのち記主本人の利用だけでなく、子孫へ伝領された原本によって彼らにも利用されていたが、『御堂関白記』寛弘五年（一〇〇八）九月八日条〜十七日条とその紙背の様相から、その利用の方法についての指摘がなされている(4)。『御堂関白記』自筆本の十一日条・十五日条の折目痕（幅約一三・〇センチ）をはさんで左右対称の形に虫損の穴が確認でき、紙背には近衛信尹（一五六五〜一六一四）が折目を避けて藤原道嗣（一一三二～一一三八二）の日記『後深心院関白記』を抄写しており、信尹以前のある時期から『御堂関白記』が利用に便利なように折本状にされ、その後現状の巻子状に改められたことを物語っていること、自筆本一四巻のうち、一・二・七・一〇・一四の五巻に折目痕が残っているという指摘である。折本状に変形させて利用していたことが明らかになったことは、原本に即した調査の成果といえよう。

このような後世の子孫など他者による利用とならんで、本人がみずからの日記を参看する場合に、参看時点と参看記事の日付との間隔にも注目しておきたい。表1により実資が『小右記』を参看した時点の日付と参看した記事の日付との間隔についてみると、参看対象に「昨記」など比較的近いものがある一方で、過去にさかのぼる事例もある。後者の事例を以下に掲げる（番号は表1の番号である）。

・14長和五年（一〇一六）三月三日条（摂政庇大饗の兼家の例「見暦記」）

　→道長の求めに応じて、永延二年（九八八）の兼家の大饗記事を参看《二八年前》

・21寛仁元年（一〇一七）十月十九日条（「見長保五年暦記」）

　→長保五年（一〇〇三）の賀茂社行幸の記事を参看《一四年前》

・24寛仁元年（一〇一七）十二月一日条（「奉永祚元年十二月廿日略記」）

　→永祚元年（九八九）の兼家の任太政大臣大饗の記事を参看《二八年前》

・40万寿元年（一〇二四）正月十五日条（「天元五年正月十四日記」）

　→天元五年（九八二）の御斎会内論議の記事を参看《四二年前》

・44万寿四年（一〇二七）十二月六日条（「後日引見暦記、長保二年十二月十六日皇后崩間、三年正月元日節会止、……」）

　→長保三年（一〇〇一）の元日節会停止の記事を参看《二六年前》

・47長元元年（一〇二八）十一月三日条（「注此暦記」＝永祚二年七月二条）
　→永祚二年（正暦元年、九九〇）の兼家死去時の新嘗祭の記事を参看《三八年前》
・51長元四年（一〇三一）八月十七日条（「引見暦記、正暦四年……同五年……」）
　→正暦四年（九九三）の駒牽の記事を参看《三八年前》
・52長元五年（一〇三二）十一月二十九日条（「引見暦、長保五年十二月四日・寛弘三年十月十三日宇佐使事……」）
　→長保五年（一〇〇三）・寛弘三年（一〇〇六）の宇佐使の記事を参看《二九年前・二六年前》
・56長元元年（一〇二八）二月二十七日条（「引暦注出」として日記より抄出）
　→正暦四年（九九三）の仁王会の記事を参看《三五年前》

このなかには、四二年も前の記事の参看事例もある。長年にわたり書き継がれてきた日記を利用する際には部類して利用する事態の発生を想定できる。次に日記の部類と記事の目録作成についてみておきたい。

三　日記の部類と目録

（一）　部類の方式

日次記、別記と並んで存在する部類記へ注目することが指摘されてきたが[5]、さらに部類記について橋本義彦氏は、（A）単一の記録より抄出したもので、（a）単一の事項に関するもの、（b）複数の事項にわたるもの、（B）複数の記録より抄出したもので、（c）単一の事項に関するもの、（d）複数の事項にわたるもの、とする類型分けを行ない、平安時代に成立した部類記では、（b）型のものが主流で、平安時代から中世・近世にかけての部類記の展開について、（b）→（a）→（c）→（d）という変化を指摘した[6]。

このような部類の作業に際して、次のような『小右記』の記事がみえる。

【史料10】『小右記』長元元年（一〇二八）七月一日条

一日、甲午、（中略）又中将（藤原資平）来云、関白（藤原頼通）以二隆光（藤原）朝臣一被レ示云、重服人可レ奉二盆供一哉否、九条相府（藤原師輔）記云、貞信公（藤原忠平）御服年不レ被レ記二左右一、御服除年盆供如レ例、頗有二事疑一、被レ記二請〔清〕慎公（藤原実頼）御記一乎、報云、件記入道（藤原公任）大納言切取部類、為レ宗外事已為二本古一、又焼失了、無二可レ尋之方一、但廻二愚慮一、非二神事一、奉レ供無レ憚歟、引三見邑上（村上天皇）天暦八年御記一令レ記二被レ奉レ供由一、面示含訖、

ここには、藤原公任が『清慎公記』を「切取部類」したことが記されている。また次の史料11にも、

【史料11】『中右記』保安元年（一一二〇）六月十七日条

十七日、（中略）

今日私暦記部類了、従二寛治元年一至二此五月一卌日（マヽ）四年間暦記也、合十五帙百六十巻也、従二去々年一至二今日一、分二侍男共一、且令二書写一、且令二切続一、終二其功一也、

とあり、藤原宗忠も『中右記』について「且令二書写一、且令二切続一」という部類の作業を行なったことがみえており、部類作業によって日記本体が切断されてしまう事態がひきおこされていることを知ることができる。このような部類の作業によってひきおこされた現象の一つである日記の日付表記の特異性に着目した今江広道氏の指摘をもとに、『小右記』を素材として、部類の作業過程を次に検討してみたい。

（2）『小右記』の部類と「還元」作業

『小右記』の日付の記載方式の特異性に注目した今江氏はこれを異例日付と呼び、現在伝わる『小右記』の異例日付は、一度部類された日次記が「還元」作業を経たことを示すものとした（7）。異例日付とは、次の史料12のようなものである。

【史料12】『小右記』長保元年（九九九）八月二十五日条

廿五日、乙亥、参内、今日官定考、内大臣（藤原公季）・源大納言（時中）・藤宰相（懐平）・菅宰相（輔正）同参、内大臣召二外記一、仰二参入上達部見参一、上達部彼是云、遅日辞二退維摩講師一、其替請二遍陳一、興福寺云々、

東宮女一宮着袴、左大臣結二御要（腰）用一、

長保元年八月廿五日、乙亥、参内、三府、左・右・内、（藤原道長・藤原顕光・公季）大納言道綱（藤原）・懐忠（藤原）、中納言時光（藤原）・斉信（藤原）・俊賢（源）・隆家（藤原）、参議有国（藤原）・懐々（平）・忠輔（藤原）・行成（藤原）・正光（藤原）等参入、被レ定二不堪定事一、々〔佃〕記〔訖〕左大臣参二青宮一、々女一宮（当子）着二給御袴一云々、右大臣以下雖レ無二指喚一、左府於二仗座一指二示気色一、仍諸卿相率参レ宮、於二殿上一有二饗饌一（中略）亥剋許各々分散、

今江氏は、この記事の錯簡について、同一記事の重出でしかも記載された公事が相違しており、「廿五日、乙亥」ではじまる部分について、官定考の部分のみが他の史料でも確認できるとし、また著袴の儀の対象となる当子内親王は長保元年には未だ誕生しておらず、参加公卿の官職は寛弘元年（一〇〇四）二月二十六日以後のもので寛弘元年八月二十三日の記事であることが判明するとした。この日付記載の混乱は、日次記とは別に存在していたものが、ある時期に日次記の当該年次の所に誤って挿入されたことによって生じたものと指摘したうえで、『小右記』の日付の上に年月を冠してあるもの、同一日付が二か所以上存するものを異例日付として六四例の検討を行ない、年月日を冠する必要があったことは『小右記』の部類の作業を示しており、異例日付は一度部類によって切り離されたものが元の位置に戻された（「還元」作業）際の処理の結果であるとしている。

表4として掲げたものは、今江氏の指摘する六四例の異例日付表記について、記事・内容分類・出典を記した一覧である。この異例日付表記をもとにした部類と「還元」作業に関する今江氏の指摘のうち、50ａの「此日御記在節会部」との表記から、「資平等は、実資の指揮により、単に高齢の実資に替つて切り張り等の実務に従事

したに過ぎなかつた。その為、永承元年に実資が薨ずると共に部類化は頓挫した。資平等は止むなく、再び部類化したものを本記に還元し、資平は更に自ら別に一本を書写した。これが現存古写本の祖本になつたのではなからうか」(8)とする部類と「還元」の進め方や実施時期についての指摘は正しいのであろうか。

ここでは、「還元」作業の結果として現在に残された表記から逆に部類の作業を推定しこの指摘に再検討を加えたい。その際に、表4の記事欄に示した「在節会部」「節会作法記別」「節会事在節会部」などの表記が残っていることについて、「小右記の本記の外に別記のやうなものがあつたのが、今の伝本に於いては相当個処に、日付の体裁など別記の時のそのまゝにはめ込まれてゐることが考へられる」(9)との指摘にもある「在〇〇部」などの部類の部立方式に注目して検討を進めることとする。

事例としてとりあげるのは、『小右記』万寿四年（一〇二七）正月十六日～二十日条である。

【史料13】『小右記』万寿四年正月十六日条～二十日条（部類と「還元」の作業を示すため返り点は省いてある）

十六日、戊午、在節会部、　[3]　[1]
同四年（万寿）正月十六日、戊午、参内、申三剋、上達部在陣、頭中将顕基（源）伝仰可奉仕内弁之由、中務省立標
事・諸衛幷内膳官人等参不事、問大外記頼隆（清原）真人、（中略）内府（藤原教通）云、依召参入、聊有所労、不能久候、
欲早退出、余（藤原実資）指示云、御箸下後秉燭後宜歟、仍暫候退出、依七日事早出歟、
十七日、己未、大外記頼隆申云、（中略）晩頭中将（藤原資平）来、伝勅云、頼隆所避申偏雖可然、当階不見之由其
理不当、次第停滞者催仰之処、可知無采女官人之由、可令進過状者、　[2]
同四年正月十八日、庚申、賭射不参、（中略）其装束尋常朝服、浅鈍色半臂・柳色汗衫・深鈍色表袴・
襪等也、　[4]
十九日、辛酉、中将来云、昨賭左将軍不参、（中略）関白風病発動不被参、　[5]

廿日、壬戌、資房云、賭射日左・右次将等候出居、御座定時同音称警、亦入御時宰相中将先警蹕、出居次将同音警蹕者、奇怪事等也、又云、矢奏、頭中将云、不帯剣奏者、是兵衛佐事也、次将帯剣奏者也、亦於昼御座方奏了、而右中将隆国（源）不帯剣於朝干飯奏之者、不知固実歟、」[8]

十九日、辛酉、賭射違例事同見之、（賭射部）……→[6]

今日政始、中将来云々、[7]

参内、未三剋、諸卿参入、（中略）日未入之前帰家、

廿日、壬戌、賭射事在彼部、（賭射）」[9]

史料13の四角で囲んだ数字は、部類と「還元」の作業を模式的に示したものである。この[1]~[9]の過程について、順にみてみたい。[1]・[2]十六日条と十七日条を切りとる。[1]・[2]踏歌節会への部類。[3]十六日の日付の下に「在節会部」と書き入れる。また、[4]十八日条を切り取り、賭射へ部類。[5]の十九日条も[4]と一緒に「賭射違例」の事例として部類。[6]十九日の日付の下に、「賭射違例事同見之」と書き入れる。[7]十九日条後半の「政始」が残される。[8]二十日条を賭射へ部類（[4]・[5]と一緒に部類した可能性が高い）。[9]二十日の日付の下に、「賭射事在彼部」と書き入れる。という手順で部類が行なわれたと考えられる。一方「還元」によって、[2]・[4]に異例日付が記されることとなり、また二十日条の錯簡も生じることとなったと想定される。

このような過程を経て一度は部類された記事がどのような部立になっていたのか、『小右記』を部類した目録である『小記目録』の篇目（部立）と比較することで、『小記目録』とは異なる部類作業の目的と実施時期について考えてみたい。

『小記目録』は長元五年（一〇三二）までの分類で終わっており、長元六年以後のごく早い時期に作られたと考えられている。[10] この『小記目録』の巻・篇目（大分類項目・下位分類項目）を表4の内容分類に沿って『小右

記』の異例日付表記と対照し、対応するものについて表4の番号を対応欄に記載したものが表5である。以下、二つの表を比較しながら異例日付表記を発生させた部類作業についての検討を進めたい。

まず第一に、「在〇〇部」とする表記から、節会部・大饗部・政部・賭射部という部立があったことが知られる。第二に、異例日付表記の記事内容から、「神事部」「仏事部」「行幸部」「崩御部」「除目部」も想定される(11)。第三に、「節会部の中も、すべて「同年」でなく、「同何年」云々と記されてゐるのは、同じ年の異種の節会を逐次に書いてあつたのではなく、同種の節会の先行する年の記事を承けてゐるものと考へられるから、元日節会・白馬節会・踏歌節会・豊明節会等に副分類されてゐたと見るべきであらう(12)」とも指摘されている。

しかしこの部類作業は、『小記目録』とは異なることにも注意する必要がある。それは第一に、六月・七月・九月という異例日付表記のない月があること、第二に、『小右記』すべてにわたって部類しているわけではなく、下限は、長元二年（一〇二九）正月七日白馬節会であること、第三に、表5の対応欄から判明するように『小記目録』の部立と異なっていることである。『小記目録』では、恒例（＝月順）→神事→仏事（表5参照）の配列順となっており、このことから『小記目録』では豊明節会は「年中行事七　十一月」の「新嘗祭付五節雑事」のなかに収められており、節会として一括されていない。これに対して、表4では、41a・b、42a・b、52a・b、55a・b、56a・bのように、一括して「節会部」に部類されている。さらに異例日付表記で部類されているが、『小記目録』では部類されていない記事がある。表4-12の元日節会の部類に対して、『小記目録』では部類がなされていないもの、また表4-18・19に〈在政部〉とあるが『小記目録』では部類がなされていないものなどがそれである。このような特徴からみると、現在の『小右記』に痕跡が残る部類・「還元」作業は、少なくとも現行の『小記目録』の作業に先行する作業としてあったものとみることが妥当であろう。

ではこの時の部類の目的とはどのようなものであったのであろうか。部類された内容分類により、複数回出現する項目に注目することで、何を対象とした部類作業であったのかを類推することが可能ではなかろうか。

異例日付表記		『小記目録』
正月		正月上
元日節会	7	60
二宮大饗	6	37
白馬節会	7	55
踏歌節会	5	55
大臣大饗	3	37
		正月下
賭射	6	64
政	7	18
11月		十一月
豊明節会	10	64 ＊五節を除く

（数字は記事数）

上の表は、部類された記事数を異例日付表記と『小記目録』について、行事ごとに掲げたものである。この表によれば、異例日付表記の全六四例の内容は、正月・十一月の行事が中心であり、『大日本古記録』が付した通し番号八〇五〇に及ぶ『小記目録』の全項目数のうちで正月・十一月の占める割合と比べると、「節会」への関心がうかがわれることと正月行事を中心としたものとなっていることが明らかである。

異例日付表記のばあいの部類対象が長元二年の記事で終わっていること、これに対して『小記目録』では長元五年までが部類対象となっていることは、両者の部類作業の先後関係では、前者が先行するものであることも示している。この部類作業を示すものとして次の『小右記』の記事が参照されるべきかも知れない。

【史料14】『小右記』長元三年（一〇三〇）九月十九日条

十九日、己巳、六个年暦記遣二中納言（藤原資平）許一、依レ有二消息一、

この史料14には実資が『小右記』六か年分を資平に託したことがみえており、これは部類作業をうかがわせる記事ともいえ、異例日付表記によって知られる部類作業が長元二年までの記事で終わっていることとも矛盾しない。異例日付表記の検証から帰納される部類作業は、中途で終わった部類作業ではあったが、『小記目録』の部類作業に先行する特定の目的（節会を中心とした）のためのものと考えられるのではなかろうか。

おわりに

日記の利用形態の検討を進めるとき、第一に原本への接近が重要な過程であることはいうまでもないが、それとならんで第二に写本の書写形態の考察を通じて output の二次的形態＝部類作業の検討を行なうこと、さらに第三に部類記・逸文の収集によって全体構成を復原することが課題として存在する。未刊行の部類記からの逸文の集成の試みは進められつつあるが[13]、三つの作業を並行して進めることによって日記の利用形態を総体として明らかにすることが可能となるであろう。

（1） 加藤友康「平安時代の古記録と日記文学――記主の筆録意識と筆録された情報――」（石川日出志・日向一雅・吉村武彦編『交響する古代――東アジアの中の日本――』東京堂出版、二〇一一年）。
（2） 服部一隆「娍子立后に対する藤原道長の論理」（『日本歴史』六九五、二〇〇六年）。
（3） 松薗斉「家記の構造」（『日記の家――中世国家の記録組織――』吉川弘文館、一九九七年）。
（4） 土田直鎮「解説」（『陽明叢書　記録文書篇第一輯　御堂関白記　五』思文閣出版、一九八四年）・倉本一宏「〈史料紹介〉『御堂関白記』自筆本の裏に写された『後深心院関白記』」（国際日本文化研究センター『日本研究』四四、二〇一一年）。
（5） 土田直鎮「古代史料論　記録」（『岩波講座　日本歴史』二五（別巻二）、岩波書店、一九七六年）。
（6） 橋本義彦「部類記について」（『平安貴族社会の研究』吉川弘文館、一九七六年、初出は一九七〇年）。
（7） 今江広道「『小右記』古写本成立私考」（岩橋小彌太博士頌寿記念会編『日本史籍論集』上巻、吉川弘文館、一九六九年）。
（8） 前掲註（7）今江論文。
（9） 桃裕行「小右記諸本の研究」（『桃裕行著作集　四　古記録の研究（上）』思文閣出版、一九八八年、初出は一九七〇年）。

（10） 前掲註（9）桃論文。

（11） 前掲註（7）今江論文。

（12） 前掲註（9）桃論文。

（13） 高田義人「宮内庁書陵部所蔵　九条家本部類記引用記録編年集成（稿）」（『画像史料解析による前近代日本の儀式構造の空間構成と時間的遷移に関する研究』〔科学研究費補助金・基盤研究（A）研究成果報告書：研究代表者加藤友康〕、二〇〇八年）。

表１　『小右記』にみえる『小右記』

No.	年　月　日	内　　　容	出典
1	長和元年５月４日	怪異の占文「占注裏」として裏書(裏書)	3-19
2	元年７月25日	斉信注送唐暦一秩七巻「其文注裏」として引用(本文)	3-50
3	元年９月１日	「件記注寛弘八年暦」	3-58
4	２年８月11日	斎宮御禊前駆定文「定文案注裏」として引用※定に実資不参(裏書)	3-143
5	２年８月26日	斎宮入御野宮定の前駆差文「注暦裏」として引用(本文)	3-151
6	３年３月７日	「子細見昨記」	3-199
7	３年11月14日	「奉其記」	3-249
8	３年12月４日	「寛弘七年十月廿九日暦記」	3-258
9	４年５月27日	非常赦詔「詔在裏」として引用(本文)	4-34
10	４年６月22日	「有伝仰之事、難注暦面」	4-42
11	４年９月20日	叙位簿裏に筆録(裏書)	4-78
12	５年２月９日	「在昨記」→２月８日条	4-147
13	５年２月14日	三条への太上天皇尊号詔書「詔書注暦裏」として引用(裏書)	4-148
14	５年３月３日	摂政庇大饗の兼家の例「見暦記」	4-160
15	５年３月14日	「尋見日記」	4-167
16	５年５月28日	「牒状注暦裏」として牒を引用(裏書)	4-192
17	５年６月19日	「注九日記」→実際の記事は６月11日条	4-201
18	寛仁元年８月19日	「除目在裏」〈該当記事ナシ〉	4-219
19	元年９月11日	「見天慶元年六月故殿御記、在暦裏」〈該当記事ナシ〉	4-234
20	元年10月13日	式日神事日臨時奉幣使立例「在暦裏」として引用(裏書)	4-252
21	元年10月19日	「見長保五年暦記」	4-273
22	元年11月23日	宣命草「宣命注暦裏」として引用(裏書)	4-279
23	元年12月１日	「令申暦聊注状」	4-288
24	元年12月１日	「奉永祚元年十二月廿日略記」	4-289
25	元年12月22日	詔書「今日減服御・常膳詔書出、〈詔書在裏〉」として引用(裏書)	4-300
26	２年４月９日	「注付暦」「引見暦」	5-12
27	３年正月２日	「見去年十二月暦記」	5-96
28	３年５月８日	「暦無所注」	5-144
29	３年５月15日	東北院供養僧補任夾名「仰書在裏」として引用(裏書)	5-146
30	３年７月９日	太政官符を裏に筆録※宣者実資(裏書)	5-167
31	３年８月３日	大宰府解・内蔵石女申文「注裏」として引用※定の上卿実資(裏書)	5-177
32	３年９月７日	「円融院東大寺御受戒間暦略記両三事書出」	5-196
33	３年12月５日	美作国司申請雑事定の定文「定文注裏」として引用※定の上卿実資(裏書)	5-216
34	４年９月16日	賀茂下社遷宮の陰陽寮日時勘申「勘申注暦裏」として引用(本文)	5-235
35	治安元年８月１日	「其勘文等注裏」(本文)	6-34
36	元年８月11日	「子細在十六日記」→該当記事ナシ	6-37

No.	年　月　日	内　　　容	出典
37	治安元年８月22日	勧学院歩の見参「見参二枚経〔注〕暦裏」として引用※実資任右大臣後（本文）	6-39
38	元年10月20日	右大臣第三度上表文「彼日暦聊注付歟」として引用※勅答も付載（裏書）	6-63
39	３年閏９月８日	「見前記」→閏９月１日条	6-213
40	万寿元年正月15日	「天元五年正月十四日記」／「長徳四年正月十五日記」→本記ニナシ	7-8
41	元年10月５日	「見昨日記」→10月４日条	7-38
42	２年８月７日	「追記付暦裏」〈該当記事ナシ〉	7-117
43	２年９月27日	「記暦中」→８月12日条	7-135
44	４年12月６日	「後日引見暦記、長保二年十二月十六日皇后崩間、三年正月元日節会止、……」	8-47
45	４年12月11日	「子細見一昨日記」→12月９日条	8-50
46	４年12月28日	「至私記不慥」	8-56
47	長元元年11月３日	「注此暦記」→永祚２年７月２日	8-105
48	２年８月２日	「出雲解文注暦裏」（本文）	8-147
49	３年９月１日	「検去三月暦」	8-191
50	３年９月19日	「六个年暦記遣中納言許」	8-198
51	４年８月17日	「引見暦記、正暦四年……同五年……」	9-26
52	５年11月29日	「引見暦、長保五年十二月四日・寛弘三年十月十三日宇佐使事……」	9-75
53	５年12月12日	「仍写暦」として、村上天皇記を記す	9-83
54	万寿３年正月17日	「聊記暦」	11-142
55	長元元年２月27日	「引見暦之間、……」	11-155
56	元年２月27日	「引暦注出」として日記より抄出	11-156

備考：出典欄は、『大日本古記録』の冊・頁を示す。

表２　『小右記』が引用する『清慎公記』

No.	年　月　日	参　看　事　項
1	永延元年正月20日	大臣大饗
2	永祚元年12月15日	封国返上の上表
3	正暦４年正月22日	内宴
4	４年正月26日	大臣大饗
5	４年２月25日	着座
6	４年４月８日	臨時清涼殿御読経
7	４年５月23日	外記政
8	４年７月27日	相撲召合
9	４年11月１日	朔旦冬至
10	長徳元年正月28日	大臣大饗
11	元年６月21日	除目
12	元年10月１日	旬
13	２年７月20日	任大臣

No.	年　月　日	参　看　事　項
14	長徳2年9月4日	省試判
15	寛弘2年正月18日	賭弓
16	2年3月20日	内親王著裳
17	2年3月27日	内親王著裳
18	2年8月14日	法華八講
19	2年11月17日	神鏡焼亡
20	8年7月22日	院号宣下
21	8年9月1日	大嘗会年不奉御燈
22	8年9月16日	大嘗会悠紀主基行事所始
23	8年12月17日	諒闇年手結饗禄
24	8年12月19日	諒闇年御仏名名対面
25	長和元年4月4日	斎院老女夢想
26	元年4月27日	立后
27	元年7月8日	大臣上表
28	元年9月1日	大嘗会年不奉御燈
29	2年7月3日	御読経中の盆供
30	2年7月6日	薨奏
31	3年12月17日	荷前使定
32	4年4月13日	＊日記焼失(季御読経巻)／教通の居所焼亡による
33	4年4月29日	天皇御悩中の官奏
34	4年7月10日	天皇御悩中の官奏
35	4年9月8日	伊勢公卿勅使派遣
36	4年10月16日	＊日記抄写／道長に呈す
37	4年10月27日	院宮御給
38	4年12月17日	興福寺賀使の禄
39	5年正月2日	譲位以前任褰帳命婦
40	5年正月29日	即位時の天皇装束
41	5年2月1日	摂政宣命草覧
42	5年2月3日	坊官除目
43	5年2月19日	斎王卜定
44	5年2月23日	斎王卜定以後雑事・宇佐神宝色目
45	5年3月3日	摂政大饗
46	5年3月9日	太上天皇尊号
47	5年4月4日	公卿給
48	寛仁元年8月9日	坊官除目
49	元年9月11日	伊勢例幣
50	元年10月13日	八十島祭使発遣
51	2年6月8日	臨時御読経
52	2年10月22日	御前省試
53	3年正月5日	王氏是定の仰
54	3年正月19日	賭弓

No.	年　月　日	参　看　事
55	寛仁３年６月19日	准三宮上表
56	３年７月27日	相撲召合
57	３年８月10日	臨時御読経
58	３年11月16日	豊明節会
59	３年12月22日	＊日記進送(任関白事例)／公任の求めによる
60	４年７月30日	延暦寺阿闍梨改補
61	４年８月18日	鹿島・香取社への封戸寄進／公任の部類記作成により日記散逸
62	４年11月10日	大原野祭・吉田祭の饗
63	４年11月21日	豊明節会
64	治安元年７月25日	任大臣大饗
65	元年７月28日	大将旧の如しの宣旨に不奏慶
66	元年８月29日	除目
67	元年10月16日	大臣上表
68	元年10月26日	大臣上表
69	元年11月４日	官奏
70	元年11月16日	不堪佃田申文
71	２年11月３日	祟福寺焼亡
72	３年12月９日	荷前日時定
73	３年12月16日	大僧正上表
74	万寿元年正月７日	白馬節会
75	元年12月10日	擬侍従・荷前使定
76	２年７月７日	探題供家／公任による日記切続ぎ
77	２年７月18日	御読経
78	２年７月28日	探題供家
79	２年８月５日	触穢による釈奠処置
80	２年10月３日	輦車宣旨
81	２年10月５日	興福寺権別当宣旨
82	４年正月18日	賭弓
83	４年９月８日	＊行成より日記進送される
84	４年11月24日	賀茂臨時祭試楽
85	４年12月30日	心喪の天皇装束
86	長元元年７月１日	重服人盆供／公任の部類記作成により日記散逸
87	元年７月５日	重服人盆供
88	元年８月25日	駒牽馬配分
89	元年９月５日	違勅違式定
90	元年９月６日	違勅違式定
91	元年11月30日	内裏死穢による神今食の停不
92	元年12月20日	重服人の荷前参不
93	２年８月１日	日食廃務の御簾の処置
94	４年正月７日	白馬節会
95	４年正月12日	親王への使者派遣

No.	年　月　日	参　看　事　項
96	長元４年８月24日	叙位宣命の様式
97	４年８月25日	伊勢奉幣使宣命
98	４年９月５日	王氏爵
99	４年９月13日	殿上所充
100	４年９月17日	殿上所充
101	５年８月25日	陸奥砂金の貢納免除
102	５年11月22日	五節舞姫
103	５年12月14日	直物上卿
104	５年12月19日	賀茂社領小野御厨停不
105	長和元年閏10月27日逸文	大嘗会御禊〔長和度大嘗会記による〕
106	万寿３年４月１日逸文	旬〔官奏記による〕
107	長保元年８月14日逸文	番奏の席次〔北山抄による〕

備考：年月日欄は、『小右記』の日付を示す。

表３　日記が引用する日記等（『小右記』が引用する『清慎公記』を除く）

No.	日記名	年　月　日	引用された日記等	出典
1	御堂関白記	長和５年８月７日	承平二年九条殿御日記（★斉信云）	下71
2	権記	長保２年７月13日	御記（醍醐・村上）	2-5
3	権記	寛弘２年８月11日	故殿（伊尹カ）御日記	3-66
4	権記	寛弘７年２月21日	重明親王記	3-235
5	権記	寛弘７年６月20日	天慶元年九条殿御記	3-249
6	左経記	寛仁元年４月22日	【改元部類所引逸文】外記日記・貞信公御暦記（★文義云）	448
7	左経記	寛仁４年６月14日	九条殿御記（★頼通云）	97
8	左経記	長元４年２月４日	故小野野宮大臣御日記	267
9	左経記	長元４年６月22日	九条殿御記	282
10	左経記	長元４年11月30日	長保三年記	313
11	左経記	長元４年８月25日	故九条御日記	365
12	左経記	長元７年10月２日	検非違使類聚	371
13	左経記	長元９年５月19日	延喜十九年記	441
14	小右記	正暦４年１月26日	重明親王記	1-258
15	小右記	正暦４年７月５日	外記日記（★「外記多米国定来持〔持来〕去月廿六日癸未日記、其記云……」）	1-285
16	小右記	正暦４年11月１日	九条暦記（★保光云）	1-290
17	小右記	長徳元年６月21日	殿上日記（★清慎公記所引）	1-305
18	小右記	長徳２年６月10日	外記日記（★「召外記見前例者、天禄年中日記云……」）	2-14
19	小右記	長保元年12月11日	邑上御日記	2-78
20	小右記	長保３年12月12日	【年中行事秘抄所引】九条相府記（★「是見九条相府記、左府（藤原道長）所命歟」）	11-68
21	小右記	寛弘２年正月18日	九条殿御日記（★斉信云）	2-90
22	小右記	寛弘２年２月９日	村上天皇御撰年中行事	2-95

No.	日記名	年　月　日	引用された日記等	出典
23	小右記	寛弘2年3月20日	邑上御記・外記日記	2-103
24	小右記	寛弘2年11月17日	村上御記	2-137
25	小右記	寛弘8年7月13日	清涼抄	2-182
26	小右記	寛弘8年7月30日	公卿補任	2-187
27	小右記	寛弘8年8月19日	左中弁(長経)所随身之日記	2-197
28	小右記	寛弘8年12月17日	九条殿御記(★公季云)	2-219
29	小右記	寛弘8年12月19日	殿上日記(★斉信云)	2-220
30	小右記	長和元年7月8日	邑上康保三年三月二日御記	3-47
31	小右記	長和2年正月14日	西宮書(西宮記)(★道長云)	3-71
32	小右記	長和2年4月1日	延喜十二年十月一日御記	3-103
33	小右記	長和2年7月3日	殿上日記(★「可見殿上日記、彼日記在蔵人頼祐(藤原)許、不能引見」)・邑上応和三年七月十四日御記	3-122
34	小右記	長和2年7月27日	承平六年九条殿記・承平五年七月廿八日貞信公御記・康保二年七月廿九日邑上御記	3-134
35	小右記	長和2年7月29日	邑上御記	3-136
36	小右記	長和3年5月17日	邑上応和三年五月十五日御記	3-228
37	小右記	長和3年11月22日	邑上応和三年十一月廿日御記	3-253
38	小右記	長和3年11月28日	九条殿御記(★道長云)	3-256
39	小右記	長和3年12月17日	邑上御記、応和元年十二月十四日	3-261
40	小右記	長和3年12月20日	邑上応和元年十二月十四日御記(「注写送」)	3-263
41	小右記	長和4年5月11日	弾正式	4-25
42	小右記	長和4年6月30日	外記日記	4-45
43	小右記	長和4年8月11日	邑上御記	4-66
44	小右記	長和4年9月11日	太政官式・延喜御記・九条記(★公任云)	4-72
45	小右記	長和4年9月12日	九条殿記(★公任云)	4-73
46	小右記	長和4年10月20日	邑上御記	4-86
47	小右記	長和4年12月4日	天徳九条記(★「依天徳九条記所行云々)	4-105
48	小右記	長和5年正月25日	外記日記(★「一筥盛外記日記」)	4-130
49	小右記	長和5年正月29日	延長八年外記日記(★「清慎公記」所引師尹云)	4-135
50	小右記	長和5年2月7日	内裏式・延長(八年)外記記・天慶九年九条記	4-144
51	小右記	長和5年2月19日	延長九年外記日記(「奉送」)	4-153
52	小右記	長和5年2月26日	天慶九年四月十五日外記日記	4-155
53	小右記	長和5年2月29日	天禄元年三月廿日外記日記	4-158
54	小右記	長和5年3月2日	九条丞相被部類文書(★道長取出)	4-159
55	小右記	長和5年3月8日	邑上御記(★道長引見)	4-164
56	小右記	長和5年4月28日	外記日記(★資平云)	4-183
57	小右記	寛仁元年8月9日	外記日記	4-219
58	小右記	寛仁元年8月23日	延喜御記	4-227
59	小右記	寛仁元年10月13日	外記日記	4-252
60	小右記	寛仁元年11月9日	応和二年二月廿七日外記日記・天禄四年九月十一日外記日記(「仰文義召日記」)	4-265

No.	日記名	年　月　日	引用された日記等	出典
61	小右記	寛仁元年12月30日	天禄親信記・応和三年皇太子御元服邑上御記(★道長云)	4-303
62	小右記	寛仁3年正月3日	邑上天暦七年御記・承平二年太后(穏子)御記	5-97
63	小右記	寛仁3年正月5日	重明親王記	5-99
64	小右記	寛仁3年2月2日	貞信公延喜廿年二月三日〈丙申〉御日記	5-114
65	小右記	寛仁3年4月18日	寛平外記日記(★公季引見寛平外記日記云)・飛駅式	5-136
66	小右記	寛仁3年6月19日	貞信公天慶二年三月三日御記	5-156
67	小右記	寛仁3年7月27日	九条丞相天慶六年七月廿七日記	5-175
68	小右記	寛仁4年11月21日	康保二年邑上御記	5-253
69	小右記	治安元年10月11日	外記日記(★文義云)	6-52
70	小右記	治安元年11月4日	九条御記・貞(貞信公)廿日御記	6-66
71	小右記	万寿2年8月5日	外記日記(★清慎公記所引)	7-115
72	小右記	万寿2年8月23日	邑上御記・外記日記	7-123
73	小右記	万寿2年8月29日	邑上御記	7-125
74	小右記	万寿2年10月3日	弾正宣旨・検非違使類聚・外記日記	7-139 7-140
75	小右記	万寿4年12月6日	邑上天徳四年御記	8-46
76	小右記	万寿4年12月21日	邑上御記	8-54
77	小右記	長元元年7月1日	九条相府記(★頼通云)・邑上天暦八年御記・重明親王記延長九年	8-60
78	小右記	長元元年7月5日	(村上)御記・(重明)親王記	8-62
79	小右記	長元元年8月25日	九条殿記	8-85
80	小右記	長元元年10月19日	邑上御時記	8-102
81	小右記	長元元年12月20日	重明親王記〈延長八年〉	8-116
82	小右記	長元2年2月3日	外記日記(★頼隆云)	8-124
83	小右記	長元2年8月1日	外記日記・邑上御記(★「余答」)	8-146
84	小右記	長元4年正月18日	邑上御記	8-218
85	小右記	長元5年正月8日	外記日記	9-54
86	小右記	長元5年3月13日	外記日記(★文義云)	9-56
87	小右記	長元5年11月29日	延喜御記	9-75
88	小右記	長元5年12月3日	清涼記・康保二年九月二日邑上御記	9-77
89	小右記	長元5年12月5日	邑上御記(★斉信云)	9-79
90	小右記	長元5年12月12日	邑上御記	9-83
91	小右記	長元5年12月14日	邑上御記(「書出」)	9-84

備考：出典欄は、『御堂関白記』『小右記』は『大日本古記録』の冊・頁数を、『権記』は『史料纂集』の冊・頁数を、『左経記』は『増補史料大成』の頁数をそれぞれ示す。なお、『小右記』で単に「日記」と記すもので文脈から外記日記と判明するものもあるが、除外したものもある。

表4　『小右記』にみえる異例日付表記一覧

No.	記　　　事	内容分類	出典
1	《永観二年十月》 廿八日、甲辰、……今日除目議始也、……	除目	1-54
2	《永観二年》（十一月） 廿二日、戊辰、【豊明節会】	節会	1-61
3	（永延） 同三年正月十六日、戊戌、【踏歌節会】	節会	1-155
4a	（永祚元年正月） 廿三日、乙巳、参右大臣家大饗……	大饗	1-157
4b	廿三日、乙巳、遅明参般若寺、……		1-158
5	永祚元年二月十六日、丁卯、……是日有円融寺行幸、……	行幸	1-161
6	（永祚元年） 三月四日、乙酉、参摂政殿御読経発願……	御読経	1-166
7	（永祚元年） 四月十四日、甲子、【実資任参議後始めて吉田祭の神事を奉仕】	吉田祭	1-173
8	（永祚元年） 五月五日、甲申、【復任除目】	除目	1-179
9	（永祚元年） 五月廿三日、壬寅、【臨時仁王会】	仁王会	1-181
10	永祚元年十一月十五日、壬辰、【豊明節会】	節会	1-209
11a	（正暦三年正月） 十六日、辛亥、〈在政部、〉		1-247
11b	十六日、辛亥、今日政始、……	政	1-247
12	（正暦四年） 正月一日、庚寅、【元日節会】	節会	1-249
13	（正暦） 同四年正月二日、辛卯、【東三条院拝礼・二宮大饗】	大饗	1-250
14	正暦四年正月三日、壬辰、【朝覲行幸】	行幸	1-250
15a	七日、丙申、〈在節会部、〉	節会	1-251
15b	（正暦） 同四年正月七日、丙申、【白馬節会】	節会	1-251
16a	同四年正月廿三日、壬子、今日政始、……	政	1-256
16b	正暦四年正月廿三日、壬子、参摂政殿大饗……	大饗	1-257
16c	廿三日、壬子、〈在政部、〉 宇佐読経師平誉今日帰、……		1-257
17a	（正暦四年正月） 廿四日、癸丑、〈在大饗部、〉		1-257
17b	廿四日、癸丑、今日左相府大饗、……	大饗	1-260
18a	（正暦四年二月） 五日、癸亥、〈在政部、〉		1-260
18b	二月五日、癸亥、【結政】	政	1-260
19a	（正暦四年二月） 八日、丙寅、〈在政部、〉		1-260
19b	八日、丙寅、【結政】	政	1-260

No.	記　　　　　事	内容分類	出典
20	(正暦四年) 四月十七日、乙亥、【解陣等】	解陣	1-272
21	(正暦四年) 五月五日、壬辰、【外記政】	政	1-275
22a	(正暦四年五月) 廿三日、庚戌、〈在政部、〉		1-279
22b	廿三日、庚戌、【外記政】	政	1-279
23a	廿五日、乙亥、【定考】	定考	2-57
23b	長保〔寛弘〕元年八月廿五〔三〕日、乙亥、【不堪佃田定・当子内親王著袴】	定	2-58
24a	廿五日、甲辰、…… 節会作法記別、		2-73
24b	(長徳) 同五年十一月廿五日、甲辰、【豊明節会】	節会	2-74
25	寛弘二年正月一日、庚戌、【元日節会】	節会	2-83
26	寛弘二年正月二日、辛亥、【臨時客・中宮大饗】	大饗	2-84
27	寛弘二年正月七日、丙辰、【白馬節会】	節会	2-86
28a	十六日、乙丑、式部大輔々正云、……		2-89
28b	寛弘二年正月十六日、【踏歌節会】	節会	2-89
29a	(寛弘八年正月) 廿一日、乙未、【藤原公成元服】	元服	2-162
29b	同日、今日賭弓、	賭射	2-163
30a	(寛弘八年七月) 十一日、壬午、【固関】	固関	2-180
30b	十一日、壬午、民部大輔為任乗月来、談多事、……		2-181
31	(寛弘八年七月廿二日・廿五日条・廿四日条・廿六日条：錯簡)		2-185 ・186
32	長和二年正月二日、甲午、【臨時客・二宮大饗】＊「長和二年正月」を抹消	大饗	3-63
33a	(長和二年正月) 廿九日、辛酉、【宇佐使延引】	宇佐使	3-78
33b	廿九日、辛酉、【実資脩子内親王第に参る】		3-78
34	(長和) 同三年正月一日、戊子、【実資元日節会不参】	節会	3-171
35a	二日、己丑、【元日節会聞書】	節会	3-171
35b	長和三年正月二日、己丑、【臨時客】	臨時客	3-172
36	(長和) 同三年正月七日、甲午、【白馬節会】	節会	3-173
37a	(長和三年五月) 六日、辛卯、【手結】	手結	3-220
37b	六日、辛卯、左近真手結、	手結	3-221
38	(長和) 同五季正月一日、丙午、【元日節会】	節会	4-115

No.	記　　　事	内容分類	出典
39a	(長和五年正月) 二日、丁未、【二宮臨時客等】	臨時客	4-116
39b	二日、丁未、昨節会事……　＊「此記無此本、付何書被書注哉、若正本之文歟、仍不弃続之也、被抄取節会事之間被注出歟」の追記あり	節会	4-118
40	(長和) 同五年正月七日、壬子、【白馬節会】	節会	4-120
41a	廿二日、丙辰、…… 節会事在其部、		4-275
41b	(長和) 同六年十一月廿二日、丙辰、【豊明節会】	節会	4-276
42a	廿二日、庚辰、〈有節会部、〉		5-74
42b	寛仁二年十一月廿二日、庚辰、【豊明節会】	節会	5-74
43	(寛仁) 同三年正月一日、己未、【元日節会】	節会	5-94
44	(寛仁) 同三年正月二日、庚申、【臨時客・二宮大饗】	大饗	5-96
45a	七日、乙丑、〈在節会部、〉		5-100
45b	(寛仁) 同三年正月七日、乙丑、【白馬節会】	節会	5-100
46a	十六日、甲戌、宰相来云、昨日摂政被供養仏〈絵仏、〉・経……		5-107
46b	(寛仁) 同三年正月十六日、甲戌、(踏歌節会)	節会	5-107
47a	(寛仁三年正月) 十七日、乙亥、宰相来云、昨日節会……	節会	5-108
47b	十七日、乙亥、【東北院供僧闕の人選】		5-108
48a	十八日、丙子、【大殿不例】		5-108
48b	(寛仁) 同三年正月十八日、丙子、【賭射】	賭射	5-108
49a	(寛仁三年正月) 十九日、丁丑、〈給禄等事見賭射部、〉		5-108
49b	十九日、丁酉〔丑〕、＊首書に「賭射々手給禄事」とあり	賭射	5-109
50a	十六日、戊辰、〈此日御記在節会部、〉		5-209
50b	(寛仁) 同三年十一月十六日、戊辰、【豊明節会】	節会	5-209
51a	廿一日、戊辰、〈在節会部、〉		5-252
51b	(寛仁) 同四年十一月廿一日、戊辰、【豊明節会】	節会	5-252
52a	十四日、甲辰、…… 節会儀式在別部、		6-228
52b	(治安) 同三年十一月十四日、甲辰、【豊明節会】	節会	6-228
53	(治安) 同四年正月二日、辛卯、【臨時客・二宮大饗】	大饗	7-2
54	治安四年正月十五日、甲辰、【御斎会内論議】	御斎会	7-7

No.	記　　　事	内容分類	出典
55a	廿日、甲辰、…… 節会事在節会記、		7-60
55b	万寿元年十一月廿日、甲辰、【豊明節会】	節会	7-60
56a	十四日、壬辰、〈在節会部、〉		7-159
56b	（万寿） 同二年十一月十四日、壬辰、【豊明節会】	節会	7-159
57a	一日、癸卯、〈在節会部、〉		7-186
57b	（万寿） 同四年正月一日、癸卯、【元日節会】	節会	7-186
58a	（万寿） 同四年正月二日、甲辰、【臨時客・東宮大饗】	大饗	7-188
58b	二日、甲辰、〈在二日部、〉		7-188
59a	七日、〈在節会部、〉		7-191
59b	（万寿） 同四年正月七日、己酉、【白馬節会】	節会	7-191
60a	十六日、戊午、〈在節会部、〉		7-197
60b	（万寿） 同四年正月十六日、戊午、【踏歌節会】	節会	7-197
61	（万寿） 同四年正月十八日、庚申、【賭射】	賭射	7-199
62a	（万寿四年正月） 十九日、辛酉、中将来云、昨賭左将軍不参、……	賭射	7-199
62b	十九日、辛酉、〈賭射違例事同見之、〉今日政始、……	政	7-199
63a	（万寿四年正月） 廿日、壬戌、資房云、賭射日左・右次将等候出居、……	賭射	7-199
63b	廿日、壬戌、〈賭射事在彼部、〉		7-200
64a	七日、丁酉、〈節会事在節会事〔部〕、〉		8-123
64b	（長元） 同二年正月七日、丁酉、【白馬節会】	節会	7-123

備考：№は今江広道1969による。記事の欄の《　》は行間記載、〈　〉は細字双行、（　）は日付の説明注、【　】は記事の内容の概略を記したもの。出典欄は、『大日本古記録』の冊・頁数を示す。

表5 『小記目録』の分類項目

巻	大分類項目	下位分類項目	対応
第一 〈年中行事一〉	正月上	四方拝事	
		供御薬事	
		小朝拝事	
		朝賀事	
		朝覲事〈付東宮〉	14
		節会事〈元日・七日・踏歌〉	3・15・25・27・28・35・36・38・40・43・45・46・57・59・60・64
		拝礼事〈院宮・臣下〉	26・39
		臨時客事〈親王・大臣・納言〉	
		二宮大饗事	13・32・44・53・58
		大臣家大饗事	4・16・17
		卯杖事	
		御薪事	
		国忌事	
第二 〈年中行事二〉	正月下	叙位議事〈付臨時〉	
		女叙位事〈付臨時〉	
		女王禄事	
		御斎会事	54
		除目事〈付召仰・下名〉	
		兵部手番事〈付近衛〉	
		射礼事	
		射遺事	
		賭弓事〈付殿上〉	29・48・49・61・62
		内宴事	
		政始事	11・16
第三 〈年中行事三〉	二月	祈年祭事	
		釈奠事	
		祈年穀奉幣事	
		諸社祭事〈付御霊会・諸社祭間雑事〉 春日　大原野　園・韓神　山科　平野　松尾 杜本　梅宮　大神　広瀬・龍田　吉田　北野 所々御霊会　諸社祭間雑事等	7
		列見事	
		位禄事〈付大粮〉	
		一分召事〈付雑任〉	
第四	三月	御燈事	
		臨時祭事〈石清水・賀茂〉	
		季御読経事〈付諸宮〉	
		京官除目事〈付直物・臨時・復任・女官〉	1・8

巻	大分類項目	下位分類項目	対応
第五 〈年中行事五〉	四月	旬事	
		擬階奏事	
		灌仏	
		御禊事	
		賀茂祭事	
		警固・解陣事	20
		位記召給事	
		郡司読奏事	
	五月	騎射手結事〈付帯刀〉	
		賑給事	
		最勝講事	
	六月	忌火御飯事	
		御卜奏事	
		月次祭事〈付神今食〉	
		施米事	
		御贖事	
		大祓事〈付臨時〉	
第六 〈年中行事六〉	七月	乞巧奠事	
		盂蘭瓫事	
		相撲事	
	八月	定考事	23
		駒牽事〈付逗留・御馬御覧〉	
	九月	重陽宴事	
		御節供事	
		例幣事	
第七 〈年中行事七〉	十月	弓場始事	
		維摩会事	
		初雪見参事	
	十一月	御暦奏事	
		朔旦冬至事	
		新嘗会事〈付五節雑事〉	2・10・24・41・42・50・51・52・55・56
		鎮魂祭事	
	十二月	荷前事	
		御仏名事〈付院宮・諸寺〉	
		御髪上事	
		追儺事	
第八		公卿勅旨使事	
		諸社行幸事	5
		諸社奉幣事〈付神宝・十列〉	

巻	大分類項目	下位分類項目	対応
		斎王事〈斎宮・斎院〉	
		宇佐使事	
		鹿島使事	
		諸社遷宮事〈付破損・修造〉	
		神託宣事〈付天狐仮託事〉	
		神位記事	
		被寄田園於神社事〈付封戸〉	
		諸社司事〈付叙位〉	
		補祭主事	
		中臣一二門論事	
		内侍所御神楽事	
		御祭事〈付解除〉	
		神事仏事兼行事	
		山陵使事	
第九〈仏事上〉		仁王会事	9
		臨時御読経事〈公家・院宮・諸家〉	
		造寺事〈付覆勘・修造・顚倒・鋳鐘〉	
		改寺名号事	
第十〈仏事下〉		諸寺供養事〈付諸家堂塔〉	
		諸寺修正月事	
		諸寺八講事	
		御八講事〈付公家・院宮・親王・臣下〉	
		法会事〈公家・諸家・諸寺・神社〉	
		御念仏	
		御懺法	
		御念誦	
		御誦経	
		灌頂事	
		仏像	
		経論	
		御修法	
		万僧供	
		僧験徳	
		二胡四胡論	
		以愛宕護為五台山事	
		関寺牛仏	
		弘法大師御手跡事	
		説法事	
第十二〈臨時二〉		御元服事〈太子〉	
		元服事〈付親王・孫王・公卿〉	
		著袴事〈付著裳〉	

巻	大分類項目	下位分類項目	対応
		御産事	
		嫁娶事	
		諸家産事〈付親王・諸家〉	
		賀事	
		御遊事〈付院宮・殿上・諸家〉	
		書始事	
		御書所事	
		御作文和歌事〈付御書所・院宮〉	
		楽所始事	
		競馬事〈付打毬〉	
		見物事	
第十四		官奏事	
		臨時政始事	
		政事〈付庁覧内文事〉	21・22
		軒廊御卜事	
		詔勅事	
		陣申文事	
		陣定事	
		封戸収給事	
		吉書事	
		造暦事	
		請印事〈内文・位記・度縁〉	
		失礼事	
		落書事	
		銭事	
		供御事	
		献物事〈付使禄〉	
		御物紛失事	
		御馬御覧事〈付交易御馬〉	
		貢馬事〈付貢牛〉	
		引出物事	
第十五		造宮事	
		内裏舎屋顛倒事〈付修造〉	
		所所修造〈付道・橋〉	
		防河事	
		慶賀事〈付初参〉	
		公卿著座事〈付著陣〉	
		致仕事	
		輦車宣旨事〈付牛車〉	
		勅授事	
		諸陣雑事	

巻	大分類項目	下位分類項目	対応
		摂政・関白物詣事〈賀茂・春日〉	
		諸社	
		諸寺	
		大臣以下物詣事〈諸社・諸寺〉	
		臣下向所々〈付入道相府・大臣室〉	
		移徙事〈帝王・院宮・臣下〉	
		座席事	
		上日事	
		夜行事	
		日次事	
		方角事	
		家地庄園事〈付造作・犯土〉	
第十六〈臨時六〉		僧綱召事〈付阿闍梨・諸寺司・法務饗・度者〉	
		僧綱辞状事	
		天台座主事	
		聖人事	
		護持僧給物事	
		僧侶入滅事	
		僧諡号事〈付賀表〉	
		出家事〈付受戒事〉	
		贈官位事〈付男女・僧〉	
		服假事	
		咒咀事	
		薬事	
		毒薬事	
		落馬事〈付落車〉	
		触穢事	
		神社汚穢事	
		忌日参内事	
		異朝事	
		恠異事	
		夢想事	
		御祈事	
		禽獣事	
第十七〈臨時七〉		濫行事〈付強姧〉	
		闘乱事〈付刃傷・闘殺・謀殺・罪科〉	
		合戦事	
		追捕事	
		追討使事	
		捜盗事〈付盗賊〉	
		流罪事	

巻	大分類項目	下位分類項目	対応
		使庁政事	
		禁制事	
		勘事〈付罪名・過状・怠状・優免〉	
		解官・停任事〈付還任〉	
第十八〈臨時八〉		秀才事	19
		学問料事	
		花宴試事〈行幸〉	
		省試事	
		寮試事	
		課試事	
		帥・大弐事〈付雑事〉	
		受領事	
		餞事	
		受領功過事	
		諸国善状事	
		諸国申異損事〈付御祈〉	
		諸国済物事	
		訴訟事	
		赦令事〈付免者〉	
		雑事	
第十九		天変事	
		雷鳴事	
		地震事	
		霖雨事	
		洪水	
		止雨	
		旱魃事	
		祈雨事	
		大風事	
		三合〈付革命〉	
		皇居火事〈付諸司〉	
		神社火事	
		寺塔加持	
		所々焼亡事	
第廿		御薬事	
		御悩事〈院宮・臣下〉	
		天下病事〈付御祈〉	
		院・宮凶事〈付御法事〉	30
		親王・女御薨事〈付錫紵・薨奏・葬礼・法事〉	
		公卿薨卒事〈付薨奏・法事〉	
		庶人卒事〈付女・小児・法事〉	
		頓死事	

備考１：巻頭の目録部分により項目表記を行なった。ただし、第十五・第十七は巻頭目録部分がないので、本文部分の標目を利用した。
２：対応欄の数字は表４の異例日付表記一覧のNo.である。

藤原行成『権記』と『新撰年中行事』——引用された式と日記を手がかりに——

古瀬奈津子

はじめに

摂関期の代表的貴族官人で、三蹟のひとりとして王朝文化の担い手でもあった藤原行成は、日記『権記』を書いたことでも著名である。行成には、『本朝書籍目録』に「新撰年中行事、二巻」が「行成卿撰」と見え、その他諸書に「行成卿抄」や「行成抄」と称する書物が引用されているのが知られていた。近年、その江戸時代の写本が、東山御文庫から発見され、西本昌弘氏により紹介され、翻刻と研究が刊行された(1)。

本稿では、『権記』に引用されている式や日記を見ていくことによって、行成が政務や儀式に際してどのような典籍・文書・記録を参照したのかを明らかにし、彼が日記『権記』を書いた意味を新たに考えてみたい。式と日記に着目するのは、最近重田香澄氏の『小右記』についての研究によって、藤原実資が政務や儀式において最も利用していたことが明らかにされたからである(2)。

また、行成が編纂した『新撰年中行事』にも多くの式や日記が引用されている。それとの比較によって、日記である『権記』と年中行事書である『新撰年中行事』との関係についても付言したい。

一　『権記』に引用された式

(一)　蔵人頭時代

行成は、永観二年（九八四）正月、従五位下に叙されたのち、寛和元年（九八五）に侍従、同二年に左兵衛権佐などを歴任し、正暦四年（九九三）正月、従四位下に叙された。その間、昇殿を果たしている。その後、長徳元年（九九五）八月、蔵人頭に補任された。

なお、行成は、長徳二年四月二十四日の除目で権左中弁、七月二十日に左中弁、長徳四年十月二十二日・二十三日の京官除目で右大弁となっており、頭弁であった。

行成が左兵衛佐在任中に、正暦四年正月一日、最後の朝賀が行われた。その際、行成は兵衛陣の敷き方が、式と異なるため、階の東西に分けて敷かせている。この式については、『内裏式』かと推測される。

長徳元年に蔵人頭になってから、「蔵人式」を参照した例として長保元年（九九九）十月二十一日条の秋季御読経結願をあげることができる。天皇御前の堂童子が不足したので、天皇へ奏上して四位を役仕することになった。「件事式無㆓五位㆒可㆑用㆓六位㆒。然而延喜御時、無㆓五位㆒之時、可㆑用㆓四位㆒之由、見㆓御記㆒」とあり、式（蔵人式）には五位がいない時には六位を用いるとあるが、延喜の時には、五位がいない時には四位を用いるべしと「醍醐天皇御記」に見えるとある。天皇御前のことなので、蔵人頭および蔵人の所管なのである。

この他、蔵人頭時代には、御斎会内論義や円融天皇国忌、御庚申など、いわゆる蔵人が行事する儀式・諸行事の際に、行事蔵人を差配して殿《との》の装束を行わせているが、(3)『権記』には「如㆑式」と見える。この「式」であるが、官方《かんがた》に装束使がいるように、蔵人方の装束関係の「蔵人式」もしくはこれに準ずる「式」ではないだろうか。

『延喜式』を指すものとしては、長保二年七月一日条の二十一社奉幣延引の際に、「朔日不㆑可㆑申㆓凶事㆒之由、已存二式条一。而令レ勘三申日時二之日、忘却不レ令レ奏二此旨一也。（中略）式条所レ指、朔日不レ可レ申二凶事一。与二此事一水火相異」と見えるものをあげられる。この「式」は『延喜式』太政官式庶務条に比定できる。この『延喜式』式文は二十一社奉幣停止についての根拠として、上卿藤原顕光の奏上および一条天皇の勅問に引用されている。行成は、左少弁から上卿藤原顕光の処置を聞いており、一条天皇御前に参上した際にみずからの見解を披露し、天皇も行成の見解に賛同している。この時、行成は右大弁で蔵人頭であり、天皇御前で意見を述べているのは蔵人頭としてであるが、奉幣停止についての見解は弁官としての立場からのものであると考えられる。

長保二年（一〇〇〇）九月五日条の神祇祭主の交替に際しては、『延喜式』神祇式伊勢大神宮式造営条や同装束条、同幣使条などが引用されている(4)。この時は、行成が左大臣藤原道長に対して文書を覧じた際に、神祇少副大中臣理望が祭主永頼の祭主職を譲与すること等について申したことを申上している。『延喜式』は、祭主永頼の申文の中で根拠として引用されており、行成は式文を左大臣道長に奉覧している。道長は、永頼の申す旨が式文に叶っていると判断し、理望の申文を奏上するよう行成に命じた。行成が道長に申文を覧じているのは右大弁としてであり、道長が申文を奏上するよう命じているのは行成が蔵人頭であるからである。このように、『延喜式』が引用されるのは、行成の弁官としての政務の際であるといえる。

『延喜式』そのものではないが令から派生した補足規定の式と考えられるのが、長保二年五月十四日条の一条天皇と左大臣道長の間でやりとりされた検非違使庁申請の新制官符の中に見える「直衣下襲及紫褐退紅等、尋常所二行用一之色、或裁（載）二或（式カ）条一、或著用作例之類不レ可二制止一」である。禁色については、衣服令に規定があり、その時々で禁令が出されている。また、長保二年十二月二十七日条には、皇后定子崩御ののち、著鈦政《ちゃくだのまつりごと》を行うか否かを検非違使別当藤原公任が天皇に勅裁を仰いだ際に、「今日以後三个日不レ可レ決二罰罪人一、不レ判二刑殺一之由、見二式条一」と見える(5)。

儀式に関する式も引用されている。長保元年八月二十一日条では、東三条院の滋徳寺供養に際して、「雑事以二式弁指図一。為二後鑑一可二注載一」とみえ、同寺供養に当たって、式と指図が作成されたと考えられる。つぎに、長保二年七月十七日条の相撲召仰において、楽の有無によって上卿の仰せ詞が異なることについて、行成は「相撲節有レ楽事存レ式」といっているが、その後で召合を臨時儀であると述べていることから、「式」は『内裏式』あるいは『儀式』であると考えられる[6]。長保三年三月十日条では、仁王会の闕請《けっしょう》を、左大臣道長が行事所に著して定めており、行成が右大弁として執筆を行った。「今日事存レ式。可二書入一」とあり、「式」は仁王会の次第を規定した「仁王会式」、もしくは『儀式』だろう。

以上、行成が蔵人頭時代には、「蔵人式」と明確にわかる場合は多くはないが、蔵人頭としての活動の際に、「蔵人式」など蔵人関係の式が使われている。『延喜式』が使われるのは、行成が弁官として活動している場合が多い。その他、令の施行細則としての式、儀式に関する式が引用されることがある。

(2) 参議時代

行成は、長保三年（一〇〇一）八月二十三日から二十五日に行われた除目で参議に補任され、議政官となった。十月三日の小除目で兼侍従となったが、右大弁は「如レ元」である。その後、寛弘元年（一〇〇四）六月十九日の臨時除目で左大弁に昇任した。

長保五年十一月五日の造宮叙位において行成は正三位に叙された。「参内。有二叙位一。其儀存二別式一」と見え、叙位については、その作法を定めた「別式」があったことがわかる。寛弘三年九月十四日条には、「式」（行幸式）を左大臣道長に奉じている。九月二十二日に一条天皇は道長の上東門第に行幸している。このように議政官となった行成は、朝廷等の諸儀式に参列するようになったのである。

行成が朝廷の諸儀式に参列するようになったことは、外記が式筥《しきのはこ》を奉じる作法の遺失についてたびたび記録していることからもわかる。式筥には、『内裏式』が納められていたと考えられる。長保三年九月十一日の伊勢例幣の際には「少外記五倫置二式筥一。須下未二著座一之前置上レ之也。失也」と見え、寛弘三年二月十一日の列見後の申文に際しては「外記時棟欲三式筥先持二来余下一（後略）、可レ謂二太失一」とあり、同十月二十三日の位記召給に際しても「次外記清忠奉レ筥。清忠漢〔誤カ〕、内記未レ参之前欲レ奉レ式。金吾依二諷諫一退後重奏〔奉カ〕レ之」と見える。例幣は朝堂院で行われるが、列見と位記召給は太政官庁で行われる。行成は参議で右大弁もしくは左大弁として参列していた。

なお、寛弘二年正月二十四日条には、「参二御前一。男女親王冠笄之時式記等献レ之」とあり、脩子内親王・敦康親王の元服・裳着に関して式記を一条天皇へ献上している。これは、元服・裳着についての式であり、行成は参議になったが、一条天皇からは「雖レ避二顧問之職一、猶可レ奏下所二聞得一事上」との勅があり(7)、侍従を兼ねていた。このような立場から内親王・親王の裳着・元服についての式記を奏上することになったのだろう。

（3） 権中納言時代

寛弘六年（一〇〇九）三月四日に、行成は権中納言になった。皇太后宮権大夫・侍従は兼任のままであったが、左大弁の職からは離れることになった。

寛弘八年正月十四日条は御斎会についての記録で、布施堂の儀における公卿の拝で、笏を取ったまま拝を行ったのは失であるとしたが、「後日四条納言〔公任〕云、案レ式、不レ可レ取レ笏之由、無二所見一云々」とある。この「式」は、御斎会式というべき儀式ごとに作成される式かと思われる。

寛弘八年六月十三日に一条天皇は病気のため三条天皇へ譲位し、二十二日に亡くなっている。その後、十月十六日には三条天皇の即位式が行われた。行成もそれらの儀式に関係していくことになる。

寛弘八年九月十六日条では大嘗会御禊に供奉する人々の歴名を誰が下給するのかという問題について、「検二官式一、大臣奏聞下二給装束司一。即清涼記引二此式一所レ抄歟」とあって、「太政官式」には大臣が奏聞してから装束司（長官は源俊賢）に下給することになっていた。この官式は、『延喜式』太政官式大嘗会条である。このように、権中納言になってからも『延喜式』は引用されるが、弁官を辞めたことによって、太政官の政務に関して引用されることはなくなる。すなわち、式についても、儀式に関するものだけが引用されるようになるのである。たとえば、寛仁二年正月五日条の後一条天皇元服後宴について、『貞観式』には「上寿者先就」とあるが、この『貞観式』も太政官の政務ではなくて儀式についてのものである。

寛弘八年十月三日条では、大嘗会御禊の器仗に関する議論の過程で、「亦京職注文と者、未レ知二何書之文一。若職員令歟、亦京職式文歟。仍引二勘式文一、以レ傜可レ雇レ馬之事、是儺料兵庫為レ分二配諸門一所レ雇也。件行幸之日、為レ負二器仗一可レ雇之由無二所見一。又検二職員令一云、京職大夫掌二兵士器仗事一。義解云、謂前令有二兵士一無二器仗一、今於二此令一置注。即知レ非二兵士之器仗一。別有二官器仗一、与二諸国一同云々」とある。器仗を背負う馬を京職が雇うことや官器仗について、「職員令」や「京職式」（延喜式カ）、『令義解』が引用されている。行成は御前次第司長官に任命されている（九月十五日条）。

この件は十月七日条に続きがあり、「亦仰二宣理一、官式云、行幸時仰二京職一令レ儲二可レ負甲馬一云々。用下諸国暫□放二近牧一者上。若可レ負器仗是歟。以二此旨一可レ申二長官一也」とあって、装束司判官宣理に対して、「太政官式」行幸条に行幸時には京職（実は左右馬寮）に仰せて背負うべき甲馬を用意させよ、とあることなどを、装束司長官の俊賢に申すようにいっている。なお、これが『延喜式』を引用した最後の事例である。

以上であげた以外の式は、『内裏式』『儀式』や儀式ごとの式次第等を定めた式に当たると考えられる。寛弘八年十月十六日に三条天皇の即位式が行われた。版位は「朝拝式」によって置かれたが、問題があるようで、「延長日記」とも照合されている。『内裏式』上元正受群臣朝賀式・『儀式』巻六元正朝賀儀には、版位についての規定が見える。その他のことについても、「違レ式」の記載が多く、「違レ式多端」とあって違例のことが多かったようである。この「式」は、三条天皇即位のために作成された式と考えられる。「儀式云、三大門不次云々」とあって、『儀式』が引用されている。この即位式において、行成は宣命使を務めているが、(8) 詳細な別記を残している。また、十月十八日に行成は道長へ礼冠の具を返却し、即位式の儀式について論議している。その中に登場する式や式文も同様と考えられる。

同年十月十九日には即位にともなう開関・解陣などが行われた。『権記』の記載は即位式の別記の一部なのか大変詳しい。勅符等に押印させる場面で、「先召二内豎一可レ令レ召二少納言一。或云、召二諸司一。然而式文如レ此。以レ詞可レ仰レ之也。（中略）大臣仰云、印、式云、仰二将監一令レ取レ印。仰二少納言一云、取レ印。度々記文又如レ之。而清慎公・九条殿所レ仰如レ之」と見え、この式文・式は、『儀式』巻十固関使儀と同文である。

ついで、同年十一月九日条では、大嘗会の式次第について左大臣道長と行成が議論している。その中で、「又云（道長）、大嘗会事其子細作レ式、自二仁和寺一伝取。四条納言見レ之云、寛平所レ作歟。仍彼納言号二之寛平式一」とあり、大嘗会の詳細な式が寛平時に作成され、仁和寺に保管されていたことがわかる。他にも、「其故云元慶仁和例在二注文一」と見え、その時々で記録がなされていた。

寛仁元年（一〇一七）八月九日条には、後一条天皇即位にともなって東宮となった三条皇子敦明親王が東宮を辞退し、後一条の弟である敦良親王（母道長娘彰子）が皇太子になった立太子儀が記録されている。そこに「宣制如レ常。両段再拝又如レ式。初右将軍所レ案可レ有レ舞。内弁案レ式所レ被レ行。又可レ然。」とあり、立太子儀について「式」が作成されていたことがわかる。この部分は、『儀式』巻五立皇太子儀には見えないので、別に詳細な式が作られたのだろう。行成はこの時も宣命使として参列している。

同年八月二十一日条には立太子した東宮敦良親王が参内して奏慶・拝観を行った。「予奉レ問二大殿一、参上給由誰人可レ奏哉。大殿命云、先例如何。申云、宮司可レ奏之由有ニ所見一。〔□御短冊式文也。〕」とあって、東宮の奏慶・拝観についても式文があるようだが、当日は道長御前で実資と行成が下問を受け答えて次第などを定めながら行っている。

寛仁二年正月三日に後一条天皇が元服の儀を行った。「次摂政、又自レ東参上。取ニ御櫛之筥一、安ニ御座前等一、皆如レ式」（『天皇御元服記』所引『権記』）とあり、天皇元服に関する式があったことがわかる。天皇元服は清和天皇が幼帝で元服したのが初めてで、その際に式が作成されたことが知られている。その後も、天皇が元服するたびに式が作成された。(9) 正月五日の天皇元服後宴についても、「旧式」のあったことがわかる。なお、寛仁三年八月二十八日には東宮敦良親王元服が行われたが、やはり「旧式」が見える。

（4）権大納言時代

行成は、寛仁四年十一月二十九日に権大納言に昇任した。治安二年（一〇二二）七月十四日の法成寺金堂供養に際しては、「此日次第、具在レ式」と見え、万寿元年（一〇二四）六月二十六日の法成寺薬師堂供養に際しても、「雑事、在レ式」とあって、式次第が定められた。

以上のように、『権記』の「式」は、蔵人頭時代および左右弁官を兼ねた参議時代においては、太政官の政務や儀式に関する『延喜式』と、朝廷における儀式ごとの式次第を定めた式や『内裏式』『儀式』を主に指したが、権中納言になって弁官を離れると、『延喜式』も太政官の政務・儀式ではなく、朝廷や天皇に関する儀式・行事に関するものとなった。

二　『権記』に引用された日記

つぎに、『権記』において、どのような日記がどのような場面で引用されているのかを見ていくことにしよう。

ただし、事発日記や勘問日記は除いた。

（一） 蔵人頭時代

行成が蔵人頭時代にたびたび引用するのは、『醍醐天皇御記』『村上天皇御記』である。これは、行成が自身の必要で引勘しているわけではなく、一条天皇の命によるものである。長徳四年（九九八）三月五日、左大臣藤原道長の病気による辞表の第二度上表に対して、一条天皇の勅答を下すことになったが、御画日なしであった。その根拠として、「天徳四年十二月廿九日勅書、令二内記便書一レ日、康保三年三月二日勅答、非二御画日一之由、見二件年々御日記一」があげられており、天皇の命により行成が調べたものと考えられる。

長徳四年三月二十八日条では、「仰云、今日可レ有二御論義一例也。而神祇官斎院火災、非常之事也。如レ此之間為二之如何一。抑可レ検二御記一」と一条天皇から季御《きのみ》読経《どきよう》にともなう論義を行うべきだが、神祇官斎院が火災にあったばかりの非常事態においてどうしたらいいか、御記を調べよとの仰せがあった。そこで、行成は御記が納められている御厨子の鎰《かぎ》を給わり開いて、「延喜御記抄」（巻数が多いので本御記ではなく部類抄を見たとある）を見たところ、ある年は論義を注してあるが、ある年は注していなかった。『村上御記』では、諒闇の時と康保四年（九六七）だけ御論義がなかった。諒闇の年は手本にならず、康保四年には凶事があり例となすべきではない。そこでその由を天皇へ奏上したところ、左大臣道長家に赴いて尋ねてみよ、ということになり、行成は道長家に赴いている。道長からは「無二御論義一之例非レ穏事。猶可レ被レ行」との奏答があり、結局御論義を行うことになった。

長徳四年七月二日条では、天皇から疫癘により行うべき雑事を御記から引勘せよとの命を受けた行成が、延喜十五年と天徳四年の「二代御記」を奏覧している。同年七月十三日条では体調が悪くなった行成が所悩を危惧して奏上するべき雑事を記しているが、その中に「延喜・天暦御記欠巻甚多。必尋二在所一可レ被二書写一事」があり、「二代御記」に欠巻が多かったことがわかる。

　長徳四年十月三十日条をみると、内大臣藤原公季の天台座主の宣命の草は奏上する必要はないという説に対して、行成は例の宣命ではないので草も奏上するべきとし、帰宅後、先例を調べたところ、「康保三年秋御記」に、草を奏上し、天皇が案によれと仰せたという記事を見つけ、「所レ申相合。愚者一得歟」と記している。行成も手元に『村上天皇御記』を所有していたことになる。

　前述した長保元年十月二十一日条の秋季御読経結願において御前堂童子が不足した際に、天皇に奏上して四位を役仕することになったのだが、「然而延喜御時、無二五位一之時、可レ用二四位一之由、見二御記一」が根拠としてあげられている。

　長保二年七月十三日条では、盂蘭盆が天皇の物忌みに当たるのでどうするかという問題が起き、天皇から先例を尋ねよと命じられた行成は、『村上天皇御記』を引検して応和三年（九六三）七月十五日の例を奏上し、御拝を停め内蔵寮から盆供を直接寺家に送ることになった。また、『村上天皇御記』を引検するついでに、相撲御覧日と召合の儀についても記している。延長六年十二月一日の『醍醐天皇御記』の神祇官が御體御卜を申している間の行幸の有無について、同年十二月十一日記の神今食饌についても、後鑑のために注した。一条天皇からは「応和元年秋冬御記」が下給され、新造内裏遷御の雑事を抄出するよう命じられている。

　長保二年十二月十七日条では皇后定子崩御後の雑事を行おうとするが、誰も上卿になりたがらない状況が述べられている。左大臣道長が参内し、この間の日記を召したので、行成は「康保元年御記抄一巻」を奉じている。(10)

　以上のように、蔵人頭時代の行成が『醍醐天皇御記』『村上天皇御記』をたびたび引用しているのは、みずからの意思というより、一条天皇の命により先例を調べているためである。そのこともあって、調べる事項は比較的天皇自身の行動に関わるものが多い。一条天皇にとって、醍醐・村上朝は延喜・天暦の治の時代であり、天皇親政のあるべき姿として捉えられていたと考えられる。そのため、『醍醐天皇御記』『村上天皇御記』は、一条天皇にとって政治の指針となっていたのである[11]。その後、寛弘六年十月四日の一条院内裏焼亡により、「二代御記焼亡皆云々」という事態となったが、行成は手元にある御記を書き出して奏覧している（後述）。

行成の蔵人頭時代の『権記』には「二代御記」だけが引用されていたわけではない。政務や儀式・行事の際に、先例を調べるために用いられているのが、『外記日記』である[12]。長徳四年二月六日条によると、春日祭使が急に障りを申したため、天皇と左大臣道長の間でやりとりがあり、勅命で外記守成にこのような場合の措置について先例を勘じさせることになった。行成の内々の指示により、守成は天元五年（九八二）の日記（外記日記と考えられる）と貞元以来の春日祭の日記を探し出して奏上している[13]。同年九月二十六日条では、季御読経発願日で発願に先立って復任除目を行う先例を外記に調べさせたところ、外記は簈《さん》を日記（外記日記と考えられる）に挟んで奉覧した。先例があったので、復任除目を行うことになった[14]。

長保元年（九九九）十二月五日条では太皇太后昌子内親王の崩御による神事停止の先例と雑事の先例の二通の外記勘文を左大臣道長が奏上している。このうち雑事の先例勘文の中に、太皇太后藤原順子の場合について「已上日記」と見え外記日記から引用されたと考えられる。

以上のように、天皇が外記に外記日記で調べることを命じる場合もあり、外記日記で調べたことを天皇へ奏上する場合もある。『醍醐・村上御記』と「外記日記」のどちらで調べるかということは、内容に関係しているのだろう。「外記日記」で調べているのは、天皇自身が直接関わらないもしくは太政官が行う事柄で御記には見えないような事柄である。

それ以外の日記が参照される場合もある。長保二年七月十七日条によると、相撲召仰における詞について、内大臣公季は、「有レ楽年、被レ仰下可レ依二某年例一之由上。無レ楽之年、只仰下ム日可レ聞二食召合一之由上。此見二故殿御記一云々」といっており、「故殿御記」は公季の父であり、行成にとっては祖父に当たる師輔の日記である『九暦』のことである。ただし、行成は公季とは別の意見を述べている（第一節第一項参照）。

また、儀式・行事ごとの日記も見える。前述の長徳四年二月六日条の春日祭使の故障に際しては、勅命により外記が「天元五年日記」と貞元以来の「件祭日記」を奏上している。「外記日記」から収集したものだろうか。長保二年正月二十八日条で女御彰子に立后兼宣旨が下された際には、「予以二立后旧記一奉レ之。依二先日命一也」とあって、左大臣道長の命により、行成は「立后旧記」を奉じている。長保二年八月十二日条には、「早朝相撲日記奉レ送二左大殿一。依二去夕命一也」とあって、やはり道長の命により「相撲日記」を奉じている。これらは行成の手元にある日記からの集成であったのだろう。また、前述した長保二年十二月二十七日条で、皇后定子の崩御により、著釱政《ちゃくだのまつりごと》の有無について、検非違使別当公任が天皇に勅裁を請うているが、「天暦八年以往依レ無二日記一、不レ見二其例一」といっている。「著釱政日記」というものがあったのか、「検非違使日記」があったのだろうか。(15)

（2）参議時代

行成は、前述したように、長保三年（一〇〇一）八月二十三日から二十五日の除目で参議に補任された。右大弁はそのままで、十月三日に兼侍従となり、寛弘元年（一〇〇四）六月十九日に左大弁となった。参議になった行成の日記の引用は劇的に変化する。

まず、蔵人頭時代のような一条天皇の命で『醍醐・村上天皇御記』を勘じることがなくなる。ただし、長保四年二月十一日条には、東三条院満中陰後の内豎音奏の有無について、蔵人兵部丞源永光が勅使となって左大臣道長に尋ねているが、「安和元年外記日記、有二音奏一之由。□〔而〕諒闇御日記或私日記等無二所見一者、一両卿相候者相定可レ申云々。被レ申云、以二外記日記一可レ為レ証云々」とあり、「諒闇御日記」が参照されている。これは行成自身が天皇の命で調べたわけではない。しかし、参議となっても兼侍従で、天皇から「雖レ避二顧問之職一、猶可レ奏下所二聞得一事上」との勅を下された行成の立場を示している。

長保六年三月二日条では、「令レ御二覧村上御記抄土代一」と「村上天皇御記抄」を作成して土代を天皇へ奏覧している。行成が『村上天皇御記』を所有していたことは前述した。寛弘三年正月一日条では、小朝拝で行成は宣命使を務めたが、小朝拝の有無について、「或云、天徳五年御二冷泉院一。□〔無〕二小朝拝一。可レ依二彼例一云々。然而引二覧御記一、依二御物忌一無二小朝□〔拝〕一云々。今日非二御物忌一、仍小朝拝事」とあって、一条天皇自身が『村上御記』を引き覧じて小朝拝を行うことを決定している。

また、一条天皇自身にも日記があったことが知られる。寛弘三年七月五日条には、御前に召し候《こう》じた行成に対して一条天皇から、「一昨之定可レ入二御記一。可二書進一」との命があり、三日に行われた神鏡定について御記に入れるので、書き進めるよう命じられている。天皇の行成に対する信頼とその書を望む気持ちを表している。寛弘五年十一月十三日条では、「令レ返二献先日所レ給延喜御記抄目録一了」とあり、行成が『村上御記』だけではなく、『醍醐御記』も収集していることがわかる。

御記にかわってたびたび引用されるようになるのが、「外記日記」である。長保三年閏十二月二十九日条には、この日追儺は中止されたが、「天応・延暦例也。件年之例、用史〔國カ〕不レ可レ随。外記無二記文一。而右中弁朝経朝臣許問、曰、延暦九年外記記文具載二此由一。以レ彼被レ行也」とあって、「外記日記」ではないが、「外記記文」が参考にされている。前述した長保四年二月十一日条の東三条院満中陰後の内豎音奏の有無について尋ねられた道長は、「以二外記日記一可レ為レ証」といっており、二月十二日条で行成は大外記滋野善言に「外記日記」を注進させている。同年三月七日条の上野《こうずけの》勅旨駒牽《ちょくしのこまひき》に当たって、上卿藤原斉信は、大外記善言に命じて「諒闇年日記」を遣わし取らしめている。前述した同年四月一日条では、諒闇によって旬儀を中止しているが、左大臣道長は大外記善言に見参の有無について問い、「先例日記可レ候レ陣者」といっている。上卿斉信も外記小野五倫を召し、諒闇中の二孟旬の事を問い、日記を召しており、「天暦八年記」が献上された。この日記は「外記日記」と考えられる。(16)

同年九月九日条では、諒闇によって重陽の日に菊酒を賜うか否かを上卿斉信は少外記慶滋為政を召して問い、さらに天暦八年および正暦二年の日記を召した。「天暦八年十月五日記」には諒闇により残菊宴はなく、菊酒を賜わなかったとあり、正暦には饌を儲けたが、見参はなかったということであった。この日記は「外記日記」だと考えられる。結局、天皇に奏上した結果、天暦の例によって饌を羞《すす》めることはなかった。この件について、行成は異論があり、九月十一日条では、「天暦八年四月・十月旬日記」を見て、さらに自説を展開している。この「旬日記」も外記関係のものと考えられる。

寛弘四年七月十二日条では、行成は八省院の大祓に着し、祓趣《はらえのおもむき》を仰せた。「外記日記、祓趣或宰相仰、或外記仰。予先年令二外記仰一、今日自仰」とあり、「外記日記」には、宰相が仰せた場合と外記が仰せた場合があり、行成は先年は外記に仰せさせたが、今回はみずから仰せた。

このように、参議時代になると、たびたび「外記日記」が引用されるようになる。それは、蔵人頭時代のように行成が伺候する場が天皇御前ではなく、公卿たちとともに陣や殿上にいて、儀式や行事について疑問があると外記に先例を聞いたり、「外記日記」を調べさせているからである。(17)

他の日記が引用される例も増加する。ひとつは、蔵人頭時代にも見えたが、行成の祖父に当たる師輔の日記である『九暦』である。長保三年八月二十三日条で、大納言源時中の辞職の二度目の上表に対して、請うによれという勅答を作らせるようにと一条天皇が命じた。先例では、大納言以下が奏上した場合には勅答を給うとして、

「天慶元年六月廿九日故九条殿御記」が引用されている。寛弘二年八月十一日条では、定考の勧盃について、斉信が「史放レ盞給レ酌」したことを近代の例としたことについて、帰宅後、「故殿御日記」の天暦十年（九五六）の列見で「日上放レ盞之後、史給レ酌云々」とあるのを探し出している。(18)

長保四年正月二十八日条では、内大臣公季からの消息によって、「九条殿天暦四年御日記上巻」を持参している。前述した例でも、公季は父の『九暦』に基づいて意見を述べている。寛弘六年三月一日条では、左大臣道長の命により、「故九条殿御記十二巻」を書写して献上している。その際、道長から「西宮文」（西宮記）二巻（三月・五月巻、三月十二日条）を借りている。『九暦』は、師輔の子公季や長男伊尹の系統に伝わっていたのである。

醍醐天皇皇子である重明親王の日記である『吏部王記』も引用されている。長保五年正月十九日に賭弓《のりゆみ》における一条天皇の麹塵御袍《きくじんのごほう》の着御について、宰相中将や右大将が異論を述べたことに対して、行成は帰宅後旧記を引見して、「吏部記」醍醐朝の延長年中に麹塵の着御の記事を見つけている。寛弘四年九月九日の重陽節会の別記(19)には、「吏部記」では、菊花瓶を南廂の中央の間の東西の柱の下に立つとあると見える。

行成が一条天皇へ「殿上楽日記」（長保三年十月一日条）や男女親王冠笄の式記（寛弘二年正月二十四日条）を献上させている例も見える。侍従であり、天皇から信頼されている行成ならではの記事であるが、蔵人頭時代のように、左大臣道長からの要請で「立后旧記」を奉じるような道長からの直接の命によって旧記・日記を奉じることはなくなる。儀式・行事に際して、行事の日記も召されているが、「諒闇御日記」（長保四年二月十一日条）は御記であり、「音奏の日記」（長保四年二月十二日条）や「諒闇年日記」（長保四年三月七日条）、「旬日記」（長保四年九月十一日条）は「外記日記」である。これは、蔵人頭ではなくなったことにより、一条天皇や道長という権力者との直接的な関係が薄らいだことを示している。

参議になってからの行成の日記に対する姿勢の特徴としては、別記の作成がある。蔵人頭時代から列見・定考については毎年別記に書き継いでいるが[20]、長保三年九月十四日の東三条院法華八講に際して「記在レ別」とあるのを皮切りに、同年十月九日の土御門第における東三条院の四十賀について、「此日事尋可レ記」とあり、同年閏十二月二十四日の東三条院葬送に当たっては、「院御葬雑事可レ記」とあり、別記の作成を予感させる。実際には、長保六年四月十三日条の行成が産穢《さんえ》ののち、太政官庁と外記庁に着座した際に、「子細在二着座日記一」とあり、臨時行事の別記以外に、前述した列見・定考記（巻）と同様の「着座日記」もあった。同年四月二十七日には着座後、初めて外記政に参上した際に、「次第具見二別記一」とある。

寛弘元年（一〇〇四）六月十九日　臨時除目で行成は左大弁になった。寛弘二年三月八日の中宮藤原彰子大原野社行啓に際して「子細可二尋記一」、同年六月十日の御体御卜の際には「子細別記」、同年十月十日に延暦寺寺主等が道長の四十賀書を進めた時には「子細在二別記一」、寛弘三年七月三日の御前における神鏡定で行成は左大弁参議として諸道勘文を読み申しているが、「次第在二別記一」と見える。同年八月十一日の定考に際して「在二別記一」、寛弘四年四月二十五日に具平親王が参内して内裏密宴が行われたが、「有二別記一」とあり、同年九月九日の重陽節会（菊宴）についても前述したように別記があったことが知られる[21]。同年十月二十八日の射場始《いばはじめ》に際しても「記在二次第中一」、同年十一月八日の春日祭使出立についても「事別記」とあり、寛弘五年正月二十五日の左大臣道長家大饗についてはかなり詳しい記事が残されているが、「此日子細注二付大饗日記之末一」とあって、「大饗日記」も作成している。同年五月二十六日には前日に亡くなった媄子内親王のため、薨奏が行われ、一条天皇は御錫紵《おんしやくじよ》を着したが、「記在レ別」と見える。

このように、行成の場合、蔵人頭時代には、蔵人頭としての活動は日記『権記』に記録し、弁官としての儀式・行事は主に列見・定考の別記に記録していた。参議になると、公卿の一員として朝廷の儀式・行事に参加し、その運営に際しては「外記日記」からの情報も多くなる。寛弘元年に左大弁になったためなのか、寛弘年間には朝廷の年中行事や臨時行事に際して、たびたび別記を作成している。これは、ほぼ同時期に『新撰年中行事』を編纂していることと関係があるかもしれない。また、行成の別記は、各種の部類記に引用されている[22]。

（3）権中納言時代

寛弘六年（一〇〇九）三月四日、行成は権中納言に任命された。兼皇太后宮権大夫・侍従のままであるが、左大弁の職からは去ることになった。権中納言時代に引用される日記は、参議時代と基本的に変化はない。

「二代御記醍醐・村上御記」については、寛弘六年十月四日に一条院内裏が焼亡した際に、「二代御記焼亡皆云々」とあって、もともと全巻揃っていなかった「二代御記」であるが、一条院内裏の火災によりすべて焼けてしまった。しかし、寛弘七年閏二月二日条では、敦康親王と脩子内親王が亡くなった伯父伊周（正月二十九日没）の除服に際して、「天暦御日記」の親王はただ陣外に出て除服するのだとあることによって行っており、他に写本があったことがわかる。前述したように、行成も『村上御記』を所有しており、同年閏二月八日には「康保三年秋御記」、閏二月十六日には「康保三年夏御記」を書き出して、一条天皇へ献上している。つづいて、三月一日には「康保二年春御記」、三月二日では「康保二年夏御記」を献上している。また、同年五月二十五日には、内（一条天皇）より先日下給され書写した「天暦八年御記二巻」「康保二年冬一巻」「後撰集八巻」「御手本四巻」を献上した。同年六月十九日には、先日内（一条天皇）から給わった続色紙六巻に書写したのは、「楽府二巻」「坤元録詩二巻」「詩合一巻」「其日記一巻」「後撰集五巻」であることを記し、「村上御記天徳四年夏巻」を書いて奏上したとある。これらの書写奏上には、焼失した「二代御記」を補う意味があったと考えられる。

寛弘八年十二月二十五日には、荷前使を定める際に、新天皇である三条天皇の母冷泉天皇女御藤原超子の墓について旧陵を棄て新たに荷前の対象陵墓に入れることになったが、超子に贈后の詔を出した後に新陵に入れ、荷前使は一度に使いを派遣することになった。その典拠として、天暦八年十二月十三日の『村上御記』があげられている。

「外記日記」も使われている。[23] 寛弘八年九月十六日の大嘗会御禊の歴名下給について、歴名を内裏から下すのか、外記から下すのか、意見がわかれた際に、旧例を「外記日記」に勘じさせている。[24] 寛弘八年十月二十五日の冷泉院の御葬送前に、「即大臣仰二外記一令レ献二年々例一。外記徳如奉レ覧承和国史、嵯峨上皇、元慶水尾法皇、延長醍醐先帝、以上日記、御時例等二」と見え、先例を外記に献上させているが、先例は日記（外記日記か）などにあった。寛仁二年正月三日の後一条天皇元服[25]に当たって、魚袋・餝釵・靴を着すべきかについて、承平の「外記日記」には「公卿は餝釵を着す」とあり、『重明記』（『吏部王記』）も同じであったとある。「外記日記」の引用が少ないのは、寛弘年間後半になると『権記』は別記がさらに多くなるためである（後述）。

『九暦』も引き続き引用されている。寛弘七年六月二十日に行成は産穢で三日の仮文《けぶみ》を内裏と東宮へ献じているが、外記には提出しなかった。その典拠として「天慶元年九条殿御日記」の例があげられている。寛弘八年十二月二十六日条では、藤原公任からの定頼の申慶についての書状に対して、行成は拝礼の有無について、「天慶八年九条殿記」（正月二日、三日条）を引用して答えている。

また、『吏部王記』も引用されている。寛弘七年二月二十一日で東宮居貞親王と道長娘尚侍妍子の婚儀の後朝使となった公任の息子定頼に対して難じる人々がいることについて、公任から行成へ書状があり、『重明親王記』（『吏部王記』）から徽子女王初参の時の例を引用している。前述した寛仁二年正月三日の後一条天皇元服の際の公卿の装いについても、「外記日記」と『重明記』が引用されている。

寛弘八年は一条天皇の譲位と崩御、三条天皇の即位と大きな儀式があったので、記文が多く引用されている。寛弘八年九月十五日に大嘗会御禊雑事定が行われ、「代々記文」や図、「村上御□被レ撰五巻之中載二御禊事一」（清涼記か）、「西宮文」が参照されている。翌日の納言（源中納言、俊賢）からの伝言に対して、記文や「承平記文」に基づいて行成は考えている。翌十六日の前述した歴名下給についての公任の意見でも、「度々記文」を参照した「天慶私記」が引用されており、行成も「承平記文」を引用している。十月一日の大嘗会次第司行事所始も（行成は大嘗会御前次第司長官、九月十五日条）、「度々記文」によって行われている。

また、「御禊記文」のうち何年の例によるべきかが問題になっている。翌十月二日には、装束司長官（源俊賢）から御禊事は天慶九年の例により行うべしとの返事が届いた。この日には、大嘗会御禊の器仗についての議論が、指図や古文書によって行われている。内器仗については、先例を勘じ、法家に問うて、今回は確かに指図に載せるように、という長官である納言の命があった。また、請文の署名について、行成は記文の年月の所に本官を記すように本官を記すべきとの意見であった。申上により、「天慶九年記文一巻」を貸し与えたことが見える。[26] 今回の即位式は天慶九年を例として行われたようで、十月十六日の三条天皇即位式に見える「天慶九年記」は同じ記文かもしれない。八月二十七日の即位奉告奉幣使派遣にともなう「建礼門行幸記」にも「天慶日記」、頭註に「天慶九年四月記」が見える。十月十九日の開関の儀において勅符に捺印する際にも、「度々記文又如レ之」とある。

その他、日記に準じたものとして、『清涼記（抄）』が寛弘八年九月十六日の前述した三条天皇大嘗会御禊の歴名下給についての公任の意見および行成の意見の中で参照されている。寛弘八年八月二十七日条の傍書にも引用されている。同年九月十五日条には『西宮文』が引用されている。寛仁二年正月七日の後一条天皇元服に対する賀表の机の立て方について『小野宮記』を引用するが、[27] 何を指すか不明である。

この時期、行成の別記作成はますます盛んになる。寛弘六年五月一日の上野国諸牧御馬牽で「別記也」、同年八月五日の釈奠（具平親王薨去により宴座・穏座なし）で「子細在二別記一」、同年十一月七日の新所旬で「子細記二旬事内」、寛弘七年七月十四日の相撲召仰で「具由在別記」、七月十七日の一宮（敦康親王）御元服で「在別記」、七月二十八日の相撲御覧で「昨今在別記」、十一月十日の為平親王薨奏で「子細在別記」、十二月十日の御躰御卜奏で「在別記」、寛弘八年二月七日の「着座後、始参着外記」では「子細在着座記奥」と儀式・行事ごとに別記を作成している。

寛弘八年八月二十七日の即位奉告奉幣使派遣に際しては、「建礼門行幸記」（裏書）が書かれた。寛弘六年十二月四日にはみずからの別記とは異なるが、左衛門督（頼通）が奉仕した敦良親王九夜産養に際して「和歌之間余執筆、聊記由緒。相府（道長）命也」とみえる。寛弘八年十月十八日条では、三条天皇即位式の終了後、左大臣道長を訪れ、礼冠等具を返上したが、「冠筥底聊記由緒」とあり、寛弘八年十月十七日付で行成の由緒記が見える。なお、目録があったことも、寛弘八年十二月二十五日の「下先日覆奏文、見目録」からわかる。

寛弘八年八月二日の一条院御法事に際しては、「其布施法見六月二十五日記」とあって、『権記』六月二十五日条の「御葬事」という定文に見える。同年十一月十六日には、「一条院御喪間記」を左大臣道長へ奉じているが、「依大臣命書出自私記之中」の注記がある。[28]

『権記』の現存の日次記は、寛弘八年十二月二十九日で終わっており、その後は、「後一条天皇即位記」をはじめ、「改元部類記」や「天皇御元服記」「給禄事儀事」などの部類記に引用されている『権記』が残されているばかりであるが、寛弘年間の様相から見ると、別記が多かったのだろう。

行成は、寛仁四年（一〇二〇）十一月二十九日、権大納言に任じられる。その後の治安元年二月一日・二日の改元に関する『権記』には、[29]『村上御記』が引用されている。『権記』は行成の死の前年である万寿三年まで書き続けられたことが知られているが、内容は明らかではない。

おわりに

以上、『権記』に引用された式と日記について概観してきた。式も日記も、その当時行成が就いている官職によって参照され方が異なっていた。「式」は、蔵人頭時代および左右弁官を兼ねた参議時代においては、太政官に関する『延喜式』と儀式ごとの式や『内裏式』『儀式』を参照しているが、権中納言になって弁官を離れると、『延喜式』を引用する際も太政官の政務・儀式ではなく、朝廷や天皇に関する儀式・行事に関するものが主となった。

日記については、蔵人頭時代は一条天皇からの命により、『村上御記』を参照することが多かったが、参議になると、朝廷の一員として政務や儀式に参加した際に、「外記日記」が引用されることが多くなる。その他、祖父師輔の日記『九条殿記』（『九暦』）や重明親王の『吏部王記』、日記に準じるものとして『西宮記』も引用される。実頼の『清慎公記』は出てこないが、儀式について実頼の説は引用されている。このように、同時代の日記ではなく、一昔前の時代のもの、すなわち村上朝の日記が多用されているのは、『小右記』と同じであり、摂関期における先例の時代が理解される。

最後に、引用された式と日記から見た『権記』と『新撰年中行事』について付言しておきたい。『新撰年中行事』の引用書については西本昌弘氏の研究がある(30)。それによると、諸司式、蔵人式の引用が多く、書名をあげずに『清涼記』『九条年中行事』を引く場合も多いという。『権記』の場合は日記なので、多少異なるが、諸司式が多い点は共通であり、蔵人の職掌に詳しく、『清涼記』や師輔の日記や年中行事を重視する点は同じ傾向といえよう。これらを行成が所有していたことは確かである。

さらに、『新撰年中行事』の成立時期は、西本昌弘説によれば、寛弘年間に大枠が成立し、寛仁年間に長和年間の変化を補訂したとされる。(31) これは、前述したように、『権記』は寛弘年間に別記が多くなることと対応しているのではないだろうか。この時期に、行成は日次記を書きつつ、目録と別記を併行して作成していたのではないかと三橋正氏は考えている。(32) 行成は、長保三年に参議になり、寛弘元年には左大弁になっており、朝廷の重要な儀式・行事に参加していた。その経験を別記として積み重ね、それを基盤に諸司式などを用いて年中行事を編纂したのではないだろうか。

(1) 西本昌弘編『新撰年中行事』(八木書店、二〇一〇年)、西本昌弘『日本古代の年中行事書と新史料』(吉川弘文館、二〇一二年)。
(2) 重田香澄「『小右記』にみる藤原実資の文字情報利用」(『お茶の水史学』五六、二〇一三年)。
(3) 長徳四年正月十四日条、同二月十二日条、長保二年十月十七日条。
(4) 式文、式(延喜式)などの引用もある。
(5) この式条は、宮衛令・儀制令・喪葬令・獄令に淵源のあるものか。もしくは検非違使式か。
(6) この辺、蔵人頭としての活動か。
(7) 長保三年九月七日条。
(8) 補任は寛弘八年九月十日条。
(9) 所功『平安朝儀式書成立史の研究』(国書刊行会、一九八五年)など。
(10) この他、蔵人頭時代の日記としては、長保三年五月二十四日条に天平大聖武皇帝の諱の件で、行成の夢の中に「皇帝御日記弁往来書草諱首字也」が見える。
(11) 『宇多天皇御記』を含めて「三代御記」ともいうが、この当時『宇多天皇御記』はどのようになっていたのだろうか。
(12) 長徳三年九月九日条の重陽節会における装束司失儀について、「大夫史国平偏案二天暦四年日記誤文一、只令レ置二内弁前一也」とあるのは、「外記日記」であろうか。
(13) 結果的に社頭の諸大夫を代官にすることになった。
(14) 行成が弁官であることとの関係については後考を待ちたい。行成は記文も参照している。日記の参照については、蔵人頭としての職掌が多いか。弁官としての日記の参照があるかどうかは今後さらに考察したい。
(15) この他、蔵人頭時代の日記としては、長徳四年二月十一日条の「列見事具記二列見・定考事巻中一」、長徳四年九月二十七日条の定考について「子細注二列見・考定記中一」、長保二年八月四日条の「下二草昧勘文等一。子細在二目録幷別記一」があるが、後述する。
(16) 結局、天暦により、厨家饌は儲けたが、見参は取らなかった。
(17) このような場合、上卿が外記に聞く場合が多いかもしれない。
(18) 史料纂集では藤原伊尹に比定するが誤り。
(19) 「重陽菊花宴記」に引用された『権記』（『藤原行成「権記」下』全現代語訳　倉本一宏、講談社、二〇一二年、による）。
(20) 前掲註(15)参照。
(21) 「重陽菊花宴記」に引用された『権記』（前掲註(19)『藤原行成「権記」下』による）。
(22) この他、参議時代の日記には、長保四年三月十一日条の変異、寛弘二年十二月十四日条の光を「記レ異」など、変異を記すものもあった。
(23) 寛弘八年八月二十七日の即位奉告奉幣使の伊勢大神宮発遣についての『権記』「建礼門行幸記」引用の天慶日記、頭註の天慶九年四月記は外記日記か。
(24) 寛弘八年十月十六日の三条天皇即位式における版位の置き方について、「朝拝式」と「延長日記」について「仍相三合式與二日記一」とあるが、この日記は外記日記か。
(25) 「天皇御元服記」に引用された『権記』（前掲註(19)『藤原行成「権記」下』による）。
(26) 十月四日条に、主礼為茂が「天慶九年記文一巻」を返上したことが見える。
(27) 「天皇御元服記」に引用された『権記』（前掲註(19)『藤原行成「権記」下』による）。

(28) この他、権中納言時代には、日記(寛弘七年七月十三日条、寛仁三年八月二十八日条)、旧記(寛弘八年六月二十五日条、同年十月十八日条、同年十月十九日条、寛仁元年四月二十三日条)の用例が見える。
(29) 「改元部類記」に引用された『権記』(前掲註(19)『藤原行成「権記」下』による)。
(30) 前掲註(1)西本『日本古代の年中行事書と新史料』、西本編『新撰年中行事』。
(31) 前掲註(30)西本『日本古代の年中行事書と新史料』、西本編『新撰年中行事』。
(32) 国際日本文化研究センターの共同研究「日記の総合的研究」の研究会(二〇一二年十月二十日)における発言。三橋正氏のご冥福をお祈り申し上げる。

『明月記』の写本学研究――貴族日記と有職故実書――

藤本孝一

はじめに

人が書いたものを写したのが写本である。では写本の目的とは何か、人の行動には必ず目的がある。古人の目的は、文章の記録と作ったものに刻み込まれている。

中世貴族日記は何のために書かれているのか。この命題を解くために、貴族日記の代表の一つである藤原定家（一一六二〜一二四一）の日記『明月記』をとりあげて検討する。特に、本日記は原本が公益財団法人冷泉家時雨亭文庫等に伝存しているため、日記自体の形態を通して、写本学の視点から論述するのが、本稿の目的である。

藤原定家は、『新古今和歌集』『新勅撰和歌集』の勅撰撰者として有名であり、小倉百人一首の撰者としても一般的に知れ渡っている。定家の日記は「明月記」と称されて、世に知られている。

従来『明月記』は、定家が毎日書いた日記であるといわれ、巻子本の日記自体を切除して、古筆手鑑や掛幅として鑑賞されてきた。

筆者は、現存するものは晩年に定家の監督下で、日記原本から清書する前段階の中書書《ちゆうしよがき》で、原本から書写した写本そのものである、と説いている。その写本の目的は部類記を作るためであった。言い換えれば、部類記が日記の清書本ともいえる。部類にする前の段階が、現在の『明月記』である。

中世貴族日記は家柄によった有職故実書を作成するのが目的であり、そのために毎日日記をつけている。筆者はこの目的を写本形態から実証し、さまざまな機会に書いてきたが、一般化しているわけではない。そのため重複も多くあろうが、新史料を加えつつ再度論じていきたい。今までの論著は、

①『明月記』書誌・解説（冷泉家時雨亭叢書一～五、朝日新聞社、一九九三年～二〇〇三年）
②『「明月記」巻子本の姿』（『日本の美術』四五四、至文堂、二〇〇四年）
③『翻刻　明月記紙背文書』解説（冷泉家時雨亭叢書別巻一、朝日新聞社、二〇一〇年）
④『翻刻　明月記一』解説（冷泉家時雨亭叢書別巻一、朝日新聞社、二〇一二年）
⑤『翻刻　明月記三』解説（冷泉家時雨亭叢書別巻二、朝日新聞社、二〇一四年）

である。概略を尽くしたとは思うが、形態を通して日記がなぜ遺されているのかを、さらに追及したい。

一　概　念

日記の概念は、『広辞苑』にも「日々の出来事や感想などの記録」と説明するのと同じく、鎌倉時代の故実書『雑筆要集』にも、「無式法」につづけて「唯日所注記要事也」と規定されている。日付を書いて、その日の出来事を自由に記録したものであることは、現代でも鎌倉時代でも同じであるが、何の目的で書いたかは時代によって異なる。中世貴族日記は現代の個人の日記と同一、と思いがちであるが、大いに相違する。『明月記』も定家自身により、故実書に変えているのである。

平安時代中期の日記の意義を書き遺したものに、しばしば引用される藤原師輔（九〇九～六〇）の『九条殿御

遺誡』がある。その中に、

夙興照鏡、先窺形躰変、次見暦書、可知日之吉凶、年中行事略性付件暦、毎日視之次先知其事、兼以用意、又昨日公事、若私不得止事等、為備惣忘、又聊可注付件暦、但其中要枢公事、及君父所在事等、別以記之可備後鑑、

とある。朝起きて、鏡をみて体調の変化をみる。次に暦をみてその日の吉凶を知る。また年中行事が暦に注されているので、その日の行事を知って用意する。また、昨日の公事を後世の備えのために、件の暦に書き加えておく。君父に及ぶことがあれば、別に記して別記を作り、後世の鑑とするとある。

『御遺誡』は、地位が最高の家柄である摂関家の日記であり、「要枢公事」を日記に書くことが主張されている。

平安時代後期になるとさらに日記の目的が明確になっていく。

師輔から一六〇年以上たった、子孫の関白忠実（一〇七八～一一六二）の言談を中原師元が筆録した『中外抄』[1]上に、

仰云、日記ハあまたハ無益也。故殿仰ニハ日記多レハ、思交テ失礼をするなり。西宮、北山ニハ凡作法ハ不過。其外家の日記の可入也。此三つの日記たに有ハ、凡不可事闕、他家日記ハ全無益也。其故ハ摂政関白主上の御前にて腹鼓打と云とも不可用之故也。又日記ハ委ハ不可書也。人之失又不可書。只公事をうるハしく可書也。さて日記を不可秘也。小野宮関白ハ依蜜日記無子孫。九条殿ハ依不令蜜日記ゐせ物也。其事ハ棄事有と令書給たる故也。部類抄ハいみしき物也。

とある。この内容は、

①日記に多く書くことは要らない。それは、諸説が入り混じって礼を失ってしまうからである。有職故実書の『西宮記』と『北山抄』と家の日記があれば十分である。

②日記を秘蔵すべきでない。

と、二項目にまとめられる。最後に「部類抄ハいみしき物也」と称し、日記は部類記であると総括している。「三つの日記たに有ハ」公事を務めるに事欠かないとして、有職故実書の『西宮記』『北山抄』と「家の日記」を三つの日記として同列に扱っている。すなわち「家の日記」も『西宮記』『北山抄』も日記であると同時に故実書でもあると認識されていた。朝廷に出仕する貴族たちにとって、公事の規範である故実書は必要不可欠のものであった。宮仕えをする貴族たち全員が、家の日記を書くことにより、家柄の有職故実書を作っていた。

日記が故実書であることを実例として端的に表しているのが、公益財団法人陽明文庫所蔵の重要文化財『摂関家旧記目録』一巻で藤原忠実筆という(2)。その本文は、

（端裏書）「目録」

一合　殿

御堂御記卌六巻　在目録

葉子二結

九条殿口伝二巻

天暦御記四巻

故殿御記二巻

〵（異筆）「二」

荷前記二巻

〵御堂御筆所充（異筆）「被入家之朱銘筥了」

叙位一巻

永久五年二月十日

とある。同書は摂関の藤原忠実筆との伝承がある（『中外抄』の忠実と同一人物）。記録の内容は、永久五年（一一一七）に「殿」と名付けられた記録箱一合の目録である。

・「御堂御記」は、国宝の道長の日記『御堂関白記』である。

・「葉子」は冊子本のことをさし、『御堂』の次に書かれているため、道長の著述であろう。この文書全体から示唆するものは有職故実書である。また、「二結」とあるのは、巻子本と同じく一本の紐で結んであったことを示す。たとえば、国宝『三十帖冊子』（仁和寺蔵）は本体と帙とが一緒になり、帙の片方に紐を付けて巻子本と同じに結んでいる。また、平安時代後期写本の重要文化財『本朝続文粋』一帖（東大寺蔵）は表裏表紙が板になった折本で、表表紙端中央に一本の紐を付けて、巻子と同様に結んだ痕跡がある。「結」は「冊」の意味であろう。

・「九条殿口伝」は、九条師輔の口伝による故実書である。尊経閣文庫に、「小野宮故実旧例」と「九条殿口伝」とで構成される『小野宮故実旧例』が遺されている。

・「天暦御記」は『村上天皇御記』。

・「故殿御記」は『後二条師通記』。

・「叙位」は、官人たちに位階を授ける故実書である。

・「荷前記」は、朝廷へ奉る貢物の毎年最初の分を、十二月に「荷前使」を派遣して、伊勢神宮をはじめ諸方の神や陵墓に献進する行事の故実書である。

・「御堂御筆所充」は、道長自筆の所充《ところあて》の文書である。所充は、朝廷や院宮王家に設置された所の別当を補任する儀式をいう。「被入家之朱銘筥了」と注記されているのは、摂関家の所充であったために「家の朱銘筥」

に別置されていたのであろう。ということは、この記録箱全体が故実書の文書箱であったことを示している。以上、検討してきたように、日記と故実書が一箱に納められている。これと同じ意識のもとに写本を納めた書籍箱が冷泉家にも伝えられている。

冷泉家には御文庫と御新文庫と呼ばれる二つの文蔵がある。御文庫は俊成・定家以来の典籍を納める蔵である。御新文庫は明和四年（一七六七）に為村が造った土蔵で、江戸時代の写本類を主に納めている。

江戸時代の冷泉為久（一六八六〜一七四二）は、それまで勅封扱いにされ、武家伝奏と京都所司代の封がなされていた御文庫が享保六年（一七二一）八月に家の管理となった以降に、蔵の典籍類の修理と御文庫収納本の副本作成に励んだ。その際、巻子本の『明月記』を袋装冊子本の写本として制作した。さらに、この写本を収める箱（架号、御新文庫さ函）を作り、他の典籍と一緒に収納した。その箱は、前から開く倹飩箱《けんどんばこ》で、蓋の表に為久の収納書目を書いた紙が貼られている。記述は、(3)

〵御記　秘
〵長秋　秘
〵平範　秘
〵北山　秘
〵西宮　秘
〵類聚雑要
〵公卿補任　秘
〵次第部類　秘
〵歴名土代

門院号〳
摂関伝〳
「明（別筆）和五年涼風之日改之、為村五十七歳」

とある。為久の子息為村が御新文庫を造った翌五年に、御文庫から御新文庫に移すとき、収納典籍を確認した朱合点の点検が記されている。『中外抄』に記述するように、故実書の『西宮記』『北山抄』と「家の日記」である『御記』の『明月記』が一組になっている。さらに、定家写本を為久が写した『長秋記』（源師時の日記）と『兵範記』（平信範の日記）の写本もある。定家本『長秋記』の原本は明治に皇室に献納され、現在は宮内庁書陵部に保管されている。定家本『兵範記』は一部断簡が冷泉家に伝存するが、早くから散逸している。定家と家柄の同じ貴族の日記であり、故実の参考にするために写本を作ったのであろう。為久が定家本の写本を作り、この箱に納めた。『類聚雑要』以下『摂関伝』まで朝廷に仕えるために必要な故実書である。冷泉家における『明月記』は有職故実書であった。

『明月記』承元二年（一二〇八）十二月二十五日条に「近例可尋見、西宮・北山・蔵人私記、愷中本陣由二代御記載之」とあり、『明月記』も『中外抄』と同じ意識の実用書であった。

松薗斉氏は、貴族社会には「日記の家」[4]という特定の家柄があるというが、「日記の家」があるのではなく、それぞれ階層に応じた日記を書いていたのである。また、松薗氏は「日記の家」を指定する際に伝来状態をめやすにしているが、応仁の乱により大部分の貴族日記は消滅しているため、遺っているかいないかだけで論じるのは無意味である。

ここまで論じたように冷泉家では江戸時代にいたるまで、『明月記』は家の故実書であった。

二　具注暦

定家も日記を書く時、『御堂関白記』と同じような具注暦の一日二・三行の間明けに書き込んでいると思われがちであるが、具注暦には書いてはいない。その例を『明月記』からあげると、

・嘉禄二年（一二二六）四月十九日条、

披見暦、廿一日重日無障、早速可被遂拝賀由、加詞了、

・安貞元年（一二二七）十二月七日条、

今日見暦、帰忌太白旁可憚、

と、「重日」「帰忌太白」等の具注を参照しながら書いていたが、

・天福元年（一二三三）十一月二十六日条、

昨日恍忽之余、忘今日帰忌日、忽見暦驚之、

とあり、暦を見て驚いたとある。それは具注暦の暦注を見ていないことになる。他の記事で、

・安貞元年（一二二七）八月十二日条、

法眼過談之次伝々説、尊長法印暦書日記存外事歟、件暦已在関東、有好人々如明鏡云々、大炊助入道武士預了、

とあり、暦に書かれた日記を「存外事歟」と感想を述べているのは具注暦に書かれた日記は珍しいことであった。では原本はどのような状況であったのであろうか。

冷泉家時雨亭叢書の影印本第三四『建保元年四月記』一巻は、この一か月分のみの記録である。四月二十九日条の次の最終行に、

五月　依大巻切之、

と、巻子が太くなったので五月以降を切ったとある。この記事は、定家が日記を書いていた原本が太くなったために切ったという意味になる。現在の『明月記』が中書書であることから、親本は白紙を継いだだけの続紙の巻子装に書いていたことが読み取れる。

ところで、定家が日記を書く場所に具注暦はなかったと述べたが、どのような状況下であったか。一条兼良著『桃華雑抄』（群書類従巻第九三三）に硯箱の図が載せられている。「御本　重硯筥下重様」とあり、硯の右脇に二巻を置く台があり、その個所に「当年暦」と記している。「御本」とあるから、天皇・院が用いた春夏一巻と秋冬一巻の二巻の間明けのある具注暦の巻子図である。この図から推測するに、定家が具注暦を見なかったというのは、硯箱より離れた場所に間明けのない一巻の具注暦が置かれていたのであろう。

貴族にとって具注暦の記載は第一番に気をつけることであった。いつも具注暦を見ることができるように置かれていた。また誰でも見ることができる場所であったろう。『兵範記』元永二年（一一一九）七月十一日条に、

於院段上、有和歌、殿上人十余人於中門廊講之、以暦台為文台、事了分散、

と、暦台を和歌の短冊懐紙などを置く文台の代わりにしたと記されている。院では暦台が常時置かれ、暦注を参照することができた。そうなると、暦台に置かれた暦は一行取りで間明けのない具注暦であったろう。定家も家に暦台みたいなものが置かれ、誰でも見ることができたと思われる。

具注暦は、『御堂関白記』や『小右記』の記事の毎年十二月一日条に散見するように、暦博士に注文した日記兼用の二〜三行間明きのある具注暦二巻であった。出来上がってくるのが十二月一日である。受取ると、最後まで開いてみるのが慣習になっていた。定家も間明きがない具注暦一巻を、『明月記』嘉禎元年（一二三五）十二月一日条に、

見新暦、不聞世事、

とあり、翌年の暦を受取って巻末までみている。さらに、『御遺誡』に「年中行事略注付暦」と記すのは、桃裕行先生が「家司書」と呼んでいる部分で、最初に一年間の年中行事を日付の頭注に家司に書かせて、毎日の行事を確認していた。定家も巻末まで見終わって「家司書」を記入させたと思われる。

三　「家の日記」（家記）

『明月記』に「家の日記」を詰めて「家記」と記す記事が散見する。家記の条文を列挙する。

・建保元年（一二一三）正月二日条

又仰云、東礼御所御輿寄中門之時、左右近猶可立替由、上皇頻被渋仰之間、松殿関白皆実ニさ候けり、家記雖不見可然由被申、於我者未承伏、但有御問答、被択仰者、其時若心弱帰伏歟、如今案者先両大将入中門座内、正説也、大将入内座右東左西、次将左右向北座、於不背此説者何可立替乎、又代々次将座様、如此家記無之、故入道・故殿御記許ハ不可用由、院被仰云々、法性寺御記、入中門座内由有之、是即有家記由存也者、

・嘉禄元年（元仁二年、一二二五）正月七日条

有経朝臣、女叙位・院宮御申文役・叙列事等、尋之、委示送之、此人、雖有職之余流、不持家記、常音□(信)、毎度委示之、依有内外相好也、

・嘉禄二年（一二二六）正月二日条

自是可参殿下者、夜前曳尻着軾公卿有不審之気、右将軍云、雖為重代蔵人頭、年来不見家記、昨今被問懸之後、多有見出事云々、人々聞之、有相慎之気

・嘉禄二年正月十二日条

一昨日参内、頭中将当時有其誉由、宣旨局語之、代々蔵人頭家記・口伝委授之由、示含了者、極以為面目、

・嘉禄二年四月二十八日条

神事十一月以前無祭、仍随神事以前、諸公事勤否、諸家記等雖有所見、当時常説等不審、仍問平相公、返事云、神事奉行以前、奉幣使勤仕了、是先例歟、

・寛喜三年（一二三一）八月二日条

翌日参内欲議定此事之間、惟任又大殿仰有承旨、不可見三方由難渋、不遂議定退出、弁此由申殿下之間、以有長被申大殿、大殿令驚給、以誰人申示由被仰之間、弁失色取寄件日家記、切出進覧具書、此事忽逆鱗、兼教籠居、御領二ケ所被召之、事趣驚付有勘当、殿下御恥歟、

以上、主だった記述をあげてみた。家記は「代々次将座様」「有職之余流」「代々蔵人頭」「諸家記」などとあるとおり他家の日記である。なお、寛喜三年八月二日条の家記の記事は、家記自体から該当箇所を切り出して進覧している。

『明月記』の「家記」は、他家の日記をさしている。(5) 定家は『明月記』を記主が自身の日記を呼ぶ際の一般的な呼び方である「愚記」と記して区別している。

定家が区別した理由は、他家の「家の日記」を有職故実書の家記として位置づけていたためである。現在の『明月記』は、定家が毎日書く日記を編集して家記としたものである。

四　編　集——紙背文書——

『明月記』の原本は、従来紙背文書があるところから、定家に届けられた書状類の裏の白紙を利用して、日記が書かれたと記述されてきた。そうなると、書くたびに紙を糊付けしなければならない。

紙の継目の重なりは、向かって右手側の紙が左側の紙の上に載っている右手前と反対の左前のどちらかである。右手前の場合、紙を継ぐ時は紙を巻末から糊付けしていく。左手前は、巻頭から糊付けしていく。糊を付ける時

は、紙を二枚重ね、継ぐ側の端に糊付けして上の紙を回転させる。もし重ねないで一枚一枚を糊付すると、互いにちぐはぐとなり、巻子全体が蛇行する。『明月記』は、全巻真直ぐ右手前で継いでいる。そうなると、届けられた書状の裏に当時の日記を書くことは不可能である。『明月記』は紙を継いでから原本を書写した巻子本である。

また、「明月記展」(二〇〇四年)で全巻展示や、冷泉家時雨亭叢書で全巻影印されたことにより、定家一人の執筆でないことが理解され始めている。故実書にするために原本から中書書をする過程で、保存していた文書・書状類が使われた。それは将来の編輯のために保存されていたのである。

近年、文書を保存する状態を推測できる事例が出現した。それは、平成二十五年に重要文化財に指定された大阪市大通寺所蔵の像高九六・六センチの阿弥陀如来立像一体(鎌倉時代)である。

願主は、藤原定家の家司の藤原忠弘で、父の供養のために造立したという。指定名称は、

木造阿弥陀如来立像　一軀

附　阿弥陀如来印仏(八十一通)　八綴

紙背藤原親行書状等

である。文化庁文化財部美術学芸課による指定解説が『月刊文化財』に掲載されている(6)。その解説(彫刻)によると、

(前略)近年の修理によって像内躰部より八綴、計八十一通の納入印仏が取出された。料紙一紙に阿弥陀如来坐像を二四〇躰前後を並べ捺しており、うち七〇紙は表裏にわたり捺している。七一紙分には文書が利用され、いずれも書状とみられる。書状の中には寿永元年(一一八二)十二月の年紀を記すものもあり、これが木像の製作年代の上限となる。

書状の中には、安楽寿院から八条院（一一三七～一二一一）に伝領された播磨国石作庄に関して藤原親行が藤蔵人に送ったもの（右第一綴八・九紙）がある。藤原親行は八条院判官代で、『建春門院中納言日記』（『健寿御前日記』『たまきはる』）には親行が八条院に近侍する様子が記録されている。これと筆跡の類似したものが多数みられることからこれらは親行の手になるものを主体とした書状群である可能性がある。本像は子息で藤原定家の家司であった忠弘など近親者の手になり親行追善像として造立供養されたと考えられる。文書の多くが正文であることから、造立にあたりそれらは発給先により回収されたとも想像される。『明月記』建仁三年（一二〇三）二月十一日条に親行死去の記事がみえ、本像の像立もほぼこのころに置くことができる。（後略）

とある。その『明月記』建久三年二月十一日条には、

入夜忠弘父死去由告之、

とあり、父親行の死去日が判明することにより、この年以降に像立されたと判断できる。造立の際、体内に藤原親行書状等八十一通が八束にまとめられて納められた。

指定の前に修理した日本美術院によると、仏像から一度も釘を抜いた痕跡がないとのことである。それは解体修理したこともないということで、文書束は納入当初のままということになり、納入時の原型を保持しているといえる。束は右側端の中央に一か所穴を開けて紙縒《こより》で綴じられている。綴の紙縒の上から印仏が捺されている。それは束ねられてから一度も解かれたことがなかった証拠である。

解説で「文書の多くが正文であることから、造立にあたりそれらは発給先により回収されたとも想像される」とある。もしそうだとすると、「書状の中には寿永元年（一一八二）十二月の年紀を記す」とあることから、二〇年も前の書状を集めたことになる。解説はまとめられた書状は親行が出した書状の正文と鑑定しているが、集

めたものにしては、あまりにも古いのではないか。また年代順にほぼまとめられているようである。

冷泉家には明治にいたるまで当主の花押が捺された正文と間違ってしまう控えの書状が多数遺されている。これから考えると、親行は書状を出した時に、大事なものは控を取って、生前から遺すべき文書を整理していたと思われる。この整理の結果、遺されたものこそ、『明月記』の紙背文書であろう。定家が『明月記』を書き始めた一九歳の時から七四歳まで、日記は遺されている。晩年に一括清書（中書書）するために、定家は草稿や書状控や届けられた書状等を選択して、毎年まとめていたであろう。紙背文書は上下左右が不規則に切られている。これは、綴じられていたために生じた現象であり、中書書に用いる際に左右上下などを切って巻子に仕立てたと思われる。また、続紙の巻子状態のものは、同じく右端で綴じていたか、単独で集められて折畳まずに右端に年代を記して箱などに入れられていたと思われる。

大部分の紙背文書は、届けられたその日に書状の裏に書かれたように見える。それは、いかに編纂していたかを示しているのであり、当時の紙背文書と日記の記述があうように用いられているのは、その日の記事を補完するために選別されて遺された文書であった。

五　利用形態

実用の有職故実書として利用する場合、巻子装では不便である、求める記述を見出すのが難しい、そのために折本にして用いるのが一般的である。

ここまで述べてきたように、『明月記』は、定家が出家後の七四歳以降に、毎日書いていた日記を中書書したものである。中書書の際に定家は、『建久年三月四月五月記』一巻（国宝、冷泉家時雨亭叢書『明月記』一）を後白河院の崩御記とするために、朱書で俊成の五条殿の名称の「殿」を削ったり、無関係の記事を朱線の抹消記号で削除したりして、崩御記にした。また、『建久九年十二月臨時祭記』一巻（国宝、冷泉家時雨亭叢書『明月記』一）は臨時祭だけを記載した別記である。このような一巻全体が別記になった巻子は折本に改装されていない。が、『明月記』の多くは利用しやすくするために、二〇センチ前後幅に折って折本にし、包表紙を付けた（図1）。また、開きやすいように、折谷側の一か所か二か所に穴を開け、紐を通して輪にした。さらに、重要な記事を利用するために、表紙に目録を書き付けた。冷泉家時雨亭文庫の国宝の中から、包表紙に書かれている目録を抜き出してみる。

【明月記表紙目録】

・『正治二年正月二月記』（叢書五六『明月記』一、第五）

随思出書付

女叙位、院宮御申文　次将不帯剣笏□□

・『元仁二年春記』（叢書五八『明月記』三、第三七）

正治二年正月

不知事

二月八日左大将殿初度作文絶句

九日同御着陣中将参

三月八日同御作文四韻

元仁二年春　嘉禄元年

・『嘉禄二年冬記』（叢書五九『明月記』四、第四〇）

聞及事

十月平座　宣秋門御懺法終　高麗群盗事

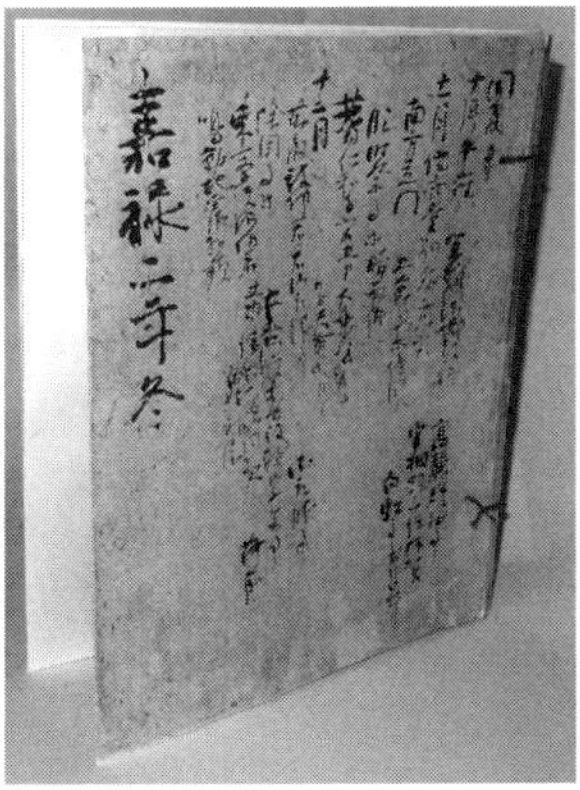

図1　『明月記』表紙目録復元図

十一月住吉童初参二品宮　宰相叙三位拝賀
南方立門　五節事等伝聞　白虹事或非白虹云々
臨時祭事等暗夜儀
廿七日仁和寺宮五部大乗経供養
十二月　　有天変等連々
前殿被仰若宮御元服事　御元服事
除目事等　安嘉門院女房被聴禁色事
東一条院御仏名　廿一日弓場始　下名　同夜　荷前
宿始　新屋
鳴動地震相頻
嘉禄二年冬
・『嘉禄三年冬』（叢書五九『明月記』四、第四一）
伝聞事
十月平座事　中宮行啓　除正二位
十一月五節之□
公卿勅□□（未使）物
十二月十日改元　不聞議定事
十四日春日行幸見物　南京事□□（見物）不及
仏御仏名事等僅聞

下旬列見定□□之由聞之

京官除目

嘉禄三年冬改元安貞

・『寛喜元年冬上記』（叢書『明月記』四、第四四）

女御々入内事　不交衆之了

聞及事不幾不能委記

寛喜元年冬

・『寛喜三年春』（叢書『明月記』五、第四九）

二月十二日中宮御産皇子降誕

寛喜三年春

国宝以外にも、写本のみ残されている日記の建保六年七月条に、

表紙云、此巻和歌秘説有之、不可有外聞、中殿御会事、

七月

とある。「表紙云」とあるのは、ここで述べた表紙目録のことである。

以上、これらの記事から概観されるのは、公事にかかわる有職故実である。『明月記』が家の日記として、子息の為家以下の行動の参考になっていたことが理解される。

六　折本装の袋

三条西実隆の日記『実隆公記』（重要文化財、東京大学史料編纂所蔵）は巻子装になっているが、もとは折本装

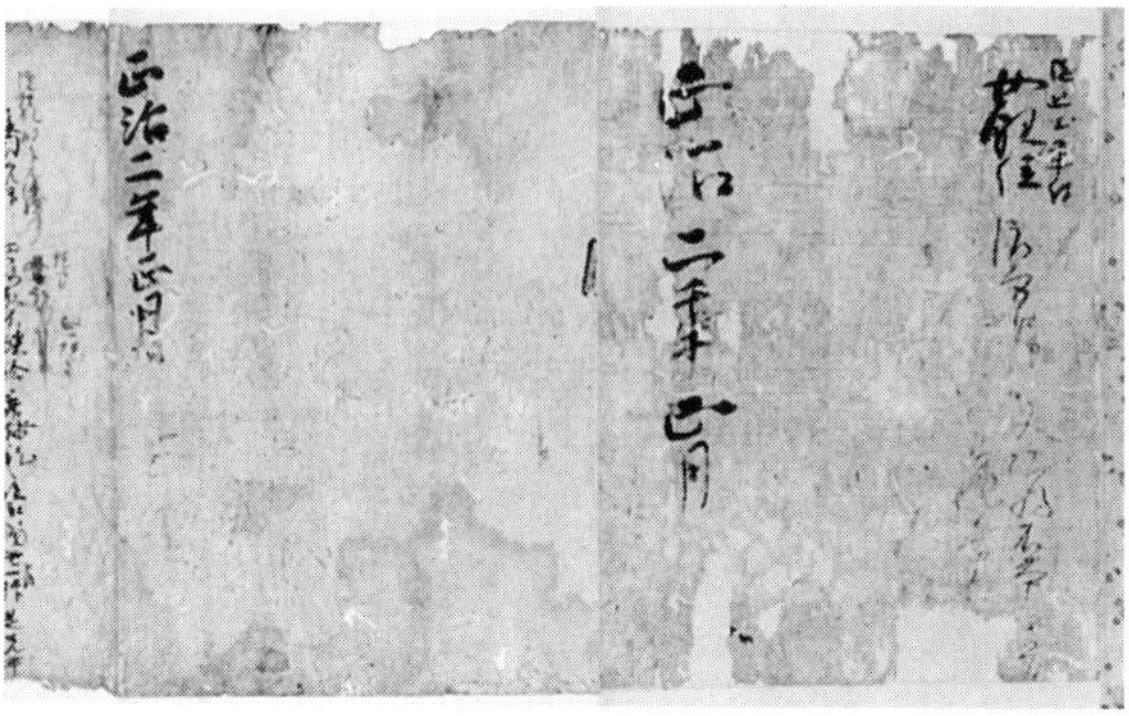

図２　『正治二年正月二月記』巻頭（冷泉家時雨亭文庫蔵）

であった。折本が入る袋(7)も同所に保存されている。『明月記』にも袋があった痕跡が、二例見出される。一例は、前節であげた『正治二年正月二月記』の巻である（図２）。巻頭の法量・翻刻を示すと、

正治二年正月
随思出書付
女叙位、院宮□□又次将不帯剣笏□□

……（一紙目、縦三一・二センチ×横三二・二センチ）……

正治二年正月

……（二紙目、横二二・四センチ）……

と、本文の前に二紙がある。一紙目は表紙目録であり、二紙目は巻名と同じく「正治二年正月」と記載する。一紙目と二紙目とに年号が重複しているのは不要で、一紙目だけにあればよい。さらに、この巻は二五センチ前後幅でもともと折本であったことを示す山折りと谷折りの折線がある。谷折りの線の端から横二・二センチ前後で地から一六・五センチの所に穴が対称に開けられている。対称の穴の間には紐を輪にして折本を綴じていた紐の摺痕がある。この綴穴は一紙目には右端中央にあり、二紙目にはないことが確認できる。そうなると、二紙目は折本を収納する袋であったと考えられる。

もう一例は、北村美術館蔵の『明月記　嘉禄三年春』（重要文化財）一巻で、一紙目（縦二九・〇センチ×横二二・四センチ）の裏に縦一七・六センチ×横四・七センチの表紙と同一の紙に「嘉禄三年春」と記す押紙が貼ら

れている。年号が二度にわたって書かれている。これも、押紙は袋の上書き部分を切り取って、貼り付けたものと思われる。この袋に折本装の本体を入れて保存していたのである。

おわりに

藤原定家の日記『明月記』を通して検証した結果、貴族日記は有職故実書であると位置づけられる。有職故実というと、実際に使われていない古例と考えてしまうが、貴族たちにとってみれば、宮仕えのための規範であり、現実に用いられていた規則書であり、一種の現行法であった。

律令制度が崩壊し摂関時代へと移行していくことは、日本化であり、日本の政治体制に合わせた現実運営である。その時代、律令法が基礎にあるとはいえ、摂関家・羽林家などの家柄の固定化とともに、職種も固定化される。そうなると、一般的な法律では規定できない、家柄に沿った先例書が必要になってくる。それが『中外抄』に示される『西宮抄』『北山抄』と「家の日記」の『明月記』であった。

（1）　新日本古典文学大系『江談抄　中外抄　富家語』（岩波書店、一九九七年）五五九～五六〇頁。
（2）　湯山賢一「『摂関家旧記目録』について」（『古文書研究』六六号、二〇〇八年）。
（3）　拙稿『翻刻　明月記二』解説（冷泉家時雨亭叢書別巻一、朝日新聞社、二〇一二年）。
（4）　松薗斉『日記の家――中世国家の記録組織――』（吉川弘文館、一九九七年）。
（5）　松薗斉『王朝日記論』（法政大学出版局、二〇〇六年）一〇七頁。
（6）『月刊文化財』五九七号（第一法規、二〇一三年）二〇頁。
（7）　拙著『古写本の姿』（『日本の美術』四三六、至文堂、二〇〇二年）四五頁。

第VI部

日記・古記録を素材として

国司苛政上訴寸考——日記を用いた処理手続きの復元——

磐下　徹

はじめに

本稿は日記に残された記録をたよりに、いわゆる国司苛政上訴の処理手続きを復元することを目的としている。国司苛政上訴とは、国司（受領）の非法や不正を、当該国の郡司や百姓らが訴状（解文・愁文・申文などとも）に認め上京し、朝廷に提出・上訴する行為のことである。主に十世紀後半から十一世紀前半を中心に確認される。訴状の写し（「尾張国郡司百姓等解文」）が残されている、永延二年（九八八）の尾張守藤原元命に対する事例[1]がよく知られている。

国司苛政上訴については、かつては「前期王朝国家」体制下での受領支配に対する「農民闘争」「人民闘争」としてとらえられていた[2]。しかし、十世紀以降の地方行政の実態解明が進むなかで、「百姓」とは必ずしも被支配者としての一般農民を指すのではなく、むしろ郡司らとともに国衙に結集し、地方支配を担った有力者層を指していることが明らかにされた[3]。これにより国司苛政上訴についても、強大化する受領支配に対抗する、郡司に率いられた農民闘争というイメージではなく、雑色人などと称される国郡行政を担う地域有力者層と受領の対立、

あるいは有力者間の対立を背景に起こされるものと考えられるようになってきている。(4)

さらに近年では、訴えられる受領の側に着目した考察も見られる。天皇・摂関と受領との関係性や、受領功過《こうか》などを切り口に、受領制の枠組みの中で国司苛政上訴が持つ意味についても検討が進められている。(5)

右述のように、国司苛政上訴に関する研究史には厚いものがあるが、この上訴が中央政府によってどのように受理・審議され、最終的な処分にいたっていたのか、という処理手続きについては、補足的に言及されるにとどまっている感を拭えない。(6) 獄令や公式令などの条文を上訴の法源とする指摘もあるが、(7) 後述するように、これらのみで十世紀以降の国司苛政上訴をとらえきることはできないと思われるし、律令の条文に依拠して十・十一世紀の政務処理手続きを論じることにも限界があるだろう。

しかし、上訴がどのように扱われて処理されたのかという点は、国司苛政上訴の性格や位置づけを考える上での出発点となるべき問題であり、決して等閑に付すことが許されるものではない。

そこで本稿では、平安貴族の日記に残された記録をもとに、国司苛政上訴の処理手続きを復元してみたいと思う。日記に残された上訴の記録は断片的で、一つの事案の終始が必ずしも書き残されている訳ではない。だが、複数の事案の記録を総合することで、処理手続きの全体像が見えてくるのではないだろうか。

本稿は叙上のような目的・意図にもとづいた、国司苛政上訴の持つ歴史的意義を検討するための、いわば予備的考察である。

一　日記を用いた国司苛政上訴処理手続きの復元

本節では、さまざまな日記の中に散見する上訴の記録を収集し、その処理手続きの全体像を提示することを試みたい。

国司苛政上訴の具体的な事例については、すでに先学による優れた一覧表が存在しているため、改めて提示する必要はないだろう。本稿ではこれらの事例の中でも、その処理手続きの様子が比較的よく記録されているものを中心にとりあげてみたい。

本稿末尾の表「国司苛政上訴の処理手続き」は、そのような事例を集成し、上訴主体（原告）とその対象（被告）を示した上で、受理の様子・天皇の対応・関係者の勘問・公卿の対応・処分について、できる限り時系列に沿ってまとめたものである。

なお、表の①~④は九世紀の事例（これらについては国史と『政事要略』による）、⑤~⑭が十世紀後半から十一世紀前半の事例となっている。一般に国司苛政上訴として言及されるのは、⑤~⑭のような十世紀後半以降の事例であり、①~④の事例は形式面での類似は認められるものの、後述するように十世紀以降の事例との間に大きな相違が認められる。したがって本節ではひとまず⑤~⑭の事例をもとに考察を進めていきたい。

（一）　上訴の受理

ここでは郡司や百姓らの上訴が受理される様子を考察したい。

そこで参考となるのが、表⑨寛弘四年（一〇〇七）の因幡国官人・百姓らによる、守橘行平の上訴である。『権記』同年七月二十三日条にはこの上訴の受理の様子が次のように記録されている。

（前略）参内。々大臣参。（中略）亦被レ仰下因幡国官人以下、日者有二愁申之事一、可レ召中其状上。即仰二史是氏一、令二官掌取一之、申二案内一。大臣令三左中弁奏二案内一、申文暫令レ候、可レ待二定日一、百姓等可二罷帰一云々。即又仰之。史公節又預二給申文一。

ここでは傍線部にあるように、内大臣藤原公季が因幡国官人・百姓らの上訴（「愁申之事」）に言及し、その訴状（「中文」）を受理するよう、日記の記主である藤原行成（当時参議左大弁）に命じている。そこで行成は、右少史直是氏に指示して官掌を通して訴状を受け取り、その内容を内大臣に報告している。その上で公季は左中弁源道方に訴状を天皇に奏上させている。

この事例からは、上訴の受理が大臣の判断にもとづいていたことが分かる。もっとも、表⑫長和五年（一〇一六）の尾張国郡司・百姓等による守藤原経国の上訴の場合には、『御堂関白記』同年八月二十五日条に、

（前略）日来尾張国郡司・百姓等参上、愁二守経国難レ堪文一。示二右大臣一令レ取二申文一、仰下可二定一申一由上。

とある。記主の藤原道長は当時摂政であったが、尾張国郡司・百姓等の上訴に言及した上で、右大臣藤原顕光に申文（訴状）を受理させている。摂政道長が天皇の代行として訴状の受理を大臣に命じているとすれば、上訴の受理が天皇の判断による場合もあったことになるだろう。

いずれにしても、上訴が行われると、即日というわけではないようだが（前掲の両史料ともに「日者」「日来」という表現が見られる）、大臣（もしくは天皇）の指示によって訴状が受理され、天皇への奏上が行われていた、という手続きの流れを読み取ることができるだろう。これを端緒に、上訴の処理がスタートするのである。なお、後述するように関係者の勘問という上訴内容の事実確認作業は、上訴の受理後に行われており、また、上訴の受理に先立って訴状内容の真偽を確認するなどの措置がとられた形跡はない。この点については、国司苛政上訴の性質を考える上での重要な視点となるため、節を改めて論じたいと思う。

（2）天皇の対応

先に見たように、大臣によって受理された訴状は天皇に奏上されていた。これに対し天皇がどのような指示を出して対応したのかを本項では考察したい。この点をよく示しているのが、表⑨⑩の事例である。

表⑨は、前項で示した寛弘四年の因幡国の事例である。前掲史料の後半部分（波線部）からは、奏上を受けた当時の一条天皇の対応を確認できる。それによると、まず「申文暫令レ候」と、申文（訴状）をしばらく留め置くように指示している。これはそのあとで申文が右大史源公節に下されていることから、弁官局での保管を指示しているものと考えられよう。次項で触れるように、太政官（弁官）では上訴の関係者（多くの場合は被告たる受領）の勘問が行われることになっていたため、それに備えての措置であろう。

次に「可レ待二定日一」とある。ここでいう「定」とは、第四項で考察するように公卿らが左近衛陣座に集まり、重要案件について審議（合議）する陣定《じんのさだめ》を指していると考えられる。つまり上訴の内容は、陣定での審議を経て処分されるものとされていたのである。

なお、陣定とは天皇による公卿らへの諮問を前提に開催されるものであり、そこで公卿らに求められているのは、意見の具申（答申）である。すなわち公卿らの意見は天皇や摂関による最終決定の際の、飽くまで判断材料なのであり、審議の内容が最終決定となるわけではない(10)。のちに見るように、国司苛政上訴はほぼ例外なく陣定での審議を経ているため、天皇は上訴案件の陣定への諮問も行っていたことが確認できる。

そして最後に「百姓等可二罷帰一」と、上訴主体（原告）である百姓等の帰国を促している。

この他にも天皇の対応をよく示している記録が、表⑩寛弘五年（一〇〇八）の尾張国郡司・百姓が守藤原中清を上訴した例である。次に掲げたのは、『御堂関白記』同年二月二十七日条である。

（前略）従二除目間一、尾張国郡司・百姓愁二国司一。而被レ仰云、早罷下。愁申雑事戒二仰国一、下遣。尚有レ愁、可レ有二重申一者。下二給申請郡司等愁文一。遣下、一々定行。若後又有レ愁、可レ被二重召戒一者。

この条はやや難解な部分もあるが、内容としては、同年正月二十六日から二十八日にかけて行われた春除目の頃から続いていた尾張国郡司・百姓らの上訴に対する、一条天皇の指示（傍線部）と、それに対する道長の返答

（波線部）が記されている。(11)

一条天皇は訴状（愁文）の奏上を受け、郡司・百姓等に帰国することを促し（「早罷下」）、次に上訴内容を守中清に言い聞かせた上で任国に下向させるよう指示している（「愁申雑事戒ニ仰国一、下遣」）。その際、中清の下向によっても問題が解消されない場合に、再度の上訴を容認していることが興味深い（「下遣。尚有レ愁、可レ有ニ重申一」）。

これに対し道長は、愁文（訴状）を天皇から下されると（「下ニ給申請郡司等愁文一」）、中清を任国に下らせるに当たり、訴状の内容を、定（陣定）の場で審議する旨を返答している（「遣下レ、一々定行」）。天皇が道長に訴状を下しているのは、太政官（弁官）での勘問と、それを前提とした陣定での審議を念頭に置いているからだろう。

このように表⑩の例からも、上訴の奏上を受けた天皇が、原告の帰国を指示していることが確認できると同時に、被告である受領の下向も指示していることが分かる。この他にも表⑫の長和五年（一〇一六）の尾張国の事例、⑬の寛仁三年（一〇一九）の丹波国の事例でも、ともに道長ないし頼通の摂政期ではあるが、彼らは天皇の代行者である摂政の立場で訴状の奏上を受け、陣定開催の指示（⑫）や、原告の帰国・国司の任国下向（⑬）を指示している。

さらに、表⑦長保元年（九九九）の淡路国の場合には、『小右記』同年七月十八日条に、

（前略）因ニ州民愁一、可レ問ニ淡路守扶範一之由、一昨被レ下ニ宣旨一云々。

とあり、上訴された淡路守讃岐扶範の勘問を指示する宣旨が下されている。この勘問については、『御堂関白記』同年九月二十四日条に「守扶範於レ官問ニ日記一」と見えていることから、次項で言及する太政官（弁官）による勘問である。すると、表⑨の事例で天皇の指示により留められた訴状が弁官局にもたらされていることとあわせて考えれば、長保元年の宣旨も天皇の意向を奉じたものと判断され、天皇は関係者の勘問も指示していたことにな

る。

以上の事例を総合すると、国司苛政上訴の奏上を受けた天皇は主に、

A　原告たる郡司・百姓等の帰国（⑨⑩⑬）

B　被告たる受領の任国下向（⑩⑬）

C　訴状の弁官局（太政官）での保管と関係者の勘問（⑦⑨）

D　陣定開催（⑨⑩⑫）

といった指示を出して対応していたことが明らかとなる。もちろん、上訴の状況や内容により、毎回必ずしもこれらの指示がすべて出されていたわけではないだろうが、この四点が天皇のとるべき措置であったと考えて大過ないだろう。

では、次に天皇の指示Cとしてあげた、関係者の勘問を見てみたい。

（3）太政官（弁官）での勘問

本項では、上訴関係者の勘問についてまとめてみたい。

前項でもとりあげたが、表⑦長保元年淡路国の例では、『小右記』同年七月十六日条に守讃岐扶範の勘問が指示されている。そして『御堂関白記』同年九月二十四日条には、

（前略）此間依二淡路国百生（姓）愁一、守扶範於レ官問二日記一。諸卿定申、替人可レ被レ任者。（後略）

とあり、上訴された被告たる受領が「官」すなわち太政官において勘問を受け、陣定で解任という結論が出されている。

また表⑨寛弘四年の例では、『権記』同年十月二十九日条が参考となる。

（前略）因幡守行平朝臣、依二百姓愁訴一被レ召下問殺二害介千兼一由等上。一度参候、弁申不分明。其後度々雖レ令レ召不レ参。仍其由被レ下レ定。諸卿申下法家可二勘申一由上（後略）

ここでは、上訴された因幡守橘行平に対し、介の因幡千兼（『日本紀略』同日条では千里）の殺害などの件につき、「召問」（勘問）が実施されている。行平は一度は応じたものの、その弁明は不明確で、その後の勘問には応じなかったようである。またこの場合も、その内容が陣定に下されている。

この勘問の具体的な実施状況についてはよく分からない。しかし、七月二十三日に上訴を受理した際、訴状（申文）が最終的に弁官局（右大史）に下されていることや、表⑦の事例で、勘問が太政官で行われていたことなどを勘案すれば、この場合も太政官、具体的には弁官の担当のもとで実施されたと考えることができるだろう。このように、上訴が受理され天皇へも奏上されると、その後の陣定に備えて、太政官（弁官）による勘問が実施されていたと考えられる。また例示したケースでは、勘問を受けているのは被告たる受領のみであり、原告たる百姓等には前項で指摘したように帰国が命じられ、特に勘問を受けた形跡はない。

なお、表⑪長和元年（一〇一二）加賀国と⑭万寿三年（一〇二六）伊賀国の事例は、他の苛政上訴とはやや異なった側面を持っている。上訴の多くが、郡司や百姓の側のみからの一方的なものであるのに対し、この二例については受領側も百姓等を提訴しているのである。百姓側からのみの一方的な上訴では太政官（弁官）での勘問の後に陣定にかけられるのと異なり、⑪の例を見る限り、この場合には、先に陣定の審議を経てから両者の上訴内容の真偽を糺すための勘問が行われ、それをもとに改めて陣定が開催されている（『御堂関白記』長和元年九月二十二日、同十二月九日条）。表⑭では陣定の開催が明確には確認できないが、同様の事例と考えられ、弁官（太政官）における勘問の様子を具体的に知ることができる。以下、⑭に即しながら弁官（太政官）における勘問の様子を確認しておきたい。

⑭は『小記目録』（巻一八訴訟事）万寿三年二月二十二日条に「伊賀国百姓訴訟事」、さらに同二十八日条には「伊賀国訴事」とあり、百姓等と受領側が互いに提訴していることが確認できる。前者については『日本紀略』同年四月二十三日条に、

（前略）左中弁経頼令レ問二伊勢《（ママ）》国在庁幷百姓等訴事一。守親任《（光カ）》非道事也。

とあり、在庁や百姓が守藤原親光の非道を上訴したものであることが分かる。また、後者については『左経記』同年四月七日条に、左大史小槻貞行の発言として、

（前略）依二伊賀守親光朝臣愁一、可レ召二問散位山村宿禰貞《（真）》舒一之由、蒙レ仰先了（後略）

と見え、受領側も山村真舒なる人物を提訴している。事の経緯から見て、彼は伊賀守を上訴した在庁・百姓側の代表者と判断して良いだろう。

この百姓側の関係者と思しき真舒の勘問は、『左経記』四月七〜九日条によれば、太政官東庁において当時左中弁の源経頼を筆頭に、六位の左大史某基信、史生、官掌らによって行われている。弁以下の官人が東庁に設置された座に着くと、太政官庁南門外に控えていた真舒を召し、彼が着座すると、

（前略）史次第問二国解所レ申之五个条事一。真舒耳頗不レ聞者。仍以二官掌一近居令レ伝二仰所レ問之旨一。及二子剋一事了。（後略）

と（九日条）、解文に列挙された五か条の受領側の提訴内容を、真舒に問い質す形で勘問が進められている。

一方、受領側への勘問は国書生に対して実施されており、その詳細も『左経記』四月二十三日条に記録されている。

（前略）於二官南門一召二問伊賀国書生等一、（中略：南門の座敷設）余仰二左大史基信一、令レ召二佐那具秀正一。史召二官掌一二声、官掌唯。史仰二秀正可レ召之由一。官掌唯、起座召之。秀正進二立南階下一向レ史。史問之云々。畢一々召

問。次々人如レ前。入レ夜日記清書。召人弁史・余共加署、退出。召人等候ニ宮内西門一、随レ召参進。問畢留奴人ハ副ニ使部一遣ニ八省一、不レ交ニ未レ問人之一。

この場合は場所が太政官庁南門となっているが、左中弁経頼や左大史基信以下の弁官局の職員によって、伊賀国書生佐那具秀正以下の勘問が実施されている。この場での発言内容を記した日記には、召人たる国書生等にも加署させており、また証言の口裏合わせができないよう、勘問の終わった者を使部とともに八省院に移動させ、未了者と交わらないようにするなど、適正な勘問実施のための配慮がうかがえる。

以上は、百姓らと受領が互いに上訴した場合の事例と考えられるが、百姓等の一方的な提訴の場合の弁官（太政官）による受領（およびその関係者）の勘問も、これに準じて行われていたのではないだろうか。

（4）陣定

前項では上訴関係者の勘問について考察した。本項では弁官（太政官）による勘問を前提に開催される陣定について言及したい。

すでに何度か述べているが、上訴が奏上されると天皇は陣定への諮問を行う。また、郡司・百姓等と受領が互いに提訴している場合を除けば、陣定の前に弁官（太政官）による被告たる受領の勘問が実施されている。天皇の指示のもと、訴状と弁官の勘問の内容を材料に、公卿たちは上訴に関する意見答申を行うのである。

公卿らによる陣定の事例は、表⑥永延二年尾張国、⑦長保元年淡路国、⑨寛弘四年因幡国のものが詳しい。⑥⑦の事例では、公卿らは被告たる受領を罷免して別の人物に交替させるべきと結論し、この陣定での審議結果をもとに被告の受領は解任されている。

なお、表⑨寛弘四年因幡国の事例はやや特殊である。この場合には、陣定が同年十月二十八日と十二月二十五日の二回にわたり開催されている。このうち一回目の陣定は、七月二十三日に行われた被告因幡守橘行平の弁官での勘問にもとづく、いうなれば国司苛政上訴にともなうものであると考えられる。この陣定では、訴状や勘問により行平が因幡介の因幡千兼（『日本紀略』では千里）殺害に関与した疑いが濃厚となったため、法家に勘申を命じるべきとの結論が出されている。この結果を受けて再度開催されることになったのが、十二月の陣定である。したがって二回目の陣定は上訴にともなうものではなく、法家勘文にもとづき罪人の処罰を審議する、いわゆる罪名定であると考えるべきだろう。(12)

このように当該事例では、特に一度目の陣定以後は国司苛政上訴というよりは、殺人事件の処理として側面が強くなっている。法家への勘申と法家勘文の提出という手続きは、他の上訴の事例には確認できないものであるが、これは殺人事件に対する対応であって、通常の国司苛政上訴の手続きの一環として位置づけるのは不適切であろう。

この他、表⑪長和元年加賀国と⑭万寿三年伊賀国の事例は、百姓らと受領が互いに上訴し合っているケースである。この場合は、百姓等側からのみの上訴の場合と異なり、陣定開催後に当事者の勘問を実施している。⑪の加賀国の事例では勘問の後に再度陣定が開催され、最終的な結論にいたっている。百姓側からのみの上訴の場合、百姓等の主張は訴状によって把握できるのに対し、被告たる受領側の言い分は勘問を実施しない限り聴取することができない。しかし双方が上訴し合う場合には、両者の主張がすでに出揃っているため、直接陣定での審議に持ち込むことが可能なのだろう。その上で各々の主張の真偽を弁官の勘問によって再確認し、最終的な判断が下されていたと考えられる。

以上、国司苛政上訴における陣定について考察した。確認できる実例を見る限り、ここでの結論がそのまま最終的な処分とされていることが多く（⑥⑦⑪）、陣定は事実上最終決定の場として機能していたと考えられるだろう。

(5) 小括

本節では国司苛政上訴の処理手続きを概観してきた。その結果、

I 大臣(天皇)の指示にもとづく上訴の受理と奏上
II 天皇による各種の指示(陣定の開催など)
III 太政官(弁官)における関係者の勘問
IV 陣定
V 処分の決定

という一連の処理手続きを復元することができた。もちろんこれは大原則であって、上訴の内容や状況によって手続きに相違が生じることもあったはずである。たとえば表⑨の因幡国の例では途中から殺人事件の処理手続きとしての側面が強くなり、二度目の陣定は罪名定ととらえるべきで、上訴そのものの処理手続きとは別に考えなければならない。また、表⑪加賀国・⑫伊賀国の事例は、百姓等側のみならず受領側も上訴しているケースであり、このような場合にはIIIとIVの順番が入れ替わっている。

このように個々の上訴によって処理手続きが必ずしも一定しているわけではないが、右に示したI~Vの手順を、国司苛政上訴の基本的な処理手続きとみなせるのではないだろうか。

以上、十世紀後半~十一世紀前半の国司苛政上訴について、日記に現れた断片的な記録を総合することで、その処理手続きの復元を試みた。ここで節を改め、この処理手続きからうかがえる国司苛政上訴の特質を指摘してみたいと思う。

二 国司苛政上訴の特質

前節では日記に残された記録をたよりに、国司苛政上訴の処理手続きを復元した。本節ではその知見をもとに、この上訴を政務形態と裁判制度の二つの視点から分析し、その特質を考えてみたい。

(一) 摂関期政務としての国司苛政上訴

摂関期(十・十一世紀)の政務形態については、政《せい》・定・奏事の三種に大別されて論じられる(13)。このうち政は、外記庁や南所(侍従所)あるいは陣座で行われる申文(公卿聴政)のことで、弁・史による結政《かたなし》を経た諸司・諸国からの解文が上申され、公卿(上卿)が決裁する政務である。上申内容によって、上卿が決裁できるものと、官奏によって天皇に奏上し最終的な決裁を仰ぐべきものに分けられていた。また定とは、前節でも触れた陣定に代表されるもので、天皇の諮問に応じて開かれた公卿らの合議のことである。陣定以外にも殿上定や御前定などが開かれていた(14)。

この両者については、政(申文)を経て天皇に奏上された案件が、陣定に下されて審議されることもあったことから、一連の政務処理手続きであることが明らかにされている(15)。

一方、奏事は弁官の結政や政(申文)を経ずに、解文などが天皇に奏上される政務のことを指している。院政期になると、上卿を介することなく大夫史から直接蔵人頭を経て奏上されるようになるが、摂関期においては弁官から上卿を経て奏上されていた。前者については十一世紀中頃から十二世紀初頭にかけて整備され、後者については十世紀末から十一世紀にかけて行われていたと考えられる(16)。この場合でも、天皇に奏上された案件が陣定などに下されて審議される場合があり、奏事と定も有機的な関係を有していた(17)。

右記のような摂関期の政務形態の中で、国司苛政上訴はどのように位置づけることができるだろうか[18]。前節で見たように、国司苛政上訴は天皇に奏上された上で陣定の場に持ち込まれて審議されていたことは明白である（II～IV）。したがってここで検討すべきは、上訴の受理の様子（I）であろう。そこでまず上訴が政（申文）として処理されているかどうかを検討してみたい。

『九条年中行事』や『北山抄』巻七都省雑例には、大・中納言が受理して処理すべき内容が「申二大中納言一雑事」として、また一の大臣（一上）が受理して処理すべき内容が「申二一上一（雑）事」として具体的に列挙されている。さらにそれぞれの内容を「奏」とそれ以外（「上宣」）に分け、天皇に奏上しなければならないものと、公卿レベルで決裁できるものとを示している。そしてここにあげられているのは、政（主に南所申文と陣申文）で取り扱われるべき案件であると考えられる[19]。この中に国司苛政上訴に相当する内容のものを探してみると、「申二大中納言一雑事」に「訴訟事」という項目が見出される。

この「訴訟事」は「上宣」すなわち上卿（大・中納言）によって決裁可能な案件とされている。『北山抄』には次のように示されている。

訴訟事続二前例一。若事重奏

このように「事重」とされた場合には「上宣」ではなく天皇への奏上がなされることとされており（『九条年中行事』にも「若重事者奏」とある）、また上卿への上申に際しては、解文に「前例」を続《つ》いで提出する必要があったことが分かる。これは政（申文）の事前準備である弁官による結政においてなされた処理であろう。では、大・中納言に対して申文されたこの「訴訟事」に国司苛政上訴は含まれたと考えて良いのだろうか。

国司苛政上訴の場合、本稿末尾の表で示した事例で分かる範囲においては、上訴の受理は大臣（もしくは天皇の指示）によって行われている（⑨⑫）が、南所や陣座で処理されたことを明示する事例は確認できない。さらに前節第一・三項で確認したように、弁官による訴状内容の確認（関係者の勘問）は上訴の受理後に行われており、訴状が大臣の手元にもたらされる以前に、弁官の結政による処理（前例の続文など）等が行われた事例も認められない。むしろ大臣の指示によって初めて百姓等の上訴は受理されているのである。

以上の点を考慮すれば、国司苛政上訴が政（申文）の場で処理されるべき「訴訟事」の中に含まれたと解することは困難であろう。すると消去法的に、この上訴は奏事によって処理されるべき案件とされていたと考えられるのではないだろうか。

上訴受理の様子については、表⑨寛弘四年の因幡国の事例がもっとも詳しい。そこでは内大臣藤原公季の指示によって百姓等の上訴を受理し、大臣へ報告しているのは参議左大弁の藤原行成である。そして公季はその場で訴状を左中弁源道方に奏上させている。これら一連の手続きは同日に連続して行われており、「弁官→上卿→奏」という摂関期に確認できる奏事の手続きに類似している。さらに訴状の奏上を受けた一条天皇は、陣定の開催を指示しており、ここから「奏事→定」という政務処理過程との共通性を読み取ることができるだろう。

叙上のように、十・十一世紀の国司苛政上訴は政（申文）を経ることなく、訴状（解文）が上卿（大臣）によって奏上される摂関期の奏事に類似した構造を持つ政務と位置づけることができる。もっとも、国司苛政上訴は必ずしも政や奏事の範疇でとらえるべきものではないのかもしれない。しかし、郡司や百姓等の解文が弁官や上卿の処理を経る以前に天皇に奏上されていることを想起すれば、奏事としての側面は濃厚である。このことは次に示した九世紀の百姓上訴の処理過程と比較することでより明確となる。

『政事要略』巻八四糺弾雑事には、次に掲げたような伊賀国百姓解が収録されている（表①）。

伊賀国百姓解　申進雑愁文事外題云、右大臣奏了。左大史住吉氏継。三月十三日

合若干条

一高年民賑給穎乎給弖即折留天民到愁状

右云々。望請官裁。

一官舎器仗修理料遺不レ給愁状

右云々。望請官裁。

弘仁十年十一月十一日

一審

読申右少史猿女副雄

右中弁大伴宿禰国道

少弁藤原朝臣村田

弘仁十三年七月廿二日

二審

記右少史猿女副雄

右少弁藤原朝臣村田

同月廿五日

三審

記右少史猿女副雄

右中弁大伴宿禰国道

少弁藤原朝臣村田

同月廿六日

この史料は「弘仁十年十一月十一日」までの部分が実際に提出された解文であり、「一審」以降は解文を受理した上での弁官による審査の記録である。さらに冒頭の外題には、「三月十三日」に右大臣によって奏上された旨も記されている。

外題に見える奏上が行われた「三月十三日」については、弘仁九年（八一八）に右大臣藤原園人が死去して以降、同十二年（八二一）正月に藤原冬嗣が任じられるまで右大臣が空席であった（『公卿補任』）こと、また弁官の「三審」が十三年七月二十六日に終了していることから、弘仁十二年・十三年・十四年（以降）の三通りの可能性が想定される。このうち前二者であれば、弁官による審査以前に解文が奏上されたこととなり、後者であれば弁官の審査後に奏上されたことになる。

この点については、当該史料が上卿（大臣・大納言）一人が諸司・諸国からの解文（申文）をそのまま奏上する官奏の初見史料である可能性に留意したい。[20]官奏では、たとえば『北山抄』巻三拾遺雑抄上官奏事を見ると、奏上に先立って上卿が陣座で奏上する文書の確認をする際「先見二本解一、次見二続文一」とあり、天皇に奏される解文には続文がなされていたことが分かる。当該史料を官奏によって奏上された解文であるとすれば、「一審」以下の部分は本解に付された続文であると考えられよう。すると奏上以前に弁官の審査が行われていたことになるため、奏上日は弘仁十四年三月十三日ということになる。[21]

以上の解釈が妥当であるとすれば、九世紀の上訴に関しては、天皇への奏上以前に弁官による審査が行われていたことになる。官奏による奏上が行われていたと考えた場合、その前提として弁官結政や公卿聴政がなされていた可能性が高いのである。[22]つまり九世紀段階の上訴は、弁官によって受理・審査された上で公卿へ申政され、その後に天皇へ奏上されていたと考えられるのである。このことは奏事的な側面を持つ十・十一世紀の処理過程と鮮やかな対照をなしているといえるだろう。

先にあげた弘仁年間の解文は、国司の不正を百姓等が越訴しているという点で、養老職制律40長官使人有犯条や養老公式令65陳意見条に通じる側面が認められる。[23]また『政事要略』の当該解文所収部分の直前には、告言を受けた者の三審を定めた養老獄令38告言人罪条が引用されており、当該事例が律令の規定の中に位置づけられ得ることを示している。したがって九世紀における上訴の処理手続きは、律令の規定に依拠したものであったと考えることができるだろう。とするならば、これらとは処理過程を異にする十・十一世紀の国司苛政上訴と、九世紀までの事例（表①〜④）とは一線を画して考えるべきではないだろうか。

政務形態という視点から十・十一世紀の国司苛政上訴を考えると、九世紀段階の律令の規定にもとづいた同様の上訴との連続性を過度に強調することはできないのである。

（2）摂関期裁判としての国司苛政上訴

ここでは摂関期（十・十一世紀）の裁判制度の中で国司苛政上訴について考えてみたい。

摂関期の裁判制度については、「太政官の裁判システム」と「検非違使の裁判システム」の両者が存在していたことが明らかにされている。[24]国司苛政上訴の処理手続きを見る限り、検非違使の関与は一切確認できないことから、ここでは「太政官の裁判システム」との関係性を中心に裁判制度としての上訴の特質を考えてみたい。

「太政官の裁判システム」に関しては、先学により㋐弁官による訴訟の審理、㋑弁官・外記・法家らによる勘申、㋒公卿の議定と天皇による決裁、によって構成されていることが明らかにされている。このうち㋐は訴訟の受理と事実関係の確認、㋑は事実関係にもとづいた処分案（量刑）の提示、㋒は㋐㋑をもとにした処分の最終決定、という役割をそれぞれ担っている。

摂関期の「太政官の裁判システム」成立過程の考察からは、㋐㋒の過程はすでに律令裁判制度の中に取り込まれていること、また、律令制下では刑部省が担っていた量刑の確定機能が、九世紀後半頃から次第に法家に移行していった（㋑の過程が成立した）ことで、十世紀にいたり「太政官の裁判システム」が完成したということが指摘されている。そして、刑部省から法家へとシフトしていった量刑の確定という機能こそが、裁判の中核をなしたとされている。(25)

このような摂関期の「太政官の裁判システム」から国司苛政上訴をとらえてみるとどのようになるだろうか。まず、㋐の弁官による事実関係の確認については、国司苛政上訴においても弁官による関係者の勘問（Ⅲ）という形で確認することができる。また、㋒に関しても天皇による各種の指示（Ⅱ）や陣定の開催（Ⅳ）から、それに相当した手続きがとられていることが知られる。ところが、㋑の法家らによる勘申という過程については、国司苛政上訴の中には確認することができない。

唯一、表⑨寛弘四年の事例にのみ、一度目（十月二十八日）の陣定において法家への勘申指示が答申され、十二月二十五日には実際に法家勘文をもとに二度目の陣定が開催されている。しかしこの事例については、先述したように十月二十八日の陣定以降は、通常の国司苛政上訴ではなく殺人事件として扱われていると考えられ、二度目の陣定は法家の勘申にもとづく罪名定ととらえるべきである。そして他の事例を見る限り、国司苛政上訴の処理過程で、法家や弁・外記らが勘文を提出した形跡はない。つまり国司苛政上訴を裁判としてとらえた場合、その中核ともいうべき法家による勘申――法にもとづく処分案の提示――がなされていないという特徴が見出されるのである。

一方で表④の貞観十三年（八七一）越前国百姓等が守弘宗王を上訴した事例を見てみると、同年十一月二十三日に、太政官論奏により、弘宗王の処分に関する刑部省断文が奏上されている。すなわち九世紀においては、刑部省による「断」（量刑）が行われていたことが確認できるのである（『日本三代実録』同日条）。このことは十・

十一世紀の国司苛政上訴とは大きく異なる点である。

九世紀には刑部省による量刑が行われているのに対し、十・十一世紀においては刑部省の量刑機能を受け継いでいる法家による勘申が見られないということは、十世紀以降の国司苛政上訴が、法に照らした上でその処分を確定させるべきものとは意識されなくなっていることを示している。裁判制度という視点からも、九世紀の上訴処理と十・十一世紀の国司苛政上訴との間には、明確な変化を読み取ることができるのである。

では、法にもとづく処分という意識が希薄化した十世紀以降の国司苛政上訴の処分にはどのような意味があるのだろうか。この点を考える上で注目できるのが表⑩の寛弘五年尾張国の事例と、⑬の寛仁三年丹波国の事例である。この両事例では、ともに上訴された受領に対し任国への下向が指示されている。また前節第二項で指摘したように、⑩の場合には下向の指示を出した天皇が「尚有レ愁、可レ有二重申一」と、受領の任国下向によっても事態が収拾しない場合の、郡司・百姓等による再度の上訴を容認している。さらに⑬の場合には、受領が任国へ下向した結果、事態が終息したようであり、のちに百姓等は丹波守藤原頼任の「善状」を提出するために陽明門に赴いている（『小右記』『左経記』寛仁三年九月二十四日条）。

これらを見る限り、十・十一世紀の国司苛政上訴の場合には、被告たる受領の法的処分が前提ではなく、まずは彼らを任国に下向させ、郡司や百姓ら地域有力者層との直接的な折衝による事態の収拾が期待されていたと考えることができるだろう。実際に表⑩⑬の事例では、受領の下向によって事態が終息したようであり、受領の解任・交替にはいたっていない。さらに、訴訟を起こした郡司・百姓等に対し早期の帰国を促しているのも（表⑨⑩⑬）、現地での受領側との交渉による問題解決が念頭に置かれていると考えられよう[26]。

十・十一世紀の国司苛政上訴を当該期の裁判制度の中で考えてみると、中央からの一律な基準で地域社会内の問題を解決するのではなく、時の受領と地域有力者層（郡司・百姓）との個別の折衝で事態が終息することを期待するという、当時の古代国家の地方支配に対する姿勢を読み取ることができるのではないだろうか。

結びにかえて

以上、国司苛政上訴について若干の考察を試みた。

第一節では平安貴族の日記に残された国司苛政上訴の記録を総合し、その処理手続きの全体像を示すことを試みた。そして第二節では前節での結論をもとに、摂関期政務と裁判制度という二つの側面から国司苛政上訴の分析を行った。

第二節の考察からは、国司苛政上訴が政務処理のあり方としては奏事と類似している、すなわち訴状が弁官結政や公卿聴政を経ることなく奏上されること、また摂関期の裁判としては「太政官の裁判システム」に近い構造を有するものの、法にもとづいた処分の提示という、本来裁判制度の中核として位置づけられるべき法家の勘申が確認できないということを明らかにすることができた。一方、九世紀の上訴の事例を見る限り、その処理手続きに奏事的な側面は見出されず、むしろ弁官による事前審査（結政）や公卿聴政を経た上で訴状が奏上されていた可能性が高いこと、さらにその処分に際しては刑部省による「断」（量刑）が行われていたことから、九世紀と十世紀以降の国司苛政上訴とは必ずしも同列に論じられないことを指摘した。

本稿では、日記に残された記録の分析を中心に、右記のような国司苛政上訴の特質を抽出したわけであるが、これらは一体どのような歴史的意味を持つのだろうか。

既述のように九世紀の上訴においては、刑部省による「断」＝法にもとづく処分の提示が行われていたが、同時に上訴を受けて中央から現地へと推問使(27)（詔使・朝使）が派遣されていたことが確認される（表③、三善清行『意見封事十二箇条』請レ停下止依ニ諸国少吏并百姓告言訴訟一差中朝使上事）。この推問使の派遣は、法的処分を検討する際の情報収集を目的としていると考えられる。しかし同使の派遣も、十・十一世紀には見られず、延喜年間頃に停止された可能性が高い(28)。

このような現象については、古代国家の地方支配理念が変化し、支配の実際(百姓の辛苦を問う、賑給、勧農、祥瑞など)を受領に委任してみずからが直接的に関与しなくなったことの表れであるという指摘がある(29)。そうであるとするならば、中央における一律的な法にもとづく処分にこだわらず、受領と郡司・百姓ら地域有力者層との現地での折衝による個別的な問題の解決を期待するという国司苛政上訴への対応も、叙上のような古代国家の地方支配における姿勢の変化に呼応したものだったと考えられるだろう。

ただし、推問使の派遣や法家の勘申が行われなくなった——中央政府による積極的な関与が行われなくなった——後でも、上訴が奏事的な形で天皇にまで達せられ、また種々の指示が出されていることも忘れてはならない。形式的であるにせよ、受領と地域有力者層、換言すれば中央と地方の利害関係の調整者として天皇が立ち現れていること、ここにこそ古代国家の目指した天皇を中心とした中央集権的地方支配のあり方の残滓を認めることができるのではないだろうか。

以上、粗々見通しを述べるにとどまってしまったが、以上をもって結びにかえたいと思う。論じ残した課題はあまりに多いが、日記を用いた十・十一世紀の国司苛政上訴の処理手続きの復元を試みた寸考としてご理解いただければ幸いである。本稿を予備的考察とする所以である。

(1)「尾張国郡司百姓等解文」の内容や研究史については、加藤友康「藤原元命はなぜ訴えられたか」(『新視点日本の歴史　第三巻　古代編II』新人物往来社、一九九三年)に簡潔にまとめられている。
(2)坂本賞三「国司苛政上訴と中央貴族の地方政治観」(『日本王朝国家体制論』東京大学出版会、一九七二年、第二編第一章第二節)、島田次郎「百姓愁訴闘争の歴史的性格」(『日本中世の領主制と村落　下巻』吉川弘文館、一九八六年、初出一九八〇年）など。

(3) 山口英男「十世紀の国郡行政機構」（『史学雑誌』一〇〇―九、一九九一年）、同「「尾張国郡司百姓等解文」と藤原元命」（『UP』三五〇、二〇〇一年）。

(4) 前掲註(3)山口論文、福島正樹「中世成立期の国家と民衆を考えるために」（『中世成立期の歴史像』東京堂出版、一九九三年）など。

(5) 増渕徹「上訴と功過」（『京都橘女子大学研究紀要』二五、一九九八年）、寺内浩「国司苛政上訴について」（『受領制の研究』塙書房、二〇〇四年、初出一九九九年）など。

(6) なお井原今朝男「摂関・院政と天皇」（『日本中世の国政と家政』校倉書房、一九九五年、初出一九九二年）では、摂関期の国司苛政上訴の処理手続きがとりあげられている。そこでは①陣定での公卿らの合議を前提とした太政官ルートによって処理される場合と、②陣定を経ることなく（公卿らの合議＝太政官を疎外する形で）、職事弁官による天皇や摂関への奏事によって処理される場合の二つの処理ルートの存在を指摘している。しかしこれは後述するように、一連の過程を二つのものとしてとらえた結果であると判断される。

(7) 佐藤宗諄「百姓愁状の成立と貴族政権」（『平安前期政治史序説』東京大学出版会、一九七七年）、前掲註(2)島田論文など。

(8) 前掲註(2)坂本論文および同「『小記目録』の国司苛政上訴・善状提出記事」（『日本歴史』四四二、一九八五年）、前掲註(7)佐藤論文、前掲註(2)島田論文、前掲註(5)寺内論文など。

(9) なお既述のように、本表は上訴の処理手続きの具体的な様子がうかがえる事例を中心に集成している。また従来は、寛仁二年の長門鋳銭司判官土師為元による長門守高階業敏の上訴も、国司苛政上訴の例としてとりあげられることが多い。確かに『左経記』同年十二月七日条では、この上訴が「民之愁」と表現されており、為元の上訴が長門国の郡司・百姓らの意向を代表しているようにも見える。しかし『小右記』同日条には「国司与為元逓成二大乱一」とあり、この上訴が守業敏と為元の個人的な対立にもとづくものととらえることができる。国司苛政上訴において、原告側が「鋳銭司判官土師為元」などという個人として認識されている例は他になく、地域有力者層としての郡司や百姓らによる上訴とは、やや趣を異にしていると考えられる。したがって本稿では

『小右記』の記載にもとづき、本事例を国司苛政上訴の事例としてはとりあげなかった。

(10) 陣定については、土田直鎮『日本の歴史5　王朝の貴族』（中央公論社、一九六五年）、大津透「摂関期の陣定」（『山梨大学教育学部研究報告』四六、一九九五年）参照。なおこの陣定は、上卿一人と参議一人で行われる定ではなく、複数の公卿が合議を行うものである。

(11) 当該条の註釈については、『御堂関白記全註釈　寛弘五年』（思文閣出版、二〇〇七年）にて詳述した。参照されたい。

(12) 前掲註(10)大津論文。

(13) 橋本義彦「貴族政権の政治構造」（『平安貴族』平凡社、一九八六年、初出一九七六年）。

(14) 前掲註(10)大津論文、安原功「昼御座定と御前定」（『年報中世史研究』一四、一九八九年）など。

(15) 曾我良成「太政官政務の処理手続」（『王朝国家政務の研究』吉川弘文館、二〇一二年、初出一九八七年）。

(16) 前掲註(15)曾我論文、玉井力「十・十一世紀の日本」（『平安時代の貴族と天皇』岩波書店、二〇〇〇年、初出一九九五年）。

(17) 前掲註(15)曾我論文。

(18) なお政や奏事は、原則として中央諸司や諸国あるいは有力寺社からの申請を処理する場である。したがって郡司や百姓が主体となる国司苛政上訴を処理する場としてとらえることは不適切であると考えられなくもない。
律令の規定によれば、犯罪行為は当該事案の発生した場所を管轄する官司に提起され、審理・量刑が行われることになっている（養老獄令1犯罪条、2郡決条）。したがって通常の場合であれば、郡司や百姓らの上訴は国司を経なければならないことになる。しかし、養老職制律40長官使人有犯条では上司の犯罪に関しては越訴を認めており、また養老公式令65陳意見条では、「官人害政」の告言については弾正台が受理するとしている。なお、陳意見条に規定された弾正台の受理ついては、同条の集解に引用された古記に「今行事、弁受推之」とあることから、八世紀段階から実際には弁官（太政官）により受理が行われていたと考えられる。

これらの規定によれば、国司苛政上訴の場合には郡司・百姓等が直接太政官に訴訟を起こすことも可能である。実際に表⑥永延二年尾張国の事例の場合、解文の冒頭は「尾張国郡司百姓等解　申請　官裁事」というものであり、郡司・百姓等が太政官に対し守藤原元命を告訴していることが確認できる。

以上の点を考慮すれば、国司苛政上訴についても諸国からの申請（訴訟）に準じて、政や奏事で処理された可能性を検討しておく必要があるだろう。

(19) 前掲註(15)曾我論文。

(20) 吉川真司「上宣制の成立」（『律令官僚制の研究』塙書房、一九九八年）註(22)、西本昌弘「古代国家の政務と儀式」（『日本古代の王宮と儀礼』塙書房、二〇〇八年、初出二〇〇四年）。

(21) なお、上卿が官奏を行う際には、奏文や文刺の受け渡しや、奏上後の奏報の処理に史が奉仕することになっている。外題に見える「左大史住吉氏継」は、この時の官奏に奉仕した史として記されていると考えられる。

(22) 外記政の制度的成立は弘仁十三年頃と考えられているが、それ以前においても同様な公卿聴政が太政官庁等で行われていたと考えられている。橋本義則「外記政の成立」（『平安宮成立史の研究』塙書房、一九九五年、初出一九八一年）参照。

(23) 註(18)参照。

(24) 棚橋光男「院政期の訴訟制度」（『中世成立期の法と国家』塙書房、一九八三年、初出一九七八・一九八〇年）、下向井龍彦「王朝国家体制下における権門間相論」（『史学研究』一四八、一九八〇年）など。

(25) 前田禎彦「摂関期裁判制度の形成過程」（『日本史研究』三三九、一九九〇年）。

(26) 前掲註(5)増渕論文では、受領に求められた資質が物実の納入や勘済にあったため、上訴が原因で解任された場合でも受領功過においては「無過」とされる例が確認されることから、上訴の処理と功過の判定が本質的に切り離されていたことを指摘している。このような側面も、上訴の法にもとづく処分という意識の希薄化に結びついていたと考えられる。なお現地での解決が望めず、法家勘申（表⑨）や解任に至る例も存在したと思われる。

(27) 推問使については、川見典久「推問使の派遣と地域支配」（『続日本紀研究』三四四、二〇〇三年）参照。

(28) 有富純也「百姓撫育と律令国家」（『日本古代国家と支配理念』東京大学出版会、二〇〇九年、初出二〇〇三年）。

(29) 前掲註(28)有富論文、同「摂関期の地方支配理念と天皇」（前掲書、初出二〇〇七年）。

関係者の勘問	太政官（公卿）の対応	処分	出典	備考
				・訴状の日付は弘仁10年11月11日 ・冬嗣は弘仁12年正月に任右大臣、それまで右大臣は空席
22・25・26日の3日間にわたり百姓らの訴状の審査（弁および史が担当）			『要略』巻84	
			同上	
				訴状の日付は承和元年11月5日
5月29日、6月2・4日の3日間にわたり百姓らの訴状の審査（弁および史が担当）			『要略』巻84	
iii詔使が現地に赴き弘宗王を推問	ii詔使を派遣	iv伏弁したため弘宗王を拘禁	『文実』天安元年正月乙卯条	
		弘宗王が脱走し入京したため重ねて拘禁	同上	
				上訴内容は不正な出挙の増額と利稲の着服
	i太政官奏（論奏）により弘宗王の処分に関する刑部省断文を上奏	ii弘宗王が死亡しているため処分せず	『三実』同日条	
			『略』天延2年5月23日条	
		・連真に替えて藤原永頼を尾張守に任命 ・百姓ら交替を「為悦」し、印鎰を永頼宅に進上	同上	
				解文の日付は永延2年11月8日
	陣定で審議 →守の交替を答申		『略』同日条（『百』は2月6日）	

表　国司苛政上訴の処理手続き

No.	年月日	上訴主体(原告)	対象(被告)	受理の様子	天皇の対応
①	弘仁10年(819)	伊賀国百姓	伊賀国司		
	同13年7月				
	同14年3月13日			右大臣藤原冬嗣が訴状を奏上	
②	承和元年(834)	佐渡国百姓	佐渡守某嗣根		
	同2年5・6月				
③	天安元年正月以前(857以前)	讃岐国百姓	讃岐守弘宗王		
					i 詔使派遣を指示
	天安元年正月16日				
④	貞観13年(871)10月以前	越前国百姓	越前守弘宗王		
	貞観13年10月23日				
⑤	天延2年(974)	尾張国百姓	尾張守藤原連真		
	正月頃			正月頃より上訴	
	5月23日				
⑥	永延2年(988)	尾張国郡司百姓	尾張守藤原元命		
	永祚元年(989)2月5日				(陣定に諮問)

		元命を「依百姓愁停任」し、藤原文信に交替	『小』同日条	
			『小』同日条	
太政官において勘問（「於官問日記」）			『御』長保元年9月24日条	
	i 陣定で審議 →守の交替を答申	ii 扶範に替えて平久佐を淡路守に任命	『御』長保元年9月24日条 『略』同日条 『小』同25日条	
				訴状を道長に奉った藤原行成は大和権守
			『権』同日条	
				・行平は介因幡千兼（千里）殺害に関与 ・法家による勘申を実施
			『権』同日条	
行平、一度は勘問に応じるも弁申不分明 その後は召しに応じず			『権』10月28日条	
	陣定で審議 →法家による勘申を答申		『権』・『略』同日条	
	ii 陣定で審議 →勘文にもとづき勅定すべきと答申	iii 法家勘文にもとづき処分か	『権』・『御』同日条	
				・中清の任期：寛弘2年～同5年 ・中清は同年11月
	iii 道長、中清の下向に先立ち上訴内容を			

	4月5日				
⑦	長保元年(999)	淡路国百姓	淡路守讃岐扶範		
	7月16日				扶範の勘問を指示か
	(この間)				(陣定に諮問)
	7月24日				
⑧	長保3年(1001)	大和国百姓	大和守源孝道か		
	12月2日			左大臣藤原道長が愁文を太政官に留めるよう指示	
⑨	寛弘4年(1007)	因幡国官人百姓	因幡守橘行平		
	7月23日			i内大臣藤原公季が上訴を受理・奏上	ii奏上を受け以下を指示 ・訴状の弁官局での保管(「申文暫令候」→「史公節又預給申文」) ・陣定への諮問(「可待定日」) ・百姓らの帰国(「百姓等可罷帰」)
	(この間)				
	10月28日				(陣定に諮問)
	12月25日				i法家勘文を下す (陣定に諮問)
	寛弘5年(1008)	尾張国郡司百姓	尾張守藤原中清		
	2月27日			i上訴の奏上	ii奏上を受け以下を指示 ・百姓らの帰国(「早罷下」)

	陣定で審議する旨を返答(「遣下一一定行」)		『御』同日条	に五節舞姫を献上 →解任されず ・中清の叔父知光は道長側近、息範永は頼通家司
			『御』9月22日条	政職の行動も「軽々」であり、陣定(2度目)での審議は「多端」であった
	陣定で審議 →国司(政職)・百姓双方を対問させ、真偽を定めるよう答申		『御』同日条	
政職・百姓双方の勘問 →政職は任用国司・郡司を率いて参上し無実を主張 百姓等は参上せず			『御』12月9日条	
	陣定で審議 →政職は無実とし、百姓等を召し尋ねるよう答申	政職は無実とされたか	同上	
			『御』同日条	・道長摂政 ・経国、長和4年7月に尾張に赴任(同年以前任)
		経国解任か (翌寛仁元年「尾張前守」として出家)	『御』寛仁元年5月25日条	
			『略』同日条 『小』6月20・21日条	・頼通摂政 ・百姓等の追捕を指示したことにより頼任は道長、頼通の勘当を受ける

⑩					・中清の任国下向 ・百姓等の再度の上訴の容認 ・訴状を道長へ下給＝陣定への諮問
⑪	長和元年(1012)	加賀国百姓　⇔　加賀守源政職			
	9月22日以前			加賀国司は「無弁官物者逃去解文」を、百姓は「守政職非法政卅二箇条」を互いに上訴	
	9月22日				(陣定に諮問)
	(この間)				
	12月9日				(陣定に諮問)
⑫	長和5年(1016)	尾張国郡司百姓	尾張守藤原経国		
	8月25日			i 摂政藤原道長の指示により、右大臣藤原顕光が申文を受理	ii 陣定の開催を指示(摂政道長)
⑬	寛仁3年(1019)	丹波国(氷上郡)百姓	丹波守藤原頼任		
	6月19～20日			・丹波国百姓等が公門(陽明門)、外記局、左衛門陣、大庭(建礼門前)などで上訴 ・頼任は騎馬兵などを動員し妨害	

			『小』同日条	・上訴のため上京した丹波国百姓の中から相撲人を選び取る
		・処分なしか ・同年9月に丹波百姓等が陽明門にて守頼任の善状を申す	『小』寛仁3年9月24日条 『左』寛仁3年9月24日条	
			『小目』巻18訴訟事	
			『小目』巻18訴訟事	
			『左』3月29日条	
	真舒の弁官による勘問を指示か		『左』4月7日条	
伊賀国解にもとづき太政官東庁で真舒を勘問(「史次第問国解所申之五箇条事」)			『左』同日条 『略』同日条 『小目』巻18雑部	
伊賀国在庁・百姓の訴にもとづき太政官南門で同国書生を勘問(「守親光非道事」)			『左』同日条 『略』同日条	

	7月9日			ⅰ訴状を受理(摂政の指示か)	ⅱ摂政頼通の指示 ・百姓等の帰国 ・頼任の任国下向(11日に下向)
⑭	万寿3年(1026)	伊賀国百姓　⇔　伊賀守藤原親光			
	2月22日			伊賀国百姓等が上訴	
	2月28日			伊賀国(守親光)が上訴	
	3月29日以前				山村真舒(百姓側の人物)の勘問を指示
	4月7日以前				
	4月9日				
	4月23日				

出典の略称

『文実』:『日本文徳天皇実録』、『三実』:『日本三代実録』、『略』:『日本紀略』、『要略』:『政事要略』、『御』:『御堂関白記』、『小』・『小目』:『小右記』・『小記目録』、『権』:『権記』、『左』:『左経記』、『百』:『百練抄』

『宮中御懺法講絵巻』（三千院所蔵）の再検討――記録性の視点から――

末松　剛

はじめに

宮中御懺法講とは先帝をはじめとした皇族への追善供養であり、後白河院により仁寿殿を道場として実施された保元二年（一一五七）の事例を濫觴とする。中近世を通じて修され、室町期以降は大原声明衆の参勤が通例となり、御導師（調声とも）を梶井門跡が勤めてきた。(1) 幕末に門跡法親王が復飾し、朝廷の仏事自体が廃されたために、宮中御懺法講として修されたのは文久三年（一八六三）新朔平門院十七回御忌御懺法講が最後となる。明治三十一年（一八九八）に英照皇太后一周年御忌を機として、大原の勝林院に道場を移し御懺法講が復興されると、それ以来、十数回の御懺法講が実施された。そして昭和二年（一九二七）、三千院に宸殿が新築されると道場は三千院に移り、さらに昭和五十四年に修された明治天皇七十年聖忌御懺法講を機として、その翌年から五月三十日を式日とし現在に至っている。

以上のような経緯を反映して、現在伝わる三千院円融蔵典籍文書類（重要文化財、三〇二一点）には、宮中御懺法講関係資料が少なくない。宮中御懺法講に関する研究も、声明研究・史料研究を中心に現在の御懺法講の再

興整備とともに進められてきた。なかでも天納傳中氏の一連の研究がもっとも充実しており、本稿でも多くを参照している。(2)

今回取り上げる三千院所蔵『宮中御懺法講絵巻』も、三千院と宮中御懺法講との関わりの深さを示す史料の一つである。絹本と紙本とがあり、細部の描写に若干の相違がみられるものの描かれている内容は同じである。(3)詞書はなく、紫宸殿の一段（第一段）と清涼殿における御懺法講のさまを描いた三段（第二～第四段）の計四段からなる。年代を明示する記事はないが、裏松固禅『大内裏図考証』に基づいて復元的に再建された寛政二年（一七九〇）新造内裏の景観であることから、江戸中後期の宮中御懺法講を描いていると推察される。

そこで本稿では、具体的にいつの御懺法講に準拠して描かれたのかを、当該期の日記記事との照合によって検証してみたい。その結果、本絵巻の歴史史料としての有用性が明らかになれば、本絵巻と当時の宮廷社会とを考え合わせることも可能となるであろう。なお本絵巻に描かれた御懺法講の年代を専論した先行研究として、吉村稔子・齋藤融「三千院蔵宮中御懺法講絵巻について」があり、現物調査と史実との照合から導かれた論述には学ぶ点が多い。ただし、その指摘のなかには従い難い箇所もあり、しかもそれが結論を大きく左右している。本稿が再検討と称する所以である。(4)

結論からいうと、本絵巻は文化十二年（一八一五）十月十日から十二日にかけて催された、盛化門院三十三回御忌御懺法講に準拠して描いており、第四段で御行道しているのは光格天皇である。宮中御懺法講における御行道は、光格天皇によって約七〇年ぶりに復活されており、(5)その光景が絵巻物に仕立てられたのであった。本絵巻の歴史的性格は光格朝の特徴である朝儀再興の動向と絡めて理解されるべきなのである。(6)

また、本稿では日記記事との照合によって絵巻物を読解することにも大きな意味を見出している。古記録とも称される日記の史料的性格についてはすでに研究蓄積があり、日記にもとづいた歴史研究の数々がその史料的有用性を体現した成果といえよう。そうした日記との照合によって本絵巻の内容を読解し、特定の準拠事例を見出すことは、本絵巻がもつ「記録性」を明らかにすることになると考える。ここでいう絵画の「記録性」とは、絵師が日記記事に相当する精度で当日のさまをみつめ、描写していることをさす。むろん絵画には史実に照らして理解し難い描写や場面もあり、そのために歴史学では扱いにくい部分もあるが、それは絵画の領域で検討されるものとして、むしろ日記記事に照らしていかに多くの描写が合致するのか、そうした側面を積極的に評価し、絵画史料を儀礼研究のなかで取り上げていくことを目指したい。日記を駆使して「記録性」に着目しつつ儀礼史料の裾野を絵画にまで拡げる、すなわち儀礼史料論としての絵巻物へのアプローチが、副題に示した本稿のもう一つの目的である。

一　先行研究の問題点

（一）御行道する天皇の姿

第四段において御帳台の背後に裾だけ描かれる貴人の御行道姿について（図10部）、吉村・齋藤論文では「御引直衣姿か小袿姿であろうが、衣の裾から後者のようにみえる。……聊か異例と思われる女性を描いていることは注目され、この場面を描くことが本絵巻制作の主要な目的の一つであったと考えられる」という。(7) 行道場面の貴人の姿を御引直衣ではなく「小袿」と判断し、その結果、貴人を女帝であった後桜町上皇（一七四〇～一八一三。在位は一七六二～一七七〇）に比定する。(8)

しかし、管見の限りこれを小袿姿すなわち女帝とみなす先行研究はほかにない。両氏は、後桃園天皇十七回聖忌御懺法講（寛政七年〈一七九五〉十月五日から五箇日）に際して、後桜町上皇が内裏に御幸していることを参考事例として紹介するが（二五頁）、主催する天皇であっても、実際に出御し、御所作（雅楽の演奏）をともなうこ

図１　『宮中御懺法講絵巻』第四段より

とはままみられるが、それらと御行道とは別問題であり、御行道の事例となるとそれほどない(9)。

そこで本稿では、もう少し幅広く関係史料を検討し、本絵巻が準拠したであろう特定年代の御懺法講を追究してみたい。その際、第四段の御行道姿は「御引直衣姿」すなわち男帝であり、御懺法講の主催者自らが御行道しているとみなす。宮中御懺法講に出御する天皇が「御直衣」すなわち御引直衣姿であることは史料にも散見する(10)。さらに他の参加者の人数や装束に関する描写を日記記事と照合していく手法により、本絵巻を分析してみたい。

（２）描かれた景観年代

紫宸殿・清涼殿の景観年代について、描写された風景が寛政度内裏による復古的な姿であることは容易に読みとれる。寛政度内裏の造営は周知のように、老中松平定信による方針で裏松固禅『大内裏図考証』の成果が採り入れられた大事業であり、関係史料や造営に関する先行研究も多い。寛政二年（一七九〇）に完成して光格天皇が同年入御している。ただし寛政度内裏はその後焼失し、現在の建物は安政度に寛政度を踏襲して再建されたものである。とはいえ古制をうかがう格好の建造物である点にかわりはない。

吉村・齋藤論文でも、清涼殿の簀子縁に付く階が二箇所であるなどの慎重な比較により、これが寛政度もしくは安政度の内裏であることを指摘している。そのうえで両氏は、清涼殿東孫廂に置かれている障子絵に注目する。表面は昆明池、裏面は嵯峨野小鷹狩を描いた「昆明池障子」である。第三段に登場する同障子裏面には、通例通りその中央下部に犬が描かれている。ところが両氏は、安見宗隆『鳳闕見聞図説』に図入りで紹介される同障子には犬がみられないこと、近世清涼殿に関する代表的な島田武彦氏の研究において、同障子が享和元年（一八〇一）の修理で「書改め」られ、安政度内裏では「旧のとおり新調された」と指摘されていることに依拠して、描き改められていた時期こそが『鳳闕見聞図説』に描かれた犬のいない「嵯峨野小鷹狩」であると考え、すなわち犬が描かれている本絵巻の景観年代を、寛政二年（一七九〇）から享和元年（一八〇一）もしくは安政二年以降（一八五五〜）と限定してしまう。これにより享和元年から安政二年の約五〇年間が検討対象外になってしまうのである。[11]

しかし、描かれた障子絵の中の犬の有無をもってこのように景観年代を限定してしまうのはいかがなものか。まず島田氏のいう「書改め」たという指摘が、犬を描かないことであるとは特定できず、その点はあくまでも両氏の推測である。つぎに、このような宮廷の障屏図や宮廷絵巻を制作する絵師は、日頃から関係する儀式史料や建造物、室礼、服飾などの故実書や記録を収集し学んでいる。[12] よって、本絵巻の絵師が旧制に復された清涼殿の景観を描くにあたって、通例通りに昆明池障子を犬をともなう形で描くことは十分に考えられ、むしろ自然であろう。[13]

実際に両氏が除外した期間には、計九例の宮中御懺法講を確認することができる（表1事例5〜13参照）。本稿

図2　『宮中御懺法講絵巻』第二段より

ではこれらに関する史料とも照合することで、本絵巻の描写を検証することにしたい。

（3）　描かれた式次第と室礼の読解

①第二段、僧侶の座について

清涼殿東廂から母屋にかけて僧侶の畳がL字に敷かれている。まずは手前から高麗縁の畳が二枚あり、場面右（北）に一人、つづく左（南）に二人が同座する（図2〇a部）。ついで場面奥（西）に折れて紫縁の畳が横並びとなり、緋衣の僧が三人すでに着座し、さらに二人が向かっている。その後にも僧が一人、そして白衣の僧が二人続いている。僧侶は御導師を含む一一人である（図2）。

この僧侶の座の区別について確認しておこう。天納氏は『魚山余響』に記された多くの記事の中から、とくに文化四年と十二年の記事を詳しく取り上げて紹介する(14)。そのなかにつぎのような記事が見える（引用史料中の傍線と句読点は筆者。以下同じ）。

〔史料1〕『魚山余響』より

一、宮ノ御座ト僧正ノ座トハ五六寸バカリ絶レ席。大臣ノ座ト納言ト右同様ナリ。畳ノ厚薄ハナシ。主上ノ御座ハ繧繝縁リ常ノ畳トハ少シ高シ。宮・大臣ハ大紋、僧正・納言ハ小紋、大僧都以下ハ紫縁リ、殿上人ハ円座ナリ。

宮（梶井門跡）と僧正、僧正と大僧都以下というように、畳の敷き方や縁による区別が、僧侶の階層を示すことがわかる。「御導師／僧正」あるいは「御導師・僧正／大僧都以下」という区別によって畳が配置されるのである。そして、それらは本絵巻第二段とも合致する（図2◯a部）。

吉村・齋藤論文では「導師を衆僧から際立たせる描写は認められない」（五頁）というが、そうではなく、御導師一人で場面右（北）の高麗縁の畳に座り、続く左（南）の高麗縁畳とは離れている（前述の「絶レ席」に相当）。本絵巻では室礼の描写を通じて御導師と僧正以下とが明確に区別されているのである。さらに、そうしてみると、計一一人からなる僧侶の内訳が、導師一人、僧正二人、大僧都以下八人であるとわかるのであり、このあとの日記との照合作業において留意しておきたい。

②第三段、華筥の配布について

六人の殿上人が華筥を配っている（図3）。史料には「散華殿上人」とみえるが、あくまでも事前の配布役である。黒袍の衣冠姿が二人、一人は華筥を手にして簀子を道場へ向かっており、もう一人は配り終えて東孫廂を戻るところである。冠直衣姿の一人も同様であろう。さらに緋袍の束帯姿が二人、一人は華筥を手に簀子を道場に向かっており、一人は僧衆の前に足元だけがみえる。そして弘徽殿上御局の御簾下（北簀子）に座している緋袍衣冠姿の一人。

華筥を配る順番は、文久三年（一八六三）の『前新朔平門院十七回御忌御懺法講中沙汰誌』[15]によれば、「華筥供時、先仏前四位、次御前、次宮、次共行、次衆僧。」とみえる。そうしてみると、本場面ではすでに宮（導師）とその次位の僧すなわち僧衆の一人目まで華筥が置かれているので、あとは残りの僧衆に配る場面が描かれていることになる。足元だけみえる人物が二人目の僧衆のもとに向かっており、華筥を持って簀子を歩いている黒袍衣冠姿・緋袍束帯姿の二人がさらにつづくという場面であろう。手順通りの一場面を描いているといえる。

図３　『宮中御懺法講絵巻』第三段より

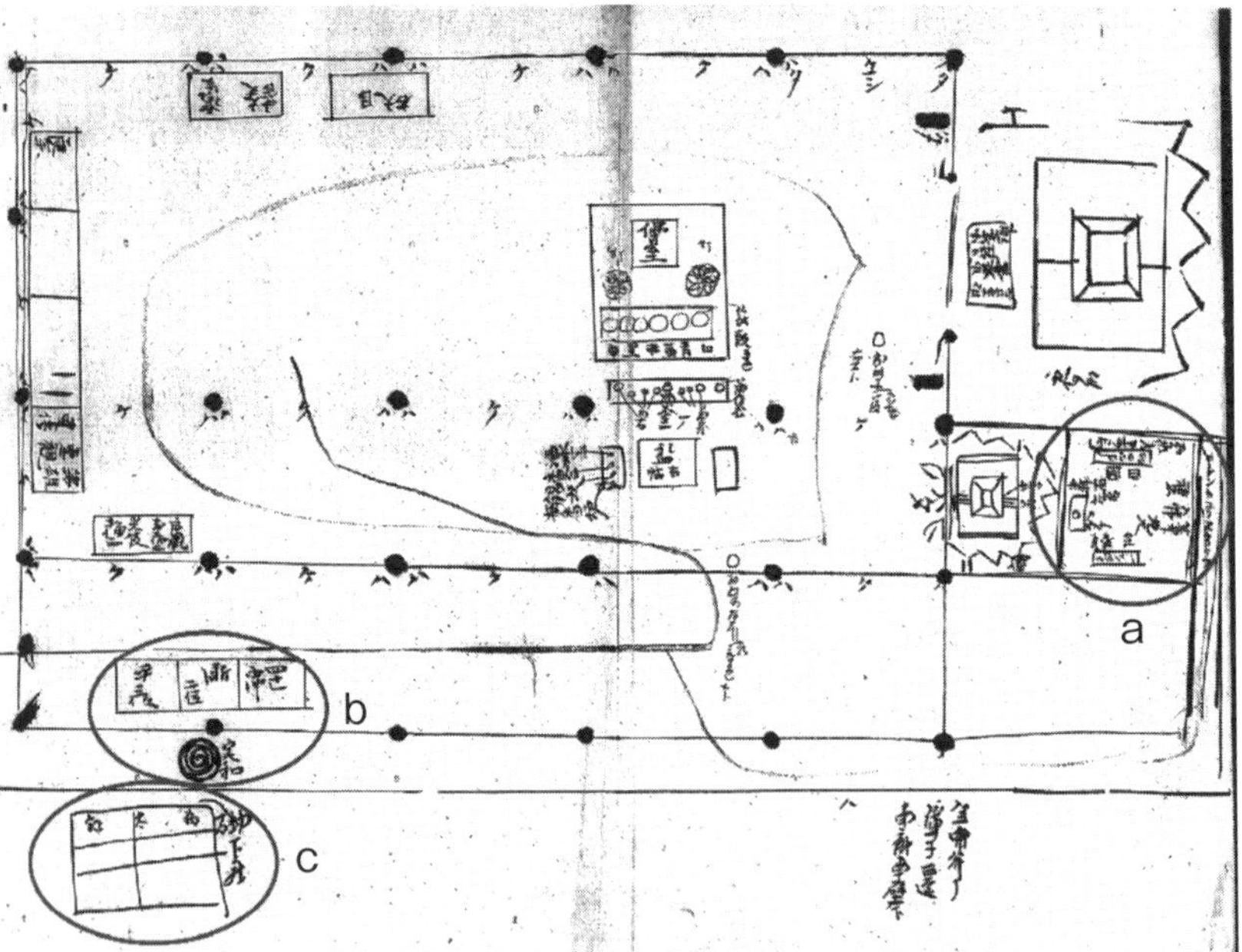

図４　寛政七年、後桃園院十七回聖忌御懺法講の清涼殿装束指図(『柳原均光日次記』)

ところで、右端の御簾下に座している緋袍衣冠姿の一人（図3◯部）について、吉村・齋藤論文ではこれを御簾から華筥を「さし入れている」（三頁）と解するが、むしろここから華筥を「受け取っている」とみるべきであろう。華筥の配布については、つぎのような記事もある。

〔史料2〕『柳原均光日次記』寛政七年十月五日条

此間、散華殿上人渡二又廂一［…］、①参二荒海障子辺一、各於二弘徽殿上御局之北簾下一、華筥次第賦レ之。先実誠朝臣賦二仏前一御導師料也。②今度上御料御華筥女房誤被レ出レ之間、已雖レ賦レ之、捄レ之更賦改。次胤定朝臣於二同所一御華筥入二当間一跪レ庇。右府気色起座参二御前一。胤定朝臣参進授二右大臣一。々々々取二供之御前一復座。次実誠朝臣已下殿上人相替供レ之。了渡二又庇一候二本所一。

「弘徽殿上御局之北簾下」を起点として「次第」に仏前、天皇、そして各所へと殿上人が往来して配っているさまがうかがえる（傍線部①）。なおこの時天皇の御華筥を女房が誤って出してしまったことが注記される（傍線部②）。すなわち御局の中から女房が華筥を差し出し、殿上人が受け取ることもわかる。

さらにこの記事には、清涼殿の装束指図が、殿上人の動線を示しつつ挿入されている。やはり同御局に「御料華筥」「臣下華筥」が置かれており、図3において緋袍の衣冠姿の人物が座している場所には、「此レンカ《（簾下）》ヨリ次第ケコ《（華筥）》」と記されている（図4◯a部）。

以上のように、当時の日記記事と照合してみると、本絵巻には式次第や室礼が入念に描かれていることがわかる。本稿では日記にみられる宮中御儀法講記事を通覧し照合することで、本絵巻の描写をさらに検証していきたい。そのことを通じて、準拠した事例、ひいては本絵巻の史料的有用性を見定めることができるであろう。

僧衆	共行公卿	伶　倫	散華殿上人	地下楽人	史料
僧正／大僧都以下 2／11	大臣／大納言以下 1／2	公卿／殿上人 5／0	6	21	禁裏執次所日記 輝良公記 公明卿記
2／11	1／2	①3／1 ②3／2	6	20	禁裏執次所日記 柳原均光日記 実種卿記
2／9	1／2	3／2	①7 ②6 ③7	9	禁裏執次所日記 柳原均光日記 実種卿記
	1／2	4／1			忠良公記
2／11	1／2	3／3	7		享和三年御懺法講記 忠良公記 魚山余響
2／8	1／2	3／2	6	9	大外記師賓記 禁裏執次所日記 魚山余響
2／10	1／2	7／0	6	20	山科言知卿記 伊光記 魚山余響
2／8	1／2	4／1	①7 ②③6	9	禁裏執次所日記 山科忠言卿伝奏記 実久卿記 魚山余響
2／10カ					橋本実麗日記 公卿補任
2／10	1／2	4／1	6カ、7カ	20	実久卿記 非蔵人日記
10	1／2	2／3		9	橋本実麗日記
	1／2	不明／1			非蔵人日記
10	1／2				実久卿記 非蔵人日記

表1　寛政度内裏以後の宮中御懺法講一覧

	元号	西暦	月日	天皇	御懺法講	日数	御行道	導師
1	寛政3	1791	10月5日	光格	後桃園天皇十三回忌	5	×	良胤
2	寛政7	1795	10月5日	光格	後桃園天皇十七回忌	5	×	良胤
3	寛政7	1795	10月10日	光格	前盛化門院十三回忌	3	×	良胤
4	寛政11	1799	10月10日	光格	前盛化門院十七回忌	3	×	
5	享和3	1803	10月5日	光格	後桃園天皇二十五回忌	5	①⑤○	承真
6	文化4	1807	10月10日	光格	前盛化門院二十五回忌	3	③夕○	承真
7	文化8	1811	10月5日	光格	後桃園天皇三十三回忌	5	⑤夕○	承真
8	文化12	1815	10月10日	光格	前盛化門院三十三回忌	3	③夕○	承真
9	天保13	1842	10月15日	仁孝	光格天皇三回忌	5		①舜仁親王 ②大僧都明道 ③大僧正覚雄
10	嘉永元	1848	2月2日	孝明	仁孝天皇三回忌	5	×	①④⑤教仁親王 ②良海僧都 ③明道権僧正
11	嘉永2	1849	10月12日	孝明	新朔平門院三回忌	2	×	①②四王院権僧正明道
12	嘉永5	1852	2月2日	孝明	仁孝天皇七回忌	5	×	①③⑤四王院僧正明道 ②大縁院大僧都 ④宝泉院大僧都
13	嘉永6	1853	10月12日	孝明	新朔平門院七回忌	2		①②四王院僧正明道

	1／2	4／2	6		橋本実麗日記 武家書翰往来
2／7	1／2	3／2	6	9	非蔵人日記 橋本実麗日記 武家書翰往来
	1／2				非蔵人日記
2／7	1／2	3／2	6		申沙汰誌 公卿補任
2／8	1／2	4／1	6	9	宮中御懺法講絵巻

4：日記の場合、史料同士で記述に相違がみられることがある。その場合は筆者の判断で適宜推測を加え、「～カ」と記している。

5：丸数字は御懺法講の日数のうちの①＝一日目というように、何日目であるかを示すものである。より詳細が判明した場合にその旨を記している。同様に「朝」「夕」はそれぞれ御懺法講の朝座、夕座であることを示す。

二『宮中御懺法講絵巻』の概要

寛政度内裏以降の宮中御懺法講の実施事例を整理すると、表1の通りである。本節では表1の内容と先行研究の指摘を考え合わせることで、絵巻の概要をおさえつつ、準拠した事例にアプローチしていきたい。

江戸時代の宮中御懺法講については、天納氏が史料に基づいて的確にまとめている(16)。それによると、江戸時代には五箇日、三箇日、二箇日、一箇日の諸例が入り交じっており、江戸時代全体でみると五箇日が多い。先帝を追善する御懺法講は「聖忌」、皇后や皇太后であれば「御忌」と称し、前者では五箇日、後者では三箇日が通例であったという。このことは表1に整理した日数とも合致する。

一方、絵巻物については吉村・齋藤論文の指摘に学ぶところが多い。清涼殿を描いた第二段以下の三場面は、公家・僧衆の服飾が各段で異なって

14	安政5	1858	2月2日	孝明	仁孝天皇十三回忌	5		本実成院権僧正良海
15	安政6	1859	10月12日	孝明	新朔平門院十三回忌	2	×	昌仁親王不参により→ ①本実成院良海僧正 ②四王院大僧正明道
16	文久2	1862	2月2日	孝明	仁孝天皇十七回忌	5	①夕○ ③朝夕○	座主宮不参により→ ①②⑤朝 　本実成院良海僧正 ③④⑤夕 　四王院前大僧正明道
17	文久3	1863	10月12日	孝明	新朔平門院十七回忌	2	○	昌仁親王所労により→ 　良海僧正
参　考								1

凡例1：本表は寛政度内裏が再建されて以降の宮中御懺法講の内訳を一覧したものである。史料より、主催者、追善者、日数、御行道の有無、導師の名、さらに僧衆、共行公卿、伶倫公卿・殿上人、華筥殿上人、地下官人の人数を整理した。空欄は史料より明らかにできなかったことをさし、存在しないという意味ではない。

2：僧侶の名について、寺院名のみで記されたものは調べのつく範囲で補ったが、一部についてはそのまま記している。

3：／によって区分したものは、僧正／大僧都以下、あるいは大臣／大納言以下など、内訳を史料より判断できたことを示し、判断できなかった場合は単に総数のみを記している。

いることから、全て異なる日と考えられる(17)。すなわち本絵巻には三日間の御懺法講の風景が描かれていることになる。そうすると二箇日であった御懺法講（表1の11・13・15・17。いずれも新朔平門院への追善）は、準拠事例の検討から外れることになろう。また、庭の植生に着目すると、紫宸殿南庭にある右近の橘が実っており、清涼殿の前栽には秋草が咲いていることから、晩秋から初冬の時期を示すという指摘(18)にも留意したい。これにより仁孝天皇を追善する二月二日から五日間にわたる事例（表1の10・12・14・16）も、検討の対象外となる。このように先行研究の指摘を考え合わせることで、準拠事例の検討範囲をかなり絞り込むことができる。

なお現存する全四段で本絵巻のすべてとはみなさない、あるいは清涼殿の三場面が連続した日にちではなく、すなわち服装が異なるので三日以上にわたる行事であることを前提とし、実例より本絵巻が五箇日の御懺法講を描いていると想定することは可能であろうか。天皇聖忌である五箇日こそが、絵巻に仕立てられるに相応しいと素朴に考えることもできよう。たとえば五箇日の初日・中日・結日と想定することは可能であろうか。五箇日の場合、二日目と四日目には伶倫が不参加であるなど規模を縮小するので、描く日にちの選択がなされたと想定するのである。

そこで、表1より該当する後桃園天皇への追善（表1の1・2・5・7）をみてみよう。そうすると、天皇聖忌の規模が大きくなるのは日数だけではなく、僧衆は一二～一三人となり、顕著な違いは地下楽人が約二〇人にのぼることである。

一方で第三段に描かれた地下楽人は九人である。実際に地下楽人の内訳が九人である四事例（表1の3・6・8・11）では、前三者が前盛化門院への追善である。事例11は二箇日なので前述のように検討対象外であるが、いずれも地下楽人が九人であるのは「御忌」の場合の規模を示す事例として留意してよい。

よって、やはり本絵巻は三箇日の御懺法講を各段で描いていると考えてよい。吉村・齋藤論文では屏風絵にもとづいた景観年代の考察により検討から除いてしまったが、事例6（文化四年）・8（同十二年）についても慎重に照合すべきなのである。

最後に、第四段の主題である御行道について。天納氏が『魚山余響』の記事を紹介しつつ指摘するように、天皇の御行道は桜町院のとき以来中断しており、それを復活したのは朝儀再興に力を入れた光格天皇であった[19]。ではそれは具体的にいつのことなのか。『魚山余響』の当該箇所には、つぎのように記す。

〔史料3〕『魚山余響』より

一、宮中御法事ノ時、主上御行道アリ。桜町院以来中絶ノトコロ①享和二（三カ）年癸亥九（十カ）月カ、当今ニハマタ〳〵御行道アソハサルトナリ。タ、シ御行道ノコトハ臨期ニ勅ヲクダシ玉フトナリ。行道ノ次第ハ下臈先ナリ。御導師宮ノ後ヨリ主上、次ニ大臣ナリ。……

さらに別の箇所には、つぎのようにも記す。

〔史料4〕『魚山余響』より

一、①享和二（三カ）年癸亥九（十カ）月宮中御法事ノ時ノ事カト覚ヘ侍ル、僧正ノ物語ニ、主上初・中・結トモニ御行道ノオモムキニ候トコロ、中日ニハ御行道ナシ。桜町院以来御行道ノ儀中絶ノトコロ、コノタヒ御行道ノ儀フルキニ復セラル。先年ハ後唄ノトキハ入御ナリ。コノタヒ後唄ノトキモ僧衆一列ニ立形ニテワタラセラルトナリ。

御所作　初日　箏　中日　琵琶　巌
　　　　結日　笛

結日梶井宮僧正登壇ノトキ、音頭アソバサルトナリ

②共行　一条右大臣中良（忠）　徳大寺大納言
　　　　山科中納言

主上御直衣　共行堂上各衣冠

宮並ニ僧正純色衲衣、其外僧衆純色甲袈裟

いずれも享和の御懺法講なので光格天皇が再興したことを物語っているが、「享和二年癸亥九月」とあるのはやや問題である。

享和年間で宮中御懺法講が実施されたのは享和三年である（表1）。また文中の干支「癸亥」も三年をさす。結果として実施された御行道が初日・結日の二日である（傍線部①）ことも、共行公卿であった徳大寺公迪による『享和三年御懺法講記』に記す事実と合致する。[20] さらに史料4にみえる共行公卿の名（傍線部②）は、享和三年十月五日から五箇日にわたって実施された、後桃園天皇二十五回聖忌御懺法講の宮中御懺法講と合致する。よって、この部分は「享和三年十月」の誤記であろう。すなわち享和三年の後桃園天皇二十五回聖忌の時に、光格

天皇によって御行道が再興され、その初日と結日に御行道が実施されたことを、史料3・4は示すのである。[21]

ところで、天納氏はこれらの記事を含む一連の一つ書きについて、「以上の記録は文化四年に清涼殿で奉修された盛化門院の二十五回御忌御懺法講のものであ」るという。[22] すなわち文化四年（一八〇七）の前盛化門院二十五回御忌御懺法講に際しての記事として紹介するのである。先行研究の訂正もかねてもう少しれふれておこう。当該部分で天納氏は、五頁にわたって史料を引用しつつ論述しているのであるが、史料3・4の当該箇所になると、傍線部①を省略している。さらに当該部分にはもう一箇所、別の一つ書きに「享和二年癸亥九月」の語句を含む記事がある。宮中御法事では御法事ごとに梶井門跡から天皇に御声明帳の新本を奉るのであるが、その作成を観心院僧正（著者の師僧）が命じられることがあり、さらにその代筆を著者が頼まれたことが、かつて三度あったという記事のところである。ここでも天納氏は「余共ニ新本ニ墨譜ヲツケタルコト三度アリ云々。」と紹介するのであるが、『魚山余響』を確認すると、「云々」の箇所には「享和二《（三カ）》年癸亥九《（十カ）》月・文化四年丁卯十月・同八年辛未七月、右三ヶ度ナリ。内々ノ事トハ申シナカラ余面目ナリ。冥加ニカナヒタル事ト云ベシ。」と続く。文化八年時にも言及しているので、この記事が文化四年時ではないことが明らかな箇所である。

天納氏は五頁にわたる当該部分の計一一にのぼる一つ書きを、すべて文化四年の記事とみなし、そのためなのか別年次の語句を含む計三箇所を意図的に省略して提示している。天納氏の真意は不明であるが、[23] 一連の内容が江戸時代中後期の宮中御懺法講を知る重要な記録であることにかわりはない。ただし史料3・4について文化四年時に限定して理解する必要はなく、御行道に関する享和三年の画期性を明示した記事であることを本稿では強調しておきたい。御行道の再興は天納氏の指摘より四年早まることになる。

以上やや煩瑣となったが、従来の理解を改め、享和三年に光格天皇が御行道を再興したことを明らかにした。とするならば、話を本稿の主題に戻すと、第四段の御行道姿は享和三年以降の時期をさすと考えざるをえない。

すなわち三箇日とはいえ事例3・4もまた、検討対象から外れるのである。

したがって、本稿ではこのあと事例6・8の二事例を中心に、日記と絵巻を照合する。事例をしぼって丹念に照合することで、さらに持論を展開していきたい。

三　各場面の再検討

（一）第二段の共行公卿について（図2〇b部）

清涼殿の母屋には高麗縁の畳が二枚敷かれ、右（北）に一人、左（南）に二人の黒袍衣冠姿の公卿がすでに着座していることが、足元のみの描写ながらわかる。

畳の敷き方は日記記事に「身屋南第三第二間等、敷二高麗端畳二帖一依レ有二大臣一、為レ絶レ席、為二共行公卿座一北上。東面」（『実種卿記』寛政七年十月五日条）とあり、第二段でも畳が確かに離されて、場面右に一人、左に二人が着座しているので、右を上位として大臣が一人、続いて大納言以下の公卿二人が参仕しているとわかる。

日記を通覧すると、この組み合わせは通例であり、服装は全員が冠直衣の場合もみられる。第四段に描かれた共行公卿三人がいずれも冠直衣姿で行道する場面も（図1）、その一例といえよう。共行公卿の服装は、参加要請の段階で「御衣体、衣冠・直衣可レ被レ任二御所意一候事。」（『享和三年御懺法講記』。記主の徳大寺公迪はこのとき共行であった）というように、衣冠か直衣のどちらでもよいことになっていた。

以上より、共行公卿の座の位置や服装も通例に則った描写なのであり、絵巻の性格を考えるうえで留意してよかろう。

図5　『宮中御儀法講絵巻』第三段より

（2）　第三段の伶倫・地下楽人について（図5）

①伶倫の座の位置と座具

伶倫が五人、地下楽人が九人描かれている。伶倫は東孫廂の高麗縁畳に冠直衣姿が三人、黒袍の衣冠姿が一人、簀子の円座には黒袍の衣冠姿が一人座している。

伶倫の位置と座具の区別については、「次伶倫四辻中納言、新ト二位貝幹、平三位時章等着ニ又庇座一、同殿上人実和着ニ簀子円座一。」（『柳原均光日次記』寛政七年十月五日条）というように、同じ伶倫でも公卿と殿上人とで座の場所（又庇／簀子）と座具（高麗縁畳／円座）が区別される。この時の装束指図が前掲した図4であり、東又庇の畳、簀子の円座というようにやはり描き分けられている[24]（図4○b部）。

この区別は本絵巻でも同様に描写されている（図5○a部）。よって本絵巻に描かれた伶倫の前列四人は公卿であり、後列一人は殿上人であるとわかる。楽器は公卿の右から横笛・箏・琵琶・笙、殿上人は篳篥を手にしている。

②地下楽人について

地下楽人はすべて「砌下座」となる[25]。図4にも「砌下座」と記される場所である（図4○c部）。伶倫公卿・殿上人とは一段と区別されている。

本絵巻でもそのように描き分けられ、座具も紫縁畳となる（図5○b部）。下襲の裾がみられるので束帯姿であり、四位以上である黒袍が五人、五位の緋袍が四人である。楽器は前列右より鞨鼓・横笛・篳篥・釣太鼓・鉦鼓、後列右より篳篥・笙・横笛・笙を手にしている。

このように伶倫・地下楽人ともに日記記事に合致する区別が描写されている。公卿／殿上人による座の区別、位袍の黒／緋の区別に留意した照合については、節を改めて行う。

（3）　第四段の行道について（図1）

御行道している貴人と冠直衣姿の御共公卿が三人描かれ、導師・僧衆はあわせて一一人、いずれも第二段の描写と人数は同じである。

御帳台の背後にみえる裾については、やはり主催者である男帝が、自ら御行道していると考えるべきであろう。前述したように光格天皇は御行道の再興者であり、史料を通覧すると、光格天皇が御引直衣を着用し御行道している記事も散見する（表1の5〜8）。天皇が出御し、雅楽の御所作がみられたとしても、御行道となるとまた特別であり、主催者である天皇の御行道は、第四段で描かれる素材としても格好の華やかな場面であった。本絵巻の第四段は、天皇主催の三箇日の御懺法講の結日に、天皇自身も御行道している場面であり、伶倫は演奏を止めて動座、平伏し、清涼殿西廂で聴聞していた人々も平伏しており、第四段全体が御行道の華やかな一場面を描いているのである。

なお同場面について、絹本の第三・第四両段を掲載する特別展図録『京都御所ゆかりの至宝――甦る宮廷文化の美――』の解説ではつぎのように記す(26)。

……御簾で画し多数の幡と華鬘で荘厳された会場には、天蓋付きの壇上に本尊普賢延命菩薩像が掛けられ（白象の足がわずかに見える）、供物台の前には獅子・狛犬が置かれている。場面は声明を唱えつつ行道するクライマックスで、衆僧は散華を盛った華籠を携える。手前寄りを歩む黄色の袈裟を着た僧が、導師の梶井宮、すなわち三千院門跡であろう。注目すべきは本尊掛幅背後にわずかにのぞく裾長い装束姿で、みずから行道する天皇に相違なく、束帯の大臣が後に続く。なお右手の少し離れたところに楽人が声明に合わせて雅楽を奏でているが、これもまた御懺法講の重要な特色であった。

行道を御懺法講のクライマックスとみなし、とりわけ御導師の梶井宮門跡と天皇が御行道していることへの注目は、第四段の然るべき解説であろう。ただし前から六番目の黄衣の僧を梶井門跡とみなしたのはいかがなものか（傍線部）。

『魚山余響』によれば、「行道ノ次第ハ下臈先ナリ。御導師宮ノ後ヨリ主上、次ニ大臣ナリ。」（史料3）ということなので、一一人の僧侶の最後尾、第四段では御帳台の背後にいる赤衣の僧こそが、御導師梶井門跡である。次が裾しか描かれない天皇、そして大臣が続いており、『魚山余響』の記述とも合致する描写となっているのである。

また、解説では大臣が「束帯」であるというが（傍線部）、大臣以下の公卿三人は冠直衣姿であり、前述のようにそもそも共行公卿は衣冠か直衣でよいのであるから、束帯は着用しない。さらに楽人が「声明に合わせて雅楽を奏でている」というのも、描かれている伶倫公卿・殿上人は、御行道に対して動座・平伏しているのであり、確かに雅楽は御懺法講の特徴の一つであるが、誤解を招く説明となっている。

以上、本場面についても日記記事に合致しており、式次第の上でもとくに華やかな場面を選択した描写であることを確認した。

四　御懺法講描写と日記との照合

前節で浮かび上がってきた各場面の特徴と、事例6・8の日記記事を中心に照合していきたい。

（1）僧衆の人数と官職

吉村・齋藤論文では補註において寛政七年の盛化門院十三回御忌御懺法講（事例3）の僧衆が一一人という点で第二段と「合致する」とみなしているが（三二頁）、前述した座の配置と座具の検討より、本絵巻では導師一人、僧正二人、大僧都以下八人からなる一一人であるのに対し、事例3は僧正二人、大僧都以下九人であるので（表1）、その内訳は合致しない[27]。

これに対し事例6・8は、ともに僧衆の人数と官職の点で準拠事例にふさわしい内訳である（表2）。また『実久卿記』文化十二年十月十二日条には「次御導師座主宮承真法親王参上着座。次僧侶参上着座十口。僧正二人、僧都八人。」と記し、導師／僧衆（僧正）／僧衆（大僧都以下）という書き分けには、前述した畳による座の区別と同様の意識が反映されているといえよう。さらにいえば、僧衆の内訳が判明する表1の事例の中で6・8の二事例だけが、本絵巻の描写と合致しているのである。

（2）共行公卿の人数・官職と服飾

共行公卿は大臣一人と大中納言二人の計三人で全一七例共通している（表1）。通例だったのであろう。そこで、服飾についても照合してみよう。本絵巻第二段より、初日は三人とも黒袍の衣冠姿であり、畳が分かれているので大臣一人と、大中納言二人であるとわかる（図2〇b部）。また第四段より、三日目（結日）の行道姿は三

伶倫	散華殿上人	地下楽人
【公卿３】 権大納言広幡前秀・笙 権大納言今出川尚季・琵琶 前権大納言四辻公万・箏 【殿上人２】 正四位下右権中将小倉豊季・篳篥 従四位下左衛門佐五辻豊仲・笛	【６】 六角少将和通 山科少将言知 石井大膳権大夫行弘 大宮大夫良季 豊岡左馬権頭治資 東久世治部権大輔通岑	【９】 窪　近寿 岡　昌芳 上　近周 東儀季政 安倍季慶 林　広猶 多　忠職 辻　近徳 多　忠堅
【公卿４】 権大納言中宮権大夫広幡経豊・笛③直衣 前権大納言四辻公万・箏③直衣 前権中納言西園寺寛季・琵琶③直衣 非参議従三位外山光施・笙③衣冠 【殿上人１】 正四位下左近権中将綾小路有長朝臣・篳篥③束帯	【①７　②③６】 有長朝臣①のみ参勤 野宮定静朝臣 庭田少将重基朝臣 左兵衛佐富小路貞随朝臣 侍従柳原隆光 勘解由次官日野西光暉 左兵衛権佐裏松恭光	【９】 岡　昌芳 東儀季政 安倍季慶 多　忠堅 山井景和 薗　広勝 窪　近義 奥　好古 辻　近敦

当楽器

①②鞨鼓③笛		
①②篳篥③太鼓	安倍季慶	①篳篥②太鼓③篳篥
①②③笛		
①②鉦鼓③笙		
①鞨鼓②—③篳篥	安倍季慶	①②篳篥③鞨鼓
①太鼓②③笛		
①篳篥②鉦鼓③篳篥	奥　好古	①②笛③鉦鼓

表2　文化4年と文化12年の盛化門院御忌宮中御懺法講の参勤者内訳

	年号	月日	天皇	御行道	導師	僧衆	共行公卿
6	文化4	10月10日	光格	③夕○	承真	【僧正2】 僧正知観 鎮祐僧正 【大僧都以下8】 実剛大僧都 堯謙大僧都 光燦大僧都 良禅大僧都 良宗大僧都 亮須権大僧都 堯運権大僧都 義照権大僧都	【大臣1】 内大臣近衛基 【大納言以下2】 大納言大炊御門経久 中納言滋野井公敬
8	文化12	10月10日	光格	③夕○	承真	【僧正2】 大僧正知観 権僧正実融 【大僧都以下8】 大僧都良宗 大僧都堯丈 大僧都義照 大僧都覚雄 権大僧都宗淵 権大僧都豪純 権大僧都秀雄 権少僧都宗海	【大臣1】 右大臣鷹司政通・③直衣 【大納言以下2】 東宮権大夫花山院家厚・③直衣 民部卿冷泉為則・③直衣

凡例1：表1と同様に丸数字は御懺法講の第何日目であるかをさす。
2：殿上人の位階・官職ついては『公卿補任』の尻付記事により該当年次を調べて判断した。たとえば小倉豊季（文化9年条）、五辻豊仲（文政元年条）、綾小路有長（文化12年条）という具合である。
3：典拠史料は表1に示した通りである。

表3　文化4年と文化12年の盛化門院御忌宮中御懺法講に参勤した地下楽人の位階と担

	年号	月日	天皇	地下楽人			
6	文化4	10月10日	光格	正四位下	窪近寿	①鞨鼓②③篳篥	岡　昌芳
				従四位上	上近周	①②笛③鞨鼓	東儀季政
					林広猶	①②③笙	多　忠職
				正五位下	辻近徳	①②笙③鉦鼓	多　忠堅
8	文化12	10月10日	光格	正四位下	岡昌芳	①笛②鞨鼓③笛	東儀季政
				従四位下	多忠堅	①笙②太鼓③笙	山井景和
				正五位下	薗広勝	①②笙③太鼓	窪　近義
				従五位上	辻近敦	①鉦鼓②③笙	

凡例1：本表は、『地下家伝』により地下楽人を当該年次の位階によって整理し、『禁裏執次所日記』により御懺法講の担当楽器を列記したものである。
2：楽人はいずれも三箇日を通じて参勤する。ただし文化12年では3日間通じた楽人のなかで「東儀季政」の名が中日のみみえない。よって本表では②について楽器不詳のまま「—」としている。単なる脱文なのか、あるいは急な理由による不参であろうか。
3：典拠史料は表1に示した通りである。

人とも冠直衣である（図1）。

一方、事例6には服飾まで記していないので照合できないが、事例8では結日に三人とも直衣姿であり（表2）、絵巻の描写と一致している。

（3）伶倫公卿・殿上人の人数・位階・官職と楽器・服飾

前述した座の配置より、本絵巻第三段の伶倫は、公卿四人・殿上人一人の計五人で構成されていることになる（図5○a部）。一方、実例では五人がほぼ通例であるといえるが、四人の公卿と一人の殿上人という組み合わせとなると、事例8のほかには、御行道がなかったり、五箇日であったりする点で準拠事例から除外される事例4・10のみである（表1）。事例6については、公卿三人と殿上人二人の組み合わせなので内訳が合致せず、そのうえ楽器の担当で考えると、従四位下の五辻豊仲が前列右端に冠直衣姿で笛を担当し、権大納言の広幡前秀が衣冠姿で前列左端に着座していると想定せざるをえず、無理があろう（表2）。

これに対し事例8は、『公卿補任』文化十二年条をみると、メンバーの五人は権大納言・前権大納言・前権中納言・非参議という公卿が名を連ね、最後の有長朝臣はこの年の十二月に従三位に昇叙するので、十月当時で考えると有長のみが殿上人として簀子の円座に座ることになる。すなわち四人の伶倫公卿と一人の伶倫殿上人からなるのであり、絵巻の描写と一致する。そしてこの順に着座すると、担当楽器は笛・箏・琵琶・笙・篳篥なので（表2）、この点でも描写と合致する。

さらに服飾については、三日目（結日）しか日記記事にみえないのであるが、直衣・直衣・直衣・衣冠とあり（表2）、公卿四人の装束は合致する。最後の殿上人のみ、束帯のところ（表2）衣冠で描かれていることになるが、黒袍であることは有長朝臣の位階と一致する。

このように五人目の服装にのみ違いはあるものの、メンバーの構成・楽器・服飾において、文化十二年の盛化門院三十三回忌が準拠事例にふさわしいといえるのである。

（4）地下楽人の人数・位階と楽器

『禁裏執次所日記』[28]を通覧すると、日ごとに参勤した地下楽人と担当楽器が列記されており、照合するのに至便である。事例6・8の第二日目（中日）と第三段の描写（図5〇b部）を比較することにしたい。ここでも四位以上である黒袍と、五位を示す緋袍によって区別してみよう。『地下家伝』[29]によって各々の位階と担当楽器を整理すると、つぎの通りである（表3）。

事例6では黒袍七人／緋袍二人となってしまい、描写と一致しない。これに対し、事例8では黒袍五人／緋袍四人で合致する。[30]さらに、中日の担当楽器（表3）を絵巻の描写にあてはめると、鉦鼓の近義が緋袍でただ一人前列に並び、後列に一人黒袍で篳篥担当の季慶が並んだと想定すれば、楽人の服装・担当楽器と描写とが合致する。

以上、本節までの検討により、現存する日記記事との照合によれば、事例8である文化十二年（一八一五）前盛化門院三十三回御忌御懺法講が、本絵巻の準拠した事例としてもっとも相応しいことが明らかになったといえよう。

五　絵巻制作の背景

（一）光格天皇による朝儀再興との関わり

朝儀再興で知られる光格朝には、宮中御懺法講においても天皇自身が御行道することが再興された。その時のことを記す前掲史料4『魚山余響』に「主上初・中・結トモニ御行道ノオモムキニ候トコロ、中日ニハ御行道ナシ。」というのであるから、光格天皇はもともとは三日も御行道する意志をもって再興している。表1より結日の夕座にのみ御行道する事例が散見することを考慮すると、その積極性がうかがえよう。さらに同記事をみると「桜町院以来御行道ノ儀中絶ノトコロ、コノタヒ御行道ノ儀フルキニ復セラル」とあり、桜町天皇の名があげられる点に注目したい。所功氏によれば、光格天皇による賀茂・石清水両臨時祭の再興もまた「桜町聖帝既有二叡慮一云々」という認識のもとで達成されたという[31]。よって、御行道の再興は単にそのことにとどまらず、この時期の朝儀再興の潮流の一つと考えられるのである。そうした取り組みは自ずと後世の規範ともなっている。この後の御行道に関する記事を通覧すると、先例として「享和三年」の事例が散見することがそのことを示していよう[32]。史料4は、享和三年の光格天皇による御行道再興をめぐる事実の詳細とその意義を端的に伝えている点で貴重である。

（2）　梶井門跡承真法親王との関わり

享和三年（事例5）の御行道再興は、当時の梶井門跡である承真法親王の存在とも大きく関わる問題であった。承真については、梶井門跡であり、四回にわたって天台座主に就任していることから、『華頂要略』によってその経歴を知ることができる[33]。

それによると、有栖川織仁親王の息として生まれ、幼くして梶井門跡を継承する。ただし寛政年間は童形のため、依然として宮中御懺法講の御導師は持明院僧正が勤めていたという。表1にも整理した通りである[34]。享和三年九月に青蓮院宮を戒師として得度、同日には法印にのぼり僧正に任じられる。そして同年十月五日の後桃園院二十五回聖忌御懺法講において初めて御導師を勤めた。さらに文化五年三月には光格天皇の養子となり、四月に親王宣下され、文化七年に二三歳にして天台座主に補されている。

このように事例5は、久しぶりに梶井門跡自身が御導師を勤める儀礼であった。このときにあわせて御行道を再興しようとする光格天皇の意志も領けるところであろう。享和三年の御懺法講は、光格天皇の側からも、梶井門跡や大原衆の側からも、画期的な事例だったのである。

さらに、文化八年の宮中御懺法講（事例7）では、同五年に二人が養父子となって初めて行道したことになる。前述のように行道の順は御導師の後ろが天皇であるので、養父子が二人並ぶことになる。主催者である天皇と参勤者最上位である梶井門跡とのこのような人間関係と式次第上における配置は、華やかな御行道の場面を一層特別なものにしたことであろう。

以上のように光格朝の朝儀再興の潮流の中で、享和から文化年間の宮中御懺法講は、主催者である天皇と御導師を勤める梶井門跡との親密な関係と双方の意志を反映した盛儀として実施されたのである。

（3） 制作の主体と目的に関する憶測

本絵巻の制作・伝来については奥書などの史料がなく、絹本と紙本との関係も正本と副本とは一概にいえないところがあり、不明な点が少なくないのであるが、本稿の成果をふまえて若干の憶測を最後に述べておきたい。

文化十二年の前盛化門院御忌御懺法講では、三箇日を通じて朝座に出御があり、初日には琵琶、中日には箏、結日には笛の御所作もみられる。初日と中日に御行道はなかったが、結日の御行道のことは、『実久卿記』同年十月十二日条に「次十方念仏行道。今日主上御行道アリ。先右大臣参上、御花筥出。次道場出御。調声発音。共令ニ御行道一給。次経段安楽行品。次又十方念仏了入御座給。」とみえ、(35) 天皇と梶井門跡が並んで御行道している、光格天皇の朝儀再興の気運の中でこのときの宮中御懺法講も営まれたことがうかがえよう。それが本絵巻のように日記との照合に堪えうる精度で描写されたのであった。

吉村・齋藤論文では、本絵巻の制作と伝来について、宮中御懺法講に関する承真法親王と光格天皇との関わりにふれつつ、つぎのように推測する。

本絵巻は御懺法講に仕えた側から次第の記録として制作されたものではなく、御懺法講を営んだ側から華やかな御懺法講の記念として制作されたと推測される。のち御懺法講に所縁の三千院へ寄進され、三千院において副本が制作されたのではないだろうか（五頁）。

宮廷儀礼絵巻の制作主体を朝廷の側にみようとするのは、まずは妥当な推測であろう。なおここでいう副本とは紙本をさし、営為者によって作られたものとは絹本をさす（二七頁）。では「営んだ側」とは誰なのか、最後につぎのように指摘する。

絵巻の制作が三千院側ではないとするならば、御懺法講を主催する光格天皇の蓋然性が高いのだが、貴人の存在に着目すると後桜町上皇を想定する余地も皆無とはいえないだろう。絵巻が三千院の所有に帰した経緯などは不明ではあるが、贈与によるものならば、梶井門跡の承真法親王と光格天皇が養父子という人間関係も考慮に入れる必要があるかもしれない（二七頁）。

吉村・齋藤両氏も光格朝の朝儀再興や、天皇と梶井門跡との関係をふまえて考察しており、光格天皇の可能性を指摘する。とはいえここでも貴人を女帝と想定することに起因して、後桜町上皇の可能性にも言及する。同論文には論旨のぶれがみられ扱い難い部分もあるのだが、いずれにせよ「仕えた側」でなく主催者を前面に出した理解である。

ただ本稿の検討結果をふまえるならば、では何故準拠した事例が、御行道が再興され梶井門跡と初めて揃って行道した享和三年でなく、二人が養父子の関係となり初めて行道した文化八年でもなく、文化十二年であるのか、規模的にも五箇日にわたる聖忌でなく三箇日の御忌であるのかという疑問を生じることになる。本稿も光格院による朝儀再興の潮流に本絵巻が位置すると考えるのであるが、だから絵巻の制作主体も光格院周辺であるかというと、そうとは限らないと考える余地もあるのではなかろうか。

朝儀再興の潮流を反映し、再興された宮廷儀礼を記録史料を駆使して精度の高い、あるいは大判の絵巻物に仕立てる動向が他にも散見する。それらの制作主体や目的をみてみると、たとえば文政七年（一八二四）に光格上皇によって再興された修学院御幸を描いた複数の絵巻は、主催者による公的な記録ではなく、当日の見物に即した行列の行装絵巻であり、むしろ見物する側の需要に応えるものであった。あるいは阿波の蜂須賀家が自藩の御用絵師に描かせたように、参勤者の関係者が記念として宮廷儀礼絵巻を制作させてもいた(36)。また、文化十一年（一八一四）に光格天皇によって再興された賀茂臨時祭を描いた絵巻物が、制作者である多忠同の書簡とともに伝来している。それによると具体的には不明ながら「尊公様」への献上品として制作された絵巻物であった(37)。

このように、再興されたこの時期の宮廷儀礼をみつめ絵巻物を制作する存在は、宮廷社会内外に広がりを有していた。よって、本絵巻の制作主体についても、現段階においては「仕えた側」を含めて想定しておくべきであろう。宮廷社会内外にわたる儀礼と絵巻物制作との密接な関係こそが、光格朝の朝儀再興がもたらした政治文化の新たな動向であると考えられるのである。

おわりに

本稿では、三千院所蔵の『宮中御懺法講絵巻』について、天納・吉村・齋藤氏らの先行研究に学びつつ問題点を整理して準拠事例を検証し、さらにそのことを通じて、本絵巻の存在を光格院による朝儀再興という歴史的潮流の中に位置づけることができた。光格朝に復興した古制の清涼殿の風景に加え、再興された御行道がその最たる特徴である。そして、再興された朝儀を日記との照合に堪えうる「記録性」を備えて描く絵巻物制作もまた、この時期の政治文化のもたらした動向であった。それはさまざまな担い手や享受者との関わりをもつものであり、光格朝の朝儀再興に対する歴史的評価には、絵巻物制作という政治文化的動向にも留意すべきであろう。

そのため本絵巻の制作・伝来については、不明な点を残してはいるが、光格天皇を中心とする主催者の側で制作されたという観点ばかりでなく、本絵巻が準拠した文化十二年の盛化門院三十三回御忌との関わりに着目して、「仕えた側」たとえば大原衆である可能生にも留意しておくことが、本絵巻の歴史的性格を評価する上で必要であることを指摘しておきたい。そのことは本絵巻の朝儀再興の動向との関わりを否定するものでは決してなく、むしろさまざまな存在を介在して絵巻物が制作されている点で、朝儀再興がもたらした政治文化に見合う理解なのである。

最後に儀礼史料論について。この三〇年ほどの儀礼研究の進展は、「古記録」と称される日記を歴史史料として活用する手法の普及とともにあったといってよい。それまで形式あるいは形骸化と捉えられがちであった儀礼の場に当事者たちの息吹を吹き込み、歴史的意味を見出してきたという点で、日記史料と儀礼研究はまことに幸運な出会いを果たしたといえよう。しかし、儀礼にまつわる歴史事実により迫ってみると、儀式の「記録」として残されるものは日記ばかりではない。特定の主題を備えて作成される別記、あるいは準備段階で実用的に使用される式次第や指図なども重要な史料である。そしてそれらを利用して描かれたと推察される絵巻物もまた、「記録性」を備えた重要な歴史史料である。(38)今後の儀礼研究には「記録性」という視点から宮廷儀礼絵画を読解する積極的な取り組み、そのための儀礼史料論の構築が必要であろう。日記との照合により描写読解につとめた本稿はその試みである。諸賢のご批判を賜れば幸いである。

（1）三千院という寺号が公称となるのは明治四年（一八七一）であり、それまでは梶井門跡、梨本宮などと呼ばれていた。また、参勤する勝林院・来迎院等の僧衆を総称して「大原衆」と称していた。

（2）『天台声明　天納傳中著作集』（法藏館、二〇〇〇年）にまとめられているほか、昭和五十四年の再興を機に刊行された同『宮中御懺法講の研究』（御懺法講事務局、一九七九年）にも、宮中御懺法講の声明と雅楽に関する論考が再収されている。

（3）現在のところ紙本のみが三千院円融蔵典籍文書類の一つとして重要文化財に指定されている。本絵巻の刊行物については、『魚山三千院門跡円融蔵声明関係資料展観目録』（大蔵会連合会、一九八五年）に絹本の全四段を掲載しているほか、『京都大原　三千院の名宝』（三千院門跡、二〇〇二年）には両本の第四段（八〇～八一頁）、特別展図録『京都御所ゆかりの至宝――甦る宮廷文化の美――』（京都新聞社他、二〇〇九年）に絹本の第三・第四段を掲載している（一五四～一五五頁）。また、絵葉書一〇枚からなる『宮中御懺法講　京都大原三千院』（便利堂制作）では紙本の全場面をみることができる。本稿で使用した図版は二〇一三年十月二十九日に現物調査の機会を得て筆者が撮影したものである。絹本の該当場面には汚損があるため紙本により掲載したが、論旨に影響する描写上の相違はない。

（4）吉村稔子・齋藤融「三千院蔵宮中御懺法講絵巻について」（『神田外語大学紀要』一九、二〇〇七年）。この論文では描写された寛政度内裏の復古的な再建をめぐる経緯と絡めて景観年代を考察しており、本稿の考察とその方向性は同じである。しかし、後述するように、建造物の細部に着目するあまり、準拠した年代の比定において本稿とは大きく異なる結論となっている。

（5）天納傳中「『魚山余響』に残された御懺法講記録」（前掲註2著作集、四六五頁。初出は一九八一年）にすでに指摘されている。

（6）江戸後期の朝儀再興の実態とその意義に関する現在の研究動向を導いた先行研究として、辻達也編『日本の近世　第二巻　天皇と将軍』（中央公論社、一九九一年）所収の米田雄介「朝儀の再興」、藤田覚「国政に対する朝廷の存在」があげられよう。

（7）前掲註（4）吉村・齋藤論文、五頁。

（8）前掲註（4）吉村・齋藤論文、五頁・二五頁・二七頁において後桜町上皇に言及している。

（9）両氏の比定に従うならば、光格天皇が主催する御懺法講に、その眼前で上皇である後桜町院が御行道していることになり、そもそも想定に無理があるのではなかろうか。また両氏は補註において寛政年間の事例の参勤者の人数を絵巻描写と照合するが（三一～三二頁）、人数の一致と相違の指摘が入り交じった論述になっており、結局のところ寛政年間の範囲での考察では、特定の行事に準拠したとの結論を導くには至ってない。

（10）『柳原均光日次記』（宮内庁書陵部所蔵、架蔵番号、柳―一一五〇）寛政七年十月十日条に「主上御引直衣。紅御打衣、紅単、同色御引袴。」とみえ、『魚山余響』の享和三年時の記事にも「主上御直衣」とみえる（後掲史料4波線部）。『享和三年御懺法講記』（東京大学史料編纂所所蔵、架蔵番号、徳大寺三三―八）十月五日条にも「主上［御直衣〈引止〉。白御衣。同御単。紅御打袴〈折上被ニ閉付一〉。持ニ御念珠一。御御〈ママ〉韈］。」とみえる。

（11）島田武彦『近世復古清涼殿の研究』（思文閣出版、一九八七年）。

（12）たとえば近世京都画壇を代表する原家の史料が京都府立総合資料館に所蔵されているが（架蔵番号、館古73、原家文書）、その中には制作に関わった儀礼の史料をはじめとして、関わりは不明ながらも儀式の記録類や装束故実書などがみられる。

（13）むしろ問われるべきは『鳳闕見聞図説』所収図に犬がみられない理由であり、単に同書の省筆や事実誤認の可能性もあろう。ただそれは本稿の課題ではない。

（14）『魚山余響』とは、江戸中期の本願寺僧知影（一七六三～一八二五）が知観大僧正に師事して大原流声明を学んだ時の、魚山見聞録ともいえる記録である。龍谷大学図書館所蔵（架蔵番号、二〇七・五／七―W）。また松下忠文『本願寺派声明考』（圓音会、一九七七年）に翻刻されている（松下氏によるルビ・濁音記号を付す）。なお前掲註（5）天納論文、同「禁中法要を伝承する大原三千院御懺法講」（前掲註2著作集所収。初出は一九九五年）は、『魚山余響』や『魚山叢書』（魚山宝泉院覚秀が編集した天台声明資料集成ともいえる全一九四巻からなる叢書。大原魚山勝林院所蔵）から、御懺法講の記録を紹介しつつ論じるものである。関係者以外では広く読まれることのない史料を引用して実証的に論じる姿勢は、天納氏の論考の優れた点として評価すべきであろう。

（15）『前新朔平門院十七回御忌御懺法講申沙汰誌』（国立公文書館所蔵、架蔵番号、一四六―四五八）。

（16）前掲註（2）天納著作集および著書所収論文。

（17）前掲註（4）吉村・齋藤論文、五頁。

（18）前掲註（4）吉村・齋藤論文、五頁。なお橘の実や秋草の描写は絹本において鮮明にみられるものの、紙本ではそうとはいえない。また、絹本と紙本との関係を吉村・齋藤論文では正本と副本と捉えるが、筆者も現物調査の機会を得たところ、描写の優劣がそれぞれにあり、正本と副本という関係で一概には言い切れないという感想をもった。両本の制作事情については今後の課題を残している。

（19）前掲註（5）天納論文、四六五頁。

（20）『享和三年御懺法講記』同年十月五日・九日条。なお前日に道場を内見した公迪ら共行公卿三人は、御行道の際の行道の反数や華筥を置く場所について、恵観権僧正につぎのように教わっている。

……彼公（右大臣）・余・右衛門督等同道為二内見一。其時招二恵観僧正一尋二合行道之覚悟一。専右府被レ尋レ之。恵観曰、有二御行道一之時者、其反数及二三四廻一。臣下行道之時者、凡二廻半歟。且暫置二花筥一之処々、委曲示レ之。

……（十月四日条）

こうした入念なやりとりも、久しぶりの御行道の再興であることを示唆する記事であろう。

（21）享和三年が御行道再興の年であることを示す他の史料として、『山科忠言卿伝奏記』（宮内庁書陵部所蔵、架蔵番号、二五三―二五〇）文化十二年十月十二日条に「享和三年十一（ママ）月御講御行道之節、年久而御行道有レ之候ニ付、僧正江綿三屯、僧都江綿二屯給候例有レ之。」とみえる。御行道という特別な次第の久しぶりの再興が、賜禄に特別な措置を生じているのであり、同じく御行道が実施されるこの日の先例として引用されているのである。享和三年の画期性を示す史料といえよう。

（22）前掲註（5）天納論文、四六五～四六九頁。

（23）天納氏の研究の優れた点として前掲註（14）に指摘した事実があるだけに、何故当該箇所でこのような省略をしたのか不明である。

（24）なお図4においては伶倫が通例の五人でなく四人であることについてふれておきたい。そもそもこの日は公卿四人、殿上人一人からなる計五人で決定されていた（『実種卿記』〈東京大学史料編纂所所蔵、架蔵番号、徳大寺四一―二三―三二〉八月二十五日条）。ところが正親町前大納言が辞退し、堀川侍従（堀河親実）が替わって務めることになる。このような交替自体は珍しいことではないが、「正親町前大納言。等。臨レ期不レ参」と当日記事に注記されることより、急な変更だったのであろう、そのため堀川侍従は初日は不参で中日から参勤している。（『同』五日・七日条）。図4はその初日のさまを正確に図示した装束指図なのである。

(25) たとえば『柳原均光日次記』寛政七年十月十日条より、伶倫公卿は清涼殿の「又庇座」、同殿上人は「簀子座」、地下伶倫は「砌下座」に着座している。

(26) 前掲註(3)特別展図録『京都御所ゆかりの至宝――甦る宮廷文化の美――』、二八五頁。解説文は久保智康氏執筆。

(27) また導師を梶井門跡ではなく僧衆の最上位の者が代行する場合、たとえば事例2の室礼を図示した図4に明らかなように、僧正二人の畳は敷かれるが、その右（北）に導師の畳は敷かれない。このような相違点からも、同様に代行であった事例3は、導師である梶井門跡を描く本絵巻の準拠事例にはそぐわないのである。

(28) 『禁裏執次所日記』（宮内庁書陵部所蔵、架蔵番号、F一〇―一〇五およびF一〇―一〇七）。

(29) 正宗敦夫編纂校訂『地下家伝』（自治日報社、一九六八年）。

(30) ただし、『禁裏執次所日記』の記事では、三箇日通じた楽人参勤の中で第二日目（中日）にのみ東儀季政の名がみえず、この日のみ八人である。急な不都合のために参勤できなかったとしても、その旨の注記もみられないのはやや不自然であり、単なる脱文かもしれない。あるいは実際に不参であったものの、絵巻の方は事前に決定していた史料をもとに描いたとも推測される。

(31) 所功「賀茂臨時祭の成立と変転」（『京都産業大学日本文化研究所紀要』三、一九九八年）三九～四五頁。

(32) 『禁裏執次所日記』文化四年（一八〇七）十月十二条には「一、御行道今日夕座ニ被レ為レ在候旨、議奏清閑寺殿被レ仰二渡御附衆江一申達ス。……」という項目に但し書きを付し、その最後に「惣而享和三癸亥年之通、相心得候様被二仰渡一候事。」とみえる。『同』文化八年十月九日条にも同様の案件について「但享和三年度之通、御行導之内御附衆以下円座撤平伏之積、……」とみえる。行道に際して享和三年が一つの規範となっていることが知られよう。

（33）『華頂要略』巻第百廿六、座主記、七、および巻第百四十一、天台諸門跡伝、二。本稿では京都府立総合資料館所蔵本を参照した。

（34）寛政年間の御導師は梶井門跡の院家持明院の良胤が勤めている。『実種卿記』寛政七年八月二十三日条にも予定される御懺法講について「導師梶井門跡依二童形一、持明院大僧正被レ仰出一。」と記す。寛政年間の宮中御懺法講を良胤が勤めているのは、幼い承真に代わってのことだったのである。

（35）『実久卿記』（宮内庁書陵部所蔵、架蔵番号、五〇八―五五）。

（36）『光格天皇修学院御幸図』（国立公文書館所蔵。架蔵番号、特〇八八―〇〇〇一）、『修学院御所御幸行列図』（国立国会図書館所蔵。架蔵番号、亥―七三）、『光格上皇修学院行幸絵図』（東京大学史料編纂所所蔵。架蔵番号、島津家文書八〇―二一―一）など。さらに『光格上皇修学院御幸儀仗図巻』（徳島県立博物館所蔵。架蔵番号、KKA〇〇八二六）は、阿波藩御用絵師である渡辺広輝の作であり、当時の蜂須賀家が関白鷹司政通と姻戚関係にあったことから、記念のために描かせたものと考えられている。これらの絵巻の「記録性」に関する考察は、別稿を予定している。

（37）前掲註(31)所論文、および同「〈資料紹介〉『賀茂臨時祭絵巻』（京都産業大学図書館所蔵）」（『京都産業大学日本文化研究所紀要』一五、二〇一〇年）。

（38）共行公卿であった徳大寺公迪は、享和三年九月二十七日に頭弁より「被レ贈二御懺法次第幷差図一［添二廻文一〈入二文匣一〉］。」、二十九日に「抑今日御懺法講次第幷差図写終之間、伝二于右衛門督一［添二廻文一］之処、……」とあるように、同じ共行公卿である山科忠言に送っている（『享和三年御懺法講記』）。参勤者には事前に式次第と装束指図が回覧され、各自で書き留められているのである。

〔謝辞〕『宮中御懺法講絵巻』の現物については、二〇一三年十月二十九日に絹本・紙本の全体にわたり調査の機会を得ることができた。調査の機会を与えて下さった三千院門跡執事長大島亮幸様、ご紹介いただいた横内裕人氏（京都府立大学文学部）に感謝申し上げます。また、福持昌之氏（京都市文化財保護課）、濱住真有氏（大阪大学大学院）、小倉久美子氏（奈良県立万葉文化館）には、調査に同行し当日補助と助言をいただいた。あわせて御礼申し上げます。

日記逸文から読み取れること――『宇多天皇御記』の壺切由来記事の考察から――

古藤真平

はじめに

壺切御剣《つぼきりのごけん》（壺切太刀とも。以下、壺切と記す）は皇太子が相伝する太刀である。宇多天皇が寛平五年（八九三）四月に立太子した敦仁親王（のちの醍醐天皇）に授けたことにならい、醍醐天皇が延喜四年（九〇四）二月に立太子した崇象親王（のちの保明親王）に授けて以来、皇太子位の象徴として継承されることとなり、今日に及ぶとされている。

この名剣壺切を本来所持していた人物とそれを皇室に献上した人物については、『有職抄』（巻三、禁中宮物之篇、壺切）[1]に藤原長良・基経、『禁秘御鈔階梯』（巻上、宝剣神璽）[2]に長良・良房・基経とする説とその典拠史料が見えている。

この問題については、『日本史大事典』に「もとは藤原長良が所持していた名剣を実子の基経が宇多天皇に献上したものである」（詫間直樹氏執筆「壺切太刀」）[3]という解説があり、『有職抄』の「正和二年十月十四日花園院ノ宸記ニ云、壺切御剣、最初長良中納言ノ剣ナリ。然ニ昭宣公、寛平ノ聖主ニ進テヨリ以来、代々東宮ニ伝テ御譲トス」という記事に基づくのではないかと思われる。長良の所持については、松浦辰男氏が「もと枇杷贈太政大臣長良公基経公の実父のもたりし剣なりしこと明かなり」[4]と述べ、基経の宇多天皇への献上については、『帝室制度史』が「初め藤原基経の家に伝へ、基経之を宇多天皇に献じ、（下略）[5]」と解説したことがあったが、『日本史大事典』の解説は本来の所持者を長良、宇多天皇への献上者を基経と合理的に説明したのであった。

ただし、注意すべきこととして、現存本『花園天皇宸記』正和二年（一三一三）十月十四日条にはその記事がない。このことは松浦氏や『大日本史料』第一編之二（一九二三年）の寛平五年四月十四日条がすでに指摘するところである。この点は課題として残さざるを得ない[6]が、一つの有力な説として、他の説と合理性を比較する意味は十分あるだろう。

長良の剣を基経が献上したとするこの説が根拠とする史料と目されるのが、『宇多天皇御記』（以下『宇多御記』）仁和五年（八八九）正月十八日条逸文である。本稿では、同逸文を他の史料と読み合わせて読解することを通じて、日記逸文を史料として活用する際の問題点を個別的・具体的に考えてみたい。なお、壺切の今日にいたるまでの沿革については、所功氏の研究[7]があり、本稿も多大な教示を受けていることを記しておく。

一　『宇多御記』壺切由来記事の本文

『宇多御記』仁和五年（四月二十七日に寛平と改元）正月十八日条の逸文は、『西宮記』が東宮行啓の項で引く「寛平元年正月御記云、大丞相奏云々、……」という記事と『扶桑略記』（以下『略記』）仁和五年正月の「同月十八日。太政大臣奏云、……」というほぼ同文の記事を合成することで得られる。後者には御記の字句はないが、『宇多御記』に基づくことは疑いない。太政大臣を大丞相と書き替えた可能性は低いと思われるので、『西宮記』の字句を尊重すべきであろうが、『略記』にしか見えない部分もある。記事の年について、『西宮記』刊本では、改定史籍集覧本の寛平九年と故実叢書本・神道大系本の寛平元年とに分かれている。基経は寛平三年正月十三日に薨じている。したがって、寛平九年ではあり得ず、寛平元年正月を認めるとして、十八日という日付まで手掛かりを残しているのは『略記』の方である。剣の名号にいたっては、『略記』は壺切とするが、『西宮記』刊本では集覧本・神道本が壺斬、故実本が斬壺とする。

右に述べたような校異の問題は重要であるが、本稿では総点検する紙幅がないので、『略記』と『西宮記』（諸本）[8]を取り合わせて作成した校訂本文を提示し、それを基にして考察を進めたい。

寛平元年正月御記云、大丞相奏云、昔臣父有名剣、世伝斯剣壺切、但有二名、田邑天皇喚件剣、賚陰陽師、即為厭法埋土、于時帝崩、陰陽師逃亡、是見鬼者也、而不知剣所在、彼陰陽師居神泉苑、爰推量其処、掘覓援得此剣、抜所着剣令覧者是也、光彩電耀、目驚霜刃、還納室、件事仰別当洽子、云々、今候東宮剣若是歟、

末尾の「今候東宮剣若是歟」は『西宮記』のみに見え、所氏は「後補かもしれない」と述べている。筆者としては、『西宮記』が壺切に関する『宇多御記』を引用した後で、「今、東宮の許に（皇太子位の象徴として）存する剣がこれに当たるのであろう」と言及した文章と読んでみたい。そして、その前の『略記』のみに見える「件事仰別当洽子」については、所氏の指摘[9]にしたがって「給子」を「洽子」と改め、宇多天皇が基経から聞いた壺切の由来を糸所別当春澄洽子に聞かせ、覚えておくように命じたものと解しておく。

二　壺切由来記事の考察

まず初めに、長良が所持していた壺切を実子の基経が宇多天皇に献上したとする説が成立するかどうかについて考えてみると、この逸文の語る限りでは十分に可能である。その日の御記の全文が残されているとは限らないのであるから、基経が壺切を御所（この時は東宮）に持参して献上し（ただし、献上したことを語る部分は逸文として残らなかった）、「臣父」すなわち基経の実父長良以来の由来について語ったと解釈するのである。その場合、基経の語りの大意をまとめると次のようになると思われる。

Ⓐ長良（八〇二～八五六）が所持していた名剣壺切を文徳天皇（八二七～八五八。在位八五〇～八五八）が召して陰陽師に渡し、土に埋める手法による厭法をさせたが、天皇が崩御してしまい、陰陽師も逃亡した。陰陽師が神泉苑にいたことから埋設地点を推測して掘り出したのがこの剣である。

「掘覓援得此剣（掘り覓《もと》めて此の剣を援《たす》け得たり）」に続く「抜所着剣令覧者是也、光彩電耀、目驚霜刃」の部分は、基経が当日持参した壺切を鞘から抜いて御覧に入れ、天皇が其の刃の素晴らしさに感動したことを物語っていることになるのであろう。

しかし、壺切が長良の剣であったとすると、文徳天皇がそれを召したのは、斉衡三年（八五六）七月三日の長良薨去以前に絞られ、天安二年（八五八）八月二十七日の崩御（以上『日本文徳天皇実録』）後、所在不明になったということになる。山下克明氏は、壺切の厭法での使用に関し、壺切の献上者を良房とした上で、天皇が陰陽師に鬼を看破して制圧する解除の呪刀として用いさせるためであったろうとする[10]。『宇多御記』の記述からは厭法の実施と天皇の崩御を近接する出来事と読み取るべきであろうから、崩御の二年（以上）前に長良から壺切を召し出したとするのはやや不自然であろう。所氏は、基経がいう「臣父」について、文徳天皇の後見人は良房であったから、基経の養父良房（八〇四～八七二）[11]と見る方がよいであろうと述べている。山下・所両氏の理解を妥当なものと認めたい。そこで、清和・陽成・光孝朝における壺切について、筆者なりに考えを進めてみたい。

延喜四年（九〇四）二月十日の崇象親王立太子について記す『略記』同日条は、それに続く十三・十七日条とあわせて一連の記事と解され、十七日条の末尾に「已上御記」とあることにより、『醍醐天皇御記』（以下『醍醐御記』）の逸文と判断されるが、その十日条に壺切のことが見える。同逸文は『西宮記』の大臣召の項にも引かれているので、両書を参照しつつ必要な部分を示す。

大将藤原朝臣奏、左大臣告云、貞観故事有御剣、聞、其使以山蔭朝臣為之、云々、吾又始為太子初日、帝賜朕御剣、名号壺切、遙

存心、因以之告大将、即使左近少将定方持壺切剣、賜皇太子曰、吾為太子初、天皇賜此剣、故以賜之、定方
奏復命、禄褂一襲、

右大将藤原定国が左大臣時平からの申し出を醍醐天皇に奏上した内容は、貞観故事では清和天皇が藤原山蔭を使者として皇太子貞明親王に御剣を授けたということである。「云々」には、この度の崇象親王立太子についても同様にして欲しいという時平の願望を伝える旨が込められていたことであろう。それに対して天皇は、自分が立太子した時に宇多天皇が壺切という名の御剣を授けられたことを思い起こし、左少将藤原定方を使者として、新皇太子に壺切を賜い、その由来も伝えたということを書き留めたのである。

醍醐天皇が寛平五年四月二日に立太子し、十四日に（最初の）参観を終えたのち、宇多天皇から壺切を与えられたことは、『西宮記』立皇后太子任大臣事に、

寛平五年四月十四日、新太子参、天皇御大床子、御倚子、太子拝舞、天皇下坐簟上、太子又坐簟上、内侍授禄、
太子拝舞、謁尚侍、次参中宮、有御禄、御装束一具、自内以亮被奉剣、

と見える。ここには壺切の名は見えないが、『宇多御記』仁和五年正月と『醍醐御記』延喜四年二月の逸文にその名が見えているのであるから、宇多天皇が敦仁新皇太子に春宮亮菅原道真を使者として与えた剣が壺切であることは疑いがない。

所氏は『醍醐御記』延喜四年二月十日条に「貞観故事有御剣」と見える御剣を壺切と見なし、貞観十一年の貞明親王立太子（式は二月一日挙行）に際し、良房が所持していた壺切を山蔭を使者として献上したと述べている。筆者も、貞観故事に関する文中に「壺切」の二字が見えなくても、その御剣が壺切であった可能性は相当程度高いと考える。

所氏の説明は、良房から直接貞明親王に献上したように受け取れる。文徳天皇崩御後に壺切が神泉苑の土中か

ら発見された後、良房の手元に戻っていた（所氏は『宇多御記』の「還納室」を良房の行為と解釈しているようである）のであれば、貞観十一年に彼が貞明親王に奉ったと考えることは可能である。ただし、実質的にそうであっても、建前上は清和天皇から貞明親王に授ける形式を取ったと見るべきであり、天皇が壺切を皇太子に授与することは、この時をもって初例とすべきだということになるだろう。光孝皇統における壺切の新皇太子への授与は敦仁親王の時が初例であった。しかし、それは貞明親王の先例を踏襲する形で行われたということになるのであり、おそらくは宇多天皇が基経から得た教示を活かした結果と考えられよう。

別の可能性として、文徳天皇崩御後に神泉苑で発見された壺切が皇室に戻されていたということも考えておかねばならない。その場合も、清和天皇から貞明親王への授与を主導したのは、文徳・清和両天皇を後見してきた良房であったに違いなかろう。

断案は得られないが、『醍醐御記』の貞観故事の御剣を壺切と見る場合、『宇多御記』仁和五年正月十八日条は、陽成天皇の退位によって光孝皇統の管理下に入った壺切の由来について、宇多天皇が基経から受けた教示のことを記しているものと考えてみたい。基経の語りの大意としては、Ⓐの長良を良房に置き換えればよく、Ⓑ良房が所持していた名剣壺切を文徳天皇が召して陰陽師に渡し、（以下Ⓐに同じ）となる。そして、「抜所着剣令覧者是也」の部分は、主語を宇多天皇と取り、壺切の由来を基経から聞いてきた天皇がその場で抜いて見せ、実見したことのある基経が「この剣に相違ありません」と答えた場面と考えてみたい。なお、「光彩電耀、目驚霜刃」に続く「還納室」については、壺切を収蔵していた内裏の蔵に返したという意に取っておく。[12]

以上、貞観故事の御剣を壺切と見る所氏の説に沿いながら筆者なりに検討したが、御剣を壺切と明示する記述がないことを重く見て、別の剣であった可能性も考慮すべきであろう。なぜならば、陽成天皇がその剣を退位の

時に持ち出し、宇多天皇が新たな皇太子の御剣として壺切を選んだ可能性もあるからである。(13)

右のように考えた場合、壺切の動きと『宇多御記』の解釈は次の二通りになるだろう。

ⓐ神泉苑の土中から発見された壺切は、皇室に戻され、貞明親王立太子の時の授与剣とはされず、清和・陽成・光孝朝を経て宇多朝にいたった。良房から伝授を受けた基経以外に壺切の由来を知る人がいなくなり、宇多天皇が内裏の蔵から同剣を出して基経に見せて教示を受け、そのことを春澄洽子にも覚えておくように命じた。

ⓑ神泉苑の土中から発見された壺切は、良房の手に戻り（『宇多御記』の「還納室」の解釈は所氏の読みに同じ）、良房から基経に伝えられ、基経から宇多天皇に献上された。

ⓐの場合、基経の語りの大意はⒷのまま、「抜所着剣令覧者是也」の部分も主語を宇多天皇とする上述の場面想定でよいだろう。ⓑの場合、基経の語りの大意はⒷのままでよいが、壺切の献上は仁和五年正月十八日当日に基経が行ったと解するのが自然となり、「抜所着剣令覧者是也」の主語を基経と取ることになるだろう。

結びに代えて

『宇多御記』仁和五年正月十八日条逸文の読解と壺切の由来について拙い考察を重ねてきた。良房の剣であったことは認められるとしても、神泉苑の土中から発見された後の、清和〜宇多朝における所在と意義づけについては断案を得られなかった。筆者としては、内裏の蔵に納められていた壺切の由来について宇多天皇が尋ね、基経が答えたという読み方を提起したつもりである。しかし、天皇がそのことを基経に尋ねたという字句が逸文として遺っているわけではない。したがって、基経が良房から継承した壺切を仁和五年正月に献上したとする考え方も認めなければならない。(14)日記逸文から何を読み取ることができるのか。本稿がそうした問題を考えるための個別的・具体的な事例の提示となるならば幸いである。

（1）宮崎和廣編『宮廷文化研究　有識故実研究資料叢書』第一巻（クレス出版、二〇〇五年）所収の影印による。寛永十九年（一六四二）の「県主季芳」の書写奥書がある。

（2）滋野井公麗が安永五年（一七七六）年に版行した『禁秘抄』の注釈書。

（3）『日本史大事典』第四巻（平凡社、一九九三年）、一一一一頁。

（4）松浦辰男「壺切御剣之事」（『史学会雑誌』一九、一八九一年）、四〇頁。

（5）帝国学士院編纂『帝室制度史』第四巻（同院、一九四〇年）、二〇一頁。

（6）松浦氏は「抄の引く所は蓋其御別録なるべし」と述べている（前掲註4論文、四五頁）。

（7）所功「「壺切御剣」に関する御記逸文」（『歴史読本特別増刊・事典シリーズ〈第21号〉日本「日記」総覧』新人物往来社、一九九四年）。所氏の見解はこの論文による。

（8）活字本・影印本の該当頁を示しておく。集覧本：四二七頁／故実本：第二、八三頁／神道本：六二三頁／壬生本：『宮内庁書陵部本影印集成6』一六六～一六七頁／前田家巻子本：『尊経閣善本影印集成3』一三〇頁／前田家大永本：『同6』一〇二頁。

（9）所功編『三代御記逸文集成』（国書刊行会、一九八二年）の人名索引において、『宇多御記』仁和三年八月二十六日条の「洽子」と寛平元年正月十六日条の「給子」が「給子（洽子か）」と一括して立項されている（三三一頁下段）。寛平九年に宇多天皇が醍醐天皇に与えた『寛平御遺誡』に「洽子朝臣自昔知糸所之事、□之間、猶令兼知之」とあるから、仁和五年正月段階で春澄洽子が糸所別当であった可能性は十分に認められよう。『宇多御記』仁和三年八月二十六日条逸文（『西宮記』天皇崩事裏書所引）には「典侍洽子鎰〔鈴カ〕印奉御座辺」とあるので、仁和五年正月段階での典侍在任もほぼ確かであろう。

（10）山下克明「陰陽道と護身剣・破敵剣」（『平安時代の宗教文化と陰陽道』岩田書院、一九九六年、初出は一九九二年）。

（11）『日本三代実録』貞観十四年十月十日条の基経が故良房の封邑を辞する上表文中に書いた良房の遺言「吾既無男、汝即猶子」は、良房・基経の養父・養子関係を示している。その関係の成立がいつなのかということは課題として残るとしても、仁和五年正月段階で基経が良房を「臣父」と呼んだと考えることに問題はないであろう。

（12）「納室」が「納殿」ではないかということも今後の検討課題としたい。

（13）『本朝世紀』天慶四年（九四一）十二月五日条に、仁明朝以来の累代宝物であった螺鈿大床子・倚子・螺鈿置物机を陽成上皇が朱雀天皇に献上したことが見え、上皇の天皇退位の際にそれらが光孝天皇に伝領されなかったことが分かる。岡村幸子「平安時代における皇統意識——天皇御物の伝領と関連して——」（『史林』八四—四、二〇〇一年）を参照。

（14）『朝野群載』巻一、銘に「刜鐘伝方、切玉成聞。氷刃一奮、洒壺旁分。満匣竜水、繞腰暁星。斬夷都保、表名於銘」なる「御剣銘」が収録され、「件銘、広相作覧昭宣公、々献寛平聖王」との注記がある。辻本直男氏は「壺切の御剣」（『刀剣美術』三九六、一九九〇年）でこの銘文を壺切のものと解した。壺切研究でこの銘に言及した論者は他に見当たらないようであるが、同剣の銘文と認めるべきであろう。その場合、基経が壺切を宇多天皇に献上し、天皇が橘広相に命じて銘文を作らせたと推定するのが素直な理解であるかもしれない。しかし、注記が全幅の信頼を寄せるに足りるかどうかは疑問で、壺切の由来を基経から聞いた天皇が広相に銘文を作らせたと推定することもできると考える。なお、「斬夷都保」の四字句は壺切が当初はキリツボと呼ばれていた可能性を示すと思われるが、同剣の由来に関するさまざまな言説の解釈とともに、今後の課題としておきたい。

一条天皇と祥瑞

有富純也

日本史研究のなかで、平安時代中期のことを「摂関政治期」とよぶことは定着している。とはいえ、摂政・関白が常に政治の中心であったというわけではなく、当該期の天皇が政治的に力を所持していたということは、現在の古代史研究の分野では常識といえよう。特に、藤原道長の執政期前半の天皇であった一条天皇は、政治的な能力を発揮した天皇として評価されることが多い印象である。その印象を定着させたのは、古典的名著である土田直鎮『王朝の貴族』における記述であろう。(1) すなわち土田氏は、「一条天皇は英明の主であった」(一七三頁)、「道長は一条天皇のときに、十五年間にわたって左大臣であったが、その間、天皇は道長を第一の臣として尊重したけれども自身もけっしてロボットではなかったし、道長も(中略)天皇の意向を尊重した」(一七二頁)と述べている。また土田氏は、長保元年(九九九)に発せられた綱紀振粛令(いわゆる長保元年新制)に関して、この法令の主導者が誰かを検討し、「この綱紀振粛令はやはり一条天皇自身、積極的に指示して出されたものと見るべき」(一七九頁)と述べている。

このような土田氏の見解は、その後も大津透氏(2)や倉本一宏氏(3)によって踏襲されており、すでに定説化していよう。が、では一条天皇はどのような政治的志向のもとで、執政していたのであろうか。当該期における天皇と藤原氏との政治的関係を再検討するうえでも、一条天皇の政策について、くわしく検討していく必要があると思われる。そのような視角のもと本稿は、長保年間(九九九~一〇〇四)に出された祥瑞について検討する。

祥瑞は、天子などの為政者が道徳的・政治的に善を施している場合、天がそれを嘉して下す吉兆のことであり、儒教的な天人相関説・天命思想に基づくものである。日本の古代国家もその思想・あり方を導入し、特に八・九世紀には頻繁に国史にみられる。しかし十世紀前半になると激減し、十世紀半ばをすぎると数例を数えるのみとなる(4)。

そのような状況のなか、長保年間の祥瑞は、三例ある(5)。前後の時代と比較すると、やや異様であり、目をひくものといえる。祥瑞は、天慶九年(九四六)に「頗る希《まれ》」なものとしてとらえられており(6)、また、長元七年(一〇三四)には「不吉」とまでいわれるようになっていたことから(7)、長保年間の為政者が祥瑞の登場を作為したと考える方が自然であろう。すでに拙稿において長保年間の特殊性を示唆しており(8)、この三例を詳細に検討することもあながち無駄ではあるまい。

まず史料をかかげる。

①『日本紀略』長保元年正月二十七日辛巳条「東三条院侍大膳進藤原仲遠献白雉」

②『日本紀略』長保元年七月十一日辛卯条「大宰府申一茎二花白蓮」

③『日本紀略』長保三年十二月二十七日甲子条「右衛門少尉源忠隆献白雉純白」

三例とも、ほとんど情報のない史料であるが、誰が祥瑞を報告したのかは、記述されている。そこで、この時期の日記などを用いながらそれらの人物を検討してみよう。行論の都合上、②の長保元年七月十一日条から検討する。

大宰府がここでは祥瑞の献上者としてあげられているが、このときの大宰府における構成員を確認すると、大弐が藤原有国である(9)。周知のように大宰府の帥は親王任官であり、実質的な権力者は権帥か大弐であることが多い。この時期の責任者も、大弐であった藤原有国と考えて大過なかろう。白蓮の報告に、責任者が関与しなかったとは考えにくく、有国はそれに関与していたと考えられる。そこで藤原有国がどのような人物だったか、論じたい。

藤原有国については日本文学研究者の今井源衛氏による詳しい研究があり、それに基づき彼の人生を紹介しよう。(10)有国は、天慶六年（九四三）の生まれで、藤原内麻呂を祖先に持つ。父は藤原輔道で、周防や隠岐などの受領を歴任している。有国は、もともと「在国」と名乗っており、のちに「有国」に改名したようである。幼少、あるいは一〇代の頃の彼はほとんど不明であるが、詩合などに参加している史料が存在するので、(11)漢詩に秀でた人物であったと考えられる。

『公卿補任』によれば、康保四年（九六七）九月、東宮雑色に任じられたことを皮切りに、蔵人所雑色、冷泉院判官代などに任じられている。貞元三年（九七八）に石見、永観二年（九八四）に越後の受領に任じられ、父と同じく受領層への道を進むかと思いきや、永観二年八月二十七日に東宮昇殿を果たす。懐仁親王（のちの一条天皇）が立太子した日である。そして懐仁親王が即位した寛和二年（九八六）六月二十三日、侍臣となり昇殿し、十一月二十三日には蔵人に任じられている。この出世過程をみると、彼はもともと天皇家と近い関係にあったのではないだろうか。また一条天皇の側近となっており、一条天皇は漢詩を好んでいたことから、(12)漢詩の教師としての役割があったと推測することもできよう。さらに重要なのは、有国の妻である橘徳子が一条天皇の乳母であることである。(13)いわば有国は一条天皇の「乳父」であり、その関係性は強固なものであると推測される。この事実は、彼の出世に大きく影響を及ぼしたであろう。

またこの年の七月二十三日に正五位下に叙せられ、また八月十三日には左少弁に任じられている。その後も順調に出世を重ね、永延三年（九八九）には右大弁、永祚二年（九九〇）には蔵人頭になっている。父は受領層止まりであったが、有国は弁官・蔵人に任じられ、父を超えた出世といえるだろう。この出世の背景に、一条天皇の後押しがあったことは想像に難くない。

その後、藤原兼家が死去すると、従三位に叙せられるものの蔵人頭・右大弁は解かれる。今井氏は、藤原道隆に疎まれたためであると推測する。さらに正暦二年（九九一）に起こった秦有時殺害事件に関与が疑われ、除名されている。

藤原道隆が長徳元年（九九五）に死去すると、同年十月十八日、大宰大弐に任じられている。奄美島の賊が襲来した事件への対応で活躍するものの[14]、貿易での不正を指摘されて長保三年（一〇〇一）正月に解任され、帰京している。大宰府に任じられているあいだ、白蓮を中央に報告している。

帰京後、参議となる。藤原道長との関係も良好だったようで、寛弘九年（一〇一二）に亡くなっている。『続本朝往生伝』には九卿の一人としてあげられており[15]、政治家として有能であったとされたらしい。

さらに、有国の妻である橘徳子が一条天皇の乳母であったことは先述したが、加えて徳子は敦成親王（後一条天皇）の「乳付」を行っている[16]。

長々と有国の人生をみてきたが、ここで確認したいのは、有国が一条天皇と昵懇であったことである。もちろん、有国自身が漢学の才能をもち、政治家としても有能であったようだが、しかしながら、彼は同時に〝コネ〟をもとに出世した可能性もあるのではないだろうか。当時の社会原理からすれば、父を超えて公卿になれる可能性は低いにもかかわらず、彼はそれを実現しているのである。

次に、③長保三年十二月二十七日条を検討する。有国と同様、祥瑞を献上した源忠隆について検討してみよう。『尊卑分脈』によれば源経基の孫、満政の子である。『権記』長保二年正月二十七日条に、「蔵人朝経、済政、孝標、忠隆」とあり、このときに蔵人に任じられたようである。その後も、『権記』によれば主に蔵人として役目を果たしていることが知られる。同年二月二十二日には「式部丞源蔵人」とあり、翌長保三年正月三十日には

「右衛門少尉源忠隆蔵人」とある。『本朝世紀』長保四年十月二十四日乙酉条には、法華八講に際して「公家御捧物、右衛門尉源忠隆荷薪」とある。天皇からの「御捧物」であり、また同時に花蘿と水桶を捧物として運搬した藤原隆光・藤原実房も蔵人であるようなので、忠隆もあるいは蔵人としての職務であったかもしれない。『日本紀略』寛弘元年五月二十一日甲辰条にも同様の記載があり、このときは「式部丞仲隆」とある。その後しばらく史料に登場しないが、『御堂関白記』寛弘五年四月十八日条には、道長の賀茂詣に際して陪従を務めており、あるいは道長の家司になった可能性もあろう。さらに『御産部類記』所引「不知記」同年九月十一日条から、敦成親王誕生に際して鳴弦役を務めていることが知られる。そこでは、五位の相模権守であったとも記されている。

以上の官職歴をみれば、いわゆる下級貴族の家にうまれた源忠隆の人生は次のようにまとめられるのではないだろうか。すなわち、蔵人になりつつも衛門府官人として内裏の警固にあたっており、おそらく蔵人退任後（寛弘元年から五年のあいだ?）に道長に近づき家司となった、と。ここでは忠隆が、蔵人時代に祥瑞を報告していることを確認しておきたい。

最後に、①である。ここでは藤原仲遠が白雉を発見している。残念ながら仲遠は管見の限り同時代史料でほとんど確認できず、『法華験記』に記事がある程度である。とはいえ、ここで「東三条院侍」とあることから、東三条院藤原詮子とつながりがあったことだけは認められるだろう。藤原詮子は、父が藤原兼家で円融天皇の女御となり、のちの一条天皇を生んでいる。一条天皇の即位後は皇太后、女院となっている。[17]

以上、①から③の史料について、人物を中心に検討してきた。藤原有国はともかく、源忠隆と藤原仲遠は下級貴族とよべるだろう。彼らは、本当にたまたま祥瑞を発見したのであろうか。仮に本当だとしても、それを朝廷に報告しなくてはならない規定（儀制令や治部省式）を認識していたのであろうか。

常識的に考えれば、祥瑞はたまたま発見されることは有り得ないだろうし、また万が一、発見されたとしても、彼らが朝廷への報告義務を認識していたとは考えにくい。推測に推測を重ねてしまうが、祥瑞の発見・報告は、作為的なものであり、彼らの主君の意志が関与していたと考えるのが妥当であろう。

つまり、藤原仲遠は東三条院藤原詮子の意志、源忠隆は一条天皇の意志により祥瑞を出現させた可能性を指摘できるのである。藤原有国は、一条天皇との関係性がきわめて強い。ただし彼は、漢文・漢詩に長けた人物であったので、一条天皇の意志ではなく、一条天皇を褒め称えるために独断で祥瑞を出現させた可能性もあるが、このあたりは不明といわざるをえない。

少ない例ではあるが、長保年間に出現した三例の祥瑞を検討してきた。以上の検討から、一条天皇周辺の政治姿勢が垣間見えよう。すなわち一条天皇とその母后である東三条院藤原詮子とは、祥瑞を利用することで旧来の政治の復古を目指していたのではないだろうか。祥瑞が頻繁に登場したのは八・九世紀であるから、これを律令制の復古政治と評することも可能かもしれない[18]。一条天皇の政治が「長保・寛弘之政、擬延喜・天暦[19]」と評価されていたことも、再確認しておく必要があろう。

かつて指摘したように、長保元年（九九九）における新制で神社修造を朝廷は命じている[20]。延長年間以降、そのような法令は記録されておらず、長保元年新制に延長四年（九二六）五月二十七日官符が引用されていることから、おそらく、延長から長保のあいだに実際に出されなかったと考えてよいだろう。

そして一条天皇は、みずから雨乞いをした天皇である[21]。平安中期の天皇としては非常にまれで、管見の限り平城天皇以来である[22]。七三年ぶりに神社修理という復古的な法令を出している点、そして約二〇〇年ぶりに天皇による雨乞いを実施している点からも、復古的な政策を採っていた天皇として、さらに一条天皇の治世・政治姿勢を考えてみるべきかもしれない。

（1）土田直鎮『日本の歴史5　王朝の貴族』（中央公論出版社、一九六五年）。なお引用は、二〇〇四年発行の改版文庫本を用いた。
（2）大津透『日本の歴史06　道長と宮廷社会』（講談社、二〇〇一年）。
（3）倉本一宏『一条天皇』（吉川弘文館、二〇〇三年）。
（4）拙稿「摂関期の地方支配理念と天皇」（『日本古代国家と支配理念』東京大学出版会、二〇〇九年、初出二〇〇七年）。
（5）『日本紀略』長保元年三月七日庚申条によると、「雨米」が豊前から大宰府へと報告されたことが知られる。これを含めると、もう一例ふえる。
（6）『清慎公記』天慶九年六月二十三日条。
（7）『日本紀略』長元七年五月九日戊辰条。
（8）拙稿「日本古代国家の支配理念」（前掲註4書、二三三頁）。
（9）『権記』長徳元年（九九五）十月十八日条などに補任記事がある。
（10）今井源衛「勘解由相公藤原有国伝」（『今井源衛著作集第8巻　漢詩文と平安朝文学』笠間書院、二〇〇五年、初出一九七四年）。
（11）前掲註(10)今井論文、二七三～四頁。
（12）滝川幸司「一条朝の文壇」（『天皇の文壇』和泉書院、二〇〇七年、原型初出一九九六年）など参照。
（13）『栄花物語』巻四に「帝の御乳母の橘三位」とあるなど、諸史料に散見する。『御産部類記』所引「不知記」寛弘五年（一〇〇八）九月十一日条も参照。
（14）森公章「古代日麗関係の形成と展開」（『成尋と参天台五臺山記の研究』吉川弘文館、二〇一三年、初出二〇〇八年）など参照。
（15）『続本朝往生伝』（一条天皇）に「九卿則右将軍実資、右金吾斉信、左金吾公任、源納言俊賢、拾遺納言行成、左大丞扶義、平納言惟仲、霜台相公有国等之輩」とある。
（16）『紫式部日記』寛弘五年（一〇〇八）九月十一日条。『御産部類記』所引「不知記」同日条など。「乳付」については吉海直人「乳付考」(『平安朝の乳母達』世界思想社、一九九五年)参照。
(17) 東三条院藤原詮子については、近年の研究として伴瀬明美「東三条院藤原詮子」(『古代の人物⑥　王朝の変容と武者』清文堂、二〇〇五年)を参照。
(18) ただし、何をもって「律令制」「律令政治」とよぶかは難しい。佐藤全敏「摂関期と律令制」(『日本史研究』四五二、二〇〇〇年)も参照。なお、後期律令国家論に筆者が与しているわけではないことを付言しておきたい。
(19) 『江吏部集』(帝徳部)。
(20) 拙稿「神社社殿の成立と律令国家」(前掲註4書、一〇二頁)。
(21) 『御堂関白記』寛弘元年(一〇〇四)七月十日条。
(22) 『日本後紀』大同元年(八〇六)三月丁亥条。

検非違使官人の日記
――『清獬眼抄』に見る焼亡奏と「三町」――

中町美香子

検非違使の記した平安時代の日記としては、別当の記した『中右記』や『山槐記』等はよく知られているが、より実働的に活動した尉以下の日記は、一部を除いて見ることは少ない。そうした日記を引用する『清獬眼抄《せいかいがんしょう》』は彼らの活動の詳細を知るためのよい史料である。

『清獬眼抄』は、平安京の治安を担った検非違使の故実書で、鎌倉初期に成立したと考えられているが、現在は「凶事」の中の流人と焼亡に関する記事が残るのみである。(1) その焼亡部分を見ると、はじめに儀式書・雑例・日記・口伝・今案等による焼亡に関する故実の集成があり、その後に事例別に日記が引用されるという構成である。引用される日記の大部分は、清原季光の日記「後清録記」であるが、これは尉以下の検非違使官人の書いた日記として、他の史料にはあまり見えない内容も記されており興味深い。

清原季光は保元三年(一一五八)八月八日に右衛門府生として使宣旨を蒙り、その後、志に昇進し、そして、志のまま治承四年(一一八〇)五月二十日に四八歳で死去した(『山槐記』)。検非違使の在任期間は、別当・佐に比べ、尉以下、とくに志や府生は長期にわたる人物が多く、なかには府生から志、志から尉に転任し、数十年にわたり検非違使を務める者もいる。極端な例としては、府生を五一年務め、志への転任を申請した清原忠重の例などがある(『朝野群載』天仁三年正月十六日付請奏)。季光も長く検非違使を務め、地位は低くとも、検非違使の活動に関する故実に詳しく、その日記には、同僚の検非違使の懈怠や作法の失礼を厳しく批判したり、みずからの見解を述べている記事なども見られる。

さて、『清獬眼抄』の焼亡部分の内容は、主として火事の際の装束と焼亡奏であり、その二点が彼ら（あるいは編者）にとっての重要事項であったことがうかがえる。『清獬眼抄』を用いた検非違使の消防活動や焼亡奏については、すでに大村拓生氏により検討されているが(2)、この小文ではとくに、内裏三町内焼亡奏なし、という故実をとりあげたい。なお、以下、史料名を書かない事例の引用は『清獬眼抄』によるものである。

火事があった場合、それを奏することは、寛平五年（八九三）に右看督使近衛が奉じた、神態の月、散斎の外は京中の失火を奏せよ、という内容の法文からもうかがえるように、九世紀末にはすでに行われていた。これが、のちの焼亡奏と同様な形であったかは不明であるが、『侍中群要』にある焼亡奏の次第は、『清獬眼抄』に記載された次第に通じる。『侍中群要』の成立年代は未詳であるが、目崎徳衛氏は円融朝から後一条・後朱雀朝頃を編纂時期とする。日記にも詳細は不明ながら十一世紀初頭にはこの次第をうかがわせる焼亡奏が見える。したがって、基本的な焼亡奏の形は遅くともその頃には成立していたであろう。

焼亡奏の次第を先行研究に倣って『清獬眼抄』や『侍中群要』から復原すると以下のようになる。まず火事が起こると、検非違使は火事の現場に向かい消防活動を行う。その後、摂関の所、内裏、検非違使別当の所へ報告に向かうが、これには、先に別当の所へ行き、奏の有無を確認するという説もあり、実際に「後清録記」では別当の所へ行ってから摂関の所や内裏へ向かう事例が多い。焼亡奏は、殿上口に検非違使が列立し、蔵人に対し佐が焼亡の場所や焼けた家の数、火事の原因等を奏し、続いて検非違使官人の見参を示す。これらを蔵人が天皇に奏上する。なお、規定としては佐が奏する形であるが、実例としては、佐が不参で尉が奏する例が多い。

検非違使にとって火事の際の重要な職務である焼亡奏であるが、行わない場合がある。一つは、神事の際で、『清獬眼抄』には賀茂祭、神今食《じんこんじき》、月次祭《つきなみ》、奉幣、率川祭《いさかわ》、禊祭、吉田祭、新嘗会、宇佐使発遣などの事例があげられている。それは火事が穢としてとらえられるものであることが原因であろう。失火の穢は神事に当たるときには七日間忌むことが『延喜式』に見える。穢の展転の認識については揺れがあったが、応和三年（九六三）に、失火の穢は展転しないことが確認されている（『西宮記』『新儀式』）。したがって、それに基づけば失火の穢に触れた人物が内裏へ来たとしても内裏に穢が移ることはないはずであるが、以後も失火の穢を避けようとする例は多く、直接神事に関わらなくとも、失火の穢に触れた人物が神事の場に入ることは忌避される。[3]神事のときに焼亡奏や見参のため内裏へ参った検非違使が帰されたり、衛門陣でとどめられたりしている例も見える。

神事以外にも、年首や吉事の場合（焼亡が凶事であるからであろう）、京外の場合（焼亡場所によっては奏する場合もある）、奏に従事する人間（六位蔵人や必要な検非違使官人等）がいない場合などが焼亡奏を行わない事例としてあがるが、そのなかで少し異質なものとして、内裏三町内の火事がある。この故実は、同じく検非違使の故実書である『廷尉故実』には見えるが、他の史料では見かけない。そこで、この「三町」の範囲や意味について考えたい。なお、この場合、焼亡奏が行われないだけで見参は奏するのが通例のようである。

内裏周辺での三町といえば、まず想起されるのは里内裏邸宅を中心として周囲三町四方に認識される陣中空間であり、そのような解釈もこれまで見られたが、ここでいう三町がそれと異なることは、『清獬眼抄』が引く事例から明らかである。たとえば、長寛二年（一一六四）正月五日と長寛三年三月十一日の火事の例を見よう。ともに里内裏の場所は押小路東洞院殿（押小路南東洞院西）である。前者は、三条北富小路から二条南富小路東辺りが炎上するが、「火所富小路東」ということで焼亡奏を行っている。一方、後者の場合、火は錦小路富小路から起こり、北は押小路北辺、西は万里小路、東は六角の南辺より堤にいたるとあり、こちらは三町内ということで焼亡奏は行わず見参のみとなっている。これらの例では富小路の東か西かによって焼亡奏の対応が分かれているが、富小路は里内裏の東面（東洞院大路）からちょうど三町離れた位置に当たる。つまり、三町の具体的な範

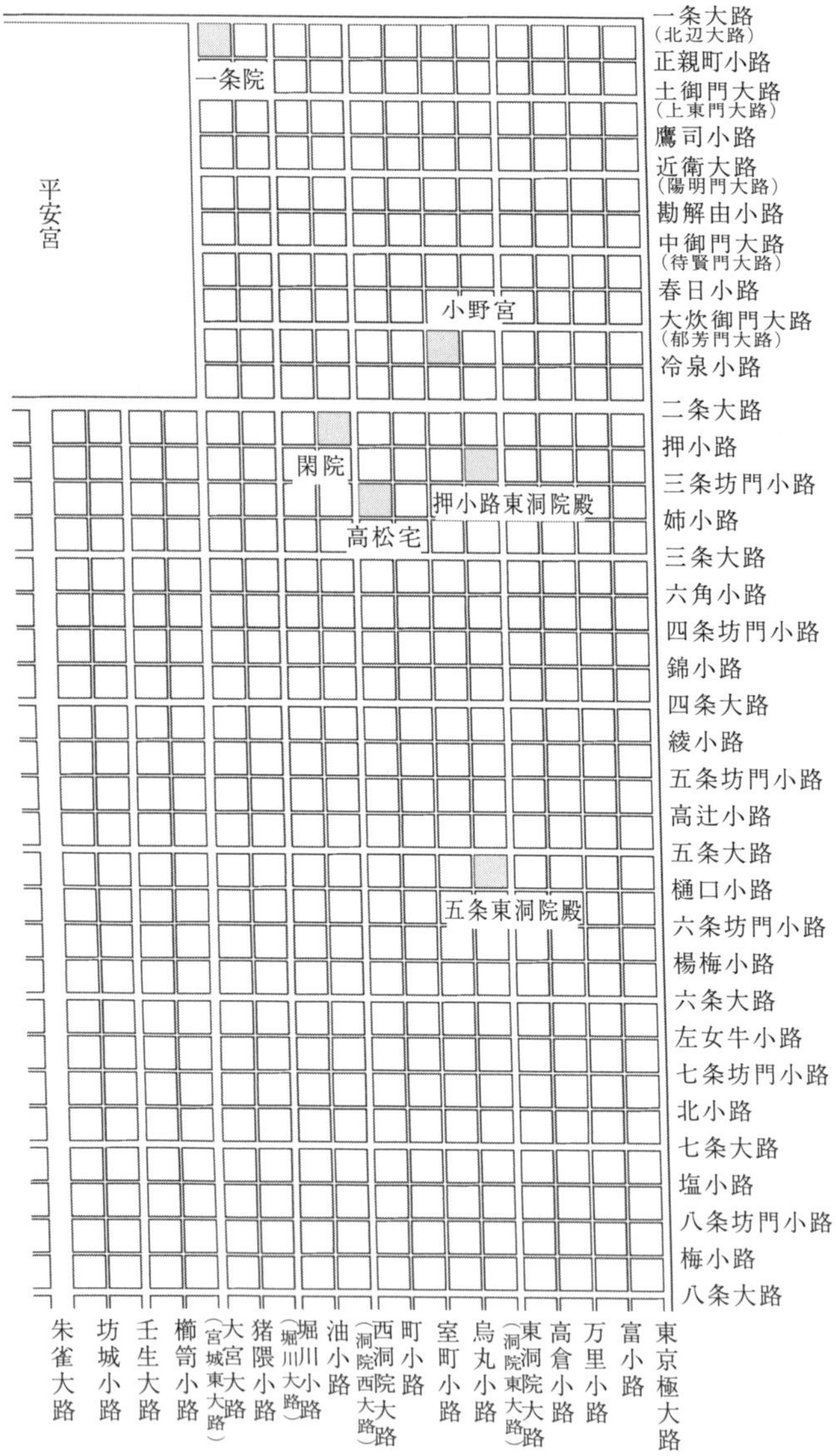

平安京左京概略図（一部省略）

註：括弧内の呼称は焼亡奏にみえる異称。網掛は本文にあげた事例の邸宅の位置。

囲は里内裏である邸宅から三町分離れた位置までということになる。

ただし、これが正方形、つまり七町四方で意識されるのか、四方位以外は曖昧であるのか、その点は明確ではない。実際、四方位以外の三町の境界付近が火事になった際の奏の有無は認識のされ方が不明瞭で、たとえば、仁安三年（一一六八）四月十一日（二十一日か）条（火所は大炊御門室町）や承安四年（一一七四）四月十四日条（火所は春日南堀川西）の記事では、焼亡した場所は里内裏閑院（二条南西洞院西）から見て、七町四方であれば三町内に含まれるが、それぞれ吉田祭により奏なし、禊祭以前により奏なしとし、神事でなければ奏があるべきであるかのような書きぶりである。

この内裏三町内の故実がいつできたものかは不明であるが、里内裏が常態になって以降であろうことは推測できる。寛仁元年（一〇一七）十月十七日の火事では、『左経記』に「堀河上東門辺小屋二百余烟焼亡、検非違使等参二殿上口一、令レ奏二其由一」とあって奏を行っているが、この場所は『小右記』同日条では「上東門大路以南、堀河以東方一町」とあり、当時の里内裏一条院（一条南大宮東）の三町内である。この奏が見参のみの可能性も否定はできないが、「その由を奏せしむ」は文脈的には火事についての奏上であったと読み取るのが自然であろう。これを揺れとみるか、時期的な変化とみるかの判断は難しいが、この例では火事は二町内といってもよい場所であり、時期的な変化、つまり故実がまだ確立していないと見ることが可能ではないだろうか。

嘉保三年（一〇九六）十二月二日の火事では、里内裏閑院の陣頭に当たる高松宅（三条坊門南西洞院東）が焼亡し、『中右記』には「卯時許火滅了後、検非違使左右佐以下十余人、於二殿上口一付二蔵人左衛門尉源仲正一奏」とあって奏が行われたことがわかる。これは見参のみの可能性も十分あるが、もし焼亡奏があったのであれば、内裏三町内焼亡奏なしの故実は十二世紀以降に成立したものということになる。

平安貴族社会で、たとえば一町は里内裏への参入や退出の際の下馬・下車、騎馬・乗車の位置や、朝覲行幸で院御所に近付いた際に警蹕をとどめる位置等として意識される距離であるが、焼亡奏に見える三町はどのような意味のある距離であろうか。

『清獬眼抄』の焼亡の故実を見ると、火事の際の装束に関係して三町が出てくる。それは祖父口伝の中の、「立ヨ去火所二三四町鏁レ紐、若傍官路頭相逢者、扣レ馬対面、人鏁レ紐我鏁レ紐、人不レ差レ紐我不レ差レ紐、但解レ紐帯レ箭者、只今犯人定出来歟之由ヲ存知天為二追捕一馳向也、相互存知者如レ此、仍不レ差レ紐也、故焼亡帰路ニハ、去二三丁一鏁レ紐也、禁裡焼亡之時、入二禁裡中一者鏁レ紐、有二禁裡之外一者解レ紐」とあるものである。また、承安四年四月十四日条にも「向二火所一官人、自二里亭一解レ紐向二火所一、三町ヲ立去差レ紐」とあり、別当亭に紐を解いたまま参向するのは便なしとしている。つまり、火事現場に行く際には「紐を解」いて向かい、帰路では三町（あるいは三、四町）離れて、「紐を差（鏁）す」。また、内裏の火事の場合は、内裏内では「紐を鏁す」。

この「紐」が何であるか判然とはしないが、日記等で「紐を解く」（放つという場合もある）、「紐を差す」とある場合、饗宴や舞や元服等で、袍などの表着の襟を開いたり肩脱ぎしたり、また、それを戻す場合に使用されることが多い。それと同じであるなら、この「紐を解く」は、検非違使が表着の前を開き、動きやすい姿になることであると考えられる。内裏内ではその崩した姿は憚りがあるため、紐を差すのであろうか。ともかくも、この記載からは、三町内は延焼の危険のある火事の現場と認識されていることが読み取れる。

『明月記』建仁二年（一二〇二）十一月九日条には焼亡奏とは関係ないものの、火事に関係する三町が見える。内裏の方角に火があり、近衛中将の藤原定家は馳せ参るが、その際、「火冷泉北洞院東也、已三町之内也、仍帯二胡籙一取レ弓」とする。また、「今夜帯二弓箭一、頗似二古儀一、但火為二三町之内一、尤可レ帯耳」ともある。このとき里内裏は閑院であるので、火所は内裏から三町内（二町内）である。定家は三町内であるからとして弓箭を帯する。内裏を火事の現場と見ているのであろう。

貴族たちは火事と見ると、それが重要な場所である場合や関係の深い人物の家である場合には、現場に駆けつけ、消防に協力するのであるが、[4]「近々」や「近隣」として駆けつける範囲にも、隣接はもちろんであるが、火事現場から二町内、三町内程度の距離の例が多く見え、三町意識がうかがえるように思う。治承四年四月一日の火事は八条坊門北西洞院東から火が出て最終的に六条室町辺りまで達するが、『吉記』同日条には、「火事熾盛、公卿群参、余焔及二六条一之故也」とあり、火事が六条に及んで公卿たちが里内裏である五条東洞院殿（五条南東洞院西）へ群参していることがわかる。そして、「平家人々差二遣郎従等一、令レ壊二小家一、不レ可レ渡二六条北一之由、殊有二沙汰一」とあり、六条大路で火をくい止めようとしている。この六条大路は五条東洞院殿から三町南に当たる。治承四年二月十八日の東宮（五条東洞院殿）の火事では、火事は四町ほど離れた樋口京極辺りで起こる。「纔四間（町カ）也、風又極悪」とあり、皇太子を別の場所へ移そうとし、また「東裏檜垣内小屋」を壊して火を防ごうとする。火は五条南万里小路東に及ぶが、その間、人々が参集している（『山槐記』『吉記』）。一方、永久六年（一一一八）正月十五日の内裏近くの火事では、藤原宗忠は内裏に馳参したものの、火所が「相隔四町、無二事恐一」として退出している（『中右記』）。

内裏や院宮以外でも、たとえば、『小右記』治安元年（一〇二一）二月七日条では中御門北室町西辺りの火事で、「火頗近々」のため数人が小野宮（大炊御門南室町東）を来訪しているが、これは三町内である。また、京外であるが、『中右記』嘉保二年十二月十四日条では、東朱雀大路西中御門北（法成寺から二町内）で火があり、南風が吹いて法成寺に恐れありとして宗忠は馳せ参るが、一方、『玉葉』文治三年（一一八七）五月二十五日条の火事では法成寺とは五、六町離れており、火の勢いも収まっているので藤原兼実は行かない。

もちろん、駆けつけるかどうかはその場所の重要度、本人との関係、火の勢いや風向き・風の強さなども影響するため、遠くとも馳せ参ることもあり、一概にはいえないが、火事の延焼の危険距離の一つの目安としては、三町前後という意識があったのではないだろうか。

それでは、内裏三町内の火事で焼亡奏がないのはなぜだろうか。大村氏は「まず内裏に向かうから奏聞の必要がないためであろう」とする。確かに内裏自体やその周囲の火事ではそのようにもいえる。しかし、三町内でも火事の場所によってはまず内裏に向かっていない事例もあり、これだけでは理由としては不十分であろう。より根本的には、内裏三町内の火事では、内裏が火事現場であると認識されることで、消防活動自体は重視される場所ではあるものの、その火事は検非違使の焼亡奏の対象外となるのではないだろうか。

そもそも焼亡（失火）奏が行われるようになってから長い期間、皇居は平安宮内裏であった。検非違使の本来的役割は京内の治安維持であり、焼亡奏の対象も京内であったと思われる。内裏や宮城内で起こる火事で検非違使の焼亡奏が行われることは、本来的にはなかったであろう。そのありかたの名残と、三町内を火事現場とする意識の形成により、里内裏の常態化以降、内裏三町内焼亡奏なしの故実が成立したのではないだろうか。

ただし、宮城内の火事に関しては、焼亡奏を行ったと思われる例もある。長徳四年（九九八）三月二十八日条の、京内から神祇官に延焼した火事では、検非違使佐の惟宗允亮が神祇官へ参った後、内裏（平安宮）へ向かい、詳細は不明ながら、事の由を奏上しているのが見える。また、内裏三町内の故実成立以後の三町外の例になるが、長寛元年十二月十二日条の右京から延焼した宮城内の火事の際には、宮城内であっても先例は奏事があるとされる（しかし、この言葉からは逆に、宮城内は焼亡奏をしないという認識もあったことがうかがえる）。あるいは、京内からの延焼の場合などでは、宮城内の火事に際しても焼亡奏が行われることがあったのかもしれない。

以上、この小文では、『清獬眼抄』が引用する検非違使官人の日記から、彼らのもつ焼亡に関する独自な故実をとりあげ、公卿等の日記からだけではとらえにくい事象を検討した。『清獬眼抄』については、文字の校訂をはじめ、その成立や構成、内容等、まだ検討すべき点は多いが、それはまた別の機会に譲りたい。

（1）　解題や編者の検討については、岩橋小弥太「清獬眼抄」（『群書解題』続群書類従完成会、一九六〇年）、五味文彦「家記の編集と利用　法書と検非違使の記録」（『書物の中世史』みすず書房、二〇〇三年）、同「中世の日記とその特質」（『中世社会史料論』校倉書房、二〇〇六年、初出は一九九八年）、新井重行「解題（清獬眼抄）」（『内閣文庫所蔵史籍叢刊　古代中世篇』三、汲古書院、二〇一二年）等を参照。

（2）　大村拓生「火災と王権・貴族」（『中世京都首都論』吉川弘文館、二〇〇六年、初出は一九九六年）。また、生島修平「平安京における消火活動と住人紐帯の諸相」（『年報都市史研究』一八、二〇一一年）も同じく『清獬眼抄』を検討し、消火活動を論じている。平安京の火事についてはほかに、秋山國三「条坊制の「町」の変容過程――平安京から京都へ――」（『京都「町」の研究』法政大学出版局、一九七五年、初出は一九七一年）、北村優季「火災発生の状況と背景」（『平安京の災害史　都市の危機と再生』吉川弘文館、二〇一二年）、京樂真帆子「平安京における都市の転成」（『平安京都市社会史の研究』塙書房、二〇〇八年、初出は一九九七年）、同「平安京都市社会と火災」（『環境の日本史2　古代の暮らしと祈り』吉川弘文館、二〇一三年）、西山良平「平安京の火事と〈都市〉住人」（『都市平安京』京都大学学術出版会、二〇〇四年）等がある。

（3）　失火の穢に関しては、西山良平「罪と穢れ――〈家を焼く〉を中心として――」（『列島の古代史　ひと・もの・こと7　信仰と世界観』岩波書店、二〇〇六年）等を参照。

（4）　火事の際の馳参や見舞いについては、前掲生島・大村・京樂論文等が論じている。

ペリーがくるまでは、やはり鎖国である。
――オランダ商館日記から――

井上章一

江戸時代のいわゆる鎖国をうたがう声が、このごろは高くなっている。以前は、寛永十六年（一六三九）にポルトガル船の来航が禁じられ、鎖国のしくみがなりたったとされた。それが、安政元年（一八五四）に日米修好通商条約がむすばれるまでつづいたと、みなされたのである。だが、近年はこの一般通念に見なおしをせまる人びとが、ふえている。

私は、しかしこの新しい学界動向になじめない。やはり、当時の日本は国をとざしていたと、考える。長崎のオランダ商館長日記をたまたま読んで、ますますその感を強くした。ここにも、その思うところを書きつける。

商館長の日記じたいを、分析するわけではない。私はこの記録を、鎖国像の可否をおしはかる、その素材としてあつかうことになる。その意味では、日記・古記録の研究にまったく寄与しない。日記研究報告論文集の一画をかしてもらうことにしか、ならないだろう。商館長の、とにかく日記をよりどころとするという名目だけを、旗印にして。

ただ、多くの歴史研究者が目にするだろうこの場をあたえられたことは、ありがたい。学界でひろがっている鎖国否定論に歯止めをかける、その足がかりに私の書くものがなればいいなと、今は思っている。

＊　　＊　　＊

オランダ商館は、オランダ東インド会社の支店である。幕府は西洋諸国のなかで、ただオランダ一国のみに、交易をみとめていた。その商館を、日本領内におくこともゆるしている。そして、それははじめ、長崎の平戸にもうけられた（慶長十四年〈一六〇九〉）。のちには、幕府の都合で出島へうつされている（寛永十八年〈一六四一〉）。

その商館長は、代々バタヴィア（ジャカルタ）の東インド会社から、おくりこまれていた。文化十四年（一八一七）にも、新旧の館長が交代させられている。ヘンドリック・ドゥフから、ヤン・コック・ブロンホフへ。

新任のブロンホフは、この時、バタヴィアから妻子をともない日本へいこうとした。妻たちもつれていきたいと、そう前任者のドゥフへも、あらかじめつたえている。

それまで、幕府は外国人女性の入国をみとめてこなかった。ブロンホフ夫人が日本へはいることも、かんたんにゆるすとは思いにくい。だが、ドゥフも、夫人をつれてくるなと、ブロンホフにつげることはできなかった。ドゥフの許諾などまたずに、ブロンホフが妻子をともない長崎へむかっていたからである。

そのため、ドゥフは幕府をこの件で説得するべく、つとめるようになる。あの手この手をつかって、ブロンホフ夫人の入国許可を勝ちとろうとした。そんな努力のあれこれが、商館長の日記には書きとめられている。

たとえば、ドゥフは十七世紀におこったキールン守備隊の事件を、例にあげている。台湾でのもめごとだが、守備隊の一部はこの時長崎におちのびた。そのなかに、いくらかの女性もいたのである。これをもちだし、女性をうけいれた前例はある、ブロンホフ夫人の入国もみとめろと、ドゥフは幕府につめよった。

だが、幕府はうけつけない。キールン守備隊の一件は、緊急事態のやむをえない例外的なできごとであった。商館長が夫人同伴でやってくる、その前例にはなりえないと、はねつけている。

また、ドゥフは、ブロンホフの健康状態も、夫人をともなう理由にあげていた。ブロンホフは、今病をかかえている。看病をしてきた夫人からはなすわけにはいかない、と。長崎奉行へは、つぎのように嘆願もしていた。

「病気の彼を看護するために、夫人と子供を当地に滞在させたい……」（日蘭学会編『長崎オランダ商館日記』六、雄松堂出版、一九九五年）。

「御慈悲をもちましてこの夫婦をお救い下さり、子供のいる夫人が病気のその夫を看病するために、来る秋まで先に与えられました命令を延期して下さいますようお願いいたしております」（同前）

だが、幕府は夫人の上陸をみとめようとしなかった。ブロンホフの妻は、出島へあがれないというかまえを、たもちつづけたのである。男たちの上陸はかまわない。場合によっては、江戸までの参府もゆるそう。しかし、女はぜったいに上陸させない。そういうかたくなな姿勢を、くずそうとはしなかった。

＊　＊　＊

オランダ商館のある平戸や出島には、日本人の出入りも制限されていた。身分によっては、全面的に立ち入りが禁じられた者もいる。たとえば、僧侶と乞食がそうである。

ただ、商館の場所が平戸から長崎へうつされたおりには、この条件がややゆるめられている。出島の新しい「禁制」には、こうしるされた。「高野聖之外、出家山伏入事」、と（『通航一覧』二四二巻、泰山社、一九四〇年）。

僧侶の入島は、山伏までふくめゆるさない。それなのに、どうして高野聖だけは、特例がみとめられたのか。その内情は、わからない。宗教史の専門家に、教えをこいたいところである。

あとひとつ、平戸や出島へはいることが禁じられていた人びとがいる。それは、女たちである。さきほど引用した『通航一覧』の「禁制」には、こんな文言ものっている。「傾城之外、女入事」。そう、女もまた、たちよってはいけないとされていた。「傾城」、すなわち丸山遊廓の遊女だけを例外として。

丸山の遊女たちが、出島へ出入りをしていたことは、うたがえない。古賀十二郎の『丸山遊女と唐紅毛人』（長崎文献社、一九六八年）が、そのことを、あかしだてている。『唐蘭館絵巻』（長崎歴史文化博物館蔵）も、オランダ人が遊女とすごす様子を、とらえていた。

いずれにせよ、幕府は女性一般の出島入島を禁じている。公認の遊廓につとめる女でなければ、これをゆるそうとはしなかった。外国人のいるところへ入ってもいいのは、公娼だけだときめていたのである。

幕末には、アメリカの使節が下田へやってくる。幕府も彼らの下田滞在を、みとめるにいたっている。だが、下田付近に公認の遊廓はない。そのため、幕府がアメリカの男たちにむきあう女性の選抜になやんだことは、よく知られる。ほんらいは公娼をあてがうべきだが、下田だと酌婦や芸妓しかみつからない、どうしたらいいだろう、と（吉田常吉『唐人お吉』中央公論社、一九六六年）。

通商条約をむすんだあとになっても、男女のであいには神経をつかっていた。公娼以外の女を、外国人には近づけたくないという、そんな幕府のこだわりは、あいかわらずたもたれつづけたのである。

そこにしがみついた幕府なりの合理的な事情は、わからない。私には、ある種人類学的なおびえがあったと、思えてくる。日本の一般女性は外国人から遠ざけなければならない。ことの理否をこえて、そう思いこんでいたとしか言いようがないのである。

外国人の女性が、日本へ上陸することも、幕府はゆるさなかった。出島にあがることさえ、おしとどめている。そして、日本の一般女性にも、そこへ出入りすることを、幕府はみとめなかった。遊女だけを、越境が可能な存在として、とらえている。

私が、鎖国という考え方に心をよせるのは、そのせいである。

ひょっとしたら、男に関しては、それほど鎖国的でなかった可能性もある。近年の鎖国を否定する立論にも、あるていどの妥当性はあるのかもしれない。しかし、女に関するかぎり、江戸期はまちがいなく鎖国的である。いちばん開放的であったはずの出島でさえ、遊女以外の交流はみとめられてこなかった。

私は女性学や女性史研究の研究者にこそ、たちあがってほしいと思う。あるいは、ジェンダー問題を強調する研究者たちにも。このままほうっておくと、江戸時代＝鎖国像は、まちがいなくくずれていく。学界は、その方向へながされていくだろう。だが、女たちのおかれた状態に目をむければ、この趨勢を見すごすわけにはいくまい。検討をしてほしいところである。

余談だが、私じしんは、公娼たちにたくされた越境性へ、関心をよせている。どうして、彼女たちだけが、国際的であることを公認されたのか。また、公娼のみに越境性のたくされたことは、のちの日本近代文化史にどのような影をおとしているのか。そんな歴史に、わけいりたいと思っている。

国際日本文化研究の、ある勘所にそこがなりうると、ひそかに思っているしだいである。

跋語に代えて――「日記の総合的研究"The Synthetic Researches of Japanese Diaries"」について――

人は何故、日記を記すのであろうか。言い換えれば、日記を記すことによって、日本人はいったい、何を得ようとしていたのであろうか。文学者たちは何故、日記という形式を用いて、自己の作品を世に問うたのであろうか。さらに、貴族たちは、何故にあのような膨大な日記（古記録）を記し続けたのであろうか。

本研究においては、日本史学（日本古代史・中世史・近世史・近代史・文化史）、日本文学（日本中古文学・中世文学・近代文学）、そして心理学（臨床心理学を含む）、それぞれの分野における第一線の研究者を一堂に集め、研究会における議論を集積することによって、日記と日本人との関わりを、総合的に究明しようとするものである。それぞれの記主の立場と記載目的、記述の内容と意義を読み解きながら、時代の特質と変化、また作品の本質を探り出し、さらには「日記」と呼ばれるものの分類や、その評価、享受史の観点など、既往の研究を超える角度からの解明も行ないたい。

その際、単にそれぞれの研究員が、自分の専門分野とする古記録（あるいは作品）に関する研究発表を行なうのみではなく、たとえば一つの古記録を題材として、異なる分野の研究者が、複数の研究発表を行なえば、どのような化学変化が生じることになるのか、本研究は、そのような実験的な試みをも、視野に入れている。

たとえば、ある古代の古記録について、政治史・社会史・経済史・宗教史など、さまざまな得意分野を持つ日本古代史の研究員による研究発表を行なうのみならず、これを日本中世史の研究者が読んでみれば、自分が日常的に読んでいる中世の古記録と比較するという方法から、新たな視点が発見できるであろうことは、言うまでもない（日本近世史・日本近代史の研究者についても同様である）。

また、日頃は仮名物の女流日記文学を読んでいる日本文学の研究者が、男性貴族の記録した古記録を読んで研究発表を行なえば、逆に普段は男性の記録した古記録しか読んでいない日本史学の研究者が、女流仮名日記を読めば、どのような影響を受け合うのか、きわめて興味深いところである。

さらに、特別に心理学の研究者と臨床心理学の研究者を共同研究員として招請する。この分野の研究者が、古記録や日記文学を心理学的、臨床心理学的に解明すれば、どのような成果が得られるのであろうか（将来的には、精神医学の研究者も招きたいと考えている）。もちろん、古記録の読解は、きわめて高度な専門知識と習練を必要とするが、現代語訳や注釈書の出ている古記録を題材とすれば、このような異分野の研究者による研究も可能となるはずである。

なお、将来的には、中国や西洋の日記との比較という視点も視野に入れている。

これらの研究発表のもたらす成果は、お互いにとっての知的刺激となるのみならず、それぞれの得意分野においても、必ずや有益な体験となり、新たな研究成果を生み出す契機となるであろうことを予測している。

三年間の研究期間の間、毎年、中間報告的に『日本研究』に研究論文を投稿した後、四年後には複数の論集を世に出したいと考えている。また、機会があれば、シンポジウムの開催も計画に組み入れたい。どのような論文、どのような論集、またどのようなシンポジウムを世に問うことができるのか、現時点では予想もできないが、日本文化の発展に関して、画期的な成果が得られる可能性を秘めた研究となり得るであろうことを述べておきたい。

というのが、当初の共同研究の計画であった。共同研究というものがどのようなものであるかもまったくわからないまま、ともかくも暗中模索で、日記に関係のありそうな研究者にメールを出しまくり、研究会への参加を呼びかけたところ、意外なことに、ほとんどの方が参加を承諾してくださった。改めて国際日本文化研究センター（日文研）の共同研究のすごさを思い知ったわけであるが、一〇名くらいで地味に古記録を読んでいこうと思っていた当初の目論見はもろくも崩れ、初回から第一共同研究室（通称「夢殿」）を使用するという大所帯となってしまった。

さて、いざ研究会を始めてみると、さすがは日本を代表する日本史学・日本文学・心理学の日記研究者を一堂に集めて研究発表を行なったこともあって、活発な議論が戦わされ、毎回、予定していた時間を大幅に超過する結果となった。四年間、毎回違う店で行なった懇親会や、終わってから出かけたエクスカーションも含め、それなりに楽しんでいただけたのは、ありがたいことである。

研究会においては、それぞれの記主の立場と記載目的、記述の内容と意義を読み解きながら、時代の特質と変化、また作品の本質を探り出し、さらには「日記」と呼ばれるものの分類や、その評価、享受史の観点など、既往の研究を超える角度からの解明も行なってきた。このように、異なる時代や分野を専門とする研究者が一堂に集って、「日記」という史料や作品に向き合うということは、これまで日本の学界においては、まったく行なわれていなかったことなのである。すでに歴史学界で「伝説の研究会」という評価を得ているのも、不思議なことではない。

その研究成果は、予想を越えてあがっている。すでに初年度において、『史学雑誌』の「2011年の歴史学界　回顧と展望」（『史学雑誌』一二一―五）で研究会自体が取り上げられるなど（『日本研究』に掲載した個々の論文が取り上げられたのは、言うまでもない）、学界において注目を浴びた本研究会であったが、取りまとめも含めた四年間の研究期間において、大きな進展をもたらし、歴史学界、国文学界における一つの潮流を形成しつつある観がある。それは研究会のメンバーが、この四年間において刊行した個人著作の多さによって、象徴されていると言えよう。

また、この研究会の主宰者である倉本と、研究員である名和修・加藤友康の三人は、偶然ながら（実は偶然ではないが）、研究会の期間中に、はじめて日本政府から推薦されたユネスコの「世界記憶遺産（世界の記憶）」の「文部科学省日本ユネスコ国内委員会ユネスコ記憶遺産推薦書作成ワーキンググループ」を形成した。期間中の二〇一一年に『御堂関白記』の推薦が行なわれ、そして二〇一三年六月に正式に登録されたことで、マスコミの取材や新聞・雑誌記事の執筆、講演活動を数多く行ない、日記という史料の持つ歴史的意義について、膨大な量の発信を行なった。この数年間が、日本文化における日記と古記録に関する一つの転換点となるという見通しは、それほど的を外れてはいないであろう。

その一方では、日文研の共同研究のキモである、学際性と国際性、特に後者については、いささかの問題を残すこととなってしまったこともまた、否めない事実であろう。研究会発足当時において視野に入れていた、中国や西洋の日記との比較という視点に関しては、不十分な結果となってしまったのである。これはこの視点を等閑にしていたわけではなく、どれだけ調べても、西洋はもちろん、中国や朝鮮における前近代の日記というものが、残されていないことに起因する。

この事実はかえって、前近代日本の文化や社会・政治の特異性を、史料という視座から浮き彫りにするものであった。何故に日本ではあれほど日記が記され、そして残されてきたのか、これは日本の社会や政治・文化を解明するための重要な視座となり得ることであろう。

前近代日本の男性貴族の記した「日記」が、「古記録」という名で称されるように、単なる個人の思いを綴ったものではないように、また女性の記した「日記」が、実は自分を主人公にした一種の物語であったように、従来は「日記」という語でひとくくりにされてきた記録様式が、実は独特の個性を持つ記録であったことが、より鮮明に解明されるに至ったのである。

また、本研究会は日本古代史と中世史を専門とする研究者の割合が多かったが、日本の歴史学界は、専門とする時代が異なると、研究者同士の交流がほとんど行なわれていない。あえて強弁すれば、古代・中世・近世・近代を専攻する研究者が集まって研究会を行なうだけで、十分に「学際的」なのである。本研究会における古代史研究者の発表を聞いた中世史研究者がそれに刺激を受けたり、古代史研究者の間では常識となっている視点や研究方法、発想を知って驚き、自己の中世史研究に取り入れることも、再々のことであった。もちろん、その逆も数多く起こったし、ましてや近世史・近代史研究者にとっては、毎回が刺激の連続であった。これらの研究発表のもたらす成果は、それぞれの得意分野においても有益な体験となり、新たな研究成果を生み出す契機となったのである。この研究会が日記・古記録研究、古代・中世史研究、ひいては日本文化研究に寄与した功績は、きわめて大きいものであったと結論付けても、まったく過言ではなかろう。

ここに改めて、共同研究員の皆様すべてと、研究会の開催を支えてくれた国際日本文化研究センター研究協力課研究支援係の方々、そして何より、一部の原稿提出が大幅に遅れたにもかかわらず辛抱強く堪忍を重ねてくれた思文閣出版、特に編集担当の田中峰人氏に、あつく御礼を申しあげたい。

二〇一四年五月

大宰府・都府楼跡にて

編者識す

「日記の総合的研究」共同研究会開催一覧

【二〇一〇年度】

◇第一回

五月八日(土)

打ち合わせ

五月九日(日)

所外研究会(陽明文庫)

◇第二回

七月十七日(土)

松薗　斉「中世人と日記―日記の〝発生〟と展開―」

板倉則衣「古記録から見える儀式観―斎王卜定を中心として―」

三橋順子「『台記』に見る藤原頼長のセクシュアリティの再検討(序説)」

井原今朝男「日記にあらざる古記録―日記抜書・古文書・書面類をまとめた「申沙汰記」―」

七月十八日(日)

磐下　徹「日記と〝指図〟」

有富純也「清涼殿の出入方法―黒戸の位置について―」

倉本一宏「『御堂関白記』自筆本の裏書について」

近藤好和「儀礼にみる公家と武家―『建内記』の事例から―」

◇第三回

九月十一日(土)

池田節子「『紫式部日記』・『栄花物語』・『御堂関白記』の比較検討」

末松　剛「儀礼運営における故実情報の往来―儀礼・故実史料としての日記と書状―」
上野勝之「古記録における宗教習俗の記載」
荒木　浩「『日蔵夢記』の「具迎来僧侶五箇人日記也」について」
石田　俊「勧修寺家文庫における日記―『三長記』を事例として―」
九月十二日(日)
森　公章「遣外使節と求法・巡礼僧の日記」
門脇朋裕「盛岡藩家老執務日誌からみた幕府法の施行状況―生類憐み令を中心に―」
鈴木貞美「『日記文学』とは何か？」
藤本孝一「日記は第一次史料か―『明月記』巻子本の継ぎ方―」

◇第四回
十月廿三日(土)
中町美香子「『清獬眼抄』にみる空間意識―「内裏三町」について―」
吉田小百合「古記録から物語へ―『小右記』長徳元年から長保元年の記事を軸として―」
榎本　渉「日記と僧伝の間」
シャバリナ・マリア「摂関期における有職故実の相伝に関する一考」
十月廿四日(日)
富田　隆「日記の心理分析における認知的不協和理論の応用」
中村康夫「日記について」
山下克明「陰陽家安倍氏・賀茂氏の記録―家本と日記―」
西村さとみ「故実・先例と時代認識―課題と方法―」

◇第五回
十二月十八日(土)
下郡　剛「日記に見える院宣について」

吉川真司「『類聚世要抄』と興福寺古記録」
上島　享「仏教史を語る時代の到来」
十二月十九日(日)
尾上陽介「日記翻刻の問題点」
横山輝樹「公式史書・記録よりみた江戸幕府武芸奨励」
畑中彩子「日記に見る「叙位」の意識」
蘭香代子「日記に内在する無意識の心理の考察―御堂関白記における「雨」の記述を中心にして―」

◇第六回
二月十九日(土)
佐藤全敏「宇多天皇の文体（スタイル）1」
古藤真平「『政事要略』阿衡事所引の「宇多天皇御記」―その基礎的考察―」
名和　修「『御堂関白記』古写本について」
佐藤泰弘「「京大本兵範記紙背文書」について」
二月廿日(日)
吉川敏子「藤原道綱の評価―古記録の主観と客観―」
久富木原玲「一三、一四世紀の日記―一人称かな日記の成立について―」
曽我良成「「心」の記録としての日記…喜怒哀楽、花鳥風月、羨望・嫉妬…」
小倉慈司「禁裏本と書陵部蔵書」

【二〇一一年度】

◇第一回
四月十六日(土)
瀧井一博「『明治天皇紀』の世界―近代的立憲君主の誕生―」
中西和子「『駒井日記』にみる伏見築城と大和豊臣家」

四月十七日(日)
菅　良樹「嘉永・安政期の大坂町奉行・川村修就によるロシア軍艦ディアナ号来航問題と安政の南海地震への対応―新潟市歴史文化課所蔵「日新録」の翻刻をとおして―」
佐野真由子「アメリカ使節の将軍拝謁儀礼をめぐる文化摩擦と交流―ハリス日記を中心に―」

◇第二回
七月十六日(土)
小倉久美子「『万葉集』における日付の役割」
カレル・フィアラ「『平家物語』本筋の始まりの問題」
七月十七日(日)
古藤真平「延喜二年三月の飛香舎藤花宴」
今谷　明「政変・事件と日記」

◇第三回
九月十日(土)・十一日(日)
所外研究会(熊野)　台風により中止

◇第三回
十月廿八日(金)
所外研究会(国文学研究資料館)

◇第四回
十二月十七日(土)
呉　海航(北京師範大学法学院)「『翁同龢日記』からみた清末大臣の政治的運命について」
堀井佳代子「儀式書における日記の利用―『西宮記』相撲勘物の検討―」
十二月十八日(日)
多田伊織(京都大学)「地震・黒船・明治維新―幕末の若き漢方医学生小島尚絅の日記『日新録』―」

上野勝之「古記録における宗教習俗の記載」

三橋　正「古記録の書写と活用―古記録文化を理解するために―」

◇第五回

二月十八日(土)

加藤友康「平安貴族による日記利用の諸形態」

二月十九日(日)

佐藤　信「出土した古代の暦史料をめぐって」

松田泰代「『日本十進分類法』における「日記」という言葉の概念受容史」

【二〇一二年度】

◇第一回

五月廿六日(土)

松薗　斉「『看聞日記』の研究―その日記としての性格をめぐって―」

下郡　剛「琉球の日記」

五月廿七日(日)

藤本孝一「貴族日記と紙背文書」

廣田浩治(歴史館いずみさの)「「政基公旅引付」をめぐる日記・文書・伝承の史料学―戦国期の在地社会と荘園領主―」

カレル・フィアラ「『古事記』の中の記録文と『古事記』のチェコ語訳について」

◇第二回

七月廿一日(土)

近藤好和「日記とは何か」

古藤真平「『北院御室御日次記』治承四年十・十一月記について」

七月廿二日(日)

井上章一「ハリスとブロンホフの合間から見えること」
磐下　徹「長和五年の藤原道長の「前例」」
有富純也「清涼殿の東辺―母屋・廂・孫廂―」
◇第三回
九月一日(土)
所外研究会(山寺・多賀城)
九月二日(日)
所外研究会(尿前・鳴子・松島)
◇第四回
十月廿日(土)
尾上陽介「記事の筆録態度にみる記主の意識について」
古瀬奈津子「『権記』に引用された式と日記―藤原行成『権記』と『新撰年中行事』の前提として―」
十月廿一日(日)
小倉慈司「日記(逸文)の記事改変の可能性についての検討」
堀井佳代子「『西宮記』に見える日記の利用―『権記』を中心に―」
三橋　正「古記録の首書と目録―『小右記』『左経記』を中心に―」
三橋順子「『台記』に見る藤原頼長のセクシュアリティの再検討(その2)」
◇第五回
十二月廿二日(土)
佐藤全敏「宇多天皇の文体(スタイル)2」
曽我良成「「鬱」の記録…平重盛の「鬱」を緒として…」
十二月廿三日(日)
榎本　渉「日文研所蔵『季瓊日録』について」

山下克明「具注暦の文化史―日記との関わりを中心として―」
上島　享「中世寺院における日記・記録・文書―勧修寺大経蔵からみえるもの―」

◇第六回
二月廿三日（土）
吉川真司「『類聚世要抄』と中世寺院社会」
井原今朝男「室町期の奏事目録と綸旨・院宣・宣旨下知状」
二月廿四日（日）
荒木　浩「日記からの物語形成―中世説話集の方法―」
名和　修「『御堂関白記』の古写本について」

【二〇一三年度】（取りまとめ）

◇第一回
六月十五日（土）
堀　忠雄（広島大学）「入眠期の夢とレム睡眠の夢」

◇第二回
十月十九日（土）
丸山裕美子（愛知県立大学）「摂関・院政期の病と医療」

◇第三回
二月十五日（土）
今西祐一郎（国文学研究資料館）「仮名日記と日付」

（所属の記してある方は、ゲストスピーカー）

『日本研究』〈共同研究報告〉掲載論文一覧

◇第四四集（二〇一一年十月）
倉本一宏「日記の総合的研究“The Synthetic Researches of Japanese Diaries”」に向けて」
森　公章「遣外使節と求法・巡礼僧の日記」
古藤真平「『政事要略』阿衡事所引の『宇多天皇御記』―その基礎的考察―」
磐下　徹「年官ノート」
上野勝之「古記録における宗教習俗の記載―記載対象の選択の観点から―」
松薗　斉「中世後期の日記の特色についての覚書」
鈴木貞美「「日記」および「日記文学」概念をめぐる覚書」
倉本一宏「『御堂関白記』自筆本の裏に写された『後深心院関白記』」
◇第四六集（二〇一二年九月）
古藤真平「延喜二年三月の飛香舎藤花宴」
下郡　剛「日記に見える院宣について」
近藤好和「儀礼にみる公家と武家―『建内記』応永二十四年八月十五日条から―」
菅　良樹「嘉永・安政期の大坂町奉行川村修就―ロシア軍艦ディアナ号来航問題と安政の南海地震に伴う大坂大津浪（津波）への対応―」
◇第四八集（二〇一三年九月）
廣田浩治「「政基公旅引付」の日記史料学―戦国期の公家日記と在地社会―」
佐野真由子「持続可能な外交をめざして―幕末期、欧米外交官の将軍拝謁儀礼をめぐる検討から―」
◇第五〇集（二〇一四年九月）
三橋　正「古記録文化の形成と展開―平安貴族の日記に見る具注暦記・別記の書き分けと統合―」

執筆者紹介
(収録順，＊は編者)

鈴 木 貞 美 (すずき　さだみ)

1947年生．東京大学文学部フランス文学科卒業．国際日本文化研究センター名誉教授・総合研究大学院大学名誉教授．

『梶井基次郎の世界』(作品社，2001年)，『生命観の探究――重層する危機の中で――』(作品社，2007年)，『「日本文学」の成立』(作品社，2009年)．

近 藤 好 和 (こんどう　よしかず)

1957年生．國學院大学文学研究科博士課程後期日本史学専攻単位取得満期退学．博士(文学，広島大学)．國學院大学兼任講師・和洋女子大学非常勤講師．

『装束の日本史』(平凡社新書，2007年)，『武具の日本史』(平凡社新書，2010年)，『日本古代の武具』(思文閣出版，2014年)．

松 薗　斉 (まつぞの　ひとし)

1958年生．九州大学大学院文学研究科博士後期課程単位取得満期退学．博士(文学，九州大学)．愛知学院大学文学部教授．

『日記の家』(吉川弘文館，1997年)，『王朝日記論』(法政大学出版局，2006年)，『日記で読む日本中世史』(共編著，ミネルヴァ書房，2011年)．

Karel Fiala (カレル・フィアラ)

1946年生．チェコ国立カレル大学大学院言語学・日本語研究科博士後期課程修了．文学博士号取得．

京都大学大学院文学研究科博士後期課程単位取得退学．福井県立大学名誉教授・福井県文書館副館長．

『日本語意味論の二重分析――述語に付く補助成文を対象に――』(英語，プラハ：カレル大学，1971年)，『テクストのマイクロ連続性とマクロ連続性』(英語，共著，ハムブルク：ブスケ社，1983年)，『日本語の情報構造と統語構造』(ひつじ書房，2000年)．

榎 本　渉 (えのもと　わたる)

1974年生．東京大学大学院人文社会系研究科博士単位修得退学．博士(文学，東京大学)．国際日本文化研究センター准教授・総合研究大学院大学准教授．

『東アジア海域と日中交流――九～一四世紀――』(吉川弘文館，2007年)，『僧侶と海商たちの東シナ海』(講談社選書メチエ，2010年)，『南宋・元代日中渡航僧伝記集成　附　江戸時代における僧伝集積過程の研究』(勉誠出版，2013年)．

山 下 克 明 (やました　かつあき)

1952年生．青山学院大学大学院文学研究科博士課程単位取得退学．大東文化大学東洋研究所兼任研究員．

『平安時代の宗教文化と陰陽道』(岩田書院，1996年)，『「若杉家文書」中国天文・五行占資料の研究』(共編，大東文化大学東洋研究所，2007年)，『陰陽道の発見』(NHK 出版，2010年)．

＊倉本一宏（くらもと　かずひろ）

1958年生．東京大学大学院人文科学研究科博士課程単位修得退学．博士(文学，東京大学)．国際日本文化研究センター教授・総合研究大学院大学教授．

『日本古代国家成立期の政権構造』（吉川弘文館，1997年），『摂関政治と王朝貴族』（吉川弘文館，2000年)，『藤原道長「御堂関白記」を読む』（講談社，2013年)．

中村康夫（なかむら　やすお）

1949年生．神戸大学大学院文学研究科修士課程修了．博士(文学，神戸大学)．国文学研究資料館古典籍共同研究事業センター特任教授，名誉教授，総合研究大学院大学名誉教授．

『国文学電子書斎術』（平凡社，1997年)，『古典研究のためのデータベース』（臨川書店，2000年)，『栄花物語の墓層』（風間書房，2002年)．

上野勝之（うえの　かつゆき）

1973年生．京都大学大学院人間・環境学研究科博士後期課程研究指導認定退学．

『夢とモノノケの精神史』（京都大学学術出版会，2013年)，「古代の貴族住宅と宗教」（西山良平・藤田勝也編『平安京の貴族の住まい』京都大学学術出版会，2012年)．

板倉則衣（いたくら　のりえ）

1984年生．中央大学大学院中退．

「伊勢斎宮の選定に関する小考」(『日本研究』42，2010年)．

下郡　剛（しもごおり　たけし）

1968年生．立正大学大学院文学研究科博士後期課程修了．沖縄工業高等専門学校総合科学科准教授．

『後白河院政の研究』（吉川弘文館，1999年)，「近世琉球社会における真言宗寺院と占いについて」(『東方宗教』112，2008年)，「日記に見える院宣について」(『日本研究』46，2012年)．

佐藤全敏（さとう　まさとし）

1969年生．東京大学大学院人文社会系研究科博士課程単位修得退学．博士(文学，東京大学)．信州大学人文学部准教授．

『平安時代の天皇と官僚制』（東京大学出版会，2008年)，「弾正台と日本律令国家」(『日本史研究』601，2012年)，「観心寺如意輪観音像 再考」(『美術研究』413，2014年)．

小倉慈司（おぐら　しげじ）

1967年生．東京大学大学院人文社会系研究科博士後期課程単位修得退学．博士(文学，東京大学)．国立歴史民俗博物館准教授・総合研究大学院大学准教授．

『続神道大系　朝儀祭祀編　一代要記』１～３（共著，神道大系編纂会，2005～2006年)，『天皇の歴史09　天皇と宗教』（共著，講談社，2011年)．

今谷　明（いまたに　あきら）

1942年生．京都大学大学院文学研究科博士課程単位取得退学．文学博士(国史学専攻)．帝京大学文学部特任教授．

『室町幕府解体過程の研究』（岩波書店，1985年)，『守護領国支配機構の研究』（法政大学出版局，1986年)，『室町時代政治史論』（塙書房，2000年)．

尾上陽介（おのえ　ようすけ）

1963年生．早稲田大学大学院文学研究科博士後期課程中退．東京大学史料編纂所准教授．

『中世の日記の世界』（山川出版社日本史リブレット，2003年），『明月記　徳大寺家本』1～8（ゆまに書房，2004～6年），『国宝熊野御幸記』（共著，八木書店，2009年）．

西村さとみ（にしむら　さとみ）

1963年生．奈良女子大学大学院人間文化研究科比較文化学専攻修了．奈良女子大学研究院人文科学系准教授．

『平安京の空間と文学』（吉川弘文館，2005年），「『親信卿記』にみる蔵人と日記」（『「親信卿記」の研究』思文閣出版，2005年）．

久富木原玲（くふきはら　れい）

1951年生．東京大学大学院人文科学研究科博士課程単位修得中退．博士（文学）．愛知県立大学日本文化学部教授．

『源氏物語　歌と呪性』（若草書房，1997年），『源氏物語の変貌——とはずがたり・たけくらべ・源氏新作能の世界——』（おうふう，2008年），『武家の文物と源氏物語絵——尾張徳川家伝来品を起点として——』（共編著，翰林書房，2011年）．

三橋順子（みつはし　じゅんこ）

1955年生．明治大学・都留文科大学非常勤講師．

『女装と日本人』（講談社現代新書，2008年），「往還するジェンダーと身体——トランスジェンダーを生きる——」（鷲田清一編『身体をめぐるレッスン1　夢みる身体Fantasy』岩波書店，2006年），「性と愛のはざま——近代的ジェンダー・セクシュアリティ観を疑う——」（『講座　日本の思想5　身と心』岩波書店，2013年）．

荒木　浩（あらき　ひろし）

1959年生．京都大学大学院文学研究科博士後期課程中退．博士（文学）．国際日本文化研究センター教授・総合研究大学院大学教授．

『説話集の構想と意匠——今昔物語集の成立と前後——』（勉誠出版，2012年），『かくして『源氏物語』が誕生する——物語が流動する現場にどう立ち会うか——』（笠間書院，2014年），川端善明・荒木浩校注『新日本古典文学大系41　古事談　続古事談』（岩波書店，2005年）．

名和　修（なわ　おさむ）

1938年生．同志社大学文学部国文学専攻卒業．公益財団法人陽明文庫理事・文庫長．

『三藐院記』『本源自性院記』（いずれも共編，史料纂集，続群書類従完成会，1975年，1976年），「年波随草集」（『随筆百花苑』5，中央公論社，1982年），「五摂家分立について——その経緯と史的要因——」（笠谷和比古編『公家と武家II——「家」の比較文明史的考察——』（思文閣出版，1999年）．

三橋　正（みつはし　ただし）

1960年生．大正大学大学院文学研究科史学専攻博士後期課程修了．博士（文学）．明星大学人文学部教授．2014年11月逝去．

『平安時代の信仰と宗教儀礼』（続群書類従完成会，2000年），『日本古代神祇制度の形成と展開』（法藏館，2010年），『小右記註釈　長元四年』上・下（共著，小右記講読会発行，八木書店発売，2008年）．

井原今朝男（いはら　けさお）

1949年生．静岡大学人文学部卒業．史学博士．国立歴史民俗博物館・総合研究大学院大学名誉教授．『日本中世債務史の研究』（東京大学出版会，2011年），『中世の国家と天皇・儀礼』（校倉書房，2012年），『室町廷臣社会論』（塙書房，2014年）．

上島　享（うえじま　すすむ）

1964年生．京都大学大学院文学研究科博士後期課程修了．京都大学大学院文学研究科准教授．
『日本中世社会の形成と王権』（名古屋大学出版会，2010年）．

堀井佳代子（ほりい　かよこ）

1981年生．同志社大学大学院文学研究科博士後期課程満期退学．国際日本文化研究センター研究補助員．
「対渤海外交における太政官牒の成立」（『日本歴史』744，2010年），「節会における列立法」（『延喜式研究』28，2012年）．

曽我良成（そが　よしなり）

1955年生．広島大学大学院文学研究科博士課程後期単位修得退学．名古屋学院大学国際文化学部教授．
『王朝国家政務の研究』（吉川弘文館，2012年），「安元三年の近衛大将人事」（『名古屋学院大学論集人文・自然科学篇』32-1，1995年），「「或人云」・「人伝云」・「風聞」の世界」（『年報中世史研究』21，1996年）．

森　公章（もり　きみゆき）

1958年生．東京大学大学院人文科学研究科博士課程単位修得退学．東洋大学文学部教授．
『地方木簡と郡家の機構』（同成社，2009年），『在庁官人と武士の生成』（吉川弘文館，2013年），『古代豪族と武士の誕生』（吉川弘文館，2013年）．

加藤友康（かとう　ともやす）

1948年生．東京大学大学院人文科学研究科博士課程中途退学．明治大学大学院特任教授．
『日本の時代史6　摂関政治と王朝文化』（編者，吉川弘文館，2002年），「古代文書にみえる情報伝達」（藤田勝久・松原弘宣編『古代東アジアの情報伝達』汲古書院，2008年），「平安時代の古記録と日記文学――記主の筆録意識と筆録された情報――」（石川日出志・日向一雅・吉村武彦編『交響する古代――東アジアの中の日本――』東京堂出版，2011年）．

古瀬奈津子（ふるせ　なつこ）

1954年生．お茶の水女子大学大学院人間文化研究科博士課程単位取得退学．お茶の水女子大学大学院人間文化創成科学研究科教授．
『日本古代王権と儀式』（吉川弘文館，1998年），『遣唐使の見た中国』（吉川弘文館，2003年），『シリーズ日本古代史⑥　摂関政治』（岩波書店，2011年）．

藤本孝一（ふじもと　こういち）

1945年生．法政大学大学院人文学科博士課程中退．博士（文学）．龍谷大学客員教授．
『禅定寺文書』（吉川弘文館，1979年），『中世史料学叢論』（思文閣出版，2009年），『本を千年つたえる』（朝日新聞出版，2010年）．

磐下　徹（いわした　とおる）

1980年生．東京大学大学院人文社会系研究科博士課程単位修得満期退学．大阪市立大学大学院文学研究科講師．

「郡司と天皇制」（『史学雑誌』116-12，2007年），「郡司職分田試論」（『日本歴史』728，2009年），「年官ノート」（『日本研究』44，2011年）．

末松　剛（すえまつ　たけし）

1967年生．九州大学大学院文学研究科博士後期課程修了．博士(文学)．九州産業大学国際文化学部准教授．

『平安宮廷の儀礼文化』（吉川弘文館，2010年），「『年中行事絵巻』巻15「関白賀茂詣」の公卿行列について」（『古代文化』63-3，2011年），「九条兼実の「宇治入り」」（『鳳翔学叢』8，2012年）．

古藤真平（ことう　しんぺい）

1960年生．京都大学大学院文学研究科博士後期課程(国史学専攻)研究指導認定退学．公益財団法人古代学協会研究員．

「文章得業生試の成立」（『史林』74-2，1991年），「仁和寺の伽藍と諸院家」（『仁和寺研究』1〜3，1999〜2002年），「『政事要略』阿衡事所引の『宇多天皇御記』——その基礎的考察——」（『日本研究』44，2011年）．

有富純也（ありとみ　じゅんや）

1974年生．東京大学大学院人文社会系研究科博士課程修了．博士(文学)．成蹊大学文学部准教授．

『日本古代国家と支配理念』（東京大学出版会，2009年）．

中町美香子（なかまち　みかこ）

京都大学大学院文学研究科博士後期課程研究指導認定退学．博士(文学)．国際日本文化研究センター機関研究員ほか．

「平安時代中後期の里内裏空間」（『史林』88-4，2005年），「三条西家旧蔵『禅中記抄』」（『禁裏・公家文庫研究』第4輯，思文閣出版，2012年）．

井上章一（いのうえ　しょういち）

1955年生．京都大学大学院工学研究科修士課程修了．国際日本文化研究センター教授・総合研究大学院大学教授．

『美人論』（リブロポート，1991年），『愛の空間』（角川書店，1999年）『パンツが見える。』（朝日新聞社，2002年）．

日記《にっき》・古記録《こきろく》の世界《せかい》

2015(平成27)年3月31日発行

定価：本体12,500円(税別)

編　者　倉本一宏

発行者　田中　大

発行所　株式会社　思文閣出版

〒605-0089　京都市東山区元町355

電話　075-751-1781(代表)

印　刷
製　本　シナノ書籍印刷株式会社

ISBN978-4-7842-1794-6　C3021